HARRAP'S

English-Russian
Russian-English

POCKET
DICTIONARY

HARRAP'S

English-Russian
Russian-English

POCKET
DICTIONARY

Edited by

O.P. Benyuch
G.V. Chernov

HARRAP
EDINBURGH PARIS

Russky Yazyk Publishers
MOSCOW

First published by
RUSSKY YAZYK PUBLISHERS
Staropansky Per. 1/5 Moscow 103012

This edition published in 1993 by
CHAMBERS HARRAP PUBLISHERS LTD
43-45 Annandale Street, Edinburgh EH7 4AZ, UK

ISBN 0 245 60349 2

Library of Congress Cataloging-in-Publication Data

Benyukh, O. P. (Oleg Petrovich)
Harrap's pocket Russian / O. P. Benyuch, G. V. Chernov.
p.   cm.
ISBN 0 671 87995 2
1. English language — Dictionaries — Russian.
2. Russian language — Dictionaries — English.
I. Chernov, G. V.   II. Title.
PG2640.B46 1993b   93-20565
491.73'21 — dc20   CIP

Printed in Great Britain by Mackays of Chatham plc

NOTE FROM THE PUBLISHERS

This dictionary is intended for the use of Russian- and English-speakers. It is designed primarily as an aid to communication and focuses on general vocabulary. Its word-list, therefore, is confined to the most frequently used lexical items from everyday life, travel, culture, entertainment, professional and scientific exchanges, etc. The entries are illustrated by a limited number of commonly used collocations and phrases. Since the aim of the dictionary is not to assist language-learning but to serve as a reference source for communication, the grammar notes supplied have been minimized.

ОТ ИЗДАТЕЛЬСТВА

Данный словарь, в основном, ставит своей целью помочь советским гражданам и иностранцам, говорящим на английском языке, при устном общении и поэтому ориентирован на разговорную лексику. В словарь включено ограниченное число слов, наиболее употребительных в быту, в путешествии, необходимых при посещении культурных, научных, хозяйственных учреждений, организаций и т. д. При словах даётся небольшое количество широко распространенных словосочетаний готовых фраз.

Так как словарь такого типа не ставит своей целью помочь в овладении языком, а служит только справочным пособием при живом общении представителей разных народов, грамматические сведения даны минимально.

ENGLISH ALPHABET
& PHONETIC EQUIVALENTS

A a [eɪ]	G g [dʒiː]	N n [en]	U u [juː]
B b [biː]	H h [eɪtʃ]	O o [əu]	V v [viː]
C c [siː]	I i [aɪ]	P p [piː]	W w ['dʌbljuː]
D d [diː]	J j [dʒeɪ]	Q q [kjuː]	X x [eks]
E e [iː]	K k [keɪ]	R r [ɑː]	Y y [waɪ]
F f [ef]	L l [el]	S s [es]	Z z [zed, *амер.* ziː]
	M m [em]	T t [tiː]	

Part 1

АНГЛО-РУССКИЙ СЛОВАРЬ

ENGLISH-RUSSIAN DICTIONARY

О ПОЛЬЗОВАНИИ СЛОВАРЕМ

Все основные английские слова расположены в словаре в строго алфавитном порядке.

Тильда (~) заменяет основное (черное) слово или первую часть производного или сложного слова, отделенную от второй его части параллельными линиями (‖), напр.:

violent [ˈvaɪələnt] си́льный, неи́стовый; ~ strúggle ожесто́чённая борьба́

wall‖-painting [ˈwɔːlˌpeɪntɪŋ] ро́спись стен; ~**paper** [-ˌpeɪpə] обо́и *мн.*

Если в одном из значений слово пишется с прописной буквы, то вместо тильды в скобках дается соответствующая прописная буква с точкой. В примерах прописная буква дается без скобок, напр.:

congress [ˈkɔŋgres] 1) съезд *м;* конгре́сс *м;* Párty C. съезд па́ртии 2) (C.) конгре́сс США

При ведущем слове словарного гнезда в квадратных скобках дается его произношение по международной фонетической системе. При последующих основных словах словарной статьи транскрипция, как правило, дается частично, напр.:

build [bɪld] (built) стро́ить; ~ **in** встра́ивать; ~**er** [-ə] строи́тель *м;*...

yacht [jɔt] я́хта *ж;* ... ~**-club** [-klʌb] яхт-клу́б *м;* ...

При омонимах транскрипцией снабжается только первое слово. Ударение в транскрипции дается перед ударным слогом.

На двусложных и многосложных английских и русских словах, а также на английских двусложных словах со слоговым l или r даются ударения, напр.: wórker, англи́йский, márble. На поясняющих (курсивных) словах ударение не дается. На русских односложных словах ударение ставится лишь в тех случаях, когда оно переходит со значащего слова на служебное, напр.: по́д руку, а также в некоторых оборотах, напр.: не́ за что. Если в слове возможны два варианта ударения, даются оба, напр.: о́бщи́на.

Омонимы выделяются в отдельные гнезда и обозначаются полужирными римскими цифрами, напр.:

ball I [bɔːl] 1) шар *м* 2) мяч *м*
ball II бал *м*

Внутри гнезда разные части речи обозначаются полужирными арабскими цифрами с точкой. Разные значения одного и того же слова обозначаются светлыми арабскими цифрами со скобкой. Разные значения фразеологических и глагольно-наречных словосочетаний — русскими буквами со скобкой, напр.:

warm [wɔːm]... **2.** *v* гре́ть(ся), нагрева́ть(ся); ~ **up** а) подогрева́ть; б) *спорт.* де́лать разми́нку;...

В тех случаях, когда английское слово (или одно из его значений) чаще всего употребляется в определенном словосочетании, а также когда для данного словаря важно дать его лишь в определенном словосочетании, после этого слова (или после соответствующей цифры) ставится двоеточие, за которым следует словосочетание и его перевод, напр.:

ball-point [ˈbɔːlpɔɪnt]: ~ pen ша́риковая ру́чка

Для разграничения британского и американского употребления и произношения слов в словаре используются пометы *брит.* и *амер.*

Отдельные словосочетания, не относящиеся ни к одному из значений, данных в словарной статье, помещаются за знаком ромб (◊), напр.:

bit I [bɪt] кусо́чек *м* ◊ wait a ~ подожди́те немно́го; not a ~ ничу́ть

При переводе слова близкие значения отделяются друг от друга запятой, более далекие значения — точкой с запятой.

Слово, часть слова или выражения, взятые в круглые скобки, являются факультативными (необязательными), напр.:

afford [əˈfɔːd]... I can't ~ (to buy) it э́то для меня́ сли́шком до́рого

В круглых скобках дается также вариант перевода или вариант словосочетания с соответствующим переводом, напр.:

hail II ... 2) оклика́ть; ~ a táxi останови́ть (подозва́ть) такси́
winter [ˈwɪntə] зима́ *ж*; last (next) ~ про́шлой (бу́дущей) зимо́й; ...

В ряде случаев значение слова или отдельное выражение снабжается стилистической пометой или пометой, указывающей область применения, напр.:

baton [ˈbætən, *амер.* bəˈtɔn] 1) *муз.* дирижёрская па́лочка 2) *спорт.* эстафе́тная па́лочка; ...

В случае перевода английского слова многозначным русским словом при последнем дается пояснение или пример, напр.:

9

bulletin [ˈbulɪtɪn] бюллете́нь *м (официальное сообщение)*

Для того чтобы облегчить пользование словарём людям, говорящим по-английски, но слабо знающим русский язык, к различным значениям многозначных английских слов и омонимам даны пояснения на английском языке, напр.:

virtue [ˈvəːtʃuː] 1) доброде́тель *ж* 2) досто́инство *с (merit)*
Иногда вместо пояснения даётся короткий пример.

В помощь иностранцам даётся также расшифровка русских условных сокращений на английском языке (см. стр. 14).

Перевод глаголов, как правило, даётся в несовершенном виде.

Неправильно образующиеся формы глаголов, степеней сравнения прилагательных и наречий, а также формы множественного числа имен существительных приводятся в скобках непосредственно после черного слова или соответствующей части речи в словарном гнезде, напр.:

come [kʌm] (came; come)...
good [gud] **1.** *a* (bétter; best)...
goose [guːs] (*pl* geese)...

Эти формы приводятся на своем алфавитном месте со ссылкой на основное слово.

При глаголах точкой с запятой разделены формы past и past participle, при наречиях и прилагательных — сравнительная и превосходная степени.

Если при глаголе дана лишь одна форма, это значит, что формы past и past participle совпадают.

Грамматическая помета множественного числа (*pl*) даётся при тех английских существительных, которые согласуются с глаголами во множественном числе.

Предложное управление приводится лишь тогда, когда оно представляет трудность для перевода.

При русских словах указывается род.

NOTE TO THE ENGLISH USER
OF THE DICTIONARY

Every head-word is given in the dictionary in its alphabetical order. The tilde (~) substitutes the head-word, or the first part of a derivative and a compound, followed by the sign (‖), e. g.:

wall‖**-painting** ['wɔːl‚peɪntɪŋ] роспись стен; ~**paper** [-‚peɪpə] обои *мн.*

If the word is capitalized when used in one of its senses, the capital letter is given in parentheses instead of the tilde. In phrases parentheses are omitted, e. g.:

congress ['kɔŋgres] 1) съезд *м*; конгрéсс *м*; Párty C. съезд пáртии 2) (C.) конгрéсс США

Pronunciation of every head-word is given in the international phonetic transcription, the derivatives and compounds being transcribed as a rule only partly, e. g.:

build [bɪld] (built) стрóить; ~ **in** встрáивать; ~**er** [-ə] стрóитель *м*; ...

The stress-mark in transcription is put before the syllable to be accented.

The stress is applied both to Russian and English two-syllable and polysyllabic words as well as to English words with syllabic consonants, e. g.: wórker, англи́йский, márble. A monosyllabic preposition, when stressed in a phrase, bears the stress-mark, e. g.: пóд руку, as well as other monosyllabic words in certain phrases, e. g.: нé за что. Whenever either of the two stress variants is possible in a Russian word both are indicated, e. g.: óбщи́на.

The senses given are marked by Arabic numbers: 1)... 2)... Whenever a phrase or a complex verb * is given in more than one sense, the senses are indicated by letters of the Russian alphabet: а)... б)...

It proves to be useful sometimes to include in the Dictionary a phrase in which a certain word is used most often. In this case the translation is given only of the phrase, e. g.:

ball-point ['bɔːlpɔɪnt] : ~ pen шáриковая рýчка

---

*) verb and an adverb, e. g. make up.

11

Specific usages of words and phrases are preceded by the sign (◊), e. g.:

bit I [bɪt] кусо́чек *м* ◊ wait a ~ подожди́те немно́го; not a ~ ничу́ть

When the head-word in one of its senses is translated by more than one Russian word synonyms in the translation are separated by a comma, otherwise by a semi-colon.

To save space a possible version in phrase translation is sometimes given in parentheses e. g.:

hail II ... 2) оклика́ть; ~ a тáxi остановѝть (подозва́ть) такси́

The entry in which parentheses are used both in the English sentence and its Russian translation, e. g.:

winter [ˈwɪntə] зима́ *ж*; last (next) ~ про́шлой (бу́дущей) зимо́й;...

should read as follows:

last ~ про́шлой зимо́й,
next ~ бу́дущей зимо́й.

Italics are used to indicate notes and abbreviations.

The Russian verbs are as a rule given in the "imperfective aspect" (несовершенный вид).

The Russian nouns are supplied with indications of gender (see Abbreviations Used in the Dictionary).

The choice of the correct Russian equivalent by the English user who has a poor command of the Russian language, is facilitated by a number of notes, examples of usage, and other indications, with which every polysemantic word is supplied.

The reader should consult the Abbreviations Used in the Dictionary to find their translations.

УСЛОВНЫЕ СОКРАЩЕНИЯ

ABBREVIATIONS USED IN THE DICTIONARY

Russian — русские

ав. авиация — aeronautics

австрал. употребительно в Австралии — used in Australia

авто автомобилизм, автотуризм — car travel

амер. американизм — American usage

анат. анатомия — anatomy

астр. астрономия — astronomy

биол. биология — biology

бокс бокс — boxing

бот. ботаника — botany

брит. употребляется в Великобритании — British usage

воен. военное дело, военный термин — military

г. город — city

геогр. география — geography

дат. п. дательный падеж — dative case

дип. дипломатический термин — diplomacy

ед. единственное число — singular

ж женский род — feminine gender

ж.-д. железнодорожный транспорт — railway

иск. искусство — arts

карт. термин карточной игры — used in the game of cards

кино кинематография — cinematography

ком. коммерческий термин — commercial

косв. п. косвенный падеж — objective case

косм. космонавтика — space technology

л. лицо — person

лат. латинский (язык) — Latin

м мужской род — masculine gender

мат. математика — mathematics

мед. медицина — medicine

мин. минералогия — mineralogy

мн. множественное число — plural

мор. морское дело, морской термин — nautical

муз. музыка, музыкальный — music, musical

накл. наклонение — mood

наст. настоящее время — present tense

нескл. несклоняемое слово — indeclinable

обыкн. обыкновенно — usually

о-в остров — island

особ. особенно — especially

парл. парламентский термин — Parliament(ary)

перен. в переносном значении — used figuratively

13

полит. политический термин — politics

превосх. ст. превосходная степень — superlative degree

преим. преимущественно — chiefly

прош. прошедшее время — past tense

р. река — river

радио радиотехника — radio

разг. разговорное слово, выражение — colloquial(ly)

рел. религия — religion

род. п. родительный падеж — genitive case

с средний род — neutral gender

см. смотри — see

собир. собирательное (существительное), собирательно — collective(ly)

спорт. физкультура и спорт — sports

сравн. ст. сравнительная степень — comparative degree

сущ. имя существительное — noun

с.-х. сельское хозяйство — agriculture

тв. п. творительный падеж — instrumental case

театр. театральный термин — theatrical

текст. текстильное дело — textiles

тех. техника — engineering

тж. также — also

тлв. телевидение — television

физ. физика — physics

филос. философия — philosophy

фин. финансовый термин — finance

фото фотография — photography

хим. химия — chemistry

шахм. шахматы — chess

эк. экономика — economics

эл. электротехника — electrical engineering

юр. юридический термин — law

English — английские

a adjective — имя прилагательное

adv adverb — наречие

cj conjunction — союз

conjunct conjunctive (pronoun) — соединительное (местоимение)

demonstr demonstrative (pronoun) — указательное (местоимение)

etc et cetera — и так далее

inf infinitive — неопределённая форма глагола

interj interjection — междометие

interrog interrogative (pronoun) — вопросительное (местоимение)

n noun — имя существительное

num numeral — имя числительное

pl plural — множественное число

pp past participle — причастие прошедшего времени

prep preposition — предлог

pres p present participle — причастие настоящего времени

pron pronoun — местоимение

relat relative (pronoun) — относительное (местоимение)

smb somebody — кто-либо

smth something — что-либо

v verb — глагол

A

a [eɪ] *неопределённый артикль (не переводится)* ◊ once a day (a year) раз в день (в год) **A 1**): A blood type вторая группа крови 2): grade A высшего сорта, высшей категории, качества 3) *муз.* ля; A minor ля минор

AB [ˌeɪˈbiː]: ~ blood type четвёртая группа крови

abandon [əˈbændən] 1) покидать, оставлять (*foresake*) 2) отказываться от (*give up*)

abbey [ˈæbɪ] аббатство *c*; Westminster ~ Вестминстерское аббатство

abbreviation [əˌbriːvɪˈeɪʃn] сокращение *c*, аббревиатура *ж*

ABC [ˌeɪbiːˈsiː] 1) алфавит *м*, азбука *ж* 2) основы *мн.*; ~ of chemistry основы химии; ~-**book** [-buk] букварь *м*

abdomen [ˈæbdəmen] брюшная полость, живот *м*

abduct [æbˈdʌkt] похищать

ability [əˈbɪlɪtɪ] способность *ж*; умение *c*

able [ˈeɪbl] 1) способный 2): be ~ мочь, быть в состоянии; смочь; will you be ~ to come? вы сможете прийти?

ABM [eɪbiːˈem] (antiballistic missile) противоракета; ~ Treaty Договор по противоракетной обороне

aboard [əˈbɔːd] на борту; на корабле; *амер.* в поезде; all ~! *амер.* посадка окончена!

abolish [əˈbɔlɪʃ] отменять, упразднять

abolition [ˌæbəuˈlɪʃn] отмена *ж*, упразднение *c*

A-bomb [ˌeɪˈbɔm] атомная бомба

abound [əˈbaund] изобиловать; the Russian language ~s in difficulties в русском языке много трудностей

about [əˈbaut] **1.** *adv* 1) кругом; поблизости; somewhere ~ где-то здесь 2) около, приблизительно; it's ~ two o'clock сейчас около двух часов **2.** *prep* 1) о, относительно 2) по; walk ~ the streets бродить по улицам ◊ be ~ to+*inf* собираться (*что-л. сделать*); I am ~ to go я собираюсь уходить; what ~ dinner? как насчёт обеда?; I'll see ~ it я позабочусь об этом

above [əˈbʌv] **1.** *prep* 1) над; ~ the sea level над уровнем моря 2) свыше; сверх; ~ measure сверх меры ◊ ~ all самое главное; в первую очередь **2.** *adv*

abroad [əˈbrɔːd] за границей; за границу; he's never been ~ он никогда не был за грани́цей; go ~ пое́хать за грани́цу; from ~ из-за грани́цы

abrupt [ə'brʌpt] 1) ре́зкий, внеза́пный; ~ turn ре́зкий (круто́й) поворо́т 2) круто́й, обры́вистый (*steep*)

absence ['æbsəns] отсу́тствие *с*

absent ['æbsənt] отсу́тствующий; be ~ отсу́тствовать; ~-minded [-'maɪndɪd] рассе́янный

absolute ['æbsəlu:t] 1) абсолю́тный, неограни́ченный; ~ mónarchy абсолю́тная (неограни́ченная) мона́рхия 2) по́лный; ~ trust по́лное дове́рие; ~ly [-lɪ] совсе́м; соверше́нно

abstain [əb'steɪn] возде́рживаться; ~ from vóting воздержа́ться при голосова́нии

abstract ['æbstrækt] **1.** *а* отвлечённый, абстра́ктный **2.** *n* резюме́ *с*; an ~ of a páper те́зисы докла́да

absurd [əb'sə:d] неле́пый, смешно́й; ~ity [-ɪtɪ] неле́пость *ж*

abundance [ə'bʌndəns] изоби́лие *с*

abundant [ə'bʌndənt] оби́льный; ~ in smth изоби́лующий чем-л.

abuse [ə'bju:z] злоупотребля́ть

AC [‚eɪ'si:] (álternating cúrrent) эл. переме́нный ток

academic [‚ækə'demɪk] академи́ческий; университе́тский; ~ fréedoms академи́ческие свобо́ды (*права университе-*

тов и свобода студенческого волеизъявления) ◇ this quéstion is púrely ~ э́то вопро́с чи́сто теорети́ческий

academy [ə'kædəmɪ] 1) акаде́мия *ж*; the A. Ло́ндонская Акаде́мия Худо́жеств 2) (специа́льное) учи́лище; Mílitary A. вое́нное учи́лище

accelerate [ək'seləreɪt] ускоря́ть(ся)

accelerator [ək'seləreɪtə] *авто* акселера́тор *м*

accent ['æksənt] 1) ударе́ние *с* 2) произноше́ние *с*, акце́нт *м*; foreign ~ иностра́нный акце́нт

accept [ək'sept] принима́ть; ~ a gift приня́ть пода́рок (дар); ~ed [-ɪd] общепри́нятый

access ['ækses] до́ступ *м*; ~ible [ək'sesəbl] досту́пный

accident ['æksɪdənt] (несча́стный) слу́чай; meet with (be in) an ~ попа́сть в ава́рию (катастро́фу), потерпе́ть ава́рию; by ~ случа́йно, неча́янно; ~al [‚æksɪ'dentl] случа́йный; ány coíncidence is púrely ~al любо́е схо́дство явля́ется чи́сто случа́йным; ~ally [‚æksɪ'dentəlɪ] случа́йно, неча́янно

accommodation [ə‚kɔmə'deɪʃn] помеще́ние *с*; do you províde ~? предоставля́ете ли вы жильё?

accompaniment [ə'kʌmpənɪmənt] аккомпанеме́нт *м*; to the ~ (of) под аккомпанеме́нт

accompanist [ə'kʌmpənɪst]

аккомпаниа́тор *м*, концерт-мейстер *м*

accompany [ə'kʌmpənɪ] 1) сопровожда́ть 2) *муз.* аккомпани́ровать

accomplish [ə'kɔmplɪʃ] выполня́ть; заверша́ть; ~**ed** [-t] зако́нченный, соверше́нный; ~ed musícian зако́нченный (о́пытный) музыка́нт

accordance [ə'kɔ:dəns]: in ~ with согла́сно, в соотве́тствии с

according [ə'kɔ:dɪŋ]: ~ to согла́сно; ~**ly** [-lɪ] соотве́тственно

accordion [ə'kɔ:djən] аккордео́н *м*

account [ə'kaunt] **1.** *n* 1) счёт *м*; cúrrent ~ теку́щий счёт; séttle ~s оплати́ть счета́; рассчита́ться 2) отчёт *м*; néwspaper ~ отчёт в газе́те ◊ on ~ of из-за; take ínto ~ принима́ть во внима́ние **2.** *v* счита́ть; ~ **for** объясня́ть; is éverybody ~ed for? все ли налицо́?

accuracy ['ækjurəsɪ] то́чность *ж*, пра́вильность *ж*

accurate ['ækjurɪt] 1) то́чный; ~ translátion то́чный перево́д 2) ме́ткий *(in shooting)*

accusation [ˌækju:'zeɪʃn] обвине́ние *с*

accuse [ə'kju:z] обвиня́ть; ~ smb of smth обвини́ть кого́-л. в чём-л.; he is ~d of... он обвиня́ется в ...

accustom [ə'kʌstəm] приуча́ть; get ~ed to привыка́ть к

ace [eɪs] 1) *карт.* туз *м* 2) первокла́ссный лётчик, ас *м*

ache [eɪk] боль *ж*

achieve [ə'tʃi:v] достига́ть; ~**ment** [-mənt] достиже́ние *с*

acid ['æsɪd] *хим.* кислота́ *ж* ◊ ~ test *перен.* ла́кмусовая бума́жка

acknowledge [ək'nɔlɪdʒ] 1) признава́ть; ~ one's mistáke призна́ть оши́бку 2) подтвержда́ть; ~ the recéipt подтверди́ть получе́ние; ~**ment** [-mənt] призна́ние *с*

acoustics [ə'ku:stɪks] аку́стика *ж*

acquaint [ə'kweɪnt] знако́мить; get ~ed with познако́миться с; ~**ance** [-əns] 1) знако́мство *с*; make sómeone's ~ance познако́миться с кем-л.; I'm véry háppy to make your ~ance о́чень прия́тно познако́миться 2) знако́мый *м*; an ~ance of mine мой знако́мый

acre ['eɪkə] акр *м*; ~**age** [-rɪdʒ] *с.-х.* пло́щадь *ж*

acrobat ['ækrəbæt] акроба́т *м*; ~**ic** [ˌækrəu'bætɪk] акробати́ческий; ~ic act акробати́ческий но́мер; ~**ics** [ˌækrəu'bætɪks] акроба́тика *ж*

across [ə'krɔs] **1.** *prep* че́рез; сквозь ◊ help *(smb)* ~ the street помо́чь *(кому́-л.)* перейти́ у́лицу; the néighbourhood you séek is ~ the ríver микрорайо́н, кото́рый вы и́щете, на друго́й стороне́ (на друго́м берегу́) реки́ **2.** *adv* поперёк ◊ we came ~ by férry мы перее́хали на паро́ме

act [ækt] **1.** *n* 1) посту́пок *м*; ~ of co̒urtesy акт ве́жливости 2) постановле́ние *с*; зако́н *м* (*document*) 3) *театр.* акт *м* ◊ ~ of God *юр.* форс мажо́р; стихи́йное бе́дствие **2.** *v* 1) де́йствовать 2) игра́ть; who's ~ing Ha̒mlet кто игра́ет Га́млета?; ~ as выступа́ть в ка́честве; ~ for замеща́ть; ~ing [-ɪŋ] **1.** *a* вре́менно исполня́ющий обя́занности; ~ing ma̒nager исполня́ющий обя́занности дире́ктора **2.** *n театр.* игра́ *ж*

action ['ækʃn] 1) де́йствие *с* 2) *юр.* иск *м*; bring an ~ aga̒inst smb возбуди́ть де́ло про́тив кого́-л. ◊ killed in ~ пал на по́ле бо́я

active ['æktɪv] де́ятельный, акти́вный

activity [æk'tɪvɪtɪ] 1) акти́вность *ж* 2) *pl* де́ятельность *ж*

actor ['æktə] актёр *м*

actress ['æktrɪs] актри́са *ж*

actual ['æktʃuəl] действи́тельный, факти́ческий; ~ly [-lɪ] 1) факти́чески, на са́мом де́ле 2) в настоя́щее вре́мя (*now*)

acute [ə'kjuːt] о́стрый; ~ pain о́страя боль

A. D. [ˌeɪ'diː] (A̒nno Do̒mini) *лат.* н. э. (на́шей э́ры)

ad [æd] = adve̒rtisement

adapt [ə'dæpt] 1) приспоса́бливать; ~ for televi̒sion перерабо́тать для телеви́дения; ~ onese̒lf приспосо́биться 2) адапти́ровать; ~ed book адапти́рованная кни́га

add [æd] прибавля́ть; добавля́ть ◊ this i̒tem has been ~ed on э́тот вопро́с внесён за́ново; that just doesn't ~ up тут концы́ с конца́ми не схо́дятся; your sta̒tement ~s up to the fo̒llowing... ва́ше заявле́ние сво́дится к сле́дующему...

addition [ə'dɪʃn] 1) добавле́ние *с* 2) *мат.* сложе́ние *с* ◊ in ~ to сверх, вдоба́вок

address [ə'dres] **1.** *n* 1) а́дрес *м*; give me your ~, please да́йте мне, пожа́луйста, ваш а́дрес 2) обраще́ние *с*; речь *ж* (*speech*) **2.** *v* 1) адресова́ть, направля́ть; how do you ~ a le̒tter in Ru̒ssian? как написа́ть а́дрес по-ру́сски? 2): ~ smb обраща́ться к кому́-л.; ~ee [ˌædre'siː] адреса́т *м*

adequate ['ædɪkwɪt] доста́точный, удовлетвори́тельный

adhesive [əd'hiːsɪv]: ~ tape кле́йкая ле́нта

adjourn [ə'dʒəːn] 1) отсро́чивать, откла́дывать; ~ed game *шахм.* отло́женная па́ртия 2) закрыва́ть (*данное заседа́ние в се́рии заседа́ний*); the me̒eting is ~ed заседа́ние объявля́ется закры́тым 3) де́лать переры́в (*в заседа́ниях*); the me̒eting is ~ed till... объявля́ется переры́в до...

adjust [ə'dʒʌst] 1) приводи́ть в поря́док; ~ your tie! попра́вьте га́лстук! 2) приспособля́ть (*adapt*); регули́ровать; ~ the brakes отрегули́ровать тормоза́

administration [əd‚mɪnɪs'treɪʃn] 1) управле́ние *c*; администра́ция *ж* 2) *амер.* прави́тельство *c*

admiral ['ædmərəl] адмира́л *м*; ~**ty** [-tɪ] адмиралте́йство *c*; the Ádmiralty Морско́е мини́стерство *(Великобритания)*

admiration [‚ædmə'reɪʃn] восхище́ние *c*, восто́рг *м*

admire [əd'maɪə] восхища́ться

admission [əd'mɪʃn] 1) допуще́ние *c* 2) призна́ние *c* *(acknowledgement)* 3) вход *м*; "no ~!» «посторо́нним вход воспрещён!» *(надпись)*; ~ free вход беспла́тный

admit [əd'mɪt] 1) принима́ть *(to school, etc)* 2) допуска́ть, пропуска́ть; this ticket will ~ two to the cóncert э́то биле́т на конце́рт на двои́х 3) допуска́ть, признава́ть; I ~ that... признаю́, что...

adopt [ə'dɔpt] 1) усыновля́ть 2) принима́ть; ~ a méthod приня́ть ме́тод

adorn [ə'dɔːn] украша́ть

adult ['ædʌlt] взро́слый; "~s only» «то́лько для взро́слых» *(надпись)*

advance [əd'vɑːns] **1.** *n* 1) прогре́сс *м*, подъём *м* *(of science, education, etc)* 2) *фин.* ава́нс *м* ◊ in ~ зара́нее **2.** *v* 1) продвига́ть(ся); успе́шно развива́ть(ся) 2): the date of the cónference is ~d to... конфере́нция перено́сится на... *(более ранний срок)* 3) вы́дать, ава́нс; дава́ть ссу́ду;

can you ~ me some mónеy? не мо́жете ли вы одолжи́ть мне де́нег? **3.** *a* предвари́тельный, зара́нее подгото́вленный; ~ cópy предвари́тельно разо́сланный текст *(речи, выступления)*; ~ párty передово́й отря́д; ~**d** [-t] передово́й

advantage [əd'vɑːntɪdʒ] преиму́щество *c*; have the ~ име́ть преиму́щество (óver — над); take ~ of *(smth)* воспо́льзоваться *(чем-л.)*

adventure [əd'ventʃə] 1) приключе́ние *c* 2) авантю́ра *ж* *(political, etc)*

advertise ['ædvətaɪz] реклами́ровать; ~**ment** [əd'vəːtɪsmənt] объявле́ние *c*; рекла́ма *ж*

advice [əd'vaɪs] сове́т *м*; take my ~ после́дуйте моему́ сове́ту; give ~ дать сове́т; on his ~ по его́ сове́ту

advise [əd'vaɪz] сове́товать; ~ on *(smt)* консульти́ровать по *(проблеме, вопросу и т. п.)*; ~**r** [-ə] сове́тник *м*, консульта́нт *м*; légal ~**r** юриско́нсульт *м*

advisory [əd'vaɪzərɪ] консультати́вный

advocate 1. *n* ['ædvəkɪt] сторо́нник *м*; защи́тник *м* *(тж. юр.)* **2.** *v* ['ædvəkeɪt] выступа́ть за; защища́ть; he ~s the idéa of péaceful séttlement он сторо́нник ми́рного урегули́рования

aerial ['ɛərɪəl] **1.** *n* анте́нна *ж* **2.** *a* возду́шный

aerobics [ɛə'rɔbɪks] аэро́бика ж, ритми́ческая гимна́стика

"Aeroflot" ['ɛərəflɔt] «Аэрофло́т» м *(советское агентство воздушных сообщений)*

aerospace ['ɛərəuspeɪs]: ~ índustry авиацио́нно-косми́ческая промы́шленность

aesthetic [i:s'θetɪk] эстети́ческий; ~s [-s] эсте́тика ж

affair [ə'fɛə] де́ло с *(matter)*; state of ~s состоя́ние дел

affection [ə'fekʃn] привя́занность ж; ~ate [-ɪt] лю́бящий; не́жный; ~ately [-ɪtlɪ]: yours ~ately… лю́бящий вас (тебя́)… *(в письме)*

affirm [ə'fɜːm] утвержда́ть; ~ative [-ətɪv] утверди́тельный; ánswer in the ~ative отве́тить утверди́тельно

afford [ə'fɔːd] быть в состоя́нии, позволя́ть себе́;' I can't ~ (to buy) it э́то для меня́ сли́шком до́рого

afraid [ə'freɪd]: be ~ боя́ться (of *smb, smth* — кого́-л., чего́-л.; for *smb, smth* — за кого́-л., что-л.)

afresh [ə'freʃ] за́ново, ещё раз

African ['æfrɪkən] **1.** *a* африка́нский **2.** *n* африка́нец м, африка́нка ж

Afro ['æfrəu] (причёска) «а́фро» *(hairdo)*; ~ -**American** [-ə'merɪkən] **1.** *a* афроамерика́нский, негритя́нский **2.** *n* америка́нский негр

after ['ɑːftə] **1.** *prep* 1) по́сле; ~ bréakfast по́сле за́втрака 2) за; day ~ day день за днём ◊ ~ all всё-таки, в конце́ концо́в **2.** *adv* пото́м, зате́м **3.** *cj* по́сле того́ как; ~ we arríved… по́сле того́, как мы прие́хали…

afternoon [ˌɑːftə'nuːn] послеполу́денное вре́мя; this ~ сего́дня днём; in the ~ во второ́й полови́не дня, по́сле обе́да; ~ méeting дневно́е заседа́ние; good ~! до́брый день!

afterwards ['ɑːftəwədz] пото́м, впосле́дствии

again [ə'gen] опя́ть, сно́ва; once ~ ещё раз

against [ə'genst] про́тив; be ~ a propósal вы́ступить про́тив предложе́ния; those ~? кто про́тив?

age [eɪdʒ] 1) во́зраст м; what is your ~ and occupátion? ваш во́зраст и род заня́тий?; be únder ~ быть несовершенноле́тним 2) век м; the Míddle Áges сре́дние века́

agency ['eɪdʒənsɪ] аге́нтство с; news ~ телегра́фное аге́нтство; UN spécialized ~ специализи́рованное учрежде́ние ООН

agenda [ə'dʒendə] пове́стка дня; be on the ~ стоя́ть на пове́стке дня; ítem of the ~ пункт пове́стки дня

agent ['eɪdʒənt] аге́нт м; представи́тель м

aggravate ['ægrəveɪt] усугубля́ть, отягоща́ть, ухудша́ть

aggression [ə'greʃn] агре́ссия ж

agitate I ['ædʒɪteɪt]: be ~d

волнова́ться, быть возбуждённым

agitate II агити́ровать (for—
за)

agitation I [ˌædʒɪ'teɪʃn] вол-
не́ние *c* (*excitement*)

agitation II агита́ция ж

ago [ə'gəu] тому́ наза́д; two
days ~ два дня тому́ наза́д

agrarian [ə'grɛərɪən] агра́р-
ный; ~ reform земе́льная ре-
фо́рма

agree [ə'gri:] соглаша́ться;
догова́риваться; I ~ with you
я согла́сен с ва́ми; I don't ~ to
this я не согла́сен на э́то;
let's ~ on the fóllowing да-
ва́йте договори́мся о сле́дую-
щем; ~**able** [ə'grɪəbl] прия́т-
ный; ~**ment** [-mənt] 1) согла-
ше́ние *c*, согла́сие *c*; come to
an ~ment прийти́ к соглаше́-
нию 2) соглаше́ние *c*, догово́р
m; trade ~ment торго́вое со-
глаше́ние

agricultural [ˌægrɪ'kʌltʃərəl]
сельскохозя́йственный

agriculture ['ægrɪkʌltʃə]
се́льское хозя́йство; I'm engáged in ~ я занима́юсь се́ль-
ским хозя́йством

ahead [ə'hed] вперёд; впере-
ди́; go straight ~ иди́те пря́мо
вперёд; who's ~? *спорт.* кто
выи́грывает?, кто ведёт? ◊
go ~! продолжа́йте!

aid [eɪd] 1. *n* по́мощь ж 2.
v помога́ть

AIDS [eɪdz] (acquíred im-
múne deficiency sýndrome)
СПИД (синдро́м приобретён-
ного иммунодефици́та) *m*

aim [eɪm] 1. *n* цель ж;
наме́рение *c*; take ~ це́-
литься 2. *v* 1) прице́ливаться
(*in shooting*) 2) стреми́ться
(at — к) (*strive*)

air [ɛə] 1. *n* 1) во́здух *m*; go
by ~ лете́ть самолётом; post
by ~ посла́ть авиапо́чтой 2)
муз. а́рия ж ◊ what's on the
~ todáy? что сего́дня переда-
ю́т по ра́дио? 2. *a* возду́ш-
ный; авиацио́нный; ~ sérvice
возду́шное сообще́ние; ~ lí-
ner пассажи́рский (ре́йсовый)
самолёт; ~ mail авиапо́чта
ж 3. *v* прове́тривать; ~**bus**
[-bʌs] аэро́бус; ~**-condition-
ing** [-kən'dɪʃənɪŋ] кондицио-
ни́рование во́здуха; ~**craft**
[-krɑ:ft] 1) самолёт *m*; "IL-86"
~craft самолёт «Ил-86» 2)
авиа́ция ж; the énemy ~craft
авиа́ция проти́вника; ~**field**
[-fi:ld] аэродро́м *m* (*небольшой*)

air‖line ['ɛəlaɪn] авиали́ния
ж; ~**-pocket** [-'pɔkɪt] *ав.* воз-
ду́шная я́ма; ~**port** [-pɔːt]
аэропо́рт *m*

aisle [aɪl] *амер.* прохо́д *m*
(*между рядами*)

alarm [ə'lɑːm] 1. *n* трево́га ж
2. *v* (вс)трево́жить; ~**-clock**
[-klɔk] буди́льник *m*

album ['ælbəm] 1) альбо́м *m*
2) (граммофо́нная) пласти́нка
(*или* пласти́нки) (*в одном
пакете*); her látest ~ of folk
songs is all sold óut после́д-
няя пласти́нка наро́дных пе́-
сен в её исполне́нии распро́да-
на

alcohol ['ælkəhɔl] спирт *м*, алкого́ль *м*

alderman ['ɔːldəmən] *брит.* 1) член городско́го управле́ния *(in a city)* 2) член сове́та гра́фства *(in a county)*

ale [eɪl] эль *м*, све́тлое пи́во

alert [ə'ləːt] трево́га *ж* ◊ be on the ~ быть насторо́же

alien ['eɪlɪən] 1. *n* иноподда́нный *м* 2. *a* чу́ждый; инозе́мный *(foreign)*

alike [ə'laɪk] 1. *a:* be ~ быть похо́жим(и) 2. *adv* равно́, одина́ково

alive [ə'laɪv] 1) живо́й *(living)* 2) бо́дрый *(active)*

alkali ['ælkəlaɪ] *хим.* ще́лочь *ж*; ~ne [-aɪn] *хим.* щелочно́й

all [ɔːl] 1. *a* 1) весь, вся, всё, все; ~ my fríends все мои́ друзья́ 2) вся́кий; beyónd ~ doubt вне вся́кого сомне́ния 2. *n* всё, все; ~ of them (us) все они́ (мы); that's ~ э́то всё; in ~ всего́ 3. *adv* всеце́ло, по́лностью ◊ ~ alóne оди́н; ~ óver повсю́ду; ~ óver agáin всё снача́ла; ~ the bétter тем лу́чше; ~ the same всё равно́; at ~ совсе́м, соверше́нно; I'll be there befóre eight if at ~ я бу́ду там к восьми́, е́сли я вообще́ приду́; thank you! — Not at ~ спаси́бо! — Не за что

allege [ə'ledʒ] утвержда́ть *(обычно без доказа́тельств)*; an ~d violátion наруше́ние, я́кобы, име́вшее ме́сто

allergy ['ælədʒɪ] аллерги́я *ж*

alley ['ælɪ] 1) алле́я *ж* 2) у́зкая у́лица, переу́лок *м (lane)*

alliance [ə'laɪəns] сою́з *м*

allow [ə'lau] разреша́ть, позволя́ть; ~ no deviátions не допуска́ть отклоне́ний; ~ance [-əns] годово́е (ме́сячное) содержа́ние, посо́бие ◊ make ~ances for учи́тывать, де́лать ски́дку на

all right [.ɔːl'raɪt]: ~ ! хорошо́!, ла́дно! (согла́сен!); it's ~ всё в поря́дке; I'm quite ~ у меня́ всё в поря́дке; я цел и невреди́м

allude [ə'luːd] намека́ть, ссыла́ться (to *smth* — на *что-л.*)

allusion [ə'luːʒn] 1) намёк *м (hint)* 2) ссы́лка *ж (reference)*

ally 1. *n* ['ælaɪ] сою́зник *м* 2. *v* [ə'laɪ]: be allíed with вступа́ть в сою́з; объединя́ться

almond ['ɑːmənd] минда́ль *м*

almost ['ɔːlməust] почти́; едва́ не; ~ all почти́ все

alone [ə'ləun] оди́н, одино́кий; can you do it ~ ? вы мо́жете э́то сде́лать са́ми?; you ~ can do it то́лько вы мо́жете э́то сде́лать

along [ə'lɔŋ] вдоль, по; let's walk ~ the street (дава́йте) пройдёмся по у́лице ◊ come ~ ! пошли́!; get ~ with smb ла́дить с кем-л.; get ~ with smth де́лать успе́хи в чём-л.; get ~ without smth обходи́ться без чего́-л.; ~side [-'saɪd] вдоль ◊ ~side with наряду́ с

aloud [ə'laud] гро́мко, вслух

alphabet [ˈælfəbɪt] алфавит *м*

Alpine [ˈælpaɪn]: ~ skiing горнолыжный спорт

already [ɔːlˈredɪ] уже; the train has ~ left поезд уже ушёл

also [ˈɔːlsəu] также, тоже

altar [ˈɔːltə] алтарь *м*

alter [ˈɔːltə] (видо)изменять(ся); ~ the itinerary изменить маршрут; ~ a skirt перешить юбку; ~ation [ˌɔːltəˈreɪʃn] переделка *ж*

alternative [ɔːlˈtəːnətɪv] альтернатива *ж*, выбор *м*; I've got no ~ у меня нет выбора; I am in favour of the third ~ я за третий вариант

although [ɔːlˈðəu] хотя, несмотря на

altitude [ˈæltɪtjuːd] высота *ж* (*тж.* над уровнем моря); at high (low) ~ на большой (небольшой) высоте

alto [ˈæltəu] *муз.* 1) контральто *с* (*lowest female voice*) 2) альт *м* (*highest male voice*)

altogether [ˌɔːltəˈgeðə] вполне, всецело; it's ~ different это совершенно другое дело; it's ~ bad это никуда не годится

always [ˈɔːlweɪz] всегда

a.m. [ˌeɪˈem] (ante meridiem) до полудня; 5. a.m. 5 часов утра; 1 a.m. 1 час ночи

am [æm] *1 л. ед. ч. наст. от* be

amalgamated [əˈmælgəmeɪ-tɪd] объединённый, соединённый

amateur [ˈæmətəː] 1. *n* любитель *м*, непрофессионал *м*; 2. *a* любительский; ~ performances самодеятельность *ж*; ~ theatricals самодеятельный спектакль

amaze [əˈmeɪz] изумлять; ~ment [-mənt] изумление *с*

ambassador [æmˈbæsədə] посол *м*; A. Extraordinary and Plenipotentiary Чрезвычайный и Полномочный Посол

ambiguous [æmˈbɪgjuəs] неясный; двусмысленный

ambition [æmˈbɪʃn] 1) честолюбие *с* 2) стремление *с* (*strong desire*)

ambitious [æmˈbɪʃəs] честолюбивый; ~ plan грандиозный план

ambulance [ˈæmbjuləns] скорая помощь (*автомашина*)

amendment [əˈmendmənt] поправка *ж* (*to a document*)

American [əˈmerɪkən] 1. *a* американский; ~ eagle американский орёл (*особ. на государственной печати США*); ~ Indian (американский) индеец; ~ plan на полном пансионе (*система оплаты за гостиницу*) 2. *n* американец *м*, американка *ж*

amiable [ˈeɪmjəbl] дружелюбный, милый, любезный

amnesty [ˈæmnɪstɪ] амнистия *ж*

among [əˈmʌŋ] между, среди; you're ~ friends вы среди друзей

amount [ə'maunt] **1.** *n* 1) су́мма *ж*, ито́г *м* (*total*) 2) коли́чество *с* (*quantity*) **2.** *v*: ~ to равня́ться, составля́ть су́мму; what does the bill ~ to? на каку́ю су́мму счёт?

amphitheatre ['æmfɪθɪətə] амфитеа́тр *м*

ample ['æmpl] по́лный, доста́точный; просто́рный; there is ~ time yet ещё мно́го вре́мени

amplifier ['æmplɪfaɪə] *радио* усили́тель *м*

amuse [ə'mju:z] забавля́ть, развлека́ть; **~ment** [-mənt] развлече́ние *с*; ~ment park парк с аттракцио́нами

amusing [ə'mju:zɪŋ] заба́вный, смешно́й

an [æn] *см.* a

anaesthe‖sia [ˌænɪs'θi:zɪə] нарко́з *м*, анестези́я *ж*; **~tize** [ə'ni:sθɪtaɪz] дава́ть нарко́з, обезбо́ливать

analyse ['ænəlaɪz] анализи́ровать, разбира́ть

analysis [ə'næləsɪs] (*pl* ana'lyses) ана́лиз *м*

ancestor ['ænsestə] пре́док *м*

anchor ['æŋkə] я́корь *м*; cast (drop) ~ бро́сить я́корь; ~ man *радио, тлв.* веду́щий програ́мму (*особ., програ́мму новостей*)

ancient ['eɪnʃənt] стари́нный, дре́вний; ~ art дре́внее иску́сство; ~ coin стари́нная моне́та

and [ænd] 1) и; peace ~ friendship мир и дру́жба; ~ so

on и так да́лее 2) а; I'll go ~ you stay here я пойду́, а вы оставля́йтесь здесь ◊ go ~ see пойди́(те) посмотри́(те)

anew [ə'nju:] сно́ва; за́ново, по-но́вому

angel ['eɪndʒəl] а́нгел *м*

anger ['æŋgə] гнев *м*

angle I ['æŋgl] *мат.* у́гол *м*; acúte (right, obtúse) о́стрый (прямо́й, тупо́й) у́гол

angle II 1. *n* крючо́к (*рыболо́вный*) **2.** *v* уди́ть ры́бу; **~r** [-ə] рыболо́в *м*

Anglican ['æŋglɪkən] *рел.* англика́нский

Anglo-Saxon [ˌæŋgləu'sæksən] **1.** *a* англосаксо́нский **2.** *n* англоса́кс *м*

angry ['æŋgrɪ] серди́тый; be ~ with smb серди́ться на кого́-л.

animal ['ænɪməl] **1.** *n* живо́тное *с* **2.** *a*: ~ húsbandry животново́дство *с*; ~ hóspital *амер.* ветерина́рная лече́бница

ankle ['æŋkl] лоды́жка *ж*, щи́колотка *ж*

annex 1. *n* ['æneks] приложе́ние *с* (*to a paper, a book, etc*) **2.** *v* [ə'neks] присоединя́ть; аннекси́ровать; **~ation** [ˌænek'seɪʃn] присоедине́ние *с*; анне́ксия *ж*

annihilation [əˌnaɪə'leɪʃn] уничтоже́ние *с*

anniversary [ˌænɪ'və:sərɪ] годовщи́на *ж*

announce [ə'nauns] 1) объявля́ть; it is offícially ~d ... офици́ально объя́влено...; ~ the resúlts объяви́ть результа́ты 2) докла́дывать (о посетите-лях); ~ Mr. Smith доложи́ть о прихо́де г-на Сми́та; ~ment [-mənt] объявле́ние с; ~r [-ə] ди́ктор м

annoy [ə'nɔɪ] досажда́ть, раздража́ть

annual ['ænjuəl] 1) годово́й; ~ íncome годово́й дохо́д 2) ежего́дный; ~ cónference ежего́дная конфере́нция

another [ə'nʌðə] 1) друго́й; I don't like this room, may I have ~ ? мне не нра́вится э́тот но́мер, мо́жно получи́ть друго́й? 2) ещё оди́н; please give me ~ cup of cóffee пожа́-луйста, да́йте мне ещё (одну́) ча́шку ко́фе

answer ['ɑːnsə] **1.** n отве́т м; in ~ to your létter of Jánuary first... в отве́т на ва́ше письмо́ от пе́рвого января́... **2.** v отве-ча́ть; ~ a quéstion (a létter) отве́тить на вопро́с (на письмо́)

ant [ænt] мураве́й м

antagonism [æn'tægənɪzm] вражда́ ж

antarctic [æn'tɑːktɪk] ан-таркти́ческий

anthem ['ænθəm] гимн м; nátional ~ госуда́рственный гимн

antibiotic [ˌæntɪbaɪ'ɔtɪk] ан-тибио́тик м

anticipate [æn'tɪsɪpeɪt] ожи-да́ть, предви́деть

anticipation [ænˌtɪsɪ'peɪʃn] ожида́ние с; предвкуше́ние с; in ~ of в ожида́нии; thánking you in ~ зара́нее благода́р-ный (в письме́)

antidote ['æntɪdəut] противо-я́дие с

antifreeze ['æntɪfriːz] анти-фри́з м

antique [æn'tiːk] 1) дре́вний, стари́нный; ~ shop антиква́р-ный магази́н 2) анти́чный (of ancient Greece and Rome)

anxiety [æŋ'zaɪətɪ] беспо-ко́йство с, трево́га ж

anxious ['æŋkʃəs] 1) озабо́-ченный; встрево́женный (dis-turbed) 2) стра́стно жела́ю-щий (eager)

any ['enɪ] како́й-нибудь; лю-бо́й; in ~ case в любо́м слу́-чае, при любы́х обстоя́тель-ствах; have you ~ móney? у вас есть (каки́е-нибудь) де́ньги?

any‖body ['enɪˌbɔdɪ] кто́-ни-будь; will ~ be at the státion to meet me? кто́-нибудь встре́-тит меня́ на вокза́ле?; ~how [-hau] 1) ка́к-нибудь 2) всё--таки; ~how, I don't belíeve it и всё-таки я не ве́рю; ~one [-wʌn] любо́й, вся́кий; кто́--нибудь; ~thing [-θɪŋ] 1) что́--нибудь; is there ~thing for me? есть ли что́-нибудь для меня́? 2) что уго́дно; choose ~thing you líke выбира́йте то, что вам нра́вится; ~way [-weɪ] всё равно́; так и́ли ина́-че; ~where [-wɛə] 1) где́--нибудь, куда́-нибудь 2) где уго́дно, куда́ уго́дно; you may come across it ~where вы мо́жете встре́тить э́то повсю́ду

apart [ə'pɑːt] 1) в стороне́; set ~ отложи́ть 2) врозь, по́рознь; pack them ~, please запаку́йте их, пожа́луйста, отде́льно ◊ ~ from не счита́я, кро́ме; take *smth* ~ разобра́ть что-л.

apartment [ə'pɑːtmənt] 1) *брит. обыкн. pl* меблиро́ванные ко́мнаты *мн.* 2) *амер.* кварти́ра *ж;* ~ house (*building*) многокварти́рный дом

ape [eɪp] обезья́на *ж (человекообра́зная)*

aperture ['æpətʃə] *фото* диафра́гма *ж*

apiece [ə'piːs] 1) за шту́ку; how much is it ~? ско́лько сто́ит шту́ка? 2) на ка́ждого; it will be five dóllars ~ э́то бу́дет по пять до́лларов с ка́ждого

apologize [ə'pɔlədʒaɪz] извиня́ться (for *smth* — за что-л.; to *smb* — пе́ред кем-л.)

apology [ə'pɔlədʒɪ] извине́ние *с;* make (óffer) an ~ принести́ извине́ние, извини́ться

apparatus [ˌæpə'reɪtəs] 1) прибо́р *м*, аппара́т *м* 2) *спорт.* снаря́д *м*

apparent [ə'pærənt] очеви́дный, я́вный; ~ly [-lɪ] очеви́дно, по-ви́димому

appeal [ə'piːl] **1.** *n* 1) призы́в *м;* обраще́ние *с* 2) *юр.* апелля́ция *ж* ◊ have ~ нра́виться; the film has géneral ~ фильм нра́вится широ́кой пу́блике **2.** *v* (to *smb* for *smth*) взыва́ть (к кому-л. о чём-л.) (*call upon*)

appear [ə'pɪə] 1) выходи́ть, появля́ться; this pа́per ~s évery óther day э́та газе́та выхо́дит че́рез день 2) каза́ться (*seem*) 3) выступа́ть (*on the stage, etc*); ~ance [ə'pɪərəns] 1) появле́ние *с* 2) нару́жность *ж*, (вне́шний) вид (*outward look*) 3) выступле́ние *с* (*on the stage, etc*)

appendicitis [əˌpendɪ'saɪtɪs] аппендици́т *м*

appendix [ə'pendɪks] 1) приложе́ние *с (to a book)* 2) *мед.* аппе́ндикс *м*

appetite ['æpɪtaɪt] аппети́т *м;* I have no ~ left у меня́ пропа́л аппети́т

appetizer ['æpɪtaɪzə] заку́ска *ж*

applaud [ə'plɔːd] аплоди́ровать

applause [ə'plɔːz] аплодисме́нты *мн.*

apple ['æpl] я́блоко *с;* ~ juice я́блочный сок; ~-pie [-'paɪ] я́блочный пиро́г; ~-tart [-tɑːt] *брит.* я́блочный пиро́г; ~-tree [-triː] я́блоня *ж*

appliance [ə'plaɪəns] приспособле́ние *с*, прибо́р *м;* eléctrical ~s электроприбо́ры; home ~s бытова́я те́хника

applicant ['æplɪkənt] проси́тель *м;* челове́к, претенду́ющий на ме́сто (до́лжность); кандида́т *м*

application [ˌæplɪ'keɪʃn] 1) заявле́ние *с* 2) примене́ние *с*, употребле́ние *с (use)*

applied [ə'plaɪd] прикладно́й; ~ arts прикладно́е иску́сство; ~ scíence прикладны́е нау́ки

apply [ə'plaɪ] 1) (to *smb for smth*) обраща́ться (к кому́--л. по по́воду *чего-л.*) 2) (to *smth*) прилага́ть, применя́ть (к *чему-л.*); ~ a new méthod примени́ть но́вый ме́тод

appoint [ə'pɔɪnt] (to *a post*) назнача́ть (на *должность*); ~ment [-mənt] 1) назначе́ние *с* 2) до́лжность *ж* (*post*) 3) (делово́е) свида́ние, (делова́я) встре́ча; I have an ~ment at six у меня́ встре́ча в шесть (часо́в); can you give me an ~ment for tomórrow? не смогли́ бы вы приня́ть меня́ за́втра?; keep (break) an ~ment прийти́ (не прийти́) в назна́ченное вре́мя

appreciate [ə'priːʃɪeɪt] 1) понима́ть; I ~ your próblems я понима́ю ва́ши тру́дности 2) цени́ть; быть благода́рным; I would ~ your co-operátion я был бы призна́телен вам за соде́йствие

apprentice [ə'prentɪs] учени́к *м*, подмасте́рье *м*; ~ship [ə'prentɪʃɪp] учени́чество *с*, уче́ние *с*

approach [ə'prəʊtʃ] 1. *v* приближа́ться; подходи́ть (*come near*) 2. *n* 1) приближе́ние *с*; ~ of winter приближе́ние зимы́ 2) подхо́д *м*; ~ to a quéstion подхо́д к вопро́су

appropriate 1. *a* [ə'prəʊprɪɪt] подходя́щий, соотве́тствующий **2.** *v* [ə'prəʊprɪeɪt] 1) при-

сва́ивать 2) (*for*) ассигнова́ть (на це́ли)

approval [ə'pruːvəl] одобре́ние *с*

approve [ə'pruːv] одобря́ть; ~ the repórt утверди́ть докла́д; not to ~ his cónduct не одобря́ть его́ поведе́ние

approximate [ə'prɔksɪmɪt] приблизи́тельный

apricot ['eɪprɪkɔt] абрико́с *м*
April ['eɪprəl] апре́ль *м*
apron ['eɪprən] фа́ртук *м*
apt [æpt] 1) подходя́щий 2) спосо́бный; ~ púpil спосо́бный учени́к 3) скло́нный, подве́рженный (*likely to*); ~itude ['æptɪtjuːd]: ~ test прове́рка спосо́бностей

aquatics [ə'kwætɪks] *pl* во́дный спорт

Arab ['ærəb] **1.** *a* ара́бский **2.** *n* ара́б *м*; ~ian [ə'reɪbɪən] арави́йский; "~ian Nights" «Ты́сяча и одна́ ночь» (*сказки*); ~ic ['ærəbɪk] **1.** *a* ара́бский **2.** *n* ара́бский язы́к

arable ['ærəbl] па́хотный; ~ land па́хота *ж*

arbitrary ['ɑːbɪtrərɪ] произво́льный; ~ decísion необосно́ванное (произво́льное) реше́ние

arch [ɑːtʃ] а́рка *ж*
archaeology [ˌɑːkɪ'ɔlədʒɪ] археоло́гия *ж*
archaic [ɑː'keɪɪk] устаре́лый, архаи́ческий
archbishop [ˌɑːtʃ'bɪʃəp] архиепи́скоп *м*
archipelago [ˌɑːkɪ'peləgəʊ] архипела́г *м*

architect [ˈɑːkɪtekt] архитéк-
тор *м*; ~ure [ˈɑːkɪtektʃə] ар-
хитектýра *ж*

arctic [ˈɑːktɪk] поля́рный,
аркти́ческий

ardent [ˈɑːdənt] 1) горя́чий;
~ heat зной *м* 2) горя́чий,
ре́вностный; ~ suppórter горя́-
чий сторо́нник

ardour [ˈɑːdə] жар *м*, пыл *м*;
рве́ние *с*

arduous [ˈɑːdjuəs] тяжёлый,
напряжённый; ~ jobs тяжё-
лые рабóты

are [ɑː] *2-е лицо ед. и мн.
наст. времени глагола* be

area [ˈɛərɪə] 1) простра́нство
с, пло́щадь *ж* 2) райóн *м*, óбласть *ж*; in the Lóndon ~
в райóне Лóндона ◊ ~ code
амер. (телефóнный) код (гóрода *или* райóна)

arena [əˈriːnə] аре́на *ж*; on
the internátional ~ на между-
нарóдной аре́не

aren't [ɑːnt] *разг.* = are not

argue [ˈɑːgjuː] 1) спóрить
(dispute) 2) дока́зывать; убеж-
дáть *(try to prove)*

argument [ˈɑːgjumənt] 1) дó-
вод *м*, аргумента́ция *ж*
(reason) 2) спор *м* *(contro-
versy)*

aria [ˈɑːrɪə] а́рия *ж*

arid [ˈærɪd] засу́шливый,
сухóй

arise [əˈraɪz] (aróse; arísen)
возника́ть, появля́ться; ~n
[əˈrɪzn] *pp от* aríse

arithmetic [əˈrɪθmətɪk]
арифме́тика *ж*

arm I [ɑːm] рука́ *ж (от*

кисти до плеча)*; take smb's
~ взять пóд руку ◊ at ~'s length
хóлодно *(относиться к кому-
-л.)*; with open ~s с распро-
стёртыми объя́тиями

arm II 1. *n обыкн. pl* орý-
жие *с*; ~s race (drive) гóнка
вооруже́ний **2.** *v* вооружáться;
~ed fórces вооружённые си́-
лы; ~ament [-əmənt] воору-
же́ние *с*

arm-chair [ˈɑːmtʃɛə] кре́сло *с*

armistice [ˈɑːmɪstɪs] переми́-
рие *с*

army [ˈɑːmɪ] а́рмия *ж*

arose [əˈrəuz] *past от* aríse

around [əˈraund] **1.** *prep* вокрýг; ~ the cíty вокрýг гóрода
2. *adv:* let's go ~ обойдём(те)
кругóм ◊ is there a phone ~
here? здесь гдé-нибудь есть
телефóн?

arouse [əˈrauz] буди́ть, про-
бужда́ть; ~ the ínterest вы́-
звать интере́с

arrange [əˈreɪndʒ] 1) при-
води́ть в поря́док *(put in order)* 2) устра́ивать; can you
~ this trip? вы мóжете
устрóить э́ту поéздку?; ~ment
[-mənt] 1) устрóйство *с*, рас-
положе́ние *с* 2) *pl* приготов-
ле́ния *мн.*

arrest [əˈrest] **1.** *n* аре́ст *м* **2.**
v аресто́вывать

arrival [əˈraɪvəl] прибы́тие
с; on her ~ по её прибы́тии

arrive [əˈraɪv] прибыва́ть
(at, in); when did you ~ ? когдá вы прие́хали?

arrogance [ˈærəgəns] высо-
коме́рие *с*, надме́нность *ж*

arrow [ˈærəu] стрела́ ж

art [ɑːt] иску́сство с

article [ˈɑːtɪkl] 1) статья́ ж; néwspaper ~ газе́тная статья́ 2) пункт м, пара́граф м; ~ of the Constitútion статья́ конститу́ции; main ~s of trade основны́е статьи́ торго́вли 3) *грам.* арти́кль м, член м

artificial [ˌɑːtɪˈfɪʃəl] иску́сственный; ~ intélligence иску́сственный интелле́кт; ~ respirátion иску́сственное дыха́ние; ~ skáting-rink ле́тний като́к

artist [ˈɑːtɪst] худо́жник м; ~ic [ɑːˈtɪstɪk] худо́жественный

as [æz] **1.** *cj* 1) так как; I must go as it is late я до́лжен идти́, так как уже́ по́здно 2) в то вре́мя как, когда́; did you see the mónument as we passed the square? вы ви́дели па́мятник, когда́ мы проходи́ли по пло́щади? ◊ as if как бу́дто; as to что каса́ется **2.** *adv* как; do as you please де́лайте, как вам уго́дно ◊ as well та́кже; as well as так же как

ascent [əˈsent] восхожде́ние с, подъём м

ash I [æʃ] 1) зола́ ж; пе́пел м 2) *pl* прах м (*remains of human body*)

ash II я́сень м

ashamed [əˈʃeɪmd]: be ~ (of) стыди́ться (чего́-л.)

ashore [əˈʃɔː] к бе́регу (*to the shore*); на берегу́ (*at the*

shore); come ~ приста́ть к бе́регу

ash-tray [ˈæʃtreɪ] пе́пельница ж

Asian [ˈeɪʃn] азиа́тский; ~ cóuntries стра́ны А́зии

Asiatic [ˌeɪʃɪˈætɪk] азиа́тский

aside [əˈsaɪd] в сто́рону; take smb ~ отвести́ кого́-л. в сто́рону

ask [ɑːsk] 1) спра́шивать; may I ~ your name? скажи́те, пожа́луйста, как вас зову́т? 2) осведомля́ться (abóut, áfter — о) 3) проси́ть; I ~ you to post the létter прошу́ вас, отпра́вьте э́то письмо́; ~ one to dínner пригласи́ть кого́-л. на обе́д

asleep [əˈsliːp]: be ~ спать; fall ~ засну́ть

aspect [ˈæspekt] 1) вид м (*view*) 2) аспе́кт м, сторона́ ж; ~ of the próblem сторона́ вопро́са

aspen [ˈæspən] оси́на ж

asphalt [ˈæsfælt] **1.** *n* асфа́льт м **2.** *v* асфальти́ровать

ass [æs] осёл м

assault [əˈsɔːlt] **1.** *n* 1) нападе́ние с; ата́ка ж; штурм м 2) *юр.* оскорбле́ние де́йствием; наси́лие с **2.** *v* напада́ть; штурмова́ть

assemble [əˈsembl] 1) собира́ть(ся) 2) *тех.* собира́ть, монти́ровать

assembly [əˈsemblɪ] 1) собра́ние с; ассамбле́я ж 2): ~ line сбо́рочный конве́йер

assert [əˈsɜːt] 1) утвержда́ть 2) отста́ивать, защища́ть; ~

oneself отста́ивать свои́ права́; ~ion [ə'sə:ʃn] утвержде́ние *с*

asset ['æset] 1) иму́щество *с* 2) *pl фин.* акти́вы; ~s and liabílities акти́в и пасси́в *с*) *перен.* бла́го *с*; he is an ~ to his team он — большо́е приобрете́ние для кома́нды

assign [ə'saɪn] 1) назнача́ть; ~ a day назна́чить день 2) дава́ть *(задание)*; ~ a task (to *smb*) дать зада́ние *(кому-л.)*, поста́вить зада́чу *(перед кем-л.)*; ~ment [-mənt] 1) назначе́ние *с* 2) зада́ние *с (task)*

assist [ə'sɪst] помога́ть; соде́йствовать; ~ance [-əns] по́мощь *ж*; соде́йствие *с*; rénder ~ance ока́зывать по́мощь (соде́йствие); ~ant [-ənt] помо́щник *м*, ассисте́нт *м*; ~ant proféssor доце́нт *м*

associate [ə'səuʃɪeɪt] 1) партнёр *м*, компаньо́н *м (in business)* 2) сотру́дник *м*, колле́га *м*; ~ proféssor адъю́нкт-профе́ссор *м*; ~ transláter мла́дший перево́дчик

association [ə,səusɪ'eɪʃn] о́бщество *с*; ассоциа́ция *ж*; A. fóotball *брит.* футбо́л *м*

assume [ə'sju:m] 1) брать на себя́; присва́ивать себе́; an ~d name псевдони́м *м*, вы́мышленное и́мя 2) предполага́ть, допуска́ть *(suppose)*

assure [ə'ʃuə] уверя́ть

astonish [ə'stɔnɪʃ] удивля́ть, изумля́ть; ~ment [-mənt] удивле́ние *с*, изумле́ние *с*

astrakhan ['æstrəkən] кара́куль *м*

astronaut ['æstrənɔ:t] космона́вт *м*

asylum [ə'saɪləm] 1) прию́т *м*; убе́жище *с*; grant polítical ~ предоста́вить полити́ческое убе́жище 2) *(тж.* lúnatic asýlum) психиатри́ческая лече́бница

at [æt] 1) в; at noon в по́лдень 2) на; at a fáctory на заво́де 3) за; at dínner за обе́дом 4) при; у; at the door у двере́й ◊ at first снача́ла; at last наконе́ц; at least по кра́йней ме́ре; at once сейча́с же, неме́дленно

ate [et] *past от* eat

atheist ['eɪθɪɪst] атейст *м*

athlete ['æθli:t] спортсме́н *м*; атле́т *м*

athletic [æθ'letɪk]: ~ competítions спорти́вные состяза́ния; ~s [-s] *pl* атле́тика *ж*; гимна́стика *ж*

atlas ['ætləs] *геогр.* а́тлас *м*

atmosphere ['ætməsfɪə] атмосфе́ра *ж*

atom ['ætəm] а́том *м*; ~ic [ə'tɔmɪk] а́томный; cívil (péaceful) úses of ~ic énergy ми́рное примене́ние а́томной эне́ргии; ~ic pile я́дерный реа́ктор

atrocity [ə'trɔsɪtɪ] зве́рство *с*

attach [ə'tætʃ] 1) прикрепля́ть, присоединя́ть; ~ a stamp прикле́ить ма́рку 2): ~ impórtance (to) придава́ть значе́ние

attaché [ə'tæʃeɪ] атташе́ *м нескл.*; ~ case (пло́ский) че-

модáнчик для бумáг, «дипло-
мáт»

attachment [ə'tætʃmənt]
привя́занность ж

attack [ə'tæk] **1.** *n* 1) атáка
ж; нападéние *с* 2) припá-
док *м*, прúступ *м (болезни)*;
~ of appendicítis прúступ ап-
пендицúта; heart ~ сердéчный
прúступ **2.** *v* атаковáть; на-
падáть

attain [ə'teɪn] достúгнуть;
добúться

attempt [ə'tempt] **1.** *n* 1)
попы́тка ж; make an ~ сдéлать попы́тку 2) покушéние *с*
(on, upón — на) **2.** *v* пытáться

attend [ə'tend] 1) забó-
титься; will you ~ to the mátter? позабóтьтесь, пожáлуйста, об э́том дéле 2) прислý-
живать (on, upón) 3) при-
сýтствовать; did you ~ the
cónference? вы бы́ли на кон-
фері́ции?; ~ance [-əns] 1)
ухóд *м*; médical ~ance медицúнский ухóд 2) посещáемость
ж; large ~ance многочúслен-
ная аудитóрия; ~ant [-ənt]
служúтель *м*

attention [ə'tenʃn] внимáние
с; pay ~ to... обратúть внимáние на...

attentive [ə'tentɪv] внимá-
тельный

attic ['ætɪk] чердáк *м*

attitude ['ætɪtjuːd] 1) отношéние *с*, позúция ж 2) пó-
за ж *(posture of body)*

attorney [ə'tɜːnɪ] 1) повé-
ренный *м*; адвокáт *м* 2) *амер.*
прокурóр *м*; A. Géneral a)

минúстр юстúции *(в США)*;
б) генерáльный прокурóр *(в
Великобритании)*

attract [ə'trækt] притя́ги-
вать, привлекáть; ~ atténtion привлéчь внимáние; ~ion
[ə'trækʃn] *физ.* притяжéние *с*;
~ive [-ɪv] привлекáтельный;
замáнчивый

auction ['ɔːkʃn] аукциóн *м*

audible ['ɔːdəbl] слы́шный;
слы́шимый

audience ['ɔːdɪəns] 1) аудú-
тóрия ж, пýблика ж, слýша-
тели *мн.* 2) аудиéнция ж;
grant an ~ дать аудиéнцию

audit ['ɔːdɪt] **1.** *n фин.* ревú-
зия ж **2.** *v фин.* проводúть
ревúзию

audition [ɔ'dɪʃn] *театр.* про-
слýшивание *с*

August ['ɔːgəst] áвгуст *м*

aunt [ɑːnt] тётя ж, тётка ж

auspice ['ɔːspɪs] под эгú-
дой; únder the ~s of the
Uníted Nátions при ООН

author ['ɔːθə] áвтор *м*, писáтель *м*

authority [ɔː'θɒrɪtɪ] 1)
власть ж, полномóчия *мн.*
(power) 2) *pl* влáсти *мн.* 3) авторитéт *м (prestige)*

authorize ['ɔːθəraɪz] уполно-
мóчивать

autobiography [ˌɔːtəubaɪ-
'ɒgrəfɪ] автобиогрáфия ж

autograph ['ɔːtəgrɑːf] автó-
граф *м*; may I have your ~,
please дáйте, пожáлуйста, ав-
тóграф

automatic [ˌɔːtə'mætɪk] автo-
матúческий; ~ pílot автопи-

лóт *м*; ~ transmission *авто* автоматѝческая трансмѝссия

automation [ˌɔːtəˈmeɪʃn] автоматизáция *ж*

automobile [ˈɔːtəməubiːl] *амер.* машѝна *ж*, автомобѝль *м*; ~ inspéction *авто* техосмóтр *м*; ~ repáirs ремóнт автомобѝлей

autonomous [ɔːˈtɔnəməs] автонóмный

autonomy [ɔːˈtɔnəmɪ] автонóмия *ж*

autumn [ˈɔːtəm] óсень *ж*

auxiliary [ɔːgˈzɪljərɪ] вспомогáтельный

available [əˈveɪləbl] достýпный; налѝчный, имéющийся в распоряжéнии; all ~ méasures все возмóжные мéры; is he ~ for the job? а бýдет ли у негó возмóжность взя́ться за э́ту рабóту?

avalanche [ˈævəlɑːnʃ] (снéжная) лавѝна

avenue [ˈævɪnjuː] 1) *амер.* проспéкт *м* 2) аллéя *ж* (*in a park*)

average [ˈævərɪdʒ] 1. *n*: at (on) an ~ в срéднем 2. *a* срéдний

avert [əˈvəːt] предотвращáть

aviation [ˌeɪvɪˈeɪʃn] авиáция *ж*; cívil ~ граждáнская авиáция

avoid [əˈvɔɪd] избегáть

awake [əˈweɪk] 1. *v* (awóke; awóke, awáked) будѝть 2. *a*: be ~ бóдрствовать, не спать

award [əˈwɔːd] 1. *v* присуждáть; награждáть; ~ the first prize присудѝть пéрвую прéмию 2. *n* награ́да *ж*; peace ~ прéмия мѝра

aware [əˈwɛə]: be ~ of знать; I am ~ that... мне извéстно (я зна́ю), что...

away [əˈweɪ] 1) прочь; throw ~ вы́бросить 2): be ~ отсýтствовать

awful [ˈɔːful] ужáсный; ~ly [-lɪ]: I'm ~ly glad я óчень рад

awkward [ˈɔːkwəd] неуклю́жий, нелóвкий

awoke [əˈwəuk] *past и pp от* awáke

axe [æks] топóр *м*

axis [ˈæksɪs] (*pl* áxes) ось *ж*

B

B [biː] 1) B blood type трéтья грýппа крóви 2) *муз.* си; B májor си мажóр

BA [ˌbiːˈeɪ] (Brítish Áirways) "Брѝтиш Эруэ́йз" (*британская авиакомпания*)

B.A. [ˌbiːˈeɪ] (Báchelor of Arts) бакалáвр искýсств (*первая университетская степень по гуманитарным наукам*)

baby [ˈbeɪbɪ] ребёнок *м*, младéнец *м*; ~ cárriage *амер.* дéтская коля́ска; ~-sitter [-sɪtə] приходя́щая ня́ня

bachelor I [ˈbætʃələ] холостя́к *м*

bachelor II бакала́вр *м*; B. of Arts (Médicine) бакала́вр иску́сств (медици́ны)

back [bæk] **1.** *n* 1) спина́ *ж*; behínd one's ~ за спино́й кого́-л. 2) спи́нка *ж*; the ~ of a chair спи́нка сту́ла 3) *спорт.* защи́тник *м* ◊ ~ of the head заты́лок *м* **2.** *a* за́дний; ~ éntrance чёрный ход **3.** *adv* наза́д; the way ~ обра́тный путь **4.** *v* 1): (up) поддё́рживать, подкрепля́ть *(support)* 2) *(брит. тж.* back off; *амер. тж.* back up) оса́живать, отводи́ть; please ~ off a bit пожа́луйста, пода́йте наза́д (маши́ну) ◊ ~ down идти́ на попя́тный; ~ out (of) увили́вать; выкру́чиваться *(не выполня́ть обеща́ния)*

back-bencher [ˌbækˈbentʃə] *брит.* заднеска́меечник *(в парла́менте)*

back‖bone [ˈbækbəun] позвоно́чник *м*; ~**-drop** [-drɔp] *театр.* за́дник *м*; ~**-fire** [-faɪə] уда́рить бумера́нгом (по кому́-л.); ~**ground** [-graund] фон *м*, за́дний план; agáinst the ~ground of на фо́не *(чего́-л.)*; ~ground informátion спра́вочный материа́л; ~**-lash** [-læʃ] *амер. полит.* отве́тный уда́р, «бумера́нг»; ~**-log** [-lɔg] отстава́ние от пла́на; несде́ланные дела́; we have a huge ~-log of unfílled órders у нас накопи́лась ку́ча невы́полненных зака́зов; ~**-stage** [-steɪdʒ] за кули́сами; ~**-stage deal** закули́сная сде́лка; ~**stop** [-stɔp] *спорт.* подстрахова́ть; подстрахо́вывать

back-up [ˈbækʌp] **1.** *n* резе́рв *м* **2.** *a* резе́рвный, запасно́й

backward [ˈbækwəd] отста́лый; ~ cóuntry отста́лая страна́; ~**s** [-z] наза́д

bacon [ˈbeɪkən] беко́н *м*

bad [bæd] (worse; worst) 1) плохо́й, скве́рный; ~ lánguage брань *ж* 2) испо́рченный; go ~ по́ртиться 3) больно́й; ~ knee больна́я коле́нка 4) си́льный, о́стрый; ~ pain о́страя боль; ~ cold си́льная просту́да

bad(e) [bæd (beɪd)] *past от* bid

badge [bædʒ] значо́к *м*

badger [ˈbædʒə] барсу́к *м*

badly [ˈbædlɪ] (worse; worst) 1) пло́хо; play ~ пло́хо игра́ть 2) о́чень, кра́йне; I want it ~ мне э́то о́чень ну́жно

badminton [ˈbædmɪntən] бадминто́н *м*

bag [bæg] 1) мешо́к *м (sack)* 2) су́мка *ж (handbag)*; чемода́н *м (suitcase)*

baggage [ˈbægɪdʒ] *амер.* бага́ж *м*; ~**-car** [-kɑ] *амер.* бага́жный ваго́н; ~**-rack** [-ræk] *амер.* бага́жная по́лка; *авто* бага́жник *м (на кры́ше автомоби́ля)*

bag-pipe [ˈbægpaɪp] *муз.* волы́нка *ж*

bail I [beɪl] *юр.* **1.** *n* зало́г *м* **2.** *v*: (out) внести́ зало́г для освобожде́ния до суда́

bail II: ~ out 1) вы́прыгнуть с парашю́том 2) *перен.* отказа́ться от (*идеи, плана*)

bait [beɪt] прима́нка *ж*

bak‖e [beɪk] печь (*что-л.*); ~ed púdding запека́нка *ж*; ~ing sóda питьева́я со́да; ~er [-ə] бу́лочник *м*; ~er's (shop) *брит.* бу́лочная *ж* ◊ ~er's dózen чёртова дю́жина; ~ery [-rɪ] *амер.* бу́лочная *ж*

balance ['bæləns] **1.** *n* 1) весы́ *мн.* (*scales*) 2) равнове́сие *с*; ~ of pówer *полит.* равнове́сие сил; ~ of trade (of páyments) *эк.* торго́вый (платёжный) бала́нс; ~ of térror *полит.* «равнове́сие стра́ха» **2.** *v* балансировать

balcony ['bælkənɪ] 1) балко́н *м* (*тж. театр.*) 2) *амер. театр.* бельэта́ж *м*

bald [bɔːld] лы́сый; ~ spot лы́сина *ж*; ~ eagle *см.* Américan eagle

ball I [bɔːl] 1) шар *м* 2) мяч *м*; a difficult ~ тру́дный мяч; ~ game *амер. особ.* бейсбо́л *м*; ~ pláyer *амер.* бейсболи́ст *м* 3): ~ of the eye глазно́е я́блоко; ~ of the knee коле́нная ча́шечка

ball II бал *м*; give a ~ дать бал; fáncy-dress ~ бал-маскара́д *м*

ballad ['bæləd] балла́да *ж*

ballerina [ˌbælə'riːnə] балери́на *ж*

ballet ['bæleɪ] бале́т *м*; ~-dancer [-ˌdɑːnsə] арти́ст(ка) бале́та; ~-master [-ˌmɑːstə] балетме́йстер *м*

balloon [bə'luːn] возду́шный шар

ballot ['bælət] 1) баллоти-ро́вка *ж* 2) = bállot páper; ~ box избира́тельная у́рна; ~ paper избира́тельный бюлле́нь

ball-point ['bɔːlpɔɪnt]: ~ pen ша́риковая ру́чка

ball-room ['bɔːlrum] танцева́льный зал; ~ dánces совреме́нные та́нцы

bamboo [bæm'buː] бамбу́к *м*

ban [bæn] **1.** *n* запре́т *м*, запреще́ние *с*; ~ on ... запре́т на ... **2.** *v* запреща́ть, налага́ть запре́т; ~ núclear wéapons запрети́ть термоя́дерное ору́жие

banana [bə'nɑːnə] бана́н *м*

band I [bænd] 1) ле́нта *ж* (*strip*) 2): ~-aid *амер.* лейкопла́стырь *м* (*бактерици́дный*)

band II 1) (духово́й) орке́стр 2) ба́нда *ж*; ~ of róbbers ба́нда граби́телей

bandage ['bændɪdʒ] **1.** *n* 1) бинт *м* (*strip of gauze*) 2): adhésive ~ лейкопла́стырь *м* 3) повя́зка *ж* **2.** *v* перевя́зывать, бинтова́ть

bangle ['bæŋgl] брасле́т *м*, запя́стье *с*

banisters ['bænɪstəz] *pl* перила *мн.* (*лестницы*)

banjo ['bændʒəu] *муз.* ба́нджо *с нескл.*

bank I [bæŋk] бе́рег *м* (*реки́*); on the ~ на берегу́

bank II банк *м*; have a ~ accóunt име́ть счёт в ба́нке; ~er [-ə] банки́р *м*

bankrupt [ˈbæŋkrʌpt] банкро́т *m*; go ~ обанкро́титься

bankruptcy [ˈbæŋkrəpsɪ] банкро́тство *c*

banner [ˈbænə] зна́мя *c*; флаг *m* ◊ Star-Spángled B. *амер.* a) *(flag)* «Звёздное зна́мя» *(государственный флаг США)*; б) *(anthem)* «Звёздное зна́мя» *(государственный гимн США)*

banquet [ˈbæŋkwɪt] банке́т *m*

bantam-weight [ˈbæntəmˌweɪt] *спорт.* легча́йший вес *(бокс)*

baptize [bæpˈtaɪz] крести́ть

bar I [bɑː] **1.** *n* 1) брусо́к *m*; ~ of chócolate пли́тка шокола́да 2) препя́тствие *c*; let down the ~s устраня́ть препя́тствия **2.** *v* прегражда́ть

bar II 1) *(тж.* snáck-bar) заку́сочная *ж*; бар *m* 2) сто́йка ба́ра *(counter)*

bar III *юр.* 1) (the B.) адвокату́ра *ж* 2) *перен.* суд *m*

barbecue [ˈbɑːbɪkjuː] **1.** *n* 1) гриль *m*, манга́л *m*; an eléctric ~ электри́ческая жаро́вня 2) жа́реный цыплёнок (бара́н и т. п.— на угля́х) 3): invíte to a ~ пригласи́ть на пикни́к *(шашлык, жаркое и т. п.)* **2.** *v* жа́рить на угля́х

barber [ˈbɑːbə] парикма́хер *m (мужской)*; ~ shop парикма́херская *ж (мужская)*

bare [bɛə] го́лый; ~footed [-ˈfutɪd] босо́й

barely [ˈbɛəlɪ] едва́, лишь *(hardly)*; ~ enóugh в обре́з; he

is ~ áble to hear он е́ле слы́шит

bargain [ˈbɑːgɪn] **1.** *n* сде́лка *ж*; strike a ~ прийти́ к соглаше́нию; that's a ~! по рука́м! ◊ at that price it is a ~ за таку́ю це́ну э́то о́чень дёшево **2.** *v* торгова́ться

barge [bɑːdʒ] ба́ржа *ж*

baritone [ˈbærɪtəun] барито́н *m*

bark I [bɑːk] кора́ *ж (дерева)*

bark II **1.** *n* лай *m* **2.** *v* ла́ять

barley [ˈbɑːlɪ] ячме́нь *m*

bar‖maid [ˈbɑːmeɪd] буфе́тчица *ж*; ~man [-mən] буфе́тчик *m*; ба́рмен *m*

barn [bɑːn] амба́р *m*

barometer [bəˈrɔmɪtə] баро́метр *m*; the ~ is rísing (fálling) баро́метр поднима́ется (па́дает)

barrel [ˈbærəl] бо́чка *ж*

barren [ˈbærən] 1) беспло́дный; неплодоро́дный 2) *перен.* бессодержа́тельный, ску́чный

barrier [ˈbærɪə] барье́р *m*; прегра́да *ж* (to)

barrister [ˈbærɪstə] *брит.* адвока́т *m*

bartender [ˈbɑːˌtendə] *амер.* ба́рмен *m*

base I [beɪs] 1) основа́ние *c (foundation)* 2) ба́за *ж*; nával ~ вое́нно-морска́я ба́за

base II по́длый, ни́зкий *(mean)*

baseball [ˈbeɪsbɔːl] *спорт.* бейсбо́л *m*

basement [ˈbeɪsmənt] 1) фунда́мент *м*, основа́ние *с* 2) подва́л *м (cellar)*; first (second) ~ пе́рвый (второ́й) подва́льный эта́ж *(считая от уровня земли)*

basic [ˈbeɪsɪk] основно́й; ~ prínciples основны́е при́нципы

basin [ˈbeɪsn] 1) таз *м*; ми́ска *ж (vessel)* 2) водоём *м* 3) бассе́йн *м*; coal ~ каменноу́гольный бассе́йн

basis [ˈbeɪsɪs] *(pl* báses) 1) основа́ние *с*, ба́зис *м (foundation)* 2) ба́за *ж (base)*

basket [ˈbɑːskɪt] корзи́н(к)а *ж*

basketball [ˈbɑːskɪtbɔːl] баскетбо́л *м*; ~ pláyer баскетболи́ст *м*

bas-relief [ˈbæsrɪˌliːf] барелье́ф *м*

bass [beɪs] 1) бас *м (voice and singer)* 2) басы́ *мн. (low-pitched tones)*; ~ drum большо́й бараба́н *м*; ~ guitár бас-гита́ра *ж*

bassoon [bəˈsuːn] *муз.* фаго́т *м*

bath [bɑːθ] *брит.* ва́нна *ж*; have (take) a ~ приня́ть ва́нну; room with a ~ но́мер с ва́нной

bathe [beɪð] купа́ться

bathhouse [ˈbɑːθˌhaus] ба́ня *ж*

bathing [ˈbeɪðɪŋ] купа́ние *с*; ~ suit купа́льный костю́м; ~ trunks *pl* купа́льные трусы́, пла́вки *мн.*

bath‖robe [ˈbɑːθrəub] *амер.* (купа́льный) хала́т; **~room** (-rum) ва́нная (ко́мната);

~**tub** [-tʌb] *амер.* ва́нна *ж*

baton [ˈbætən, *амер.* bəˈtɔn] 1) *муз.* дирижёрская па́лочка 2) *спорт.* эстафе́тная па́лочка; pass (hand) the ~ (to) переда́ть эстафе́ту *кому-л.*

battle [ˈbætl] би́тва *ж*, бой *м*

bay I [beɪ] *геогр.* бу́хта *ж*; зали́в *м*

bay II 1) лавр *м*; ~ leaf лавро́вый лист 2) *pl перен.* ла́вры *мн.*

bayonet [ˈbeɪənɪt] штык *м*

BBC [ˌbiːbiːˈsiː] (Brítish Bróadcasting Corporátion) Би-би-си́ (Брита́нская радиовеща́тельная корпора́ция)

B.C. [ˌbiːˈsiː] (before Christ) до н. э. (до на́шей э́ры)

be [biː] *(ед. ч.* was *мн. ч.* were; been) 1) быть; существова́ть; находи́ться; "to be or not to be — that is the quéstion" «быть и́ли не быть — вот в чём вопро́с»; he is in his room now он сейча́с у себя́ в ко́мнате 2) побыва́ть; I've been to the cínema todáy я сего́дня был в кино́ 3) находи́ться; where is it? где э́то нахо́дится? 4) *глагол-связка (в наст. не переводится)*: he is a dóctor он врач 5) *служит для образования глагольных форм:* I am léaving tomórrow за́втра я уезжа́ю; he was sent here by his trade únion он напра́влен сюда́ профсою́зом 6) *выражает долженствование, возможность, намерение:* I am to go there tonight я до́лжен пойти́ туда́ сего́дня вéчером; the cóuntry-house is to let сдаётся дáча; **be about** собирáться; **be after** *(smth)* искáть, *(smb)* преслéдовать; **be away** отсýтствовать; **be back** вернýться; I'll be back in a mínute я вернýсь чéрез минýту; **be in** находиться дóма (на мéсте); he is not in at the móment он вы́шел; **be on** идти́ *(о представлении и т. п.);* what is on tonight? что сегóдня идёт?; **be out** вы́йти, появи́ться; **be over** пройти́, окóнчиться ◊ how are you? как вы поживáете?; sólid as it was the wall gave a crack сколь ни былá стенá прóчной, тем не мéнее онá далá трéщину; will you be so kind as... бýдьте (так) добры́...; be góing собирáться; be well awáy *спорт.* оторвáться на стáрте; оторвáться от проти́вника; be in for *спорт.* учáствовать; is he in for the 100 métres? он бежи́т стометрóвку?

beach [biːtʃ] морскóй бéрег, пляж *м;* взмóрье *с*

beacon ['biːkən] 1) сигнáльный огóнь *(signal-fire)* 2) маяк *м (lighthouse)*

bead [biːd] 1) бýсина *ж* 2) *pl* бýсы *мн.* 3) *pl рел.* чётки *мн.*

beak [biːk] клюв *м*

beam [biːm] 1) луч *м (of light)* 2) *спорт.* бревнó *с*

bean [biːn] боб *м*

bear I [bɛə] медвéдь *м*

bear II (bore; borne) 1) вы-

носи́ть, терпéть; ~ pain выноси́ть боль 2) носи́ть, нести́; you should ~ it in mind! слéдует имéть э́то в видý! 3) *(pp* born) рождáть

beard [biəd] борода́ *ж*

beast [biːst] зверь *м;* ~ of prey хи́щный зверь; ~ly [-lɪ] ужáсный; ~ly héadache (wéather) ужáсная головнáя боль (погóда)

beat [biːt] **1.** *v* (beat; béaten) 1) бить 2) победи́ть *(overcome)* 3) би́ться *(throb);* ~ **back** отрази́ть; ~ **off** отби́ть **2.** *n* ритм *м;* miss the ~ сби́ться с ри́тма

beaten ['biːtn] *pp от* beat 1

beautiful ['bjuːtəful] краси́вый, прекрáсный

beauty ['bjuːtɪ] 1) красотá *ж;* ~ párlour *особ. амер.* космети́ческий кабинéт 2) красáвица *ж (beautiful woman)*

beaver ['biːvə] бобр *м*

became [bɪˈkeɪm] *past от* becóme

because [bɪˈkɔz] потомý что; так как; ~ of из-за, вслéдствие; ~ of the heat из-за жары́

become [bɪˈkʌm] (becáme; becóme) 1) станови́ться, дéлаться; ~ a téacher стать учи́телем; what has ~ of him? что с ним стáло? 2) идти́, быть к лицý; this dress ~s her ей идёт э́то плáтье

bed [bed] 1) постéль *ж,* кровáть *ж;* dóuble (síngle) ~ двуспáльная (односпáльная) кровáть; go to ~ ложи́ться спать 2) клýмба *ж;* гря́дка *ж;* а flówer ~ (цвето́чная) клу́мба

bedding [ˈbedɪŋ] посте́льные принадле́жности

bedroom [ˈbedruːm] спа́льня ж; ~ commúnity (сугу́бо) жило́й райо́н, «Спа́льный городо́к»

bee [biː] пчела́ ж

beech [biːtʃ] бук м

beef [biːf] говя́дина; ~burger = hámburger; ~ tea мясно́й бульо́н

beehive [ˈbiːhaɪv] у́лей м

bee-keeping [ˈbiːˌkiːpɪŋ] пчелово́дство с

been [biːn] pp от be

beer [bɪə] пи́во с; stein of ~, please кру́жку пи́ва, пожа́луйста

beet [biːt] свёкла ж; white ~ са́харная свёкла

beetle [ˈbiːtl] жук м

before [bɪˈfɔː] **1.** prep 1) пе́ред (in front of) 2) до; ~ you arríve до ва́шего прие́зда **2.** adv 1) впереди́ 2) ра́ньше; long ~ задо́лго до **3.** cj пре́жде чем; ~hand [-hænd] зара́нее

beg [beg] проси́ть; ~ párdon проси́ть проще́ния ◇ I ~ to differ позво́лю себе́ не согласи́ться

began [bɪˈgæn] past от begín

beggar [ˈbegə] ни́щий м

begin [bɪˈgɪn] (begán; begún) начина́ть(ся) ◇ to ~ with во-пе́рвых

beginning [bɪˈgɪnɪŋ] нача́ло с; in the ~ внача́ле; at the ~ в нача́ле, внача́ле; from the véry ~ с са́мого нача́ла

begun [bɪˈgʌn] pp от begín

behalf [bɪˈhɑːf]: on (in) ~ of а) от и́мени; б) для, ра́ди, в по́льзу

behave [bɪˈheɪv] вести́ себя́, поступа́ть; ~ yoursélf! веди́те себя́ как сле́дует!

behaviour [bɪˈheɪvɪə] поведе́ние с

behind [bɪˈhaɪnd] **1.** prep за; ~ the státion за вокза́лом **2.** adv позади́, сза́ди; leave ~ обогна́ть

beige [beɪʒ] беж (цвет)

belfry [ˈbelfrɪ] колоко́льня ж

belief [bɪˈliːf] 1) ве́ра ж, ве́рование с (faith) 2) убежде́ние с; мне́ние с; to the best of my ~ наско́лько мне изве́стно 3) дове́рие с (trust)

believe [bɪˈliːv] 1) ве́рить 2) ду́мать, полага́ть; I ~ so я так ду́маю

bell [bel] 1) ко́локол м 2) звоно́к м; ring the ~, please про́сьба звони́ть; ~-**bottom** [-bɔtəm]: ~-bottom tróusers брю́ки клёш; ~**boy** [-bɔɪ] посы́льный м (в гости́нице); коридо́рный м

belles-lettres [ˌbelˈletr] pl худо́жественная литерату́ра, беллетри́стика ж

bellow [ˈbeləu] мыча́ние с

belly [ˈbelɪ] 1) живо́т м 2) желу́док м (stomach)

belong [bɪˈlɔŋ] принадлежа́ть; ~**ings** [-ɪŋz] pl ве́щи мн., пожи́тки мн., принадле́жности мн.

below [bɪˈləu] **1.** adv ни́же, внизу́ **2.** prep ни́же, под; ~ zéro ни́же нуля́

belt [belt] 1) по́яс *м*; реме́нь *м*; sáfety ~ реме́нь безопа́сности 2) зо́на *ж*; the fórest ~ зо́на лесо́в 3) *амер.* конве́йер *м* (*conveyer*)

bench [bentʃ] 1) скаме́йка *ж* 2) верста́к *м*, стано́к *м* (*working table*) 3) (the B.) *собир. юр.* су́дьи *мн.*

bend [bend] (bent) сгиба́ть (-ся); ~ **down** нагиба́ться; ~ **óver** наклоня́ться

beneath [bɪ'niːθ] 1. *prep* под, ни́же 2. *adv* внизу́

beneficial [ˌbenɪ'fɪʃəl] благотво́рный

benefit ['benɪfɪt] 1) ми́лость *ж* (*favour*) 2) вы́года *ж* (*advantage*); по́льза *ж* (*profit*) 3) *театр.* бенефи́с *м* ◇ ~ sócíety о́бщество (ка́сса) взаимопо́мощи

benevolence [bɪ'nevələns] 1) благоскло́нность *ж* (*goodwill*) 2) благотвори́тельность *ж* (*charity*)

bent [bent] *past и pp от* bend

benzene ['benziːn] *хим.* бензо́л *м*

berry ['berɪ] я́года *ж*

berth [bəːθ] 1) спа́льное ме́сто; úpper (lówer) ~ ве́рхнее (ни́жнее) ме́сто 2) *мор.* ко́йка *ж*

beside [bɪ'said] ря́дом, о́коло (*close to*); ~s [-z] кро́ме (того́)

best [best] 1. *a* (*превосх. ст. от* good 1, well II) (наи)лу́чший; ~ inténtions наилу́чшие наме́рения 2. *adv* (*превосх. ст. от* well II 1) лу́чше всего́;

бо́льше всего́ ◇ at ~ в лу́чшем слу́чае; do one's ~ о́чень стара́ться; ~ of luck! (жела́ю вам) всех благ!; ~-**seller** [-'selə] бестсе́ллер *м*

bet [bet] 1. *n* пари́ *с нескл.*; make a ~ держа́ть пари́ 2. *v* (bet) держа́ть пари́; you did it держу́ пари́, вы э́то сде́лали ◇ you ~! *разг.* коне́чно!, ну ещё бы!

betray [bɪ'treɪ] предава́ть; ~al [-əl] преда́тельство *с*

better ['betə] 1. *a* (*сравн. ст. от* good I, well II) 2) лу́чший ◇ the ~ part (half) бо́льшая часть 2. *adv* (*сравн. ст. от* well II 1) лу́чше; so much the ~, all the ~ тем лу́чше; you had ~ ... вы бы лу́чше...

between [bɪ'twiːn] ме́жду; ~ two and three с (от) двух до трёх (часо́в)

beverage ['bevərɪdʒ] напи́ток *м*

beware [bɪ'weə] остерега́ться; "~ of the car!" «береги́сь автомоби́ля!» (*на́дпись*)

beyond [bɪ'jɔnd] 1) по ту сто́рону, за; ~ the ríver за реко́й 2) вне, сверх; ~ hope безнадёжно

bias ['baɪəs] 1. *n* предубежде́ние *с* 2. *v*: ~(s)ed предубеждённый, тенденцио́зный; ~(s)ed opínion предвзя́тое мне́ние

Bible ['baɪbl] Би́блия *ж*

bibliography [ˌbɪblɪ'ɔgrəfɪ] библиогра́фия *ж*

bicycle ['baɪsɪkl] велосипе́д *м*

bicyclist ['baısıklıst] велосипедист м

bid [bıd] (bad(e), bid; bídden, bid) 1) предлага́ть це́ну (*offer price*) 2) прика́зывать (*command*)

bidden ['bıdn] *pp от* bid

big [bıg] большо́й; ~ toe большо́й па́лец (*ноги*) ◇ ~ shot ва́жная персо́на, ши́шка

bike [baık] *разг.* = bícycle

bill [bıl] 1) законопрое́кт м; билль м; B. of Rights Билль о права́х 2) *амер.* счёт м; pay the ~ оплати́ть счёт 3) спи́сок м (*list*); ~ of fare меню́ с; ~ of health каранти́нное свиде́тельство 4) (*тж.* pláybill) афи́ша ж 5) *амер.* банкно́та ж; dóllar ~ оди́н (бума́жный) до́ллар

billiards ['bıljədz] билья́рд м

billion ['bıljən] биллио́н м; *амер.* миллиа́рд м

bind [baınd] (bound) 1) завя́зывать, привя́зывать 2) переплета́ть; ~ a book переплета́ть кни́гу 3) обя́зывать (*oblige*); ~ing [-ıŋ] 1. *n* переплёт м 2. *a* (on *smb*) обя́зывающий (*кого-л.*), обяза́тельный (для *кого-л.*)

binoculars [bı'nɔkjuləz] *pl* бино́кль м

biographic [ˌbaıə'græfık] биографи́ческий

biography [baı'ɔgrəfı] биогра́фия ж

biologist [baı'ɔlədʒıst] био́лог м

biology [baı'ɔlədʒı] биоло́гия ж

birch [bəːtʃ] берёза ж

bird [bəːd] пти́ца ж; ~ of prey хи́щная пти́ца

birth [bəːθ] 1) рожде́ние с 2) ро́ды мн.; give ~ (to) роди́ть (*кого-л.*) 3) происхожде́ние (*descent*); ~day [-deı] день рожде́ния; ~place [-pleıs] ме́сто рожде́ния; ~rate [-reıt] рожда́емость ж

biscuit ['bıskıt] *особ. брит.* пече́нье с

bishop ['bıʃəp] 1) епи́скоп м 2) *шахм.* слон м

bit I [bıt] кусо́чек м ◇ wait a ~ подожди́те немно́го; not a ~ ничу́ть

bit II удила́ мн. (*bridle*)

bit III *past и pp от* bite 1

bite [baıt] 1. *v* (bit; bit, bítten) куса́ть; ~ off откуси́ть 2. *n* уку́с м ◇ let's have a ~ дава́йте переку́сим

bitten ['bıtn] *pp от* bite 1

bitter ['bıtə] 1. *a* 1) го́рький 2) си́льный, жесто́кий (*холод и т. п.*); ~ wind си́льный ве́тер; ~ strúggle упо́рная борьба́ 2. *n брит.* (го́рькое) бо́чковое пи́во

black [blæk] 1. *a* чёрный; ~ cóffee чёрный ко́фе; ~ and white TV (photógraphy) чёрно-бе́лое телеви́дение (чёрно-бе́лая фотогра́фия) 2. *n* негр м, негритя́нка ж; the Blacks не́гры мн., негритя́нское населе́ние

blackboard ['blækbɔːd] кла́сная доска́

blackmail ['blækmeıl] 1. *n* шанта́ж м 2. *v* шантажи́ровать

blackout [ˈblækaut] затемнéние *с* (*тж. театр.*); we had a twó-hour ~ in our néighbourhood в нáшем райóне два часá нé было свéта

blacksmith [ˈblæksmıθ] кузнéц *м*

bladder [ˈblædə] 1) пузы́рь *м* 2) кáмера *ж* (*мяча*); a fóotball ~ футбóльная кáмера

blade [bleıd] 1) лéзвие *с* 2) лóпасть *ж*; ~ of an oar лóпасть веслá

blame [bleım] 1. *n* 1) порицáние *с*, упрёк *м* (*reproof*) 2) отвéтственность *ж*; винá *ж*; bear (take) the ~. взять винý на себя́ 2. *v* осуждáть, вини́ть; порицáть; who's to ~? кто винóват?

blank [blæŋk] 1. *n* 1) пустóе, свобóдное мéсто 2) пробéл *м* 2. *a* пустóй, незапóлненный; ~ form чи́стый бланк

blanket [ˈblæŋkıt] (шерстянóе) одея́ло

blast [blɑːst] 1. *n* 1) поры́в *м* 2) взрыв *м* (*explosion*) ◊ at full ~ пóлным хóдом 2. *v* взрывáть (*blow up*); ~-**furnace** [-ˈfəːnıs] дóменная печь; ~-**off** [-ˈɔf] зáпуск *м* (*ракеты, космического корабля*)

blaze [bleız] 1. *n* плáмя *с*; ~ of lights мóре огнéй 2. *v* пылáть, горéть, сверкáть; ~**r** [-ə] блéйзер *м*, спорти́вный пиджáк

bleach [bliːtʃ] отбéливать

bled [bled] *past* и *pp от* bleed

bleed [bliːd] (bled) истекáть

крóвью; кровотóчить; ~**ing** [-ıŋ] кровотечéние *с*

blend [blend] смесь *ж*; ~**er** [-ə] «блéндер» *м* (*кухонная машина для перемалывания и перемешивания пищевых продуктов*)

bless [bles] благословля́ть

blew [bluː] *past от* blow II

blind [blaınd] 1. *n* штóра *ж*; please pull down the ~ опусти́те, пожáлуйста, штóру 2. *a* слепóй; ~ man слепóй *м* ◊ ~ álley тупи́к *м*

blink [blıŋk] мигáть; щýриться

blister [ˈblıstə] волды́рь *м*, водянóй пузы́рь

blizzard [ˈblızəd] метéль *ж*, пургá *ж*

bloc [blɔk] блок *м*, объединéние *с*

block [blɔk] 1. *n* 1) чурбáн *м*; ~ of ice льди́на *ж* 2) квартáл *м*; one ~ fúrther одни́м квартáлом дáльше 3): ~ létter печáтная бýква; write in létters (~ létters, please) пиши́те (заполня́йте) печáтными бýквами (*в анкете*) 2. *v* преграждáть; ~ up загороди́ть; прегради́ть

blockade [blɔˈkeıd] блокáда *ж*

blond [blɔnd] 1. *a* белокýрый 2. *n* блонди́н *м*

blonde [blɔnd] блонди́нка *ж*

blood [blʌd] кровь *ж*; ~ préssure кровянóе давлéние; ~ test (count) анáлиз крóви; ~ transfúsion переливáние крóви ◊ in cold ~ хладнокро́вно; преднаме́ренно; ~**shed** [-ʃed] кровопроли́тие *с*; ~-**vessel** [-vesl] кровено́сный сосу́д; ~**y** [-ı] крова́вый ◊ ~**y** Ма́ry ' кокте́йль «Крова́вая Мэ́ри» (*во́дка, разведённая тома́тным со́ком, со специ́ями и кусо́чками льда*); two ~**y** Máries, please! две «Крова́вых Мэ́ри», пожа́луйста!

bloom [bluːm] **1.** *n* цвете́ние *с*; расцве́т *м* **2.** *v* цвести́, расцвета́ть

blossom [ˈblɔsəm] **1.** *n* цвет *м* (*на дере́вьях, куста́х*); цвете́ние *с* **2.** *v* расцвета́ть; распуска́ться

blot [blɔt] 1) пятно́ *с* 2) кля́кса *ж* (*ink spot*)

blouse [blauz] блу́з(к)а *ж*

blow I [bləu] уда́р *м*; at a ~ одни́м уда́ром, сра́зу; deal (strike) a ~ нанести́ уда́р

blow II (blew; blown) дуть; ~ **away** сдуть; ~ **out** задува́ть; туши́ть; ~ **up** а) взрыва́ть (*explode*); б) надува́ть; в) *фо́то* увели́чивать

blown [bləun] *pp от* blow II

blue [bluː] **1.** *a* 1) голубо́й, си́ний 2): be ~ хандри́ть **2.** *n* 1): get the ~s, be in the ~s хандри́ть 2) *pl муз.* блюз *м*

blue‖**bell** [ˈbluːbel] колоко́льчик *м*; ~**print** [-ˈprint] 1) си́нька *ж* (*чертёж*) 2) план *м*, прое́кт *м*

blunder [ˈblʌndə] (гру́бая) оши́бка

blunt [blʌnt] 1) тупо́й 2) ре́зкий, прямо́й (*outspoken*)

blur [bləː] затума́нивать, затеня́ть

blush [blʌʃ] (по)красне́ть

board [bɔːd] **1.** *n* 1) доска́ *ж* 2) стол *м*, пита́ние *с*; ~ and ló́dging кварти́ра и стол, пансио́н *м* 3) правле́ние *с*; мини́стерство *с*; ~ of diréctors Сове́т директоро́в, правле́ние *с*; B. of Trade торго́вая пала́та (*в США*); министе́рство торго́вли (*в Великобрита́нии*) 4) *мор., ав.* борт *м*; on ~ the ship на борту́ корабля́ **2.** *v* столова́ться

boarding‖-**house** [ˈbɔːdiŋhaus] пансио́н *м*; ~-**school** [-skuːl] интерна́т *м*, пансио́н *м* (*шко́ла*)

boast [bəust] **1.** *n* хвастовство́ *с* **2.** *v* хва́стать(ся) (*of smth — чем-л.*)

boat [bəut] **1.** *n* 1) ло́дка *ж*; ró́wing ~ гребна́я ло́дка 2) су́дно *с*; the next ~ sails tomó́rrow сле́дующий рейс за́втра **2.** *v:* go ~ing ката́ться на ло́дке

boat‖-**house** [ˈbəuthaus] *спорт.* анга́р для ло́док и шлю́пок; ~**swain** [ˈbəusn] бо́цман *м*; ~-**train** [-ˈtrein] специа́льный по́езд, подвозя́щий пассажи́ров к парохо́ду

bobby [ˈbɔbı] бо́бби *м*, полисме́н *м*

body [ˈbɔdı] 1) те́ло *с* 2) организа́ция *ж*, о́рган *м*; públic bó́dies обще́ственные организа́ции 3) *авто* ку́зов *м* ◊ in a ~ в по́лном соста́ве

boil I [bɔil] фуру́нкул *м*

boil II кипе́ть; кипяти́ть(ся); вари́ть(ся); ~ing wáter кипято́к *м*; ~ed [-d] варёный; ~er [-ə] котёл *м*

bold [bəuld] 1) сме́лый; 2) на́глый (*shameless*)

bologna [bə'ləunjə] (*тж.* bológna sáusage) боло́нья *ж*, варёная колбаса́

bolt [bəult] (*тж.* thúnderbolt) уда́р гро́ма

bomb [bɔm] **1.** *n* бо́мба *ж* **2.** *v* бомби́ть; ~er [-ə] (*самолёт*) бомбардиро́вщик *м* (*aircraft*)

bonanza [bə'nænzə] золото́е дно

bond [bɔnd] 1) у́зы *мн*; ~s of friendship у́зы дру́жбы 2) *фин.* облига́ция *ж*

bone [bəun] кость *ж*

bonfire ['bɔn,faɪə] костёр *м*

bonnet ['bɔnɪt] 1) ка́пор *м*; да́мская шля́па 2) *брит. авто* капо́т *м*

bonus ['bəunəs] пре́мия *ж*

book [buk] **1.** *n* кни́га *ж*; ~ of mátches «кни́жечка» спи́чек **2.** *v* зака́зывать (биле́т); ~ two tíckets for tomórrow, please пожа́луйста, закажи́те на за́втра два биле́та; ~case [-keɪs] кни́жный шкаф

booking office ['bukɪŋ,ɔfɪs] *брит.* биле́тная ка́сса

book‖keeper ['buk,ki:pə] бухга́лтер *м*; ~keeping [-,ki:pɪŋ] бухгалте́рия *ж*; отчётность *ж*

booklet ['buklɪt] брошю́ра *ж*; кни́жечка *ж*

book‖seller's ['buksələz],

~shop [-ʃɔp] *брит.* кни́жный магази́н; ~store [-stɔ:] *амер.* кни́жный магази́н

boom [bu:m] 1) бум *м* (*prosperity*) 2) шуми́ха *ж*, шу́мная рекла́ма (*hullabaloo*)

boost ['bu:st] подта́лкивать, дава́ть толчо́к (*чему-л.*); ~er [-ə] 1) раке́та-носи́тель *ж* 2) *мед.* (*тж.* ~er shot) повто́рная приви́вка ◇ ~ cable *авто* провода́-«прику́риватель» (*для аварийной заводки автомобиля*)

boot [bu:t] 1) боти́нок *м*; сапо́г *м* 2) *pl спорт.* бу́тсы *мн.*

booth [bu:ð] 1) бу́дка *ж*; каби́на *ж* (*in simultaneous interpretation*); пала́тка *ж*, кио́ск *м* (*stall*) 2) каби́на для голосова́ния (*at election*)

border ['bɔ:də] **1.** *n* 1) грани́ца *ж* 2) край *м* (*edge*) **2.** *v* грани́чить (on, upón *smth* — с чем-л.)

bore I [bɔ:] 1) сверли́ть 2) бури́ть; ~ hole бурова́я сква́жина

bore II 1. *v* надоеда́ть ◇ I'm ~d! надое́ло! **2.** *n:* he is a ~! вот зану́да!

bore III *past от* bear

boring ['bɔ:rɪŋ] ску́чный, зану́дный

born [bɔ:n] **1.** *pp от* bear II 3); be ~ роди́ться; I was ~ in Lóndon я роди́лся в Ло́ндоне **2.** *a* рождённый; (при)рождённый; урождённая

borne [bɔ:n] *pp от* bear II 1) *и* 2)

borrow ['bɔrəu] занима́ть; ~ móney занима́ть де́ньги

bosom ['buzəm] грудь ж; ~ fríend закады́чный друг

boss [bɔs] хозя́ин м, босс м

botanical [bɔ'tænɪkəl] ботани́ческий; ~ gárden ботани́ческий сад

botanist ['bɔtənɪst] бота́ник м

botany ['bɔtənɪ] бота́ника ж

both [bəuθ] **1.** *pron* óба, óбе; ~ of them они́ óба **2.** *adv, cj:* he speaks ~ Énglish and Gérman он говори́т как по-англи́йски, так и по-неме́цки

bother ['bɔðə] беспоко́ить (-ся); надоеда́ть (*annoy*); don't ~! не беспоко́йтесь!

bottle ['bɔtl] буты́лка ж; ~**neck** [-nək] у́зкое ме́сто

bottom ['bɔtəm] дно с; ~s up! пей до дна!

bought [bɔːt] *past и pp от* buy

boulevard ['buːlvɑːd] бульва́р м

bóunce ['bauns] 1) отта́лкивать(ся); подпры́гивать; ~ ínto the room ворва́ться в ко́мнату 2) выта́лкивать (*expel by force*) 3) верну́ться неопла́ченным (*о чеке*)

bound I [baund]: be ~ for направля́ться; the train is ~ for Lóndon по́езд сле́дует до Ло́ндона

bound II *past и pp от* bind

boundary ['baundərɪ] грани́ца ж

boundless ['baundlɪs] безграни́чный

bountiful ['bauntɪful] ще́дрый; оби́льный

bounty ['bauntɪ] 1) ще́дрость ж (*generosity*) 2) (ще́дрый) дар (*gift*), вознагражде́ние с

bouquet [buː'keɪ] буке́т м

bourgeois ['buəʒwɑː] **1.** *n* буржуа́ м нескл. **2.** *a* буржуа́зный

bourgeoisie [ˌbuəʒwɑː'ziː] буржуази́я ж

bow I [bau] **1.** *n* покло́н м **2.** *v* кла́няться

bow II [bəu] 1) лук м 2) *муз.* смычо́к м 3) бант м; tie it in a ~, please завяжи́те, пожа́луйста, ба́нтом

bow III [bau] нос м (*корабля*)

bowels ['bauəlz] *pl* кише́чник м; move one's ~ *мед.* име́ть стул

bowl [bəul] 1) ча́ша ж; ку́бок м (*cup*) 2) ва́за ж; flówer ~ цвето́чная ва́за

bowling ['bəulɪŋ] кегельба́н м, бо́улинг м; игра́ в ке́гли

bow tie [ˌbəu'taɪ] га́лстук-ба́бочка ж

box I [bɔks] 1) я́щик м; коро́бка ж; ~ of sweets коро́бка конфе́т; ~ of mátches коро́бка спи́чек 2) *театр.* ло́жа ж; seats in the ~ места́ в ло́же 3) бу́дка ж; télephone ~ телефо́нная бу́дка

box II 1. *n* 1) уда́р м; ~ on the ear пощёчина ж 2) *спорт.* бокс м **2.** *v* бокси́ровать; ~**er** [-ə] боксёр м; ~**ing** [-ɪŋ] бокс м

boxing‖-gloves ['bɔksɪŋglʌvz] *pl* боксёрские перча́тки;

~-**weights** [-weits] *pl* бокс весовы́е катего́рии

box‖-**keeper** [ˈbɔksˌkiːpə] капельди́нер *м*; ~ **office** [ˌɔfɪs] театра́льная ка́сса ◊ ~-office móvie «ка́ссовый» фильм

boy [bɔɪ] ма́льчик *м*, па́рень *м*; ~ friend кавале́р *м*, покло́нник *м* ◊ Oh, boy! *разг.* го́споди!

boycott [ˈbɔɪkət] **1.** *n* бойко́т *м* **2.** *v* бойкоти́ровать

bracelet [ˈbreɪslɪt] брасле́т *м*

braces [ˈbreɪsɪz] *pl брит.* подтя́жки *мн.*

bracket [ˈbrækɪt] ско́бка *ж*

Brahmin [ˈbrɑːmɪn] брами́н *м*

braid [breɪd] **1.** *n* коса́ *ж* (*волос*). **2.** *v* плести́, заплета́ть

brain [breɪn] 1) мозг *м* 2) *pl разг.* у́мственные спосо́бности; rack one's ~s лома́ть себе́ го́лову; ~ drain [dreɪn] «уте́чка умо́в», отъе́зд специали́стов (*из страны*)

brake [breɪk] **1.** *n* то́рмоз *м*; put the ~ on тормози́ть **2.** *v* тормози́ть

branch [brɑːntʃ] 1) ветвь *ж*, ве́тка *ж* 2) о́трасль *ж*; a ~ of science о́трасль нау́ки 3) филиа́л *м*; a ~ (of a) líbrary филиа́л библиоте́ки ◊ ~ line железнодоро́жная ве́тка

brand [brænd] 1) фабри́чная ма́рка (*trade-mark*) 2) сорт *м*; of the best ~ вы́сшего со́рта; ~-**new** [-ˈnjuː] соверше́нно но́вый, с иго́лочки

brandy [ˈbrændɪ] конья́к *м*; нали́вка *ж*; насто́йка *ж*; chérry ~ вишнёвая нали́вка (насто́йка)

brass [brɑːs] жёлтая медь, лату́нь *ж*; ~ band духово́й орке́стр

brave [breɪv] хра́брый, сме́лый; ~ry [ˈbreɪvərɪ] хра́брость *ж*; му́жество *с*

bravo! [ˌbrɑːˈvəu] бра́во!

breach [briːtʃ] 1) брешь *ж*; отве́рстие *с* 2) наруше́ние *с* (*закона и т. п.*); ~ of prómise наруше́ние обеща́ния

bread [bred] хлеб *м*; frésh-baked ~ све́жий хлеб; (our) dáily ~ хлеб (наш) насу́щный

breadth [bredθ] ширина́ *ж*

break [breɪk] **1.** *n* 1) переры́в *м*; cóffee ~ коро́ткий переры́в (*в работе*), переку́р *м* 2) *бокс* брек *м* **2.** *v* (broke; bróken) 1) лома́ть(ся); разруша́ть(ся); разбива́ть(ся); ~ a glass разби́ть стака́н 2) наруша́ть (*закон и т. п.*); ~ the rules нару́шить пра́вила; ~ the world récord поби́ть мирово́й реко́рд; ~ **away** *полит.* отка́лываться; a ~-awáy group отколо́вшаяся группиро́вка; ~ **off** отла́мывать(ся); ~ **out** разрази́ться; вспы́хнуть; ~ **up** 1) лома́ть(ся), разруша́ть(ся) 2) расходи́ться (*о собрании*); ~**down** [-daun] 1) упа́док сил; nérvous ~down не́рвное расстро́йство, перенапряже́ние *с* 2) *тех.* поло́мка *ж*

breakfast [ˈbrekfəst] (у́тренний) за́втрак

breakneck [ˈbreɪknek]: at ~

speed с головокружи́тельной быстрото́й

break-through [ˈbreɪkˈθruː] 1) *воен.* проры́в *м* 2) *перен.* проры́в *м*, переворо́т *м* (*в нау́ке и т. п.*)

breakwater [ˈbreɪkˌwɔːtə] мол *м*

breast [brest] грудь *ж*; ~-**stroke** [-strəuk] *спорт.* брасс *м*

breath [breθ] дыха́ние *с*; вздох *м*; be out of ~ запыха́ться; catch one's ~ перевести́ дух

breathe [briːð] дыша́ть; ~ déeper дыши́те глу́бже; ~ **in** вдыха́ть

breathing [ˈbriːðɪŋ] дыха́ние *с*; ~ space (spell) переды́шка *ж*

bred [bred] *past и pp от* breed 2

breed [briːd] 1. *n* поро́да *ж* 2. *v* (bred) разводи́ть, выводи́ть; ~ cáttle разводи́ть скот

brevity [ˈbrevɪtɪ] кра́ткость *ж*, лакони́чность *ж*

brew [bruː] вари́ть пи́во ◊ what's ~ing? что тут твори́тся?; ~ery [-ərɪ] пивова́ренный заво́д, пивова́рня *ж*

bribe [braɪb] 1. *n* взя́тка *ж* 2. *v* подкупа́ть; ~ry [ˈbraɪbərɪ] взя́точничество *с*

brick [brɪk] 1. *n* кирпи́ч *м* 2. *a* кирпи́чный; ~layer [-ˌleɪə] ка́менщик *м*

bridal [ˈbraɪdl]: ~ shop мага́зи́н для новобра́чных

bride [braɪd] неве́ста *ж*, но-

вобра́чная *ж*; ~**groom** [-grum] жени́х *м*

bridge I [brɪdʒ] 1) мост *м* 2) перено́сица *ж* (*of the nose*)

bridge II бридж *м* (*карто́чная игра́*)

bridle [ˈbraɪdl] 1. *n* узда́ *ж* 2. *v* взну́здывать; ~ a horse взну́здывать ло́шадь

brief [briːf] кра́ткий; in ~ в двух слова́х; ~-**case** [-keɪs] портфе́ль *м*

briefs [briːfs] *pl* (коро́ткие) трусы́; пла́вки *мн.*

brigade [brɪˈgeɪd] 1) *воен.* брига́да *ж* 2) кома́нда *ж*, отря́д *м* (*group*)

bright [braɪt] 1) я́ркий; све́тлый 2) блестя́щий; it's a ~ idéa! блестя́щая мысль! 3) смышлёный, у́мный (*clever*)

brilliant [ˈbrɪlɪənt] блестя́щий; it's a ~ score *спорт.* счёт превосхо́дный

brim [brɪm] 1) край *м*; full to the ~ напо́лненный до краёв 2) поля́ *мн.* (*напр., шля́пы*)

bring [brɪŋ] (brought) 1) приноси́ть 2) влечь за собо́й (*cause*); ~ about влечь за собо́й (*result in*); ~ **down**: ~ down prices снижа́ть це́ны; ~ **out** a) выявля́ть; б) опублико́вывать (*publish*); ~ **to** приводи́ть в чу́вство; ~ **up** a) воспи́тывать; б) поднима́ть вопро́с; ~ it up when you talk to him когда́ бу́дете говори́ть с ним, подними́те э́тот вопро́с ◊ ~ to *smb's* notice довести́ до *чьего́-л.* све́дения; ~ *smth* to an end положить конец *чему-л.*

brisk [brɪsk] 1) живой; проворный; ~ trade бойкая торговля 2) прохладный, бодрящий; the weather is ~ today сегодня свежо

British ['brɪtɪʃ] 1. *a* британский; ~ delegation английская делегация; ~ summer time летнее время (*на час впереди времени по Гринвичу*) 2. *n* (the ~) *собир.* англичане

brittle ['brɪtl] хрупкий, ломкий

broad [brɔːd] 1. *a* 1) широкий; ~ smile широкая улыбка 2) ясный; in ~ daylight среди бела дня; ~ hint недвусмысленный намёк 3): ~ accent характерный акцент ◊ ~ jump *спорт. амер.* прыжок (прыжки) в длину 2. *n разг.* баба ж

broadcast ['brɔːdkɑːst] 1. *n* 1) радиопередача ж 2) телепередача ж 2. *v* 1) передавать по радио 2) показывать по телевидению

broke [brəuk] 1. *past от* break 2 2. *a разг.* без гроша; I'm ~ у меня ни гроша в кармане

broken ['brəukən] 1. *a* 1) разбитый; сломанный 2) нарушенный; ~ promise нарушенное обещание 3) ломаный (*о языке*); in ~ French на ломаном французском языке 2. *pp от* break 2

broker ['brəukə] маклер м

bronchitis [brɔŋ'kaɪtɪs] бронхит м

bronze [brɔnz] 1. *n* бронза ж 2. *a* бронзовый

brooch [brəutʃ] брошь ж

brook [bruk] ручей м

broom [bruːm] метла ж

broth [brɔθ] бульон м

brother ['brʌðə] брат м; ~hood [-hud] братство с

brother-in-law ['brʌðərɪnlɔː] зять м (*husband of a sister*); шурин м (*brother of a wife*)

brought [brɔːt] *past и pp от* bring

brow [brau] 1) бровь ж; don't knit your ~s не хмурьтесь 2) лоб м (*forehead*)

brown [braun] коричневый, бурый; ~stone ['braunstəun] *амер.* городской дом в старинном стиле (*в 2-3 этажа*)

bruise [bruːz] синяк м; ушиб м

brunette [bruː'net] брюнетка ж

brush I [brʌʃ] 1. *n* щётка ж 2. *v* 1) чистить щёткой; please ~ my coat почистите, пожалуйста, моё пальто 2) причёсывать; ~ one's hair причесать волосы; ~ aside отмахнуться, отделаться; ~ up приводить в порядок, «причесать»

brush II (мелкий) кустарник; ~ fire пожар в подлеске

brutal ['bruːtl] жестокий, грубый

B.S. [ˌbiː'es] (Bachelor of Science) бакалавр наук

bubble ['bʌbl] пузырь м; ~ gum *амер.* жевательная резинка «с пузырями» (*из которой выдуваются пузыри*)

buck [bʌk]: pass the ~ *разг.* «отфутболивать»

bucket [ˈbʌkɪt] ведро́ *с* ◇ ~ seat *авто* спорти́вное сиде́нье (*по форме тела*)

buckle [ˈbʌkl] **1.** *n* пря́жка *ж* **2.** *v:* ~ **up** застегну́ть пря́жку; пристегну́ться

buckwheat [ˈbʌkwiːt] гречи́ха *ж*

bud [bʌd] **1.** *n* 1) по́чка *ж* (*of a tree*) 2) буто́н *м* (*of a flower*) **2.** *v* дава́ть по́чки; пуска́ть ростки́

Buddhism [ˈbudɪzm] будди́зм *м*

budget [ˈbʌdʒɪt] бюдже́т *м*; ~ store *амер.* магази́н (отде́л) дешёвых това́ров

buffalo [ˈbʌfələu] бу́йвол *м*

buffet 1) [ˈbufeɪ] буфе́т *м* (*refreshment bar*); ~ luncheon приём «а-ля́ фурше́т», где подаю́тся холо́дные заку́ски 2) буфе́т *м* (*sideboard*); буфе́тная сто́йка (*bar*)

bug [bʌg] 1) (*тж.* bed-bug) клоп *м* 2) насеко́мое *с* (*insect*) 3) *амер.* жук *м*

bugle [ˈbjuːgl] горн *м*, рог *м*, фанфа́ра *ж*

build [bɪld] (built) стро́ить; ~ **in** встра́ивать; ~**er** [-ə] стро́итель *м*; ~**ing** [-ɪŋ] 1) строе́ние *с*, зда́ние *с* 2) строи́тельство *с* (*construction*); ~-**up** [-ʌp] нара́щивание *с*; military ~-**up** нара́щивание вооруже́ний

built [pɪlt] *past, pp от* build;

~-**in** [-ɪn] встро́енный; ~-**up** [-ʌp] застро́енный; ~-**up** área *брит. авто* городска́я зо́на (*зона ограничения скорости*)

bulb [bʌlb] 1) лу́ковица *ж* 2) электри́ческая ла́мпочка; the ~ fused ла́мпочка перегоре́ла

bulk [bʌlk] (основна́я) ма́сса; the ~ of the populátion основна́я часть населе́ния; in ~ нава́лом (*без упаковки*); ~**y** [-ɪ] большо́й; громо́здкий

bull [bul] бык *м*

bullet [ˈbulɪt] пу́ля *ж*

bulletin [ˈbulɪtɪn] бюллете́нь *м* (*официальное сообщение*)

bully [ˈbuli] наха́л *м*, хулига́н *м*

bulwark [ˈbulwək] 1) вал *м*; бастио́н *м* 2) опло́т *м*; ~ of peace опло́т ми́ра

bump [bʌmp] 1) уда́р *м*, толчо́к *м* 2) ши́шка *ж*; a ~ on the fórehead ши́шка на лбу; ~**er** [-ə] *амер. авто* ба́мпер *м*

bun [bʌn] бу́лочка *ж*

bunch [bʌntʃ] 1) свя́зка *ж*; a ~ of keys свя́зка ключе́й 2) пучо́к *м*; буке́т *м*; a ~ of flówers буке́т цвето́в; a ~ of grapes *преим. амер.* гроздь виногра́да

bundle [ˈbʌndl] 1) у́зел *м*, паке́т *м* (*a parcel*) 2) свя́зка *ж*, вяза́нка *ж*; a ~ of wood вяза́нка дров

bungalow [ˈbʌŋgələu] (одноэта́жная) да́ча, бу́нгало *с нескл.*

bunk [bʌŋk] ко́йка *ж*, (спа́льное) ме́сто (*в вагоне поез-*

да и т. п.); lówer (úpper) ∼ ни́жнее (ве́рхнее) ме́сто

burden ['bəːdn] **1.** *n* но́ша *ж*; тя́жесть *ж*; бре́мя *с*; ∼ of taxátion нало́говое бре́мя **2.** *v* нагружа́ть; обременя́ть

bureau ['bjuərəu] 1) конто́ра *ж*, отде́л *м*; trável ∼ туристи́ческое аге́нтство 2) бюро́ *с нескл.*, конто́рка *ж* (*desk*) 3) бюро́ *с нескл.*, президиум *м* (*конференции*)

bureaucratic [ˌbjuərəu'kræ-tɪk] бюрократи́ческий

burger ['bəːgə] *амер. см.* hámburger

burglar ['bəːglə] взло́мщик *м*

burial ['berɪəl] по́хороны *мн.*

burn [bəːn] **1.** *v* (búrnt) 1) горе́ть 2) жечь, сжига́ть; do not ∼ your steak не сожги́(те) бифште́кс 3) обжига́ть; the mústard ∼s my tongue горчи́ца о́чень зла́я **2.** *n* ожо́г *м*; ∼ out выгора́ть (дотла́); ∼ing [-ɪŋ] горя́щий; жгу́чий; ∼ing quéstion животрепе́щущий (жгу́чий) вопро́с

burnt [bəːnt] *past и pp от* burn 1

burst [bəːst] **1.** *n* взрыв *м*; вспы́шка *ж*; ∼ of appláuse взрыв аплодисме́нтов **2.** *v* (burst) 1) ло́паться; the tire ∼ ши́на ло́пнула 2) взрыва́ть (-ся) (*explode*); ∼ **into** разрази́ться; ∼ into láughter разрази́ться сме́хом; ∼ **out** вспы́хивать (*о войне, эпидемии*)

bury ['berɪ] 1) хорони́ть 2) пря́тать (*hide away*)

bus [bʌs] авто́бус *м* (*рейсовый, городской*); go by ∼, take the ∼ (по)е́хать на авто́бусе

bush [buʃ] куст *м*, куста́рник *м* ◇ live in the ∼ жить в глуши́

bushel ['buʃl] бу́шель *м* (*мера объёма*)

business ['bɪznɪs] 1) де́ло *с*; ∼ súit *амер.* «делово́й» костю́м; ány óther ∼ ра́зное *с* (*пункт повестки дня*) 2) комме́рческое предприя́тие (*enterprise*) 3) заня́тие *с*; what's his ∼? чем он занима́ется?; ∼**man** [-mæn] бизнесме́н *м*, деле́ц *м*

bust [bʌst] бюст *м*

busy ['bɪzɪ] занято́й; за́нятый; I'm ∼ todáy сего́дня я за́нят; the line is ∼ ли́ния занята́; ∼ street шу́мная у́лица (*с большим движением*)

but [bʌt] **1.** *cj* а, но, одна́ко; I want ∼ I can't хочу́, но не могу́ **2.** *prep* кро́ме, за исключе́нием; all ∼ you все, кро́ме вас **3.** *adv* то́лько, лишь ◇ for е́сли бы не

butcher [butʃə] мясни́к *м*

butter ['bʌtə] **1.** *n* ма́сло *с* (*сливочное*); bread and ∼ хлеб с ма́слом **2.** *v* нама́зывать ма́слом

butterfly ['bʌtəflaɪ] 1) ба́бочка *ж* 2) *спорт.* баттерфля́й *м*

buttermilk ['bʌtəmɪlk] (обезжи́ренный) кефи́р

button ['bʌtn] **1.** *n* 1) пу́говица *ж* 2) кно́пка *ж*; push the ∼! нажми́(те) кно́пку! **2.** *v*:

(up) застёгивать(ся); ~hole [-həul] пéтля́ ж

buy [baɪ] (bought) покупáть ◊ come alóng, I'll ~ you a lunch *амер. разг.* пошли́ пообéдаем, я угощáю; ~ **out** выкупáть; ~ **up** скупáть; ~er [-ə] покупáтель м

buzz [bʌz] **1.** *v* жужжáть; гудéть **2.** *n* (телефóнный) звонóк; I'll give you a ~ *разг.* я вам звя́кну (позвоню́); ~er [bʌzə] гудóк м, зýммер м

by [baɪ] **1.** *prep* 1) у, при, óколо; by the ráilway státion óколо вокзáла 2) посрéдством; can we get there by rail? тудá мóжно попáсть по желéзной дорóге? 3) по; by the rules по прáвилам 4) к; by Súnday к воскресéнью ◊ by far намнóго; by the by (way) кстáти, междý прóчим **2.** *adv* 1) ря́дом; поблúзости; near by поблúзости 2) мúмо; the bus went by автóбус проéхал мúмо

bye-bye ['baɪbaɪ] *разг.* покá, всегó (*до свидания*)

by-election ['baɪɪˌlekʃn] дополнúтельные вы́боры

bystander ['baɪˌstændə] свидéтель м, зри́тель м; наблюдáтель м

bystreet ['baɪstriːt] переýлок м

C

C [siː] *муз.* до; C májor до мажóр

cab [kæb] 1) наёмный экипáж 2) таксú *с* (*taxi*)

cabbage ['kæbɪdʒ] капýста ж

cabin ['kæbɪn] 1) хúжина ж; log ~ бревéнчатый дом 2) каю́та ж; please resérve ~ class pássage зарезервúруйте, пожáлуйста, билéты вторóго клáсса

cabinet ['kæbɪnɪt] 1) кабинéт м; the French ~ францýзское правúтельство 2) шкаф м, шкáфчик м; сервáнт м; chína ~ гóрка ж 3) кóрпус м; rádio in a wálnut ~ радиоприёмник в кóрпусе из орéхового дéрева

cable ['keɪbl] **1.** *n* 1) кáбель м; ~ TV кáбельное телевúдение 2) телегрáмма ж; send us a ~ when you arríve протелеграфúруйте нам по приéзде **2.** *v* телеграфúровать

cafe ['kæfeɪ] кафé *с нескл.*

cafeteria [ˌkæfɪˈtɪərɪə] кафетéрий м; закýсочная ж

cage [keɪdʒ] клéтка ж

cajole [kəˈdʒəul] льстить (*кому-л.*); улáмывать (*кого-л.* — *into doing smth*)

cake [keɪk] 1) торт м, пирóжное *с* 2) кусóк м, брусóк м; ~ of soap кусóк мы́ла

calculate ['kælkjuleɪt] вычисля́ть

calculator ['kælkjuleɪtə] electrónic (pócket) ~ электрóнный (кармáнный) калькуля́тор

calendar ['kælɪndə] 1) календáрь м 2) календáрный план; the ~ of the competitions програ́мма спорти́вных соревнова́ний

calf I [kɑːf] телёнок *м*

calf II икра́ (*ноги́*); ~-length skirt ю́бка сре́дней длины́, ю́бка «ми́ди»

calico [ˈkælɪkəu] 1) коленко́р *м*; митка́ль *м* 2) *амер.* си́тец *м*

call [kɔːl] **1.** *n* 1) зов *м*, о́клик *м* 2) (телефо́нный) вы́зов; ánswer the ~ ! подойди́те к телефо́ну! 3) визи́т *м*; pay (retúrn) a ~ нанести́ (отда́ть) визи́т ◊ ~ing card визи́тная ка́рточка, визи́тка *ж* **2.** *v* 1) звать, оклика́ть; would you ~ the pórter for me? бу́дьте добры́, позови́те мне носи́льщика 2) называ́ть; what do you ~ this in Rússian? как э́то называ́ется по-ру́сски? 3) созыва́ть; ~ a méeting созва́ть собра́ние 4) буди́ть; please ~ me at séven o'clóck пожа́луйста, разбуди́те меня́ в семь часо́в 5) призыва́ть (*appeal*); ~ on the next spéaker предоста́вить сло́во сле́дующему ора́тору; ~ **for** заходи́ть за кем-л.; ~ **off** отменя́ть; ~ **on** посеща́ть; навеща́ть; ~ **up** а) звони́ть (*по телефо́ну*); б) *воен.* призыва́ть ◊ ~ a méeting to órder откры́ть собра́ние

call-box [ˈkɔːlbɔks] *брит.* телефо́нная бу́дка

callisthenics [ˌkælɪsˈθenɪks] *спорт.* заря́дка *ж*, гимна́стика *ж*

calm [kɑːm] ти́хий; споко́йный

came [keɪm] *past от* come

camel [ˈkæməl] верблю́д *м*

camera [ˈkæmərə] 1) фотоаппара́т *м*; where can I buy some ~ equípment? где мо́жно купи́ть фотооборудование? 2) (*тж.* móvie-cámera) киноаппара́т *м*; ~**man** [-mæn] кинооперáтор *м*; опера́тор телеви́дения

camp [kæmp] **1.** *n* ла́герь *м*, прива́л *м* **2.** *v* располага́ться ла́герем; ~ **out** ночева́ть в пала́тке

campaign [kæmˈpeɪn] кампа́ния *ж*; *воен.* похо́д *м*

camper [ˈkæmpə] тури́ст *м*

camping [ˈkæmpɪŋ]: ~ equípment тури́стские принадле́жности

campus [ˈkæmpəs] *амер.* университе́тский *или* шко́льный двор (городо́к)

can I [kæn] **1.** *n* 1) бидо́н *м*; кани́стра *ж* 2) жестяна́я коро́бка 3) *амер.* ба́нка консе́рвов (*of fish, etc*); ~ ópener *амер.* консе́рвный нож **2.** *v* консерви́ровать; ~ned food консе́рвы *мн.*; ~ned fruit (meat, fish) фрукто́вые (мясны́е, ры́бные) консе́рвы

can II (could) 1) мочь, быть в состоя́нии; ~ you do it? вы смо́жете э́то сде́лать?; I can't hear you я вас не слы́шу; ~ you show me the way..? вы не ска́жете, как пройти́..? 2) уме́ть; I can't speak Rússian я не говорю́ по-ру́сски; ~ you drive? вы уме́ете води́ть маши́ну? 3) мочь, име́ть пра́во; you ~ go мо́жете идти́

Canadian [kə'neɪdɪən] **1.** *a* кана́дский **2.** *n* 1) кана́дец *м*, кана́дка *ж* 2) *спорт.* кано́э *с*

canal [kə'næl] кана́л *м* (*искусственный*)

cancel ['kænsəl] 1) отменя́ть; аннули́ровать; ~ an order а) отмени́ть прика́з; б) аннули́ровать зака́з 2) погаша́ть; ~ a stamp погаси́ть ма́рку

cancer ['kænsə] *мед.* рак *м*

candid ['kændɪd] открове́нный; ~ camera *амер. тлв.* скры́тая ка́мера

candidate ['kændɪdɪt] кандида́т *м*

candle ['kændl] свеча́ *ж*

candy ['kændɪ] *амер.* конфе́та *ж*; ~ box коро́бка конфе́т

cane [keɪn] 1) камы́ш *м*, тростни́к *м* 2) трость *ж* (*walking-stick*)

cannon ['kænən] пу́шка *ж*, ору́дие *с*

cannot ['kænət]: I ~ я не могу́

canoe [kə'nu:] 1) чёлн *м* 2) кано́э *с*; ~ing [-ɪŋ] гре́бля на байда́рках и кано́э

can't [kɑːnt] *разг.* = cannot

cantaloupe ['kæntəluːp] канталу́па *ж* (*сорт дыни*)

canteen [kæn'tiːn] столо́вая *ж*; factory ~ заводска́я столо́вая

canvas ['kænvəs] 1) паруси́на *ж*; холст *м* 2) карти́на *ж*, холст *м* (*painting*) 3) паруса́ *мн.*; under ~ под паруса́ми

cap [kæp] фура́жка *ж*; ша́пка *ж*

capable ['keɪpəbl] спосо́бный; she is a ~ typist она́ спосо́бная машини́стка; he is ~ of anything он спосо́бен на всё

capacity [kə'pæsɪtɪ] 1) ёмкость *ж*, вмести́мость *ж*; filled to ~ запо́лненный до отка́за 2) *тех.* мо́щность *ж*; unused capacities неиспо́льзуемые мо́щности 3): in the ~ of в ка́честве *кого-л.*; in my ~ as a diplomat I must … как диплома́т я до́лжен…

cape [keɪp] *геогр.* мыс *м*

capital I ['kæpɪtl] **1.** *a* 1) гла́вный; ~ letter загла́вная бу́ква 2): ~ punishment сме́ртная казнь 3) *разг.* превосхо́дный **2.** *n* столи́ца *ж*

capital II капита́л *м*; monopoly ~ монополисти́ческий капита́л; ~ goods *эк.* сре́дства произво́дства; ~-**intensive** [-ɪn'tensɪv] *эк.* капиталоёмкий; ~**ism** ['kæpɪtəlɪzm] капитали́зм *м*; ~**ist** ['kæpɪtəlɪst] **1.** *n* капитали́ст *м* **2.** *a* капиталисти́ческий

captain ['kæptɪn] капита́н *м*; ~ of the crew *ав.* команди́р корабля́

capture ['kæptʃə] захва́тывать

car [kɑː] 1) автомоби́ль *м*, маши́на *ж*; ~ wash мо́йка *ж* 2) ваго́н *м* (*трамвая, амер. тж. железнодорожный*); Pullman ~ пу́льмановский ваго́н

carat ['kærət] 1) кара́т *м* 2): 14-~ (18-~) gold зо́лото 583-й (750-й) про́бы

caravan [ˈkærəvæn] 1) карава́н *м* 2) *брит.* прице́п-да́ча *м*

carbon [ˈkɑːbən] *хим.* углеро́д *м* ◊ ~ со́ру ко́пия *ж*; ~ ра́рег копирова́льная бума́га

card [kɑːd] 1) ка́рточка *ж* 2) *карт.* ка́рта *ж* 3) (*тж.* póstcard) откры́тка *ж* 4) биле́т *м*; mémbership ~ чле́нский биле́т; ~**board** [-bɔːd] карто́н *м*

cardigan [ˈkɑːdɪɡən] кардига́н *м*, (вя́заный) жаке́т

cardinal [ˈkɑːdɪnl] **1.** *a* основно́й, гла́вный ◊ ~ points страны́ све́та **2.** *n* (С). кардина́л *м*

care [kɛə] **1.** *n* забо́та *ж* ◊ ~ of (*сокр.* с/о) для переда́чи (*на письма́х*); Mr. Ivanóv, c/o Committee of Youth Organizátions of the USSR Комите́т молодёжных организа́ций СССР, для переда́чи г-ну Ивано́ву; take ~ (of) забо́титься **2.** *v* пита́ть интере́с (любо́вь) (for); I don't ~ мне всё равно́

career [kəˈrɪə] 1) карье́ра *ж* 2) род заня́тий, профе́ссия *ж* (*profession*)

careful [ˈkɛəful] 1) забо́тливый (for, of) 2) то́чный; ~ estimátion то́чная оце́нка 3) осторо́жный; be ~ ! осторо́жно!

careless [ˈkɛəlɪs] 1) беззабо́тный 2) небре́жный; ~ áttitude небре́жное отноше́ние

caress [kəˈres] **1.** *n* ла́ска *ж* **2.** *v* ласка́ть

cargo [ˈkɑːɡəu] (корабе́льный) груз; ~ módule грузово́й отсе́к (*космического корабля*)

carnation [kɑːˈneɪʃn] гвозди́ка *ж*

carnival [ˈkɑːnɪvəl] карнава́л *м*

carp [kɑːp] карп *м*

car-park [ˈkɑːpɑːk] *брит.* автостоя́нка *ж*

carpenter [ˈkɑːpɪntə] пло́тник *м*

carpet [ˈkɑːpɪt] ковёр *м*; mágic ~ ковёр-самолёт *м*

carriage [ˈkærɪdʒ] 1) экипа́ж *м* 2) ваго́н *м*; sécond-class ~ ваго́н второ́го кла́сса 3) перево́зка *ж*; ~ of goods перево́зка гру́зов 4) сто́имость перево́зки (доста́вки); what is the ~ on it? ско́лько сто́ит доста́вка э́того (гру́за)?; ~-**free** [-friː] с беспла́тной доста́вкой

carrier [ˈkærɪə] 1) носи́льщик *м*; the expedítion had to hire a score of ~s экспеди́ция была́ вы́нуждена наня́ть два деся́тка носи́льщиков 2) перево́зчик *м*, тра́нспортная фи́рма; "Pan-Am" will be your ~ ваш груз бу́дет доста́влен компа́нией «Пан-Аме́рикан»

carrot [ˈkærət] морко́вь *ж* ◊ ~ and stick pólicy поли́тика кнута́ и пря́ника

carry [ˈkærɪ] 1) везти́, перевози́ть 2) носи́ть; the pórter will ~ your bags ва́ши чемода́ны возьмёт носи́льщик 3) принима́ть; the mótion is cárried предложе́ние принима́ется; ~ **away** уноси́ть; ~ **on**

продолжа́ть; ~ **out** выполня́ть, осуществля́ть

cart [kɑ:t] теле́га ж; повозка ж

carton [ˈkɑ:tən] (карто́нная) коро́бка; ~ of beer я́щик пи́ва; ~ of cigaréttes блок сигаре́т

cartoon [kɑ:ˈtu:n] 1) карикату́ра ж 2) мультфи́льм м; ~**ist** [-ɪst] карикатури́ст м

cartridge [ˈkɑ:trɪdʒ] 1) патро́н м 2) кассе́та ж (*магнитофо́нная и фо́то*) 3) звукоснима́тель м (*в проигрывателе*)

carve [kɑ:v] 1) ре́зать по де́реву *или* ко́сти (*in wood or bone*) 2) высека́ть из ка́мня (*in stone*)

case I [keɪs] 1) слу́чай м; in ~ of в слу́чае; in ány ~ во вся́ком слу́чае; (just) in ~ на вся́кий слу́чай 2) юр. (судебное) де́ло 3) мед. больно́й м, пацие́нт м; ~ hístory исто́рия боле́зни

case II [keɪs] 1) я́щик м (*box*) 2) футля́р м (*for jewels, etc*)

cash [kæʃ] (нали́чные) де́ньги; ~ ín on smth испо́льзовать что-л. в свои́х интере́сах

cashier [kæˈʃɪə] касси́р м

casserole [ˈkæsərəul] жарко́е с (*food*)

cassette [kæˈset] кассе́та ж (*магнитофо́нная и фо́то*); ~ pláyer, ~ tape recórder кассе́тник м

cast [kɑ:st] **1.** v (cast) 1) броса́ть; ~ a glance бро́сить взгляд 2) лить, отлива́ть (*металл*); this státue is ~ in bronze

э́та ста́туя отли́та из бро́нзы ◊ ~ing vote реша́ющий го́лос (*при разделении голосов*) **2.** n теа́тр. соста́в исполни́телей

castle [ˈkɑ:sl] **1.** n 1) за́мок м 2) *шахм.* ладья́ ж **2.** v *шахм.* рокирова́ться

casual [ˈkæʒuəl] случа́йный; ~**ty** [-tɪ] несча́стный слу́чай, же́ртва ж

cat [kæt] кот м, ко́шка ж

catalogue [ˈkætələg] катало́г м

catastrophe [kəˈtæstrəfɪ] катастро́фа ж; несча́стье с

catch [kætʃ] (caught) 1) лови́ть; пойма́ть; схва́тывать 2) ула́вливать (*understand*) 3) заста́ть; ~ the train успе́ть (попа́сть) на по́езд 4) зарази́ться, схвати́ть; ~ the flu схвати́ть грипп; ~ **at** ухвати́ться за (*что-л.*); ~ **up** (with) догна́ть

category [ˈkætɪgərɪ] разря́д м; катего́рия ж, класс м

cathedral [kəˈθi:drəl] собо́р м

catholic [ˈkæθəlɪk] **1.** a католи́ческий **2.** n като́лик м, католи́чка ж

cat's eye [ˈkætsaɪ] *авто* отража́тель м, катафо́т м (*на доро́жных зна́ках или маши́нах*)

cattle [ˈkætl] (рога́тый) скот

caught [kɔ:t] *past и pp от* catch

cauliflower [ˈkɔlɪflauə] цветна́я капу́ста

cause [kɔ:z] **1.** n 1) причи́на ж 2) по́вод м; give ~ for compláint дать по́вод для жа́лобы

3) де́ло *c*; the ~ of peace де́ло ми́ра **2.** *v* 1) причиня́ть 2) заставля́ть (*make*)

caution [ˈkɔːʃn] 1) осторо́жность *ж*; with ~ осторо́жно 2) *спорт.* предупрежде́ние *c* ◊ ~! береги́сь!

cave [keɪv] пеще́ра *ж*

caviar(e) [ˈkævɪɑː] икра́ *ж*

cavity [ˈkævɪtɪ] 1) по́лость *ж*, пустота́ *ж* 2) дупло́ *c* (*in a tooth*)

cayenne [keɪˈen] кра́сный пе́рец

cease [siːs] **1.** *v* прекраща́ть (-ся); приостана́вливать(ся) **2.** *n*: ~ fire прекраще́ние огня́

cedar [ˈsiːdə] кедр *м*

ceiling [ˈsiːlɪŋ] потоло́к *м*

celebrate [ˈselɪbreɪt] пра́здновать

celebration [ˌselɪˈbreɪʃn] пра́здник *м*

celery [ˈselərɪ] сельдере́й *м*

cell [sel] *биол.* кле́тка *ж*

cellar [ˈselə] 1) подва́л *м* 2) (*тж.* wine-cellar) ви́нный по́греб

cello [ˈtʃeləu] виолонче́ль *ж*

Celsius [ˈselsɪəs]: twelve degrées ~ двена́дцать гра́дусов по Це́льсию

cement [sɪˈment] **1.** *n* цеме́нт *м* **2.** *v* цементи́ровать; укрепля́ть

cemetery [ˈsemɪtrɪ] кла́дбище *c*

censorship [ˈsensəʃɪp] цензу́ра *ж*

census [ˈsensəs] пе́репись (населе́ния)

cent [sent] цент *м*

centenary [senˈtiːnərɪ] столе́тие *c*, столе́тняя годовщи́на

center [ˈsentə] *см.* centre; **~fold** [-fəuld] (складна́я) вкле́йка *ж* (*в книге или журнале*)

centigrade [ˈsentɪgreɪd]: thírty degrées ~ три́дцать гра́дусов по Це́льсию

central [ˈsentrəl] центра́льный; C. Commíttee Центра́льный Комите́т

centre [ˈsentə] центр *м*; where's the shópping ~? где здесь торго́вый центр (основны́е магази́ны)?; ~ fórward *спорт.* центра́льный напада́ющий; ~ hálfback *спорт.* центра́льный полузащи́тник

century [ˈsentʃurɪ] век *м*, столе́тие *c*

cereal [ˈsɪərɪəl] 1) *pl* хле́бные зла́ки, зерновы́е *мн.* 2) *амер.* хло́пья *мн.* (*овсяные, кукурузные и т. п.*), (овся́ная) ка́ша *ж* (*и др. изделия из круп*)

ceremony [ˈserɪmənɪ] обря́д *м*; церемо́ния *ж*; withóut ~ за́просто

certain [ˈsəːtn] 1) определённый 2) уве́ренный; I am ~ я уве́рен 3) не́который, не́кий; a ~ man не́кто ◊ for ~ наверняка́; ~ly [-lɪ] коне́чно, непреме́нно

certificate [səˈtɪfɪkɪt] свиде́тельство *c*, удостовере́ние *c*; birth ~ ме́трика *ж*

chain [tʃeɪn] цепь *ж*; цепо́чка *ж*; ~ store фи́рменный магази́н (*один из серии однотип-*

ных, обыкн. с набором товаров массового спроса)

chair [tʃɛə] 1) стул *м*; take a ~, please! сади́тесь, пожа́луйста! 2) ка́федра *ж* (*in a university*) 3) председа́тельское ме́сто; take (leave) the ~ откры́ть (закры́ть) заседа́ние 4): the ~ rules that... председа́тельствующий постанови́л...; **~man** [-mən], **~woman** [-wumən] председа́тель *м*

chalk [tʃɔːk] мел *м*

challenge ['tʃælɪndʒ] 1) вы́зов *м*; ~ to compéte вы́зов на состяза́ние 2) (сло́жная) пробле́ма, тру́дная зада́ча

chamber ['tʃeɪmbə] 1) пала́та *ж*; C. of Cómmerce торго́вая пала́та 2): ~ músic ка́мерная му́зыка

champagne [ʃæm'peɪn] шампа́нское *с*

champion ['tʃæmpɪən] 1) боре́ц *м*, побо́рник *м*; ~ of peace боре́ц за мир 2) чемпио́н *м*; world (Européan) ~ чемпио́н ми́ра (Евро́пы); **~ship** [-ʃɪp] 1) зва́ние чемпио́на (*title*) 2) пе́рвенство *с*; fóotball (hóckey) world ~ship пе́рвенство ми́ра по футбо́лу (хокке́ю); conténd for the ~ship оспа́ривать пе́рвое ме́сто

chance [tʃɑːns] 1) возмо́жность *ж*; not the least ~ никаки́х ша́нсов 2) слу́чай *м*; by ~ случа́йно

chancellor ['tʃɑːnsələ] ка́нцлер *м*; C. of the Exchéquer мини́стр фина́нсов (*в Великобрита́нии*)

change [tʃeɪndʒ] 1. *n* 1) измене́ние *с*, переме́на *ж* 2) сме́на *ж*; a ~ of clothes сме́на белья́ 3) переса́дка *ж*; no ~ for Léningrad до Ленингра́да без переса́дки 4) ме́лочь *ж* (*money*) ◊ for a ~ для разнообра́зия 2. *v* 1) меня́ть(ся) 2) де́лать переса́дку; we have to ~ at the next státion на сле́дующей ста́нции мы де́лаем переса́дку 3) переодева́ться; I must have time to ~ мне ну́жно успе́ть переоде́ться

channel ['tʃænl] 1) проли́в *м* 2) *перен.* исто́чник *м*; кана́л *м* 3) *радио, тлв.* програ́мма *ж*

chap [tʃæp] па́рень *м*, ма́лый *м*

chapel ['tʃæpəl] часо́вня *ж*; це́рковь *ж* (*домовая и т. п.*)

chapter ['tʃæptə] глава́ *ж* (*книги*)

character ['kærɪktə] 1) хара́ктер *м* 2) о́браз *м* (*in a novel, etc*) 3) репута́ция *ж*; ~ assassinátion подры́в репута́ции 4) бу́ква *ж*, иеро́глиф *м*; Chinése ~s кита́йские иеро́глифы ◊ ~ dance характе́рный та́нец; **~istic** [ˌkærɪktə'rɪstɪk] характе́рный

charcoal ['tʃɑːkəul] 1) древе́сный у́голь 2) рису́нок у́глем (*drawing*)

charge [tʃɑːdʒ] 1. *n* 1) попече́ние *с*; be in ~ of a) заве́довать (*чем-л.*); б) отвеча́ть за (*кого-л, что-л.*) 2) *юр.* обвине́ние *с*; 3) цена́ *ж*; what's the ~? ско́лько э́то сто́ит?; free of ~ беспла́тно; cash or ~? нали́ч-

ными или по (кредитной) карточке? (*вопрос в магазине*)
2. *v* 1) поручать; возлагать на (*кого-л.*); ~ with a mission давать поручение 2) *юр.* обвинять 3) заряжать (*load*) 4) назначать цену; why don't you ~ me ánything? почему вы с меня не берёте деньги?

charity ['tʃærɪtɪ] благотворительность ж

charm [tʃɑːm] **1.** *n* обаяние *с*, очарование *с* **2.** *v* очаровывать; ~ing [-ɪŋ] очаровательный, прелестный

charter ['tʃɑːtə] **1.** *n* 1) устав *м*; хартия *ж*; United Nations C. Устав ООН 2) *мор.* чартер *м* **2.** *v* 1) *мор.* фрахтовать 2) сдавать внаём (*автобус, самолёт*); ~ed flight чартерный рейс 3) заказывать (*автобус, самолёт*); ~ed bus заказной автобус

chase [tʃeɪs] **1.** *n* погоня *ж* **2.** *v* гнаться; ~ out выгонять; ~r [-ə]: a vódka and a beer ~r рюмка водки с пивом

chat [tʃæt] **1.** *n* беседа *ж* **2.** *v* беседовать (*непринуждённо*)

cheap [tʃiːp] **1.** *a* дешёвый; ~ hotél дешёвая гостиница **2.** *adv* дёшево; buy smth ~ покупать что-л. по дешёвке

cheat [tʃiːt] обманывать, надувать

check [tʃek] **1.** *n* 1) задержка *ж* (*delay*) 2) проверка *ж*; a ~ on the resúlts проверка результатов; ~ list (контрольный) список (*дел, лиц, поку-*

пок и т. д.) 3) номерок *м* (*for a coat*) 4) (багажная) квитанция (*for luggage*) 5) *шахм.* шах *м* 6) *амер.* чек *м* **2.** *v* 1) сдерживать; ~ one's ánger сдержать гнев 2) (*тж.* check up) проверять, контролировать 3) *шахм.* объявлять шах; ~ in a) зарегистрироваться в гостинице, поселиться в гостинице; б) зарегистрироваться и сдать багаж в аэропорту; ~ out выехать из гостиницы ◊ ~ing time контрольное время (*определённый час, от которого ведётся отсчёт суток, прожитых в гостинице*); ~book [-buk] *амер.* чековая книжка

checkers ['tʃekəz] *pl амер.* шашки *мн.*

check-in ['tʃekɪn] регистрация *ж* (*багажа и билета в аэропорту*); "~ cóunter" «регистрация пассажиров» (*надпись*)

checkmate ['tʃekmeɪt] **1.** *n* шах и мат 2. *v* поставить мат

check-out ['tʃekaut] касса (*в магазине самообслуживания*)

check-point ['tʃekpɔɪnt] контрольный (контрольно-пропускной) пункт

checkroom ['tʃekruːm] *амер.* гардероб *м* (*помещение*)

check-up ['tʃekʌp] 1) проверка *ж* 2) медосмотр *м* (*physical examination*)

cheek [tʃiːk] щека *ж* ◊ have the ~ to do smth иметь наглость сделать что-л.; ~bone [-bəun] скула *ж*

cheer [tʃɪə] **1.** *n*: ~! ypá! ◊ three ~s for..! да здрáвствует..! **2.** *v* ободря́ть; ~ up! не ве́шай нóса!

cheerio! [,tʃɪərɪ'əu] *брит.* приве́т!, покá!

cheese [tʃiːz] сыр *м*; ~-**burger** [-bəːgə] (ру́бленый) бифште́кс с сы́ром (*обыкн. в булочке*); ~-**cake** [-keɪk] творóжный торт

chemical ['kemɪkəl] хими́ческий

chemise [ʃə'miːz] сорóчка *ж* (*женская*)

chemist ['kemɪst] 1) хи́мик *м* 2) *брит.* апте́карь *м*; ~'s (shop) апте́ка *ж*; ~**ry** [-rɪ] хи́мия *ж*; agricúltural ~ry агрохи́мия *ж*

cheque [tʃek] *брит.* чек *м*; cash a ~ получи́ть де́ньги по че́ку; draw a ~ вы́писать чек; ~**book** [-buk] *брит.* че́ковая кни́жка

cherry ['tʃerɪ] 1) ви́шня *ж* 2) (*тж.* sweet chérry) чере́шня *ж*

chess [tʃes] шáхматы *мн.*; ~ tóurnament шáхматный турни́р; ~-**board** [-bɔːd] (шáхматная) доскá; ~-**man** [-mæn] (шáхматная) фигу́ра; ~-**player** [-pleɪə] шахмати́ст *м*

chest [tʃest] 1) я́щик *м*; ~ of dráwers комóд *м* 2) грудь *ж*, груднáя кле́тка; weak ~ слáбые лёгкие

chestnut ['tʃesnʌt] **1.** *n* кашtáн *м* **2.** *a* кашtáновый (*о цве́те*)

chew [tʃuː] жевáть

chewing gum ['tʃuːɪŋɡʌm] жевáтельная рези́нка

Chicano [tʃɪ'kɑːnəu] **1.** *a* (относя́щийся к) Чикáно **2.** *n* чикáно *м нескл.*, америкáнец мексикáнского происхожде́ния

chicken ['tʃɪkɪn] 1) цыплёнок *м* 2) ку́рица *ж* (*блюдо*); ~ broth кури́ный бульóн ◊ ~ pox ветряная óспа, ветря́нка *ж*

chief [tʃiːf] **1.** *n* руководи́тель *м*, начáльник *м*, шеф *м* **2.** *a* глáвный; основнóй; ~**ly** [-lɪ] глáвным óбразом

child [tʃaɪld] (*pl* chíldren) ребёнок *м*; ~**hood** [-hud] де́тство *с*

children ['tʃɪldrən] *pl от* child

chill [tʃɪl] 1) хóлод *м* 2) просту́да *ж*; I've caught a ~ я простуди́лся

chimney ['tʃɪmnɪ] трубá *ж* (*дымовая*)

chimp [tʃɪmp], ~**anzee** [-pæn'ziː] шимпанзé *м нескл.*

chin [tʃɪn] подборóдок *м*

china ['tʃaɪnə] **1.** *n* фарфóр *м* **2.** *a* фарфóровый

chip [tʃɪp] чип *м*, микроэлеме́нт *м*; ~s [-s] *pl* 1) *брит.* жáреный картóфель (*нарезанный соломкой*) 2) *амер.* хрустя́щий картóфель ◊ fish and ~s ры́ба с жáреным картóфелем

chocolate ['tʃɔkəlɪt] 1) шоколáд *м* 2) *pl* шоколáдные конфе́ты

choice [tʃɔɪs] вы́бор *м*; I had no ~ у меня́ не́ было другóго вы́бора

choir [ˈkwaɪə] хор *м*

choke [tʃəuk] **1.** *n авто* подсо́с *м* **2.** *v* 1) души́ть 2) задыха́ться (with — от)

choose [tʃuːz] (chose; chósen) 1) выбира́ть 2) хоте́ть; you may stáy, if you ~ е́сли хоти́те, остава́йтесь

chop [tʃɔp] **1.** *v* руби́ть **2.** *n* (отбивна́я) котле́та; pork ~ свина́я отбивна́я; ~per [-ə] *амер. разг.* вертолёт *м*

chord [kɔːd] *муз.* акко́рд *м*

chore [tʃɔː]: dáily ~s повседне́вные дела́

choreography [ˌkɔrɪˈɔgrəfɪ] хореогра́фия *ж*

chorus [ˈkɔːrəs] 1) хор *м*; in ~ хо́ром 2) припе́в *м* (*refrain*) 3) кордебале́т *м*; ~ girl хори́стка *ж*

chose [tʃəuz] *past от* choose; ~n [-n] *pp от* choose

Christian [ˈkrɪstjən] **1.** *a* христиа́нский ◊ ~ name и́мя *с* (*в отличие от фамилии*); what's your ~ name? как вас зову́т? **2.** *n* христиани́н *м*, христиа́нка *ж*

Christmas [ˈkrɪsməs] Рождество́ *с*; ~ tree рожде́ственская ёлка

chronic [ˈkrɔnɪk] хрони́ческий

church [tʃəːtʃ] це́рковь *ж*; C. of Éngland (Ánglican C.) англика́нская це́рковь; ~yard [-ˈjɑːd] кла́дбище *с*

cider [ˈsaɪdə] (я́блочный) сидр

cigar [sɪˈgɑː] сига́ра *ж*; ~ store *амер.* таба́чная ла́вка

cigarette [ˌsɪgəˈret] сигаре́та *ж*; have a ~! заку́ривайте!; fílter(-tipped) ~ сигаре́та с фи́льтром; ~-lighter [-ˌlaɪtə] зажига́лка *ж*

cinder-path [ˈsɪndərɑːθ] *спорт.* га́ревая доро́жка

cinema [ˈsɪnəmə] *брит.* кино́ *с нескл.*

circle [ˈsəːkl] 1) круг *м*; окру́жность *ж*; 2) круг лиц, кружо́к *м* (*group of people*) 3) теа́тр. я́рус *м*; úpper ~ балко́н *м*

circuit [ˈsəːkɪt] *эл.*: short ~ коро́ткое замыка́ние; clósed ~ TV вну́треннее телеви́дение

circulate [ˈsəːkjuleɪt] циркули́ровать, обраща́ться

circulation [ˌsəːkjuˈleɪʃn] 1) де́нежное обраще́ние 2) (*тж.* circulátion of the blood) кровообраще́ние *с* 3) распростране́ние *с*; тира́ж *м*; this páper has a ~ of... э́та газе́та выхо́дит тиражо́м в...

circumstance [ˈsəːkəmstəns] обстоя́тельство *с*; únder no ~s ни в ко́ем слу́чае

circus [ˈsəːkəs] цирк *м*

citizen [ˈsɪtɪzn] граждани́н *м*, гражда́нка *ж*; ~ship [-ʃɪp] гражда́нство *с*

city [ˈsɪtɪ] 1) (большо́й) го́род; C. Cóuncil городско́й сове́т, муниципалите́т *м* 2) (C.) Си́ти, делово́й центр Ло́ндона

civic [ˈsɪvɪk]: ~ centre администрати́вный центр (*города*)

civil [ˈsɪvl] 1) гражда́нский; ~ rights гражда́нские права́; ~ sérvant госуда́рственный слу́жащий 2) ве́жливый; ~ *á*nswer ве́жливый отве́т; ~**ian** [sɪ'vɪlɪən] шта́тский; ~**ian** clothes шта́тская оде́жда

civilization [ˌsɪvɪlaɪ'zeɪʃn] цивилиза́ция ж

clad [klæd] *past и pp от* clothe

claim [kleɪm] **1.** *n* 1) тре́бование *с* 2) иск *м*; прете́нзия ж; have a ~ to... предъяви́ть прете́нзию на... **2.** *v* 1) тре́бовать; ~ the right to speak тре́бовать сло́ва 2) претендова́ть; ~ *á*uthorship претендова́ть на *á*вторство 3) утвержда́ть; I ~ that... я заявля́ю, что...

clam [klæm] «клэм» *м (съедобный морской моллюск)*; ~ ch*ó*wder похлёбка из «кл*э*мов» *(суп, популярный в США)*

clamp [klæmp] *тех.* зажи́м *м*

clap [klæp] хло́пать, аплоди́ровать

clarinet [ˌklærɪ'net] кларне́т *м*

clash [klæʃ] **1.** *n* столкнове́ние *с (collision)* **2.** *v* ста́лкиваться

clasp [klɑ:sp] 1) прижима́ть, сжима́ть *(в руках)* 2) застёгивать *(fasten up)*

class I [klɑ:s] **1.** *n* (обще́ственный) класс **2.** *a* кла́ссовый

class II 1) класс *м*, заня́тия *мн.*; a ~ in Rú́ssian заня́тия по рý́сскому языкý 2) разря́д *м*, катего́рия ж *(category)*

class-consciousness ['klɑ:sˌkɔnʃəsnɪs] кла́ссовое созна́ние

classic ['klæsɪk] **1.** *n* кла́ссик *м* **2.** *a* класси́ческий

classify ['klæsɪfaɪ] классифици́ровать

clause [klɔ:z] статья́ ж, пункт *м*; ~ of the tré*á*ty статья́ догово́ра

claw [klɔ:] 1) ко́готь *м (of a cat, etc)* 2) клешня́ ж *(of a crab, etc)*

clay [kleɪ] гли́на ж

clean [kli:n] **1.** *a* чи́стый; ~ sheet of pá́per чи́стый лист бумá́ги **2.** *v* чи́стить; where can I have my suit ~ed? где (здесь) мо́жно отда́ть костю́м в чи́стку?; ~ **up** убира́ть

clear [klɪə] **1.** *a* 1) я́сный; sky безо́блачное не́бо 2) я́сный, поня́тный; that's ~ ! я́сно! 3) све́тлый, чи́стый; ~ soup бульо́н *м* 4) чи́стый, зво́нкий; ~ voice зво́нкий го́лос **2.** *v* 1) очища́ть; ~ one's throat отка́шливаться 2) *спорт.*: ~ five feet взять высотý́ в пять фý́тов, пры́гнуть на пять фý́тов *(не задев планки)*; ~ **up** а) выясня́ть; ~ up a misunderstá́nding вы́яснить недоразуме́ние; б) прибира́ть *(tidy)*; в) проясня́ться *(о погоде)*; ~**ance** [-rəns] прове́рка ж; cú́stom ~ance тамо́женный досмо́тр

clef [klef] *муз.* ключ *м*

clench [klentʃ] сжима́ть *(кулаки, зубы)*

clergy ['klə:dʒɪ] духове́нство *с*; ~**man** [-mən] свяще́нник *м*

clerk [klɑ:k] 1) клерк *м*, конто́рский слу́жащий 2) портье́ м *нескл. (в гостинице)*, (дежу́рный) администра́тор

clever [ˈklevə] 1) у́мный; спосо́бный 2) иску́сный; ~ **hands** уме́лые ру́ки

client [ˈklaɪənt] клие́нт *м*; покупа́тель *м*

cliff [klɪf] утёс *м*, скала́ *ж*

climate [ˈklaɪmɪt] кли́мат *м*; in a fríendly ~ в атмосфе́ре дру́жбы

climb [klaɪm] поднима́ться; кара́бкаться; ла́зить

cling [klɪŋ] (clung) цепля́ться; прилипа́ть

clip [klɪp] 1): ~ of wool на́стриг (ше́рсти) 2) *тлв.* клип *м*; ~**ping** [-ɪŋ]: ne̋wspaper ~ping газе́тная вы́резка

cloak [kləuk] плащ *м*; ~**room** [-rum] *брит.* 1) гардеро́б *м*, раздева́лка *ж*; leave your coats in the ~room разде́ньтесь в гардеро́бе 2) *ж.-д.* ка́мера хране́ния *(багажа)*

clock [klɔk] **1.** *n* часы́ *мн. (стенные, настольные, башенные)* **2.** *v спорт.* зафикси́ровать (показа́ть) вре́мя; ~-**radio** [-ˌreɪdɪəu] ра́дио-часы́ *мн.*; ра́дио-буди́льник *м*; ~**wise** [-waɪz]... по часово́й стре́лке

close I [kləuz] **1.** *v* закрыва́ть(ся); ~ the discússion закры́ть пре́ния; clósing séssion (speech) заключи́тельное заседа́ние (сло́во); ~ **down** закрыва́ть *(shut down)* **2.** *n* коне́ц *м*; bring to a ~ заверши́ть

close II 1) бли́зкий; ~ to the státion недалеко́ от ста́нции 2) те́сный; ~ cóntact те́сный

конта́кт 3) внима́тельный, тща́тельный; ~ examinátion тща́тельное изуче́ние ◊ ~ call *(тж.* ~ shave): that was a ~ call (shave)! е́ле жив оста́лся!, е́ле но́ги унёс!

close-out [ˈkləuzˌaut] *(тж.* ~ sale) (оконча́тельная) распрода́жа

closet [ˈklɔzɪt] (стенно́й) шкаф; jam ~ буфе́т *м*; wálk-in ~ чула́н *м*; гардеро́бная *ж*

close-up [ˈkləusˌʌp] *кино* кру́пный план; наплы́в *м*

cloth [klɔθ] 1) ткань *ж* 2) *(тж.* bróadcloth) сукно́ *с* 3) *(тж.* táblecloth) ска́терть *ж*

clothe [kləuð] (clóthed, clad; clad) одева́ть, облека́ть

clothes [kləuðz] *pl* оде́жда *ж*, пла́тье *с (dress)*; бельё *с (linen, underwear)*; ~ **brush** одёжная щётка

cloud [klaud] о́блако *с*, ту́ча *ж*

clover [ˈkləuvə] кле́вер *м*

club [klʌb] 1) клуб *м*; wórkers' ~ рабо́чий клуб 2) дуби́нка *ж (stick)* 3) *спорт.* клю́шка *ж*; golf ~ клю́шка для го́льфа 4) *pl карт.* тре́фы *мн.*; queen of ~s тре́фо́вая да́ма

clue [kluː] ключ *м (к разгадке)*

clumsy [ˈklʌmzɪ] неуклю́жий

clung [klʌŋ] *past и pp от* cling

cluster [ˈklʌstə] гроздь *ж*; ~ of grapes *преим. брит.* гроздь виногра́да

Co. [kəu] (cómpany): J. Smith & Co. Дж. Смит и компа́ния

c/o см. care

coach I [kəutʃ] 1) экипа́ж м 2) авто́бус м (туристский и дальнего следования) 3) ваго́н м (railway car)

coach II 1. n спорт. тре́нер м; инстру́ктор м 2. v спорт. трениров́ать

coal [kəul] (ка́менный) у́голь; **~-field** [-fi:ld] каменно-у́гольный бассе́йн

coarse [kɔːs] гру́бый

coast [kəust] 1. n морско́й бе́рег, побере́жье с; ~ guard берегова́я охра́на (в США — морская пограничная и спасательная служба) 2. v авто дви́гаться нака́том; **~al** [-əl] берегово́й, прибре́жный; **~ing** [-ıŋ] авто нака́т м

coat [kəut] 1) (тж. óvercoat) пальто́ с нескл. 2) пиджа́к м (man's), жаке́т м (lady's)

cobbler [ˈkɔblə] сапо́жник м

cobweb [ˈkɔbweb] паути́на ж

Coca-Cola [ˌkəukəˈkəulə] ко́ка-ко́ла ж

cock [kɔk] пету́х м (fowl)

cockney [ˈkɔknı] ко́кни м (лондонское просторечие)

cocktail [ˈkɔkteıl] кокте́йль м

cocoa [ˈkəukəu] кака́о с нескл.

coconut [ˈkəukənʌt] коко́с м

c.o.d. [ˌsiːəuˈdiː] (cash on delivery) нало́женным платежо́м

cod [kɔd] треска́ ж

code [kəud] 1) ко́декс м 2) шифр м, код м; Morse ~ а́збука Мо́рзе

cod-liver [ˈkɔdlıvə]: ~ oil ры́бий жир

co-ed [ˌkəuˈed] амер. студе́нтка ж (в колледже совместного обучения)

co-education [ˌkəuedʒuˈkeıʃn] совме́стное обуче́ние

coexistence [ˌkəuıgˈzıstəns] сосуществова́ние с; péaceful ~ ми́рное сосуществова́ние

coffee [ˈkɔfı] ко́фе м нескл.; **~-house** [-həus] кафе́ с нескл.; **~-maker** [-meıkə] кофева́рка ж; **~-pot** [-pɔt] кофе́йник м

coffin [ˈkɔfın] гроб м

cognac [ˈkɔnjæk] конья́к м

coil [kɔıl] 1) спира́ль ж 2) эл. кату́шка ж

coin [kɔın] моне́та ж; toss а ~ а) бро́сить жре́бий; б) спорт. разыгра́ть воро́та

coincide [ˌkəuınˈsaıd] совпада́ть; **~nce** [kəuˈınsıdəns] совпаде́ние с

coke [kəuk] 1) кокс м 2) С. ко́ка-ко́ла ж

cold [kəuld] 1. а 1) холо́дный; it's ~ хо́лодно; ~ war холо́дная война́ 2) непривет́ливый; безуча́стный; ~ recéption холо́дный приём 2. v 1) хо́лод м 2) на́сморк м, простуда́ ж; а ~ in the head (in the nose) на́сморк м; catch ~ простуди́ться

cole-slaw [ˈkəulslɔː] сала́т из капу́сты (обыкн. с майоне́зом)

collaboration [kəˌlæbəˈreıʃn] сотру́дничество с

collapse [kəˈlæps] 1) обва́л м 2) круше́ние с; прова́л м; ~ of a plan прова́л пла́на 3) *мед.* колла́пс *м;* упа́док сил

collar [ˈkɔlə] воротни́к *м;* воротничо́к *м;* I want my ~ starched, please накрахма́льте мне воротничо́к, пожа́луйста; ~**-bone** [-bəun] ключи́ца *ж*

colleague [ˈkɔliːg] колле́га *м и ж;* сослужи́вец *м*

collect [kəˈlekt] собира́ть (-ся); I ~ stamps я собира́ю почто́вые ма́рки ◊ ~ call (телефо́нный) звоно́к «с опла́той адреса́том» (*оплачиваемый тем, кому звонят*); ~**ion** [kəˈlekʃn] 1) колле́кция *ж;* ~ion of páintings собра́ние карти́н 2) сбор *м;* ~ion of sígnatures сбор по́дписей

collective [kəˈlektɪv] коллекти́вный; ~ secúrity коллекти́вная безопа́сность; ~ farm колхо́з *м;* ~ fármer колхо́зник *м;* ~ bárgaining заключе́ние коллекти́вного догово́ра

college [ˈkɔlɪdʒ] колле́дж *м;* what ~ are you from? где вы у́читесь?

collier [ˈkɔlɪə] шахтёр *м;* ~y [ˈkɔljərɪ] (у́гольная) ша́хта, копь *ж*

collision [kəˈlɪʒn] столкнове́ние *с*

colloquial [kəˈləukwɪəl] разгово́рный; this is a ~ phrase э́то разгово́рное выраже́ние

colonel [ˈkəːnl] полко́вник *м*

colonial [kəˈləunɪəl] колониа́льный; ~**ist** [-ɪst] колониза́тор *м,* колониали́ст *м*

colonize [ˈkɔlənaɪz] колони-зи́ровать, заселя́ть; ~**r** [-ə] колониза́тор *м*

colony [ˈkɔlənɪ] коло́ния *ж*

colour [ˈkʌlə] 1) цвет *м* 2) *pl* зна́мя *с* (*flag*) ◊ ~ film а) *кино* цветно́й фильм; б) *фото* цветна́я плёнка; ~ bar «цветно́й барье́р»

colt [kəult] жеребёнок *м*

column [ˈkɔləm] 1) коло́нна *ж* 2) столб(ик) *м;* ~ of mércury рту́тный столб 3) столбе́ц *м* (*in a newspaper*); ~**ist** [ˈkɔləmnɪst] *амер.* фельетони́ст *м;* обозрева́тель *м*

comb [kəum] **1.** *n* гре́бень *м* **2.** *v* расчёсывать, причёсывать

combine 1. *v* [kəmˈbaɪn] объединя́ть(ся) 2) сочета́ть (-ся) **2.** *n* [ˈkɔmbaɪn] *с.-х.* комба́йн *м*

come [kʌm] (came; come) 1) приходи́ть; приезжа́ть; ~ and see us приходи́те к нам в го́сти; ~ here иди́те сюда́ 2) доходи́ть, равня́ться; it ~s all in all to two húndred róubles всё э́то сто́ит две́сти рубле́й; ~ across встре́тить (*случайно*); ~ back верну́ться; ~ in входи́ть; may I ~ in? разреши́те войти́?; ~ off а) сойти́; б) оторва́ться; the bútton has ~ off пу́говица оторвала́сь; ~ out выходи́ть; появля́ться (*в печати и т. п.*); ~ up (to) подойти́ побли́же ◊ ~ into béing возни́кнуть; ~ to (*тж.* come to himsélf, hersélf) прийти́ в себя́; ~ true сбы́ться

comedy [ˈkɔmɪdɪ] коме́дия *ж*

comfort [ˈkʌmfət] **1.** *n* 1) утешéние *c (consolation)* 2) *pl* удóбства *мн.*; ~ státion *амер.* общéственная убóрная 2. *v* утешáть; ~able [-әbl] удóбный; are you ~able? вам удóбно?; ~er [-ә] *брит.* шерстянóй шарф, *амер.* стёганое покрывáло

comic ['kɔmɪk] смешнóй, комúческий; ~ strip кóмикс *м*; ~s [-s] *pl* кóмиксы *мн.*

command [kə'mɑːnd] 1. *v* 1) прикáзывать 2) комáндовать; ~ a ship комáндовать кораблём ◊ yours to ~ к вáшим услýгам 2. *n* 1) прикáз *м* 2) комáндование *c*; be in ~ of комáндовать; ~ módule *косм.* отсéк управлéния *(корабля)*; ~er [-ә] командúр *м*, комáндующий *м*; ~er-in-chief [-әrɪn-'tʃiːf] главнокомáндующий *м*

comment ['kɔment] 1. *n* примечáние *c*, толковáние *c* 2. *v* комментúровать; ~ator [-eɪtә] комментáтор *м*, обозревáтель *м*

commerce ['kɔmәːs] торгóвля *ж*

commercial [kə'mәːʃəl] 1. *a* торгóвый, коммéрческий 2. *n амер.*: rádio (TV) ~ радиореклáма *ж* (телевизиóнная реклáма)

commission [kə'mɪʃn] 1) комúссия *ж*; комитéт *м* 2) поручéние *c*; here's a ~ for you вот вам поручéние

commit [kə'mɪt] 1) совершáть *(дурнóе)*; ~ a crime совершúть преступлéние 2) предавáть *(чему-л.)*; ~ to the flames предавáть огню 3): be ~ted to быть прéданным *(дéлу)*; he is ~ted to the cause of peace он прéдан дéлу мúра ◊ ~ to páper записáть; ~ onesélf принять на себя обязáтельство; ~ment [-mənt] обязáтельство *c*

committee [kə'mɪtɪ] комитéт *м*; комúссия *ж*

commodity [kə'mɔdɪtɪ] товáр *м*; *особ.* сырьевóй товáр

common ['kɔmən] 1. *a* 1) óбщий; ~ ínterests óбщие интерéсы 2) обыкновéнный, *(ordinary)* ◊ ~ sense здрáвый смысл 2. *n*: have smth in ~ имéть что-л. óбщее

Commonwealth ['kɔmənwelθ]: ~ (of Nátions) Содрýжество (Нáций); ~ of Austrália Австралúйский Союз

communicate [kə'mjuːnɪkeɪt] 1) сообщáть, передавáть; ~ news сообщúть нóвость 2) сообщáться, сносúться; ~ by létters перепúсываться; communicáting rooms смéжные кóмнаты

communication [kə,mjuːnɪ'keɪʃn] сообщéние *c*; связь *ж*; ráilway (road) ~ железнодорóжное (автомобúльное) сообщéние

communism ['kɔmjunɪzm] коммунúзм *м*

communist ['kɔmjunɪst] 1. *a* коммунистúческий; C. Párty коммунистúческая пáртия 2. *n* коммунúст *м*

community [kə'mjuːnɪtɪ] 1) общúна *ж* 2) населённый

пункт, микрорайо́н *м*; жи́тели микрорайо́на *(residents)*; ~ céntre обще́ственный центр, клуб *м (микрорайо́на)*

commute [kə'mju:t] *амер.* е́здить ежедне́вно на рабо́ту в го́род, живя́ в при́городе; ~r [-ə] *амер.* за́городный жи́тель (ежедне́вно е́здящий в го́род на рабо́ту)

compact I [kəm'pækt] 1) пло́тный *(dense)* 2) малогабари́тный; ~ vac ручно́й пылесо́с

compact II ['kɔmpækt] прессо́ванная пу́дра

companion [kəm'pænjən] 1) това́рищ *м* 2) спу́тник *м*, попу́тчик *м (fellow traveller)*

company ['kʌmpənɪ] 1) о́бщество *с*; компа́ния *ж*; keep ~ соста́вить компа́нию 2) *ком.* компа́ния *ж*; insúrance ~ страхова́я компа́ния; ~ town заводско́й посёлок *(где всё принадлежи́т компа́нии)* 3) го́сти *мн.*; I have ~ tonight у меня́ ве́чером го́сти 4) *театр.* тру́ппа *ж*

comparative [kəm'pærətɪv] сравни́тельный; относи́тельный

compare [kəm'pεə] сра́внивать

comparison [kəm'pærɪsn] сравне́ние *с*; in ~ with по сравне́нию с

compartment [kəm'pɑ:tmənt] 1) отделе́ние *с* 2) *ж.-д.* купе́ *с нескл.*

compass ['kʌmpəs] *(тж.* mariner's cómpass) ко́мпас *м*

compatriot [kəm'pætrɪət] соотéчественник *м*

compel [kəm'pel] заставля́ть, вынужда́ть

compensate ['kɔmpenseɪt] вознагражда́ть; возмеща́ть, компенси́ровать

compete [kəm'pi:t] состяза́ться; конкури́ровать

competition [ˌkɔmpɪ'tɪʃn] 1) конкуре́нция *ж* 2) *спорт.* соревнова́ние *с* 3) *иск.* ко́нкурс *м*

competitor [kəm'petɪtə] 1) конкуре́нт *м* 2) *спорт.* уча́стник соревнова́ний 3) уча́стник худо́жественного ко́нкурса

compile [kəm'paɪl] составля́ть *(докла́д, слова́рь)*

complain [kəm'pleɪn] жа́ловаться; ~ of a héadache жа́ловаться на головну́ю боль; ~t [-t] жа́лоба *ж*

complete [kəm'pli:t] **1.** *a* по́лный; the ~ works по́лное собра́ние сочине́ний **2.** *v* 1) зака́нчивать, заверша́ть 2) пополня́ть; ~ one's colléction попо́лнить собра́ние (колле́кцию); ~ly [-lɪ] соверше́нно, по́лностью

complex ['kɔmpleks] сло́жный

complexion [kəm'plekʃn] цвет лица́

compliance [kəm'plaɪəns]: in ~ with в соотве́тствии с, согла́сно

complicate ['kɔmplɪkeɪt] усложня́ть; ~d [-ɪd] сло́жный

compliment 1. *n* ['kɔmplɪmənt] 1) комплиме́нт *м*; pay

a ~ сде́лать комплиме́нт 2) *pl* привѐт *м*; поздравле́ние *с*; accе́pt my ~s прими́те мои́ поздравле́ния; with the áuthor's ~s от а́втора **2.** *v* [ˈkɔmplɪment] приве́тствовать, поздравля́ть

comply [kəmˈplaɪ]: ~ with smb's requе́st (wish) исполня́ть чью-л. про́сьбу (жела́ние)

compose [kəmˈpəuz] 1) состaвля́ть 2) сочиня́ть; ~ mу́sic сочиня́ть му́зыку 3): ~ oneself успока́иваться; ~d [-d] споко́йный

composer [kəmˈpəuzə] компози́тор *м*

composition [ˌkɔmpəˈzɪʃn] 1) компози́ция *ж* 2) состaв *м*; the ~ of the delegа́tion состaв делегáции 3) (музыка́льное, литерату́рное) произведе́ние *(in arts)* 4) (шко́льное) сочине́ние *(thesis)*

compositor [kəmˈpɔzitə] набо́рщик *м*

compound [ˈkɔmpaund] состaвно́й, сло́жный

comprehensive [ˌkɔmprɪˈhensɪv] всесторо́нний, исче́рпывающий; ~ school *брит.* общеобразова́тельная шко́ла

compress **1.** *n* [ˈkɔmpres] *мед.* повя́зка *ж (bandage)*; примо́чка *ж (moistened)* **2.** *v* [kəmˈpres] сжима́ть

comprise [kəmˈpraɪz] охва́тывать, заключа́ть *(в себе)*

compromise [ˈkɔmprəmaɪz] **1.** *n* компроми́сс *м* **2.** *v* 1) пойти́ на компроми́сс 2) компромети́ровать

compulsory [kəmˈpʌlsərɪ] принуди́тельный, обяза́тельный; ~ educа́tion обяза́тельное обуче́ние

computer [kəmˈpjuːtə] вычисли́тельная маши́на; компью́тер *м*, ЭВМ

comrade [ˈkɔmrɪd] това́рищ *м*

conceal [kənˈsiːl] скрыва́ть; ума́лчивать

conceive [kənˈsiːv] 1) постигáть; I can't ~ it я э́того не понимá́ю 2) заду́мывать; ~ a plan заду́мывать план

concentration [ˌkɔnsənˈtreɪʃn] сосредото́чение *с*; концентра́ция *ж*; ~ camp концентрацио́нный ла́герь

conception [kənˈsepʃn] поня́тие *с*; представле́ние *с*; конце́пция *ж*

concern [kənˈsəːn] **1.** *n* 1) де́ло *с*, отноше́ние *с* 2) предприя́тие *с (firm)* 3) беспоко́йство *с*; огорче́ние *с*; feel ~ abóut... чу́вствовать беспоко́йство по по́воду... **2.** *v* 1) каса́ться; as ~s что каса́ется 2) забо́титься; be ~ed abóut one's health забо́титься о своём здоро́вье; ~ed [-d] заинтересо́ванный; ~ing [-ɪŋ] относи́тельно

concert [ˈkɔnsət] конце́рт *м*; give a ~ дать конце́рт

concerto [kənˈtʃəːtəu] конце́рт *м (муз. произведение)*

concession [kənˈseʃn] 1) усту́пка *ж*; mútual ~s взаи́мные усту́пки 2) *эк.* конце́ссия *ж*

conclude [kənˈkluːd] заключа́ть; ~ a treaty заключи́ть догово́р

conclusion [kən'klu:ʒn] 1) оконча́ние *c*, заключе́ние *c*; bring to a ~ заверша́ть, зака́нчивать; in ~ в заключе́ние 2) вы́вод *м*; come to a ~ прийти́ к вы́воду; draw a ~ сде́лать вы́вод, прийти́ к заключе́нию

concrete I ['kɔnkri:t] конкре́тный

concrete II бето́н *м*

condemn [kən'dem] осужда́ть; пригова́ривать

condense [kən'dens] сгуща́ть (-ся); ~d milk сгущённое молоко́

condition [kən'dɪʃn] 1) усло́вие *c* 2) состоя́ние *c*; be in good ~ быть в хоро́шем состоя́нии 3) *pl* обстоя́тельства *мн.*

condo *см.* condomínium

condolence [kən'dəuləns] соболе́знование *c*; present one's ~s (to) вы́разить своё соболе́знование *кому-л.*

condominium [ˌkɔndə'mɪnɪəm] кондоми́ниум *м* *(дом-совладе́ние или кварти́ра в тако́м до́ме)*

conduct 1. *n* ['kɔndəkt] поведе́ние *c* **2.** *v* [kən'dʌkt] 1) вести́ 2) дирижи́ровать; the orchestra ~ed by... орке́стр под управле́нием ...; ~or [-ə] 1) *брит.* конду́ктор *м*; *амер. ж.-д.* проводни́к 2) *муз.* дирижёр *м* 3) *физ.* проводни́к *м*

cone [kəun] 1) ко́нус *м*; ice-cream ~ моро́женое (в ва́фельном стака́нчике) 2) ши́шка *ж*; a fir ~ ело́вая ши́шка

confectionery [kən'fekʃnərɪ] 1) конди́терская *ж* *(shop)* 2) конди́терские изде́лия *(sweet meat)*

confer [kən'fɜ:] присужда́ть; ~ a degree присуди́ть сте́пень

conference ['kɔnfərəns] 1) совеща́ние *c*; be in ~ быть на совеща́нии; заседа́ть 2) конфере́нция *ж*; peace ~ ми́рная конфере́нция, конфере́нция сторо́нников ми́ра

confess [kən'fes] 1) признава́ться, сознава́ться 2) *рел.* испове́доваться; ~ion [kən'feʃn] 1) призна́ние *c* 2) *рел.* и́споведь *ж*

confidence ['kɔnfɪdəns] 1) дове́рие *c* (in — к *кому-л., чему-л.*) 2) уве́ренность *ж* *(self-reliance)*

confident ['kɔnfɪdənt] уве́ренный; ~ial [ˌkɔnfɪ'denʃəl] конфиденциа́льный, секре́тный

confirm [kən'fɜ:m] подтвержда́ть; ~ation [ˌkɔnfə'meɪʃn] подтвержде́ние *c*

conflict ['kɔnflɪkt] конфли́кт *м*; столкнове́ние *c*

confuse [kən'fju:z] 1) сме́шивать, спу́тывать; ~ the names спу́тать имена́ 2) смуща́ть *(abash)*

confusion [kən'fju:ʒn] 1) пу́таница *ж*, беспоря́док *м* 2) смуще́ние *c* *(embarrassment)*

congratulate [kən'grætʃuleɪt] поздравля́ть (on, upón — с); I ~ you on... поздравля́ю вас с...

congratulation [kənˌgrætʃu-

'leɪʃn] поздравле́ние *c*; my ~s! поздравля́ю!

congress ['kɔŋgres] 1) съезд *м*; конгре́сс *м*; Párty C. съезд па́ртии 2) (С.) конгре́сс США

coniferous [kəu'nɪfərəs] хво́йный

conjurer ['kʌndʒərə] фо́кусник *м*

connect [kə'nekt] соединя́ть (-ся); свя́зывать(ся); ~ion [kə'nekʃn] 1) связь *ж*; in this ~ion в связи́ с э́тим 2) согласо́ванное расписа́ние (*поездов, пароходов*); the train makes ~ion with the boat расписа́ние по́езда согласо́вано с расписа́нием парохо́да; miss a ~ion опозда́ть на переса́дку

conquer ['kɔŋkə] завоёвывать, побежда́ть; ~or [-rə] завоева́тель *м*

conquest ['kɔŋkwest] завоева́ние *c*

conscience ['kɔnʃəns] со́весть *ж*

conscientious [ˌkɔnʃɪ'enʃəs] добросо́вестный ◊ ~ objéctor отка́зывающийся служи́ть в а́рмии по принципиа́льным соображе́ниям, в том числе́ по религио́зным убежде́ниям

conscious ['kɔnʃəs] 1): be ~ of знать, сознава́ть 2) созна́тельный; ~ness [-nɪs] 1) созна́ние *c*; lose ~ness потеря́ть созна́ние; regáin ~ness прийти́ в себя́ 2) созна́тельность *ж*

conscription [kən'skrɪpʃn] во́инская пови́нность

consensus [kən'sensəs] консе́нсус *м*, о́бщее согла́сие

consent [kən'sent] **1.** *n* согла́сие *c*; give one's ~ дать согла́сие **2.** *v* соглаша́ться

consequence ['kɔnsɪkwəns] 1) после́дствие *c*; in ~ of всле́дствие 2) значе́ние *c*; it's of no ~ э́то не име́ет значе́ния, э́то нева́жно

consequently ['kɔnsɪkwəntlɪ] сле́довательно, поэ́тому

conservative [kən'sɜːvətɪv] **1.** *a* консервати́вный; the C. Party консервати́вная па́ртия **2.** *n* (C.) консерва́тор *м*; член консервати́вной па́ртии

conservatoire [kən'sɜːvətwɑː] консервато́рия *ж*

conservatory [kən'sɜːvətərɪ] 1) оранжере́я *ж*, зи́мний сад 2) (*тж.* ~ of músic) консервато́рия *ж*

consider [kən'sɪdə] 1) рассма́тривать; ~ a mátter рассмотре́ть вопро́с 2) счита́ть, полага́ть (*deem*); ~able [-rəbl] значи́тельный; ~ation [kənsɪdə'reɪʃn] 1) размышле́ние *c*; рассмотре́ние *c* 2) соображе́ние *c*, причи́на *ж* (*cause*) ◊ take into ~ation приня́ть во внима́ние

consist [kən'sɪst] 1) состоя́ть (of — из) 2) заключа́ться (in — в)

consistent [kən'sɪstənt] после́довательный

consolation [ˌkɔnsə'leɪʃn] утеше́ние *c*; ~ prize утеши́тельный приз

console I [kən'səul] утеша́ть

console II [ˈkɔnsəul]: rádio (TV) ~ консóльный рáдио-(телевизиóнный) приёмник

consolidate [kənˈsɔlɪdeɪt] укрепля́ть(ся); ~ the succéss закрепи́ть успéх

conspiracy [kənˈspɪrəsɪ] зáговор м

conspire [kənˈspaɪə] тáйно сговáриваться

constant [ˈkɔnstənt] 1) постоя́нный 2) твёрдый

constellation [ˌkɔnstəˈleɪʃn] созвéздие с

constipation [ˌkɔnstɪˈpeɪʃn] мед. запóр м

constituency [kənˈstɪtjuənsɪ] избирáтельный óкруг

constituent [kənˈstɪtjuənt] 1. a 1) составнóй; ~ part составнáя часть 2) учреди́тельный; ~ assémbly учреди́тельное собрáние 2. n избирáтель м

constitute [ˈkɔnstɪtjuːt] составля́ть, образóвывать

constitution [ˌkɔnstɪˈtjuːʃn] конститу́ция ж

construct [kənˈstrʌkt] стрóить; создавáть; ~ion [kənˈstrʌkʃn] 1) строи́тельство с; ~ion site строи́тельная площáдка, стрóйка ж 2) здáние с (building)

consul [ˈkɔnsəl] кóнсул м; ~ate [ˈkɔnsjulɪt] кóнсульство с

consult [kənˈsʌlt] 1) совéтоваться; I'd like to ~ you мне хотéлось бы посовéтоваться с вáми; ~ a dóctor обрати́ться к врачý 2) справля́ться; ~ a book спрáвиться по кни́ге;

~ation [ˌkɔnsəlˈteɪʃn] консультáция ж, совещáние с

consume [kənˈsjuːm] потребля́ть; ~r [-ə] потреби́тель м; ~r(s') goods товáры широ́кого потреблéния

consumption I [kənˈsʌmpʃn] потреблéние с

consumption II мед. туберкулёз лёгких, чахóтка ж

contact [ˈkɔntækt] (со)прикосновéние с; контáкт м; pérsonal ~ ли́чное общéние

contagious [kənˈteɪdʒəs] зарáзный, инфекциóнный

contain [kənˈteɪn] содержáть, вмещáть; ~er [-ə] 1) (какáя-л.) тáра; сосýд м (vessel); я́щик м (crate) 2) контéйнер м (standardized receptacle); ~er ship контейнеровóз м (судно)

contemporary [kənˈtempərərɪ] 1. a совремéнный 2. n совремéнник м

contempt [kənˈtempt] презрéние с; ~ of court юр. неуважéние к судý

contend [kənˈtend] 1) боро́ться 2) утверждáть (affirm); ~er [-ə] претендéнт м; presidéntial ~er кандидáт в президéнты

content [kənˈtent] 1. a довóльный 2. v удовлетворя́ть; ~ onesélf with довóльствоваться чем-л.

contents [ˈkɔntents] pl 1) содержáние с 2) содержи́мое с (of a vessel)

contest 1. n [ˈkɔntest] состязáние с; кóнкурс м; winners of

the ~ победи́тели ко́нкурса 2. *v* [kən'test] оспа́ривать

continent ['kɔntınənt] матери́к *м*; ~al [ˌkɔntı'nentl] 1) континента́льный; ~al shelf континента́льный шельф 2) (за́падно-)европе́йский *(исключая Великобританию)*; ~al bréakfast лёгкий за́втрак *(кофе с булочкой)*

continuation [kənˌtınju'eıʃn] продолже́ние *с*

continue [kən'tınjuː] продолжа́ть(ся); to be ~d продолже́ние сле́дует

continuous [kən'tınjuəs] непреры́вный

contrabass [ˌkɔntrə'beıs] контраба́с *м*

contract ['kɔntrækt] догово́р *м*, контра́кт *м*; ~or [kən'træktə] подря́дчик *м (особ. в строи́тельстве)*

contradict [ˌkɔntrə'dıkt] 1) отрица́ть, опроверга́ть *(deny)* 2) возража́ть; противоре́чить; ~ each óther противоре́чить друг дру́гу; ~ion [ˌkɔntrə'dıkʃn] противоре́чие *с (conflict)*

contralto [kən'træltəu] контра́льто *с нескл.*

contrary ['kɔntrərı] 1. *a* противополо́жный; ~ to one's expectátions вопреки́ ожида́ниям 2. *n*: on the ~ наоборо́т

contribute [kən'trıbjuːt] 1) спосо́бствовать 2) же́ртвовать *(деньги)*; вноси́ть вклад *(в какое-л. дело)*; ~ to the cause of peace внести́ вклад в де́ло ми́ра 3) сотру́дничать *(в газе-те и т. п.)*; ~ to a magazíne сотру́дничать в журна́ле

contribution [ˌkɔntrı'bjuːʃn] вклад *м*; ~ to scíence вклад в нау́ку

control [kən'trəul] 1. *n* 1) управле́ние *с*; púsh-bútton ~s кно́почное управле́ние; módule *косм.* отсе́к управле́ния; ~ tówer диспе́тчерская ба́шня *(в аэропорту)* 2) контро́ль *м*, прове́рка *ж (supervision)* 2. *v* 1) управля́ть 2) контроли́ровать *(check up)* ◊ ~ onesélf владе́ть собо́й

convene [kən'viːn] созыва́ть

convenience [kən'viːnıəns] 1) удо́бство *с*; at your ~ как (когда́) вам бу́дет уго́дно 2) *pl* комфо́рт *м*, удо́бства *мн.*

convenient [kən'viːnıənt] удо́бный, подходя́щий; is it ~ for you? вас э́то устра́ивает?

convention [kən'venʃn] съезд *м*, конве́нт *м*

conversation [ˌkɔnvə'seıʃn] разгово́р *м*, бесе́да *ж*

conversion [kən'vəːʃn] превраще́ние *с* (to — в)

convert [kən'wəːt] превраща́ть, переде́лывать; ~ible [-əbl] 1. *a* 1) обрати́мый, изменя́емый, со сме́нными элеме́нтами; ~ible seat откидно́е кре́сло 2) *фин.*: ~ible cúrrency конверти́руемая валю́та 2. *n* 1) автомоби́ль *м* с откидны́м ве́рхом 2) дива́н-крова́ть *м*

convey [kən'weı] 1) перевози́ть *(transport)* 2) выража́ть; передава́ть *(мысль, звук)*; ~ our gréetings (thanks) to... передайте наш привет (благодарность)...; ~er [-ə] конвейер м

conviction [kən'vɪkʃn] 1) убеждение с (of, that — в) 2) *юр.* признание виновным; осуждение с

convince [kən'vɪns] убеждать, убедить

cook [kuk] 1. *v* стряпать; варить(ся) 2. *n* кухарка ж, повар м; be a good ~ хорошо готовить; ~**book** [-buk] *амер.* поваренная книга; ~**ery-book** [-ərɪbuk] *брит.* поваренная книга

cool [ku:l] 1. *a* прохладный, свежий; it's ~ outside на улице прохладно 2) хладнокровный; keep ~ не волнуйтесь 2. *v* (*тж.* cool down) 1) охлаждать 2) остывать (*get cool*); ~ off остывать, успокаиваться; ~ing-off period is necessary нужно какое-то время, чтобы страсти улеглись

co-operate [kəu'ɔpəreɪt] сотрудничать

co-operation [kəu,ɔpə'reɪʃn] сотрудничество с; international ~ международное сотрудничество

co-operative [kəu'ɔpərətɪv] 1) совместный, объединённый 2) кооперативный; ~ society кооператив м

co-ordinate [kəu'ɔːdɪneɪt] координировать; ~d [-ɪd] согласованный

cop [kɔp] *амер. разг.* полисмен м, полицейский м

cope [kəup] справляться; ~

with the task справиться с задачей

copier ['kɔpɪə] (термо)копировальная машина

copper ['kɔpə] медь ж

copy ['kɔpɪ] 1. *n* 1) копия ж; rough ~ черновик м 2) экземпляр м (*of a book, etc*) 3) репродукция ж (*of a picture, etc*) 4) рукопись ж (*manuscript*) 2. *v* 1) снимать копию, копировать 2) подражать *кому-л.* (*imitate smb*); ~**-book** [-buk] тетрадь ж, тетрадь с прописями; ~**right** [-raɪt] авторское право, копирайт м

cord [kɔːd] верёвка ж; шнур м

cordial ['kɔːdɪəl] сердечный; ~ welcome радушный приём

cork [kɔːk] 1. *n* пробка ж 2. *v* затыкать пробкой; ~**-screw** [-skruː] штопор м

corn I [kɔːn] 1) зерно с 2) хлеба *мн.*; cut the ~ убирать хлеба 3) *брит.* пшеница ж 4) *амер.* кукуруза ж; маис м

corn II мозоль ж

corner ['kɔːnə] 1) угол м; in the ~ в углу; at the ~ на углу; round the ~ за углом 2) *спорт.* угловой (удар)

corn-flower ['kɔːnflauə] василёк м

corpse [kɔːps] труп м

correct [kə'rekt] 1. *a* правильный, верный 2. *v* корректировать; исправлять; ~ mistakes исправлять ошибки; ~**ion** [kə'rekʃn] исправление с

correspond [,kɔrɪs'pɔnd] 1) соответствовать (to — *чему-*

-либо) 2) перепи́сываться; I ~ with my Rússian friends я перепи́сываюсь со свои́ми ру́сскими друзья́ми; **~ence** [-əns] перепи́ска ж; **~ence course** курс зао́чного обуче́ния; **~ent** [-ənt] корреспонде́нт м

corridor [ˈkɔrɪdɔ:] коридо́р м

corrupt [kəˈrʌpt] 1) по́ртить (-ся), развраща́ть(ся) 2) подкупа́ть (bribe); **~ion** [kəˈrʌpʃn] прода́жность ж, корру́пция ж

corset [ˈkɔːsɪt] 1) тж. мед. корсе́т м 2) часто pl гра́ция ж; по́яс м

cosmic [ˈkɔzmɪk] косми́ческий

cosmonaut [ˈkɔzmənɔːt] космона́вт м

cost [kɔst] 1. n цена́ ж; сто́имость ж; ~ of líving сто́имость жи́зни; at ány ~, at all ~s во что́ бы то ни ста́ло 2. v (cost) сто́ить; what does it ~? ско́лько э́то сто́ит?

costume [ˈkɔstjuːm] костю́м м; nátional ~ национа́льный костю́м

cosy [ˈkəuzɪ] 1. a ую́тный 2. n (тж. tea cósy) стёганый чехо́л, «ба́ба» (на ча́йник)

cot [kɔt] 1) крова́ть ж, ко́йка ж 2) де́тская крова́тка (for a child) 3) раскладу́шка ж (light, folding bed) 4) спа́льное ме́сто (on a boat, train, etc)

cottage [ˈkɔtɪdʒ] 1) котте́дж м 2) изба́ ж (log cabin)

cotton [ˈkɔtn] 1. n 1) хло́пок м 2) (хлопчато)бума́жная ткань (cloth) 3) (тж. cótton wool) ва́та ж 2. a (хлопчато-) бума́жный

couch [kautʃ] куше́тка ж; тахта́ ж

cough [kɔf] 1. n ка́шель м 2. v ка́шлять; **~-drop** [-drɔp] пасти́лка от ка́шля

could [kud] past от can II

council [ˈkaunsl] сове́т м; the UN Secúrity C. Сове́т Безопа́сности ООН; ~ flats муниципа́льный жило́й дом

counsel [ˈkaunsəl] 1. n 1) сове́т м; give good ~ дать хоро́ший сове́т 2) юр. адвока́т м 2. v сове́товать; **~lor** [ˈkaunslə] 1) сове́тник м 2) амер. юр. адвока́т м

count [kaunt] счита́ть; please ~ your change прове́рьте, пожа́луйста, сда́чу; ~ on рассчи́тывать на

countdown [ˈkauntdaun] косм. отсчёт м

counter [ˈkauntə] прила́вок м; сто́йка ж

counterclockwise [ˌkauntəˈklɔkwaɪz] про́тив часово́й стре́лки

country [ˈkʌntrɪ] 1) страна́ ж; what ~ are you from? из како́й вы страны́? 2) дере́вня ж, се́льская ме́стность (rural community); ~ músic му́зыка «ка́нтри»; ~ **house** да́ча ж (summer house); дереве́нский дом; **~man** [-mən] 1) се́льский жи́тель 2) соотéчественник м (compatriot); **~-side** [-saɪd] (се́льская) ме́стность

county [ˈkauntɪ] 1) гра́фство с (административная единица *в Великобритании)* 2) óкруг *м (в США)*

coupe [ku:p] *авто* купé *с.(тип кузова легкового автомобиля)*

couple [ˈkʌpl] 1) пáра *ж*; a ~ of óranges два апельсúна 2) пáра *ж (two persons)*

coupling [ˈkʌplɪŋ] *ж.-д.* сцéпка *ж*

courage [ˈkʌrɪdʒ] мýжество *с*, хрáбрость *ж*; ~ous [kəˈreɪdʒəs] хрáбрый

course [kɔːs] 1) курс *м*; what ~s are béing óffered at your cóllege? какúе предмéты вы прохóдите в вáшем коллéдже?; ~ of tréatment курс лечéния 2) ход *м*, течéние *с*; ~ of evénts ход собýтий 3) блюдо *с*; dínner of five ~s обéд из пятú блюд ◊ of ~ конéчно, разумéется

court [kɔːt] **1.** *n* 1) двор *м (yard)* 2) *(тж.* court of law) суд *м* 3) *спорт.* площáдка для игр; корт *м (for tennis)* **2.** *v* ухáживать *(smb — за кем-л.)*

courteous [ˈkəːtɪəs] вéжливый, учтúвый

courtesy [ˈkəːtɪsɪ] вéжливость *ж*, учтúвость *ж*

cousin [ˈkʌzn] двоюродный брат; двоюродная сестрá

cover [ˈkʌvə] **1.** *v* 1) закрывáть; покрывáть 2): ~ a cónference освещáть рабóту конферéнции **2.** *n* 1) (по)крýшка *ж*; чехóл *м*; облóжка *ж*; a hard ~ edítion издáние в твёрдом переплёте 2) (обéденный) прибóр; ~s were laid for six стол был накрýт на шесть человéк

cow [kau] корóва *ж*

coward [ˈkauəd] трус *м*; ~ice [-ɪs] трýсость *ж*

cow-boy [ˈkaubɔɪ] ковбóй *м*

cozy [ˈkəuzɪ] *амер. см.* cósy

crab [kræb] краб *м*; ~meat [-miːt] крáбы *мн. (консервы)*

crack [kræk] раскáлывать (-ся); трéскаться; ~ nuts щёлкать орéхи; ~down [-daun] крутýе мéры, «закрýчивание гáек»; ~er [-ə] *амер.* печéнье *с (biscuit)*

craft [krɑːft] 1) ремеслó *с (trade)* 2) лóвкость *ж*, искýсство *с (skill)* 3) сýдно *с (vessel)*; судá *мн.*; ~sman [-smən] ремéсленник *м*

crane [kreɪn] 1) журáвль *м* 2) *тех.* подъёмный кран

crash [kræʃ] **1.** *n* 1) треск *м*, грóхот *м* 2) авáрия *ж (accident)* **2.** *v* разбúть(ся)

crate [kreɪt] (деревянный) ящик; (упакóвочная) клеть; контéйнер *м*

crawl [krɔːl] **1.** *n (тж.* crawl stroke) *спорт.* кроль *м* **2.** *v* ползáть

crayfish [ˈkreɪfɪʃ] рак *м (речной)*

crayon [ˈkreɪən] *иск.* пастéль *ж*

crazy [ˈkreɪzɪ] 1) сумасшéдший 2): be ~ about smth увлекáться чем-л.

creak [kriːk] **1.** *n* скрип *м* **2.** *v* скрипéть

cream [kriːm] *(тж.* light cream) слúвки *мн.*; крем *м*; héavy~ густýе слúвки; ~ cheese слúвочный сыр(óк)

create [kriːˈeit] твори́ть, создава́ть

creation [kriːˈeiʃn] созда́ние *с*; (со)творе́ние *с*

creature [ˈkriːtʃə] созда́ние *с*; живо́е существо́

crèche [kreiʃ] де́тские я́сли

credentials [kriˈdenʃəlz] *pl* вери́тельные гра́моты

credit [ˈkredit] 1) дове́рие *с* 2) честь *ж* (*honour*) 3) *фин.* креди́т *м*; allów (grant) ~ предоста́вить креди́т; ~ card креди́тная ка́рточка

creed [kriːd] 1) *рел.* вероуче́ние *с* 2) кре́до *с* (*set of principles*)

creep [kriːp] (crept) 1) по́лзать 2) кра́сться (*move stealthily*) 3) ви́ться (*of a plant*); ~ing Chárlie (Jénnie) вьюно́к *м*

cremate [kriˈmeit] сжига́ть, кремировать

Creole [ˈkriːəul] крео́л *м*, крео́лка *ж*

crept [krept] *past и pp от* creep

crest [krest] гре́бень *м* (*горы и т. п.*)

crew [kruː] экипа́ж *м*, кома́нда *ж* (*судна*)

cricket I [ˈkrikit] сверчо́к *м*

cricket II *спорт.* кри́кет *м*

crime [kraim] преступле́ние *с*; ~-**story** [-stɔːri] *кино* детекти́вный фильм

criminal [ˈkriminl] **1.** *a* престу́пный; уголо́вный; ~ code уголо́вный ко́декс **2.** *n* престу́пник *м*

crimson [ˈkrimzn] тёмно-кра́сный, мали́новый

cripple [ˈkripl] кале́ка *м и ж*

crisis [ˈkraisis] (*pl* crises) кри́зис *м*; cábinet ~ прави́тельственный кри́зис

crisp [krisp] **1.** *a* 1) ло́мкий, хру́пкий (*brittle*) 2) хрустя́щий, рассы́пчатый; ~ toast поджа́ристый грено́к 3) живо́й, бы́стрый; ~ replý отры́вистый отве́т **2.** *n брит.* (*обыкн. pl*) хрустя́щий карто́фель

critic [ˈkritik] кри́тик *м*; ~**al** [-əl] крити́ческий; ~**ism** [ˈkritisizm] кри́тика *ж*; ~**ize** [ˈkritisaiz] критикова́ть; порица́ть

crocodile [ˈkrɔkədail] крокоди́л *м* ◊ shed ~ tears пролива́ть крокоди́ловы слёзы

crooked [ˈkrukid] 1) криво́й 2) нече́стный (*dishonest*)

crop [krɔp] 1) урожа́й *м* 2) *с.-х.* культу́ра *ж*; téchnical (indústrial) ~s техни́ческие культу́ры

cross [krɔs] **1.** *n* крест *м* **2.** *a* злой; раздражённый; she is ~ with you она́ на вас се́рдится **3.** *v* пересека́ть; переезжа́ть; ~ the street переходи́ть у́лицу; ~ **out** вычёркивать

cross-country [ˌkrɔsˈkʌntri] *спорт.*: ~ skíing равни́нные лы́жи

crossing [ˈkrɔsiŋ] перепра́ва *ж*; *ж.-д.* перее́зд *м*; pedéstrian ~ (пешехо́дный) перехо́д

cross‖-roads [ˈkrɔsrəudz] перекрёсток *м*; ~-**word** [-wəːd] (тж. cróss-word púzzle) кросс-сво́рд *м*

crow [krəu] воро́на *ж*

crowd [kraud] **1.** *n* толпа́ *ж* **2.** *v* толпи́ться, тесни́ться

crown [kraun] 1) коро́на *ж* 2) маку́шка *ж* (*top of the head*) 3) кро́на *ж* (*coin*) 4) коро́нка *ж*; put a ~ (on a tooth) поста́вить коро́нку (на зуб)

crude [kru:d] 1) гру́бый 2) необрабо́танный; ~ oil сыра́я нефть

cruel [kruəl] жесто́кий; ~ty [-tɪ] жесто́кость *ж*

cruise [kru:z] *мор.* круи́з *м*; ~ míssile крыла́тая раке́та

crumb [krʌm] кро́шка *ж*

crush [krʌʃ] **1.** *v* 1) (раз)дави́ть 2) (с)мять; my dress is ~ed у меня́ измя́лось пла́тье **2.** *n* да́вка *ж*

cry [kraɪ] 1) восклица́ть 2) пла́кать (*weep*)

crystal [ˈkrɪstl] 1) *мин.* хруста́ль *м* 2) хруста́ль *м*, хруста́льная посу́да (*cut glass*) 3) *хим., мин.* криста́лл *м*

cub [kʌb] детёныш *м* (*зверя*)

cube [kju:b] куб *м*; three ~ три в ку́бе

cucumber [ˈkju:kʌmbə] огуре́ц *м*

cuff [kʌf] манже́та *ж*; обшла́г *м*; ~-link [-ˌlɪŋk] за́понка *ж*

cult [kʌlt] культ *м*

cultivate [ˈkʌltɪveɪt] 1) *с.-х.* возде́лывать 2) развива́ть (*strengthen*)

cultural [ˈkʌltʃərəl] культу́рный

culture [ˈkʌltʃə] культу́ра *ж*; ~d [-d] культу́рный, развито́й ◊ ~d pearls культиви́рованный же́мчуг

cunning [ˈkʌnɪŋ] хи́трый, кова́рный

cup [kʌp] 1) ча́шка *ж*; will you have a ~ of cóffee? хоти́те ча́шку ко́фе? 2) *спорт.* ку́бок *м*; ~ tóurnament ро́зыгрыш ку́бка; ~board [ˈkʌbəd] буфе́т *м*, шкаф *м*

curds [kə:dz] *pl* творо́г *м*

cure [kjuə] **1.** *v* лечи́ть; выле́чивать **2.** *n* 1) излече́ние *с* (*recovery*) 2) сна́добье *с*, лека́рство *с* (*drug*)

curfew [ˈkə:fju:] коменда́нтский час

curiosity [ˌkjuərɪˈɔsɪtɪ] любопы́тство *с*

curious [ˈkjuərɪəs] 1) любопы́тный 2) любозна́тельный; I'm ~ to know... хоте́лось бы знать... 3) стра́нный (*strange*)

curl [kə:l] **1.** *n* 1) ло́кон *м* 2) *pl* вью́щиеся во́лосы **2.** *v* ви́ться; завива́ть(ся); ~y [-ɪ] кудря́вый

currant [ˈkʌrənt] сморо́дина *ж*; black (red) ~ чёрная (кра́сная) сморо́дина

currency [ˈkʌrənsɪ] *фин.* 1) (де́нежное) обраще́ние 2) валю́та *ж*; ~ exchánge обме́н валю́ты

current [ˈkʌrənt] **1.** *a* теку́щий; ~ evénts теку́щие собы́тия; ~ year теку́щий год **2.** *n* 1) пото́к *м*; тече́ние *с* 2) струя́ *ж*; ~s of wáter стру́и воды́ 3) *эл.* ток *м*; diréct (alternáting) ~ постоянный (переменный) ток

curry ['kʌrɪ] кэрри *с нескл.* *(род острого соуса)*

curse [kəːs] **1.** *n* проклятие *с* **2.** *v* проклинать; ругаться

curtail [kəː'teɪl] сокращать, урезывать

curtain ['kəːtn] занавеска *ж;* занавес *м (тж.* `театр.);* lift (drop) the ~ поднять (опустить) занавес

curve [kəːv] изгибать(ся)

cushion ['kuʃən] (диванная) подушка

custom ['kʌstəm] 1) обычай *м;* lócal ~s местные обычаи 2) привычка *ж (habit)*

customer ['kʌstəmə] покупатель *м;* заказчик *м;* клиент *м*

custom-house ['kʌstəmhaus] таможня *ж*

customs ['kʌstəmz] *pl* 1) (*тж.* cústoms dúty) таможенные пошлины 2) таможня *ж;* таможенный контроль; where do I go through the ~? где будет таможенное оформление?; ~ inspéction таможенный досмотр

cut [kʌt] **1.** *v* (cut) 1) резать, разрезать 2) порезать; ~ one's fínger порезать палец 3) стричь; have one's hair ~ постричься 4) снизить, понизить; ~ príces снижать цены; ~ **down** а) (с)рубить; б) сокращать; ~ down the expénses сократить расходы; ~ **off** разъединить; we were ~ off, now I'm cálling you agáin нас разъединили, звоню вам ещё

раз **2.** *n* 1) порез *м,* разрез *м* 2) покрой *м;* do you like the ~ of the coat? вам нравится покрой этого пальто?

cut glass [,kʌt'glɑːs] хрусталь *м*

cut-glass [,kʌt'glɑːs] хрустальный

cutlery ['kʌtlərɪ] (кухонные) ножи

cutlet ['kʌtlɪt] отбивная *ж;* veal (lamb) ~ телячья (баранья) отбивная

cutter ['kʌtə] *иск.* резчик *м (по дереву и т. п.)*

cutthroat ['kʌtθrəut] головорез *м,* убийца *м и ж;* ~ competítion жестокая конкуренция

cycle ['saɪkl] **1.** *n* 1) цикл *м* 2) *разг.* велосипед *м (bicycle)* **2.** *v* кататься (ехать) на велосипеде

cycle-track ['saɪkltræk] велотрек *м*

cycling ['saɪklɪŋ] велоспорт *м*

cyclist ['saɪklɪst] велосипедист *м*

cynic ['sɪnɪk] циник *м*

cypress ['saɪprɪs] кипарис *м*

D

D [diː] *муз.* ре; D mínor ре минор

dad [dæd], **daddy** ['dædɪ] *разг.* папа *м,* папочка *м*

daffodil ['dæfədɪl] (бледно-жёлтый) нарцисс

daily ['deɪlɪ] **1.** *a* ежедневный

2. *adv* ежедне́вно; the train leaves (arrives) at ten ~ по́езд отхо́дит (прихо́дит) ежедне́вно в де́сять (часо́в) **3.** *n* ежедне́вная газе́та

dairy ['dɛərɪ] 1) моло́чная *ж (shop)*; ~ próducts моло́чные проду́кты 2) *(тж.* dáiry farm) моло́чная фе́рма

daisy ['deɪzɪ] маргари́тка *ж*

dam [dæm] **1.** *n* да́мба *ж*, плоти́на *ж* **2.** *v* запру́живать

damage ['dæmɪdʒ] **1.** *n* 1) вред *м*; уще́рб *м (loss of value)* 2) *pl* возмеще́ние убы́тков; pay ~s возмести́ть убы́тки **2.** *v* 1) поврежда́ть 2) наноси́ть уще́рб *(inflict loss)*

damn [dæm]: ~ it! чёрт возьми́!

damp [dæmp] сыро́й, вла́жный

dance [dɑːns] **1.** *n* 1) та́нец *м*; may I have the next ~? разреши́те пригласи́ть вас на сле́дующий та́нец?; ~ group анса́мбль та́нца 2) та́нцы *мн.*, бал *м (party)* **2.** *v* танцева́ть, пляса́ть; ~r [-ə] танцо́вщик *м*, танцо́вщица *ж*

dancing ['dɑːnsɪŋ] *см.* ice

danger ['deɪndʒə] опа́сность *ж*; ~ous ['deɪndʒrəs] опа́сный

dare [dɛə] сметь, отва́живаться ◊ I ~ say вероя́тно, пожа́луй, полага́ю

daring ['dɛərɪŋ] **1.** *n* отва́га *ж*, дерза́ние *с* **2.** *a* сме́лый, отва́жный

dark [dɑːk] **1.** *a* 1) тёмный; grow (get) ~ темне́ть, смерка́ться 2) сму́глый; he has a ~

compléxion он сму́глый 3) =dárk-haired ◊ ~ horse тёмная лоша́дка **2.** *n* темнота́ *ж*; in the ~ в темноте́; ~ **-haired** [-hɛəd]: ~-haired man брюне́т *м*; ~**-room** [-ruːm] *фото* лаборато́рия *ж*

darkness ['dɑːknɪs] темнота́ *ж*

darling ['dɑːlɪŋ] **1.** *a* люби́мый; ми́лый, дорого́й **2.** *n* ду́шка *ж*, ду́шечка *ж* ◊ will you hold it for me, ~? *разг.* голу́бушка, подержи́те, пожа́луйста! *(обращение женщины к женщине)*

darn [dɑːn] што́пать

dash [dæʃ] **1.** *v* ри́нуться; промча́ться *(by)* **2.** *n спорт.* забе́г *м (на короткие дистанции)*, спринт *м*

data ['deɪtə] *pl* да́нные *мн.*; фа́кты *мн.;* ~ base (procéssing) ба́за (обрабо́тка) да́нных *(в информатике)*

date I [deɪt] **1.** *n* 1) да́та *ж*; число́ *с*; what's the ~ todáy? како́е сего́дня число́? 2) *разг.* свида́ние *с*; make a ~ назнача́ть свида́ние ◊ out of ~ устаре́лый; up to ~ совреме́нный **2.** *v* дати́ровать; a létter ~d 5 June... письмо́ от 5 ию́ня...

date II фи́ник *м*

daughter ['dɔːtə] дочь *ж*; ~**-in-law** ['dɔːtərɪnlɔː] неве́стка *ж*, сноха́ *ж (son's wife)*

dawn [dɔːn] рассве́т *м*; at ~ на заре́, на рассве́те

day [deɪ] день *м*; су́тки *мн. (24 hours)*; we spent three ~s there мы провели́ там тро́е су́ток; ~ and night кру́глые су́тки; the ~ befóre yésterday позавчера́; the ~ after tomórrow послеза́втра; the óther ~ на дня́х (о прошлом); in a ~ or two на дня́х (с будущем); some ~ когда́-нибудь; ~ off выходно́й день; ~ coach амер. сидя́чий ваго́н (с откидными креслами); ~break [-breɪk] рассве́т м; ~-care [-kɛə]: ~-care cénter амер. 1) де́тский сад (kindergarten) 2) гру́ппа продлённого дня (в школе); ~light [-laɪt] дневно́й свет; ~light sáving time амер. ле́тнее вре́мя (на час впереди времени по Гринвичу)

DC [ˌdiːˈsiː] (diréct cúrrent) эл. постоя́нный ток

dead [ded] мёртвый ◊ ~ shot ме́ткий стрело́к; ~ end тупи́к м; ~lock [-lɔk] тупи́к м, безвы́ходное положе́ние

deaf [def] глухо́й; ~-aid [-eɪd] слухово́й аппара́т; ~-mute [-ˈmjuːt] глухонемо́й м

deal [diːl] 1. n 1): a great (good) ~ of мно́го 2) сде́лка ж, де́ло с; make a ~ заключи́ть сде́лку 2. v (dealt) 1) раздава́ть 2) карт. сдава́ть; ~ in торгова́ть чем-л.; ~ with име́ть де́ло с (кем-л.); ~er [-ə] торго́вец м

dealt [delt] past и pp от deal 2

dean [diːn] 1) дека́н м; the ~ of the fáculty дека́н факульте́та 2) настоя́тель м (of a cathedral)

dear [dɪə] 1. a дорого́й; ~ friends! дороги́е друзья́!; my ~ мой ми́лый; D. Sir ми́лостивый госуда́рь (в письмах); D. Mr. Ivanóv уважа́емый г-н Ивано́в (в письмах) ◊ what time is it, ~ ? разг. голу́бушка, ско́лько сейча́с вре́мени? (обращение женщины к женщине)

death [deθ] смерть ж; ~ row ка́меры сме́ртников; ~ rate [reɪt] сме́ртность ж

debate [dɪˈbeɪt] 1. n 1) деба́ты мн., пре́ния мн. 2) спор м, поле́мика ж (argument) 2. v обсужда́ть

debt [det] долг м; run (get) ínto ~ влезть в долги́; ~or [-ə] должни́к м

début [ˈdeɪbjuː] дебю́т м; make one's ~ дебюти́ровать

decade [ˈdekeɪd] десятиле́тие с

decanter [dɪˈkæntə] графи́н м

decathlon [dɪˈkæθlən] десятибо́рье с (track and field)

decay [dɪˈkeɪ] 1. n 1) гние́ние с; распа́д м (decomposition) 2) упа́док м (decline) 2. v 1) гнить, разлага́ться 2) приходи́ть в упа́док (decline)

deceive [dɪˈsiːv] обма́нывать

December [dɪˈsembə] дека́брь м

decent [ˈdiːsnt] 1) прили́чный, поря́дочный 2) скро́мный (modest) 3) амер. разг. оде́тый; are you ~ ? May I come in? вы оде́ты? Мо́жно войти́?

deception [dɪˈsepʃn] обма́н м

decide [dɪ'saɪd] реша́ть; ~d [dɪ'saɪdɪd] реши́тельный; бесспо́рный; ~d advántage реша́ющее преиму́щество

decipher [dɪ'saɪfə] расшифро́вывать

decision [dɪ'sɪʒn] реше́ние *c*

decisive [dɪ'saɪsɪv] реша́ющий; ~ blow реша́ющий уда́р

deck [dek] **1.** *n* 1) па́луба *ж*; lówer (úpper) ~ ни́жняя (ве́рхняя) па́луба; on ~ на па́лубе 2) *амер.* коло́да (карт) (*pack of cards*) 3) *радио* де́ка *ж*, магнитофо́н без усили́теля **2.** *v* украша́ть, убира́ть (*adorn*)

declaration [ˌdeklə'reɪʃn] заявле́ние *c*; деклара́ция *ж*

declare [dɪ'kleə] 1) объявля́ть; провозглаша́ть (*formally announce*) 2) заявля́ть; I ~ that... я заявля́ю, что... 3): do I have to ~ these things at the cústoms? до́лжен ли я предъяви́ть э́ти ве́щи на тамо́жне?

decline [dɪ'klaɪn] **1.** *v* 1) приходи́ть в упа́док; пошатну́ться (*о здоровье*) 2) отклоня́ть; отка́зывать(ся); ~ an óffer отклони́ть предложе́ние **2.** *n* упа́док *м*

decorate ['dekəreɪt] 1) украша́ть 2) награжда́ть (зна́ком отли́чия); ~ with a badge награди́ть значко́м

decoration [ˌdekə'reɪʃn] 1) украше́ние *c* 2) знак отли́чия, о́рден *м* (*medal, etc*)

decrease 1. *n* ['diːkriːs] уменьше́ние *c*; у́быль *ж* **2.** *v* [dɪ'kriːs] уменьша́ть(ся)

decree [dɪ'kriː] **1.** *n* декре́т *м*,

ука́з *м* **2.** *v* издава́ть декре́т; постановля́ть

dedicate ['dedɪkeɪt] посвяща́ть

deduct [dɪ'dʌkt] вычита́ть, отнима́ть; ~ from one's sálary (wáges) вычита́ть из чьей-л. зарпла́ты; ~ion [dɪ'dʌkʃn] ски́дка *ж*; вы́чет *м*

deed [diːd] 1) де́йствие *c*, посту́пок *м* 2) по́двиг *м*; heróic ~ геро́йский по́двиг

deep [diːp] **1.** *a* глубо́кий; ~ ínterest глубо́кий интере́с; ~ cólours тёмные цвета́ (тона́); ~ space да́льний ко́смос **2.** *adv* глубоко́; ~ly [-lɪ] глубоко́; си́льно, о́чень; I'm ~ly moved я глубоко́ тро́нут

deer [dɪə] (*pl* deer) оле́нь *м*; лань *ж*

defeat [dɪ'fiːt] пораже́ние *c*; *спорт. тж.* про́игрыш *м*; súffer a ~ потерпе́ть пораже́ние

defect [dɪ'fekt] 1) недоста́ток *м*; недочёт *м* 2) *мед.* поро́к *м*; ~ive [-ɪv] недоста́точный, неполноце́нный

defence [dɪ'fens] оборо́на *ж*; защи́та *ж;* (*тж. спорт. и юр.*); in ~ of peace в защи́ту ми́ра

defend [dɪ'fend] защища́ть (-ся); ~ant [-ənt] подсуди́мый *м*; подзащи́тный *м* (*для адвоката*)

defense *амер. см.* defénce

defensive [dɪ'fensɪv] **1.** *a* оборони́тельный **2.** *n* оборо́на *ж*; be on the ~ защища́ться, обороня́ться

defer [dɪ'fə] откла́дывать, отсро́чивать; дава́ть отсро́чку

deficiency [dɪˈfɪʃənsɪ] недостаток *м*; дефицит *м*

define [dɪˈfaɪn] определять,
устанавливать

definite [ˈdefɪnɪt] 1) определённый 2) точный, ясный

definition [ˌdefɪˈnɪʃn] определение *с*

defogger [diːˈfɔgə] *авто* устройство для обдува ветрового
стекла *(против запотевания)*

defroster [diːˈfrɔstə] *авто*
стеклообогреватель *м*, анти-
обледенитель *м*

defy [dɪˈfaɪ] бросать вызов,
не подчиняться; the próblem
defíes solútion проблема не
поддаётся решению

degrade [dɪˈgreɪd] 1) прийти
в упадок, деградировать 2) понизить, разжаловать *(in rank)*

degree [dɪˈgriː] 1) ступень *ж*,
степень *ж*; to a cértain ~ you
are right вы до некоторой
степени правы; by ~s посте-
пенно 2) градус *м*; twénty ~s
abóve (belów) zéro двадцать
градусов выше (ниже) нуля
3) учёная степень; hold a ~
иметь (учёную) степень

deicer [diːˈaɪsə] *ав.* анти-
обледенитель *м*

delay [dɪˈleɪ] 1. *n* задержка
ж; промедление *с*; without ~
без задержки 2. *v* задержи-
вать; откладывать; медлить

delegate 1. *n* [ˈdelɪgɪt] делегат *м*; ~s to the cóngress уча-
стники съезда 2. *v* [ˈdelɪgeɪt]
посылать, делегировать

delegation [ˌdelɪˈgeɪʃn] делегация *ж*; on the ~ в составе делегации; Trade D. торгпред-
ство *с*

deliberate 1. *v* [dɪˈlɪbəreɪt]
1) обдумывать *(think over)* 2)
совещаться *(discuss)* 2. *a*
[dɪˈlɪbərɪt] обдуманный, пред-
намеренный

deli [ˈdelɪ] *см.* delicatéssen

delicacy [ˈdelɪkəsɪ] 1) дели-
катность *ж* 2) деликатес *м*,
лакомство *с (food)*

delicate [ˈdelɪkɪt] 1) тонкий
(fine) 2) хрупкий, слабый;
~ health слабое здоровье 3)
щекотливый; ~ mátter щекотливый вопрос

delicatessen [ˌdelɪkəˈtesn] га-
строномия *ж*; ~ shop гастро-
номический магазин

delicious [dɪˈlɪʃəs] 1) восхитительный, прелестный *(charm-
ing)* 2) вкусный *(tasty)*

delight [dɪˈlaɪt] 1. *n* восхи-
щение *с*; восторг *м* 2. *v* приводить в восторг; I'm ~ed with
this trip я в восторге от по-
ездки; ~ful [-ful] прелестный,
восхитительный

diliver [dɪˈlɪvə] 1) доставлять; ~ the goods to the hotél,
please доставьте, пожалуйста,
покупки в гостиницу 2) осво-
бождать; избавлять *(set free)*
3) делать, произносить; ~ a
speech произнести речь; ~y
[-rɪ] доставка *ж*, разноска *ж*

demand [dɪˈmɑːnd] 1. *n* 1)
требование *с*; páyable on ~
подлежит оплате по предъ-
явлении 2) спрос *м*; be in
great ~ пользоваться большим спросом 2. *v* 1) требовать,

предъявля́ть тре́бование 2) нужда́ться *(need)* 3) спра́шивать, задава́ть вопро́с *(ask)*

democracy [dɪ'mɔkrəsɪ] демокра́тия ж; sócialist ~ социалисти́ческая демокра́тия

democrat ['deməkræt] 1) демокра́т *м* 2) (D.) член демократи́ческой па́ртии *(в США)*

democratic [ˌdemə'krætɪk] демократи́ческий; ~ youth демократи́ческая молодёжь; the D. Párty демократи́ческая па́ртия *(в США)*; D. góvernor губерна́тор — член демократи́ческой па́ртии *(в США)*

demonstrate ['demənstreɪt] пока́зывать, демонстри́ровать

demonstration [ˌdeməns'treɪʃn] 1) пока́з *м (display)* 2): ~ perfórmance *спорт.* показа́тельное выступле́ние 3) демонстра́ция ж *(manifestation, march)*

den [den] 1) берло́га ж *(animal's lair)* 2) прито́н *м (of thieves)* 3) дома́шнее «убе́жище» *(небольшая изолированная комната в доме, часто подвал или пристройка, для работы или отдыха)*

denial [dɪ'naɪəl] 1) отрица́ние *с*; опроверже́ние *с* 2) отка́з *м (refusal)*

denim ['denəm] 1) (пло́тная) джи́нсо́вая ткань *(cloth)* 2) *pl* оде́жда из джи́нсо́вой тка́ни

denote [dɪ'nəut] означа́ть; обознача́ть

denounce [dɪ'nauns] осужда́ть; облича́ть

dense [dens] густо́й, пло́т-

ный; ~ fog густо́й тума́н; ~ populátion густо́е населе́ние

dentist ['dentɪst] зубно́й врач; the ~'s зубно́й кабине́т

deny [dɪ'naɪ] 1) отрица́ть; ~ the possibílity of отрица́ть возмо́жность 2) отка́зываться; ~ one's words отказа́ться от свои́х слов 3) отка́зывать *(refuse)*; he was deníed admíttance его́ не впусти́ли

depart [dɪ'pɑːt] отбыва́ть, уезжа́ть

department [dɪ'pɑːtmənt] 1) отде́л *м*; ~ store универса́льный магази́н 2) факульте́т *м (in a college)* 3) ве́домство *с (governmental body)* 4) министе́рство *с*; D. of Trade Министе́рство торго́вли *(в Великобритании)*; D. of the Intérior Министе́рство вну́тренних дел *(в США)*

departure [dɪ'pɑːtʃə] отбы́тие *с*, отъе́зд *м*; the ~ is fixed for Túesday отъе́зд назна́чен на вто́рник

depend [dɪ'pend] 1) зави́сеть (on — от) 2) полага́ться (on — на); can I ~ on him? мо́жно ли на него́ положи́ться? ◊ it all ~s всё зави́сит от обстоя́тельств; ~ant [-ənt] иждиве́нец *м*;

~ence [-əns] зави́симость ж

depict [dɪ'pɪkt] 1) рисова́ть, изобража́ть 2) опи́сывать

deplorable [dɪ'plɔːrəbl] приско́рбный, досто́йный осужде́ния

deplore [dɪ'plɔː] 1) сожале́ть 2) осужда́ть *(condemn)*

deport [dɪ'pɔːt] высыла́ть, ссыла́ть, депорти́ровать; ~ation [ˌdiːpɔːˈteɪʃn] вы́сылка ж

deposit [dɪ'pɔzɪt] **1.** n 1) вклад м; place money on ~ внести́ вклад в банк 2) зада́ток м (sum paid as a pledge) **2.** v класть (в банк)

depot ['depəu] 1) депо́ с нескл. 2) склад м (storehouse) 3) амер. железнодоро́жная ста́нция

depress [dɪ'pres] удруча́ть, угнета́ть; ~ion [dɪ'preʃn] 1) уны́ние с 2) эк. депре́ссия ж; спад м

deprive [dɪ'praɪv] лиша́ть

depth [depθ] глубина́ ж; at the ~ of ten feet на глубине́ десяти́ фу́тов

deputy ['depjutɪ] 1) депута́т м, делега́т м 2) замести́тель м; D. Minister замести́тель мини́стра

descend [dɪ'send] 1) спуска́ться 2) происходи́ть (from — от)

descent [dɪ'sent] 1) спуск м 2) склон м (slope) 3) происхожде́ние с (origin)

describe [dɪ'skraɪb] опи́сывать

description [dɪ'skrɪpʃn] описа́ние с

desert 1. n ['dezət] пусты́ня ж **2.** v [dɪ'zɜːt] покида́ть, броса́ть

deserve [dɪ'zɜːv] заслу́живать

design [dɪ'zaɪn] **1.** n 1) за́мысел м 2) прое́кт м, чертёж м; interior ~ проекти́рование

интерье́ра 3) узо́р м; вы́кройка ж (pattern) **2.** v 1) замышля́ть, намерева́ться (intend) 2) проекти́ровать (a house, etc); ~er [-ə] 1) констру́ктор м, диза́йнер м 2) (тж. fashion designer) модельер м

desirable [dɪ'zaɪərəbl] жела́нный

desire [dɪ'zaɪə] **1.** n жела́ние с **2.** v жела́ть

desk [desk] 1) пи́сьменный стол; конто́рка ж 2) па́рта ж (at school); ~ lamp насто́льная ла́мпа

despair [dɪ'speə] отча́яние с; fall into ~ впада́ть в отча́яние

despatch [dɪ'spætʃ] = dispatch

desperate ['despərɪt] отча́янный, безнадёжный

despise [dɪ'spaɪz] презира́ть

despite [dɪ'spaɪt] несмотря́ на, вопреки́

despotic [dɪ'spɔtɪk] деспоти́ческий

dessert [dɪ'zɜːt] десе́рт м, сла́дкое с, тре́тье с; ~spoon [-spuːn] десе́ртная ло́жка

destination [ˌdestɪ'neɪʃn] 1) (пред)назначе́ние с 2) ме́сто назначе́ния; цель ж (путеше́ствия); when will the train reach its ~ ? когда́ по́езд прибу́дет к ме́сту назначе́ния?

destiny ['destɪnɪ] судьба́ ж

destroy [dɪ'strɔɪ] разруша́ть; уничтожа́ть

destruction [dɪ'strʌkʃn] разруше́ние с, уничтоже́ние с

detach [dɪ'tætʃ] отделя́ть; ~ed house брит. отде́льный

дом *(для одной семьи)*; ~ment [-mənt] отря́д *м*

detail ['diːteil] подро́бность *ж*, дета́ль *ж*; in ~ подро́бно; go into ~ вдава́ться в подро́бности; ~ed [-d] подро́бный

detain [dɪ'teɪn] заде́рживать; sórry to have ~ed you прости́те, что задержа́л вас

detective [dɪ'tektɪv] сы́щик *м*; *амер. тж.* сле́дователь *м*

détente [ˌdeɪ'tɑːnt] разря́дка (междунаро́дной напряжённости)

deter [dɪ'təː] сде́рживать, уде́рживать (from — от)

detergent [dɪ'təːdʒənt] стира́льный порошо́к

determination [dɪˌtəːmɪ'neɪʃn] реши́мость *ж* *(resoluteness)*

determine [dɪ'təːmɪn] определя́ть *(define)*; ~d [-d] реши́тельный

deterrent [dɪ'terənt] сре́дство сде́рживания; *полит.* ору́жие сде́рживания

devastate ['devəsteɪt] опустоша́ть, разоря́ть

develop [dɪ'veləp] 1) развива́ть(ся) 2) *фото* проявля́ть; I want to have these films ~ed я хочу́ прояви́ть э́ти плёнки; ~ment [-mənt] 1) разви́тие *с* 2) *фото* проявле́ние *с*

device [dɪ'vaɪs] 1) план *м*, прое́кт *м* 2) приспособле́ние *с* *(contrivance)*

devil ['devl] дья́вол *м*, чёрт *м*

devise [dɪ'vaɪz] приду́мывать; изобрета́ть

devote [dɪ'vəut] посвяща́ть (себя́); ~d [-ɪd] пре́данный;

~d friend пре́данный друг **devotion** [dɪ'vəuʃn] пре́данность *ж*

dew [djuː] роса́ *ж*

diabet‖es [ˌdaɪə'biːtiːz] *мед.* диабе́т *м*; ~ic [ˌdaɪə'betɪk] *мед.* диабети́ческий

diagnosis [ˌdaɪəg'nəusɪs] диа́гноз *м*

diagram ['daɪəgræm] диагра́мма *ж*; схе́ма *ж*

dial ['daɪəl] 1. *n* 1) телефо́нный диск 2) цифербла́т *м* *(of a clock, etc)*; шкала́ *ж* *(graduated disk)* 2. *v* набира́ть но́мер *(по телефо́ну)*: "In Evént of Fíre Díal..." «О пожа́ре звони́ть...» *(надпись)*

dialect ['daɪəlekt] диале́кт *м*, наре́чие *с*

dialectic(al) [ˌdaɪə'lektɪk(əl)] диалекти́ческий; ~ matérialism диалекти́ческий материали́зм

diameter [daɪ'æmɪtə] диа́метр *м*

diamond ['daɪəmənd] 1) алма́з *м*; бриллиа́нт *м* *(when cut)* 2) *pl карт.* бу́бны *мн.*

diarrhoea [ˌdaɪə'rɪə] *мед.* поно́с *м*, диаре́я *ж*

diary ['daɪərɪ] дневни́к *м*; keep a ~ вести́ дневни́к

dictate 1. *v* [dɪk'teɪt] диктова́ть 2. *n* ['dɪkteɪt] дикта́т *м*

dictation [dɪk'teɪʃn] дикто́вка *ж*, дикта́нт *м*

dictatorship [dɪk'teɪtəʃɪp] диктату́ра *ж*

dictionary ['dɪkʃənərɪ] слова́рь *м*

did [dɪd] *past от* do

die [daı] умира́ть; **~-hard** [-ha:d] *полит.* твердоло́бый *м*, консерва́тор *м*

diet [ˈdaıət] 1) пи́ща *ж*, стол *м*; simple ~ просто́й стол 2) дие́та *ж* (*food regimen*)

differ [ˈdıfə] 1) отлича́ться 2) расходи́ться во мне́ниях (*disagree*)

difference [ˈdıfrəns] 1) ра́зница *ж*, разли́чие *с*; it makes no ~! кака́я ра́зница! 2) разногла́сие *с*; séttle the ~s ула́дить спор

different [ˈdıfrənt] 1) друго́й 2) ра́зный (*unlike*)

difficult [ˈdıfıkʌlt] тру́дный; **~y** [-ı] тру́дность *ж*; затрудне́ние *с*

dig [dıg] (dug) рыть, копа́ть; (*тж.* dig out) выка́пывать

digest 1. *v* [daıˈdʒest] 1) перева́ривать(ся) 2) *перен.* усва́ивать 2. *n* [ˈdaıdʒest] кра́ткое изложе́ние; **~ion** [dıˈdʒestʃn] пищеваре́ние *с*

dignity [ˈdıgnıtı] 1) досто́инство *с* 2) зва́ние *с*, сан *м* (*honourable title*)

dill [dıl] укро́п *м*; ~ pickle марино́ванный огуре́ц (*с укро́пом*)

dim [dım] ту́склый, нея́сный; ~ mémories сму́тные воспомина́ния

dime [daım] *амер.* моне́та в де́сять це́нтов

dimension [dıˈmenʃn] 1) измере́ние *с*; the third ~ тре́тье измере́ние 2) *pl* разме́ры *мн.*, величина́ *ж*

diminish [dıˈmınıʃ] уменьша́ть(ся)

dimple [ˈdımpl] я́мочка *ж* (*на щеке́, подборо́дке*)

dine [daın] обе́дать; у́жинать; ~ out у́жинать вне до́ма (*или* вне своего́ оте́ля); toníght we're díning out сего́дня мы у́жинаем не до́ма; **~r** [-ə] *амер.* 1) ваго́н-рестора́н *м* 2) «да́йнер» *м*, придоро́жное кафе́

dining [ˈdaınıŋ]: **~-car** ваго́н-рестора́н *м*; ~ room столо́вая *ж* (*комната в квартире*)

dinner [ˈdınə] (по́здний) обе́д; diplomátic ~ дипломати́ческий у́жин

dip [dıp] 1. *v* окуна́ть(ся); мака́ть 2. *n* 1) погруже́ние *с*; to take a ~ искупа́ться 2) «дип» *м*; па́ста *ж* (*кулина́рная*), со́ус *м*

diploma [dıˈpləumə] дипло́м *м*, свиде́тельство *с*

diplomacy [dıˈpləuməsı] дипломáтия *ж*

diplomat [ˈdıpləmæt] диплома́т *м*; **~ic** [ˌdıpləˈmætık]: ~ic corps дипломати́ческий ко́рпус

dire [ˈdaıə] стра́шный, злове́щий; ~ cónsequences ужа́сные после́дствия

direct [dıˈrekt] 1. *a* прямо́й 2. *v* 1) направля́ть; will you, please, ~ me to the néarest póst-office? скажи́те, пожа́луйста, как пройти́ к ближа́йшему почто́вому отделе́нию? 2) прика́зывать (*order*)

direction [dıˈrekʃn] 1) направле́ние *с* 2): ~s (for use) спо́соб употребле́ния 3) руково́дство *с* (*guidance*)

directly [dɪˈrektlɪ] 1) пря́мо 2) то́тчас; I'll see you ~! я сейча́с!, одну́ мину́ту!

directory [daɪˈrektərɪ] а́дресная *или* телефо́нная кни́га; спра́вочник *м*

dirt [dəːt] грязь *ж*; ~y [-ɪ] гря́зный

disability [ˌdɪsəˈbɪlɪtɪ] нетрудоспосо́бность *ж*; ~ pénsion пе́нсия по инвали́дности

disadvantage [ˌdɪsədˈvɑːntɪdʒ] неудо́бство *с*, ми́нус *м*; at a ~ в невы́годном положе́нии

disagree [ˌdɪsəˈgriː] 1) не соглаша́ться 2) расходи́ться, противоре́чить (*be at variance*)

disappear [ˌdɪsəˈpɪə] исчеза́ть

disappoint [ˌdɪsəˈpɔɪnt] разочаро́вывать

disapprove [ˌdɪsəˈpruːv] не одобря́ть, осужда́ть

disarm [dɪsˈɑːm] 1) обезору́живать 2) разоружа́ть(ся) (*abolish armaments*); ~ament [-əmənt] разоруже́ние *с*; géneral and compléte ~ament всео́бщее и по́лное разоруже́ние

disaster [dɪˈzɑːstə] несча́стье *с*; бе́дствие *с*

disastrous [dɪˈzɑːstrəs]· ги́бельный; катастрофи́ческий

discharge [dɪsˈtʃɑːdʒ] 1) разгружа́ть (*unload*) 2) вы́стрелить (*of a rifle, etc*) 3) освобожда́ть от, увольня́ть (*from* *work*); выпи́сывать (*from a hospital*)

discipline [ˈdɪsɪplɪn] дисципли́на *ж*

disco [ˈdɪskəu] 1) *муз.* ди́ско *с* 2) *см.* díscotheque

discontent [ˌdɪskənˈtent] недово́льство *с*

discord [ˈdɪskɔːd] 1) разногла́сие *с* 2) *муз.* диссона́нс *м*

discotheque [ˈdɪskətek] дискоте́ка *ж*

discount [ˈdɪskaunt] ски́дка *ж*; sell at a ~ продава́ть со ски́дкой; ~ price сни́женная цена́

discourage [dɪsˈkʌrɪdʒ] 1) обескура́живать 2) отгова́ривать (*dissuade*)

discover [dɪsˈkʌvə] открыва́ть; обнару́живать; ~y [dɪsˈkʌvərɪ] откры́тие *с*

discretion [dɪˈskreʃn] 1) осторо́жность *ж*, сде́ржанность *ж* 2): at your ~ на ва́ше усмотре́ние

discriminate [dɪˈskrɪmɪneɪt] 1) различа́ть; discríminating taste то́нкий вкус 1) дискримини́ровать

discrimination [dɪˌskrɪmɪˈneɪʃn] дискримина́ция *ж*

discus [ˈdɪskəs] диск *м*; ~ thrówing мета́ние ди́ска

discuss [dɪˈskʌs] обсужда́ть; ~ion [dɪˈskʌʃn] обсужде́ние *с*; дискýссия *ж*; únder ~ion обсужда́ющийся, находя́щийся на обсужде́нии

disease [dɪˈziːz] боле́знь *ж*

disembark [ˌdɪsɪmˈbɑːk] выса́живать(ся) (*с судна и само-*

лёта); ~**ation** [ˌdɪsembɑːˈkeɪʃn] вы́садка ж

disgrace [dɪsˈgreɪs] позо́р м, бесче́стье с

disguise [dɪsˈgaɪz] 1) маскирова́ть(ся) 2) переоде́ться кем-л. 3) скрыва́ть *(hide)*

disgust [dɪsˈgʌst] **1.** *n* отвраще́ние с **2.** *v* вызыва́ть отвраще́ние; be ~ed чу́вствовать (испы́тывать) отвраще́ние

dish [dɪʃ] блю́до с

dishonest [dɪsˈɔnɪst] нече́стный

dishwasher [ˈdɪʃwɔʃə] (посу́до)мо́ечная маши́на

disillusion [ˌdɪsɪˈluːʒn] разочарова́ние с

dislike [dɪsˈlaɪk] испы́тывать неприя́знь

dislocate [ˈdɪsləukeɪt] вы́вихнуть; ~ one's shóulder вы́вихнуть плечо́

dislocation [ˌdɪsləuˈkeɪʃn] вы́вих м

dismiss [dɪsˈmɪs] 1) распуска́ть 2) выгоня́ть, увольня́ть *(fire)* 3) отказа́ться *(от мы́сли)*; ~ it from your mind вы́бросьте э́то из головы́

disorder [dɪsˈɔːdə] беспоря́док м

dispatch [dɪˈspætʃ] **1.** *v* отправля́ть; посыла́ть **2.** *n* 1) отпра́вка ж 2) депе́ша ж *(message)*

dispense [dɪˈspens]: ~ with smth обходи́ться без *чего́-л.*

dispenser [dɪˈspensə] «разда́тчик» м *(устройство для хранения и поштучного извлечения однородных предметов*

разового пользования: бумажных стаканчиков, бритвенных лезвий и т. п.)

disperse [dɪˈspəːs] рассе́ивать(ся)

displace [dɪsˈpleɪs] переме-ща́ть; ~d pérsons перемещённые ли́ца

display [dɪˈspleɪ] **1.** *n* пока́з м; вы́ставка ж; ~ of flówers вы́ставка цвето́в **2.** *v* 1) выставля́ть; пока́зывать 2) проявля́ть, обнару́живать; ~ cóurage прояви́ть му́жество

disposable [dɪˈspəuzəbl] одноρа́зовый, одноρа́зового по́льзования

disposal [dɪˈspəuzəl]: at your ~ в ва́шем распоряже́нии; к ва́шим услу́гам; ~ syrínge одноρа́зовый шприц

dispose [dɪˈspəuz] располага́ть; be ~d *(to smth)* быть располо́женным *(к чему́-л.);* склоня́ться *(к чему́-л.)*

dispute [dɪˈspjuːt] **1.** *n* 1) спор м 2) обсужде́ние с *(debate)* **2.** *v* спо́рить; оспа́ривать; ~ one's right оспа́ривать чьё-л пра́во

disqualification [dɪsˌkwɔlɪfɪˈkeɪʃn] дисквалифика́ция ж, лише́ние пра́ва на что-л.

disqualif‖y [dɪsˈkwɔlɪfaɪ] дисквалифици́ровать, лиши́ть пра́ва на что-л.; you broke the rules and are ~ied вы дисквалифици́рованы за наруше́ние пра́вил

disregard [ˌdɪsrɪˈgɑːd] пренебрега́ть; не обраща́ть внима́ния

disrupt [dɪsˈrʌpt] разрыва́ть,

разруша́ть; подрыва́ть; ~ive [-ɪv] раско́льнический; подрывно́й; ~ive práctices раско́льнические де́йствия

dissatisfaction [ˌdɪsˌsætɪsˈfækʃn] неудовлетворённость ж, недово́льство с

dissatisfy [dɪsˈsætɪsfaɪ] не удовлетворя́ть

dissent [dɪˈsent] быть несогла́сным, име́ть своё мне́ние; ~er [-ə] 1) брит. челове́к, всегда́ име́ющий своё осо́бое мне́ние 2) амер. уча́стник движе́ния проте́ста (про́тив поли́тики прави́тельства)

dissolution [ˌdɪsəˈluːʃn] ро́спуск м; ~ of an organizátion ро́спуск организа́ции

dissolve [dɪˈzɔlv] 1) растворя́ть(ся) 2) распуска́ть; ~ Párliament распусти́ть парла́мент

distance [ˈdɪstəns] 1) расстоя́ние с; at a ~ of two miles на расстоя́нии двух миль; it's withín wálking ~ of the hotél это бли́зко от гости́ницы, до гости́ницы мо́жно дойти́ пешко́м 2) спорт. диста́нция ж; long (míddle) ~ run бег на дли́нную (сре́днюю) диста́нцию ◊ from a ~ и́здали; at a ~ на не́котором расстоя́нии; in the ~ вдали́

distant [ˈdɪstənt] да́льний, далёкий; отдалённый; ten miles ~ отстоя́щий на де́сять миль

distinct [dɪˈstɪŋkt] отчётливый, я́сный; ~ion [dɪˈstɪŋkʃn] разли́чие с, отли́чие с; without

́any ~ions без разли́чия, без разбо́ра

distinguish [dɪˈstɪŋgwɪʃ] 1) различа́ть (betwéen) 2) отлича́ть (from); ~ed [-t] изве́стный, выдаю́щийся; ~ed musícian изве́стный музыка́нт; ~ed ládies and géntlemen! уважа́емые да́мы и господа́!

distort [dɪˈstɔːt] искажа́ть

distract [dɪˈstrækt] отвлека́ть; ~ smb's atténtion отвле́чь чьё-л. внима́ние

distress [dɪˈstres] **1.** n 1) го́ре с 2) бе́дствие с; ~ sígnal сигна́л бе́дствия **2.** v огорча́ть, расстра́ивать

distribute [dɪˈstrɪbjuːt] распределя́ть

distribution [ˌdɪstrɪˈbjuːʃn] 1) распределе́ние с 2) распростране́ние с

district [ˈdɪstrɪkt] райо́н м; о́круг м; край м

distrust [dɪsˈtrʌst] **1.** n недове́рие с **2.** v не доверя́ть (smb — кому́-л.)

disturb [dɪˈstɜːb] 1) беспоко́ить, меша́ть; I'm sórry to ~ you извини́те за беспоко́йство; "Do not ~ !" «Не беспоко́ить!» (на́дпись) 2) трево́жить (upset)

ditch [dɪtʃ] кана́ва ж

dive [daɪv] **1.** v ныря́ть; погружа́ться (submerge) **2.** n прыжо́к в во́ду; ~r [-ə] водола́з м 2) спорт. прыгу́н в во́ду

diversity [daɪˈvɜːsɪtɪ] разнообра́зие с

divide [dɪˈvaɪd] дели́ть(ся); разделя́ть(ся)

diving ['daɪvɪŋ]: spríngboard (plátform) ~ *спорт.* прыжки́ в во́ду с трамплина (с вышки); skin (*брит.* free) ~ подво́дное пла́вание; déep-sea ~ водола́зные рабо́ты

division [dɪ'vɪʒn] 1) (раз-) деле́ние *с*; ~ of authórity разделе́ние фу́нкции 2) разде́л *м*, часть *ж* (*section*)

divorce [dɪ'vɔːs] **1.** *n* разво́д *м* **2.** *v* разводи́ться

divorced [dɪ'vɔːst] разведённый, разведённая

do [duː] (did; done) 1) де́лать; what are you dóing? чем вы занима́етесь?; what are we dóing next? что мы бу́дем де́лать да́льше?; what can I do for you? чем я могу́ быть вам поле́зен?; what shall I do? как мне быть? 2) подходи́ть, годи́ться; this room will do me quite well э́тот но́мер меня́ вполне́ устра́ивает; that won't do! так де́ло не пойдёт!, э́то не годи́тся! 3): do one's room убра́ть ко́мнату; do the díshes вы́мыть посу́ду; do one's léssons сде́лать уро́ки; do one's hair сде́лать причёску; do one's lips накра́сить гу́бы; do one's nails сде́лать маникю́р 4) осма́тривать (*достопримеча́тельности*); did you do the Brítish Muséum? вы осмотре́ли Брита́нский музе́й? 5) *служит для образования вопросительных и отрицательных форм:* did not (didn't) you see me?. ра́зве вы меня́ не ви́дели?; I do not (don't) speak French я не говорю́ по-францу́зски 6) *для усиления:* do come! пожа́луйста, приходи́те!; **do without** обходи́ться без ◊ how do you do? здра́вствуйте!; that will do! доста́точно!; this will do you a lot of good э́то бу́дет вам о́чень поле́зно; do jústice возда́ть до́лжное

dock [dɔk] 1) док *м* 2) *амер.* при́стань *ж* 3) *ж.-д.* тупи́к *м*; ~**er** [-ə] до́кер *м*, порто́вый рабо́чий; ~**ing** [-ɪŋ] *косм.* стыко́вка *ж*

dockyard ['dɔkjɑːd] верфь *ж*

doctor ['dɔktə] 1) врач *м*, до́ктор *м*; will you, please, send for a ~? пошли́те, пожа́луйста, за врачо́м! 2) (D.) до́ктор *м* (*учёное звание*); D. of Médicine до́ктор медици́ны (*медици́нских нау́к*)

document ['dɔkjumənt] докуме́нт *м*; ~**ary** [ˌdɔkju'mentərɪ] документа́льный фильм

dodge [dɔdʒ] избега́ть, увёртываться (*тж. спорт., особ. амер. футбол, бокс*)

doesn't ['dʌznt] *разг.* = does not

dog [dɔg] соба́ка *ж*; ~ sled на́рты *мн.*; ~ cóllar оше́йник *м*; ~**rose** [-rəuz] шипо́вник *м*

dole [dəul] посо́бие по безрабо́тице; be on the ~ жить на посо́бие (по безрабо́тице)

doll [dɔl] ку́кла *ж*

dollar ['dɔlə] до́ллар *м*

dolphin ['dɔlfɪn] 1) дельфи́н *м* (белобо́чка) 2) *спорт.* (*тж.* ~ kick) дельфи́н *м* (*стиль пла́вания*)

dome [dəum] ку́пол м

domestic [dəu'mestık] 1) дома́шний 2) *преим. амер.* вну́тренний; ~ pólicy вну́тренняя поли́тика

dominate ['dɔmıneıt] преобла́дать; госпо́дствовать

domino ['dɔmınəu] 1) домино́ с *(маскара́дный костю́м)* 2) *pl* домино́ с *(игра́)*

done [dʌn] *pp от* do

donkey ['dɔŋkı] о́слик м

don't [dəunt] *разг.* = do not

donut ['dəunʌt] *см.* dóughnut

doom [du:m] **1.** *n* 1) рок м, судьба́ ж 2) (по)ги́бель ж *(death)* **2.** *v* осужда́ть, обрека́ть; ~ed to fáilure обречённый на прова́л

door [dɔ:] дверь ж; out of ~s на у́лице; ~**keeper** [-kiːpə], ~**man** [-mən] швейца́р м

dorm [dɔːm], **dormitory** ['dɔːmıtərı] общежи́тие с *(особ. в колле́дже)*

double ['dʌbl] **1.** *a* 1) двойно́й; I want a ~ room мне ну́жен двойно́й но́мер 2) двуспа́льный; ~ sheet простыня́ для двуспа́льной крова́ти **2.** *adv* вдвойне́ **3.** *v* удва́ивать **4.** *n* 1) дублёр м *(in cinema and theatre)* 2) *спорт.* дво́йка ж; ~-**bass** [-'beıs] *муз.* контраба́с м; ~-**decker** [-'dekə] двухэта́жный авто́бус; ~-**spaced** [-'speıst] че́рез два интерва́ла *(о печа́тании на маши́нке)*

doubt [daut] **1.** *n* сомне́ние с; no ~ несомне́нно, безусло́вно **2.** *v* сомнева́ться; ~**ful** [-ful] сомни́тельный; ~**less** [-lıs] несомне́нно

dough [dəu] 1) те́сто с 2) *разг.* де́ньги *мн.*; ~**nut** [nʌt] по́нчик м

dove [dʌv] го́лубь м; ~ of peace го́лубь ми́ра

down [daun] **1.** *adv* 1) вниз; put the súitcase ~ here поста́вьте чемода́н сюда́ 2) внизу́; blinds are ~ што́ры спу́щены ◊ live ~ South жить на ю́ге; ~ with..! доло́й..! **2.** *prep* вниз; по; go ~ the street идти́ по у́лице

downgrade ['daungreıd] 1) понижа́ть *(в до́лжности, зва́нии)* 2) принижа́ть

downhill [ˌdaun'hıl] **1.** *adv* вниз, под гору **2.** *n спорт.* скоростно́й спуск *(Alpine skiing)*

Downing Street ['daunıŋstriːt] Да́унинг-стрит *(у́лица в Ло́ндоне, где помеща́ется резиде́нция премье́р-мини́стра)*

downpour ['daunpɔː] ли́вень м

downstairs [ˌdaun'stɛəz] 1) вниз *(по ле́стнице)*; go ~ спуска́ться *(по ле́стнице)* 2) внизу́; в ни́жнем этаже́; he is ~ он внизу́

downtown [ˌdaun'taun] **1.** *n* (делово́й) центр (го́рода) **2.** *adv* 1) в це́нтре; he works ~ он рабо́тает в це́нтре 2) в центр, (по направле́нию) к це́нтру; take the súbway if you are to go ~ е́сли вам ну́жно в центр, сади́тесь на метро́

doze [dəuz] дрема́ть

dozen ['dʌzn] дю́жина ж ◇
báker's ~ чёртова дю́жина
draft [drɑ:ft] **1.** *n* 1) =
draught 1); 2) призы́в *м* (на во-
е́нную слу́жбу) *(conscription)*
3) прое́кт *м*, чернови́к *м*; ~
resolútion прое́кт резолю́ции
2. *v* набра́сывать (чернови́к);
составля́ть (план); ~ a repórt
разрабо́тать прое́кт докла́да
drag [dræg] тащи́ть(ся)
drain [dreɪn] осуша́ть; ~**age**
[-ɪdʒ] осуше́ние *с*; дрена́ж *м*
drama ['drɑ:mə] дра́ма ж; ~
théatre драмати́ческий теа́тр;
~**tic** [drə'mætɪk] драмати́чес-
кий
drank [dræŋk] *past от* drink 1
drapery ['dreɪpərɪ] 1) тка́ни
мн. 2) драпиро́вка ж *(draped
hangings)* 3) што́ры *мн.* (*cur-
tains*)
drastic ['dræstɪk] реши́тель-
ный, круто́й; ~ chánges корен-
ны́е измене́ния
draught [drɑ:ft] 1) сквозня́к
м; there's a ~ here здесь сквозит 2) глото́к *м*; drink at a ~
вы́пить за́лпом 3) *pl брит.*
ша́шки *мн.* (*игра*)
draw [drɔ:] **1.** *v* (drew; drawn)
1) тяну́ть, тащи́ть; ~ near
приближа́ться; ~ lots тяну́ть
жре́бий 2) привлека́ть (*attract*) 3) черти́ть, рисова́ть;
~ a plan начерти́ть план 4)
че́рпать; ~ inspirátion че́рпать
вдохнове́ние 5) *спорт.* свести́
вничью́; the game was ~n игра́
зако́нчилась вничью́; ~ up : ~
up one's pápers офо́рмить до-
куме́нты **2.** *n спорт.* 1) ничья́

ж; in a ~ вничью́ 2) жеребьёвка ж; win the ~ вы́играть в
жеребьёвке
drawback ['drɔ:bæk] недо-
ста́ток *м*
drawbridge ['drɔ:brɪdʒ] раз-
водно́й мост
drawer [drɔ:] я́щик *м* (*выдвижной*); a chest of ~s комо́д
м; ~s [-z] *pl* кальсо́ны *мн.*
drawing ['drɔ:ɪŋ] рису́нок *м*;
~-pin [-pɪn] *брит.* кно́пка ж
(*канцелярская*)
drawn [drɔ:n] *pp от* draw 1
dread [dred] быть в у́жасе
(*smb, smth* — пе́ред кем-л.,
чем-л.), страши́ться (*кого-л.,
чего-л.*); ~**ful** [-ful] ужа́сный,
стра́шный
dream [dri:m] **1.** *n* 1) сон *м*
2) мечта́ ж (*reverie*) **2.** *v*
(dreamt) 1) ви́деть во сне
(*about*) 2) мечта́ть (of — о)
dreamt [dremt] *past и pp от*
dream 2
dress [dres] **1.** *n* пла́тье *с*;
оде́жда ж; évening ~ вече́р-
нее пла́тье; ~ círcle бельэта́ж
м; ~ coat фрак *м*; ~ rehéarsal
генера́льная репети́ция **2.** *v*
1) одева́ть(ся) 2) перевя́зы-
вать; ~ a wound перевяза́ть
ра́ну; ~ up а) приоде́ться;
б) наде́ть маскара́дный ко-
стю́м (*for a fancy-dress ball*)
dressage ['dresɑ:ʒ] *спорт.*
вы́ездка ж
dresser ['dresə] комо́д с зе́р-
калом
dressing ['dresɪŋ] 1) туале́т
м 2) перевя́зка ж (*of a wound*)
3) припра́ва ж, со́ус *м* (*sauce*);

~-gown [-ɡaun] *брит.* хала́т *м*

drew [druː] *past от* draw 1

dribble [drɪbl] *спорт. (особ. футбол, баскетбол)* вести́ (проводи́ть) мяч

dried [draɪd] сушёный

drift [drɪft] 1) тече́ние *с* 2) *мор.* дрейф *м*

drill I [drɪl] **1.** *n* сверло́ *с*; eléctric ~ электри́ческая дрель **2.** *v* сверли́ть

drill II 1. *n* трениро́вка *ж* **2.** *v* тренирова́ть

drink [drɪŋk] **1.** *v* (drank; drunk) пить **2.** *n* питьё *с*; напи́ток *м*; soft ~s прохлади́тельные напи́тки; let's have a ~ пойдём вы́пьем

drip [drɪp] ка́пать; **~-dry** [ˌdrɪpˈdraɪ] суши́ть без выжима́ния

drive [draɪv] **1.** *v* (drove; dríven) 1) гнать 2) везти́ *или* éхать *(в машине, экипаже)*; shall we ~ or walk? поéдем и́ли пойдём пешко́м? 3) управля́ть *(автомобилем)*; can you ~ ? вы умéете управля́ть маши́ной? **2.** *n* поéздка *ж*, прогу́лка *ж (в машине, экипаже)*; let's go for a ~ поéдемте ката́ться; **~-in** [-ɪn]: ~-in théatre *амер.* откры́тый кинотеа́тр *(где можно смотреть фильм, не выходя из автомобиля)*

driven [ˈdrɪvn] *pp от* drive 1

driver [ˈdraɪvə] води́тель *м (of a car)*

driving [ˈdraɪvɪŋ]: ~ lícence води́тельские права́

drop [drɔp] **1.** *n* 1) ка́пля *ж* 2) пониже́ние *с*; падéние *с*; ~

in témperature пониже́ние температу́ры 3) *pl мед.* ка́пли *мн.* **2.** *v* 1) ка́пать 2) роня́ть *(let fall)* 3) опуска́ть, броса́ть; ~ the létter, please опусти́те, пожа́луйста, письмо́ 4) понижа́ть(ся) *(go down)*; ~ in зайти́; I ~ped in on my friend я загляну́л к своему́ дру́гу; ~ **out** броса́ть шко́лу, отсéиваться

dropout [ˈdrɔpaut] недоу́чка *м и ж*; he is a ~ он бро́сил шко́лу; ~ rate процéнт отсéва

drought [draut] за́суха *ж*

drove [drəuv] *past от* drive 1

drown [draun] тону́ть; ~ing man утопа́ющий *м*

drug [drʌɡ] 1) лека́рство *с* 2) *(тж.* narcótic drug) нарко́тик *м*; **~store** [-stɔː] *амер.* аптéка *ж*

drum [drʌm] **1.** *n* бараба́н *м* **2.** *v* бараба́нить; стуча́ть

drunk [drʌŋk] **1.** *a* пья́ный **2.** *pp от* drink 1

dry [draɪ] **1.** *v* 1) суши́ть *(make dry)* 2) со́хнуть *(become dry)* **2.** *a* сухо́й; ~ ríver пересо́хшая река́; ~ law сухо́й зако́н; **~-cleaner's** [-ˈkliːnəz] химчи́стка *ж*

duck I [dʌk] у́тка *ж*

duck II уверну́ться; бы́стро нагну́ться

due [djuː] 1) до́лжный; in ~ course в своё врéмя 2) ожида́емый; the train is ~ in … mínutes пóезд прибыва́ет чéрез… мину́т 3) причита́ющийся; the amóunt ~ причита́ющаяся су́мма ◊ ~ to благодаря́, всле́дствие; ~s [-z] *pl* 1) сбо́ры *мн.*; cústom ~s тамо́женная по́шлина 2) взно́сы *мн.*; párty ~s чле́нские взно́сы

duet [dju:'et] дуэ́т *м*

dug [dʌg] *past и pp от* dig

dull [dʌl] 1) тупо́й, глу́пый 2) тупо́й, притупленный; ~ pain тупа́я боль 3) ску́чный (*tedious*) 4) ту́склый, па́смурный; ~ day па́смурный день

dumb [dʌm] 1) немо́й; ~ show пантоми́ма *ж* 2) *амер.* бестолко́вый; ~**bells** [-belz] *pl спорт.* ганте́ли *мн.*

dump [dʌmp] 1) высыпа́ть, выва́ливать (*empty*); ~ truck *амер.* самосва́л *м* 2) выбра́сывать, выки́дывать (*dispose of*) 3) избавля́ться, «спи́сывать» (*get rid of*)

dumpling ['dʌmplɪŋ] 1) клёцка *ж* 2) (*тж.* ápple dúmpling) я́блоко, запечённое в те́сте

duplicate ['dju:plɪkɪt] дубли-ка́т *м*, ко́пия *ж*; in ~ в двух экземпля́рах

durable ['djuərəbl] про́чный; ~ goods това́ры дли́тельного по́льзования

during ['djuərɪŋ] в тече́ние, в продолже́ние

dusk [dʌsk] су́мерки *мн.*

dust [dʌst] пыль *ж*; ~**bin** [-bɪn] *брит.* му́сорный я́щик; ~-**cover** [-kʌvə], ~-**jacket** [-dʒækɪt] суперобло́жка *ж*

dusty ['dʌstɪ] пы́льный

duty ['dju:tɪ] 1) долг *м*, обя́занность *ж* 2) по́шлина *ж*; is there a ~ on these things? взима́ется ли за э́ти ве́щи пош-

лина? ◇ be on ~ дежу́рить; be off ~ быть свобо́дным от дежу́рства; ~-**free** [-fri:] беспо́шлинный; "~-free shop" «това́ры без по́шлины» (*надпись — в междунаро́дных аэропо́ртах: с ку́пленного това́ра по́шлина не взима́ется*); ~-**paid** [-peɪd] опла́ченный по́шлиной, по́шлина взы́скана

dwell [dwel] (dwelt) жить; ~ **on** распространя́ться (*о чём-л.*); ~**ing** [-ɪŋ] жильё *с*

dwelt [dwelt] *past и pp от* dwell

dye [daɪ] **1.** *n* кра́ска *ж* **2.** *v* кра́сить; I want to have my hair ~d, please пожа́луйста, покра́сьте мне во́лосы

dying ['daɪɪŋ] *pres p от* die

E

E [i:] *муз.* ми; E mínor ми мино́р

each [i:tʃ] ка́ждый; ~ óther друг дру́га

eager ['i:gə]: be ~ горе́ть жела́нием; ~**ness** [-nɪs] пыл *м*, рве́ние *с*

eagle ['i:gl] орёл *м*; the Bald E. *амер. см.* Américan ~

ear I [ɪə] 1) у́хо *с* 2) слух *м*; have an ~ for músic име́ть (музыка́льный) слух; play by ~ игра́ть по слу́ху ◇ play it by ~ де́йствовать по обстоя́тельствам

ear II ко́лос *м* (*of wheat*), поча́ток *м* (*of corn*)

early ['ə:lɪ] **1.** *a* ра́нний **2.** *adv* ра́но

earn [ə:n] зараба́тывать; how much do you ~ a month? ско́лько вы зараба́тываете в ме́сяц?

earnest ['ə:nɪst] **1.** *a* серьёзный **2.** *n*: in ~ всерьёз

earnings ['ə:nɪŋz] *pl* за́работок *м*

ear‖phones ['ɪəfəunz] *радио* нау́шники *мн*.; ~**rings** [-rɪŋz] *pl* се́рьги *мн*.

earth [ə:θ] земля́ *ж*

earthenware ['ə:ðənwɛə] керами́ческая посу́да

earthquake ['ə:θkweɪk] землетрясе́ние *с*

ease [i:z] поко́й *м*; непринуждённость *ж*; at ~ непринуждённо; ill at ~ нело́вко ◊ at ~! во́льно! *(команда)*

easel ['i:zl] мольбе́рт *м*

easily ['i:zɪlɪ] легко́, свобо́дно

east [i:st] **1.** *n* восто́к *м*; the Near (Middle) E. Бли́жний Восто́к; the Far E. Да́льний Восто́к **2.** *a* восто́чный; E. End Ист-Энд *м (восточный район Лондона)*; E. Side Ист-Са́йд *м (восточная сторона Манхэттена в Нью-Йорке)* **3.** *adv* на восто́к(е), к восто́ку; in the ~ на восто́ке; to the ~ of к восто́ку от

Easter ['i:stə] Па́сха *ж*

eastern ['i:stən] восто́чный

easy ['i:zɪ] 1) лёгкий, нетру́дный 2) непринуждённый; ~ manners непринуждённые мане́ры ◊ take it ~! споко́йнее!

eat [i:t] (ate; éaten) есть; I don't feel like ~ing мне не хо́чется есть; ~**en** [i:tn] *pp от* eat

eau-de-Cologne [ˌəudəkə-'ləun] одеколо́н *м*

eavesdrop ['i:vzdrɒp] подслу́шивать

ebb [eb], **ebb-tide** [ˌeb'taɪd] отли́в *м*

ebony ['ebənɪ] чёрное де́рево

echo ['ekəu] э́хо *с*

eclipse [ɪ'klɪps] затме́ние *с*; total solar ~ по́лное со́лнечное затме́ние

economic [ˌi:kə'nɒmɪk] экономи́ческий; ~**al** [-əl] эконо́мный, бережли́вый; ~**s** [-s] эконо́мика *ж*

economy [i:'kɒnəmɪ] 1) эконо́мия *ж*; бережли́вость *ж*; ~ car *авто* малолитра́жка *ж*; ~ class *ав.* тури́стский класс; ~ size большо́го объёма (деше́вле) 2) *(тж.* national economy) наро́дное хозя́йство ◊ political ~ полити́ческая эконо́мия

edge [edʒ] 1) край *м*; кро́мка *ж* 2) остриё *с (of a knife, etc)* 3) преиму́щество *с*; have a slight ~ over име́ть небольшо́е преиму́щество над ◊ be on ~ быть как на иго́лках

edit ['edɪt] 1) редакти́ровать *(of a book)* 2) монти́ровать *(of a film)*; ~**ing** [-ɪŋ] *кино* монта́ж *м*; ~**ion** [ɪ'dɪʃn] изда́ние *с*; ~**or** [-ə] 1) реда́ктор *м* 2) *кино* монта́жный сто́лик; ~**orial** [ˌedɪ'tɔ:rɪəl] **1.** *a* редакцио́нный; ~**órial board**

редколле́гия *ж*; ~órial óffice редáкция *ж* *(помещение)*; ~órial staff редáкция *ж* *(работники)* 2. *n* передовáя статья́

editor-in-chief [ˌedɪtərɪn'tʃiːf] глáвный редáктор

educate [ˈedjukeɪt] давáть образовáние; воспи́тывать

education [ˌedjuˈkeɪʃn] образовáние *c*; prímary (sécondary, hígher) ~ начáльное (срéднее, вы́сшее) образовáние; compúlsory ~ обязáтельное обучéние; ~al [-əl] образовáтельный; ~al tel006evísion учéбное телеви́дение

effect [ɪ'fekt] 1) результáт *м* *(result)* 2) (воз)дéйствие *c*; cárry ínto ~ провести́ в жизнь; ~ive [-ɪv] эффекти́вный, дéйственный

efficiency [ɪ'fɪʃənsɪ] 1) дéйственность *ж* 2) *тех.* коэффициéнт полéзного дéйствия

efficient [ɪ'fɪʃənt] 1) дéйственный, эффекти́вный *(resultative)* 2) дéльный, толко́вый, умéлый *(competent)*

effort [ˈefət] уси́лие *c*; напряжéние *c*; spare no ~s не щади́ть уси́лий

e. g. [iːˈdʒiː] напр. (напримéр)

egg [eg] яйцо́ *c*; sóft-boiled (hálf-boiled, hárd-boiled) ~ яйцо́ всмя́тку («в мешо́чек», вкруту́ю); fried ~s *(тж. амер.* eggs súnny side up) (яи́чница-)глазу́нья *ж*; scrámbled ~s яи́чница-болту́нья *ж*; ham and ~s *(тж. амер.* ham'n-eggs) яи́чница с ветчино́й; póached ~

брит. яйцо́-пашо́т *c*; ~-plant [-plɑːnt] баклажáн *м*

eight [eɪt] во́семь; ~ húndred восемьсо́т

eighteen [eɪ'tiːn] восемнáдцать; ~th [-θ] восемнáдцатый

eighth [eɪtθ] восьмо́й

eightieth [ˈeɪtɪɪθ] восьмидеся́тый

eighty [ˈeɪtɪ] во́семьдесят

either [ˈaɪðə; *амер.* ˈiːðə] 1. *a, pron* кáждый, любо́й *(из двух)* 2. *adv, cj:* ~ … or или… или

elastic [ɪ'læstɪk] 1. *a* эласти́чный, упру́гий 2. *n* рези́нка *ж (тесьма)*

elbow [ˈelbəu] ло́коть *м*

elder [ˈeldə] *(сравн. ст. от* old) стáрший; ~ly [-lɪ] пожило́й

eldest [ˈeldɪst] *(превосх. ст. от* old) (сáмый) стáрший

elect [ɪ'lekt] выбирáть, избирáть; ~ion [ɪ'lekʃn] 1) вы́боры *мн.*; géneral ~ion всеобщие вы́боры 2) избрáние *c (smb's — кого́-л.);* ~or [-ə] избирáтель *м; амер.* вы́борщик *м;* ~oral [-ərəl] вы́борный; ~oral sýstem избирáтельная систéма; ~orate [-ərɪt] избирáтели (одного́ о́круга)

electric [ɪ'lektrɪk] электри́ческий; ~ bulb (rázor, stove) электри́ческая лáмпочка (бри́тва, пли́тка); ~ íron (torch) электри́ческий утю́г (фонáрик); ~ blánket электроодея́ло *c;* ~ chair *амер.* электри́ческий стул; ~ guitár электрогитáра *ж;* ~ train электропо́езд *м*; ~ian [ɪˌlekˈtrɪʃən] электромонтёр *м*; электроте́хник *м*; ~ity [ɪˌlekˈtrɪsɪtɪ] электри́чество *с*

electrocute [ɪˈlektrəkjuːt] *амер.* казни́ть на электри́ческом сту́ле

electronic [ɪˌlekˈtrɔnɪk] электро́нный; ~ brain «электро́нный мозг», ЭВМ; ~ cálculator электро́нный калькуля́тор; ~ flash *фото* блиц *м*; ~ média ра́дио и телеви́дение

elegant [ˈelɪgənt] изя́щный

element [ˈelɪmənt] 1) элеме́нт *м*; черта́ *ж* 2) стихи́я *ж* (*nature*) 3) *pl* осно́вы *мн.* (*науки и т. п.*); ~ary [ˌelɪˈmentərɪ] элемента́рный; (перво)нача́льный; ~ary school нача́льная шко́ла

elephant [ˈelɪfənt] слон *м*

elevated [ˈelɪveɪtɪd]: ~ ráilway надзе́мная желе́зная доро́га

elevation [ˌelɪˈveɪʃn] 1) возвыше́ние *с* 2) возвы́шенность *ж*, приго́рок *м* (*hill*)

elevator [ˌelɪˈveɪtə] 1) *амер.* лифт *м* 2) элева́тор *м* (*for grain storage*)

eleven [ɪˈlevn] оди́ннадцать; ~th [-θ] оди́ннадцатый

eliminate [ɪˈlɪmɪneɪt] исключа́ть, устраня́ть

elk [elk] (североамерика́нский) оле́нь

elm [elm] вяз *м*

eloquent [ˈeləkwənt] красноречи́вый

else [els] 1) ещё; кро́ме;

what ~? что ещё?; who ~? кто ещё?; sómebody ~ кто́-нибудь друго́й; no one ~ никто́ друго́й 2) ина́че; how ~ can I mánage? как мне ина́че спра́виться?; ~where [-ˈweə] где́-нибудь ещё

embankment [ɪmˈbæŋkmənt] на́бережная *ж*

embargo [emˈbɑːgəu] запре́т *м*, эмба́рго *с*

embark [ɪmˈbɑːk] грузи́ться; сади́ться на кора́бль; ~ation [ˌembɑːˈkeɪʃn] поса́дка *ж*, погру́зка *ж* (*на кора́бль, самолёт*)

embarrass [ɪmˈbærəs] смуща́ть; ~ment [-mənt] смуще́ние *с*, замеша́тельство *с*

embassy [ˈembəsɪ] посо́льство *с*

emblem [ˈembləm] эмбле́ма *ж*, си́мвол *м*

embodiment [ɪmˈbɔdɪmənt] воплоще́ние *с*

embrace [ɪmˈbreɪs] 1) обнима́ть(ся) 2) охва́тывать (*include*)

embroider [ɪmˈbrɔɪdə] вышива́ть; ~y [-rɪ] вы́шивка *ж*

emerald [ˈemərəld] **1.** *n* изумру́д *м* **2.** *a* изумру́дный

emerge [ɪˈmɜːdʒ] появля́ться; выходи́ть

emergency [ɪˈmɜːdʒənsɪ] крити́ческое положе́ние; кра́йняя необходи́мость; in case of ~ а) в слу́чае кра́йней необходи́мости; б) в слу́чае ава́рии (*in case of accident*); ~ brake *ж.-д.* стоп-кра́н *м*; ~ éxit запа́сный вы́ход

emigrant [ˈemɪgrənt] эмигра́нт *м*

emigrate [ˈemɪgreɪt] эмигри́ровать

emigration [ˌemɪˈgreɪʃn] эмигра́ция *ж*

eminent [ˈemɪnənt] выдаю́щийся, знамени́тый

emotion [ɪˈməuʃn] волне́ние *с*, возбужде́ние *с*

emphasis [ˈemfəsɪs] 1) ударе́ние *с*, эмфа́за *ж* 2) ва́жность *ж*, зна́чимость *ж*; lay (put) ~ on подчёркивать, придава́ть осо́бое значе́ние *чему-л.*

emphasize [ˈemfəsaɪz] подчёркивать, придава́ть значе́ние

empire [ˈempaɪə] импе́рия *ж*

employ [ɪmˈplɔɪ] 1) применя́ть, испо́льзовать *(use)* 2) держа́ть на слу́жбе; how many wórkers are ~ed here? ско́лько здесь рабо́чих?; ~ ee [ˌemplɔɪˈiː] слу́жащий *м*, рабо́чий *м*; ~ er [-ə] предпринима́тель *м*; ~ ment [-mənt] рабо́та *ж*, слу́жба *ж*; full ~ment по́лная за́нятость

empty [ˈemptɪ] пусто́й; ~ -handed [ˌemptɪˈhændɪd] с пусты́ми рука́ми

emulation [ˌemjuˈleɪʃn] соревнова́ние *с*

enable [ɪˈneɪbl] дава́ть возмо́жность

encircle [ɪnˈsɜːkl] окружа́ть

enclose [ɪnˈkləuz] 1) огора́живать, заключа́ть *(surround)* 2) вкла́дывать *(в конверт)*; the phótograph is ~d фотогра́фия прилага́ется

encore [ˈɔŋkɔː] 1. *interj* бис! 2. *n*: to play an ~ испо́лнить на бис

encourage [ɪnˈkʌrɪdʒ] ободря́ть, поощря́ть

encyclop(a)edia [enˌsaɪkləuˈpiːdɪə] энциклопе́дия *ж*

end [end] 1. *n* коне́ц *м*; meet me at the ~ of the train встреча́йте меня́ у после́днего ваго́на; put an ~ to положи́ть коне́ц; at the ~ в конце́; to the ~ к концу́ 2. *v* конча́ть (-ся); when does the perfórmance ~? когда́ конча́ется спекта́кль?

endeavour [ɪnˈdevə] 1. *n* (насто́йчивые) уси́лия, (реши́тельные) де́йствия 2. *v* пыта́ться, осуществля́ть уси́лия

endurance [ɪnˈdjuərəns] сто́йкость *ж*, вы́держка *ж*; упо́рство *с*

endure [ɪnˈdjuə] 1) выноси́ть, терпе́ть 2) дли́ться *(last)*

enemy [ˈenɪmɪ] враг *м*, неприя́тель *м*

energetic [ˌenəˈdʒetɪk] энерги́чный

energy [ˈenədʒɪ] эне́ргия *ж*, си́ла *ж*; ~ crísis энергети́ческий кри́зис; save ~ эконо́мить эне́ргию (энергети́ческие ресу́рсы)

enforce [ɪnˈfɔːs] 1) принужда́ть к выполне́нию; ~ a régulation следи́ть за соблюде́нием пра́вил 2) проводи́ть в жизнь; ~ law охраня́ть зако́н

engage [ɪnˈgeɪdʒ] резерви́ровать; ~ a seat зарезерви́ровать ме́сто; ~d [-d] 1) за́нятый; ~d!: за́нято! *(о телефоне)*; he is ~d он за́нят 2) помо́лвленный *(betrothed)*; ~ment [-mənt] 1) заня́тие *с*, де́ло *с (business)* 2) свида́ние *с*, встре́ча *ж (appointment)* 3) помо́лвка *ж (betrothal)*

engine [ˈendʒɪn] 1) мото́р *м*, дви́гатель *м* 2) парово́з *м (locomotive)*

engineer [ˌendʒɪˈnɪə] 1) инжене́р *м*; меха́ник *м (mechanic)* 2) *амер. ж.-д.* машини́ст *м* 3) *амер. разг.* те́хник *м*, сле́сарь- -эле́ктрик *м (обслуживающий водопровод, сантехнику и электрическое хозяйство жилого дома или отеля)*; ~ing [-rɪŋ] те́хника *ж*; science and ~ing нау́ка и те́хника

English [ˈɪŋglɪʃ] **1.** *a* англи́йский **2.** *n* 1) (the ~) *собир.* англича́не 2) англи́йский язы́к; ~man [-mən] англича́нин *м*; ~woman [-wumən] англича́нка *ж*

engrave [ɪnˈgreɪv] гравирова́ть

engraving [ɪnˈgreɪvɪŋ] гравю́ра *ж*

enjoy [ɪnˈdʒɔɪ] 1) наслажда́ться; получа́ть удово́льствие; you'll ~ the perfórmance спекта́кль вам понра́вится 2) облада́ть; ~ the right име́ть пра́во; ~ment [-mənt] 1) удово́льствие *с*, наслажде́ние *с* 2) облада́ние *с (possession of smth)*

enlarge [ɪnˈlɑːdʒ] 1) увели́чивать(ся) 2) расширя́ть(ся)

(widen); ~ment [-mənt] увели́ченная фотогра́фия

enormous [ɪˈnɔːməs] грома́дный, огро́мный

enough [ɪˈnʌf] дово́льно, доста́точно; that's ~! доста́точно!

enquire [ɪnˈkwaɪə] = inquire

enrich [ɪnˈrɪtʃ] обогаща́ть

enrol(l) [ɪnˈrəul] регистри́ровать; заноси́ть в спи́сок

enslave [ɪnˈsleɪv] порабоща́ть

ensure [ɪnˈʃuə] обеспе́чивать, гаранти́ровать

enter [ˈentə] 1) входи́ть; ~ a room войти́ в ко́мнату 2) вступи́ть; ~ the párty вступи́ть в па́ртию 3) вноси́ть *(в книгу, в список)*; who is ~ed in the race? кто принима́ет уча́стие в бе́ге?; ~ into a) вступа́ть *(в переговоры, разговор и т. п.)*; б) заня́ться, приступи́ть

enterprise [ˈentəpraɪz] предприя́тие *с (undertaking)*

entertain [ˌentəˈteɪn] 1) развлека́ть, принима́ть госте́й 2) пита́ть *(сомнение и т. п.)*; hope пита́ть наде́жду; ~ing [-ɪŋ] заба́вный, занима́тельный; ~ment [-mənt] развлече́ние *с*; ~ment índustry зре́лищные предприя́тия

entire [ɪnˈtaɪə] по́лный; це́лый; весь; ~ly [-lɪ] всеце́ло, вполне́, соверше́нно

entitle [ɪnˈtaɪtl] 1) озагла́вливать 2) дава́ть пра́во; be ~d to... име́ть пра́во на...

entrance [ˈentrəns] вход *м*;

~ fee вступи́тельный взнос; "no ~" «вхо́да нет» *(на́дпись)*; "staff ~" «служе́бный вход» *(на́дпись)*

entrust [ın'trʌst] доверя́ть *(smth to smb — что-л. кому-л.)*

entry ['entrı] 1) вход *м*; вступле́ние *с* 2) за́пись *ж (registration)* 3) *спорт.* зая́вка *ж*

enumerate [ı'nju:məreıt] перечисля́ть

envelop [ın'veləp] завора́чивать; оку́тывать

envelope ['envələup] конве́рт *м*

environment [ın'vaıərənmənt] среда́ *ж*, окруже́ние *с*; protéction of ~ охра́на окружа́ющий среды́; ~alist [ın,vaıərən'mentəlıst] сторо́нник охра́ны окружа́ющей среды́ *или* сотру́дник о́рганов охра́ны приро́ды

envoy ['envɔı] посла́нник *м*; E. Extraórdinary and Mínister Plenipoténtiary Чрезвыча́йный Посла́нник и Полномо́чный Мини́стр

envy ['envı] 1. *n* за́висть *ж,* 2. *v* зави́довать

epoch ['i:pɔk] эпо́ха *ж*

epoxy [ı'pɔksı] эпокси́дная смола́; ~ páint эпокси́дная кра́ска

equal ['i:kwəl] ра́вный, одина́ковый; ~ity [ı'kwɔlıtı] ра́венство *с*

equalizer ['i:kwəlaızə] эквала́йзер *м (аудиоаппарату́ра)*

equator [ı'kweıtə] эква́тор *м*

equestrian [ı'kwestrıən] 1. *a* ко́нный; ~ sports ко́нный спорт 2. *n* вса́дник *м (rider)*

equip [ı'kwıp] снаряжа́ть; снабжа́ть (with); ~ment [-mənt] обору́дование *с*; снаряже́ние *с*

equivalent [ı'kwıvələnt] равноце́нный, равнозна́чащий; be ~ to равня́ться

eraser [ı'reızə] рези́нка *ж*, ла́стик *м*

erect [ı'rekt] 1. *v* воздвига́ть, сооружа́ть; ~ a mónument воздви́гнуть па́мятник 2. *a* прямо́й

erotic [ı'rɔtık] эроти́ческий

errand ['erənd] поруче́ние *с*; run ~s быть на побегу́шках

error ['erə] оши́бка *ж*, заблужде́ние *с*

escalat‖e ['eskəleıt] *(особ. полит.)* уси́ливать, нара́щивать; ~ the war уси́ливать вое́нные де́йствия, вести́ эскала́цию войны́; ~ion [,eskə'leıʃn] *полит.* эскала́ция *ж*; ~or [-ə] эскала́тор *м*

escape [ı'skeıp] 1) убега́ть 2) избега́ть *(avoid)*

especially [ı'speʃəlı] осо́бенно

essay ['eseı] о́черк *м*, статья́ *ж*

essence ['esns] 1) су́щность *ж*, существо́ *с (gist)* 2) эссе́нция *ж*

essential [ı'senʃəl] суще́ственный, необходи́мый

establish [ı'stæblıʃ] устана́вливать; осно́вывать; ~ment [-mənt] 1) основа́ние *с* 2) учрежде́ние *с (institution)* 3): the E. «истэ́блишмент» *м*, консерватúвно-бюрократúческий аппарáт сохранéния влáсти капитáла

estate [ɪˈsteɪt] имéние *c*; земéльный учáсток; indústrial ~ промы́шленная площáдка *(подготовленная для строительства)*

estimate 1. *n* [ˈestɪmɪt] 1) оцéнка *ж*; prelíminary ~ предварúтельная оцéнка 2) *фин.* смéта *ж* **2.** *v* [ˈestɪmeɪt] оцéнивать

etc [ɪtˈsetrə] (et cétera) и т. д., и т. п. (и так далее, и тому́ подóбное)

etching [ˈetʃɪŋ] гравю́ра *ж*; офóрт *м*

eternal [iːˈtɜːnl] вéчный; ~ flame вéчный огóнь

eucalyptus [ˌjuːkəˈlɪptəs] эвкалúпт *м*

evacuate [ɪˈvækjueɪt] 1) опорожня́ть 2) эвакуúровать; ~ chíldren эвакуúровать детéй

eve [iːv] канýн *м*; on the ~ of наканýне

even I [ˈiːvən] рóвный; ~ súrface рóвная повéрхность

even II дáже; ~ so всё-таки

evening [ˈiːvnɪŋ] вéчер *м*; in the ~ вéчером; ~ párty вечерúнка *ж*

event [ɪˈvent] 1) собы́тие *c*, происшéствие *c*; слýчай *м*; at all ~s во вся́ком слýчае 2) *спорт.* вид соревновáний; *pl* соревновáния *мн.*; athlétic ~s спортúвные соревновáния

eventually [ɪˈventʃuəlɪ] в концé концóв

ever [ˈevə] когдá-либо; have you ~ been to this cóuntry? вы когдá-нибудь бывáли в нáшей странé?; for ~ навсегдá

every [ˈevrɪ] кáждый; ~ óther day чéрез день

every‖body [ˈevrɪbɔdɪ] кáждый; все; ~**day** [-deɪ] ежеднéвный, повседнéвный; ~**one** [-wʌn] кáждый; ~**thing** [-θɪŋ] всё; ~**where** [-wɛə] всю́ду; from ~where отовсю́ду

evidence [ˈevɪdəns] 1) доказáтельство *c* 2) *юр.* улúка *ж*, свидéтельское показáние

evident [ˈevɪdənt] очевúдный, я́сный; ~**ly** [-lɪ] очевúдно

evil [ˈiːvl] **1.** *n* зло *c* **2.** *a* злой, дурнóй

ewe [juː] овцá *ж*

ex- [eks-] бы́вший; экс-

exact [ɪgˈzækt] тóчный; ~ time тóчное врéмя; ~**ly** [-lɪ] тóчно

exaggerate [ɪgˈzædʒəreɪt] преувелúчивать

exaggeration [ɪgˌzædʒəˈreɪʃn] преувеличéние *c*

exam [ɪgˈzæm] *разг.* = examinátion

examination [ɪgˌzæmɪˈneɪʃn] 1) осмóтр *м*; исслéдование *c*; médical ~ медицúнский осмóтр 2) экзáмен *м*; take an ~ сдавáть (держáть) экзáмен; pass an ~ сдать (вы́держать) экзáмен

examine [ɪgˈzæmɪn] 1) осмáтривать; исслéдовать *(scrutinize)* 2) экзаменовáть; ~ a stúdent экзаменовáть студéнта

example 100

example [ɪɡˈzɑːmpl] приме́р *м*, образе́ц *м*; for ~ наприме́р; give (set) an ~ (по)дава́ть приме́р

exceed [ɪkˈsiːd] превыша́ть; превосходи́ть

exceedingly [ɪkˈsiːdɪŋlɪ] чрезвыча́йно, о́чень

excellent [ˈeksələnt] отли́чный; превосхо́дный

except [ɪkˈsept] исключа́я, кро́ме; ~ion [ɪkˈsepʃn] исключе́ние *с*; as an ~ion в ви́де исключе́ния

excess [ɪkˈses] изли́шек *м*; ~ bággage *ав.* переве́с *м* (*вес багажа́ сверх но́рмы*); ~ive [-ɪv] чрезме́рный

exchange [ɪksˈtʃeɪndʒ] **1.** *n* 1) обме́н *м*; разме́н *м*; in ~ взаме́н; cúltural ~ культу́рный обме́н 2) би́ржа *ж*; lábour ~ би́ржа труда́ 3) (*тж.* télephone exchánge) телефо́нная ста́нция; коммута́тор *м* **2.** *v* обме́нивать(ся)

excite [ɪkˈsaɪt] возбужда́ть; be ~d волнова́ться; ~ment [-mənt] возбужде́ние *с*, волне́ние *с*

exclaim [ɪkˈskleɪm] восклица́ть

exclude [ɪkˈskluːd] исключа́ть; ~ from the team *спорт.* вы́вести из соста́ва кома́нды

excursion [ɪkˈskəːʃn] экску́рсия *ж*; пое́здка *ж*

excuse 1. *n* [ɪkˈskjuːs] 1) извине́ние *с* 2) (*тж.* good excúse) оправда́ние *с*; lame ~ неуда́чная отгово́рка **2.** *v* [ɪkˈskjuːz]

извиня́ть, проща́ть; ~ me! извини́те!

execute [ˈeksɪkjuːt] 1) исполня́ть 2) казни́ть (*put to death*)

execution [ˌeksɪˈkjuːʃn] 1) выполне́ние *с* 2) *иск.* исполне́ние *с* 3) казнь *ж* (*capital punishment*)

executive [ɪɡˈzekjutɪv] **1.** *a* 1) исполни́тельный; ~ committee исполни́тельный комите́т 2) *амер.* администрати́вный; ~ ófficer администра́тор *м*; чино́вник, возглавля́ющий администрати́вную слу́жбу **2.** *n* исполни́тельный о́рган

exercise [ˈeksəsaɪz] **1.** *n* 1) упражне́ние *с*; трениро́вка *ж*; floor ~s во́льные упражне́ния (*гимна́стика*); take ~ а) соверша́ть прогу́лку; б) занима́ться спо́ртом (*go in for sports*) 2) *муз.* этю́д *м* **2.** *v* упражня́ться

exert [ɪɡˈzəːt] 1) напряга́ть (*силы*); ~ onesélf стара́ться 2) ока́зывать давле́ние, влия́ть; ~ ínfluence upón оказа́ть влия́ние на

exhaust [ɪɡˈzɔːst] **1.** *v* исче́рпывать (*use up*) **2.** *n* *тех.* вы́хлоп *м*; ~ed [-ɪd] истощённый; изму́ченный; ~ive [-ɪv] исче́рпывающий; ~ive informátion исче́рпывающие све́дения

exhibit [ɪɡˈzɪbɪt] **1.** *v* 1) пока́зывать, проявля́ть 2) выставля́ть (*at a show*) **2.** *n* 1) экспона́т *м* 2) *юр.* веще́ственное доказа́тельство 3) вы́ставка *ж* (*show*); ~ion [ˌeksɪˈbɪʃn] вы́ставка *ж*; indústrial ~ion промы́шленная вы́ставка

exile ['eksaɪl] 1. *n* ссы́лка *ж* 2. *v* ссыла́ть

exist [ɪɡ'zɪst] существова́ть; ~**ence** [-əns] существова́ние *с*

exit ['eɡzɪt] 1. *n* вы́ход *м*; "no ~" «вы́хода нет» (*надпись*) 2. *v театр.* выходи́ть, уходи́ть; ~ Hámlet Га́млет ухо́дит (*рема́рка*)

exodus ['eksədəs] исхо́д *м*, ма́ссовое бе́гство

exotic [ɪɡ'zɔtɪk] экзоти́чный, экзоти́ческий

expand [ɪk'spænd] расширя́ть(ся)

expect [ɪk'spekt] ожида́ть; наде́яться; ~**ancy** [-ənsɪ]: life ~ancy (сре́дняя) продолжи́тельность жи́зни; ~**ation** [,ekspek'teɪʃn] ожида́ние *с*

expel [ɪk'spel] выгоня́ть, исключа́ть; ~ from the team вы́вести из соста́ва кома́нды

expenditure [ɪk'spendɪtʃə] тра́та *ж*, расхо́д *м*

expense [ɪk'spens] расхо́д *м*; at the ~ of smb за чей-л. счёт

expensive [ɪk'spensɪv] дорого́й, дорогосто́ящий

experience [ɪk'spɪərɪəns] 1. *n* о́пыт *м* 2. *v* испы́тывать, знать по о́пыту; ~**d** [-t] о́пытный

experiment 1. *n* [ɪk'sperɪmənt] о́пыт *м*, экспериме́нт *м* 2. *v* [ɪk'sperɪment] проводи́ть о́пыты, эксперименти́ровать; ~**al** [eks,perɪ'mentl] о́пытный, эксперимента́льный

expert ['ekspɜ:t] 1. *n* знато́к *м*, экспе́рт *м*; специали́ст *м* 2. *a* квалифици́рованный; ~ mechánic квалифици́рованный меха́ник

expire [ɪk'spaɪə] 1) выдыха́ть (*breathe out*) 2) истека́ть; the term ~s tomórrow срок истека́ет за́втра

explain [ɪk'spleɪn] объясня́ть; will you, please, ~ to me..? объясни́те мне, пожа́луйста...

explanation [,eksplə'neɪʃn] объясне́ние *с*

explode [ɪk'spləud] взрыва́ть(ся)

exploit [ɪk'splɔɪt] 1) разраба́тывать (*natural resources*) 2) эксплуати́ровать; ~**ation** [,eksplɔɪ'teɪʃn] эксплуата́ция *ж*

explore [ɪk'splɔ:] иссле́довать; ~**r** [-ɡə] иссле́дователь *м*

explosion [ɪk'spləuʒn] взрыв *м* ◊ populátion ~ демографи́ческий взрыв

export 1. *n* ['ekspɔ:t] э́кспорт *м*, вы́воз *м* 2. *v* [ɪks'pɔ:t] экспорти́ровать, вывози́ть

expose [ɪk'spəuz] 1) выставля́ть, подверга́ть де́йствию (*со́лнца и т. п.*) 2) подверга́ть (*ри́ску и т. п.*); ~ to dánger подве́ргнуть опа́сности 3) разоблача́ть (*reveal*) 4) *фото* экспони́ровать; ~**d** for 1/30 (one thírtieth) of a sécond с вы́держкой в 1/30 (одну́ тридца́тую) секу́нды

express I [ɪk'spres] 1. *a* 1) сро́чный; ~ télegram сро́чная телегра́мма 2) курье́рский; ~ train курье́рский по́езд, экспресс *м* **2.** *п ж.-д.* экспресс *м*

express II выража́ть; ~ one's opínion вы́разить своё мне́ние; ~**ion** [ık'spreʃn] выраже́ние *с*

expressway [ık'spresweı] *авто* скоростна́я магистра́ль

ext. [ık'stenʃn]=exténsion 2)

extend [ık'stend] 1) протя́гивать 2) простира́ться *(stretch)* 3) распространя́ть *(spread)*

extension [ık'stenʃn] 1) расшире́ние *с*, распростране́ние *с (broadening)* 2) доба́вочный (но́мер); ~ séven, please доба́вочный семь, пожа́луйста

extensive [ık'stensıv] обши́рный

extent [ık'stent] 1) протяже́ние *с* 2) сте́пень *ж*, ме́ра *ж*; to a great ~ в значи́тельной сте́пени

exterior [ek'stıərıə] вне́шний

external [ek'stə:nl] вне́шний, нару́жный; "for ~ use only" «нару́жное» *(надпись)*

extinguish [ık'stıŋgwıʃ] (по-)гаси́ть, (по)туши́ть; ~**er** [-ə] огнетуши́тель *м*

extra ['ekstrə] доба́вочный, дополни́тельный

extract 1. *n* ['ekstrækt] 1) *хим.* экстра́кт *м* 2) отры́вок *м*; вы́держка *ж (from a book, etc)* **2.** *v* [ık'strækt] удаля́ть, извлека́ть; ~ one's tooth удали́ть зуб

extraordinary [ık'strɔ:dnrı] 1) необыча́йный 2) чрезвыча́йный; ~ séssion чрезвыча́йная се́ссия

extreme [ık'stri:m] **1.** *a* кра́йний **2.** *n* кра́йность *ж*

eye [aı] глаз *м*; ~**brow** [-brau] бровь *ж*; ~**lash** [-læʃ] ресни́ца *ж*; ~**lid** [-lıd] ве́ко *с*; ~**sight** [-saıt] зре́ние *с*; ~**witness** [-wıtnıs] очеви́дец *м*, свиде́тель *м*

F

F [ef] *муз.* фа; F májor фа мажо́р

fabric ['fæbrık] ткань *ж*, материа́л *м*

facade [fə'sɑ:d] фаса́д *м*

face [feıs] **1.** *n* 1) лицо́ *с* 2) цифербла́т *м (of a clock, etc)* **2.** *v* 1) быть обращённым к; выходи́ть на 2) ста́лкиваться с; the próblem that ~s us стоя́щая пе́ред на́ми пробле́ма 3) облицо́вывать; the státion is ~d with márble ста́нция облицо́вана мра́мором

facility [fə'sılıtı] 1) удо́бство *с*, лёгкость *ж* 2) *обыкн. pl* сре́дства *мн.*; возмо́жности *мн.*; sports facílities спорти́вные сооруже́ния

fact [fækt] факт *м*; in ~, as a mátter of ~ действи́тельно; да́же, к тому́ же

factory ['fæktərı] фа́брика *ж*; заво́д *м*

faculty ['fækəltı] 1) дар *м*, спосо́бность *ж (gift)* 2) профе́ссорско-преподава́тельский соста́в *(in a college)* 3) факульте́т *м*; ~ of biólogy биологи́-

ческий факультéт 4) кáфедра ж; ~ of linguístics кáфедра языкознáния

fade [feɪd] 1) увядáть 2) выгорáть, линять *(lose colour)*

fail [feɪl] 1) недоставáть, не хватáть 2) обманýть ожидáния; не сбыться; if my mémory dóesn't ~ me éсли пáмять мне не изменяет 3) потерпéть неудáчу, не имéть успéха; we ~ed to do it нам не удалóсь это сдéлать; ~ at an examinátion провалиться на экзáмене; ~-**safe** [ˈfeɪlseɪf] гарантирующий безопáсность при авáрии

failure [ˈfeɪljə] неудáча ж; провáл м

faint [feɪnt] слáбый

fair I [fɛə] 1) ярмарка ж *(usually in a village)* 2) выставка ж; World F. всемирная выставка

fair II 1) прекрáсный, красивый *(beautiful)* 2) чéстный, справедливый; ~ play чéстная игрá 3) белокýрый, свéтлый *(blond)* 4) ясный; ~ wéather ясная погóда; ясно *(в свóдке погóды)* ◊ ~ cópy чистовик м, готóвый экземпляр; ~-**haired** [-hɛəd] белокýрый; ~-háired man блондин м

fairly [ˈfɛəlɪ] довóльно, достáточно; ~ well довóльно хорошó, неплóхо

faith [feɪθ] вéра ж; ~**ful** [-ful] вéрный, прéданный

falcon [ˈfɔːlkən] сóкол м

fall [fɔːl] **1.** *v* (fell; fállen) 1) пáдать, понижáться 2) настý-

пáть; the night fell наступила ночь 3) становиться; ~ ill заболéть; ~ asléep заснýть; ~ **behind** отстáть от, остáться позади **2.** *n* 1) падéние с 2) *амер.* óсень ж 3) *pl* водопáд м; the Niágara Falls Ниагáрский водопáд

fallen [ˈfɔːlən] *pp от* fall 1

fall-out [ˈfɔːlaut] 1) *(тж.* radioáctive fáll-out) радиоактивные осáдки 2): the technológical ~ of the space prógramme испóльзование достижéний космической тéхники на землé

fallow [ˈfæləu] *с.-х.* пар м

false [fɔːls] 1) лóжный 2) лживый; фальшивый; ~ coin фальшивая монéта 3) искýсственный; ~ tooth искýсственный зуб 4): ~ start *спорт.* фальстáрт м

fame [feɪm] слáва ж; извéстность ж

familiar [fəˈmɪlɪə] хорошó знакóмый, привычный

family [ˈfæmɪlɪ] семья ж

famine [ˈfæmɪn] гóлод м

famous [ˈfeɪməs] знаменитый

fan I [fæn] 1) вéер м 2) вентилятор м *(for ventilation)* 3) вéялка ж *(winnow)*

fan II энтузиáст м; *разг.* болéльщик м; любитель м; sóccer ~ болéльщик футбóла; jazz ~ любитель джáза

fancy [ˈfænsɪ] **1.** *n* 1) воображéние с, фантáзия ж 2) пристрáстие с; take a ~ to увлекáться *(чем-л.)* **2.** *a* 1) фантастический; причýдливый 2) мóдный; ~ shoes мóдные тýфли 3): ~ dress маскарадный костюм 3. *v* представлять себе; воображать; ~ meeting you here! вот уж не ожидал встретить вас здесь!; ~-ball [-'bɔ:l] костюмированный бал

fantastic [fæn'tæstɪk] причудливый, фантастический ◊ it's ~! потрясающе!

far [fɑ:] (farther, further; farthest, furthest) 1. *adv* 1) далеко; ~ away, ~ off далеко 2) гораздо; ~ better гораздо лучше; by ~ намного, гораздо ◊ as ~ as поскольку; so ~ до сих пор, пока 2. *a* дальний, далёкий; is it ~ from here? это далеко отсюда?

fare [fɛə] плата за проезд

farewell [fɛə'wel] прощание *с*; bid ~ попрощаться

farm [fɑ:m] 1. *n* крестьянское хозяйство, ферма *ж* 2. *v* обрабатывать землю; ~er [-ə] фермер *м*

far‖-reaching [,fɑ:'ri:tʃɪŋ] далеко идущий; ~sighted [-'saɪtɪd] 1) дальнозоркий 2) дальновидный (*far-seeing*)

farther ['fɑ:ðə] (*сравн. ст. от* far) 1. *adv* дальше 2. *a* более отдалённый; дальнейший

fascism ['fæʃɪzm] фашизм *м*

fascist ['fæʃɪst] фашист *м*

fashion ['fæʃn] мода *ж*; ~ show выставка мод; ~able [-əbl] модный; ~able dress модное платье

fast [fɑ:st] 1. *a* 1) скорый, быстрый; a ~ train скорый поезд 2): be ~ спешить (*о часах*) 3) прочный; крепкий;

hard and ~ rules твёрдые правила 2. *adv* 1) быстро 2) крепко; be ~ asleep крепко спать

fasten ['fɑ:sn] прикреплять; привязывать; скреплять; ~ with a pin заколоть булавкой

fat [fæt] 1. *a* 1) жирный 2) толстый, тучный (*stout*) 2. *n* жир *м*, сало *с*

fatal ['feɪtl] смертельный, фатальный

fate [feɪt] судьба *ж*, рок *м*

father ['fɑ:ðə] отец *м*; ~-in-law ['fɑ:ðərɪnlɔ:] тесть *м* (*wife's father*); свёкор *м* (*husband's father*)

fault [fɔ:lt] 1) недостаток *м* 2) ошибка *ж*; вина *ж*; sorry, it's my ~ простите, это моя вина; through no ~ of mine не по моей вине; ~less [-lɪs] безупречный

favour ['feɪvə] 1) благосклонность *ж* 2) одолжение *с*; do me a ~, please! сделайте мне одолжение! ◊ in ~ of в пользу; who is in ~? кто за? (*при голосовании*); ~able ['feɪvərəbl] 1) благоприятный 2) благосклонный (*well-disposed*)

favourite ['feɪvərɪt] 1. *a* любимый; which is your ~ sport? какой вид спорта вы любите больше всего? 2. *n* *спорт.* претендент на первое место

fear [fɪə] 1. *n* страх *м* 2. *v* бояться

feasibility [,fi:zə'bɪlɪtɪ]: ~ studies технико-экономическое обоснование

feasible ['fiːzɪbl] осуществи́мый

feather ['feðə] перо́ *с (птичье)*

feature ['fiːtʃə] 1) осо́бенность *ж* 2) *pl* черты́ лица́ 3): ~ film худо́жественный фильм

featuring ['fiːtʃərɪŋ]: film ~ Chárlie Cháplin фильм с уча́стием Ча́рли Ча́плина

February ['februərɪ] февра́ль *м*

fed [fed] *past и pp от* feed

federal ['fedərəl] федера́льный, сою́зный

federation [ˌfedə'reɪʃn] федера́ция *ж*; World F. of Demoсга́tic Youth Всеми́рная федера́ция демократи́ческой молодёжи

federative ['fedərətɪv] федерати́вный

fee [fiː] 1) гонора́р *м*, вознагражде́ние *с (pay)* 2) взнос *м*; éntrance ~ вступи́тельный взнос

feed [fiːd] (fed) корми́ть; **~-back** ['fiːdbæk] отве́тная реа́кция

feel [fiːl] (felt) 1) чу́вствовать; I don't ~ véry well я чу́вствую себя́ нева́жно 2) щу́пать; прощу́пывать; ~ the pulse щу́пать пульс; ~ **up to** быть в состоя́нии ◊ ~ like хоте́ть; I don't ~ like góing… мне не хо́чется е́хать…; **~ing** [-ɪŋ] чу́вство *с*; ощуще́ние *с*

feet [fiːt] *pl от* foot

fell [fel] *past от* fall 1

fellow ['feləu] 1) па́рень *м*; old ~ дружи́ще *м*; старина́ *м* 2) това́рищ *м*, собра́т *м*; ~

cítizen согражданин *м* 3) член учёного о́бщества *(of an Academic Society)*; **~-countryman** [-kʌntrɪmən] соотéчественник *м*, земля́к *м*; **~-member** [-'membə] колле́га *м*, член *м (той же организа́ции)*; **~ship** [-ʃɪp] 1) чле́нство *с (особ. в учёном о́бществе)* 2) стипе́ндия *ж (scholarship)* **~-traveller** [-'trævlə] спу́тник *м*, попу́тчик *м*

felonious [fɪ'ləunɪəs] юр. престу́пный, умы́шленный; ~ hómicide преднаме́ренное уби́йство

felony ['felənɪ] юр. уголо́вное преступле́ние *(наказуемое длительным тюремным заключением)*

felt I [felt] во́йлок *м*; фетр *м*; ~ hat фе́тровая шля́па

felt II *past и pp от* feel

female ['fiːmeɪl] **1.** *а* же́нского по́ла, же́нский **2.** *n* са́мка *ж*

feminine ['femɪnɪn] же́нский; же́нственный

fence I [fens] **1.** *n* и́згородь *ж* **2.** *v* огора́живать

fence II фехтова́ть; **~r** [-ə] фехтова́льщик *м*

fencing ['fensɪŋ] спорт. фехтова́ние *с*

fender ['fendə] авто 1) брит. ба́мпер *м* 2) амер. крыло́ *с*

ferrous ['ferəs]: ~ métals чёрные мета́ллы

ferry ['ferɪ] 1) перепра́ва *ж* 2) = férryboat; **~boat** [-bəut] паро́м *м*

fertile ['fəːtaɪl] плодоро́дный

fertilizer [ˈfəːtɪlaɪzə] удобре́-
ние *c*

festival [ˈfestəvəl] 1) пра́зд-
нество *c* 2) фестива́ль *м*; World
F. of Youth and Stúdents Всеми́р-
ный фестива́ль молодёжи
и студе́нтов; film ~ кинофе-
стива́ль *м*

fetch [fetʃ] 1) приноси́ть;
go and ~ the book пойди́те
принеси́те кни́гу 2) сходи́ть за
(кем-л., чем-л.); I'll come to ~
you at three o'clóck я зайду́
за ва́ми в три часа́

fever [ˈfiːvə] жар *м*, лихора́д-
ка *ж*; ~ish [-rɪʃ] лихора́доч-
ный; he is ~ish у него́ жар

few [fjuː] немно́гие; не-
мно́го, ма́ло; there are ~
péople here здесь ма́ло наро́ду
2): a ~ не́сколько; in a ~
words в не́скольких слова́х ◊
quite a ~, not a ~ нема́ло,
поря́дочно

fiancé [ˌfɪɑːnˈseɪ] жени́х *м*;
~e неве́ста *ж*

fiberglass [ˈfaɪbəɡlɑːs] стек-
лопла́стик *м*

fiction [ˈfɪkʃn] 1) вы́мысел
м; this is pure ~ э́то чи́стая
вы́думка 2) беллетри́стика *ж*
(belles-lettres); scíence ~ на-
у́чная фанта́стика

` **fiddle** [ˈfɪdl] *разг.* скри́пка *ж*
*(особ. как народный инстру-
мент)*; play first ~ игра́ть пе́р-
вую скри́пку; ~r [-ə] скрипа́ч
м (особ. уличный)

field [fiːld] 1) по́ле *c* 2) сфе́ра
ж; по́прище *c*; in the ~ of
scíence в о́бласти нау́ки 3) пе-
рифери́я *ж*; at the héadquarters

and in the ~ в це́нтре и на
места́х

fierce [fɪəs] свире́пый, лю́-
тый

fife [faɪf] ду́дка *ж*, ма́лень-
кая фле́йта

fifteen [fɪfˈtiːn] 1) пятна́д-
цать 2) кома́нда игроко́в в ре́г-
би *(in rugby)*; ~th [-θ] пятна́д-
цатый

fifth [fɪfθ] пя́тый

fiftieth [ˈfɪftɪɪθ] пятидеся́-
тый

fifty [ˈfɪftɪ] пятьдеся́т; ~-~
[-ˈfɪftɪ] попола́м

fig [fɪɡ] инжи́р *м*

fight [faɪt] **1.** *v* (fought) сра-
жа́ться; боро́ться **2.** *n* 1) бой
м; дра́ка *ж* 2) *перен.* борьба́;
ж; спор *м*; ~er [-ə] истреби́-
тель *м (самолёт)*

figure [ˈfɪɡə] 1) фигу́ра *ж*;
slim ~ стро́йная фигу́ра 2)
ци́фра *ж*; facts and ~s ци́фры
и фа́кты; ~ skáter [ˌskeɪtə]
спорт. фигури́ст *м*, фигури́ст-
ка *ж*; ~ skáting [ˌskeɪtɪŋ]
спорт. фигу́рное ката́ние

figurine [ˈfɪɡjuriːn] статуэ́тка
ж

file [faɪl] **1.** *n* 1) па́пка *ж*,
де́ло *c* 2) картоте́ка *ж*; keep a
~ вести́ картоте́ку **2.** *v* реги-
стри́ровать *(документы)*; ~
for a job подава́ть заявле́ние
о приёме на слу́жбу

fill [fɪl] 1) наполня́ть(ся);
~ the glásses напо́лнить бо-
ка́лы; ~ it up, please по́лный
бак, пожа́луйста *(на бензоко-
лонке)* 2) пломбирова́ть; ~
a tooth запломбирова́ть зуб;

~ **in**, ~ **up** заполня́ть; ~ in the form, please запо́лните, пожа́луйста, анке́ту

filling station [ˈfɪlɪŋˌsteɪʃn] бензоколо́нка ж

film [fɪlm] **1.** *n* 1) фильм м; ~ star кинозвезда́ ж; ~ script киносцена́рий м 2) *фото* плёнка ж; súper-8 ~ плёнка «су́пер-8» **2.** *v* производи́ть киносъёмку; ~**ing** [-ɪŋ] киносъёмка ж

filter [ˈfɪltə] *фото* светофи́льтр м

final [ˈfaɪnl] **1.** *a* коне́чный, заключи́тельный; после́дний **2.** *n спорт.* фина́л м; ~**ly** [ˈfaɪnəlɪ] наконе́ц

finance 1. *n* [ˈfaɪnæns] фина́нсы *мн.* **2.** *v* [faɪˈnæns] финанси́ровать

find [faɪnd] (found) 1) находи́ть; обнару́живать; where can I ~ the éditor? где мо́жно найти́ реда́ктора? 2) счита́ть *(consider)*; ~ **out** узнава́ть, обнару́живать; ~ out what the má́tter is вы́ясните, в чём де́ло

fine I [faɪn] **1.** *n* штраф м **2.** *v* штрафова́ть

fine II 1) превосхо́дный 2) изя́щный, то́нкий; ~ arts изобрази́тельные иску́сства

finger [ˈfɪŋɡə] па́лец м; ~**-nail** [-neɪl] но́готь м; ~**-print** [-prɪnt] отпеча́ток па́льца

finish [ˈfɪnɪʃ] конча́ть(ся), заверша́ть(ся)

fir [fɜː] ель ж

fire [ˈfaɪə] **1.** *n* 1) ого́нь м 2) пожа́р м; catch ~ загоре́ть-

ся; ~ depá́rtment *амер.* пожа́рная кома́нда **2.** *v* стреля́ть; ~**-arm** [ˈfaɪərɑːm] огнестре́льное ору́жие; ~**-brigade** [-brɪˌɡeɪd] *брит.* пожа́рная кома́нда; ~**-escape** [-ɪˌskeɪp] пожа́рная ле́стница; ~**extinguisher** [ˈfaɪərɪksˌtɪŋɡwɪʃə] огнетуши́тель м; ~**man** [-mən] пожа́рный м; ~**-place** [-pleɪs] ками́н м; ~**proof** [-pruːf] огнеупо́рный; ~**wood** [-wud] дрова́ *мн.*; ~**work(s)** [-wɜːk(s)] *(pl)* фейерве́рк м

firm I [fɜːm] фи́рма ж

firm II твёрдый, сто́йкий

first [fɜːst] **1.** *a, num* пе́рвый; ~ aid пе́рвая по́мощь; ~ floor второ́й эта́ж *(дома)*; ~ name и́мя *с*; ~ víolin пе́рвая скри́пка **2.** *adv* снача́ла; at ~ снача́ла; ~**-night** [-naɪt] *театр.* премье́ра ж; ~**-rate** [-reɪt] первокла́ссный; ~**-year** [-jɪə] пе́рвого ку́рса; ~-year stúdent первоку́рсник м

fish [fɪʃ] **1.** *n* ры́ба ж **2.** *v* лови́ть, уди́ть ры́бу

fisherman [ˈfɪʃəmən] рыба́к м

fist [fɪst] кула́к м

fit I [fɪt] 1) *мед.* припа́док м 2) поры́в м *(impulse)*

fit II 1. *a* 1) го́дный; ~ to drink го́дный для питья́ 2) здоро́вый; I feel ~ я чу́вствую себя́ здоро́вым 3) удо́бный; I don't think ~ to do it я ду́маю, что э́того де́лать не сле́дует **2.** *v* годи́ться; быть впо́ру; the shoes ~ me all right э́ти ту́фли мне как раз впо́ру; the dress ~s you vé́ry well платье хорошо́ на вас сиди́т; ~ **on** примеря́ть

fitter ['fɪtə] сле́сарь(-монта́жник) *м*

fitting ['fɪtɪŋ]: ~ room приме́рочная *ж*

five [faɪv] пять; ~ **and ten cents store** *амер.* цето́вка *ж (магазин дешёвых товаров повседневного спроса)*; ~ **hún-dred** пятьсо́т; ~-**star** [-stɑː]: ~-**star géneral** генера́л а́рмии

fix [fɪks] 1) укрепля́ть; устана́вливать 2) исправля́ть, чини́ть *(put right)* 3) назнача́ть; ~ **the day, please** назна́чьте, пожа́луйста, день; ~**ed** [-t] устано́вленный; постоя́нный; ~**ed príces** твёрдые це́ны; ~**ed sátellite** *см.* geostátionary sátellite

flag [flæg] флаг *м*, зна́мя *с*

flakes [fleɪks] *pl* хло́пья *мн.*

flame [fleɪm] пла́мя *с*

flash [flæʃ] 1. *v* 1) сверка́ть *(flare)* 2) мелька́ть, промелькну́ть *(dash past)* 2. *n* 1) вспы́шка *ж*, про́блеск *м* 2) *(тж.* electrónic flash) *фото* блиц *м*; ~-**light** [-laɪt] 1) *фото см.* flash 2, 2) 2) электри́ческий фона́рик

flask [flɑːsk] фля́жка *ж*

flat I [flæt] 1. *a* пло́ский ◊ a ~ deníal категори́ческий отка́з 2. *n (тж.* flat tire) *авто* спу́щенная ши́на; I have a ~ у меня́ спусти́ла ши́на

flat II *брит.* кварти́ра *ж*; move to a new ~ перее́хать на но́вую кварти́ру; block of ~s многокварти́рный дом

flatter ['flætə] льстить; ~**y** [-rɪ] лесть *ж*

flavour ['fleɪvə] 1. *n* прия́тный вкус *(of food)*; буке́т *м (of wine)* 2. *v* приправля́ть

flax [flæks] лён *м*

flea [fliː] блоха́ *ж*; ~ márket блоши́ный ры́нок («барахо́лка»)

fled [fled] *past и pp от* flee

flee [fliː] (fled) бежа́ть, спаса́ться бе́гством

fleece [fliːs] руно́ *с*, ове́чья шерсть

fleet [fliːt] флот *м*

Fleet Street ['fliːtstriːt] Флит-стрит *(улица в Ло́ндоне, центр газетной индустрии)*

flesh [fleʃ] плоть *ж*, те́ло *с*

flew [fluː] *past и pp от* fly II

flexible ['fleksəbl] ги́бкий

flight [flaɪt] 1) полёт *м*; *ав.* рейс *м*; in ~ в полёте; ~ **bag** полётная су́мка *(с наименованием авиакомпании)*; ~ **engi-néer** бортмеха́ник *м*; ~ **númber** но́мер ре́йса 2): ~ **of stairs** марш *(ле́стницы)*

fling [flɪŋ] (flung) броса́ть(-ся); швыря́ть(ся)

flint [flɪnt] креме́нь *м*

float [fləʊt] пла́вать *(на пове́рхности воды́)*

flock [flɔk] 1) ста́до *с*; ~ **of geese** ста́я гусе́й 2) *рел.* па́ства *ж*

flood [flʌd] 1. *n* наводне́ние *с* 2. *v* затопля́ть, залива́ть; ~**light** [-laɪt] 1. *n* проже́ктор 2. *v* освеща́ть проже́ктором *(здание и т. п.)*

floor [flɔː] 1) пол *м*; ~ **éxer-**

cises во́льные упражне́ния (*гимна́стика*) 2) эта́ж *м*; first ~ второ́й эта́ж; ground ~ *брит.* пе́рвый эта́ж; main (street) ~ *амер.* пе́рвый эта́ж 3) зал (заседа́ний); give the ~ предоста́вить сло́во; take the ~ выступа́ть, брать сло́во; may I have the ~? прошу́ сло́ва!; ~ léader ли́дер (парти́йной) фра́кции (*в пала́те Конгре́сса США*)

flour ['flauə] мука́ *ж*

flourish ['flʌrɪʃ] 1) расцвета́ть, цвести́ 2) процвета́ть (*prosper*)

flow [fləu] **1.** *v* течь **2.** *n* пото́к *м*, струя́ *ж*; ebb and ~ of the sea морски́е отли́вы и прили́вы ◊ ~ chart, ~ sheet блок-схе́ма *ж*, после́довательность опера́ций

flower ['flauə] цвето́к *м*; ~ girl цвето́чница *ж*; ~bed [-bed] клу́мба *ж*

flown [fləun] *pp от* fly II

flu(e) [fluː] *разг.* грипп *м*

fluent ['fluːənt] бе́глый, гла́дкий; ~ speech бе́глая речь; ~ly [-lɪ] бе́гло, гла́дко

flung [flʌŋ] *past и pp от* fling

flush [flʌʃ] (по)красне́ть

flute [fluːt] фле́йта *ж*

flutter ['flʌtə] 1) маха́ть, бить кры́льями; перепа́рхивать (*of a bird*) 2) развева́ться; колыха́ться (*of a flag*)

fly I [flaɪ] му́ха *ж*

fly II (flew; flown) лета́ть; I'd like to ~ я хоте́л бы полете́ть самолётом

flying ['flaɪɪŋ]: ~ boat гидросамолёт *м*, лета́ющая ло́дка;

~ sáucer лета́ющая таре́лка

foam [fəum] пе́на *ж*; ~ rúbber поролон *м*

f.o.b. [,efəu'biː] (free on board) с беспла́тной погру́зкой

fodder ['fɔdə] фура́ж *м*; корм *м*

fog [fɔg] (густо́й) тума́н

foil [fɔɪl] фольга́ *ж*

fold [fəuld] **1.** *v* 1) скла́дывать, сгиба́ть; ~ up a néwspaper сложи́ть газе́ту; ~ one's arms скрести́ть ру́ки 2) завора́чивать; ~ in páper оберну́ть бума́гой **2.** *n* скла́дка *ж*; ~er [-ə] 1) па́пка *ж*, скоросшива́тель *м* 2) букле́т *м*, (рекла́мный *или* тури́стский) проспе́кт; ~ing [-ɪŋ] складно́й; ~ing knife складно́й (перочи́нный) нож

folk [fəuk] лю́ди *мн.*; ~ cústom наро́дный обы́чай; ~ dance наро́дный та́нец; ~ song наро́дная пе́сня

follow ['fɔləu] 1) сле́довать; ~ the instrúctions сле́довать указа́ниям; ~ an exámple брать приме́р 2) следи́ть; ~ the devélopments следи́ть за разви́тием собы́тий; ~er [-ə] после́дователь *м*; ~ing [-ɪŋ] сле́дующий; ~-up [-ʌp] (*тж.* fóllow-up áction) ме́ры по исполне́нию (*ра́нее при́нятых реше́ний*)

folly ['fɔlɪ] глу́пость *ж*; безрассу́дство *с*

fond [fɔnd] 1): be ~ of люби́ть (*кого́-л., что-л.*) 2) не́жный, люб́ящий; a ~ móther любящая мать

food [fu:d] пи́ща ж; ~ store гастроно́м м, продово́льственный магази́н; ~ shop *амер.* заку́сочная ж; ~ stamp *амер.* продукто́вый тало́н *(на покупку продуктов со скидкой, выдаваемый неимущим);* ~**-processor** [-ˌprəusesə] ку́хонный комба́йн; ~**-stuffs** [-stʌfs] *pl* проду́кты *мн.,* продово́льствие *с*

fool [fu:l] **1.** *n* дура́к *м* **2.** *v* одура́чивать, обма́нывать; ~**ish** [-ɪʃ] глу́пый

foot [fut] (*pl* feet) 1) нога́ ж *(ниже щиколотки);* on ~ пешко́м 2) фут *м (мера длины);* two feet long длино́ю в два фу́та; a man five ~ six мужчи́на ро́стом 165 сантиме́тров 3) основа́ние *с;* подно́жие *с (of a hill)*

football [ˈfutbɔ:l] 1) футбо́льный мяч *(ball)* 2) *см.* associátion 3) *амер.* (америка́нский) футбо́л

foot‖board [ˈfutbɔ:d] подно́жка ж; ~**lights** [-laɪts] *pl театр.* ра́мпа ж; ~**-note** [-nəut] подстро́чное примеча́ние, сно́ска ж; ~**print** [-ˌprɪnt] след *м;* ~**step** [-step] 1) шаг *м* 2) ступе́нька ж *(of a stairway);* ~**warmer** [-wɔːmə] гре́лка ж *(для ног);* ~**-wear** [-wɛə] *собир.* о́бувь ж

for [fɔ:] **1.** *prep* 1) для; на; ~ me для меня; "~ men (wómen)" «для мужчи́н (же́нщин)» *(надпись);* ~ two (men) на

двои́х 2) за; are you ~ or against it? вы за и́ли про́тив? 3) из-за; ~ lack of... из-за недоста́тка...; ~ fear of из боя́зни 4) на; I've come ~ two weeks я прие́хал на две неде́ли; fix the date ~ six o'clock назна́чить свида́ние на шесть часо́в 5) в тече́ние; ~ a month в тече́ние ме́сяца 6) ра́ди, за; go out ~ a walk вы́йти погуля́ть; ~ a change для разнообра́зия ◊ ~ one thing пре́жде всего́; ~ the first time впервы́е; ~ the time béing пока́, на вре́мя **2.** *cj* и́бо, потому́ что

forbade [fəˈbeɪd] *past от* forbid

forbid [fəˈbɪd] (forbáde; forbídden) запреща́ть; ~**den** [-n] *pp от* forbid

force [fɔ:s] **1.** *n* си́ла ж; by ~ (of) ... в си́лу ...; remáin in ~ остава́ться в си́ле; come ínto ~ вступи́ть в си́лу **2.** *v* заставля́ть; принужда́ть; ~**d** [-t] вы́нужденный; ~d lánding вы́нужденная поса́дка

forecast [ˈfɔ:kɑ:st] предсказа́ние *с;* wéather ~ прогно́з пого́ды

forefinger [ˈfɔ:ˌfɪŋgə] указа́тельный па́лец

foreground [ˈfɔ:graund] пере́дний план

forehead [ˈfɔrɪd] лоб *м*

foreign [ˈfɔrɪn] иностра́нный; F. and Cómmonwealth Óffice Министе́рство иностра́нных дел и по дела́м Содру́жества *(в Великобрита́нии);* ~ guests зарубе́жные го́сти; ~ lánguage иностра́нный язы́к; do you speak ány ~ lánguages? вы говори́те на иностра́нных языка́х?; ~trade вне́шняя торго́вля; ~er [-ə] иностра́нец *м*, иностра́нка *ж*

foreman [ˈfɔːmən] ма́стер *м*; прора́б *м*

foremost [ˈfɔːməust] пере́дний, передово́й

foresaw [fɔːˈsɔː] *past от* foresée

foresee [fɔːˈsiː] (foresáw; foreséen) предви́деть; ~n [-n] *pp от* foresée

foresight [ˈfɔːsaɪt] предви́дение *с*; предусмотри́тельность *ж*

forest [ˈfɔrɪst] лес *м*; ~ry [-rɪ] лесово́дство *с*

forever [fəˈrevə] навсегда́

foreword [ˈfɔːwəːd] предисло́вие *с*

forgave [fəˈɡeɪv] *past от* forgíve

forge [fɔːdʒ] **1.** *n* ку́зница *ж* **2.** *v* 1) кова́ть 2) подде́лывать *(fabricate)*; ~ry [ˈfɔːdʒərɪ] подде́лка *ж*, подло́г *м*

forget [fəˈɡet] (forgót; forgótten) забыва́ть; don't ~! не забу́дьте! ◊ ~ it! *разг.* нева́жно!

forgive [fəˈɡɪv] (forgáve; forgíven) проща́ть; ~n [-n] *pp от* forgíve

forgot [fəˈɡɔt] *past от* forgét; ~ten [-n] *pp от* forgét

fork [fɔːk] **1.** *n* 1) ви́лка *ж*; could I have a ~ and a knife, please? да́йте мне, пожа́луйста, ви́лку и нож 2) *с.-х.* ви́лы

мн. 3) разветвле́ние *с (of a road, etc)* **2.** *v* 1) разветвля́ться *(о дороге)* 2): ~ right (left) at the next interséction на сле́дующей разви́лке доро́ги держи́тесь впра́во (вле́во)

form [fɔːm] **1.** *n* 1) фо́рма *ж* 2) форма́льность *ж*; it's just a mátter of ~ э́то проста́я форма́льность 3) бланк *м*, анке́та *ж (questionnaire)* 4) *брит.* класс *м*; the boy is in the sixth ~ э́тот ма́льчик у́чится в шесто́м кла́ссе 5) состоя́ние *с*, гото́вность *ж*; be in good ~ *спорт.* быть в фо́рме **2.** *v* 1) придава́ть фо́рму 2) образо́вывать, составля́ть

formal [ˈfɔːməl] 1) форма́льный 2) официа́льный; ~ státement официа́льное заявле́ние

formality [fɔːˈmælɪtɪ] форма́льность *ж*

former [ˈfɔːmə] 1) пре́жний 2): the ~ пе́рвый *(из упомя́нутых)*; ~ly [-lɪ] пре́жде, когда́-то

forth [fɔːθ] вперёд; ~coming [ˌfɔːθˈkʌmɪŋ] предстоя́щий, гряду́щий

fortieth [ˈfɔːtɪɪθ] сороково́й

fortnight [ˈfɔːtnaɪt] две неде́ли

fortress [ˈfɔːtrɪs] кре́пость *ж*

fortunate [ˈfɔːtʃnət] счастли́вый; ~ly [-lɪ] к сча́стью

fortune [ˈfɔːtʃən] 1) сча́стье *с*, уда́ча *ж* 2) судьба́ *ж (destiny)* 3) состоя́ние *с*, бога́тство *с (wealth)*

forty [ˈfɔːtɪ] со́рок

forum ['fɔːrəm] фóрум м, собрáние с

forward ['fɔːwəd] **1.** adv вперёд **2.** n спорт. напáдающий м **3.** v отправлять, пересылáть; ~**ing** [-ɪŋ]: ~ing addréss áдрес для пересы́лки корреспондéнции

forwards ['fɔːwədz] = fórward 1

fought [fɔːt] past и pp от fight 1

foul [faul] 1) загрязнённый; грязный 2) бесчéстный; ~ blow спорт. запрещённый удáр; ~ play спорт. a) запрещённый приём; б) перен. мошéнничество с

found I [faund] 1) past и pp от find 2): Lost and F. см. lost 2

found II оснóвывать; ~**ation** [faun'deɪʃn] 1) основáние с, фундáмент м 2) фонд м (fund)

founder I ['faundə] основáтель м (of a society, etc)

founder II литéйщик м

foundry ['faundrɪ] литéйный цех

fountain ['fauntɪn] 1) фонтáн м 2) см. sóda fóuntain; ~**-pen** [-pen] авторýчка ж

four [fɔː] 1) четы́ре; ~ húndred четы́реста 2) спорт. четвёрка ж (гребля); ~**-star** [-stɑː]: ~-star géneral генерáл-полкóвник м

fourteen [ˌfɔː'tiːn] четы́рнадцать; ~**th** [-θ] четы́рнадцатый

fourth [fɔːθ] четвёртый; one ~ чéтверть ж; ~ fínger безымя́нный пáлец

fowl [faul] (домáшняя) птица

fox [fɔks] лисáца ж; ~**trot** [-trɔt] фокстрóт м

fraction ['frækʃn] 1) мат. дробь ж 2) частица ж (small part)

fracture ['fræktʃə] **1.** n мед. перелóм м **2.** v сломáть (ногу, руку и т. п.)

fragile ['frædʒaɪl] хрýпкий

fragment ['frægmənt] 1) облóмок м 2) отры́вок м; recíte a ~ прочéсть отры́вок

frail [freɪl] хрýпкий; слáбый; уязвáмый

frame [freɪm] **1.** n 1) рáма ж 2) кино кадр м ◇ ~ of mind настроéние с **2.** v обрамля́ть; ~**-up** [-ʌp] сфабрикóванное дéло (основанное на подтасóвке фáктов); ~**work** [-wəːk] 1) каркáс м; óстов м 2) структýра ж; within the ~work of the UN Chárter в рáмках Устáва ООН

frank I [fræŋk] áскренний, откровéнный

frank II амер. разг. (тж. fránkfurter) сосáска ж

fraternal [frə'təːnl] брáтский

fraud [frɔːd] обмáн м

free [friː] **1.** a 1) свобóдный, вóльный 2) незáнятый; are you ~ tomórrow? вы зáвтра свобóдны? 3) беспла́тный; éntrance ~ вход беспла́тный (свобóдный) 4) откры́тый; ~ competítion откры́тый кóнкурс; свобóдная конкурéнция **2.** v освобождáть

freedom ['friːdəm] свобóда ж;

~ of speech (assémbly, relígion, the press) свобо́да сло́ва (собра́ний, со́вести, печа́ти)

freeway ['friːweı] *амер.* 1) *см.* expréssway 2) беспла́тная автомагистра́ль

freeze [friːz] (froze, frózen) 1) замора́живать *(make frozen)* 2) замерза́ть, мёрзнуть *(become frozen);* ~r [-ə] морози́лка ж *разг. (часть холоди́льника)*

freight [freıt] груз м; ~ train това́рный по́езд

French [frentʃ] **1.** *a* францу́зский; ~ fries жа́реный карто́фель *(в кипящем масле, наре́занный соло́мкой);* ~ loaf (дли́нный) бато́н **2.** *n* 1) (the ~) *собир.* францу́зы 2) францу́зский язы́к; ~**man** [-mən] францу́з м; ~**woman** [-wumən] францу́женка ж

frequency ['friːkwənsı] частота́ ж

frequent 1. *a* ['friːkwənt] ча́стый **2.** *v* [friːkwent] ча́сто посеща́ть; ~**ly** ['friːkwəntlı] ча́сто

fresco ['freskəu] *иск.* фре́ска ж

fresh [freʃ] све́жий; ~ wáter пре́сная вода́; "~ páint!" «осторо́жно, окра́шено!» *(надпись)*

freshman ['freʃmən] *амер.* первоку́рсник м

Friday ['fraıdı] пя́тница ж

friend [frend] друг м; подру́га ж; това́рищ м; dear ~s! дороги́е друзья́!; amóng ~s в кругу́ друзе́й; make ~s подру-

жи́ться; ~**ly** [-lı] дру́жеский; дружелю́бный; ~**ship** [-ʃıp] дру́жба ж; internátional ~ship дру́жба наро́дов

fright [fraıt] испу́г м; ~**en** [-n] пуга́ть; ~**ful** [-ful] стра́шный; ужа́сный

fro [frəu]: to and ~ взад и вперёд

frock [frɔk] вече́рнее пла́тье

frog [frɔg] лягу́шка ж; ~**man** [-mən] акваланги́ст м

from [frɔm] 1) от, из; ~ Lóndon из Ло́ндона; we are fifty miles ~ the town мы в пяти́десяти ми́лях от го́рода; ~ belów сни́зу; ~ benéath, ~ únder из-под; ~ here отсю́да; ~ óutside извне́; ~ there отту́да; ~ afár издалека́; ~ day to day изо дня́ в день 2) с; ~ childhood с де́тства; páint ~ náture рисова́ть с нату́ры 3) по; judge ~ appéarances суди́ть по вне́шности

front [frʌnt] 1) пере́дняя сторона́; фаса́д м; in ~ of впереди́; пе́ред 2) *воен.* фронт м

frontier ['frʌntıə] грани́ца ж

frost ['frɔst] моро́з м

frown [fraun] хму́риться

froze [frəuz] *past от* freeze; ~**n** [-n] *pp от* freeze

fruit [fruːt] плод м; *собир.* фру́кты; ~ cup, ~ sálad фру́кты в сиро́пе *(мелко наре́занные);* bear ~ приноси́ть плоды́; ~**less** [-lıs] беспло́дный

frustrate [frʌ'streıt] расстра́ивать, срыва́ть *(планы)*

fry [fraı] жа́рить(ся); do you like your eggs fried? как вам приготóвить я́йца? Сдéлать яи́чницу?

frying-pan [ˈfraɪɪŋpæn] сковородá *ж*

fuel [fjuəl] тóпливо *с*; ~ tank *авто* бензобáк *м*

fulfil [fulˈfɪl] выполня́ть, осуществля́ть

full [ful] 1) пóлный; ~ of life пóлный жи́зни; ~ moon полнолу́ние *с*; ~ pówers полномóчия *мн.*; ~ house аншлáг *м*, «все билéты прóданы» *(надпись)* 2) широ́кий, свобóдный; ~ skirt широ́кая ю́бка 3) полутораспáльный; ~ (size) sheet простыня́ для полутораспáльной кровáти 4) сы́тый; thanks, I'm ~! спаси́бо, я сыт!; ~-time [ˌfulˈtaɪm]: ~-time wórker рабóчий, зáнятый пóлную рабóчую недéлю; штáтный рабóтник; ~у [-ɪ] вполнé, совершéнно

fun [fʌn] шу́тка *ж*; забáва *ж*; весéлье *с*; have ~ весели́ться; for ~ в шу́тку; make ~ of высмéивать

function [ˈfʌŋkʃn] 1. *n* фу́нкция *ж*, обя́занности *мн.* 2. *v* дéйствовать, функциони́ровать

fund [fʌnd] 1) запáс *м* 2) фонд *м*; relíef ~ фонд пóмощи

fundamental [ˌfʌndəˈmentl] основнóй; коренно́й

funeral [ˈfjuːnərəl] пóхороны *мн.*

funnel [ˈfʌnl] трубá *ж (паровоза, парохода)*

funny [ˈfʌnɪ] 1) смешнóй, забáвный 2) стрáнный

fur [fɜː] 1) мех *м*; ~ coat (меховáя) шу́ба 2) *pl* мехá *мн.*, пушни́на *ж*

furious [ˈfjuərɪəs] взбешённый

furnace [ˈfɜːnɪs] печь *ж*, тóпка *ж*

furnish [ˈfɜːnɪʃ] 1) снабжáть 2) меблировáть, обставля́ть; ~ed rooms меблирóванные кóмнаты

furniture [ˈfɜːnɪtʃə] мéбель *ж*, обстанóвка *ж*; uphólstered ~ мя́гкая мéбель

further [ˈfɜːðə] *(сравн. ст. от* far) 1. *adv* дáльше 2. *a* 1) бóлее отдалённый 2) дальнéйший; withóut ~ árgument без дальнéйших спóров

fury [ˈfjuərɪ] неи́стовство *с*, я́рость *ж*

fuse [fjuːz] 1. *v* плáвить(ся), сплавля́ть(ся); the bulb ~d лáмпочка перегорéла 2. *n* эл. предохрани́тель *м*, прóбка *ж*

fuss [fʌs] 1. *n* суетá *ж*; make a ~ abóut суети́ться, поднимáть шум *(вокруг чего-л.)* 2. *v* суети́ться, хлопотáть

futile [ˈfjuːtaɪl] бесполéзный, тщéтный

future [ˈfjuːtʃə] 1. *n* бу́дущее *с*; in the (dístant) ~ в (далёком) бу́дущем 2. *a* бу́дущий

G

G [dʒiː] *муз.* соль; G májor соль мажóр

gad-fly [ˈɡædflaɪ] óвод *м*

gadget [ˈgædʒɪt] *разг.* (технического) приспособле́ние *с*

gage [geɪdʒ] *амер. см.* gauge

gain [geɪn] **1.** *n* 1) увеличе́ние *с*; ~ weight приба́вка в ве́се 2) при́быль *ж*; вы́игрыш *м* (*winnings*) **2.** *v* 1) получа́ть; ~ expérience приобрести́ о́пыт 2) достига́ть (*reach*) 3) вы́игрывать

gait [geɪt] похо́дка *ж*

gala [ˈgɑːlə] **1.** *n* пра́зднество *с* **2.** *a* пра́здничный, торже́ственный; ~ cóncert торже́ственный конце́рт

gallant [ˈgælənt] хра́брый, до́блестный

gallery [ˈgælərɪ] галере́я *ж* (*тж. театр.*)

gallon [ˈgælən] галло́н *м* (*ме́ра объёма*)

gallop [ˈgæləp] **1.** *n* гало́п *м* (*аллюр*) **2.** *v* скака́ть гало́пом

galoshes [gəˈlɔʃɪz] *pl* гало́ши *мн.*

gamble [ˈgæmbl] 1) игра́ть (*в азартные игры*) 2) игра́ть (*на скачках и т. п.*) 3) рискова́ть; ~ on де́лать ста́вку (ста́вить) на что-л.

game I [geɪm] 1) игра́ *ж* 2) *спорт.* па́ртия *ж*; a ~ of chess па́ртия в ша́хматы 3) *pl* состяза́ния *мн.*; и́гры *мн.*

game II дичь *ж*

gang [gæŋ] 1) брига́да *ж* (*рабо́чих*) 2) ша́йка *ж*, ба́нда *ж* (*band of robbers, etc*); ~ster [-stə] банди́т *м*, га́нгстер *м*

gangway [ˈgæŋweɪ] 1) схо́дни *мн.* 2) прохо́д *м* (*passage*)

gap [gæp] 1) брешь *ж*, проло́м *м* 2) промежу́ток *м* (*interval*) 3) пробе́л *м* (*blank*)

garage [ˈgærɑːʒ, *амер.* gəˈrɑːʒ] 1) гара́ж *м* 2) ста́нция обслу́живания (*service station*) ◊ ~ sale *амер.* распрода́жа дома́шнего старья́

garbage [ˈgɑːbɪdʒ] *амер.* му́сор *м*; ~ can му́сорный я́щик

garden [ˈgɑːdn] сад *м*; ~er [-ə] садо́вник *м*

garland [ˈgɑːlənd] гирля́нда *ж*

garlic [ˈgɑːlɪk] чесно́к *м*

garment [ˈgɑːmənt] 1) предме́т оде́жды 2) *pl* оде́жда *ж*

garter [ˈgɑːtə] (кру́глая) подвя́зка; the Order of the G. о́рден Подвя́зки

gas [gæs] 1) газ *м*; nátural ~ приро́дный газ; ~ mask противога́з *м* 2) *амер. тж.* бензи́н *м*; ~ státion бензоколо́нка *ж*; ~-guzzler [-ˌgʌzlə] *амер. авто разг.* «пожира́тель бензи́на»; ~main [-meɪn] газопрово́д *м*

gasolene [ˈgæsəliːn] газоли́н *м*

gasoline [ˈgæsəliːn] *амер.* бензи́н *м*

gasp [gɑːsp] 1) задыха́ться 2) а́хнуть

gas-stove [ˈgæsstəuv] га́зовая плита́

gate [geɪt] воро́та *мн.*; кали́тка *ж*; ~-money [-mʌnɪ] входна́я пла́та

gather [ˈgæðə] 1) собира́ть (-ся) 2) накопля́ть, приобрета́ть (*amass*)

gauge [geɪdʒ] кали́бр *м*

gauze [gɔːz] 1) ма́рля *ж* 2) (ма́рлевый) бинт *(surgical dressing)*

gave [geɪv] *past от* give

gavel [ˈgævəl] (председа́тельский) молото́к

gay [geɪ] 1) весёлый; ~ vóices весёлые голоса́ 2) пёстрый, я́ркий; ~ cólours я́ркие цвета́

gaze [geɪz] при́стально гляде́ть (at, on — на)

gear [gɪə] 1) приспособле́ние *с*; принадле́жности *мн.* 2) *тех.* переда́ча *ж*; при́вод *м*; in ~ включённый; out of ~ вы́ключенный 3) *авто* переда́ча *ж*, ско́рость *ж*; in bóttom ~ *брит.* на пе́рвой ско́рости; in low ~ *амер.* на пе́рвой ско́рости

geese [giːs] *pl от* goose

gem [dʒem] драгоце́нный ка́мень

general I [ˈdʒenərəl] о́бщий, всео́бщий; генера́льный; G. Assémbly Генера́льная Ассамбле́я; in ~ вообще́ ◇ ~ (post) delívery а) пе́рвая разно́ска по́чты; б) *амер.* (по́чта) до востре́бования

general II генера́л *м*

generally [ˈdʒenərəlɪ] 1) вообще́; ~ spéaking вообще́ говоря́ 2) обы́чно *(usually)*

generation [ˌdʒenəˈreɪʃn] поколе́ние *с*; ~ gap про́пасть, разделя́ющая поколе́ния; пробле́ма «отцо́в и дете́й»

generous [ˈdʒenərəs] 1) великоду́шный 2) ще́дрый; ~ praise

ще́драя похвала́ 3) плодоро́дный *(о почве)*

genius [ˈdʒiːnɪəs] ге́ний *м*

genre [ˈʒɑːŋrə] жанр *м*

gentle [ˈdʒentl] ла́сковый, не́жный; мя́гкий

gentleman [ˈdʒentlmən] джентльме́н *м*, господи́н *м*

genuine [ˈdʒenjuɪn] 1) по́длинный, настоя́щий 2) и́скренний *(sincere)*

geography [dʒɪˈɔgrəfɪ] геогра́фия *ж*

geology [dʒɪˈɔlədʒɪ] геоло́гия *ж*

geometry [dʒɪˈɔmətrɪ] геоме́трия *ж*

geostationary [ˌdʒɪəˈsteɪʃənərɪ]: *косм.* ~ órbit геостациона́рная орби́та; ~ sátellite геостациона́рный спу́тник

germ [dʒɜːm] 1) *биол.* заро́дыш *м* 2) микро́б *м*

germfree [ˈdʒɜːmfriː] стери́льный

gesture [ˈdʒestʃə] жест *м*

get [get] (got) 1) получа́ть; достава́ть; can I still ~ a tícket? мо́жно ещё доста́ть биле́т? 2) попада́ть; добира́ться; I have to ~ home éarly я до́лжен ра́но попа́сть домо́й 3) станови́ться; ~ old постаре́ть; ~ ángry рассерди́ться; ~ bétter попра́виться; ~ well вы́здороветь; ~ hurt ушиби́ться; ~ drunk напи́ться *(опьяне́ть)*; ~ lost заблуди́ться; ~ free вы́рваться; ~ free of the oppónent *спорт.* оторва́ться от проти́вника 4) *разг.* понима́ть, постига́ть; I don't ~ you я вас

не понима́ю 5) *выража́ет дол*
женствова́ние: I've got to
leave я до́лжен уходи́ть 6) *в*
констру́кциях с have *не пере*
во́дится: have you got a péncil?
у вас есть каранда́ш? 7): I got
my shoes repáired мне починúли боти́нки; he got his hair cut
он постри́гся; **~ down**: ~ down
to smth взя́ться за что-л.; **~
in (into)** входи́ть, сади́ться; ~
ínto a bus (tram) сади́ться в
авто́бус (в трамва́й); **~ off**
сходи́ть; are you ~ting off at
the next stop? вы выхо́дите
на сле́дующей остано́вке?; **~
on**: how are you ~ting on? как
дела́?, как вы пожива́ете?;
~ out выходи́ть; **~ together**
собра́ться; **~ up** встава́ть

giant ['dʒaɪənt] велика́н *м*,
гига́нт *м*

gift [gɪft] 1) пода́рок *м*; дар
м; bírthday ~ пода́рок ко дню
рожде́ния 2) тала́нт *м* (*talent*);
~ed [-ɪd] одарённый

gigantic [dʒaɪ'gæntɪk] гига́нтский

gilt [gɪlt] **1.** *n* позоло́та *ж* **2.**
a золочёный

gimmick ['gɪmɪk] *амер. разг.*
трюк *м*; ло́вкое *или* хитроу́мное приспособле́ние; ádvertizing ~ надува́тельский рекла́мный приём

gin [dʒɪn] джин *м* (*алкогольный напиток*); ~ and tónic
джин с то́ником

ginger ['dʒɪndʒə] имби́рь *м*;
~ ale, ~ beer имби́рный лимона́д; **~bread** [-bred] имби́рный
пря́ник

gipsy ['dʒɪpsɪ] **1.** *a* цыга́нский
2. *n* 1) цыга́н *м*, цыга́нка *ж*
2) цыга́нский язы́к

girdle ['gɜːdl] по́яс *м* (*особ.
из эласти́чной тка́ни*)

girl [gɜːl] 1) де́вочка *ж* (*child*)
2) де́вушка *ж*; **~friend** [-frend]
прия́тельница *ж*, любо́вница *ж*

gist [dʒɪst] суть *ж*, су́щность
ж; ~ of the mátter су́щность
де́ла

give [gɪv] (gave; gíven) 1)
дава́ть; ~ it to me да́йте мне
э́то; ~ a dínner дать обе́д 2) передава́ть; ~ him my best
wíshes переда́йте ему́ мои́ наилу́чшие пожела́ния 3) дари́ть;
he gave me a rádio for my
bírthday он подари́л мне в
день рожде́ния приёмник 4)
доставля́ть, причиня́ть; ~
pléasure доста́вить удово́льствие; ~ in уступа́ть; ~ up бросить, оста́вить ◊ ~ way уступа́ть; подава́ться

given ['gɪvn] *pp от* give

glacier ['glæsɪə] ледни́к *м*,
гле́тчер *м*

glad [glæd]: be ~ ра́доваться; I am ~ я рад (дово́лен);
(I'm) ~ to see you рад вас ви́
деть; ~ to meet you рад с ва́
ми познако́миться; **~ly** [-lɪ]
охо́тно, с удово́льствием

glance [glɑːns] **1.** *n* бы́стрый
взгляд; at a ~ с пе́рвого взгля́
да **2.** *v* ме́льком взгляну́ть
(at — на)

gland [glænd] железа́ *ж*

glass [glɑːs] 1) стекло́ *с* 2)
стака́н *м*; бока́л *м*; raise one's
~ (to) подня́ть бока́л (за)

3) (*тж.* lóoking-glass) зéркало с 4) *pl* очкú *мн.*; ~ware ['glɑ:sweə] стеклянная посýда

gleam [gli:m] прóблеск *м*; ~ of hope луч надéжды

glide [glaɪd] 1) скользúть 2) *спорт.* планúровать; ~r [-ə] *ав.* планёр *м*

glitter ['glɪtə] **1.** *n* блеск *м* **2.** *v* блестéть, сверкáть

globe [gləub] 1) земнóй шар 2) глóбус *м* (*visual aid*)

gloom [glu:m] мрак *м*; ~y [-ɪ] мрáчный; угрюмый

glorious ['glɔ:rɪəs] слáвный; ~ víctory слáвная побéда

glory ['glɔ:rɪ] слáва *ж*

glove [glʌv] перчáтка *ж*; ~ compártment *авто* ящик для мелочéй (*на передней панели*)

glue [glu:] **1.** *n* клей *м* **2.** *v* клéить; приклéивать

go [gəu] **1.** *v* (went; gone) 1) идтú, ходúть; let's go! пойдёмте!; are you góing! вы идёте?; go to school ходúть в шкóлу 2) éхать, передвигáться; go by bus (train) éхать автóбусом (пóездом); go by air летéть самолётом; "go slow" «снúзить скóрость» (*надпись на шоссе*) 3) уходúть, уезжáть; it's time to go порá уходúть; go! *спорт.* марш! 4) пойтú, отпрáвиться; go for a swim пойтú поплáвать; go cýcling пойтú покатáться на велосипéде 5) *означает* становúться, дéлаться, *не переводится*: go bad ухудшáться; go out of date устаревáть 6): I'm góing to see him

tomórrow я увúжу егó зáвтра; **go ahead** а) двúгаться вперёд; go ahéad! дéйствуйте!; б) продолжáть; **go in** войтú; **go in for** smth занимáться чем-л.; **go on** продолжáть; **go out** выйти ◊ it goes without sáying самó собóй разумéется; let it go at that! пусть бýдет так! **2.** *n* 1) попытка *ж*; let's have a go давáйте попрóбуем 2) сдéлка *ж*; is it a go? идёт?; по рукáм?

goal [gəul] 1) цель *ж*; мéсто назначéния 2) *спорт.* гол *м*; score (kick) a ~ забúть гол 3) *спорт.* ворóта *мн.*; the ~ is kept by... в ворóтах стоúт...; ~-keeper [-ˌki:pə] вратáрь *м*

goat [gəut] козёл *м*, козá *ж*

goblet ['gɔblɪt] бокáл *м*

God [gɔd] Бог *м*

gold [gəuld] **1.** *n* зóлото *с* **2.** *a* золотóй, из зóлота; ~ cup золотóй кýбок; ~en [-ən] золотóй; золотúстый

gone [gɔn] *pp от* go 1

good [gud] **1.** *a* (bétter; best) 1) хорóший 2) дóбрый (*kind*) 3) гóдный; полéзный; I am ~ for anóther mile я могý пройтú ещё мúлю 4) спосóбный; искýсный; he is ~ at ténnis он хорошó игрáет в тéннис; ~ afternóon! дóбрый день!; ~ day! дóбрый день!; ~ évening! дóбрый вéчер!; ~ mórning! дóброе ýтро!; ~ night! спокóйной нóчи!; ~ luck! в дóбрый час!; ~ for you! *амер.* молодéц!, брáво! **2.** *n* пóльза *ж*, добрó *с*; it's no ~ бесполéзно ◊ for ~ навсегдá

good-bye [ˌgud'baɪ] до свида́ния!, проща́йте!

good‖-looking [ˌgud'lukɪŋ] краси́вый; **~-natured** [-'neɪtʃəd] добродýшный

goods [gudz] *pl* това́ры *мн.*

goodwill [ˌgud'wɪl] до́брая во́ля; **~ mission** ми́ссия до́брой во́ли

goose [guːs] (*pl* geese) гусь *м*

gooseberry ['guzbərɪ] крыжо́вник *м*

Gospel ['gɔspəl] Ева́нгелие *с*

gossip ['gɔsɪp] **1.** *n* спле́тня *ж* **2.** *v* спле́тничать

got [gɔt] *past и pp от* get

gout [gaut] пода́гра *ж*

govern ['gʌvən] управля́ть, пра́вить; **~ment** ['gʌvnmənt] прави́тельство *с*; **~or** [-ə] губерна́тор *м*

gown [gaun] 1) пла́тье *с*; évening ~ вече́рнее пла́тье 2) ма́нтия *ж*; proféssor's ~ ма́нтия профе́ссора 3) (*тж.* dréssing-gown) хала́т *м*

grace [greɪs] гра́ция *ж*; изя́щество *с*; **~ful** [-ful] грацио́зный

grade [greɪd] 1) ранг *м* 2) класс *м* (*тж. амер. в школе*) 3) ка́чество *с*, сорт *м*; best ~ of bútter ма́сло вы́сшего ка́чества

gradual ['grædʒuəl] постепе́нный

graduate 1. *v* ['grædʒueɪt] 1) (at) ока́нчивать (*высшее учебное заведение*) 2) (from) *амер.* ока́нчивать (*любое учебное заведение*) **2.** *n* ['grædʒuɪt] 1) выпускни́к *м* (*уни-*

верситета) 2) *амер.* выпускни́к *м* (*любого учебного заведения*) ◇ ~ school *амер.* аспиранту́ра *ж* (*готовящая к получению степени выше бакалавра*); ~ stúdent *амер.* аспира́нт *м*, аспира́нтка *ж* (*готовящиеся к получению степени выше бакалавра*)

graft [grɑːft] 1) *бот.* приви́вка *ж* 2) взя́точничество *с* (*corruption*)

grain [greɪn] 1) зерно́ *с* (*corn*) 2) крупи́нка *ж* (*particle*)

gram [græm] = gramme

grammar ['græmə] грамма́тика *ж*; ~ school *брит.* класси́ческая шко́ла; *амер.* нача́льная шко́ла

gramme [græm] грамм *м*

gramophone ['græməfəun]: ~ récord граммофо́нная пласти́нка

grand [grænd] 1) вели́чественный (*magnificent*) 2) *разг.* замеча́тельный; that's ~! э́то замеча́тельно!

grand‖child ['græntʃaɪld] внук *м*, вну́чка *ж*; **~daughter** [-ˌdɔːtə] вну́чка *ж*; **~father** ['grændˌfɑːðə] дед(ушка) *м*

grandmaster ['grænˌmɑːstə] гроссме́йстер *м*

grand‖mother ['grænˌmʌðə] ба́бушка *ж*; **~son** [-sʌn] внук *м*

granite ['grænɪt] грани́т *м*

grant [grɑːnt] **1.** *n* 1) дар *м* 2) субси́дия *ж*; Góvernment ~ прави́тельственная субси́дия 3) стипе́ндия *ж* (*scholarship*) **2.** *v* 1) удовлетворя́ть; ~ a requést удовлетворя́ть про́сьбу 2) дава́ть; жа́ловать; ~ a pénsion назна́чить пе́нсию ◊ take for ~ed счита́ть само́ собо́й разуме́ющимся

grape [greɪp] виногра́д *м*; ~**fruit** [-fru:t] гре́йпфрут *м*

graphic ['græfɪk] 1) графи́ческий; ~ arts изобрази́тельное иску́сство 2) нагля́дный, о́бразный (*vivid*)

grasp [grɑ:sp] 1) зажима́ть в руке́; схва́тывать (*clutch*) 2) ула́вливать смысл; só rry, I didn't ~ the méaning прости́те, я не по́нял

grass [grɑ:s] трава́ *ж*

grate I [greɪt] натира́ть (*на тёрке*); ~d cheese тёртый сыр

grate II решётка *ж*

grateful ['greɪtful] благода́рный; I'm ~ to you я благода́рен вам

gratitude ['grætɪtju:d] благода́рность *ж*

grave I [greɪv] моги́ла *ж*

grave II серьёзный; ва́жный (*serious*)

gravitation [ˌgrævɪ'teɪʃn] си́ла (*ж*) тя́жести

gravy ['greɪvɪ] подли́вка *ж*; со́ус *м* (*мясно́й*)

gray [greɪ] = grey

graze [greɪz] пасти́сь

great [greɪt] 1) вели́кий; G. Pówer вели́кая держа́ва 2) огро́мный, большо́й; ~ cíty огро́мный го́род; a ~ deal мно́го; ~ly [-lɪ] о́чень, весьма́

greed [gri:d] жа́дность *ж*; ~y [-ɪ] жа́дный

green [gri:n] зелёный; ~ bérets ['berɪz] «зелёные бере́ты» (*деса́нтно-диверсио́нные войска́ США*); ~**grocery** [-ˌgrəusərɪ] овощна́я ла́вка; ~**house** [-haus] тепли́ца *ж*; ~house efféct парнико́вый эффе́кт; ~s [-z] *pl* зе́лень *ж*, све́жие о́вощи

greet [gri:t] приве́тствовать; здоро́ваться; ~**ing** [-ɪŋ] приве́тствие *с*, покло́н *м*

grew [gru:] *past от* grow

grey [greɪ] 1) се́рый 2) седо́й; ~ hair седы́е во́лосы

grief [gri:f] го́ре *с*

grievance ['gri:vəns] 1) оби́да *ж* 2) жа́лоба *ж*; ~ commíttee конфли́ктная коми́ссия

grill [grɪl] **1.** *n* 1) (*тж.* grille) решётка *ж* (*grating*) 2) гриль *м* (*род мангала*) 3) жа́ренное (*на у́глях*) мя́со (*grilled meat*) **2.** *v* жа́рить на откры́том огне́ (*на у́глях*); ~ed steak бифште́кс *м* (поджа́ренный на у́глях); ~-**room** [-rum] зал рестора́на, где устано́влен гриль

grin [grɪn] **1.** *n* усме́шка *ж*, ухмы́лка *ж* **2.** *v* ухмыля́ться

grind [graɪnd] (ground) моло́ть; толо́чь; ground cóffee мо́лотый ко́фе

grip [grɪp] **1.** *n* пожа́тие *с*; хва́тка *ж* **2.** *v* схвати́ть (*grasp*)

groan [grəun] **1.** *n* стон *м* **2.** *v* стона́ть

grocer ['grəusə] бакале́йщик *м*; ~y [-rɪ] 1) бакале́йный магази́н 2) *pl* бакале́я *ж*;

a bag of ~ies *амер.* пакéт продýктов

grog [grɔg] грог *м*

gross [grəus] 1) грýбый; ~ blúnder грýбая ошúбка 2) валовóй *(total)*; ~ nátional próduct *эк.* валовóй национáльный продýкт 3) брýтто *с*; ~ weight вес брýтто

ground I [graund] 1) земля́ *ж*, пóчва *ж*; ~ contról *косм.* назéмный центр управлéния 2) *спорт.* площáдка *ж*; fóotball ~ футбóльное пóле 3) основáние *с*, мотúв *м (valid reason)*

ground II *past и pp от* grind

group [gru:p] 1. *n* грýппа *ж* 2. *v* группировáть(ся)

grove [grəuv] рóща *ж*

grow [grəu] (grew; grown) 1) растú 2) вырáщивать; разводúть; ~ tomátoes вырáщивать помидóры; ~ wheat сéять пшенúцу 3) становúться; *часто не переводится*; ~ old старéть; ~ rich богатéть; ~ dark темнéть; ~ **up** становúться взрóслым

grown [grəun] *pp от* grow; ~-**up** [-ʌp] взрóслый *м*

growth [grəuθ] рост *м*

gruel [gru:əl] жúдкая (овся́ная) кáша

gruelling ['gru:əliŋ] изнурúтельный, сурóвый; ~ race тяжёлые гóнки

grumble ['grʌmbl] ворчáть

guarantee [ˌgærən'ti:] 1. *n* гарáнтия *ж*; залóг *м (pledge)* 2. *v* гарантúровать; ~d for six months с гарáнтией на шесть мéсяцев

guard [gɑːd] 1. *n* 1) стрáжа *ж*; охрáна *ж*; ~ of hónour почётный караýл; chánging of the G. *брит.* смéна караýла *(перед Букингéмским дворцóм)* 2) стóрож *м (watchman)* 3) *ж.-д.* кондýктор *м* 4) *pl* гвáрдия *ж* 2. *v* охраня́ть; сторожúть

guardian ['gɑːdiən] опекýн *м*

guerilla [gə'rilə] партизáн *м*

guess [ges] 1. *n* предположéние *с*; догáдка *ж*; by ~ наугáд 2. *v* 1) угáдывать; догáдываться 2) *амер.* считáть, полагáть

guest [gest] гость *м*; ~**house** [-haus] мáленькая гостúница

guide [gaid] 1. *n* 1) проводнúк *м*, гид *м* 2) руковóдство *с*; путеводúтель *м (guide-book)* 2. *v* 1) руководúть; служúть руковóдством 2) быть проводникóм, вестú *(lead)*

guilt [gilt] винá *ж*; ~y [-i] винóвный (of *smth.*— в чём-л.)

guinea ['gini] гинéя *ж (old British coin — 21 shillings)*

guitar [gi'tɑː] гитáра *ж*; eléctric ~ электрогитáра *ж*

gulf [gʌlf] залúв *м*

gulp [gʌlp] глотóк *м*; at one ~ зáлпом

gum [gʌm] 1) смолá *ж*; клей *м (glue)* 2) = chéwing gum

gums [gʌmz] *pl* дёсны *мн.*

gun [gʌn] 1) ружьё *с*; spórting ~ охóтничье ружьё; stárting ~ стáртовый пистолéт 2) распылúтель *м*; ~**powder** [-ˌpaudə] пóрох *м*

gutter [ˈgʌtə] сто́чная кана́ва

gym [dʒɪm], **gymnasium** [dʒɪmˈneɪzɪəm] спорти́вный зал

gymnast [ˈdʒɪmnæst] гимна́ст *m*; ~**ic** [dʒɪmˈnæstɪk] гимнасти́ческий; ~**ics** [dʒɪmˈnæstɪks] *pl* (спорти́вная) гимна́стика

gypsum [ˈdʒɪpsəm] гипс *m*

gypsy [ˈdʒɪpsɪ] = gipsy

H

haberdashery [ˈhæbədæʃərɪ] галантере́я *ж*

habit [ˈhæbɪt] привы́чка *ж*; обы́чай *m*; be in the ~ of име́ть обыкнове́ние; ~**at** [-æt] 1) *биол.* среда́ обита́ния 2) жили́ще *c*; ~**ual** [həˈbɪtʃuəl] привы́чный, обы́чный

had [hæd] *past и pp от* have

hadn't [ˈhædnt] *разг.* = had not

hail I [heɪl] **1.** *n* град *m* **2.** *v*: it ~s, it is ~ing идёт град

hail II 1) приве́тствовать 2) оклика́ть; ~ a táxi останови́ть (подозва́ть) такси́

hair [heə] во́лос *m*, во́лосы *мн.*; have one's ~ done сде́лать причёску; ~ style причёска *ж*; ~ drýer фен *m*, суши́лка для воло́с; ~**brush** [-brʌʃ] щётка для воло́с; ~**cut** [-kʌt] стри́жка *ж*; ~**do** [-duː] причёска *ж*; ~**dresser** [-ˌdresə] парикма́хер *m*; ~**dresser's** (shop) парикма́херская *ж*; ~**pin** [-ˌpɪn] шпи́лька *ж*

half [hɑːf] **1.** *n* 1) полови́на *ж*; ~ past two полови́на тре́тьего; ~ an hour полчаса́ *m*; ~ bróther сво́дный брат 2) (*тж.* half-time) *спорт.* пери́од *m* (*половина игры*); тайм *m* **2.** *adv* наполови́ну

half‖back [ˈhɑːfbæk] *спорт.* полузащи́тник *m*; ~-**hour** [-auə]: évery hour on the ~-hour ежеча́сно в середи́не ча́са (*о передачах радио и т. п.*); ~-**life** [-laɪf] *физ.* пери́од полураспа́да; ~**penny** [ˈheɪpnɪ] полпе́нни *c*; ~-**size** [-saɪz] *амер.* полови́нный разме́р (*для полных*); ~-**time** [-ˈtaɪm] 1) непо́лный рабо́чий день; ~-time wórker рабо́чий, за́нятый непо́лную неде́лю 2) = half 1, 2); ~-**way** на полпути́; ~-way méasure полуме́ра *ж*; I am prepáred to meet you ~-way *перен.* я гото́в пойти́ вам навстре́чу

hall [hɔːl] 1) зал *m* 2) пере́дняя *ж*, вестибю́ль *m* (*vestibule*) ◇ ~ of résidence студе́нческое общежи́тие

halt [hɔːlt] **1.** *n* остано́вка *ж*; прива́л *m* **2.** *v* остана́вливать (-ся)

ham [hæm] ветчина́ *ж*, о́корок *m*

hamburger [ˈhæmbəgə] *амер.* (*тж.* hámburger steak) «га́мбургер» *m*, ру́бленый бифште́кс (*поджаренный на открытом огне*)

hamlet [ˈhæmlɪt] дереву́шка *ж*

hammer [ˈhæmə] мо́лот *m*;

молото́к *м*; ~ thrówing *спорт.* мета́ние мо́лота.

hand [hænd] **1.** *n* 1) рука́ *ж*; shake ~s поздоро́ваться за́ ру́ку; at ~ под руко́й; ~ in ~ рука́ о́б руку; ~s off! ру́ки прочь! 2) рабо́тник *м*; fáctory ~ фабри́чный рабо́чий 3) стре́лка часо́в *(pointer)* ◇ on the one ~..., on the óther (~) ... с одно́й стороны́..., с друго́й стороны́...; a good ~ at (in) иску́сный в *(чём-л.)*; give me a ~, please помоги́ мне, пожа́луйста **2.** *v*: ~ in вруча́ть; ~ over передава́ть; ~bag [-bæg] да́мская су́мочка; ~ball [-bɔ:l]: (team) ~ball *спорт.* ручно́й мяч, гандбо́л *м*; ~book [-buk] спра́вочник *м*; руково́дство *с*; ~cuffs [-kʌfs] *pl* нару́чники *мн.*; ~ful [-ful] при́горшня *ж* ◇ a ~ful of people всего́ лишь не́сколько челове́к

handicap [ˈhændɪkæp] *спорт.* гандика́п *м*

handicraft [ˈhændɪkrɑ:ft] ремесло́ *с*

handkerchief [ˈhæŋkətʃɪf] носово́й плато́к

handle [ˈhændl] **1.** *n* ру́чка *ж*; рукоя́тка *ж* **2.** *v* 1) брать, де́лать что-л. рука́ми 2) управля́ть, регули́ровать; ~ the situátion спра́виться с положе́нием; ~-bar [-bɑ:] руль *м* *(велосипеда)*

handmade [ˌhændˈmeɪd] ручно́й рабо́ты

handsome [ˈhænsəm] 1) краси́вый; ста́тный; ~ man ви́дный мужчи́на; ~ wóman ста́т-

ная (интере́сная) же́нщина 2) ще́дрый; ~ rewárd ще́дрое вознагражде́ние

handwriting [ˈhændˌraɪtɪŋ] по́черк *м*

handy [ˈhændɪ] удо́бный; that may come in ~ э́то мо́жет быть весьма́ кста́ти

hang [hæŋ] (hung) 1) висе́ть 2) ве́шать; подве́шивать; ~ your coat on the peg пове́сьте пальто́ на крючо́к; ~ out вы́вешивать; ~ up а) пове́сить; б) *(тж.* hang up the recéiver) пове́сить телефо́нную тру́бку; ~er [-ə] ве́шалка *ж* *(плечики)*

hangover [ˈhæŋəuvə] похме́лье *с*

happen [ˈhæpən] 1) случа́ться 2) случа́йно оказа́ться; I ~ed to be there я случа́йно оказа́лся там

happiness [ˈhæpɪnɪs] сча́стье *с*

happy [ˈhæpɪ] счастли́вый; are you ~ abóut éverything? вы всем дово́льны?; ~ jóurney! счастли́вого пути́!; H. New Year! С Но́вым го́дом!

harbour [ˈhɑ:bə] га́вань *ж*

hard [hɑ:d] **1.** *a* 1) твёрдый, жёсткий; ~ line *полит.* жёсткий курс 2) суро́вый; ~ wínter суро́вая зима́ 3) тру́дный, тяжёлый; ~ work тру́дная рабо́та **2.** *adv* 1) си́льно; it's ráining ~ идёт си́льный дождь 2) усе́рдно; work ~ рабо́тать упо́рно ◇ be ~ pressed for time (móney) име́ть о́чень ма́ло вре́мени (де́нег); ~ly [-lɪ] едва́ (ли); с трудо́м; I ~ly think so я си́льно сомнева́юсь в э́том

hard-bound [ˈhɑːdbaund],
hard-cover [ˈhɑːdkʌvə]: ~ book
кни́га в твёрдой обло́жке (в
жёстком переплёте)

hardware [ˈhɑːdwɛə] 1) хо-
зя́йственные това́ры *мн.*; хоз-
това́ры *мн.*; ~ store *амер.* хо-
зя́йственный магази́н 2) аппа-
рату́ра *ж (в электро́нике и
вычисли́тельной те́хнике)*

hare [hɛə] за́яц *м*

Harlem [ˈhɑːləm] Га́рлем *м
(негритя́нское ге́тто Нью-
-Йо́рка)*

harm [hɑːm] 1. *n* вред *м*;
уще́рб *м* 2. *v* вреди́ть; ~**ful**
[-ful] вре́дный, па́губный;
~**less** [-lɪs] безвре́дный, без-
оби́дный

harmonica [hɑːˈmɒnɪkə] *муз.*
1) губна́я гармо́шка (*wind instrument*) 2) ксилофо́н *м (percussion instrument)*

harness [ˈhɑːnɪs] 1. *n* у́пряжь
ж 2. *v* запряга́ть

harp [hɑːp] а́рфа *ж*

harrow [ˈhærəu] 1. *n* борона́
ж 2. *v* борони́ть

harsh [hɑːʃ] 1) жёсткий; гру́-
бый 2) суро́вый, жесто́кий
(*severe*)

harvest [ˈhɑːvɪst] 1. *n* 1) жа́т-
ва *ж* 2) урожа́й *м (yield)* 2. *v*
убира́ть урожа́й; ~**er** [-ə] 1)
жнец *м* 2) убо́рочная маши́на,
жне́йка *ж (machine)*

hash [hæʃ] фарш (*из варёно-
го мяса*)

hasn't [ˈhæznt] *разг.* = has
not

haste [heɪst] поспе́шность *ж*;

make ~ торопи́ться; ~**n**
[ˈheɪsn] торопи́ть(ся)

hasty [ˈheɪstɪ] поспе́шный

hat [hæt] шля́па *ж*

hatch [hætʃ] *мор.* люк *м (ве-
ду́щий в трюм)*; ~**back** [-bæk]
авто ко́мби *м нескл.*

hate [heɪt] ненави́деть

hatred [ˈheɪtrɪd] не́нависть *ж*

hat-stand [ˈhætstænd] стоя́-
чая ве́шалка (*для шляп*)

haul [hɔːl] тяну́ть, букси́ро-
вать, волочи́ть

have [hæv] (had) 1) име́ть,
облада́ть; do you ~ a fámily?
а де́ти у вас есть? 2) получа́ть;
~ a cup of cóffee! вы́пейте ча́ш-
ку ко́фе!; ~ a nice wéekend!
жела́ю вам хорошо́ провести́
выходны́е (дни)! 3) *испыты-
вать како́е-либо состоя́ние,
ощуще́ние*: I had a bad night
я пло́хо спал; ~ a pléasant
time прия́тно провести́ вре́мя
4) *слу́жит для образова́ния
перфе́ктных форм*: he has not
done it он э́того не сде́лал; I
had not been there я там не́ был
5) *выража́ет долженствова́-
ние, необходи́мость*: I ~ to go
мне ну́жно идти́; you'll ~ to...
вам придётся... 6) *показывает, что де́йствие выполня́ет-
ся други́м лицо́м, не перево́-
дится*: I had my phóto táken я
сфотографи́ровался; ~ one's
shoes ménded почини́ть боти́н-
ки; ~ a tooth out вы́рвать зуб
◊ the ~s and the ~-nots бога́-
тые и бе́дные

hawk [hɔːk] я́стреб *м*; ~**ish**
[-ɪʃ] *полит.* вои́нствующий

hay [heɪ] сéно *с* ◊ ~ féver сеннáя лихорáдка *(аллергический насморк)*; ~**stack** [-stæk] стог сéна

hazard [ˈhæzəd] опáсность *ж*, риск *м*; indústrial ~s врéдное произвóдство; ~ wárning flásher *авто* 1) проблéсковый маячóк *(separate)* 2) мигáющие подфáрники *(installed)*

haze [heɪz] дымка *ж*

H-bomb [ˈeɪtʃbɔm] водорóдная бóмба

he [hiː] он

head [hed] **1.** *n* 1) головá *ж* 2) головá скотá; how mány ~ of cáttle..? скóлько голóв скотá..? 3) главá *м и ж*; руководи́тель *м*; ~ of the delegátion главá делегáции; at the ~ во главé; ~ máster дирéктор шкóлы ◊ ~ wind встрéчный вéтер; ~ óver heels пó уши **2.** *v* возглавля́ть *(lead)*; ~**ache** [-eɪk] головнáя боль

head‖light [ˈhedlaɪt] *авто* фáра *ж*; ~**line** [-laɪn] заголóвок *м*; ~**phones** [-fəunz] *pl радио* нау́шники *мн.*

headquarters [ˈhedˌkwɔːtəz] 1) штаб *м*; políce ~ полицéйский учáсток 2) глáвное управлéние, центр *м*; UN ~ центрáльные учреждéния ООН

head‖set [ˈhedset] нау́шники *мн.*; ~**way** [-weɪ] прогрéсс *м*; make ~way доби́ться прогрéсса

heal [hiːl] 1) излéчивать 2) заживáть *(become sound)*

health [helθ] здорóвье *с*; ~ contról санитáрный контрóль; ~ resórt курóрт *м*; ~ food *(тж.* nátural food) *амер.* диетпроду́кты *мн.*, проду́кты без иску́сственных добáвок ◊ to drink the ~ of пить за здорóвье; your ~! (за) Вáше здорóвье!; ~у [-ɪ] здорóвый

heap [hiːp] **1.** *n* кýча *ж*, грýда *ж* **2.** *v* нагромождáть

hear [hɪə] (heard) 1) слышать 2) слýшать, выслýшивать *(listen to)* 3) узнáть, получи́ть извéстие; let me ~ дáйте мне знать

heard [hɜːd] *past и pp от* hear

heart [hɑːt] 1) сéрдце *с*; at ~ в глубинé души́; ~ attáck сердéчный при́ступ 2) *pl карт.* чéрви *мн.* ◊ by ~ наизу́сть; lose ~ пáдать ду́хом; ~**burn** [-bɜːn] изжóга *ж*

hearty [ˈhɑːtɪ] 1) и́скренний; (чи́сто)сердéчный; ~ wélcome рáдушный приём 2) сытный; ~ meal плóтная едá

heat [hiːt] **1.** *n* 1) теплó *с*; жарá *ж* 2) *перен.* пыл *м* 3) *спорт.* забéг *м* **2.** *v* нагревáть(ся); разогревáть(ся); ~**er** [-ə] *авто* подогревáтель *м*; «пéчка» *ж разг.*

heather [ˈheðə] вéреск *м*

heating [ˈhiːtɪŋ] 1) нагревáние *с* 2) отоплéние *с*; céntral ~ центрáльное отоплéние

heaven [ˈhevn] нéбо *с*, небесá *мн.*

heavy [ˈhevɪ] тяжёлый; áthlete тяжелоатлéт *м*; ~-**duty** [ˌhevɪˈdjuːtɪ] 1) повышенной про́чности, для больши́х нагру́зок *(about clothes, tyres, machines, etc)* 2) большо́го объёма; ~ vácuum cléaning чи́стка пылесо́сом в большо́м объёме

heavy-weight [´hevıweıt] *спорт.* тяжёлый вес

hedge [hedʒ] (жива́я) и́згородь

heel [hiːl] 1) пя́тка *ж* 2) каблу́к *м*; low (médium, high) ~ ни́зкий (сре́дний, высо́кий) каблу́к; ~s and toes, please! поста́вьте, пожа́луйста, набо́йки на каблуки́ и носки́; ~**tap** [-tæp] набо́йка *ж*

height [haıt] 1) высота́ *ж*; вышина́ *ж* 2) рост *м*; of médium ~ сре́днего ро́ста 3) возвы́шенность *ж* *(elevation)*

heir [εə] насле́дник *м*

held [held] *past и pp от* hold

helicopter [´helıkɔptə] *ав.* вертолёт *м*

hell [hel] ад *м*

he'll [hiːl] *разг.= * he will

hello [he´ləu]: ~! a) приве́т! *(greeting)*; б) алло́!, слу́шаю! *(over the telephone)*; ~! Brown spéaking! алло́! Бра́ун у телефо́на!

helm [helm] руль *м*

helmet [´helmıt] шлем *м*, ка́ска *ж*

helmsman [´helmzmən] рулево́й *м*

help [help] **1.** *n* 1) по́мощь *ж*; can I be of ány ~ to you? не могу́ ли я вам быть чём-либо поле́зен? 2) *амер.* рабо́тник *м*, прислу́га *ж* **2.** *v* 1) помога́ть;

may I ~ you? что вам уго́дно? *(станда́ртное обраще́ние в магази́не, учрежде́нии и т. п.)* 2): ~ yoursélf, please бери́те, пожа́луйста; угоща́йтесь 3): I could not ~ smíling (crýing) я не мог сдержа́ть улы́бку (слёзы); ~**less** [-lıs] беспо́мощный

hemisphere [´hemısfıə] полуша́рие *с*

hemp [hemp] 1) конопля́ *ж* *(plant)* 2) пенька́ *ж* *(fibre)*

hen [hen] ку́рица *ж*

hence [hens] сле́довательно

her I [həː] *(косв. n. от* she) ей, её; give it to ~ отда́йте э́то ей; I saw ~ я ви́дел её

her II её; свой; ~ book её кни́га

herb [həːb] *особ. pl* тра́вы *мн.*; ~**icide** [-ısaıd] гербици́д *м*

herd [həːd] ста́до *с*

here [hıə] 1) здесь, тут; ~ and there кое-где́ 2) сюда́; come ~! иди́те сюда́! ◊ ~ you are! вот, пожа́луйста!

hereditary [hı´redıtərı] насле́дственный

heritage [´herıtıdʒ] насле́дство *с*, насле́дие *с*

hernia [´həːnıə] *мед.* гры́жа *ж*

hero [´hıərəu] 1) геро́й *м* 2) *амер.* *(тж.* ~ sándwich) «сэ́ндвич богатыря́» *(поджа́ренная полови́на бато́на, разре́занного вдоль, с ломтя́ми бифште́кса, сы́ра, помидо́ров и т. п.)*; ~**ic** [hı´rəuık] герои́ческий, геро́йский; ~ic deed по́двиг *м*; ~**ism** [´herəuızm] герои́зм *м*

herring [ˈherɪŋ] сельдь ж ◊ red ~ отвлекáющий манёвр, манёвр для отвóда глаз

hers [həːz] её, принадлежáщий ей; this coat is ~ э́то её пальтó

herself [həˈself] 1) себя́; -сь; she hurt ~ онá ушиблась 2) (для усиления) самá; she did it (by) ~ онá сдéлала э́то самá

he's [hiːz] разг. = he is, he has

hesitate [ˈhezɪteɪt] колебáться

hesitation [ˌhezɪˈteɪʃn] колебáние с; нерешительность ж

hid [hɪd] past и pp от hide II

hidden [ˈhɪdn] pp от hide II

hide I [haɪd] шкýра ж, кóжа ж

hide II (hid; hídden, hid) пря́тать(ся); скрывáть(ся)

hi-fi [ˌhaɪˈfaɪ] 1. n радиоприёмник м; проигрыватель м (с высоким качеством воспроизведения звука) 2. a: ~ recórding звукозáпись высóкого кáчества

high [haɪ] 1. a 1) высóкий 2) вы́сший; ~ official вы́сший чинóвник ◊ ~ spírits весёлое настроéние; ~ life свéтская жизнь; ~ seas откры́тое мóре; (it is) ~ time давнó порá; ~ school амер. срéдняя шкóла; júnior ~ school амер. непóлная срéдняя шкóла; sénior ~ school амер. стáршие клáссы срéдней шкóлы 2. adv высокó 3. n амер. разг. = ~ school

high-altitude [ˌhaɪˈæltɪtjuːd] 1) высóтный; ~ flight высóтный полёт 2) высокогóрный;

~ rink высокогóрный катóк

highball [ˈhaɪbɔːl] коктéйль м (подаваемый в высоком стакане)

high-heeled [ˈhaɪhiːld]: ~ shoes тýфли на высóком каблукé

Highlander [ˈhaɪləndə] 1) гóрец м 2) шотлáндец м (из горной части Шотландии), шотлáндский гóрец

highlands [ˈhaɪləndz] pl нагóрье с; гóрная мéстность

highlight [ˈhaɪlaɪt] 1) вы́сшая тóчка; (сáмое) основнóе; выдаю́щееся собы́тие 2) pl: "news ~s" «сегóдня в вы́пуске»

highly [ˈhaɪlɪ] óчень, весьмá

high-rise [ˈhaɪraɪz] высóтный дом; «бáшня» ж разг.

highway [ˈhaɪweɪ] шоссé с нескл.

hijack [ˈhaɪdʒæk] угнáть (самолёт, автомобиль и т. п. с людьми или грузом), совершить налёт (на поезд и т. п.); ~ing [-ɪŋ] угóн м (особ. самолёта), воздýшное пирáтство

hike [haɪk] 1. v идти в турúстский похóд, совершáть пéшие перехóды 2. n похóд м (пеший); ~r [-ə] (пéший) турúст

hill [hɪl] холм м; горá ж

him [hɪm] (косв. п. от he) емý, егó; give ~ my addréss дáйте емý мой áдрес; have you seen ~? вы егó не ви́дели?

himself [hɪmˈself] 1) себя́; -ся; he came to ~ он пришёл в себя́ 2) (для усиления) сам;

he ~ says it он сам э́то говори́т

hinder ['hɪndə] меша́ть, препя́тствовать

Hindi ['hɪndɪ] язы́к хи́нди

hinge [hɪndʒ] (дверна́я) пе́тля́

hint [hɪnt] **1.** *n* намёк *м* **2.** *v* намека́ть

hip [hɪp] бедро́ *с*

hippie ['hɪpɪ] хи́ппи *м и ж нескл.*

hire ['haɪə] **1.** *n* прока́т *м*; on ~, for ~ напрока́т; "cars for ~ " «прока́т автомоби́лей» *(на́дпись)* **2.** *v* нанима́ть; ~d car (boat) маши́на (ло́дка), взя́тая напрока́т

his [hɪz] его́; свой; ~ answer его́ отве́т

Hispanic [hɪ'spænɪk] **1.** *a* 1) испаноговоря́щий 2) *амер. тж.* латиноамерика́нский 3) *амер.* испа́нского происхожде́ния *(origin)* **2.** *n амер.* америка́нец латиноамерика́нского происхожде́ния

historian [hɪ'stɔːrɪən] исто́рик *м*

historic [hɪ'stɔrɪk] истори́ческий, име́ющий истори́ческое значе́ние; ~al [-əl] истори́ческий, относя́щийся к исто́рии; ~al nóvel истори́ческий рома́н

history ['hɪstərɪ] исто́рия *ж*

hit [hɪt] **1.** *v* (hit) 1) ударя́ть ◊ ~ belów the belt *бокс* нанести́ уда́р ни́же по́яса 2) попада́ть; ~ the tárget попа́сть в цель **2.** *n* 1) уда́ча *ж*; ~ of the séason гвоздь сезо́на 2) *муз.* мо́дная пе́сенка, «хит» *м*, шля́гер *м*

hit-and-run [,hɪtn'rʌn]: ~ driver *авто* води́тель, скры́вшийся с ме́ста ава́рии *(соверше́нной им)*

hitch-hike ['hɪtʃhaɪk] путеше́ствовать с по́мощью автосто́па; ~r [-ə] тури́ст, путеше́ствующий с по́мощью автосто́па

hitch-hiking ['hɪtʃhaɪkɪŋ] автосто́п *м*

hive [haɪv] у́лей *м*

hoarfrost ['hɔːfrɒst] и́ней *м*

hoarse [hɔːs] хри́плый

hobby ['hɒbɪ] люби́мое заня́тие, «конёк» *м*, хо́бби *с нескл.*

hockey ['hɒkɪ] *спорт.* хокке́й *м*; field (grass) ~ травяно́й хокке́й; ice (Rússian) ~ хокке́й с ша́йбой (с мячо́м); ~ pláyer хоккеи́ст *м*; ~ stick (team) хокке́йная клю́шка (кома́нда)

hog [hɒg] свинья́ *ж*, бо́ров *м*

hoist [hɔɪst] поднима́ть *(флаг, парус)*

hold [həuld] (held) 1) держа́ть; will you ~ it for me? подержи́те, пожа́луйста! 2) владе́ть, име́ть *(possess)* 3) вмеща́ть, содержа́ть *(contain)* 4) сде́рживать; ~ one's tongue молча́ть; ~ **on** держа́ться; ~ on to the rail! держи́тесь за пери́ла!; ~ **up** заде́рживать

hole [həul] 1) дыра́ *ж*; отве́рстие *с* 2) нора́ *ж*; ~ of a bádger нора́ барсука́

holiday ['hɒlədɪ] 1) пра́здник *м*; Nátional H. национа́льный пра́здник 2) выходно́й день *(day off)* 3) о́тпуск *м*; be on (a) ~ быть в о́тпуске; ~ camp ке́мпинг *м* 4) *pl* кани́кулы *мн.*

hollow ['hɔləu] **1.** *n* 1) пустота́ *ж* 2) дупло́ *с (in a tree)* **2.** *a* 1) по́лый, пусто́й 2) впа́лый; ~ cheeks впа́лые щёки

holly ['hɔlɪ] остроли́ст *м*; a branch of ~ ве́тка остроли́ста *(рождественское украшение)*

holo‖gram ['hɔləugræm] гологра́мма *ж*; ~**graphy** [hɔ-'lɔgræfɪ] голографи́я *ж*

holy ['həulɪ] свяще́нный, свято́й

home [həum] **1.** *n* жили́ще *с*; дом *м*; at ~ до́ма; make yourself at ~ бу́дьте как до́ма ◊ back ~ на ро́дине **2.** *a* 1) дома́шний; ~ economics домово́дство *с* 2) вну́тренний; H. Office Министе́рство вну́тренних дел *(в Великобритании)* **3.** *adv* домо́й; ~**land** [-lænd] ро́дина *ж*; ~**room** [-ru:m] кла́сcная ко́мната *(в школе — для приготовления уроков и внеклассной работы)*; ~room téacher кла́ссный руководи́тель; ~**sick** [-sɪk] тоску́ющий по ро́дине, по до́му; ~-**team** [-ti:m] хозя́ева по́ля; ~**work** [-wək] дома́шнее зада́ние

homicide ['hɔmɪsaɪd] *юр.* (непреднаме́ренное) уби́йство; justifíable ~ уби́йство с це́лью самозащи́ты

honest ['ɔnɪst] че́стный; ~**y** [-ɪ] че́стность *ж*

honey ['hʌnɪ] мёд *м* ◊ *разг. в обраще́нии* ми́лочка

ж; ~**moon** [-mu:n] медо́вый ме́сяц

honour ['ɔnə] 1) честь *ж*; in ~ в честь 2) почёт *м*; ~ tour (lap) *спорт.* круг почёта 3) *pl* по́чести *мн.*; mílitary ~s во́инские по́чести; ~**able** [-rəbl] 1) почётный; ~able président почётный председа́тель 2) почтённый; ~able cólleague уважа́емый колле́га

hood [hud] 1) капюшо́н *м* 2) *амер. авто* капо́т *м (автомоби́ля)*

hook [huk] **1.** *n* крюк *м* **2.** *v* 1) зацепля́ть 2) застёгивать на крючо́к *(fasten)*; ~-**up** [-ʌp] *эл.* схе́ма *ж*

hooligan ['hu:lɪgən] хулига́н *м*; ~**ism** [-ɪzm] хулига́нство *с*

hoop [hu:p] о́бруч *м*

hoot [hu:t] гуде́ть, свисте́ть; *авто* сигна́лить

hop [hɔp] **1.** *n* прыжо́к *м*; ~, step and jump *спорт.* тройно́й прыжо́к **2.** *v* скака́ть

hope [həup] **1.** *n* наде́жда *ж* **2.** *v* наде́яться; ~**ful** [-ful] 1) наде́ющийся; оптимисти́чески настро́енный 2) подаю́щий наде́жды *(promising)*; ~**less** [-lɪs] безнадёжный

horizon [hə'raɪzn] горизо́нт *м*

horizontal [ˌhɔrɪ'zɔntl] горизонта́льный

horn [hɔ:n] 1) por *м* 2) *муз.* труба́ *ж*, валто́рна *ж* 3) *авто* гудо́к *м*, сигна́л *м*

horrible ['hɔrəbl] ужа́сный, отврати́тельный

horror ['hɔrə] у́жас *м*; ~ film фильм у́жасов

hors-d'oeuvre [ˌɔːˈdəːvr] за-
ку́ска *ж*

horse [hɔːs] ло́шадь *ж*; конь *м*
(тж. гимнастический снаряд);
pómmel ∼ *(гимнастика)* а)
конь *м (снаряд)*; б) упражне́-
ния на коне́ *(exercise)*; **∼back**
[-bæk]: on ∼back верхо́м;
∼man [-mən] вса́дник *м*;
∼shoe [ˈhɔːʃuː] подко́ва *ж*

hose [həuz] 1) рука́в *м*,
шланг *м* 2) ка́мера *ж (of a
bicycle)*

hosiery [ˈhəuzɪərɪ] чуло́чные
изде́лия; трикота́ж *м*

hospitable [ˈhɔspɪtəbl] госте-
прии́мный

hospital [ˈhɔspɪtl] больни́ца
ж, го́спиталь *м*

hospitality [ˌhɔspɪˈtælɪtɪ] го-
степрии́мство *с*; show ∼ ока-
за́ть гостеприи́мство

host [həust] хозя́ин *м*; play
∼ to принима́ть *кого-л.*

hostage [ˈhɔstɪdʒ] зало́жник
м

hostess [ˈhəustɪs] хозя́йка *ж*

hostile [ˈhɔstaɪl] вражде́б-
ный

hostility [hɔˈstɪlɪtɪ] 1) враж-
де́бность *ж* 2) *pl* вое́нные де́й-
ствия

hot [hɔt] 1) горя́чий, жа́ркий
(as of water, weather, etc) 2)
о́стрый *(of food)* ◊ ∼ pants
(обтягивающие дамские) шо́р-
ты *мн.*; ∼ spot *полит.* «горя́чая
то́чка», оча́г вое́нной опа́сно-
сти; **∼bed** [-bed]: ∼bed of war
оча́г войны́

hotel [həuˈtel] гости́ница *ж*,
оте́ль *м*

hothouse [ˈhɔthaus] оранже-
ре́я *ж*, тепли́ца *ж*; ∼ effect
тепли́чный эффе́кт

hour [auə] час *м*; an ∼ and a
half полтора́ часа́; in an ∼ че́-
рез час; news évery ∼ on the
∼ *(beginning at 6 a.m.)* пере-
да́ча новосте́й ежеча́сно (на-
чина́я с 6 часо́в утра́)

house [haus] 1) дом *м* 2) *(тж.
the House)* пала́та *ж (парла-
мента)*; the H. of Cómmons па-
ла́та о́бщин; the H. of Lords
пала́та ло́рдов; the H. of Represéntatives *амер.* пала́та
представи́телей; **∼maid**
[-meid] го́рничная *ж*; **∼-warm-
ing** [-ˌwɔːmɪŋ] новосе́лье *с
(торжество)*; **∼wife** [-waif] до-
ма́шняя хозя́йка

housing [ˈhauzɪŋ] 1) помеще́-
ние *с*; жильё *с*; ∼ próblem жи-
ли́щный вопро́с 2) жили́щное
строи́тельство *(construction)*

hovercraft [ˈhɔvəkrɑːft] су́д-
но на возду́шной поду́шке

how [hau] как?; каки́м о́бра-
зом?; ∼ do you like..? как вам
нра́вится..?; ∼ can I get there?
как мне попа́сть туда́?; ∼ do
you know it? отку́да вы э́то
зна́ете? ◊ ∼ much? ско́лько?;
∼ much is it? ско́лько э́то сто́-
ит?; ∼ are you? как вы по-
жива́ете?; ∼ do you do? здра́в-
ствуйте!; **∼-ever** [-ˈevə] одна́-
ко; всё-таки, тем не ме́нее

HP [ˌeɪtʃˈpiː] (hórsepower)
тех. лошади́ная си́ла

huge [hjuːdʒ] огро́мный, гро-
ма́дный

hullo [hʌˈləu] *см.* helló

human ['hju:mən] челове́ческий; ~ be'ing челове́к *м*; ~ élement *эк.* челове́ческий (ли́чный) фа́ктор; ~e [hju:'mein] челове́чный, гума́нный; ~ity [hju:'mæniti] 1) челове́чество *с (mankind)* 2) гума́нность *ж*; crime agáinst ~ity преступле́ние про́тив челове́чества (челове́чности)

humble ['hʌmbl] 1) скро́мный *(modest)* 2) поко́рный, смире́нный; ~ requést поко́рная про́сьба

humbug ['hʌmbʌg] 1) обма́н *м* 2) вздор *м*; глу́пость *ж (nonsense)*

humidity [hju:'miditi] вла́жность *ж*

humiliation [hju:,mili'eiʃn] униже́ние *с*

humour ['hju:mə] 1) ю́мор *м* 2) настрое́ние *с*; be in good ~ быть в хоро́шем настрое́нии

hundred ['hʌndrəd] сто, со́тня *ж*; a ~ and fífty полтора́ста; eléven (twelve...níneteen) ~ ты́сяча сто (ты́сяча две́сти...ты́сяча девятьсо́т); ~th [-θ] со́тый

hundredweight ['hʌndrədweit] англи́йский це́нтнер (= 50,8 *кг*)

hung [hʌŋ] *past и pp от* hang

hunger ['hʌŋgə] го́лод *м*

hungry ['hʌŋgri] голо́дный; are you ~ ? хоти́те есть?

hunt [hʌnt] 1. *n* охо́та *ж* 2. *v* 1) охо́титься 2) гна́ться *(smb —* за *кем-л.) (chase)*; ~er [-ə] охо́тник *м*

hurdle ['hə:dl] *спорт.* барье́р

м; clear the ~ взять барье́р; ~-race [-reis] барье́рный бег, бег с препя́тствиями

hurricane ['hʌrikən] урага́н *м*

hurry ['hʌri] 1. *n* спе́шка *ж*; be in a ~ торопи́ться 2. *v* торопи́ть(ся); ~ up! скоре́е!

hurt [hə:t] (hurt) 1) причиня́ть боль; ушиба́ть 2) *разг.* боле́ть; my hand ~s у меня́ боли́т рука́

husband ['hʌzbənd] муж *м*

hush [hʌʃ]: ~! ти́ше! ◊ ~ up замя́ть

hut [hʌt] хи́жина *ж*, лачу́га *ж*

Hyde Park [,haid'pa:k] Гайд-па́рк *м (центральный парк в Лондоне)*

hydrofoil ['haidrəfɔil] су́дно на подво́дных кры́льях

hydrogen ['haidridʒən] водоро́д *м*

hydroplane ['haidrəplein] гли́ссер *м (motor-boat)*

hygiene ['haidʒi:n] гигие́на *ж*

hypertension [,haipə'tenʃn] *мед.* гипертони́я *ж*

hypocrisy [hi'pɔkrəsi] лицеме́рие *с*

hysterical [hi'sterikəl] истери́ческий

I

I [ai] я

IAEA [,aiei:'ei] (Intern-átional Atómic Énergy Agency)

МАГАТЭ (Междунаро́дное аге́нтство по а́томной эне́ргии)

ICAO [ˌaɪ'kæəu] (Internátional Cívil Aviátion Organizátion) ИКА́О (Междунаро́дная организа́ция гражда́нской авиа́ции)

ICBM [ˌaɪsiːbiː'em] (Intercontinéntal ballístic míssile) МБР (межконтинента́льная баллисти́ческая раке́та)

ice [aɪs] 1) лёд м; ~ dáncing та́нцы на льду; ~ hóckey см. hóckey; ~ cube ку́бик льда; ~ show бале́т на льду 2) *амер.* (*тж.* Itálian ice) фрукто́вое моро́женое; ~-**box** [-bɔks] *амер.* холоди́льник м; ~-**breaker** [-ˌbreɪkə] ледоко́л м; atómic ~-breaker а́томный ледоко́л; ~**cream** [-kriːm] моро́женое *с*

I'd [aɪd] *разг.* = I had, I should, I would

ID [ˌaɪ'diː] (identificátion) (*тж.* I.D. card) удостовере́ние ли́чности

idea [aɪ'dɪə] иде́я ж; мысль ж; I háven't the slíghtest ~ abóut it я не име́ю об э́том ни мале́йшего представле́ния

ideal [aɪ'dɪəl] **1.** *a* идеа́льный **2.** *n* идеа́л м

identification [aɪˌdentɪfɪ'keɪʃn]: ~ card удостовере́ние ли́чности

identify [aɪ'dentɪfaɪ] 1) отождествля́ть 2) опознава́ть; could you ~ your súitcase amóng these? вы мо́жете отыска́ть здесь свой чемода́н?

ideolog‖y [ˌaɪdɪ'ɔlədʒɪ] идеоло́гия ж; ~**ical** [ˌaɪdɪə'lɔdʒɪkəl] 1) идеологи́ческий 2) иде́йный; the ~ical cóntent of the nóvel иде́йное содержа́ние рома́на

idiom ['ɪdɪəm] 1) язы́к м; диале́кт м; lócal ~ ме́стное наре́чие 2) идио́ма ж; ~**atic** [ˌɪdɪə'mætɪk] идиомати́ческий; ~atic expréssion идиомати́ческое выраже́ние

idiot ['ɪdɪət] идио́т м

idle ['aɪdl] **1.** *a* пра́здный, лени́вый **2.** *v авто* рабо́тать на холосто́м ходу́

i.e. [ˌaɪ'iː] (that is) то́ есть, а и́менно

if [ɪf] е́сли; е́сли бы; ли; if póssible е́сли возмо́жно; if ónly е́сли бы; хотя́ бы; I don't know if he is here я не зна́ю, здесь ли он; as if как бу́дто

ignorant ['ɪgnərənt] неве́жественный (*illiterate*)

ignore [ɪg'nɔː] 1) не знать (*smth — чего-л.*) 2) пренебрега́ть (*чем-л., кем-л.*); игнори́ровать (*что-л., кого-л.*) (*refuse to notice*)

ill [ɪl] 1): be ~ быть больны́м; fall ~ заболе́ть 2) плохо́й (*bad*); ~ will зла́я во́ля, вражде́бность ж

illegal [ɪ'liːgəl] незако́нный, нелега́льный ◊ ~ áliens *амер.* незако́нные иммигра́нты (*особ. мексиканские сельскохозяйственные рабочие*)

illiterate [ɪ'lɪtərɪt] негра́мотный

illness ['ɪlnɪs] боле́знь ж

illuminate [ɪ'luːmɪneɪt] осве

щать; ~d signs световáя реклáма

illumination [ɪˌluːmɪˈneɪʃn] 1) освещéние с 2) (тж. pl) иллюминáция ж (festive lights)

illustrate [ˈɪləstreɪt] иллюстрúровать; поясня́ть

I'm [aɪm] разг. = I am

image [ˈɪmɪdʒ] 1) óбраз м; изображéние с (тж. глв.) 2) «úмидж» м, репутáция ж; ~-**building** [-bɪldɪŋ] вы́работка «лицá» (искусственное, через рекламу, создание репутации, особ. политического деятеля)

imagination [ɪˌmædʒɪˈneɪʃn] воображéние с

imagine [ɪˈmædʒɪn] воображáть, представля́ть себé

imitate [ˈɪmɪteɪt] подражáть

imitation [ˌɪmɪˈteɪʃn] 1) подражáние с 2) имитáция ж; in ~ márble под мрáмор; ~ pearls искýсственный жéмчуг

immediate [ɪˈmiːdɪət] 1) непосрéдственный, прямóй 2) ближáйший (nearest) 3) немéдленный; ~ replý срóчный отвéт; ~**ly** [-lɪ] немéдленно

immense [ɪˈmens] огрóмный, необъя́тный

immigration [ˌɪmɪˈɡreɪʃn] иммигрáция ж; "~" «пáспортный контрóль» (надпись); ~ ófficer иммиграциóнный чинóвник

immoral [ɪˈmɔrəl] безнрáвственный

immortal [ɪˈmɔtl] бессмéртный; ~ fame вéчная слáва

impartial [ɪmˈpɑːʃəl] беспристрáстный

impasse [ˈɪmpæs] тупúк м

impatient [ɪmˈpeɪʃənt] нетерпелúвый; he's much too ~ уж слúшком емý не тéрпится

impeach [ɪmˈpiːtʃ]: ~ a prés-ident амер. полит. начáть процéсс импúчмента; ~**ment** [-mənt] амер. полит. импúчмент (решение палаты представителей возбудить в сенате дело о снятии президента с его поста)

imperialism [ɪmˈpɪərɪəlɪzm] империалúзм м

imperialist [ɪmˈpɪərɪəlɪst] империалистúческий

impetus [ˈɪmpɪtəs] 1) толчóк м 2) стúмул м

implement 1. n [ˈɪmplɪmənt] орýдие с; инструмéнт м **2.** v [ˈɪmplɪment] применя́ть, осуществля́ть; ~**ation** [ˌɪmplɪmenˈteɪʃn] реализáция (плáнов), проведéние в жизнь (решéний)

imply [ɪmˈplaɪ] 1) означáть; подразумевáть (entail) 2) намекáть (hint)

import 1. n [ˈɪmpɔt] úмпорт м, ввоз м; ~ dúty ввознáя пóшлина **2.** v [ɪmˈpɔt] импортúровать, ввозúть

importance [ɪmˈpɔtəns] вáжность ж, значúтельность ж

important [ɪmˈpɔtənt] вáжный, значúтельный

impose [ɪmˈpəuz] 1) налагáть; облагáть; ~ a dúty обложúть налóгом 2) навя́зывать (on, upón smb — кому-л.)

impossible [ɪmˈpɔsəbl] невозможный; невыполнимый

impress [ɪmˈpres] производить впечатление; I was ~ed by... на меня произвёл впечатление...; ~ion [ɪmˈpreʃn] впечатление *c*

imprison [ɪmˈprɪzn] заключать в тюрьму

improbable [ɪmˈprɔbəbl] невероятный, неправдоподобный

improve [ɪmˈpruːv] улучшать(ся), совершенствовать (-ся); ~ the results улучшить результат; ~ment [-mənt] улучшение *c*, усовершенствование *c*

impulse [ˈɪmpʌls] толчок *м*, импульс *м*

in [ɪn] **1.** *prep* 1) в, во; in Moscow в Москве; in nineteen seventeen в тысяча девятьсот семнадцатом году; in the army в армии; in disorder в беспорядке; in memory of... в память о... 2) на; in the South на юге; what street do you live in? на какой улице вы живёте? 3) через; in two (three) hours через два (три) часа 4) по-; say it in English скажите это по-английски 5) *передаётся тв. п.*; in pencil карандашом; in winter зимой ◊ in order для того чтобы **2.** *adv* внутри; внутрь; is he in? он на месте?; let her in впустите её (*в помещение*); it's time to go in пора заходить ◊ be in for: he is in for a big surprise ему предстоит большой сюрприз **3.** *a* исклю-

чительный, замкнутый (*о круге лиц*); a member of the in crowd (он, она) входят в замкнутый круг лиц

in. [ɪn] *см.* inch

inability [ˌɪnəˈbɪlɪtɪ] неспособность *ж*

inaccurate [ɪnˈækjurɪt] неточный

inadequate [ɪnˈædɪkwɪt] не отвечающий требованиям; недостаточный

inappropriate [ˌɪnəˈprəupriːt] неуместный, неподходящий

inaugural [ɪˈnɔːgjurəl] вступительный; I. Address *амер.* речь президента при вступлении в должность

inauguration [ɪˌnɔːgjuˈreɪʃn] торжественное открытие (*памятника, выставки и т. п.*); введение в должность

incapable [ɪnˈkeɪpəbl] неспособный (of — к, на)

incentive [ɪnˈsentɪv] стимул *м*, побуждение *c* (*stimulus*)

inch [ɪntʃ] дюйм *м* (= 2,5 см)

incident [ˈɪnsɪdənt] случай *м*, происшествие *c*; ~al [ˌɪnsɪˈdentl] случайный; ~ally [ˌɪnsɪˈdentlɪ] 1) между прочим; ~ally, I used to know him между прочим, я знал его раньше 2) случайно (*by chance*)

incite [ɪnˈsaɪt] возбуждать; подстрекать

inclination [ˌɪnklɪˈneɪʃn] склонность *ж* (for, to — к)

include [ɪnˈkluːd] содержать в себе, включать; ~ in the delegation (team) включить в состав делегации (команды);

~d [-ɪd] включа́я, включи́тельно; Wédnesday ~d по сре́ду включи́тельно

including [ɪn'klu:dɪŋ] включа́я, в том числе́

income ['ɪnkʌm] дохо́д *м*; ~ tax подохо́дный нало́г

incomprehensible [ɪn,kɔmprɪ'hensəbl] непоня́тный, непостижи́мый

inconsistent [,ɪnkən'sɪstənt] непосле́довательный

increase 1. *n* ['ɪnkri:s] возраста́ние *с*, рост *м*, увеличе́ние *с* **2.** *v* [ɪn'kri:s] увели́чивать(ся); уси́ливать(ся)

incredible [ɪn'kredəbl] неверо́ятный

indecent [ɪn'di:snt] неприли́чный

indeed [ɪn'di:d] 1) в са́мом де́ле, действи́тельно 2) *(для усиления)*: it's véry cold ~! ну и хо́лод!

indefinite [ɪn'defɪnɪt] неопределённый

indelible [ɪn'delɪbl] несмыва́емый; ~ ink несмыва́емые черни́ла

independence [,ɪndɪ'pendəns] незави́симость *ж*

independent [,ɪndɪ'pendənt] незави́симый (of — от)

in-depth ['ɪndepθ] глубо́кий, углублённый; ~ study глубо́кое изуче́ние

index ['ɪndeks] 1) указа́тель *м*, и́ндекс *м* 2) *(тж.* índex fínger) указа́тельный па́лец

Indian ['ɪndɪən] **1.** *a* 1) инди́йский *(of India)* 2) инде́йский *(of American Indians)*; ~ club

спорт. булава́ *ж*; ~ corn *амер.* кукуру́за *ж* ◇ ~ súmmer «ба́бье ле́то» **2.** *n* 1) инди́ец *м*, индиа́нка *ж* 2) *(тж.* Américan Índian) инде́ец *м*, индиа́нка *ж*

indicate ['ɪndɪkeɪt] ука́зывать, пока́зывать

indifferent [ɪn'dɪfrənt] равноду́шный, безразли́чный

indigenous [ɪn'dɪdʒənəs] коренно́й, ме́стный *(о населении)*

indignation [,ɪndɪg'neɪʃn] негодова́ние *с*, возмуще́ние *с*

indirect [,ɪndɪ'rekt] 1) непрямо́й 2) ко́свенный; ~ táxes ко́свенные нало́ги

individual [,ɪndɪ'vɪdʒuəl] **1.** *a* 1) ли́чный, индивидуа́льный; ~ chámpionship ли́чное пе́рвенство 2) отде́льный *(separate)* **2.** *n* челове́к *м*

indoor ['ɪndɔ:]: ~ rink ле́тний като́к; ~ pool закры́тый бассе́йн; ~s [,ɪn'dɔ:z] до́ма, в помеще́нии

indulge [ɪn'dʌldʒ] *(тж.* indúlge onesélf in) предава́ться *(излишествам)*

industrial [ɪn'dʌstrɪəl] промы́шленный; ~ áccident несча́стный слу́чай на произво́дстве; ~ áction забасто́вка *ж (рабочих на заводе)*; ~ únion отраслево́й профсою́з

industrious [ɪn'dʌstrɪəs] трудолюби́вый, приле́жный

industry ['ɪndəstrɪ] промы́шленность *ж*; о́трасль *ж (промышленности или хозяйства)*; tóurist ~ тури́зм *м (отрасль)*

inevitable [ɪˈnevɪtəbl] неизбе́жный

infant [ˈɪnfənt] младе́нец *m*, ребёнок *m*

infection [ɪnˈfekʃn] инфе́кция *ж*

inferior [ɪnˈfɪərɪə] 1) ни́зший *(по положению)* 2) плохо́й; ху́дший *(по качеству)*; of ~ quálity ни́зкого ка́чества

inflammation [ˌɪnfləˈmeɪʃn] воспале́ние *c*

inflate [ɪnˈfleɪt] 1) надува́ть *(воздухом, газом)* 2) *перен.* раздува́ть

influence [ˈɪnfluəns] 1. *n* влия́ние *c*; únder the ~ of под влия́нием 2. *v* влия́ть

influenza [ˌɪnfluˈenzə] грипп *м*

inform [ɪnˈfɔːm] сообща́ть, уведомля́ть; have you been ~ed abóut it? вас извести́ли об э́том?

informal [ɪnˈfɔːml] неофициа́льный; ~ vísit неофициа́льный визи́т

information [ˌɪnfəˈmeɪʃn] сообще́ние *c*, све́дения *мн.*; ~ búreau *амер.* спра́вочное бюро́

informed [ɪnˈfɔːmd] компете́нтный, информи́рованный

infraction [ɪnˈfrækʃn] наруше́ние *c*; ~ of a law наруше́ние зако́на

ingredient [ɪnˈɡriːdɪənt] составна́я часть

inhabitant [ɪnˈhæbɪtənt] жи́тель *м*

inherit [ɪnˈherɪt] (у)насле́довать; ~ance [-əns] насле́дство *c*

in-house [ˈɪnhaus] внутриве́домственный

inhuman [ɪnˈhjuːmən] бесчелове́чный, жесто́кий

initial [ɪˈnɪʃəl] 1. *a* (перво-)нача́льный 2. *n pl* инициа́лы *мн.* 3. *v* визи́ровать (докуме́нт); ~ here, please поста́вьте здесь свои́ инициа́лы

initiative [ɪˈnɪʃɪətɪv] инициати́ва *ж*; on the ~ (of) по инициати́ве

injection [ɪnˈdʒekʃn] уко́л *м*, инъе́кция *ж*

injure [ˈɪndʒə] 1) повреди́ть; ра́нить 2) оби́деть *(insult)*

injury [ˈɪndʒərɪ] 1) поврежде́ние *c*, вред *м* 2) *мед.* тра́вма *ж*, уши́б *м*

ink [ɪŋk] черни́ла *мн.*

inlay [ˈɪnleɪ] инкруста́ция *ж*

inn [ɪn] гости́ница *ж* *(обычно с рестораном)*

inner [ˈɪnə] вну́тренний; ~ tube *(тж.* tube) *авто* ка́мера *ж* ◊ ~ city *амер.* 1) ста́рый го́род *(старый центр)* 2) (негритя́нское) ге́тто

innocent [ˈɪnəsnt] 1) неви́нный 2) *юр.* невино́вный ◊ ~ pássage *мор.* ми́рный прохо́д *(особ. через проливы и т. п.)*

innovation [ˌɪnəuˈveɪʃn] нововведе́ние *c*; нова́торство *c*

inoculation [ɪˌnɔkjuˈleɪʃn] *мед.* приви́вка *ж*

input [ˈɪnput] 1) *эк.* вклад *м*, вложе́ние *c* 2) ввод *м* *(данных в ЭВМ и т. п.)*

inquire [ɪnˈkwaɪə] 1) спра́шивать, справля́ться 2) исследовать; ~ ínto the mátter изучи́ть вопро́с

inquiry [ɪn'kwaɪərɪ] запро́с *м*; make inquíries наводи́ть спра́вки; ~ óffice *брит.* спра́вочное бюро́

inquisitive [ɪn'kwɪzɪtɪv] любопы́тный, любозна́тельный

inroad ['ɪnrəud]: make an ~ прони́кнуть (вто́ргнуться) на чужу́ю террито́рию (*тж. перен.*)

insan‖e [ɪn'seɪn] сумасше́дший, ненорма́льный; ~ity [ɪn'sænɪtɪ] сумасше́ствие *с*

inscription [ɪn'skrɪpʃn] на́дпись *ж*

insect ['ɪnsekt] насеко́мое *с*

insert [ɪn'sɜːt] вставля́ть; ~ on page 2 вста́вка на стр. 2

inside [ɪn'saɪd] **1.** *n* вну́тренняя сторона́; изна́нка *ж*; on the ~ изнутри́; turn ~ out вы́вернуть наизна́нку **2.** *adv* внутри́, внутрь; ~r [-ə] 1) инса́йдер *м*, член у́зкого кру́га 2) дове́ренное лицо́

insignificant [ˌɪnsɪg'nɪfɪkənt] незначи́тельный, пустяко́вый

insist [ɪn'sɪst] наста́ивать (*on — на*); ~ent [-ənt] насто́йчивый; ~ent demánds насто́йчивые тре́бования

inspect [ɪn'spekt] 1) внима́тельно осма́тривать (*scrutinize*) 2) инспекти́ровать (*examine officially*); ~ion [ɪn'spekʃn] 1) осмо́тр *м* 2) инспе́кция *ж*; géneral ~ реви́зия *ж*

inspire [ɪn'spaɪə] вдохновля́ть

instalment [ɪn'stɔːlmənt] 1)

очередно́й взнос; by ~s в рассро́чку 2) вы́пуск *м*, се́рия *ж* (*of a book*)

instance ['ɪnstəns]: for ~ наприме́р

instant ['ɪnstənt] **1.** *n* мгнове́ние *с* **2.** *a* : ~ cóffee (tea) раствори́мый ко́фе (чай); ~ly [-lɪ] неме́дленно, сейча́с же

instead [ɪn'sted] вме́сто, взаме́н; ~ of this вме́сто э́того

instep ['ɪnstep] подъём *м* (*ноги́, боти́нка*)

institute ['ɪnstɪtjuːt] **1.** *n* институ́т *м* **2.** *v* учрежда́ть, устана́вливать (*set up*)

institution [ˌɪnstɪ'tjuːʃn] учрежде́ние *с*; ~s of léarning уче́бные заведе́ния

instruct [ɪn'strʌkt] учи́ть, инструкти́ровать; ~ion [ɪn'strʌkʃn] 1) обуче́ние *с* 2) *pl* инстру́кция *ж*, указа́ния *мн.*; ~or [-ə] инстру́ктор *м*, преподава́тель *м*

instrument ['ɪnstrumənt] 1) инструме́нт *м; перен. тж.* ору́дие *с* 2) прибо́р *м*; precísion ~ то́чный прибо́р

insult 1. *n* ['ɪnsʌlt] оскорбле́ние *с* **2.** *v* [ɪn'sʌlt] оскорбля́ть

insurance [ɪn'ʃuərəns] страхова́ние *с*; life (próperty) ~ страхова́ние жи́зни (иму́щества)

insure [ɪn'ʃuə] страхова́ть

intact [ɪn'tækt] це́лый и невреди́мый

integral ['ɪntɪgrəl] неотъе́млемый

intellect ['ɪntɪlekt] ум *м*, интелле́кт *м*

intellectual [ˌɪntɪˈlektʃuəl] **1.** *a* умственный, интеллектуальный **2.** *n* интеллигент *м*

intelligence [ɪnˈtelɪdʒəns] 1) ум *м*, интеллект *м*; artificial ~ искусственный разум; ~ test проверка умственных способностей 2) (*тж.* intelligence service) разведка *ж*

intelligent [ɪnˈtelɪdʒent] умный

intelligible [ɪnˈtelɪdʒəbl] понятный, вразумительный

intend [ɪnˈtend] собираться, намереваться

intense [ɪnˈtens] сильный, мощный; ~ heat сильная жара, пекло *с*

intensify [ɪnˈtensɪfaɪ] усиливать(ся)

intensive [ɪnˈtensɪv] интенсивный; ~ care unit (ward) *мед.* блок интенсивной терапии

intention [ɪnˈtenʃn] намерение *с*; стремление *с*

intercom [ˈɪntəkɔm] селектор *м*

intercontinental [ˌɪntəkɔntɪˈnentl] межконтинентальный; ~ ballistic missile *см.* ICBM

interest [ˈɪntrɪst] **1.** *n* 1) интерес *м*; read with ~ читать с интересом 2) процент *м*; five per cent ~ из пяти процентов **2.** *v* интересовать, заинтересовывать; be ~ed in интересоваться (*чем-л.*); ~ing [-ɪŋ] интересный

interface [ˈɪntəfeɪs] стык *м*

interfere [ˌɪntəˈfɪə] 1) вмешиваться (in, with) 2) мешать;

вредить (with); ~ with one's health вредить здоровью; ~nce [-rəns] вмешательство *с*

interim [ˈɪntərɪm] предварительный, временный; ~ report предварительный отчёт

interior [ɪnˈtɪərɪə] **1.** *a* внутренний **2.** *n* 1) внутренность *ж* 2): Secretary of the I. *амер.* министр внутренних дел

intermediary [ˌɪntəˈmiːdɪərɪ] посредник *м*

intermission [ˌɪntəˈmɪʃn] *амер.* антракт *м*

internal [ɪnˈtɜːnl] внутренний; ~ affairs внутренние дела; ~ revenue доход от внутреннего налогообложения

international [ˌɪntəˈnæʃnəl] международный; ~ law международное право; I. Women's Day Международный женский день; I. Day in Defence of Children Международный день защиты детей; I. Student's Day Международный день студентов; I. Union of Students (IUS) Международный союз студентов (МСС); ~ism [-ɪzm] интернационализм *м*

interpret [ɪnˈtɜːprɪt] 1) объяснять, толковать (explain) 2) переводить устно (translate) 3) *иск.* исполнять; ~er [-ə] переводчик *м* (*устный*); conference ~er синхронист *м*

interrupt [ˌɪntəˈrʌpt] прерывать

intersection [ˌɪntəˈsekʃn] перекрёсток *м*

interval [ˈɪntəvəl] 1) промежу́ток *м*, интерва́л *м* 2) переры́в *м* (*break*) 3) *брит. театр.* антра́кт *м*

intervention [ˌɪntə'venʃn] 1) *воен.* интерве́нция *ж* 2) вмеша́тельство *с* (*interference*) 3) выступле́ние в пре́ниях (*in debate*)

interview ['ɪntəvju:] **1.** *n* 1) встре́ча *ж*, бесе́да *ж* 2) интервью́ *с нескл.*; give an ~ дать интервью́ **2.** *v* брать интервью́ (*smb — у кого́-л.*)

intimate ['ɪntɪmɪt] инти́мный, бли́зкий; ~ friend бли́зкий друг

into ['ɪntu] 1) в, во; come ~ the room войти́ в ко́мнату 2) на; transláte ~ Rússian переводи́ть на ру́сский язы́к

Intourist (agency) [ɪn'tuərɪst (ˈeɪdʒənsɪ)] «Интури́ст» *м*

introduce [ˌɪntrə'dju:s] 1) вводи́ть 2) представля́ть, знако́мить; allów me to ~ mysélf разреши́те предста́виться; please ~ me to... познако́мьте меня́, пожа́луйста, с...; let me ~ to you... разреши́те предста́вить вам... 3) вноси́ть на обсужде́ние (*a bill, etc*)

introduction [ˌɪntrə'dʌkʃn] 1) представле́ние *с*, знако́мство *с*; létter of ~ рекоменда́тельное письмо́ 2) предисло́вие *с* (*to a book*)

intrude [ɪn'tru:d] вторга́ться; I hope I am not intrúding... наде́юсь, я не помеша́л...

invade [ɪn'veɪd] вторга́ться; ~r [-ə] захва́тчик *м*, оккупа́нт *м*

invalid I ['ɪnvəliːd] больно́й *м*; инвали́д *м*

invalid II [ɪn'vælɪd] недействи́тельный; the pass is ~ про́пуск недействи́телен

invaluable [ɪn'væljubl] неоцени́мый, бесце́нный

invasion [ɪn'veɪʒn] вторже́ние *с*, наше́ствие *с*

invent [ɪn'vent] 1) изобрета́ть 2) выду́мывать; ~ an excúse приду́мать оправда́ние; ~ion [ɪn'venʃn] 1) изобрете́ние *с* 2) вы́думка *ж*; it's pure ~ion э́то сплошно́й вы́мысел; ~or [-ə] изобрета́тель *м*

invest [ɪn'vest] вкла́дывать, помеща́ть (*капитал*)

investigate [ɪn'vestɪgeɪt] 1) иссле́довать; ~ a próblem иссле́довать вопро́с 2) рассле́довать (*inquire into*)

investment [ɪn'vestmənt] капиталовложе́ние *с*

invisible [ɪn'vɪzəbl] неви́димый

invitation [ˌɪnvɪ'teɪʃn] приглаше́ние *с*; on the ~... по приглаше́нию...

invite [ɪn'vaɪt] приглаша́ть; we ~ you to tea (dínner) мы приглаша́ем вас на ча́шку ча́я (на у́жин); let me ~ you разреши́те пригласи́ть вас

involve [ɪn'vɔlv] вовлека́ть, вме́шивать; be ~d уча́ствовать, быть заинтересо́ванным

iodine ['aɪədiːn] йод *м*

IQ [ˌaɪ'kju:] (*тж.* intélligence quótient) *амер.* коэффицие́нт у́мственного разви́тия (*выражаемый в процентах*)

Irish [ˈaɪərɪʃ] 1. *a* ирландский 2. *n* 1) (the ~) *собир.* ирландцы 2) ирландский язык; ~**man** [-mən] ирландец *м*; ~**woman** [-wumən] ирландка *ж*

iron [ˈaɪən] 1. *n* 1) железо *с*; cast ~ чугун *м* 2) утюг *м*; steam ~ утюг с паром 2. *a* железный 3. *v* гладить; would you ~ my dress (shirt)? выгладите мне, пожалуйста, платье (рубашку)

ironic(al) [aɪˈrɒnɪk(əl)] иронический; it's ~ that... парадоксально, что...

ironmonger [ˈaɪənˌmʌŋgə]: ~'s shop *брит.* хозяйственный магазин

irresponsible [ˌɪrɪˈspɒnsəbl] безответственный

irrigation [ˌɪrɪˈgeɪʃn] орошение *с*

irritate [ˈɪrɪteɪt] раздражать; злить

is [ɪz] *3 л. ед. наст. от* be

Islam [ˈɪzlɑːm] ислам *м*; мусульманство *с*

island [ˈaɪlənd] остров *м*

isle [aɪl] остров(ок) *м*

isn't [ˈɪznt] *разг.* = is not

issue [ˈɪʃuː] 1. *n* 1) исход *м* (*outcome*) 2) издание *с*, выпуск *м*; ~ of stamps выпуск марок 3) номер *м*; today's ~ of the paper сегодняшний номер газеты 4) вопрос *м*; предмет спора; ~ of the day животрепещущий вопрос 2. *v* издавать; ~ a law издать закон

isthmus [ˈɪsməs] перешеек *м*

it [ɪt] 1) он, она, оно 2) это;

it is me это я 3) *не переводится*; it's raining (snowing) идёт дождь (снег); it is said говорят; it is winter сейчас зима

item [ˈaɪtəm] 1) пункт *м*, параграф *м*; ~ of the agenda пункт повестки дня 2) предмет *м* (*в списке*); the first ~ in the catalogue первый предмет, указанный в каталоге 3): ~ on the program(me) номер программы

itinerary [aɪˈtɪnərərɪ] маршрут *м*

it's [ɪts] *разг.* = it is

its [ɪts] его, её; свой

itself [ɪtˈself] 1) себя; -ся; the baby hurt ~ ребёнок ушибся 2) сам, сама, само; in ~ само по себе

I've [aɪv] *разг.* = I have

ivory [ˈaɪvərɪ] слоновая кость

ivy [ˈaɪvɪ] плющ *м*

J

jack [dʒæk] *тех.* домкрат *м*

jacket [ˈdʒækɪt] 1) жакет *м* (*lady's*); куртка *ж* (*man's*) 2) конверт (*м*) для грампластинки

jail [dʒeɪl] тюрьма *ж*

jam I [dʒæm] 1. *n* давка *ж*; затор *м*; traffic ~ пробка *ж*, затор *м* (*уличного движения*) 2. *v* 1) зажимать, сжимать 2) втискивать, впихивать (*into*)

jam II повидло *с*, джем *м*

janitor [ˈdʒænɪtə] 1) швейцар

м; амер. дво́рник *(caretaker)* 2) = enginéer 3)

January ['dʒænjuəгɪ] янва́рь *м*

javelin ['dʒævlɪn] копьё *с*; ~ thrówing *спорт.* мета́ние копья́

jaw [dʒɔ:] че́люсть *ж*; lówer (úpper) ~ ни́жняя (ве́рхняя) че́люсть

jazz [dʒæz] джаз *м*; ~ band джаз-орке́стр *м*; ~ músic джа́зовая му́зыка; ~-rock [,dʒæz-'rɔk] джаз-ро́к *м*

jealous ['dʒeləs] ревни́вый; ~y [-ɪ] ре́вность *ж*

jeep [dʒi:p] *авто* джип *м*

jeer [dʒɪə] **1.** *v* издева́ться **2.** *n* издёвка *ж*

jelly ['dʒelɪ] 1) желе́ *с*; ~fish [-fɪʃ] меду́за *ж*

jerk [dʒə:k] 1) ре́зкий толчо́к 2) *спорт.* рыво́к *м* 3) *pl (тж.* phýsical jerks) *разг.* заря́дка *ж* 4) *амер. разг.* подо́нок *м*

jersey ['dʒə:zɪ] 1) фуфа́йка *ж*, вя́заная ко́фта, сви́тер *м* 2) джерси́ *с нескл. (трикотажная ткань)*

jest [dʒest] шу́тка *ж*

jet [dʒet] 1) струя́ *ж*; ~ éngine реакти́вный дви́гатель 2) *(тж.* jet plane) реакти́вный самолёт; ~-lag [-læg] сбой *(м)* вре́мени *(при перелёте через несколько часовых поясов)*; ~-set [-set] эли́та *ж*, и́збранные *мн.*

Jew [dʒu:] евре́й *м*

jewel ['dʒu:əl] 1) драгоце́нный ка́мень 2) *pl* драгоце́нности *мн.*; ~ler [-ə] ювели́р *м*; ~ry [-гɪ] драгоце́нности *мн.*

Jewish ['dʒu:ɪʃ] 1) евре́йский 2) и́диш *(язык)*

job [dʒɔb] 1) рабо́та *ж*, де́ло *с* 2) ме́сто *с*, слу́жба *ж*; out of ~ без рабо́ты ◊ ~ áction заба́стовка *ж*, ста́чка *ж*; ~ lot барахо́лка *ж разг.*

jockey ['dʒɔki:] жоке́й *м*

jog [dʒɔg] **1.** *n* трусца́ *ж* **2.** *v* бежа́ть трусцо́й; ~ging [-ɪŋ] бег трусцо́й

join [dʒɔɪn] 1) соединя́ть(ся); объединя́ть(ся) 2) вступа́ть *(в общество и т. п.)*; ~ the párty вступи́ть в па́ртию; ~er [-ə] столя́р *м*

joint [dʒɔɪnt] **1.** *n* 1) суста́в *м*; put the arm out of ~ вы́вихнуть ру́ку; put the arm ínto ~ (agáin) впра́вить ру́ку 2) *брит.* кусо́к мя́са; a cut from the ~ ло́мтик ро́стбифа 3) *разг.* рестора́нчик *м*, зла́чное ме́сто 4) *жарг.* сигаре́та с марихуа́ной **2.** *a* соединённый; совме́стный; ~ éfforts объединённые уси́лия

joke [dʒəuk] **1.** *n* шу́тка *ж* **2.** *v* шути́ть

jolly ['dʒɔlɪ] весёлый, пра́здничный

journal ['dʒə:nl] периоди́ческое изда́ние *(газета, журнал)*; ~ist ['dʒə:nəlɪst] журнали́ст *м*

journey ['dʒə:nɪ] путеше́ствие *с*; пое́здка *ж*; did you have a nice ~ ? как вы дое́хали?; I wish you a good ~! счастли́вого пути́!

joy [dʒɔɪ] ра́дость *ж*

jubilee ['dʒu:bɪli:] 1) юбиле́й *м*; gólden (sílver) ~ пятидеся-

тилéтний (двадцатипятилéт-
ний) юбилéй 2) прáзднество
с

judge [dʒʌdʒ] **1.** *n* 1) *юр.* судья́
м 2) (the ~s) *спорт.* судéйская
коллéгия **2.** *v* суди́ть о; ~**ment**
[-mənt] суждéние *с*; мнéние *с*

judo [ˈdʒuːdəu] *спорт.* дзюдо́
с нескл.

jug [dʒʌg] *брит.* кувши́н *м*

juggler [ˈdʒʌglə] жонглёр *м*;
фо́кусник *м*

juice [dʒuːs] сок *м*; grape
(órange) ~ виногра́дный
(апельси́новый) сок

juicy [ˈdʒuːsɪ] со́чный

julep [ˈdʒuːlɪp] 1) па́тока *ж*
2) *мед.* (сла́дкая) миксту́ра

July [dʒuˈlaɪ] июль *м*

jumbo [ˈdʒʌmbəu] огро́мный;
~ jet *ав.* широкофюзеля́ж-
ный реакти́вный ла́йнер

jump [dʒʌmp] **1.** *n* 1) прыжо́к
м; rúnning (stánding, párachute) ~ прыжо́к с разбéга (с
мéста, с парашю́том); broad
~ *амер.* прыжо́к в длину́ 2)
(лёгкая атлéтика): long (high)
~ прыжки́ в длину́ (в высоту́);
tríple ~ тройно́й прыжо́к **2.** *v*
1) пры́гать 2) (*тж.* jump óver)
перепры́гивать (чéрез *что-л.*);
~ the rope пры́гать чéрез верё-
вочку 3) проска́кивать; the
týpewriter ~s a space на ма-
ши́нке проска́кивает бу́ква 4)
заска́кивать; ~ a bus вскочи́ть
в автобус 5) съесть (*шашки*)
◊ ~ bail скры́ться от суда́ (*и
пренебрéчь зало́гом*); ~ ship
дезерти́ровать; ~ the gun (по-
спéшно) хвата́ться за писто-

лéт, «лезть в буты́лку»; ~
down соскочи́ть, спры́гнуть;
~**-start** [-stɑːt]: ~-start the
car *авто* заводи́ть маши́ну
(*толкая её или при помощи
проводов от другого автомобиля*); ~ **up** подпры́гивать;
вска́кивать

jumper [ˈdʒʌmpə] джéмпер
м

junction [ˈdʒʌŋkʃn] 1) соеди-
нéние *с* 2) *ж.-д.* у́зел *м*

June [dʒuːn] июнь *м*

jungle [ˈdʒʌŋgl] джу́нгли *мн.*;
asphalt ~ асфáльтовые джу́нг-
ли

junior [ˈdʒuːnɪə] **1.** *a* 1) мла́д-
ший; ~ pártner мла́дший парт-
нёр; ~ cóllege «мла́дший»
коллéдж (*типа техникума*) 2)
(J.) мла́дший (*после имени*) **2.**
n амер. студéнт предпослéдне-
го (*обычно трéтьего*) ку́рса

junk [dʒʌŋk] ути́ль *м*, от-
бро́сы *мн.*; ~ food суррога́т-
ная пи́ща (*с химическими и пр.
искусственными добавками,
особ. в закусочных, автома-
тах и т. п.*); ~ yard 1) сва́лка
ж 2) *авто* автомоби́льное кла́д-
бище

jury [ˈdʒuərɪ] 1) *юр.* прися́ж-
ные *мн.* 2) жюри́ *с нескл.*; ~
of the artístic competítions
жюри́ худо́жественных ко́н-
курсов; the ~ rests у жюри́
вопро́сов нет

just I [dʒʌst] 1) справедли́-
вый 2) обосно́ванный; ~ rewárd заслу́женная награ́да

just II 1) то́чно, как ра́з; ~
so! совершéнно вéрно! 2) то́ль-

ко что; he has ~ left он только что ушёл

justice [ˈdʒʌstɪs] 1) справедливость ж 2) *юр.* правосудие *с*

justify [ˈdʒʌstɪfaɪ] оправдывать

juvenile [ˈdʒuːvənaɪl] юный, юношеский; ~ delinquent малолетний преступник

К

kangaroo [ˌkæŋɡəˈruː] кенгуру *м*

karate [kəˈrɑːtɪ] каратэ *с нескл.*

kasha [ˈkɑːʃə] *амер.* гречка ж, гречневая крупа

kayak [ˈkaɪæk] *спорт.* байдарка ж

keel [kiːl] **1.** *n* киль м **2.** *v:* ~ over опрокинуться *(о шлюпке или яхте)*

keen [kiːn] 1) острый; ~ sight острое зрение 2) сильный, резкий; ~ interest живой интерес ◊ be ~ on проявлять живой интерес к *(чему-л.)*, увлекаться *(чем-л.)*

keep [kiːp] **1.** *v* (kept) 1) хранить; where do you ~ your tools? где у тебя инструмент?; ~ this seat for me, please сохраните, пожалуйста, это место для меня 2) держать(ся); ~ together! не расходитесь! 3) содержать; ~ rabbits разводить кроликов 4) соблюдать; ~ quiet! тише!, соблюдайте тишину!; ~ moving!

проходите!, не задерживайтесь!; ~ back хранить в секрете; ~ off держаться в стороне; "~ off" «вход воспрещён» *(надпись)*; "~ off the grass!" «по газонам не ходить!» *(надпись)*; ~ on (doing *smth*) не прекращать (делать *что-л.*) ◊ I haven't kept you waiting, have I? надеюсь, я не заставил себя ждать?; ~ shop распоряжаться; who's ~ing shop here? кто тут командует (парадом)?; ~ records вести протоколы (отчётность); ~ a secret хранить в тайне **2.** *n:* for ~s *разг.* насовсем

keepsake [ˈkiːpseɪk]: give smth as a ~ подарить что-л. на память

kept [kept] *past и pp от* keep

kernel [ˈkəːnl] ядро *с*, ядрышко *с*

kettle [ˈketl] (металлический) чайник

key [kiː] 1) (to) ключ м (от *чего-л.*); *перен.* ключ (к *чему-л.*) 2) *муз.* ключ м, тональность ж 3) *муз.* клавиша ж (of *a piano, etc*); ~board [-bɔːd] клавиатура ж, (клавишный) пульт м

kick [kɪk] **1.** *n* 1) пинок м 2) *спорт.* удар м; corner (free, direct free, penalty) ~ угловой (свободный, штрафной, одиннадцатиметровый) удар **2.** *v* лягать, пинать, толкать *(ногой)*

kid [kɪd] 1) козлёнок м 2) (*тж.* kid-skin) лайка ж *(кожа)* 3) *разг.* малыш м; ~-gloves

[-glʌvz] ла́йковые перча́тки

kidnap ['kɪdnæp] похища́ть кого́-л. *(насильно или обманом)*

kidney ['kɪdnɪ] *анат.* по́чка *ж*

kill [kɪl] 1) убива́ть 2) бить, ре́зать; ~ the cáttle ре́зать скот ◊ ~ the ball *спорт.* гаси́ть мяч

kiln [kɪln] печь (*ж*) для о́бжига

kilogram(me) ['kɪləgræm] килогра́мм *м*

kilometre ['kɪlə‚miːtə] киломе́тр *м*

kilt [kɪlt] килт *м*, шотла́ндская мужска́я ю́бка

kind I [kaɪnd] род *м*, сорт *м* ◊ a ~ of не́что вро́де

kind II до́брый, любе́зный; be so ~ as to... бу́дьте насто́лько любе́зны...

kindergarten ['kɪndə‚gɑːtn] де́тский сад

kindly ['kaɪndlɪ] ла́сково; любе́зно; will you ~ tell me the time? бу́дьте любе́зны, скажи́те, кото́рый час?

kindness ['kaɪndnɪs] доброта́ *ж*

king [kɪŋ] коро́ль *м (тж. шахм. и карт.);* ~ cóbra короле́вская ко́бра; **~dom** [-dəm] короле́вство *с*, ца́рство *с*; **~-size** [-saɪz] разме́р «гига́нт»; **~-size** cigaréttes дли́нные сигаре́ты *(100 мм стандарта)*

kipper ['kɪpə] копчёная селёд(оч)ка *(разрезанная вдоль)*

kiss [kɪs] **1.** *n* поцелу́й *м* **2.** *v* целова́ть

kit [kɪt] набо́р *м*; fírst-aid ~ дома́шняя апте́чка; plúmber's ~ набо́р слеса́рных инструме́нтов; do-it-yoursélf ~ набо́р дета́лей «сде́лай сам»

kitchen ['kɪtʃɪn] ку́хня *ж*; ~ gárden огоро́д *м*; **~ette** [‚kɪtʃɪ'net] «китчене́т» *м*, шкаф-ку́хня *м*

kite [kaɪt] возду́шный змей; fly a ~ запуска́ть змея

knackwurst ['nækwəst] сарде́лька *ж*

knave [neɪv] *карт.* вале́т *м*

knee [niː] коле́но *с*

knee‖-cap ['niːkæp] коле́нная ча́шечка; **~-deep** [-diːp] *перен.* погру́женный по́ уши; **~-pad** [-pæd] *спорт.* наколе́нник *м*

knew [njuː] *past от* know

knife [naɪf] нож *м*

knight [naɪt] 1) ры́царь *м* 2) *шахм.* конь *м*

knit [nɪt] вяза́ть; **~ted** [-ɪd] вя́заный, трикота́жный

knock [nɔk] **1.** *n* 1) уда́р *м* 2) стук *м*; ~ at the door стук в дверь **2.** *v* ударя́ть(ся), бить; стуча́ть(ся); ~ **down** сбива́ть с ног; *бокс* посла́ть в нокда́ун; ~ **out** а) вы́бить, вы́колотить; б) *бокс* нокаути́ровать; **~down** [-‚daun] *бокс* нокда́ун *м*; **~out** [-‚aut] *бокс* нока́ут *м*

knot [nɔt] **1.** *n* у́зел *м* **2.** *v* завя́зывать у́зел; ~ a tie завяза́ть га́лстук

know [nəu] (knew; known) 1) знать; as far as I ~ наско́лько мне изве́стно 2) узнава́ть; I'll ~ it tomórrow я узна́ю э́то за́втра 3) уме́ть; do you ~ how to do it? вы уме́ете э́то де́лать? ◇ to ~ one's own búsiness не вме́шиваться в чужи́е дела́; to ~ a thing or two прекра́сно разбира́ться; **~-how** [-hau] на́выки *мн.*, зна́ния *мн.*; transfér the indústrial ~-how передава́ть техни́ческий о́пыт

knowledge [ˈnɔlɪdʒ] зна́ния *мн.*

known [nəun] **1.** *a* изве́стный **2.** *pp от* know

Koran [kɔːˈrɑːn] Кора́н *м*

Kremlin [ˈkremlɪn] (the ~) Кремль *м*

L

lab [læb] *разг.=* labóratory

label [ˈleɪbl] **1.** *n* ярлы́к *м*; этике́тка *ж* **2.** *v* накле́ивать ярлы́к

laboratory [ləˈbɔrətrɪ] лаборато́рия *ж*

labour [ˈleɪbə] **1.** *n* 1) труд *м*; рабо́та *ж* 2) рабо́чие *мн.*; рабо́чий класс; L.Párty лейбори́стская па́ртия; L.Day *амер.* День труда́ (*первый понеде́льник сентября́*) **2.** *v* труди́ться, рабо́тать; **~ite** [ˈleɪbərait] лейбори́ст *м*

lace [leɪs] **1.** *n* 1) кру́жево *с* 2) (*тж.* shóe-lace) шнуро́к *м* **2.** *v:* **~ up** зашнурова́ть

lack [læk] **1.** *n* отсу́тствие *с*, недоста́ток *м*; ~ of cónfidence отсу́тствие дове́рия; for ~ of time из-за нехва́тки вре́мени **2.** *v* недостава́ть

lad [læd] па́рень *м*

ladder [ˈlædə] 1) ле́стница *ж* (*приставная*) 2) *мор.* трап *м* 3) *брит.* спусти́вшаяся пе́тля, доро́жка *ж* (*на чулке*)

lady [ˈleɪdɪ] да́ма *ж*; ládies and géntlemen! да́мы и господа́!, ле́ди и джентльме́ны!; ládies' room же́нский туале́т, да́мская ко́мната; ládies' háir-dressing saloón да́мская парикма́херская

lag [læg] (*тж.* lag behínd) отстава́ть

lager [ˈlɑːgə] (*тж.* láger beer) (све́тлое) пи́во

laid [leɪd] *past и pp от* lay

lain [leɪn] *pp от* lie II

lake [leɪk] о́зеро *с*; Swan L. bállet бале́т «Лебеди́ное о́зеро»

lamb [læm] ягнёнок *м*; ~skin [-skɪn] мерлу́шка *ж*

lame [leɪm] хромо́й ◇ ~ duck «га́дкий утёнок», неуда́чник *м*

lamp [læmp] ла́мпа *ж*; фона́рь *м*

lampoon [læmˈpuːn] сати́ра *ж*; памфле́т *м*

lamp‖post [ˈlæmppəust] фона́рный столб; ~-shade [-ʃeɪd] абажу́р *м*

land [lænd] **1.** *n* 1) земля́ *ж*, су́ша *ж* 2) страна́ *ж*; dístant ~s да́льние стра́ны **2.** *v* 1) выса́живаться на бе́рег; we ~ed in the port of Odéssa мы вы́садились в оде́сском порту́ 2) *ав.* приземля́ться; ~ing [-ɪŋ] 1) (ле́стничная) площа́дка (*of a staircase*) 2) *ав.* поса́дка *ж*;

~ing field поса́дочная пло-
ща́дка; ~ing cápsule *косм.*
спуска́емый аппара́т

land‖lady ['lænd,leɪdɪ] хо-
зя́йка *ж (дома, гостиницы)*;
~-lord [-lɔːd] 1) поме́щик *м*,
лендло́рд *м (landowner)* 2) хо-
зя́ин *м (дома, гостиницы)*;
~owner ['lænd,əunə] поме́щик
м, землевладе́лец *м*

land‖scape ['lænd,skeɪp] пей-
за́ж *м*; **~-slide** [-slaɪd] 1) о́пол-
зень *м* 2) блестя́щая побе́да
(особ. на выборах)

lane [leɪn] 1) у́зкая доро́га,
тропи́нка *ж* 2) переу́лок *м (bystreet)* 3) *авто* ряд *м*; right ~
пра́вый ряд; four ~ tráffic че-
тырёхря́дное движе́ние 4)
*спорт. (плавание и лёгкая ат-
летика)* доро́жка *ж*; ínside
(first) ~ вну́тренняя (пе́рвая)
доро́жка

language ['læŋgwɪdʒ] язы́к *м*
(речь)

lantern ['læntən] фона́рь *м*

lap I [læp] коле́ни *мн.*; hold
smth (smb) in one's ~ держа́ть
что-л. *(кого-л.)* на коле́нях

lap II *спорт.* круг *м*, эта́п *м*;
do three ~s пройти́ три кру́га
(три эта́па); ~ of hónour круг
почёта

larceny ['lɑːsənɪ] воровство́
с; pétty ~ ме́лкая кра́жа;
grand ~ кру́пное хище́ние

large [lɑːdʒ] 1) большо́й,
кру́пный 2) многочи́сленный,
значи́тельный; ~ majórity
значи́тельное большинство́ ◊
Ambássador at ~ посо́л по осо́-
бым поруче́ниям; be at ~ быть

в бега́х *(of a criminal)*; ~ly
[-lɪ] в значи́тельной сте́пени

lark [lɑːk] жа́воронок *м*

laser ['leɪzə] ла́зер *м*; ~
súrgery ла́зерная хирурги́я

last I [lɑːst] *(превосх. ст. от*
late) **1.** *a* 1) после́дний 2)
про́шлый; ~ time в про́шлый
раз **2.** *adv* в после́дний раз;
when did you see them ~? ког-
да́ вы ви́дели их в после́дний
раз? **3.** *n*: at ~ наконе́ц; to the
~ до конца́

last II дли́ться; **~ing** [-ɪŋ]
дли́тельный; про́чный; ~ing
peace про́чный мир

latch [lætʃ] засо́в *м*, задви́ж-
ка *ж*

late [leɪt] **1.** *a* (láter, látter;
látest, last) 1) по́здний; keep ~
hóurs по́здно ложи́ться спать
2): be ~ опа́здывать; the train
is one hour ~ по́езд опа́здыва-
ет на час 3) неда́вний, после́д-
ний; ~st news после́дние из-
ве́стия 4) (the ~) поко́йный,
уме́рший **2.** *adv* (láter; látest,
last) по́здно; ~ at night по́здно
ве́чером; **~ly** [-lɪ] неда́вно; за
после́днее вре́мя

lathe [leɪð] (тока́рный) ста-
но́к

lather ['lɑːðə] **1.** *n* мы́льная
пе́на; мы́льная па́ста *(для
бритья)* **2.** *v* намы́ливать

latitude ['lætɪtjuːd] *геогр.*
широта́ *ж*

latter ['lætə] 1) *сравн. ст. от*
late 1 2) после́дний *(из выше-
перечисленных)*, второй

laugh [lɑːf] смея́ться (at —
над); **~ter** [-tə] смех *м*

launch [lɔ:ntʃ] 1) броса́ть, мета́ть; ~ a spear метну́ть копьё 2) приступа́ть; пуска́ть в ход (*initiate*) 3) спусти́ть на́ воду (*of a ship*) 4) запуска́ть; ~ a rócket (míssile, *etc*) запусти́ть (баллисти́ческую *и т. п.*) раке́ту; ~ing [-ɪŋ]: ~ing pad ста́ртовая площа́дка (*для запуска ракет*)

laundromat ['lɔ:ndrəmæt] автомати́ческая пра́чечная, пра́чечная самообслу́живания

laundry ['lɔ:ndrɪ] 1) пра́чечная ж 2) бельё с (*для стирки или из стирки*); hasn't the ~ come back yet? бельё ещё не верну́лось из сти́рки?

laureate ['lɔ:rɪɪt] лауреа́т м; Internátional Cóntest L. лауреа́т междунаро́дного ко́нкурса

laurel ['lɔrəl] 1) лавр м 2) *pl перен.* ла́вры *мн.*; по́чести *мн.*

lavatory ['lævətərɪ] убо́рная ж

law [lɔ:] 1) зако́н м; ~ enfórcement ágencies правоохрани́тельные о́рганы 2) *юр.* пра́во с; cústomary (internátional) ~ обы́чное (междунаро́дное) пра́во; ~ful [-ful] зако́нный

lawn [lɔ:n] газо́н м; (зелёная) лужа́йка; ~-mower [-məʊə] газонокоси́лка ж

lawyer ['lɔ:jə] юри́ст м; адвока́т м

laxative ['læksətɪv] слаби́тельное с

lay I [leɪ] *past от* lie II

lay II (laid) 1) класть, положи́ть 2) возлага́ть; ~ a wreath возложи́ть вено́к 3) накрыва́ть, стели́ть; ~ the táble (the cloth) накры́ть на сто́л; ~ **down** а) укла́дывать; б) закла́дывать; ~ down a mónument заложи́ть па́мятник; ~ **off** 1) откла́дывать (*put aside*) 2) уво́лить (*fire*); ~ **out** плани́ровать; ~ out a gárden разби́ть сад

lazy ['leɪzɪ] лени́вый

lead I [led] 1) свине́ц м 2) гри́фель м (*for a pencil*)

lead II [li:d] (led) 1) вести́; лиди́ровать, быть пе́рвым; ~ the way пока́зывать доро́гу 2) руководи́ть; ~ the chóir дирижи́ровать хо́ром

leader ['li:də] 1) руководи́тель м; ли́дер м; House (Sénate) majórity (minórity) ~ *амер. полит.* ли́дер большинства́ (меньшинства́) в пала́те представи́телей (в сена́те) 2) (*тж.* léading árticle) передова́я статья́ (*особ. брит.*) 3) *муз.* дирижёр м 4) *муз.* пе́рвая скри́пка (*concertmaster*); ~ship [-ʃɪp] руково́дство с

leaf [li:f] лист м; ~let [-lɪt] листо́вка ж

league [li:g] ли́га ж, сою́з м

leak [li:k] **1.** *n* 1) проте́чка ж; devélop a ~ поте́чь 2) тре́щина ж, щель ж (*flaw*) 3) уте́чка (информа́ции) **2.** *v* 1) протека́ть (*about gas or liquid*) 2) (*тж.* leak out) проса́чиваться

lean I [li:n] (leaned, leant) прислоня́ть(ся); облока́чиваться; "do not ~!" «не облока́чиваться!» (*надпись*)

lean II худоща́вый, то́щий

leant [lent] *past и pp от* lean I

leap [liːp] **1.** *n* прыжо́к *м*; hop, ~ and jump *брит. спорт.* тройно́й прыжо́к **2.** *v* (leapt, leaped) пры́гать

leapt [lept] *past и pp от* leap 2

leap-year ['liːpjɪə] високо́сный год

learn [ləːn] (learnt, learned) 1) учи́ть(ся) 2) узнава́ть; when did you ~ that? когда́ вы об э́том узна́ли?

learnt [ləːnt] *past и pp от* learn

lease [liːs] **1.** *n* аре́нда *ж* **2.** *v* 1) сдава́ть в аре́нду *(grant)* 2) брать в аре́нду *(take)*

least [liːst] **1.** *a (превосх. ст. от* little 1) наиме́ньший; мале́йший **2.** *adv (превосх. ст. от* little 2) наиме́нее **3.** *n* (the ~) са́мое ме́ньшее ◊ at ~ по кра́йней ме́ре

leather ['leðə] ко́жа *ж*

leave I [liːv] 1) разреше́ние *с (permission)* 2) о́тпуск *м*; sick ~ о́тпуск по боле́зни 3): take ~ of проща́ться с *(кем-л., чем-л.)*

leave II (left) 1) покида́ть; оставля́ть 2) уезжа́ть; I'm léaving tomórrow за́втра я уезжа́ю

lecture ['lektʃə] ле́кция *ж*; ~r ['lektʃərə] 1) ле́ктор *м*; докла́дчик *м* 2) *(in a college)* преподава́тель вы́сшего уче́бного заведе́ния (≅ *старший преподава́тель)*

led [led] *past и pp от* lead II

left I [left] *past и pp от* leave II

left II 1. *a* ле́вый **2.** *adv* нале́во, сле́ва; on (to) the ~ (of) сле́ва (от); ~**-hand** [-'hænd] левосторо́нний; ~-hand tráffic левосторо́ннее движе́ние; ~**ist** [-ɪst] *полит.* лева́к *м*; ~**-wing** [-wɪŋ] *полит.* ле́вый

leg [leg] 1) нога́ *ж* 2) но́жка *ж*; ~ of a chair но́жка сту́ла ◊ ~ of the jóurney отре́зок пути́; ~ of the tríangle *мат.* сторона́ треуго́льника

legacy ['legəsɪ] 1) насле́дство *с* 2) насле́дие *с*

legal ['liːgəl] 1) юриди́ческий 2) зако́нный *(lawful)*

legation [lɪ'geɪʃn] *дип.* ми́ссия *ж*

legislation [ˌledʒɪs'leɪʃn] законода́тельство *с*

legislative ['ledʒɪslətɪv] законода́тельный; ~ bódy законода́тельный о́рган

legislature ['ledʒɪsleɪtʃə] законода́тельный о́рган

legitimate [lɪ'dʒɪtɪmɪt] 1) зако́нный 2) обосно́ванный; solútion обосно́ванное реше́ние

leisure ['leʒə] досу́г *м*; at ~ в свобо́дное вре́мя

lemon ['lemən] 1) лимо́н *м*; ~ squash лимо́нный напи́ток 2) *амер. разг.* брак *м*, бро́совая вещь; this car is a ~ (э́та) маши́на — барахло́; ~**ade** [ˌlemə'neɪd] лимона́д *м*

lend [lend] (lent) дава́ть взаймы́

lending-library ['lendɪŋˌlaɪ-

brəгı] библиоте́ка *ж* абоне-
ме́нт *м*

length [leŋθ] длина́ *ж*; win by
a ~ *спорт.* вы́играть на длину́
ло́дки (на ко́рпус ло́шади)

lens [lenz] 1) ли́нза *ж* 2) *фото*
объекти́в *м*; pówer of the ~
светоси́ла *ж*; telescópic ~ те-
леобъекти́в *м*; wide-ángle ~
широкоуго́льник *м* 3) *авто* оп-
ти́ческий элеме́нт *(фары, под-
фа́рника)*

lent [lent] *past и pp от* lend

leotard ['liːətɑːd] трико́ *с*,
гимнасти́ческий костю́м

less [les] 1. *а (сравн. ст. от*
líttle 1) ме́ньший 2. *adv (сравн.
ст. от* líttle 2) ме́ньше, ме́нее

lesson ['lesn] уро́к *м*

let [let] (let) 1) дава́ть; позво-
ля́ть; пуска́ть; ~ me do it
позво́льте, я сде́лаю; ~ me
show you the way разреши́те,
я провожу́ вас; ~ me think it
óver да́йте мне поду́мать 2)
сдава́ть внаём; do you ~
rooms? тут сдаю́тся ко́мнаты?
3) *выражает приглашение к
действию:* ~'s go пойдёмте; ~
us do it дава́йте так и сде́лаем;
~ **down** подвести́; I hope you
won't ~ me down наде́юсь, вы
меня́ не подведёте; ~ **in** впус-
ка́ть; ~ **out** выпуска́ть ◊ ~
alóne a) оставля́ть в поко́е;
б) не говоря́ уже́ о; ~ smb
know сообща́ть кому́-л.

lethal ['liːθəl] смерте́льный

letter ['letə] 1) бу́ква *ж* 2)
письмо́ *с*; régistered ~ заказ-
но́е письмо́ ◊ ~ of crédit ак-
креди́тив *м*; ~ of attórney до-

ве́ренность *ж*; ~**-box** [-bɔks]
брит. почто́вый я́щик

lettuce ['letɪs] сала́т (коча́н-
ный) *(растение)*, лату́к *м*

level ['levl] у́ровень *м*; fiftéen thóusand feet abóve the
sea ~ пятна́дцать ты́сяч фу́тов
($\cong$ 4.500 *м*) над у́ровнем мо́ря

liable ['laɪəbl] 1) подве́ржен-
ный (to); he is ~ to be séasick
он подве́ржен морско́й боле́з-
ни 2) отве́тственный (за — for)

liaison [lɪ'eɪzən] связь *ж*; ~
ófficer офице́р свя́зи

liar ['laɪə] лгун *м*

liberal ['lɪbərəl] 1. *а* 1) либе-
ра́льный; L.Párty либера́ль-
ная па́ртия 2) ще́дрый *(generous)* 3): ~ (arts) educátion
широ́кое гуманита́рное образо-
ва́ние *(без специализации)*
2. *n* 1) либера́л *м* 2) (L.) член
либера́льной па́ртии

liberate ['lɪbəreɪt] освобож-
да́ть

liberation [ˌlɪbə'reɪʃn] осво-
божде́ние *с*

liberty ['lɪbətɪ] свобо́да *ж*;
at ~ на свобо́де, свобо́дный

library ['laɪbrərɪ] библиоте́-
ка *ж*; L. of Cóngress Библио-
те́ка конгре́сса *(крупнейшая
библиотека в США)*; Brítish L.
Брита́нская библиоте́ка *(крупнейшая библиотека в Великобритании, находится в помещении Британского музея)*

licence ['laɪsəns] разреше́ние
с, лице́нзия *ж*; driver's ~ *авто*
води́тельское удостовере́ние,
права́ *мн.*

lick [lɪk] лиза́ть, обли́зывать

lid [lɪd] 1) кры́шка ж 2) (тж. éyelid) ве́ко с

lie I [laɪ] **1.** n ложь ж; tell a ~ солга́ть **2.** v лгать

lie II (lay; lain) лежа́ть; быть располо́женным; ~ **down** ложи́ться

lieutenant [lefˈtenənt, амер. luːˈtenənt] лейтена́нт м

life [laɪf] жизнь ж; ~-**belt** [-belt] брит. спаса́тельный круг (по́яс); ~**boat** [-bəut] спаса́тельная ло́дка; ~**guard** [-gɑːd] спаса́тель м (дежурный на пляже); ~-**jacket** [-dʒækɪt] спаса́тельный жиле́т; ~-**preserver** [-prɪˌzɜːvə] амер. спаса́тельный круг (жиле́т и т. д.); ~**saver** [-ˌseɪvə] 1) спаса́тель м 2) спаса́тельный круг; ~-**size(d)** [-saɪz(d)] в натура́льную величину; ~-**support** [-səˈpɔːt]: ~-support sýstem косм. систе́ма жизнеобеспе́чения

lift [lɪft] **1.** n брит. лифт м ◊ give a ~ to smb подвезти́ кого́-л. **2.** v поднима́ть

light I [laɪt] **1.** n 1) свет м; by eléctric ~ при электри́ческом све́те 2) ла́мпа ж; фа́ра ж (headlight); báck-up ~s авто за́дние фонари́; párking ~s авто габари́тные огни́, подфа́рники мн. ◊ to strike a ~ заже́чь спи́чку; will you give me a ~? позво́льте прикури́ть! **2.** a све́тлый; ~ brown светло-кори́чневый **3.** v (lit, líghted) зажига́ть(ся); освеща́ть(ся); ~ a cigaréтte закури́ть сигаре́ту

light II лёгкий; ~ bréakfast лёгкий за́втрак; ~ frost сла́бый моро́з; ~ músic лёгкая му́зыка

lighter [ˈlaɪtə] см. cigaréтte líghter

lighthouse [ˈlaɪthaus] мая́к м

lightning [ˈlaɪtnɪŋ] мо́лния ж; ~ rod громоотво́д м

light-weight [ˈlaɪtweɪt] спорт. лёгкий вес (бокс)

like I [laɪk] **1.** a похо́жий, подо́бный; it's just ~ him э́то на него́ похо́же **2.** adv похо́же, подо́бно, как

like II нра́виться, люби́ть; I ~ it мне э́то нра́вится; I should ~ я хоте́л бы; as you ~ как хоти́те

likely [ˈlaɪklɪ] вероя́тно; he is ~ to come late он, вероя́тно, опозда́ет

lilac [ˈlaɪlək] **1.** n сире́нь ж **2.** a сире́невый

lily [ˈlɪlɪ] ли́лия ж

limb [lɪm] анат. коне́чность ж

lime I [laɪm] (тж. líme-tree) ли́па ж

lime II и́звесть ж; ~**stone** [-stəun] известня́к м

limit [ˈlɪmɪt] **1.** n грани́ца ж, преде́л м **2.** v ограни́чивать; ~**ation** [ˌlɪmɪˈteɪʃn] ограниче́ние с; ~**ed** [-ɪd] ограни́ченный

limp [lɪmp] хрома́ть

line [laɪn] **1.** n 1) ли́ния ж; bus ~ ли́ния авто́буса; tube ~ брит., súbway ~ амер. ли́ния метро́; hold the ~! не ве́шайте тру́бку! 2) амер. о́чередь ж; stand on ~ стоя́ть в о́череди

3) строка́ ж; drop me a few ~s черкни́те мне не́сколько строк **2.** *v:* ~ up *амер.* выстра́ивать (-ся) в ряд

linen ['lının] 1) полотно́ *с* 2) бельё *с (clothing)*

linesman ['laınzmən] *спорт.* судья́ на ли́нии

lining ['laınıŋ] подкла́дка ж

link [lıŋk] **1.** *n* 1) звено́ *с*; связь ж 2) *pl* у́зы мн. **2.** *v* соединя́ть, свя́зывать

link-up ['lıŋkʌp] стыко́вка ж *(в космосе)*

lion ['laıən] лев *м*

lip [lıp] губа́ ж; lówer (úpper) ~ ни́жняя (ве́рхняя) губа́; ~stick [-stık] губна́я пома́да

liqueur [lı'kjuə] ликёр *м*

liquid ['lıkwıd] жи́дкость ж

liquors ['lıkəz] *pl* (кре́пкие) спиртны́е напи́тки

list [lıst] спи́сок *м*; énter on the ~ внести́ в спи́сок; the last spéaker on the ~ после́дний из записа́вшихся ора́торов

lit [lıt] *past и pp от* light I, 3

literal ['lıtərəl] буква́льный

literate ['lıtərıt] гра́мотный

literature ['lıtərıtʃə] литерату́ра ж

litre ['lıtə] литр *м*

litter ['lıtə] **1.** *n* сор *м*; ~ box у́рна ж *(для мусора)* **2.** *v* сори́ть; "don't ~" «не сори́ть» *(надпись)*

little ['lıtl] **1.** *a* (less; least) 1) ма́ленький; ~ fínger мизи́нец *м (на руке)*; ~ toe мизи́нец *м (на ноге)* 2) коро́ткий; a ~ while недо́лго; it's a ~ dístance from here э́то совсе́м бли́зко

2. *adv* (less; least) немно́го, ма́ло **3.** *n:* а ~ немно́го

live [lıv] жить; where do you ~? где вы живёте? ◊ ~ up to the reputátion of... оправда́ть репута́цию...

lively ['laıvlı] живо́й, оживлённый; ~ talk жива́я бесе́да

liver ['lıvə] пе́чень ж; ~wurst [-wə:st] ли́верная колбаса́

livestock ['laıvstɔk] дома́шний скот, поголо́вье *с*

living ['lıvıŋ] **1.** *n* сре́дства к существова́нию; make one's ~ зараба́тывать на жизнь; ~ stándard жи́зненный у́ровень; ~ wage прожи́точный ми́нимум **2.** *a* живо́й; живу́щий; ~ béing живо́е существо́

living-room ['lıvıŋrum] о́бщая ко́мната

lizard ['lızəd] я́щерица ж

load [ləud] **1.** *n* груз *м* **2.** *v* 1) грузи́ть; ~ a ship грузи́ть парохо́д 2) *фото* заряжа́ть (плёнку в аппара́т)

loaf [ləuf] бу́лка ж, бато́н *м*

loan [ləun] заём *м*; ínterest-free ~s беспроце́нтные за́ймы

lobby ['lɔbı] 1) вестибю́ль *м*; фойе́ *с* 2) *парл.* кулуа́ры мн. ◊ pówerful ~ *полит.* мо́щная гру́ппа акти́вных сторо́нников, мо́щное ло́бби; ~ist [-ıst] *полит.* лобби́ст *м*

lobster ['lɔbstə] ома́р *м*

local ['ləukəl] ме́стный; ~ time ме́стное вре́мя; séven hóurs ~ time семь часо́в по ме́стному вре́мени; ~ branch ме́стное отделе́ние, перви́чная организа́ция; ~ anesthétic ме́стный нарко́з; ~ity [ləuˈkælɪtɪ] ме́стность ж

lock [lɔk] **1.** *n* 1) замо́к *м* (*in a door*) 2) шлюз *м* (*on a canal, etc*) **2.** *v* запира́ть(ся); ~er [-ə] шка́фчик *м* (*в раздева́лке*); ~er room *спорт.* раздева́лка ж

locust [ˈləukəst] саранча́ ж

lodger [ˈlɔdʒə] жиле́ц *м*

lodgings [ˈlɔdʒɪŋz] *pl* кварти́ра ж; жильё *с*

log [lɔg] бревно́ *с*

logic [ˈlɔdʒɪk] ло́гика ж

lone [ləun] одино́кий; ~r [-ə] *амер. разг.* за́мкнутый челове́к; индивидуали́ст *м*

long [lɔŋ] **1.** *a* 1) дли́нный 2) до́лгий; for a ~ time до́лгое вре́мя ◊ in the ~ run в конце́ концо́в **2.** *adv* до́лго; how ~ will you stay here? вы надо́лго прие́хали?; ~ agó давно́ ◊ ~ live..! да здра́вствует..!; ~-distance [-ˈdɪstəns]: ~-distance call междугоро́дный разгово́р; ~-distance race *спорт.* бег на дли́нную диста́нцию

longitude [ˈlɔndʒɪtjuːd] *геогр.* долгота́ ж

long-playing [ˌlɔŋˈpleɪɪŋ]: ~ récord долгоигра́ющая пласти́нка

long-range [ˌlɔŋˈreɪndʒ] 1) долгосро́чный; ~ plánning перспекти́вное плани́рование 2) да́льний, да́льнего де́йствия (*of distances*)

long-sighted [ˌlɔŋˈsaɪtɪd] дальнозо́ркий

look [luk] **1.** *n* 1) взгляд *м* (*glance*); let me have a ~ at it! разреши́те мне взгляну́ть! 2) вид *м* (*appearance*) **2.** *v* 1) смотре́ть; ~! смотри́те! 2) вы́глядеть; you ~ well вы хорошо́ вы́глядите; ~ for иска́ть; what are you ~ing for? что вы и́щете?; ~ out: ~ out! береги́тесь!; ~ over просмотре́ть, не заме́тить ◊ ~ here! послу́шайте!

looking-glass [ˈlukɪŋglɑːs] зе́ркало *с*

loom [luːm] тка́цкий стано́к

loop [luːp] 1) пе́тля ж 2) *ав.* мёртвая пе́тля; ~hole [-həul] лазе́йка ж

loose [luːs] свобо́дный; неприкреплённый

lord [lɔːd] 1) господи́н *м*; лорд *м* 2) (L.) лорд *м*, член пала́ты ло́рдов 3): L. Máyor лорд-мэ́р *м* 4) (L.) *рел.* Бог *м*, Госпо́дь *м*

lorry [ˈlɔrɪ] *брит.* грузови́к *м*

lose [luːz] (lost) 1) теря́ть 2) прои́грывать; the team dídn't ~ a síngle game кома́нда идёт без пораже́ний

loss [lɔs] 1) поте́ря ж; убы́ток *м*; ~ of time поте́ря вре́мени 2) про́игрыш *м* (*failure*) ◊ be at a ~ быть в затрудне́нии, растеря́ться

lost [lɔst] **1.** *past и pp от* lose **2.** *a*: L. and Found бюро́ нахо́док

lot [lɔt] 1) жре́бий *м*; cast ~s бро́сить жре́бий 2) у́часть ж, до́ля ж (*fate*) 3) уча́сток *м* (*земли*); párking ~ ме́сто стоя́нки автомоби́лей ◇ a ~ of мно́жество *с*, ма́сса *ж*

lottery ['lɔtərɪ] лотере́я *ж*

loud [laud] **1.** *a* 1) гро́мкий 2) шу́мный; ~ succéss шу́мный успе́х 3) крича́щий; ~ cólours крича́щие цвета́ **2.** *adv* гро́мко; speak ~er! говори́те гро́мче!; ~**speaker** [-'spiːkə] громкогово́ритель *м*

lounge [laundʒ] 1) *брит.* гости́ная *ж*, сало́н *м*; ~ suit «делово́й костю́м»; ~ dress дома́шнее пла́тье 2) холл *м* (*в гости́нице и т. п.*); meet you in the ~ бу́ду ждать вас в хо́лле 3) зал ожида́ния (*в аэропо́рту*); tránsit ~ транзи́тный зал

love [lʌv] **1.** *n* любо́вь *ж*; be in ~ with быть влюблённым в; fall in ~ with влюби́ться в **2.** *v* люби́ть; ~**ly** [-lɪ] преле́стный, краси́вый; ~**r** [-ə] 1) любо́вник *м*; возлю́бленный *м* 2) люби́тель *м*; he is a ~r of páinting он люби́тель жи́вописи; ~**-seat** [-siːt] дива́нчик *м* (*на двои́х*)

low [ləu] **1.** *a* 1) ни́зкий; ~ témperature ни́зкая температу́ра; ~ wáges ни́зкая за́работная пла́та 2) ти́хий; ~ voice ти́хий го́лос 3) пода́вленный; ~ spírits уны́ние *с* ◇ keep ~ prófile проявля́ть сде́ржанность **2.** *adv* ни́зко; ~**er** [-ə] **1.** *a* ни́зший; ни́жний **2.** *adv* ни́же **3.** *v* понижа́ть(ся); ~**-heeled** [-'hiːld] на ни́зком каблуке́; ~**-key** [-'kiː] 1) *см.* low-kéyed 2) *фо́то* вя́лый; ~**-keyed** [-'kiːd] сде́ржанный; ~-

-**necked** [-'nekt] с ни́зким вы́резом (*о пла́тье*)

loyal ['lɔɪəl] ве́рный, пре́данный; ~**ty** [-tɪ] ве́рность *ж*, пре́данность *ж*, лоя́льность *ж*; ~ty test прове́рка лоя́льности

lozenge ['lɔzɪndʒ] 1) ромб *м* 2) *мед.* табле́тка-ледене́ц *ж* (*от раздраже́ния в го́рле*)

lubricate ['luːbrɪkeɪt] сма́зывать

luck [lʌk] сча́стье *с*, уда́ча *ж*; good ~! жела́ю уда́чи!; ~**y** [-ɪ] счастли́вый, уда́чный

luggage ['lʌgɪdʒ] бага́ж *м*; pórter, take the ~, please! носи́льщик, возьми́те, пожа́луйста, э́ти ве́щи!; ~ tícket бага́жная квита́нция; ~ van бага́жный ваго́н

lukewarm [ˌluːk'wɔːm] тёплый, ко́мнатной температу́ры

lumbago [lʌm'beɪgəu] *мед.* люмба́го *с нескл.*, радикули́т *м* (*поясни́чной о́бласти*)

luminescent [ˌluːmɪ'nesnt] люминесце́нтный; ~ lamp ла́мпа дневно́го све́та

lump [lʌmp] кусо́к *м*, комо́к *м*; ~ súgar кусково́й са́хар

lunatic ['luːnətɪk] **1.** *a* сумасше́дший **2.** *n* сумасше́дший *м*

lunch [lʌntʃ] второ́й за́втрак; обе́д *м* (*в по́лдень*); have a ~ пообе́дать; ~**-box** [-bɔks] чемода́нчик для за́втрака (*обы́чно у шко́льников и рабо́чих, в ви́де жестяно́й коро́бки*); ~**-break** [-breɪk], ~**-time** [-taɪm] обе́денный переры́в

luncheon ['lʌntʃən] = lunch; ~**-bar** [-bɑː] буфе́т *м*

lungs [lʌŋz] (the ~) *pl анат.* лёгкие *мн.*

luxury [ˈlʌkʃərɪ] роскошь *ж*

lying [ˈlaɪɪŋ] *pres p от* lie I, 2 *и* II

lyrics [ˈlɪrɪks] *pl* слова песни

M

M.A. [ˌemˈeɪ] (Master of Arts) магистр искусств (*научная степень по гуманитарным наукам*)

mac [mæk] *брит. разг. см.* mackintosh

macadam(ized) [məˈkædəm-(aɪzd)]: ~ road дорога с твёрдым покрытием

machine [məˈʃiːn] машина *ж*; ~ tool станок *м*; a 4-track stereo ~ четырёхдорожечный стереофонический магнитофон; ~ry [məˈʃiːnərɪ] 1) машины *мн.*; оборудование *с* 2) механизм *м* (*тж. перен.*); ~ry for settling disputes механизм разрешения споров

mackerel [ˈmækərəl] макрель *ж*

mackintosh [ˈmækɪntəʃ] *брит.* плащ *м*

mad [mæd] 1) сумасшедший, безумный; be ~ about *smth* быть помешанным на чём-л. 2) *разг.* рассерженный, взбешённый

madam [ˈmædəm] 1) сударыня *ж* (*в официальном обращении, если фамилия неизвестна*) 2) *не переводится:* excuse me, ~! can you tell me the way..? извините, пожалуйста, вы не скажете, как пройти..? 3) госпожа *ж* (*в официальном обращении, при названии должности*); M. Chairman! госпожа председатель!

made [meɪd] *past и pp от* make; ~-to-order [-təˈɔːdə] сделанный на заказ

magazine [ˌmægəˈziːn] журнал *м*

magic [ˈmædʒɪk] волшебный; ~ian [məˈdʒɪʃn] 1) волшебник *м* (*in a fairy tale*) 2) фокусник *м* (*in a circus*)

magnify [ˈmægnɪfaɪ] увеличивать

mahogany [məˈhɒgənɪ] красное дерево

maid [meɪd] горничная *ж*, служанка *ж*

mail [meɪl] 1. *n* почта *ж*; ~ order заказ почтой 2. *v* посылать почтой; ~ing list рассылочный список; ~box [-bɒks] *амер.* почтовый ящик; ~man [-mæn] *амер.* почтальон *м*

main [meɪn] главный; ~ street главная улица; in the ~ в основном; ~land [-lənd] материк *м*; ~ly [-lɪ] главным образом

maintain [meɪnˈteɪn] 1) поддерживать; ~ friendly relations поддерживать дружеские отношения 2) содержать; ~ a family содержать семью 3) утверждать; I ~ that... я утверждаю, что...

maintenance [ˈmeɪntənəns]: ~

and repair техобслуживание *с*

maize [meɪz] *брит.* кукуру́за *ж*

majesty ['mædʒɪstɪ] 1) вели́чественность *ж* 2): His (Her, Your) M. Его́ (Её, Ва́ше) Вели́чество

majolica [mə'jɔlɪkə] майо́лика *ж*

major ['meɪdʒə] **1.** *a* 1) гла́вный 2) *муз.* мажо́р(ный) **2.** *n* *воен.* майо́р *м* **3.** *v* *амер.* специализи́роваться (in — в чём-л.); he is ~ing in crystallógraphy *(о выпускнике вуза)* он специализи́руется в кристаллогра́фии; ~ity [mə'dʒɔrɪtɪ] большинство́ *с*; great ~ity подавля́ющее большинство́

make [meɪk] (made) 1) де́лать, производи́ть, соверша́ть; ~ an attémpt сде́лать попы́тку; ~ friends подружи́ться 2) заставля́ть, побужда́ть; he made us understánd он дал нам поня́ть 3) приводи́ть в поря́док; please ~ the bed постели́те, пожа́луйста, посте́ль 4) зараба́тывать; ~ ... dóllars a week зараба́тывать ... до́лларов в неде́лю 5) *амер.* (*тж.* make it) успе́ть; ~ for спосо́бствовать; ~ for bétter understánding соде́йствовать взаимопонима́нию; ~ out разобра́ть, поня́ть; ~ up а) составля́ть; ~ up a list составля́ть спи́сок; б) компенси́ровать; I'll ~ up the dífference я доплачу́; в) выду́мывать; ~ up an excúse приду́мать оправда́ние; г) *театр.* гримова́ть

(-ся); ~-**up** [-ʌp] грим *м*; косме́тика *ж*; she álways wears a héavy ~-up она́ всегда́ си́льно накра́шена; ~-up room *театр.* убо́рная *ж*; ~-up man гримёр *м*

malaria [mə'lɛərɪə] маляри́я *ж*

male [meɪl] **1.** *a* мужско́й **2.** *n* саме́ц *м*

malfunction [mæl'fʌŋkʃən] неиспра́вность *ж*

mall [mɔl] промена́д *м* (*улица для пешеходов*); shópping ~ торго́вый центр; пасса́ж *м* (*when under a roof*)

mammal ['mæməl] млекопита́ющее *с*

man [mæn] (*pl* men) 1) челове́к *м*; ~ of scíence учёный *м* 2) мужчи́на *м*; men's room мужско́й туале́т, мужска́я ко́мната 3) *шахм.* пе́шка *ж*

manage ['mænɪdʒ] 1) руководи́ть, управля́ть, заве́довать (*control*) 2) ухитри́ться, суме́ть; I ~d to come in time мне удало́сь прийти́ во́время; ~**ment** [-mənt] управле́ние *с*, администра́ция *ж*; ~**r** [-ə] заве́дующий *м*, управля́ющий *м*, дире́ктор *м*

mandate ['mændeɪt] манда́т *м*; полномо́чия *мн.*

mandolin [,mændə'lɪn] мандоли́на *ж*

mane [meɪn] гри́ва *ж*

manicure ['mænɪkjuə] маникю́р *м*

manifesto [,mænɪ'festəu] манифе́ст *м*

Manila [mə'nɪlə]: ~ énvelope

конто́рский конве́рт *(из плот-
ной жёлтой бума́ги)*; ~ pа́per
пло́тная бума́га *(для контор-
ских конвертов)*

mankind [ˌmænˈkaɪnd] чело-
ве́чество *c*

man-made [ˈmænˌmeɪd] ис-
ку́сственный *(о материалах)*

manner [ˈmænə] 1) спо́соб *м*
2) мане́ра *ж* 3) *pl* мане́ры *мн.*

manpower [ˈmænˌpauə] рабо́-
чая си́ла

manslaughter [ˈmænˌslɔːtə]
юр. непредумы́шленное уби́й-
ство *(по неосторожности)*

mantel [ˈmæntl] *(тж.* mántel-
piece) ками́н *м*

manual [ˈmænjuəl] 1. *n* руко-
во́дство *c*, спра́вочник *м* 2. *a*
ручно́й; ~ lábour физи́ческий
труд; ~ contróls ручно́е уп-
равле́ние; ~ transmíssion *авто*
обы́чная (неавтомати́ческая)
трансми́ссия

manufacture [ˌmænjuˈfækʧə]
производи́ть; manufácturing
índustry обраба́тывающая
промы́шленность; ~r [ˌmæn-
juˈfækʧərə] промы́шленник *м*

manuscript [ˈmænjuskrɪpt]
ру́копись *ж*

many [ˈmenɪ] (more; most)
мно́гие; мно́го; how ~? ско́ль-
ко?

map [mæp] 1) ка́рта *ж (гео-
графическая)*; road ~ ка́рта
автомоби́льных доро́г, доро́ж-
ная ка́рта 2) план *м*; ~ of the
Nátional Históric Site план
мемориа́ла

maple [ˈmeɪpl] клён *м*

mar [mɑː] по́ртить

marathon [ˈmærəθən] *(тж.*
Márathon race) *спорт.* мара-
фо́н *м*, марафо́нский бег

marble [ˈmɑːbl] мра́мор *м*

March [mɑːʧ] март *м*

march [mɑːʧ] 1. *n* марш *м*;
демонстра́ция *ж*; prótest ~
марш проте́ста 2. *v* марширо-
ва́ть; идти́; ~er [-ə] демон-
стра́нт *м*; уча́стник ма́рша

margin [ˈmɑːʤɪn] 1) край *м*
2) по́ле *c (страницы)*; don't
write on the ~s! не пиши́те
на поля́х! 3) (небольшо́й) за-
па́с *(времени, денег и т. п.)*;
we've got yet a ~ of time у нас
ещё есть вре́мя ◊ by a nárrow
~ с трудо́м, едва́ не; he
escáped by a nárrow ~ он е́ле
спа́сся; ~al [-əl] 1) (to) при-
мыка́ющий (к) 2) второстепе́н-
ный; of ~al signíficance второ-
степе́нного значе́ния

marine [məˈriːn] 1) флот *м*;
mérchant ~ торго́вый флот
2) солда́т морско́й пехо́ты

mark [mɑːk] 1. *n* 1) знак *м*;
пятно́ *c* 2) при́знак *м (charac-
teristic feature)* 3) мише́нь *ж*;
hit the ~ попа́сть в цель;
miss the ~ промахну́ться
4) отме́тка *ж (in school)* ◊
up to the ~ на до́лжной высо-
те́; on your ~s! get set! go!
спорт. пригото́виться! внима́-
ние! марш! 2. *v* отмеча́ть; за-
меча́ть

marker [ˈmɑːkə] несмыва́е-
мый каранда́ш

market [ˈmɑːkɪt] ры́нок *м*

marksman [ˈmɑːksmən] мét-
кий стрело́к

marmalade [ˈmɑːməleɪd] (апельси́новое) варе́нье

marriage [ˈmærɪdʒ] брак *м*; жени́тьба *ж*, заму́жество *с*

married [ˈmærɪd] жена́тый, заму́жняя; I am ~ я жена́т *(about a man)*, я за́мужем *(about a woman)*; get ~ жени́ться *(about a man)*, выходи́ть за́муж *(about a woman)*

marry [ˈmærɪ] жени́ться *(about a man)*, выходи́ть за́муж *(about a woman)*

marshal [ˈmɑːʃəl] **1.** *n* 1) *воен.* ма́ршал *м* 2) *амер.* суде́бный исполни́тель *(in courts)* 3) *амер.* нача́льник поли́ции *(head of police department)* **2.** *v* 1) выстра́ивать *(as for a parade)* 2) составля́ть; ~ling yard сортиро́вочная ста́нция

marten [ˈmɑːtɪn] куни́ца *ж*

martial [ˈmɑːʃəl]: court ~ вое́нный трибуна́л; ~ law вое́нное положе́ние

marvellous [ˈmɑːvələs] удиви́тельный, замеча́тельный

Marxism [ˈmɑːksɪzm] маркси́зм *м*; ~-Leninism [-ˈlenɪnɪzm] маркси́зм-ленини́зм *м*

Marxist [ˈmɑːksɪst] **1.** *a* маркси́стский **2.** *n* маркси́ст *м*

mask [mɑːsk] ма́ска *ж*

mason [ˈmeɪsn] ка́менщик *м (worker)*

mass [mæs] 1) ма́сса *ж*, мно́жество *с* 2) *pl* наро́дные ма́ссы ◊ ~ média сре́дства ма́ссовой информа́ции; ~ prodúction пото́чное произво́дство; in ~ prodúction на пото́ке

mast [mɑːst] ма́чта *ж*

master [ˈmɑːstə] **1.** *n* 1) хозя́ин *м* 2) *(тж.* schóol-master) учи́тель *м* 3) ма́стер *м*; ~ of sátire ма́стер сати́ры 4): M. of Arts (Science) маги́стр иску́сств (нау́к) ◊ ~ of céremonies распоряди́тель *м (бала)*, церемониймейстер *м*; ~ key *(тж.* pásskey) универса́льный ключ *(особ. в гостинице)* **2.** *v* овладе́ть, изучи́ть; ~piece [-piːs] шеде́вр *м*

mat [mæt] полови́к *м*, ко́врик *м*

match I [mætʃ] спи́чка *ж*

match II 1. *n* 1) ро́вня *ж* и *м*, па́ра *ж* 2) брак *м (marriage)* 3) *спорт.* состяза́ние *с*, матч *м*; retúrn ~ матч-рева́нш *м* **2.** *v* подходи́ть друг дру́гу; ~ing [-ɪŋ] в одно́м сти́ле; an árm-chair and a ~ing lamp кре́сло и ла́мпа одного́ сти́ля

mate I [meɪt] *шахм.* **1.** *n* мат *м* **2.** *v* поста́вить мат

mate II това́рищ *м (companion)*

material [məˈtɪərɪəl] **1.** *n* материа́л *м* **2.** *a* материа́льный; ~ witness ва́жный свиде́тель; ~ism [-ɪzm] материали́зм *м*

maternity [məˈtəːnɪtɪ] матери́нство *с*; ~ home (hóspital) роди́льный дом

math [mæθ] *разг. см.* mathemátics

mathematician [ˌmæθɪməˈtɪʃn] матема́тик *м*

mathematics [ˌmæθɪˈmætɪks] матема́тика *ж*

matinée ['mætɪneɪ] дневно́й спекта́кль

matter ['mætə] **1.** *n* 1) *физ. и филос.* мате́рия *ж* 2) де́ло *с*, вопро́с *м*; what's the ~? в чём де́ло?; a ~ of príncipe принципиа́льный вопро́с ◊ as a ~ of course есте́ственно; as a ~ of fact на са́мом де́ле **2.** *v* име́ть значе́ние; it dóesn't ~ нева́жно, ничего́

mature [mə'tjuə] зре́лый

maxi ['mæksɪ] ма́кси *с нескл.*; ~-**dress** пла́тье-ма́кси

maxim ['mæksɪm] афори́зм *м*

May [meɪ] май *м*; M. Day Пе́рвое ма́я

may [meɪ] (might) *выража́ет* 1) *возмо́жность:* it ~ be so возмо́жно э́то так 2) *про́сьбу:* ~ I come in? мо́жно войти́? 3) *разреше́ние:* you ~ go мо́жете идти́; ~**be** [-biː] мо́жет быть

mayor [mɛə] мэр *м*

maze [meɪz] (*косв. п. от* I) лабири́нт *м*

me [miː] (*косв. п. от* I) мне; меня́; give me... да́йте мне...; have you seen me? вы ви́дели меня́?

meadow ['medəu] луг *м*

meager ['miːgə] ску́дный; ~ soil бе́дная по́чва

meal [miːl] еда́ *ж*; befóre ~s пе́ред едо́й; three ~s a day трёхра́зовое пита́ние

mean I [miːn] 1) по́длый, ни́зкий (*base*) 2) скупо́й (*stin-gy*)

mean II (meant) 1) зна́чить, означа́ть 2) име́ть в виду́; под-

разумева́ть; what do you ~? что вы хоти́те э́тим сказа́ть? ◊ he ~s búsiness он наме́рен де́йствовать

meaning ['miːnɪŋ] значе́ние *с*; смысл *м*

means [miːnz] 1) сре́дство *с*; спо́соб *м*; by ~ of посре́дством; ~ of communicátion сре́дства свя́зи 2) *pl* сре́дства *мн.*; man of ~ челове́к со сре́дствами ◊ by all ~ во что бы то ни ста́ло; by no ~ ни в ко́ем слу́чае

meant [ment] *past и pp от* mean II

mean‖time ['miːntaɪm]: in the ~ ме́жду тем, тем вре́менем; ~**while** [-waɪl] тем вре́менем

measure ['meʒə] **1.** *n* 1) ме́ра *ж*; take ~s приня́ть ме́ры 2) ме́рка *ж*; take a pérson's ~ снять ме́рку 3) *муз.* такт *м* **2.** *v* измеря́ть; отмеря́ть

meat [miːt] мя́со *с*; ~ loaf (мясно́й) руле́т; ~**balls** [-bɔlz] *pl* бито́чки *мн.*; тефте́ли *мн.*

mechanic [mɪ'kænɪk] меха́ник *м*; ~**s** [-s] меха́ника *ж*

medal ['medl] меда́ль *ж*; gold (sílver, bronze) ~ золота́я (сере́бряная, бро́нзовая) меда́ль

meddle [medl] вме́шиваться

media ['miːdɪə]: the ~ (*тж.* the mass média of communicátion) сре́дства (ма́ссовой) информа́ции (*ра́дио, пре́сса, телеви́дение*)

medical ['medɪkəl] медици́нский, враче́бный

medicine ['medsən] 1) медици́на ж 2) лека́рство *с*; can you make up this ~ for me? мо́жно у вас заказа́ть э́то лека́рство?

medieval [͵medɪ'iːvəl] средневеко́вый

medium ['miːdɪəm] сре́дний; ~ waves *радио* сре́дние во́лны; I'd like my steak ~ rare бифште́кс, пожа́луйста, не сли́шком поджа́ривайте

medley ['medlɪ] *муз.* попурри́ *с нескл.*

meet [miːt] **1.** *v* (met) 1) встреча́ть(ся); where shall I ~ you? где мы с ва́ми встре́тимся? 2) собира́ться; the committee will ~ tomórrow комите́т соберётся за́втра 3) знако́миться; ~ my friend позна-ко́мьтесь, э́то мой друг; glad to ~ you рад с ва́ми познако́миться **2.** *n спорт.* встре́ча ж, состяза́ние *с*; ~**ing** [-ɪŋ] 1) собра́ние *с*, ми́тинг *м* 2) встре́ча ж; the ~ing was véry fríendly встре́ча была́ дру́жеской

melody ['melədɪ] мело́дия ж

melon ['melən] 1) (*тж.* músk-melon) ды́ня ж 2) (*тж.* wáter-melon) арбу́з *м*

melt [melt] та́ять

member ['membə] член *м*; (club) ~s ónly вход то́лько для чле́нов (клу́ба); ~**ship** [-ʃɪp] чле́нство *с*; ~ship dues чле́нские взно́сы

memo ['meməu] 1) = memorándum 2) докладна́я ж, (докладна́я) запи́ска

memorandum [͵memə'rændəm] мемора́ндум *м*; па́мятная запи́ска

memorial [mɪ'mɔːrɪəl] **1.** *a* мемориа́льный; ~ plaque мемориа́льная доска́; Shákespeare M. Théatre Шекспи́ровский (мемориа́льный) теа́тр **2.** *n* мемориа́л *м*

memory ['memərɪ] па́мять ж; from ~ по па́мяти; in ~ of... в па́мять о...

men [men] *pl от* man

menace ['menəs] **1.** *n* угро́за ж **2.** *v* угрожа́ть

mend [mend] 1) исправля́ть, чини́ть; I want my glásses (coat) ~ed мне на́до почини́ть очки́ (пальто́) 2) што́пать (*about knitwear*)

mental ['mentl] психи́ческий; ~ lábour у́мственный труд

mention ['menʃn] **1.** *n* упомина́ние *с* **2.** *v* упомина́ть ◊ don't ~ it не сто́ит благода́рности

menu ['menjuː] (*тж.* ménu card) меню́ *с нескл.*

mercenary ['məːsənerɪ] **1.** *a* наёмный **2.** *n* наёмник *м*, найми́т *м*

merchant ['məːtʃənt] купе́ц *м*, торго́вец *м*; ~ ship торго́вое су́дно

mercy ['məːsɪ] милосе́рдие *с*; on *smb's* ~ на ми́лость *кого-л.*

mere [mɪə] просто́й; сплошно́й; it's a ~ guess э́то про́сто дога́дка; ~**ly** [-lɪ] то́лько, про́сто

merge [məːdʒ] слива́ть(ся)

meridian [mə'rɪdɪən] меридиа́н *м*; Gréenwich ~ Гри́нвичский меридиа́н

merit [ˈmerɪt] 1) заслу́га ж 2) *pl* досто́инство с (*excellence*)

mermaid [ˈmɜːmeɪd] руса́лка ж

merry [ˈmerɪ] весёлый

merry-go-round [ˈmerɪɡəʊˌraund] карусе́ль ж

mess [mes] беспоря́док м, пу́таница ж; in a ~ в беспоря́дке

message [ˈmesɪdʒ] 1) сообще́ние с; is there a ~ for me? мне что́-нибудь проси́ли переда́ть?; would you leave a ~ (for him)? что (ему́) переда́ть? 2) поруче́ние с (*errand*) 3): State of the Union ~ *амер.* посла́ние президе́нта конгре́ссу о положе́нии страны́

messenger [ˈmesɪndʒə] посы́льный м, курье́р м

met [met] *past и pp от* meet

metal [ˈmetl] мета́лл м; ~-worker [-ˌwɜːkə] металли́ст м

meteorology [ˌmiːtɪəˈrɔlədʒɪ] метеороло́гия ж

meter [ˈmiːtə] 1) счётчик м; what does the ~ say? ско́лько на счётчике? 2) *амер.* (*тж.* párking méter) счётчик на пла́тной автостоя́нке (*обычно вдоль тротуара*); "2-hour ~ párking" «двухчасова́я пла́тная стоя́нка у счётчика» (*надпись*)

method [ˈmeθəd] ме́тод м, спо́соб м

metre [ˈmiːtə] 1) метр м 2) разме́р стиха́ (*of a poem*)

metro [ˈmetrəu] метро́ с нескл., метрополите́н м (*в Москве, в Париже*)

metropolitan [ˌmetrəˈpɔlɪtən] **1.** *n рел.* митрополи́т м **2.** *a* столи́чный; городско́й (*о крупном городе в отличие от его пригородов*); ~ néwspapers а) столи́чные газе́ты; б) *амер.* нью-йо́ркские газе́ты

mice [maɪs] *pl от* mouse

microphone [ˈmaɪkrəfəun] микрофо́н м

microscope [ˈmaɪkrəskəup] микроско́п м

microwave [ˈmaɪkrəuweɪv] микроволно́вый; ~ óven высокочасто́тная (электро)пе́чь

midair [mɪdˈɛə] в во́здухе

midday [ˈmɪddeɪ] по́лдень м

middle [ˈmɪdl] **1.** *n* середи́на ж **2.** *a* сре́дний; ~ fínger сре́дний па́лец; ~ cláss(es) сре́дний слой о́бщества; ~-aged [-ˈeɪdʒd] сре́дних лет

midget [ˈmɪdʒɪt] лилипу́т м, ка́рлик м; "~man" [-mæn] «миджетме́н» м (*баллистическая ракета средней дальности*)

midi [ˈmɪdɪ] ми́ди с нескл.; ~-skirt ю́бка-ми́ди

midnight [ˈmɪdnaɪt] по́лночь ж

might I [maɪt] могу́щество с; си́ла ж

might II *past от* may

mighty [ˈmaɪtɪ] могу́щественный

mike [maɪk] *разг.* = microphone

mild [maɪld] мя́гкий; ~ climate мя́гкий кли́мат

mile [maɪl] ми́ля ж; 60 ~s
an hour 60 миль в час; ~age
[-ɪdʒ] 1) расстоя́ние в ми́лях;
число́ про́йденных миль 2) *авто* расхо́д горю́чего (*в милях
на галлон*)

militant ['mɪlɪtənt] **1.** *a* во́ин-
ственный; ~ clérgy войнст-
вующие церко́вники **2.** *n полит.* активи́ст *м*

military ['mɪlɪtərɪ] вое́нный,
во́инский; ~ attaché вое́нный
атташе́; ~ police вое́нная по-
ли́ция

milk [mɪlk] молоко́ *c*; ~man
[-mən] продаве́ц молока́

mill [mɪl] 1) фа́брика ж,
заво́д *м* (*factory*) 2) ме́льница
ж (*for grinding corn*)

millet ['mɪlɪt] про́со *c*; пше-
но́ *c*

million ['mɪlɪən] миллио́н *м*;
~aire [ˌmɪljə'nɛə] миллионе́р
м

mind [maɪnd] **1.** *n* 1) ра́зум
м; ум *м* 2) мне́ние *c*; to my ~
по моему́ мне́нию; make up
one's ~ приня́ть реше́ние;
change one's ~ переду́мать ◇
bear (keep) in ~ по́мнить,
име́ть в виду́ **2.** *v* 1) по́мнить,
име́ть в виду́; ~ your promise
не забыва́йте своего́ обеща́ния
2) возража́ть, име́ть что-л.
про́тив; do you ~ my smoking?
мо́жно закури́ть?; I'll open the
window, if you don't ~ разре-
ши́те откры́ть окно́ 3): ~ the
step! осторо́жно, ступе́нька! ◇
never ~! нева́жно!

mine I [maɪn] мой, моя́,
моё; he's a friend of ~ он мой
друг

mine II 1. *n* ша́хта ж; рудни́к
м **2.** *v* добыва́ть (руду́); ~r
[-ə] горня́к *м*; шахтёр *м*

mineral ['mɪnərəl] **1.** *n* мине-
ра́л *м* **2.** *a* минера́льный; ~
water минера́льная вода́; ~
resources поле́зные ископа́е-
мые

mingy ['mɪndʒɪ] скупо́й

mini ['mɪnɪ] (*тж.* mini-skirt)
ми́ни-ю́бка ж

minimum ['mɪnɪməm] ми́ни-
мум *м*

minister ['mɪnɪstə] 1) ми-
ни́стр *м* 2) *дип.* посла́нник *м*
3) *рел.* свяще́нник *м*

ministry ['mɪnɪstrɪ] мини-
сте́рство *c*; M. of Culture
(Foreign Affairs, Higher Education, Public Health, Trade)
Министе́рство культу́ры (ино-
стра́нных дел, вы́сшего обра-
зова́ния, здравоохране́ния,
торго́вли)

mink [mɪŋk] но́рка ж (*мех*);
~ stole но́рковая наки́дка

minor ['maɪnə] **1.** *a* 1) незна-
чи́тельный; второстепе́нный
(*secondary*) 2) мла́дший (*junior*) 3) *муз.* мино́р(ный) **2.** *n*
несовершенноле́тний *м*; "no
beer served to ~s" «несовер-
шенноле́тним пи́во не подаётся» (*объявление в баре*); ~ity
[maɪ'nɔrɪtɪ] меньшинство́ *c*;
~ity leader ли́дер меньшинст-
ва́ (*в парламенте*)

mint [mɪnt] мя́та ж

minus ['maɪnəs] ми́нус *м*

minute ['mɪnɪt] мину́та ж; just a ~! одну́ мину́ту!

minuteman ['mɪnɪtmæn] *амер.* 1) *ист.* ополче́нец м 2) *полит.* ми́нитмен м (*член реакционной американской организации*) 3) *воен.* «ми́нитмен» (*межконтинентальная баллистическая ракета*)

minutes ['mɪnɪts] протоко́л м; take (keep) the ~ вести́ протоко́л; take down in the ~ занести́ в протоко́л

miracle ['mɪrəkl] чу́до с

mirror ['mɪrə] зе́ркало с

miscellaneous [ˌmɪsɪ'leɪnɪəs] сме́шанный, разнообра́зный

mischief ['mɪstʃɪf] 1) зло с; беда́ ж 2) ша́лость ж, озорство́ с (*of children*)

misdemeanour [ˌmɪsdɪ'miːnə] *юр.* (ме́лкое) преступле́ние

misfortune [mɪs'fɔːtʃn] несча́стный, жа́лкий

misery ['mɪzərɪ] 1) несча́стье с, го́ре с 2) нищета́ ж (*poverty*)

misfortune [mɪs'fɔːtʃn] несча́стье с

mislead [mɪs'liːd] (misléd) вводи́ть в заблужде́ние; ~ing [-ɪŋ] обма́нчивый

misled [mɪs'led] *past и pp от* misléad

miss I [mɪs] мисс ж *нескл.*, госпожа́ ж (*при имени незамужней женщины*)

miss II [mɪs] *v* 1) промахну́ться, не попа́сть 2) упусти́ть; пропусти́ть; ~ the train опозда́ть на по́езд 3) скуча́ть; I'll ~ you bádly я бу́ду о́чень скуча́ть по вас 2. *n* про́мах м

missile ['mɪsaɪl] *воен.* раке́та ж, раке́тное ору́жие; ballístic ~ баллисти́ческая раке́та; gróund-to-áir ~ раке́та кла́сса «земля́ — во́здух»; ántimíssile ~ противораке́та ж; gúided ~ управля́емая раке́та; crúise ~ крыла́тая раке́та

missing ['mɪsɪŋ] недостаю́щий, отсу́тствующий

mission ['mɪʃn] 1) ми́ссия ж; ~ of fríendship ми́ссия дру́жбы 2) поруче́ние с; командиро́вка ж; go on a ~ пое́хать в командиро́вку

mist [mɪst] тума́н м, мгла ж

mistake [mɪs'teɪk] 1. *n* оши́бка ж; make a ~ ошиба́ться 2. *v* (mistóok; mistáken) ошиба́ться; be ~n ошиба́ться; ~n [-n] *pp от* mistáke

mistook [mɪs'tuk] *past от* mistáke

misunderstand [ˌmɪsʌndə'stænd] (misunderstóod) непра́вильно поня́ть; ~ing [-ɪŋ] недоразуме́ние с

misunderstood [ˌmɪsʌndə'stud] *past и pp от* misunderstánd

mix [mɪks] сме́шивать(ся); ~ up спу́тать, перепу́тать; ~er [-ə] 1) ми́ксер м (*device*) 2) разбави́тель м (*безалкогольный напиток для разбавления спиртного*); ~ture [-tʃə] смесь ж; *мед.* миксту́ра ж

mob [mɔb] толпа́ ж, сбо́рище с

mobile ['məubaɪl] передвижно́й; подвижно́й

mobilization [ˌməubɪlaɪ-ˈzeɪʃn] мобилиза́ция ж

mobster [ˈmɔbstə] член ша́йки, банди́т м

mock [mɔk] **1.** v высме́ивать, издева́ться (at — над) **2.** a фикти́вный; фальши́вый; ~ márriage фикти́вный брак; ~ery [-ərɪ] издева́тельство с; ~-up [-ʌp] маке́т м, моде́ль ж (исполненная в масштабе); a ~-up of a supersónic plane маке́т сверхзвуково́го самолёта

mode [məud] спо́соб м

model [ˈmɔdl] **1)** образе́ц м (standard of excellence) **2)** моде́ль ж; wórking ~ де́йствующая моде́ль **3)** иск. нату́рщик м, нату́рщица ж **4)** манеке́нщица ж (at fashion shows)

modern [ˈmɔdən] совреме́нный

modest [ˈmɔdɪst] скро́мный; ~y [-ɪ] скро́мность ж

module [ˈmɔdjuːl] **1)** блок м (в строительстве и электронике) **2)** косм. отсе́к м

moist [mɔɪst] вла́жный

moment [ˈməumənt] миг м, моме́нт м; at the ~ в да́нную мину́ту

monarch [ˈmɔnək] мона́рх м; ~y [-ɪ] мона́рхия ж

monastery [ˈmɔnəstərɪ] монасты́рь м (мужской)

Monday [ˈmʌndɪ] понеде́льник м

money [ˈmʌnɪ] де́ньги мн.; ~ órder де́нежный перево́д; make ~ разг. хорошо́ зараба́тывать

monk [mʌŋk] мона́х м

monkey [ˈmʌŋkɪ] обезья́на ж ◊ ~ búsiness надува́тельство с

monopoly [məˈnɔpəlɪ] монопо́лия ж; ~ capital монополисти́ческий капита́л

monotonous [məˈnɔtənəs] однообра́зный, моното́нный

month [mʌnθ] ме́сяц м; ~ly [-lɪ] **1.** n ежеме́сячник м **2.** a (еже)ме́сячный **3.** adv ежеме́сячно

monument [ˈmɔnjumənt] па́мятник м, монуме́нт м

mood [muːd] настрое́ние с

moon [muːn] луна́ ж; full ~ полнолу́ние с; new ~ новолу́ние с; ~ lánding вы́садка на Луне́; ~-light [-laɪt] **1.** n лу́нный свет **2.** v разг. име́ть дополни́тельный за́работок; «халту́рить»

moral [ˈmɔrəl] **1.** n **1)** мора́ль ж (of a story) **2)** pl нра́вы мн.; нра́вственность ж **2.** a мора́льный; нра́вственный

more [mɔː] **1.** a (сравн. ст. от much, many) бо́льший **2.** adv (сравн. ст. от much) бо́льше, бо́лее

morning [ˈmɔːnɪŋ] у́тро с; this ~ сего́дня у́тром ◊ ~ áfter похме́лье с

mortal [ˈmɔːtl] смерте́льный; ~ sin сме́ртный грех; ~ity [mɔːˈtælɪtɪ] сме́ртность ж; ínfant ~ity де́тская сме́ртность

mortgage [ˈmɔːgɪdʒ] закладна́я ж

mosaic [məuˈzeɪɪk] моза́ика ж

Moslem ['mɔzlem] *см.* **Múslim**

mosque [mɔsk] мечéть *ж*

mosquito [məˈskiːtəu] комáр *м*; москúт *м*

most [məust] **1.** *a (превосх. ст. от* much, mány*)* наибóльший; for the ~ part в основнóм, вообщé **2.** *adv (превосх. ст. от* much*)* наибóлее, бóльше всегó **3.** *n* большинствó *с*, бóльшая часть; ~**ly** [-lı] глáвным óбразом

motel [məuˈtel] мотéль *м*

mother ['mʌðə] мать *ж*; ~ tongue роднóй язы́к; ~-**in-law** ['mʌðərınlɔː] тёща *ж (wife's mother)*; свекрóвь *ж (husband's mother)*

motion ['məuʃn] 1) движéние *с*, ход *м*; ~ pícture кинофúльм *м* 2) предложéние *с (на собрáнии)*; the ~ is cárried предложéние прúнято

motive ['məutıv] мотúв *м*, побуждéние *с*, пóвод *м*

motley ['mɔtlı] пёстрый

motor ['məutə] двúгатель *м*, мотóр *м*; ~ cýcle мотоцúкл *м*; ~ scóoter моторóллер *м*; ~ home жилóй автофургóн; ~ works автозавóд *м*; ~**boat** [-bəut] кáтер *м*; ~**cade** [-keıd] кортéж автомобúлей; ~**car** [-kɑː] автомобúль *м*

motto ['mɔtəu] девúз *м*, лóзунг *м*

mount [maunt] 1) поднимáться, влезáть; ~ a horse сесть на коня́ 2) монтúровать *(install)*

mountain ['mauntın] горá *ж*;

~ skíing горнолы́жный спорт; ~**eer** [ˌmauntıˈnıə] *спорт.* альпинúст *м*; ~**eering** [ˌmauntıˈnıərıŋ] альпинúзм *м*

mourn [mɔːn] оплáкивать; ~**ing** [-ıŋ] трáур *м*

mouse [maus] *(pl* mice*)* мышь *ж*

moustache [məˈstɑːʃ, *амер.* 'mʌstæʃ] усы́ *мн.*

mouth [mauθ] 1) рот *м* 2) отвéрстие *с (outlet)* 3) у́стье *с (of a river)*; ~**organ** [-ɔːgən] губнáя гармóника

move [muːv] **1.** *v* 1) двúгать(-ся); will you ~ a líttle, please подвúньтесь, пожáлуйста 2) переезжáть; ~ ínto a new apártment переéхать на нóвую квартúру 3) вносúть предложéние; I ~ that the méeting be adjóurned я предлагáю объявúть переры́в 4) *шахм.* дéлать ход **2.** *n* 1) движéние *с*; перемéна мéста 2) ход *м*; ~ of the knight *шахм.* ход конём

movement ['muːvmənt] движéние *с*

movie ['muːvı] **1.** *n* 1) *разг.* (кино)картúна *ж* 2) *разг. (тж.* móvie house*)* кинó *с (кинотеатр)* 3) *pl* кинó *с*; go to the ~s ходúть в кинó **2.** *a:* ~ cámera кинокáмера *ж*

mow [məu] (mówed; mown) косúть; ~**n** [-n] *pp от* mow

M.P. [ˌemˈpiː] 1) (Mémber of Párliament) член парлáмента 2) (Mílitary Políce) воéнная полúция

mpg, m.p.g. [ˌempiːˈdʒiː]

(miles per gállon) *авто* миль на галлóн (*о расходе топлива*)

mph, m.p.h. [‚empiˈeitʃ] (miles per hóur) *авто* миль в час (*скорость*)

Mr. [ˈmɪstə] (míster) господи́н *м*; ми́стер *м* (*при имени*)

Mrs. [ˈmɪsɪz] (místress) госпожá *ж*; ми́ссис *ж нескл.* (*при имени*)

Ms. [mɪz] госпожá *ж*, миз *ж нескл.* (*при фамилии, без указания на замужество*)

much [mʌtʃ] (more; most) **1.** *a* мнóго; ~ time is spent потрáчено мнóго врéмени **2.** *adv* **1)** мнóго; véry ~ óчень мнóго **2)** горáздо; ~ more (bétter) горáздо бóльше (лýчше)

mud [mʌd] грязь *ж*; ~**guard** [-gɑːd] *авто брит.* крылó *с*

muffler [ˈmʌflə] **1)** кашне́ *с нескл.* (scarf) **2)** *авто* глуши́тель *м*

mug [mʌg] **1.** крýжка *ж* **2.** *v:* be ~ged быть огрáбленным, подвéргнуться нападéнию хулигáнов

multiplication [‚mʌltɪplɪˈkeɪʃn] умножéние *с*

multiply [ˈmʌltɪplaɪ] **1)** увели́чивать(ся) **2.** *мат.* умножáть

mumble [ˈmʌmbl] бормотáть

mummy I [ˈmʌmɪ] мýмия *ж*

mummy II мáмочка *ж*

municipal [mjuːˈnɪsɪpəl] муниципáльный, городскóй; ~ trάnsport городскóй трáнспорт

murder [ˈmɜːdə] **1.** *n* **1)** уби́й-

ство *с* **2)** *юр.* предумы́шленное (преднамéренное) уби́йство **2.** *v* убивáть; ~**er** [ˈmɜːdərə] уби́йца *м*

muscle [ˈmʌsl] мýскул *м*, мы́шца *ж*; ~ pull растяжéние мы́шцы

museum [mjuːˈzɪəm] музéй *м*

mushroom [ˈmʌʃrum] **1.** *n* гриб *м* (*особ. шампиньóн*); ~ cloud грибови́дное óблако (*при атомном взрыве*) **2.** *v амер.* разрастáться, распространя́ться

music [ˈmjuːzɪk] **1)** мýзыка *ж* **2)** нóты *мн.*; play from ~ игрáть по нóтам; ~**al** [-əl] **1.** *a* музыкáльный **2.** *n* мю́зикл *м*; ~**ian** [mjuːˈzɪʃn] музыкáнт *м*

Muslim [ˈmʌzlɪm] **1.** *a* мусульмáнский **2.** *n* мусульмáнин *м*, мусульмáнка *ж*

must [mʌst] *выражает:* **1)** *долженствование:* I ~ go я дóлжен идти́ **2)** *уверенность или вероятность:* it ~ be late now тепéрь, навéрное, ужé пóздно

mustard [ˈmʌstəd] горчи́ца *ж*; ~-**pot** [-pɔt] горчи́чница *ж*

mute [mjuːt] немóй

mutiny [ˈmjuːtɪnɪ] мятéж *м*

mutton [ˈmʌtn] барáнина *ж*; ~ chop барáнья отбивнáя

mutual [ˈmjuːtʃuəl] взаи́мный, обою́дный

my [maɪ] мой, моя́, моё, мои́; my fríend мой друг; my coat моё пальтó

myself [maɪˈself] **1)** себя́; -ся; I've burnt ~ я обжёгся **2)** (*для усиления*) сам, самá,

само; I saw it ~ я сам э́то ви́-
дел

mysterious [mɪs'tɪərɪəs] та-
и́нственный

mystery ['mɪstərɪ] 1) та́йна
ж 2) детекти́в м (*piece of fiction*)

myth [mɪθ] миф м

N

nail [neɪl] **1.** *n* 1) но́готь м
2) гвоздь м (*iron peg*) **2.** *v*
прибива́ть; ~-file [-faɪl] пи́лка
для ногте́й

naked ['neɪkɪd] го́лый; обна-
жённый; with a ~ eye невоору-
жённым гла́зом

name [neɪm] **1.** *n* 1) (*тж.*
first name) и́мя с; (*тж.* surname) фами́лия ж; what's your
~? как вас зову́т?; my ~ is
Brown моя́ фами́лия Бра́ун;
by ~ по и́мени 2) наимено-
ва́ние с, назва́ние с; what's the
~ of this street? как назы-
ва́ется э́та у́лица? **2.** *v* назы-
ва́ть; ~ly [-lɪ] и́менно, то есть

nap [næp]: take a ~ вздрем-
ну́ть

napalm ['neɪpɑːm] на́па́лм м

napkin ['næpkɪn] 1) салфе́т-
ка ж 2) *брит.* пелёнка ж
(*diaper*)

narrow ['nærəu] 1) у́зкий; ~
gauge ж.-д. у́зкая колея́ 2) ог-
рани́ченный (*limited*) ◊ that
was a ~ escа́pe он(а́) едва́ не
попа́л(а) в беду́; ~-minded
[-ˌmaɪndɪd] ограни́ченный, не-
далёкий

nasty ['nɑːstɪ] га́дкий

nation ['neɪʃn] 1) на́ция ж,
наро́д м; all ~s of the world
все наро́ды ми́ра 2) госуда́рст-
во с, страна́ ж (*country*);
~al ['næʃənl] национа́льный,
наро́дный; госуда́рственный;
~al émblem госуда́рственный
герб; ~al liberа́tion móvement
национа́льно - освободи́тель-
ное движе́ние; ~ality [ˌnæʃə-
'nælɪtɪ] 1) гражда́нство с, под-
да́нство с; be of the Brítish
~ality быть по́дданным Вели-
кобрита́нии 2) национа́ль-
ность ж

nationalization [ˌnæʃnəlaɪ-
'zeɪʃn] национализа́ция ж

nation-wide [ˌneɪʃn'waɪd] на-
циона́льный, общенаро́дный

native ['neɪtɪv] **1.** *n* уроже́-
нец м, коренно́й жи́тель; a ~
of Móscow коренно́й москви́ч
2. *a* 1) родно́й; ~ land ро́дина
ж 2) ме́стный; тузе́мный; ~
cústoms ме́стные обы́чаи;
~-born [-bɔːn]: a ~-born Américan урождённый америка́нец

NATO ['neɪtəu] (North Atlántic Tréaty Organizа́tion)
НА́ТО

natural ['nætʃrəl] есте́ствен-
ный, приро́дный; ~ gas при-
ро́дный газ; ~ food натура́ль-
ные (пищевы́е) проду́кты (*без
добавок*); quite ~ вполне́ есте́-
ственно

naturalize ['nætʃrəlaɪz] 1)
приня́ть гражда́нство; предо-
ста́вить гражда́нство (*of people*) 2) акклиматизи́роваться
(*of animals, plants*)

naturally [ˈnætʃrəlɪ] есте́ственно, коне́чно

nature [ˈneɪtʃə] 1) приро́да ж; by ~ от приро́ды 2) нату́ра ж; draw from ~ рисова́ть с нату́ры 3) хара́ктер м; good ~ добро́душие с

naughty [ˈnɔːtɪ] нехоро́ший; непослу́шный; ~ báby капри́зный ребёнок

naval [ˈneɪvəl] вое́нно-морско́й; ~ base вое́нно-морска́я ба́за; ~ pówer морска́я держа́ва

navigable [ˈnævɪgəbl] судохо́дный

navigation [ˌnævɪˈgeɪʃn] судохо́дство с, пла́вание с, навига́ция ж

navy [ˈneɪvɪ] вое́нно-морско́й флот ◊ ~ blue тёмно--си́ний

Nazi [ˈnɑːtsɪ] 1. n наци́ст м, фаши́ст м 2. a наци́стский, фаши́стский

Nazism [ˈnɑːtsɪzm] наци́зм м, фаши́зм м

N-bomb [ˈenbɔm] (néutron bomb) нейтро́нная бо́мба

near [nɪə] 1. prep о́коло; it's ~ lúnch-time ско́ро обе́д 2. adv бли́зко, о́коло; ~ by ря́дом; come ~er подойди́те побли́же 3. a бли́зкий; where is the ~est táxi stand? где ближа́йшая стоя́нка такси́?; ~-by [-baɪ] сосе́дний, бли́зкий; ~ly [-lɪ] 1) бли́зко 2) почти́; it's ~ly five o'clóck почти́ пять часо́в

near-sighted [ˌnɪəˈsaɪtɪd] близору́кий

neat [niːt] опря́тный, аккура́тный

necessary [ˈnesɪsərɪ] необходи́мый

·**necessity** [nɪˈsesɪtɪ] необходи́мость ж; потре́бность ж; of ~ по необходи́мости

neck [nek] 1) ше́я ж 2) го́рлышко с (of a bottle) ◊ ~ and ~ спорт. голова́ в го́лову; break one's ~ слома́ть себе́ ше́ю; stick one's ~ óut разг. «высо́вываться»; ~lace [-lɪs] ожере́лье с; ~tie [-taɪ] га́лстук м

need [niːd] 1. n 1) потре́бность ж; нужда́ ж; be (bádly) in ~ of (о́стро) нужда́ться в 2) бе́дность ж, нужда́ ж (poverty) 2. v 1) нужда́ться; I ~ a rest мне ну́жно отдохну́ть 2) выража́ет долженствова́ние: you ~ not wórry вам не́зачем беспоко́иться

needle [ˈniːdl] иго́лка ж; ~'s eye иго́льное ушко́; ~work [-wəːk] шитьё с

negative [ˈnegətɪv] 1. a отрица́тельный 2. n 1): to ánswer in the ~ отве́тить отрица́тельно 2) фото негати́в м

neglect [nɪˈglekt] пренебрега́ть; ~ rules пренебрега́ть пра́вилами

neglig‖ence [ˈneglɪdʒəns] небре́жность ж; ~ible [-ɪbl] ничто́жный; ~ible amóunt ничто́жное коли́чество

negotiate [nɪˈgəuʃɪeɪt] вести́ перегово́ры

negotiation [nɪˌgəuʃɪˈeɪʃn] перегово́ры мн.

Negro [ˈniːgrəu] **1.** *a* негритя́нский; ~ wóman негритя́нка *ж* **2.** *n* негр *м*

neighbour [ˈneɪbə] сосе́д *м*, сосе́дка *ж*; ~**hood** [-hud] 1) сосе́дство *с*; in the ~hood of о́коло 2) окре́стности *мн.*; héalthy ~hood здоро́вая ме́стность; ~**ing** [ˈneɪbərɪŋ] сосе́дний

neither [ˈnaɪðə, *амер.* ˈniːðə] **1.** *adv* та́кже не; ~ ... nor ни...ни **2.** *pron* ни тот, ни друго́й

nephew [ˈnevjuː] племя́нник *м*

nerve [nəːv] 1) нерв *м*; get on one's ~s де́йствовать кому́-л. на не́рвы 2) сме́лость *ж*; де́рзость *ж*; have the ~ to do it име́ть сме́лость сде́лать э́то

nervous [ˈnəːvəs] не́рвный; feel ~ не́рвничать, волнова́ться; ~ bréakdown не́рвное потрясе́ние

nest [nest] гнездо́ *с*

net I [net] се́тка *ж*, сеть *ж*; vólleyball (ténnis) ~ волейбо́льная (те́ннисная) се́тка

net II чи́стый; не́тто *(о весе)*; ~ prófit чи́стая при́быль; ~ weight чи́стый вес

network [ˈnetwəːk] 1) се́тка *ж*; сеть *ж*; ráilway ~ железнодоро́жная сеть 2) радиовеща́тельная *(и/или* телевизио́нная) сеть *(станции одной фирмы)*

neutral [ˈnjuːtrəl] нейтра́льный; on ~ gróund на нейтра́льной по́чве; ~**ity** [njuːˈtrælɪtɪ] нейтралите́т *м*

neutron [ˈnjuːtrɔn] *физ.* нейтро́н *м*; ~ bomb нейтро́нная бо́мба

never [ˈnevə] никогда́; I've been here befóre я никогда́ здесь ра́ньше не́ был ◊ ~ mind! ничего́!; пустяки́!

nevertheless [ˌnevəðəˈles] тем не ме́нее, всё-таки, одна́ко

new [njuː] 1) но́вый; ~ fáshions после́дние мо́ды 2) све́жий; ~ milk парно́е молоко́; ~ potátoes молодо́й карто́фель; ~ píckles малосо́льные огурцы́; ~**-born** [-bɔːn] новорождённый *м*; ~**comer** [-kʌmə] вновь прибы́вший, прие́зжий *м*

newly [ˈnjuːlɪ] 1) неда́вно; ~weds новобра́чные *мн.* 2) за́ново, вновь

news [njuːz] но́вость *ж*, изве́стия *мн.*; what's the ~? что но́вого?; ~ ítem (газе́тная, ра́дио, телевизио́нная) хро́ника; látest ~ после́дние изве́стия; ~**-boy** [-bɔɪ] газе́тчик *м* *(разносчик газет)*; ~**-cast** [-kɑːst] после́дние изве́стия *(по радио или телевидению)*; ~**-man** [-mæn] 1) = néws-boy 2) корреспонде́нт *м*, репортёр *м* *(reporter)*

newspaper [ˈnjuːsˌpeɪpə] газе́та *ж*; mórning (évening) ~ у́тренняя (вече́рняя) газе́та

news‖-reel [ˈnjuːzriːl] кинохро́ника *ж*; киножурна́л *м*; ~**-stand** [-stænd] *амер.* газе́тный кио́ск

next [nekst] **1.** *a* сле́дующий *(по порядку)*; ближа́йший; the

~ day на сле́дующий день; ~ time в сле́дующий раз; ~ door ря́дом; ~ year в бу́дущем году́ **2.** *adv* по́сле э́того; пото́м; what ~? что да́льше? **3.** *prep* ря́дом, о́коло **4.** *n* сле́дующий *м*; ~, please! сле́дующий! ◊ ~ of kin ближа́йший ро́дственник

nice [naɪs] хоро́ший, прия́тный; have a ~ day! всего́ хоро́шего! (до́брого!)

nickel [ˈnɪkl] 1) ни́кель *м* 2) *амер.* моне́та в пять це́нтов

nickname [ˈnɪkneɪm] про́звище *с*

niece [niːs] племя́нница *ж*

night [naɪt] ночь *ж*; ве́чер *м*; in the ~ но́чью; at ~ ве́чером; last (tomórrow) ~ вчера́ (за́втра) ве́чером; ~**fall** [-fɔːl] су́мерки *мн.*; at ~fall с наступле́нием темноты́; ~**-gown** [-gaun] ночна́я руба́шка (же́нская)

nightingale [ˈnaɪtɪŋgeɪl] солове́й *м*

nightmare [ˈnaɪtmɛə] кошма́р *м*

night-school [ˈnaɪtskuːl] вече́рняя шко́ла

nimble [nɪmbl] прово́рный

nine [naɪn] 1) де́вять; ~ húndred девятьсо́т 2) (the ~) *спорт.* бейсбо́льная кома́нда

nineteen [ˌnaɪnˈtiːn] девятна́дцать; ~**th** [-θ] девятна́дцатый

ninetieth [ˈnaɪntɪɪθ] девяно́стый

ninety [ˈnaɪntɪ] девяно́сто

ninth [naɪnθ] девя́тый

nitrogen [ˈnaɪtrədʒən] азо́т *м*

no [nəu] **1.** *part* нет **2.** *adv* 1) не *(при сравн. ст.)*; no more (bétter) не бо́льше (лу́чше) 2) нет; no, I can't нет, не могу́ **3.** *a* никако́й; in no time мгнове́нно; "no smóking!" «не кури́ть!» *(надпись)*

noble [ˈnəubl] благоро́дный; великоду́шный

nobody [ˈnəubədɪ] никто́

nod [nɔd] 1) кива́ть голово́й 2) дрема́ть *(doze)*

no-frills [ˌnəuˈfrɪlz] *амер.* без изли́шеств *(о товарах, особ., без фирменных знаков)*

noise [nɔɪz] шум *м*; make ~ шуме́ть; ~**less** [-lɪs] бесшу́мный

noisy [ˈnɔɪzɪ] шу́мный

nominate [ˈnɔmɪneɪt] 1) назнача́ть 2) выставля́ть кандидату́ру *(at election)*

nomination [ˌnɔmɪˈneɪʃn] 1) назначе́ние *с (на должность)* 2) выставле́ние кандидату́ры *(at election)*

none [nʌn] **1.** *a* никако́й; it's ~ of my búsiness э́то не моё де́ло **2.** *pron* ни оди́н, никто́; ~ but him никто́ кро́ме него́ **3.** *adv* ниско́лько, совсе́м не, во́все не; ~ the bétter (worse) ниско́лько не лу́чше (ху́же) ◊ ~ the less тем не ме́нее

non-flying [ˌnɔnˈflaɪɪŋ] нелётный; ~ wéather нелётная пого́да

non‖-interference [ˌnɔnɪntəˈfɪərəns], ~**-intervention** [-ɪntəˈvenʃn] невмеша́тельство *с*

nonsense ['nɔnsəns] вздор *м*, бессмы́слица *ж*

non-‖smoker [ˌnɔn'sməukə] ваго́н для некуря́щих; ~**-stop** [-'stɔp] 1) безостано́вочный 2) *авиа:* ~-stop flight беспоса́дочный полёт

noodles ['nuːdlz] *pl* лапша́ *ж*

noon [nuːn] по́лдень *м*; at ~ в двена́дцать часо́в дня

nor [nɔː] *см.* néither

Nordic ['nɔːdɪk] скандина́вский; ~ cóuntries стра́ны се́верной Евро́пы

norm [nɔːm] но́рма *ж*; станда́рт *м*; ~**al** [-əl] обы́чный, норма́льный ◊ ~al school *амер.* педагоги́ческое учи́лище

north [nɔːθ] 1. *n* се́вер *м*; Far N. Кра́йний Се́вер 2. *a* се́верный; N. Pole Се́верный по́люс 3. *adv* на се́вер(е), к се́веру; ~ from (of) к се́веру (от); it lies ~ and south тя́нется с се́вера на юг; ~**ern** ['nɔːðən] се́верный; ~ern lights се́верное сия́ние

nose [nəuz] нос *м*

nostril ['nɔstrɪl] ноздря́ *ж*

not [nɔt] не, нет, ни; ~ yet пока́ ещё нет; ~ a bit of it! ниско́лько!; ~ a few мно́гие ◊ ~ at all а) ничу́ть; б) не сто́ит благода́рности (*in reply to thanks*)

notary ['nəutərɪ], ~ **public** ['pʌblɪk] нота́риус *м*

notch ['nɔtʃ] 1) га́лочка *ж* 2) *перен.* зару́бка *ж*

note [nəut] 1. *n* 1) запи́ска *ж*; за́пись *ж*; make a ~ of записа́ть, отме́тить; take ~s де́лать заме́тки 2) *дип., муз.* но́та *ж* 3) *брит.* банкно́та *ж* (*money*) 2. *v* 1) замеча́ть; отмеча́ть 2) запи́сывать (*put down*); ~**-book** [-buk] записна́я кни́жка

noted ['nəutɪd] изве́стный

nothing ['nʌθɪŋ] ничто́, ничего́; ~ of the kind! ничего́ подо́бного!

notice ['nəutɪs] 1. *n* 1) извеще́ние *с*; предупрежде́ние *с*; пове́стка *ж*; I'll give you a month's ~ я предупрежу́ вас за ме́сяц 2) заме́тка *ж*, объявле́ние *с*; a ~ in the páper заме́тка в газе́те 3) внима́ние *с*; take ~ замеча́ть, наблюда́ть 2. *v* замеча́ть; as I could ~ по мои́м наблюде́ниям; ~**-board** [-bɔːd] доска́ объявле́ний

notify ['nəutɪfaɪ] извеща́ть, уведомля́ть

notion ['nəuʃn] 1) поня́тие *с*, представле́ние *с* 2) взгляд *м*, мне́ние *с* (*opinion*)

notorious [nəu'tɔːrɪəs] 1) изве́стный 2) по́льзующийся дурно́й сла́вой; пресловутый (*ill-famed*)

notwithstanding [ˌnɔtwɪθ'stændɪŋ] 1. *prep* несмотря́ на 2. *adv* тем не ме́нее, одна́ко 3. *cj* хотя́

nought [nɔːt] 1) ничто́ *с нескл.*; bring to ~ своди́ть на нет 2) ноль *м* (*zero*)

nourish ['nʌrɪʃ] пита́ть, корми́ть

novel ['nɔvəl] рома́н *м*; ~**ist** [-ɪst] романи́ст *м*

November [nəu'vembə] ноя́брь *м*

now [nau] **1.** *adv* 1) тепе́рь, сейча́с 2) то́тчас же; I'm góing ~ я уезжа́ю неме́дленно 3): just ~! *брит.* сейча́с!; right ~! *амер.* сейча́с! ◊ ~ and agáin (~ and then) вре́мя от вре́мени, и́зредка **2.** *cj* когда́, раз **3.** *n* да́нный моме́нт; she ought to be here by ~ она́ должна́ бы уже́ быть здесь

nowhere ['nəuweə] нигде́; никуда́; be ~ потерпе́ть пораже́ние

nr [nɪə]: nr Shéffield близ Шéффилда *(на почто́вых отправле́ниях)*

nuclear ['nju:klɪə] я́дерный; ~ reáctor я́дерный реа́ктор

nucleus ['nju:klɪəs] ядро́ *с*

nude [nju:d] *иск.* обнажённая (нату́ра)

nuisance ['nju:sns] неприя́тность *ж*, доса́да *ж*; what a ~! кака́я доса́да!

null [nʌl]: ~ and void *юр.* недействи́тельный

numb [nʌm] бесчу́вственный, омертве́вший; my toes are ~ with cold па́льцы у меня́ окочене́ли ◊ ~ féeling чу́вство вну́тренней пустоты́

number ['nʌmbə] **1.** *n* 1) число́ *с*; коли́чество *с*; in great ~s в большо́м коли́честве 2) но́мер *м*; what's the ~ of your house? како́й но́мер ва́шего до́ма? **2.** *v* насчи́тывать (*amount to*)

numerous ['nju:mərəs] многочи́сленный

nun [nʌn] мона́хиня *ж*; ~nery [-ərɪ] же́нский монасты́рь

nurse [nə:s] **1.** *n* 1) ня́ня *ж* 2) сиде́лка *ж*, сестра́ *ж* (*in hospital*) **2.** *v* 1) ня́нчить 2) уха́живать за больны́м (*look after a sick person*)

nursery ['nə:sərɪ] де́тская *ж*; ~ school де́тский сад

nursing ['nə:sɪŋ]: ~ home *амер.* дом для престаре́лых

nut [nʌt] 1) оре́х *м* 2) га́йка *ж* ◊ ~s and bolts ≅ от «А» до «Я» (*все компоне́нты меха́низма, систе́мы*); ~cracker [-ˌkrækə] щелку́нчик *м*

nutritious [nju:'trɪʃəs] пита́тельный

nutshell ['nʌtʃəl]: in a ~ в двух слова́х

nylon ['naɪlən] **1.** *n* нейло́н *м* **2.** *a* нейло́новый

O

O [əu]: O blood type пе́рвая гру́ппа кро́ви

oak [əuk] дуб *м*

oar [ɔ:] весло́ *с*

oarsman ['ɔ:zmən] гребе́ц *м*

oath [əuθ] кля́тва *ж*; прися́га *ж*; on ~ под прися́гой

oatmeal ['əutmi:l] *амер.* овся́нка *ж*; овся́ная ка́ша

oats [əuts] овёс *м*

obedient [ə'bi:dɪənt] послу́шный

obey [ə'beɪ] слу́шаться, повинова́ться

object I ['ɔbdʒɪkt] 1) предмёт *м*; вещь *ж* 2) цель *ж* (*purpose*)

object II [əb'dʒekt] возража́ть; I don't ~ не возража́ю; I wouldn't ~ я бы не прочь; **~ion** [əb'dʒekʃn] возраже́ние *с*

objective I [əb'dʒektɪv] цель *ж*, зада́ча *ж* (*aim*)

objective II объекти́вный

obligation [ˌɔblɪ'geɪʃn] 1) обяза́тельство *с* 2) обя́занность *ж* (*duty*)

oblige [əb'laɪdʒ] обя́зывать; де́лать одолже́ние; much ~d о́чень вам благода́рен

oboe ['əubəu] *муз.* гобо́й *м*

observant [əb'zɜːvənt] наблюда́тельный (*attentive*)

observation [ˌɔbzɜː'veɪʃn] 1) наблюде́ние *с* 2) замеча́ние *с* (*remark*)

observatory [əb'zɜːvətrɪ] обсерва́тория *ж*

observe [əb'zɜːv] 1) наблюда́ть; замеча́ть (*notice*) 2) соблюда́ть; ~ the rules соблюда́йте пра́вила 3) де́лать замеча́ния (*remark*); **~r** [-ə] наблюда́тель *м*

obsolete ['ɔbsəliːt] устаре́вший

obstacle ['ɔbstəkl] препя́тствие *с*; take ~s *спорт.* брать препя́тствия; **~-race** [-reɪs] бег (ска́чки) с препя́тствиями

obstinate ['ɔbstənɪt] упря́мый, упо́рный

obstruct [əb'strʌkt] затрудня́ть; прегражда́ть

obtain [əb'teɪn] достава́ть; получа́ть

obtuse [əb'tjuːz]: ~ angle *мат.* тупо́й у́гол

obvious ['ɔbvɪəs] очеви́дный; я́сный

occasion [ə'keɪʒn] 1) слу́чай *м* 2) по́вод *м*, причи́на *ж* (*ground*); **~al** [ə'keɪʒənəl] случа́йный, ре́дкий

occupation [ˌɔkju'peɪʃn] 1) род заня́тий; what is your ~? кем вы рабо́таете? 2) оккупа́ция *ж*

occupy ['ɔkjupaɪ] 1) занима́ть; ~ oneself in (with) smth занима́ться чем-л.; I'm о́ccupied now сейча́с я за́нят 2) *воен.* оккупи́ровать

occur [ə'kɜː] 1) случа́ться (*happen*) 2) приходи́ть на ум; it ~s to me that... мне ду́мается, что...; **~rence** [ə'kʌrəns] собы́тие *с*, слу́чай *м*

ocean ['əuʃn] океа́н *м*

o'clock [ə'klɔk]: at three ~ в три часа́

October [ɔk'təubə] октя́брь *м*

octopus ['ɔktəpəs] осьмино́г *м*, спрут *м*

oculist ['ɔkjulɪst] окули́ст *м*

odd [ɔd] 1) нечётный; ~ number нечётное число́ 2) стра́нный, необы́чный (*strange*) 3) случа́йный; ~ job случа́йная рабо́та 4): three ~ kílometres три с ли́шним киломе́тра

odds [ɔdz] ша́нсы *мн.*; the ~ are agáinst him у него́ ма́ло ша́нсов; I give ~ of three to one... ста́влю три про́тив одного́... ◊ fight agáinst héavy ~

преодолева́ть больши́е тру́дности; ~ and ends оста́тки *мн.*, кусо́чки *мн.*

odometer [əu'dɔmətə] *авто* одо́метр *м (счётчик про́йденного расстояния)*; the ~ indicates 20 thousand miles на спидо́метре 20 ты́сяч миль

odour ['əudə] за́пах *м*, арома́т *м*

of [ɔv] 1) от; I learned it of him я узна́л э́то от него́; south of Moscow к ю́гу от Москвы́ 2) об, о; I never heard of it я об э́том никогда́ не слыха́л 3) из; what is it made of? из чего́ э́то сде́лано? 4) *передаётся род. п.;* the end of the story коне́ц исто́рии ◊ of course коне́чно, разуме́ется; of late за после́днее вре́мя

off [ɔf] 1. *prep* с, со, от; there's a button ~ your dress у вас оторвала́сь пу́говица 2. *adv* 1) *указывает на удале́ние, расстояние:* be ~ уходи́ть; December is six months ~ до декабря́ ещё полго́да 2) *указывает на прекраще́ние, заверше́ние:* pay ~ вы́платить; drink ~ вы́пить ◊ day ~ день, свобо́дный от рабо́ты (дежу́рства *и т. п.*); ~ limits запре́тный; ~ and on вре́мя от вре́мени; be well ~ быть зажи́точным 3. *a* да́льний; ~ street переу́лок *м*, бокова́я у́лица

off-camera [ˌɔ(:)f'kæmərə] за ка́дром

offence [ə'fens] 1) оби́да *ж*; I meant no ~ я не хоте́л вас оби́деть 2) наруше́ние *с*; legal ~ правонаруше́ние *с*; criminal ~ преступле́ние *с*

offend [ə'fend] 1) обижа́ть 2) быть неприя́тным; his voice ~s the ear у него́ неприя́тный го́лос

offensive [ə'fensɪv] **1.** *a* 1) оскорби́тельный; ~ remark оби́дное замеча́ние 2) *воен.* наступа́тельный **2.** *n воен.* наступле́ние *с*

offer ['ɔfə] **1.** *n* предложе́ние *с*; make an ~ предлага́ть **2.** *v* предлага́ть; ~ one's hand (to) пода́ть ру́ку; ~ help предложи́ть (оказа́ть) по́мощь; may I ~ my congratulations? разреши́те мне поздра́вить вас

off-hand [ˌɔf'hænd] сде́ланный без подгото́вки

office ['ɔfɪs] 1) учрежде́ние *с*; конто́ра *ж*, бюро́ *с нескл.* 2) ко́мната (в учрежде́нии), кабине́т *м*; the chief's ~ кабине́т нача́льника 3) до́лжность *ж (position)* 4) (О.) Министе́рство *с* 5) услу́га *ж*; through your good ~s благодаря́ ва́шим стара́ниям

officer ['ɔfɪsə] 1) должностно́е лицо́ чино́вник *м*; public ~ госуда́рственный слу́жащий 2) *воен.* офице́р *м*

official [ə'fɪʃəl] **1.** *n* должностно́е лицо́, чино́вник *м*; government ~s прави́тельственные чино́вники **2.** *a* официа́льный, служе́бный

off‖set [ɔf'set] компенси́ровать; **~-season** [-'si:zən] вне сезо́на; **~shore** [-'ʃɔː] **1.** *a* 1) в сто́рону мо́ря, берегово́й;

~shore wind ве́тер с бе́рега, берегово́й ве́тер 2) морско́й, (находя́щийся) в мо́ре; ~shore rig морска́я (нефтяна́я) вы́шка **2.** *adv* 1) в сто́рону мо́ря; move ~shore удаля́ться от бе́рега 2) в мо́ре; moor ~shore бро́сить я́корь в мо́ре; **~side** [-ˈsaɪd] *спорт.* вне игры́

off-the-record [ˌɔfðəˈrekɔːd] конфиденциа́льный, не для протоко́ла

often [ˈɔfn] ча́сто

oil [ɔɪl] 1) нефть ж; ~ well нефтяна́я сква́жина 2) расти́тельное ма́сло; **sunflower** ~ подсо́лнечное ма́сло; **~cloth** [-klɔθ] клеёнка ж; **~-colour** [-ˌkʌlə], ~ **paint** ма́сляная кра́ска; ~ **painting** 1) карти́на ма́слом 2) жи́вопись ма́сляными кра́сками *(art of painting)*

ointment [ˈɔɪntmənt] мазь ж

O.K. [ˌəuˈkeɪ] ла́дно; хорошо́; éverything's ~ всё в поря́дке

old [əuld] 1) ста́рый; ~ age ста́рость ж; ~ man стари́к м; ~ wóman стару́ха ж; how ~ are you? ско́лько вам лет? 2) *при указа́нии во́зраста не перево́дится*: ten years ~ десяти́ лет; **~-fashioned** [-ˈfæʃənd] старомо́дный

olive [ˈɔlɪv] **1.** *n* оли́ва ж, масли́на ж **2.** *a* оли́вковый; ~ oil оли́вковое (прова́нское) ма́сло

Olympiad [əuˈlɪmpiæd] 1) олимпи́йское четырёхле́тие *(period between games)* 2) олимпиа́да ж *(celebration)*

Olympic [əuˈlɪmpɪk] олимпи́йский; ~ games Олимпи́йские и́гры; ~ Commíttee (flag, flame, mótto, récord, sýmbol) Олимпи́йский комите́т (флаг, ого́нь, деви́з, реко́рд, си́мвол); ~ víllage (oath) Олимпи́йская дере́вня (кля́тва)

Olympics [əuˈlɪmpɪks] Олимпи́йские и́гры; súmmer (wínter) ~ ле́тние (зи́мние) Олимпи́йские и́гры

omelet(te) [ˈɔmlɪt] омле́т *м*

ominous [ˈɔmɪnəs] злове́щий

omission [əˈmɪʃn] про́пуск *м*; упуще́ние *с*

omit [əˈmɪt] опуска́ть; пропуска́ть, упуска́ть

on [ɔn] **1.** *prep* 1) на; on the táble на столе́; put on the cóunter положи́ть на прила́вок; on the right напра́во 2) в, по; on Sáturday в суббо́ту; on the séventh of Novémber седьмо́го ноября́; on arríval по прибы́тии 3) о, об; write on músic писа́ть о му́зыке **2.** *adv* да́льше, вперёд; and so on и так да́лее; send one's lúggage on отосла́ть бага́ж зара́нее ◊ on and on безостано́вочно; the light is on свет гори́т; what's on toníght? что идёт сего́дня? *(в теа́тре, кино́ и т. п.)*; have you a péncil on you? у вас есть (при себе́, с собо́й) каранда́ш?

once [wʌns] 1) (оди́н) раз; ~ agáin ещё раз; not ~ ни ра́зу, никогда́ 2) одна́жды, не́когда, когда́-то; ~ upón a time одна́жды ◊ ~ and for all раз и навсегда́; at ~ сра́зу

one [wʌn] **1.** *пит* 1) оди́н; ~ and a half полтора́; ~ áfter anóther друг за дру́гом 2) пе́рвый; chápter ~ глава́ пе́рвая; pláyer No 1 игро́к под но́мером пе́рвым **2.** *n* оди́н *м*; едини́ца *ж*; ~ at a time, please пожа́луйста, не все сра́зу; ~ by ~ друг за дру́гом **3.** *pron* 1) не́кто, не́кий, кто́-то; ~ day когда́-то 2) *не переводится*: ~ must obsérve the rules необходи́мо соблюда́ть пра́вила 3) *заменяет сущ.*: I don't like this badge, give me anóther ~ мне не нра́вится э́тот значо́к, да́йте мне друго́й

one-piece [ˈwʌnpiːs]: ~ swím-suit закры́тый купа́льник

oneself [wʌnˈself] себя́, -ся; excúse ~ извини́ться

one-sided [ˌwʌnˈsaɪdɪd] односторо́нний

one-way [ˌwʌnˈweɪ]: ~ tráffic *авто* односторо́ннее движе́ние; ~ street *авто* у́лица с односторо́нним движе́нием; ~ tícket *амер.* биле́т в одну́ сто́рону

onion [ˈʌnjən] лук *м*; spring ~s зелёный лук

onlooker [ˈɔnˌlukə] зри́тель *м*; (случа́йный) свиде́тель

only [ˈəunlɪ] **1.** *a* еди́нственный **2.** *adv* то́лько; if ~ е́сли бы то́лько **3.** *cj* но

onshore [ˌɔnˈʃɔː] 1) к бе́регу, морско́й; ~ breeze бриз с мо́ря, морско́й бриз 2) берегово́й; ~ patról берегово́й патру́ль

open [ˈəupən] **1.** *a* откры́тый; the shop is ~ till 8 p.m. магази́н торгу́ет до восьми́ часо́в ве́чера ◊ ~ cíty откры́тый го́род; ~-door pólicy поли́тика откры́тых двере́й **2.** *v* 1) открыва́ть(ся); отку́поривать 2) начина́ть(ся); ~ a méeting откры́ть собра́ние; ~ **up** скрыва́ть(ся); ~ up the énvelope вскро́йте конве́рт

opera [ˈɔpərə] о́пера *ж*; ~-**glasses** [-ˌglɑːsɪz] *pl* (театра́льный) бино́кль; ~-**house** [-haus] о́перный теа́тр

operate [ˈɔpəreɪt] 1) де́йствовать *(act)* 2) управля́ть; ~ a machíne управля́ть маши́ной 3) *мед.* опери́ровать (on *smb* for... — *кого-л.* по по́воду...)

operation [ˌɔpəˈreɪʃn] 1) де́йствие *с*; рабо́та *ж (машины и т. п.)* 2) *мед.* опера́ция *ж*

opinion [əˈpɪnjən] мне́ние *с*; in my ~ по моему́ мне́нию

opponent [əˈpəunənt] *спорт.* проти́вник *м*

opportunity [ˌɔpəˈtjuːnɪtɪ] удо́бный слу́чай; возмо́жность *ж*

oppose [əˈpəuz] 1) *(smth to smth)* противопоставля́ть *(что-л. чему-л.)* 2) проти́виться; ~ a resolútion отклони́ть резолю́цию; who is ~d? кто про́тив?

opposite [ˈɔpəzɪt] **1.** *n* противополо́жность *ж* **2.** *a* противополо́жный; in the ~ diréction в обра́тную сто́рону **3.** *prep, adv* (на)про́тив; the house ~ дом напро́тив

opposition [ˌɔpə'zıʃn] 1) сопротивле́ние *c (resistance)* 2) оппози́ция *ж*; Lábour ~ лейбори́стская оппози́ция

oppress [ə'pres] угнета́ть; ~**ion** [ə'preʃn] угнете́ние *c*; ~**or** [-ə] угнета́тель *м*

option ['ɔpʃən] вы́бор *м*; ~**al** [-əl] по вы́бору, факультати́вный

or [ɔː] 1) и́ли; húrry ~ we'll be late скоре́е, а то мы опозда́ем 2) *см.* éither

oral ['ɔːrəl] у́стный

orange ['ɔrındʒ] **1.** *n* апельси́н *м* **2.** *a* 1) ора́нжевый 2) апельси́новый; ~ juice апельси́новый сок

oratorio [ˌɔrə'tɔːrıəu] *муз.* орато́рия *ж*

orbit ['ɔːbıt] орби́та *ж*; ~**al** [-əl] орбита́льный; ~**al** velócity пе́рвая косми́ческая ско́рость

orchard ['ɔːtʃəd] фрукто́вый сад; chérry ~ вишнёвый сад

orchestra ['ɔːkıstrə] 1) орке́стр *м* 2) (*тж.* órchestra seats): the ~ *амер.* партёр *м*

order ['ɔːdə] **1.** *n* 1) поря́док *м*; ~ of the day пове́стка (поря́док) дня; be out of ~ быть не в поря́дке 2) прика́з *м* (*command*) 3) зака́з *м*; ~ cóunter стол зака́зов; made to ~ сде́ланный на зака́з 4) о́рден *м* (*badge*) ◊ in ~ that, in ~ to с тем что́бы **2.** *v* 1) прика́зывать (*command*) 2) зака́зывать; ~ dínner заказа́ть обе́д

ordinary ['ɔːdnrı] обы́чный, зауря́дный; просто́й

ore [ɔː] руда́ *ж*

organ ['ɔːgən] 1) о́рган *м* 2) *муз.* орга́н *м*; ~**ic** [ɔː'gænık] органи́ческий

organization [ˌɔːgənaı'zeıʃn] организа́ция *ж*; mass ~ ма́ссовая организа́ция

organize ['ɔːgənaız] организо́вывать; основа́ть; ~**r** [-ə] организа́тор *м*

Orient ['ɔːrıənt] Восто́к *м*, восто́чные стра́ны

oriental [ˌɔːrı'entl] восто́чный

origin ['ɔrıdʒın] 1) исто́чник *м*, нача́ло *c* 2) происхожде́ние *c (birth)*; ~**al** [ə'rıdʒənl] **1.** *n* по́длинник *м* **2.** *a* 1) первонача́льный 2) по́длинный; ~**al** picture по́длинная карти́на; 3) оригина́льный; ~**al** invéntion оригина́льное изобрете́ние

ornament 1. *n* ['ɔːnəmənt] украше́ние *c*, орна́мент *м* **2.** *v* ['ɔːnəment] украша́ть

orphan ['ɔːfən] сирота́ *м и ж*; ~**age** [-ıdʒ] де́тский дом, прию́т *м*

Oscar ['ɔskə] *амер.* «О́скар» *м (золота́я стату́этка — ежего́дная пре́мия Америка́нской акаде́мии киноиску́сства)*

ostrich ['ɔstrıtʃ] стра́ус *м*

other ['ʌðə] **1.** *a* друго́й, ино́й; in ~ words други́ми слова́ми **2.** *pron* друго́й; some day or ~ когда́-нибудь; ~**wise** [-waız] и́на́че; в проти́вном слу́чае

ottoman ['ɔtəumən] тахта́ *ж*

ouch [ˈautʃ]: ~! ой! *(при внезапной боли и т. п.)*

ought [ɔːt] *выражает долженствование, вероятность:* you ~ to know that... вам бы следовало знать, что...; it ~ to be ready soon наверно, это будет скоро готово

ounce [auns] унция *ж*

our [ˈauə] наш, наша, наше, наши; where are ~ seats? где наши места?; ~ friends наши друзья; ~s [-z] наш, наша, наше; he is a friend of ~s он наш друг

ourselves [ˌauəˈselvz] 1) себя; -ся; we must wash ~ нам надо умыться 2) *(для усиления)* сами; we'll go there ~ мы сами туда поедем

out [aut] **1.** *adv* 1) вне, из, наружу; he is ~ он вышел 2) *показывает завершение чего-либо:* before the week is ~ до конца недели 3) *указывает на отклонение от нормы:* ~ of repair не в порядке; ~ of time несвоевременно 4) *спорт.* за пределами поля ◊ be ~ бастовать; have the tickets ~! приготовьте билеты! **2.** *prep:* ~ of из; по; ~ of the room из комнаты; ~ of necessity по необходимости

outback [ˈautbæk] *австрал.* неосвоенные земли, глубинка *ж*; ~ life жизнь в глуши

outbid [autˈbɪd] (outbid) предложить лучшие условия *(цену и т. п.)*

outboard [ˈautbɔːd]: ~ motor подвесной мотор

outbreak [ˈautbreɪk] 1) взрыв *м*, вспышка *ж* 2) начало *с* (*beginning*)

outcome [ˈautkʌm] результат *м*, исход *м*

outdated [autˈdeɪtɪd] устаревший

outdid [autˈdɪd] *past от* outdo

outdo [autˈduː] (outdid; outdone): ~ smb in smth превзойти *кого-л.* в *чём-л.*

outdone [autˈdʌn] *pp от* outdo

outdoors [ˌautˈdɔːz] на открытом воздухе

outer [ˈautə] внешний, наружный; ~ space космос *м*, космическое пространство

outfit [ˈautfɪt] снаряжение *с*; оборудование *с*; ~ for a voyage снаряжение для экспедиции

outgrew [autˈgruː] *past от* outgrow

outgrow [autˈgrəu] (outgrew; outgrown) 1) вырасти (из); he outgrew his suit он вырос из своего костюма 2) *(тж. перен.)* перерастать; he outgrew his father он перерос отца; ~n [-n] *pp от* outgrow

outing [ˈautɪŋ] поездка (за город)

outlet [ˈautlet] 1) выход *м*; лазейка *ж* 2) фирменный магазин (*с оптовыми ценами*)

outline [ˈautlaɪn] набросок *м*; in ~ в общих чертах; ~ history of... очерк истории...

outlive [autˈlɪv] пережить (*outlast*); отживать (*become* *outdated*); ~ one's opponents продержаться дольше своих соперников

outlook ['autluk] 1) вид *м*, перспектива *ж* 2) кругозор *м*, мировоззрение *с*; wide ~ широкий кругозор

outmoded [ˌaut'məudɪd] вышедший из моды

outnumber [aut'nʌmbə] иметь численное превосходство; they ~ed us two to one их было вдвое больше нас

out-of-date [ˌautəv'deɪt] устаревший, устарелый; вышедший из моды (из употребления)

output ['autput] добыча *ж*; выпуск *м*; ~ of coal добыча угля

outrageous [aut'reɪdʒəs] неистовый; возмутительный

outset ['autset] начало *с* (*beginning*)

outside [aut'saɪd] **1.** *a* наружный **2.** *adv* снаружи; ~r [-ə] 1) чужак *м* 2) *спорт.* аутсайдер *м*

outskirts ['autskɜːts] *pl* окраина города (*suburbs*)

outsmart [aut'smɑːt] *разг.* перехитрить (*smb — кого-л.*)

outstanding [aut'stændɪŋ] выдающийся, знаменитый

outstrip [aut'strɪp] обгонять, перегонять

outweigh [aut'weɪ] перевешивать, перевесить

oven ['ʌvn] печь *ж*, духовка *ж*; microwave ~ высокочастотная (электро)печь; ~ware [-wɛə] жаропрочная посуда

over ['əuvə] **1.** *prep* 1) над; выше; ~ one's head над головой; 2) через; за; jump ~ a ditch прыгнуть через канаву 3) по; all ~ the city по всему городу ◇ ~ the signature за подписью **2.** *adv* 1) свыше; ten times ~ более десяти раз 2) повсюду; the world ~ по всему свету 3) *указывает на окончание действия, процесса*: the concert is ~ концерт окончен ◇ ~ there вон там

overall ['əuvərɔːl] 1) *брит.* (женская) спецодежда 2) *pl* комбинезон *м*

overboard ['əuvəbɔːd] за бортом ◇ go ~ *разг.* быть вне себя (*от радости*)

overburden [ˌəuvə'bɜːdn] *перен.* перегружать

overcame [ˌəuvə'keɪm] *past* от overcome

overcast [ˌəuvə'kɑːst]: ~ skies небо, затянутое тучами

overcharge [ˌəuvə'tʃɑːdʒ] назначать слишком высокую цену; «ободрать» *разг.*

overcoat ['əuvəkəut] пальто *с нескл.*

overcome [ˌəuvə'kʌm] (overcame; overcome) побороть; преодолеть

overdrive ['əuvədraɪv] *авто* повышенная передача

overdue [ˌəuvə'djuː] запоздалый, просроченный; your rent is ~ вы просрочили платёж за квартиру

over-exposure [ˌəuvərɪk'spəuʒə] 1) *фото* передержка *ж*

2) повы́шенная до́за *(облучения)*

overflow [ˌəuvə'fləu] перепо́лнить(ся)

overhead 1. *adv* [ˌəuvə'hed] наверху́, над голово́й **2.** *a* 1) ве́рхний; ~ ráilway надзе́мная желе́зная доро́га 2): ~ chárges (expénses) накладны́е расхо́ды

overhear [ˌəuvə'hɪə] (overhéard) неча́янно услы́шать; ~d [ˌəuvə'həːd] *past и pp от* overhéar

overkill ['əuvəkɪl] *(тж.* óverkill capácity) *воен., полит.* спосо́бность многокра́тного уничтоже́ния

overlap [ˌəuvə'læp] части́чно дубли́ровать, перекрыва́ть (друг дру́га)

overload [ˌəuvə'ləud] **1.** *v* перегрузи́ть **2.** *n косм.* перегру́зки *мн.*

overlook [ˌəuvə'luk] не заме́тить, прогляде́ть

overnight [ˌəuvə'naɪt] **1.** *adv* 1) на́ ночь; we want to stay here ~ мы хоти́м переночева́ть здесь 2) внеза́пно, сра́зу; we cánnot do it ~ э́то невозмо́жно сде́лать так сра́зу **2.** *a* 1) на одну́ ночь; an ~ stop остано́вка на одну́ ночь 2) внеза́пный; it becáme an ~ sensátion неожи́данно э́то ста́ло сенса́цией

overpass [ˌəuvə'pɑːs] 1) пешехо́дный перехо́д *(for pedestrians)* 2) путепрово́д *м (for cars)*

over-production [ˌəuvəprə'dʌkʃn] перепроизво́дство *с*

overrate [ˌəuvə'reɪt] переоце́нивать

oversea(s) [ˌəuvə'siː(z)] **1.** *a* замо́рский, заокеа́нский; ~ trade вне́шняя торго́вля **2.** *adv* за мо́рем

overshoe ['əuvəʃuː] гало́ша *ж*, бо́т(ик) *м*

oversight ['əuvəsaɪt] недосмо́тр *м*; by (through) ~ по недосмо́тру

oversize ['əuvəsaɪz] (о́чень) большо́го разме́ра

over‖sleep [ˌəuvə'sliːp] проспа́ть; ~slept [-'slept] *past и pp от* oversléep

overtake [ˌəuvə'teɪk] (overtóok; overtáken) 1) догна́ть *(catch up with)* 2) *брит. авто* перегна́ть, обогна́ть 3) засти́гнуть врасплóх *(come suddenly upon);* ~n [-n] *pp от* overtáke

overthrow [ˌəuvə'θrəu] (overthréw; overthrówn) 1) опроки́дывать 2) сверга́ть *(defeat);* ~n [-n] *pp от* overthrów

overtook [ˌəuvə'tuk] *past от* overtáke

overture ['əuvətjuə] *муз.* увертю́ра *ж*

overturn [ˌəuvə'təːn] 1) опроки́дывать 2) сверга́ть *(defeat)*

overwhelming [ˌəuvə'welmɪŋ] подавля́ющий, превосходя́щий; ~ majórity подавля́ющее большинство́

owe [əu] быть до́лжным; быть обя́занным; how much do I ~ you? ско́лько я вам до́лжен? ◊ an "I ~ you" долгова́я распи́ска

owing [ˈəuɪŋ]: ~ to вследствие, благодаря

owl [aul] сова́ ж

own [əun] **1.** a со́бственный **2.** v 1) облада́ть; владе́ть 2) признава́ть(ся) (admit)

owner [ˈəunə] облада́тель м; владе́лец м; ~ship [-ʃɪp] владе́ние с

ox [ɔks] (pl о́xen) вол м

oxygen [ˈɔksɪdʒən] кислоро́д м

oyster [ˈɔɪstə] у́стрица ж

P

pace [peɪs] 1) шаг м 2) темп м; at a good ~ бы́стро; set the ~ зада́ть темп

pacific [pəˈsɪfɪk] 1) ми́рный 2) (P.) геогр. тихоокеа́нский

pacifier [ˈpæsɪfaɪə] амер. пусты́шка ж (соска)

pack [pæk] **1.** n 1) па́чка ж, тюк м; ~ of cigaréttes амер. па́чка сигаре́т 2) брит. карт. коло́да ж **2.** v 1) упако́вывать 2) заполня́ть; the hall (stádium) is ~ed зал (стадио́н) по́лон; ~ **up** упако́вываться; ~**age** [-ɪdʒ] амер. паке́т м, свёрток м ◊ ~ deal полит. паке́тная сде́лка; ~ tour ко́мплексное турне́ (в туризме)

packet [ˈpækɪt] брит. свя́зка ж, па́чка ж; ~ of cigaréttes па́чка сигаре́т

pact [pækt] пакт м, догово́р м; non-aggréssion ~ догово́р о ненападе́нии

pad [pæd] 1) (мя́гкая) подкла́дка 2) (тж. wríting pad) блокно́т м (с отрывны́ми листа́ми); ~**ded** [-ɪd]: ~ded shóulders с (подби́тыми) пле́чиками (о платье)

paddle [ˈpædl] спорт. **1.** n коро́ткое весло́ **2.** v грести́ одни́м весло́м

paddy [ˈpædɪ] 1) рис м 2) (тж. páddy-field) ри́совое по́ле

page I [peɪdʒ] страни́ца ж

page II разы́скивать кого-л., позва́ть к телефо́ну; could you ~ him over the públic-addréss sýstem? вы не могли́ бы объяви́ть по ра́дио, что его́ и́щут?

paid [peɪd] past и pp от pay 1

pail [peɪl] ведро́ с

pain [peɪn] 1) боль ж 2) pl стара́ния мн.; труды́ мн.; take ~s стара́ться; ~**ful** [-ful] 1) боле́зненный 2) печа́льный; ~ful expérience печа́льный о́пыт

paint [peɪnt] **1.** n кра́ска ж **2.** v 1) кра́сить 2) писа́ть кра́сками; ~ in oil писа́ть ма́слом; ~**er** [-ə] 1) живопи́сец м; pórtrait ~er портрети́ст м 2) (тж. house páinter) маля́р м; ~**ing** [-ɪŋ] 1) жи́вопись ж; ро́спись ж (стен и т. п.) 2) карти́на ж (picture)

pair [pɛə] 1) па́ра ж; чета́ ж 2) па́ра ж (чего-л.); a ~ of shoes па́ра боти́нок

pal [pæl] разг. прия́тель м, това́рищ м

palace [ˈpælɪs] дворе́ц м

pale [peɪl] бле́дный

palm I [pɑːm] ладо́нь ж

palm II па́льма ж (tree)

pamphlet ['pæmflɪt] 1) памфлет м 2) брошюра ж *(booklet)*

pan [pæn] 1) *(тж.* frýing pan) сковорода́ ж, сковоро́дка ж 2) про́тивень м *(square)* 3) *тех.* поддо́н м

Pan-American [ˌpænə'merɪkən] панамерика́нский

pancake ['pænkeɪk] блин м

pane [peɪn] око́нное стекло́

panel ['pænl] 1) гру́ппа специали́стов, коми́ссия ж; ~ of éxperts экспе́ртная коми́ссия 2) *(тж.* discússion pánel) гру́ппа уча́стников ра́дио- *или* телевизио́нной диску́ссии

pang [pæŋ] о́страя боль

panic ['pænɪk] па́ника ж

pansy ['pænzɪ] аню́тины гла́зки

panties ['pæntɪz] *pl* (же́нские *или* де́тские) тру́сики

pantry ['pæntrɪ] кладо́вка ж

pants [pænts] *pl* 1) *амер.* брю́ки *мн.*; ~ suit же́нский брю́чный костю́м 2) *брит.* кальсо́ны *мн.*; трусы́ *мн.*

panty-hose ['pæntɪhəuz] *(тж. pl)* колго́тки *мн.*

paper ['peɪpə] 1) бума́га ж; photográphic ~ фотобума́га ж 2) *(тж.* wállpaper) обо́и *мн.* 3) газе́та ж; where's the mórning ~? где у́тренняя газе́та? 4) *pl* докуме́нты *мн. (documents)* ◊ ~ stréamers серпанти́н м; ~back [-bæk] **1.** *n* кни́га в бума́жном переплёте **2.** *a* в бума́жном переплёте; ~back edítion дешёвое изда́ние; ~-weight [-weɪt] пресс-папье́ *с нескл.*

par [pɑ:] 1) станда́рт м, но́рма м 2) ра́венство с *(equally)* ◊ on a ~ на ра́вных

parachute ['pærəʃu:t] парашю́т м

parade [pə'reɪd] пара́д м

paradise ['pærədaɪs] рай м

paragraph ['pærəgrɑ:f] 1) абза́ц м 2) пункт м, пара́граф м; óperative ~ one пе́рвый пункт постановля́ющей ча́сти 3) заме́тка ж *(newspaper item)*

parallel ['pærəlel] **1.** *a* паралле́льный **2.** *n* паралле́ль ж

paralyse ['pærəlaɪz] парализова́ть

paramedic [ˌpærə'medɪk] *амер.* ме́дик ско́рой по́мощи *(фельдшер, медбрат и т. п.)*

paramount ['pærəmaunt] 1) первостепе́нный, важне́йший 2) вы́сший *(about rank or authority)*

parasite ['pærəsaɪt] парази́т м

parasol ['pærəsɔl] зо́нтик от со́лнца

paratrooper ['pærəˌtru:pə] деса́нтник м

parcel ['pɑ:sl] *брит.* паке́т м; посы́лка ж; send by ~ post посла́ть посы́лкой

pardon ['pɑ:dn] **1.** *n* проще́ние с; I beg your ~ прости́те меня́ **2.** *v* проща́ть

parents ['peərənts] *pl* роди́тели *мн.*

parish ['pærɪʃ] *рел.* прихо́д м

park [pɑ:k] **1.** *n* 1) парк м 2) *(тж.* nátional park) запове́дник м **2.** *v* поста́вить на стоя́нку,

запарковать *(автомашину);*
"no ~ing" «стоянка запрещена» *(надпись);* ~**ing** [-ıŋ]:
~ing lot *амер.* (охраняемая) автостоянка; ~ing méter (парковочный) счётчик ◊ ~ing órbit *косм.* промежуточная орбита

parkway ['pɑːkweı] парковое шоссе *(обыкн. идущее в полосе парковых насаждений)*

parliament ['pɑːləmənt] парламент *м*

parlour ['pɑːlə] гостиная *ж* ◊ béauty ~ дамский салон *(парикмахерская)*

parochial [pə'rəukıəl] провинциальный, местнический

parody ['pærədı] пародия *ж*

parole [pə'rəul] *юр.* досрочно-условное освобождение

parquet ['pɑːkeı] паркет *м*

parrot ['pærət] попугай *м*

parsley ['pɑːslı] петрушка *ж*

parson ['pɑːsən] пастор *м*

part [pɑːt] **1.** *n* 1) часть *ж*, доля *ж* 2): take ~ in *smth* участвовать в чём-л. 3) роль *ж*; play (act) the ~ of играть роль 4) сторона *ж* *(в споре и т. п.);* for my ~... что касается меня... 5) *муз.* партия *ж* 6) *pl тех.* части *мн;* spare ~s запасные части ◊ ~ and párcel неотъемлемая часть **2.** *v* 1) разделять(ся), отделять(ся) 2) расставаться; let's ~ friends расстанемся друзьями 3) делать пробор *(about hair)*

partial ['pɑːʃəl] 1) частичный 2) пристрастный *(biased)*

participate [pɑː'tısıpeıt] принимать участие, участвовать

participation [pɑːˌtısı'peıʃn] участие *с*

particular [pə'tıkjulə] **1.** *a* 1) особый; особенный 2) разборчивый; I'm not ~ about food я не требователен в еде **2.** *n*: in ~ в частности, в особенности; ~**ly** [-lı] особенно, в частности

parting ['pɑːtıŋ] 1) расставание *с;* разлука *ж* 2) пробор *м;* míddle (side) ~ прямой (косой) пробор

partisan ['pɑːtızn] **1.** *n* 1) сторонник *м*, приверженец *м;* ~ of peace сторонник мира 2) партизан *м (guerilla)* **2.** *a* предвзятый; ~ view предвзятое мнение

partly ['pɑːtlı] частично, отчасти

partner ['pɑːtnə] 1) партнёр *м* 2) *ком.* компаньон *м*

partridge ['pɑːtrıdʒ] куропатка *ж*

part-time [ˌpɑːt'taım]: ~ wórker рабочий, занятый неполный рабочий день; совместитель *м;* ~ téacher преподаватель-почасовик *м;* ~ stúdent студент заочник *м (studying by correspondence);* студент вечернего отделения

party I ['pɑːtı] партия *ж;* ~ mémber член партии

party II 1) группа *ж* 2) приём гостей; вечер *м;* вечеринка *ж;* dínner ~ званый обед 3) *юр.* сторона *ж*

pass [pɑːs] **1.** *v* 1) проходить, проезжать; let me ~ разрешите пройти 2) *амер. авто, спорт.* обгонять 3) прекращаться *(stop)* 4) передавать; will you ~ the bread, please? передайте, пожалуйста, хлеб 5) принять *(о законе и т. п.)*; ~ the bill одобрить законопроект 6) *спорт., карт.* пасовать **2.** *n* 1) пропуск *м*; а ~ to the stadium пропуск на стадион 2) *(обыкн.* free pass) бесплатный билет; контрамарка *ж* 3) *спорт.* пас *м*; ~ for *smb* сходить за *кого-л.*; ~ **away** скончаться

passage ['pæsɪdʒ] проход *м*, проезд *м*; book the ~ купить билет на пароход

passenger ['pæsɪndʒə] пассажир *м*

passerby [,pɑːsə'baɪ] прохожий *м*

passion ['pæʃn] 1) страсть *ж*, пыл *м* 2) гнев *м*, ярость *ж* *(anger)*; ~**ate** ['pæʃənɪt] страстный

passive ['pæsɪv] пассивный, бездеятельный

passkey ['pɑːskiː] 1) отмычка *ж (of a burglar)* 2) универсальный ключ *(in a hotel)*

passport ['pɑːspɔːt] паспорт *м*

past [pɑːst] **1.** *n* прошлое *с*; in the ~ в прошлом **2.** *a* прошлый, минувший **3.** *adv* мимо; walk ~ пройти мимо **4.** *prep* за, после; мимо; ride ~ the house проехать мимо дома

paste [peɪst] клеить, склеивать

pastel [pæ'stel] пастель *ж*

pastor ['pɑːstə] *рел.* пастор *м*

pastrami [pə'strɑːmɪ] пастрами *ж нескл. (копчёно-варёная говядина типа бастурмы)*

pastry ['peɪstrɪ] кондитерские изделия; ~ shop кондитерская *ж*

pasture ['pɑːstʃə] пастбище *с*

patch [pætʃ] **1.** *v* латать, чинить *(mend)* **2.** *n* заплата *ж*

patent ['peɪtənt] **1.** *a* патентованный; ~ leather лакированная кожа **2.** *n* патент *м*

path [pɑːθ] 1) дорожка *ж*, тропинка *ж* 2) путь *м* *(тж. перен.)*

patience ['peɪʃəns] терпение *с*; I have no ~ with him он выводит меня из терпения

patient ['peɪʃənt] **1.** *a* терпеливый **2.** *n* пациент *м*, больной *м*

patriot ['peɪtrɪət] патриот *м*; ~**ic** [,pætrɪ'ɔtɪk] патриотический

patrol [pə'trəul] патруль *м*; ~ car патрульная полицейская машина; ~**man** [-mən] полицейский *(в наряде)*

patron ['peɪtrən] 1) покровитель *м*; патрон *м* 2) постоянный покупатель, постоянный посетитель *(client)*

patronymic [,pætrə'nɪmɪk] отчество *с*

pattern ['pætən] 1) образец *м* 2) узор *м (design)*

patty ['pætɪ] пирожок *м*

pause [pɔːz] **1.** *n* пауза *ж*; передышка *ж* **2.** *v* останавливать(ся); делать паузу

pave [peɪv] мости́ть; ~**ment** [-mənt] 1) *брит.* тротуа́р *м* 2) *амер.* мостова́я *ж*

pavilion [pə'vɪljən] 1) пала́тка *ж* 2) павильо́н *м*; céntral ~ гла́вный павильо́н

paw [pɔː] ла́па *ж*

pawn [pɔːn] *шахм.* пе́шка *ж*

pay [peɪ] **1.** *v* (paid) 1) плати́ть; опла́чивать; ~ (in) cash плати́ть нали́чными 2) ока́зывать (*внимание и т. п.*); де́лать (*комплимент и т. п.*); we paid him a vísit мы его́ навести́ли 3) окупа́ться; it dóesn't ~ to go there туда́ не сто́ит идти́ **2.** *n* 1) пла́та *ж* 2) жа́лованье *c*; what's your ~? ско́лько вы получа́ете?; ~-**box** [-bɔks], ~-**desk** [-desk] ка́сса *ж*

payload ['peɪləud] (поле́зная) нагру́зка

payment ['peɪmənt] пла́та *ж*, упла́та *ж*, платёж *м*

pay‖-**off** ['peɪɔf] взя́тка *ж*; ~-**TV** [,peɪtiː'viː] пла́тные програ́ммы (телеви́дения)

pea [piː] горо́х *м*; green ~s зелёный горо́шек

peace [piːs] 1) мир *м*; work for ~ боро́ться за мир; Nóbel P. Prize Нобелевская пре́мия ми́ра; ~ suppórters, (ádvocates, chámpions) сторо́нники ми́ра 2) поко́й *м*, тишина́ *ж* (*tranquillity*); ~**ful** [-ful] ми́рный, споко́йный

peace-loving ['piːs,lʌvɪŋ] миролюби́вый; ~ nátions миролюби́вые наро́ды

peach [piːʧ] пе́рсик *м*

peacock ['piːkɔk] павли́н *м*

peak [piːk] 1) пик *м*, верши́на *ж* 2) вы́сшая то́чка (*the highest point*)

peanut ['piːnʌt] 1) земляно́й оре́х, ара́хис *м*; ~ bútter ореховое ма́сло (*бутербродное*) 2) *особ. pl разг.* гроши́ *мн.*

pear [peə] гру́ша *ж*

pearl [pəːl] жёмчуг *м*

peasant ['pezənt] крестья́нин *м*

peat [piːt] торф *м*

pebble ['pebl] га́лька *ж*

peck [pek] клева́ть

peculiar [pɪ'kjuːlɪə] 1) осо́бенный (*special*); ~ to сво́йственный 2) стра́нный (*strange*); ~**ity** [pɪ,kjuːlɪ'ærɪtɪ] осо́бенность *ж*

peddler ['pedlə] у́личный торго́вец

pedestrian [pɪ'destrɪən] пешехо́д *м*; ~ cróssing пешехо́дный перехо́д

peel [piːl] **1.** *n* кожура́ *ж*; ко́рка *ж*; órange ~ апельси́новая ко́рка **2.** *v* чи́стить (*картофель и т. п.*)

peer [pɪə] пэр *м*, лорд *м* (*lord*)

peg [peg] ве́шалка *ж*; hat ~ ве́шалка для шляп

pen [pen] перо́ *c* (*писчее*), ру́чка *ж*

penalize ['piːnəlaɪz] 1) нака́зывать 2) *спорт.* штрафова́ть

penalty ['penltɪ] 1) наказа́ние *c*; death ~ сме́ртный пригово́р 2) *спорт.* штраф *м*; ~ área штрафна́я площа́дка; ~ throw штрафно́й бросо́к; ~

point штрафно́е очко́; ~ shot штрафно́й бросо́к

pencil ['pensl] каранда́ш *м*; in ~ (напи́санный) карандашо́м

penetrate ['penɪtreɪt] проника́ть внутрь

peninsula [pɪ'nɪnsjulə] полуо́стров *м*

penknife ['pennaɪf] перочи́нный нож

penny ['penɪ] 1) пе́нни *с нескл.* 2) *амер. разг.* це́нтик *м (одноцентовая монета)*

pension ['penʃn] пе́нсия *ж*

Pentagon ['pentəgən] Пентаго́н *м (военное министерство США)*

pentathlon [pen'tæθlən] *спорт.* пятибо́рье *с*

penthouse ['penthaus] *(тж.* pénthouse apártment) ·пентха́ус *м (дорогая квартира с большой террасой, занимающая верхний этаж высотного дома)*

people ['pi:pl] 1) наро́д *м*; на́ция *ж* 2) лю́ди *мн.*; населе́ние *с*; young ~ молодёжь *ж*

pepper ['pepə] пе́рец *м*; ~box [-bɔks] пе́речница *ж*

per [pə:]: ~ ánnum в год; ~ cápita prodúction произво́дство на ду́шу населе́ния

perceive [pə'si:v] 1) воспринима́ть *(apprehend)* 2) ощуща́ть *(feel)*

per cent [pə'sent] проце́нт *м*

percussion [pə'kʌʃn]: ~ ínstruments *муз.* уда́рные инструме́нты; ~ist [-ɪst] *муз.* уда́рник *м*

per diem [pə'di:əm] су́точные *мн.*

perennial [pə'renɪəl] 1) ве́чный *(unceasing)* 2) *бот.* многоле́тний

perfect ['pə:fɪkt] соверше́нный; he speaks ~ English он свобо́дно говори́т по-англи́йски

perform [pə'fɔ:m] исполня́ть, выполня́ть; ~ed by... в исполне́нии...; ~ance [-əns] 1) исполне́ние *с* 2) *театр.* представле́ние *с*

perfume ['pə:fju:m] духи́ *мн.*; ~ry [pə'fju:mərɪ] парфюме́рия *ж*

perhaps [pə'hæps] мо́жет быть, возмо́жно

peril ['perəl] опа́сность *ж*

period ['pɪərɪəd] 1) пери́од *м*; промежу́ток вре́мени *(space of time)* 2) *мед.* ме́сячные *мн.*

perish ['perɪʃ] ги́бнуть, погиба́ть; ~able [-əbl] быстропо́ртящийся *(о продуктах)*

perma‖nent ['pə:mənənt] постоя́нный; ~press [-pres] несмина́емый *(об одежде)*

permission [pə'mɪʃn] позволе́ние *с*, разреше́ние *с*; with your ~ с ва́шего позволе́ния

permit 1. *v* [pə'mɪt] разреша́ть, позволя́ть **2.** *n* ['pə:mɪt] про́пуск *м*, разреше́ние *с (документ)*; léarner's ~ *амер. авто* учени́ческие права́

peroxide [pə'rɔksaɪd]: hýdrogen ~ пе́рекись водоро́да

perpendicular [,pə:pən'dɪkjulə] перпендикуля́рный

perplex [pə'pleks] ста́вить в тупи́к, озада́чивать

persecute ['pə:sɪkjuːt] пресле́довать, подверга́ть гоне́ниям

persist [pə'sɪst] упо́рствовать, наста́ивать

person ['pə:sn] челове́к *м*; in ~ ли́чно; ~al [-əl] ли́чный; ~ally [-lɪ] ли́чно

personnel [ˌpə:sə'nel] ли́чный соста́в

perspire [pə'spaɪə] поте́ть

persuade [pə'sweɪd] убежда́ть (of — в чём-л.)

pest [pest] 1) *с.-х.* вреди́тель *м* (*animal*) 2) *с.-х.* сорня́к (*plant*) ◇ you are a ~! приста́л как ба́нный лист!

pet [pet] 1. *n* 1) люби́мец *м* (*favourite*); téacher's ~ люби́мчик *м* (*в школе*) 2) дома́шнее живо́тное (*особ. кошки и собаки*) 2. *v* балова́ть

petal ['petl] лепесто́к *м*

petition [pɪ'tɪʃn] пети́ция *ж*, проше́ние *с*

petrol ['petrəl] бензи́н *м*; ~ station ['steɪʃn] бензоколо́нка *ж*

petticoat ['petɪkəut] ни́жняя ю́бка

petty ['petɪ] ме́лкий; ме́лочный; ~ bóurgeoisie ме́лкая буржуази́я

phase [feɪz] фа́за *ж*; ~ out постепе́нно сокраща́ть

Ph. D. [ˌpiːeɪtʃ'diː] (Dóctor of Philósophy) до́ктор филосо́фии (*учёная степень по гуманитарным наукам, соответст-вует званию кандидата наук в СССР*)

philharmonic [ˌfɪlɑː'mɔnɪk]: ~ socíety филармо́ния *ж*

philology [fɪ'lɔlədʒɪ] филоло́гия *ж*

philosopher [fɪ'lɔsəfə] фило́соф *м*

philosophy [fɪ'lɔsəfɪ] филосо́фия *ж*

phone [fəun] 1. *n* телефо́н *м*; by (óver) the ~ по телефо́ну 2. *v* звони́ть по телефо́ну; I ~d you twice я вам звони́л два́жды

phonograph ['fəunəgræf] прои́грыватель *м*; граммофо́н *м*

phony ['fəunɪ] ли́повый, подде́льный

photo ['fəutə], ~**graph** [-græf] 1. *n* фотогра́фия *ж*, сни́мок *м* 2. *v* фотографи́ровать; ~**grapher** [fə'tɔgrəfə] фото́граф *м*; press ~grapher фоторепортёр *м*

phrase [freɪz] фра́за *ж*; выраже́ние *с*; ~-**book** [-buk] разгово́рник *м*

physical ['fɪzɪkəl] физи́ческий; ~ cúlture физкульту́ра *ж*; ~ thérapy лече́бная физкульту́ра; восстанови́тельная терапи́я

physician [fɪ'zɪʃn] врач *м*

physicist ['fɪzɪsɪst] фи́зик *м*

physics ['fɪzɪks] фи́зика *ж*

pianist ['pɪənɪst] пиани́ст *м*

piano [pɪ'ænəu] (*тж.* úpright piáno) пиани́но *с нескл.*; grand ~ роя́ль *м*; play the ~ игра́ть на роя́ле

pick [pɪk] 1) выбира́ть; сортирова́ть 2) рвать, собира́ть (*gather*); ~ **up** a) поднима́ть; подбира́ть; б): I'll ~ you up at three я заéду за ва́ми в три часá

pickles [ˈpɪklz] соле́нье *c*, марина́д *м*; пи́кули *мн.*; new ~ малосо́льные огурцы́

pick‖-**up** [ˈpɪkəp] 1) *физ.* да́тчик *м* 2) звукоснима́тель *м* (*in a phonograph*) 3) *авто* приёмистость *ж*; ~**up**: ~ truck а́вто пика́п *м*

picnic [ˈpɪknɪk] пикни́к *м*

picture [ˈpɪktʃə] 1) карти́на *ж* 2) иллюстра́ция *ж*; ~ magazíne иллюстри́рованный журна́л 3) фотогра́фия *ж* (*photograph*); ~ **gallery** [ˈɡælərɪ] карти́нная галере́я

pie [paɪ] пиро́г *м*

piece [piːs] 1) кусо́к *м* 2) произведе́ние *c*; ~ of art произведе́ние иску́сства 3) *шахм.* фигу́ра *ж*; loss of ~ поте́ря фигу́ры; exchánge of ~s разме́н фигу́р ◊ ~ of cake *разг.* пустя́к!; ≅ ле́гче па́реной ре́пы; ~-**work** [-wəːk] сде́льная рабо́та

pier [pɪə] 1) при́стань *ж* (*landing stage*) 2) мол *м* (*breakwater*)

pig [pɪɡ] свинья́ *ж*; поросё́нок *м*; ~ íron чугу́н *м* (*особ. в чу́шках*)

pigeon [ˈpɪdʒɪn] го́лубь *м*

pike [paɪk] щу́ка *ж*

pile [paɪl] ку́ча *ж*, гру́да *ж*, ки́па *ж*; ~ **up** нака́пливать

pill [pɪl] пилю́ля *ж* ◊ the ~ *разг.* противозача́точная табле́тка

pillar [ˈpɪlə] коло́нна *ж*; столб *м*; ~-**box** [-bɔks] почто́вый я́щик

pillow [ˈpɪləu] поду́шка *ж*; ~-**case** [-keɪs] на́волочка *ж*

pilot [ˈpaɪlət] **1.** *n* 1) ло́цман *м* (*on a ship*) 2) пило́т *м*; лё́тчик *м* (*on a plane*) **2.** *v* 1) вести́, управля́ть 2) пилоти́ровать (*a plane*) **3.** *a*: ~ plant о́пытная (полузаводска́я) устано́вка; ~ lamp сигна́льная ла́мпочка; ~ light запа́льный огонё́к (*у автомати́ческой га́зовой плиты́*)

pimple [ˈpɪmpl] прыщ(ик) *м*; у́горь *м*

pin [pɪn] **1.** *n* була́вка *ж*; bóbby ~ шпи́лька *ж* **2.** *v* прика́лывать (to, on — к); ~ **up** прика́лывать (*особ. карти́нку на сте́ну*)

pince-nez [ˈpænsneɪ] пенсне́ *с нескл.*

pincers [ˈpɪnsəz] *pl* кле́щи *мн.*; щипцы́ *мн.*

pinch [pɪntʃ] 1) щипа́ть 2) жать; my new shoes ~ мои́ но́вые ту́фли жмут

pine [paɪn] сосна́ *ж*

pineapple [ˈpaɪnæpl] анана́с *м*

ping-pong [ˈpɪŋpɔŋ] насто́льный те́ннис, пинг-по́нг *м*

pink [pɪŋk] ро́зовый ◊ ~ cóllar wórkers «ро́зовые воротнички́» (*рабо́тницы сфе́ры обслу́живания, секрета́рши, маши́нистки и т. п.*)

pint [paɪnt] пи́нта *ж* (*ме́ра объё́ма*) ◊ a ~ of bítter, please *брит.* кру́жку го́рького (пи́ва), пожа́луйста

pioneer [ˌpaɪəˈpnɪə] пионе́р *м*; ~ing work нова́торская рабо́та

pious [ˈpaɪəs] на́божный

pipe [paɪp] 1) труба́ *ж* 2) (кури́тельная) тру́бка; fill the ~ наби́ть тру́бку 3) *муз.* свире́ль *ж*; ду́дка *ж*; ~ órgan орга́н; ~line [-laɪn] трубопрово́д *м*; нефтепрово́д *м*

pistol [ˈpɪstl] пистоле́т *м*; револьве́р *м* (*revolver*)

piston [ˈpɪstən] по́ршень *м*

pit [pɪt] 1) я́ма *ж* 2) ша́хта *ж* (*mine*) 3) *брит. театр.* за́дние ряды́ парте́ра 4) *амер. театр.* оркестро́вая я́ма

pitch [pɪtʃ] 1) *мор.* килева́я ка́чка 2) *спорт.* пода́ча мяча́ (*манера подачи*); he has an éxcellent ~ у него́ отли́чная пода́ча 3) *муз.* высота́ *ж* (*тона, звука и т. п.*)

pitcher [ˈpɪtʃə] *амер.* кувши́н *м*; графи́н *м*

pitfall [ˈpɪtfɔːl] западня́ *ж* (*тж. перен.*)

pity [ˈpɪtɪ] жа́лость *ж*; what a ~! кака́я жа́лость!

pizza [ˈpiːtsə] (*тж.* pízza-pie) *амер.* пи́цца *ж*

place [pleɪs] 1. *n* 1) ме́сто *с*; give ~ to уступи́ть ме́сто; in ~ of вме́сто; in the first (second) ~ во-пе́рвых (во-вторы́х); out of ~ неуме́стный 2) ме́стность *ж*; cóuntry ~ да́чная ме́стность 3) до́лжность *ж*, слу́жба *ж* (*employment*) 4) *спорт.* одно́ из пе́рвых мест

(*в состязании*) ◊ take ~ происходи́ть 2. *v* 1) помеща́ть; ста́вить; класть (*put*) 2) *спорт.*: be ~d заня́ть одно́ из призо́вых мест

plaid [plæd] 1) плед *м* (*шотландский*) 2) *текст.* шотла́ндка *ж*

plain I [pleɪn] 1) я́сный 2) просто́й; in ~ words про́сто, без обиняко́в

plain II равни́на *ж*

plan [plæn] 1. *n* план *м*; за́мысел *м* 2. *v* составля́ть план, плани́ровать; fámily ~ning эк. плани́рование разме́ров семьи́, семе́йное плани́рование

plane [pleɪn] 1) самолёт *м* (*aircraft*) 2) пло́скость *ж*

planet [ˈplænɪt] плане́та *ж*

plant [plɑːnt] 1. *n* 1) расте́ние *с* 2) заво́д *м*, фа́брика *ж* (*works*) 2. *v* 1) сажа́ть 2) насажда́ть (*implant*)

plantation [plænˈteɪʃn] 1) насажде́ние *с* 2) планта́ция *ж*; cóffee ~ кофе́йная планта́ция

planter [ˈplɑːntə] планта́тор *м*

plaster [ˈplɑːstə] 1. *n* 1) *мед.* пла́стырь *м* 2) штукату́рка *ж*; Páris ~ гипс *м* 2. *v* 1) *мед.* накла́дывать пла́стырь 2) штукату́рить (*in building*)

plastic [ˈplæstɪk] 1. *a* 1) пласти́ческий; ~ súrgery пласти́ческая хирурги́я 2) скульпту́рный; лепно́й; ~ arts иску́сство вая́ния 3) пла́стиковый, пластма́ссовый; a ~ bag пла́стиковая су́мка 2. *n* 1) пла́стика *ж* 2)

пластма́сса ж *(material)*
plate [pleɪt] 1) пласти́нка
ж 2) таре́лка ж *(dish)* 3) гра-
вю́ра ж, эста́мп м *(print)*

platform [ˈplætfɔːm] 1) плат-
фо́рма ж, перро́н м; wait for
me on the ~ подожди́те меня́
на перро́не 2) *полит.* плат-
фо́рма ж 3) помо́ст м, сце́на ж
(stage) 4) *спорт.* вы́шка ж
(для прыжков в воду)

platinum [ˈplætɪnəm] пла́-
тина ж

platter [ˈplætə] 1) больша́я
(пло́ская) таре́лка; блю́до с
(dish) 2) мясно́е ассорти́ *(закуска)*

play [ˈpleɪ] **1.** *n* 1) игра́ ж 2)
пье́са ж; go to see the ~ пойти́
в теа́тр **2.** *v* 1) игра́ть; ~ fóotball (ténnis) игра́ть в футбо́л
(те́ннис); ~ the guitár (the
violín) игра́ть на гита́ре (на
скри́пке) 2) сде́лать ход *(в
игре)*; ~ the pawn *шахм.* пой-
ти́ пе́шкой 3) прои́грывать
(пластинку); ~ this tape по-
ста́вьте э́ту за́пись; ~-**back**
[-bæk] воспроизведе́ние с
(звука)

playbill [ˈpleɪbɪl] афи́ша ж

player [ˈpleɪə] 1) *спорт.*
игро́к м 2) *театр.* актёр м 3)
муз. см. cassétte-player

play‖goer [ˈpleɪˌɡəuə] теат-
ра́л м; ~**ground** [-ɡraund]
площа́дка ж *(для игр)*; ~**house**
[-haus] теа́тр м *(драматиче-
ский)*

playing-cards [ˈpleɪŋkɑːdz]
pl игра́льные ка́рты

play‖land [ˈpleɪlænd] аттрак-

цио́ны *мн.*; ~**mate** [-meɪt]
партнёр м *(в играх)*

play-off [ˈpleɪɔːf] *спорт.* 1)
фина́льная игра́, рева́нш м
2) ро́зыгрыш пе́рвенства *(куб-
ка)*

playwright [ˈpleɪraɪt] драма-
ту́рг м

plaza [ˈplɑːzə] *амер.* 1) (го-
родска́я) пло́щадь *(in a city)*
2) накопи́тельная площа́дка
*(перед постами сбора платы
за проезд по автомагистрали
или по мосту)*

plead [pliːd] (pléaded, pled)
1) проси́ть, умоля́ть (for — о)
2) *юр.*: ~ (not) guílty (не) при-
зна́ть себя́ вино́вным

pleasant [ˈpleznt] прия́тный;
ми́лый, сла́вный

please [pliːz] 1) нра́виться;
as you ~ как хоти́те 2) достав-
ля́ть удово́льствие; be ~d
быть дово́льным 3): ~ ! пожа́-
луйста!

pleasure [ˈpleʒə] удово́льст-
вие с

pleat [pliːt] **1.** *n* скла́дка ж
(на платье) **2.** *v*: ~ed skirt
плиссиро́ванная ю́бка

pled [pled] *pp от* plead

pledge [pledʒ] **1.** *n* 1) обяза́-
тельство с *(commitment)* 2)
зало́г м *(security)* **2.** *v* прини-
ма́ть обяза́тельство

plenty [ˈplentɪ] (из)оби́лие с;
мно́жество с; ~ of time мно́го
вре́мени

plight [plaɪt] (тру́дное) по-
ложе́ние; be in a sórry (sad) ~
быть в плаче́вном состоя́нии

plot [plɔt] 1) за́говор м 2)

фа́була *ж*, сюже́т *м* (*as in a novel, etc*) 3) уча́сток земли́ (*of land*)

plough [plau] *брит.*, **plow** [plau] *амер.* **1.** *n* плуг *м* **2.** *v* паха́ть

pluck [plʌk] срыва́ть, собира́ть (*цветы*)

plug [plʌg] 1) заты́чка *ж*; про́бка *ж* 2) *эл.* ште́псель *м*; патро́н *м*; ште́псельная ви́лка; pull the ~ вы́ключить; ~ **in** *эл.* включа́ть

plum [plʌm] сли́ва *ж*; ~ púdding плюм-пу́ддинг *м*; ~ tomáto па́льчиковый помидо́р

plumb∥er ['plʌmə] сле́сарь--санте́хник *м*, водопрово́дчик *м*; ~**ing** ['plʌmɪŋ] санте́хника *ж*

plump [plʌmp] пу́хлый, по́лный

plunge [plʌndʒ] окуна́ть(ся), погружа́ть(ся)

plus [plʌs] плюс *м*

ply [plaɪ] *мор.* курси́ровать

plywood ['plaɪwud] фане́ра *ж*

p. m. [ˌpiːˈem] (post merídiem) по́сле полу́дня

pneumatic [njuːˈmætɪk] пневмати́ческий; ~ boat надувна́я ло́дка

poach I [pəutʃ]: ~ eggs гото́вить я́йца-пашо́т

poach II браконье́рствовать; ~**er** [-ə] браконье́р *м*

pocket ['pɔkɪt] 1) карма́н *м* 2) (*тж.* áir-pocket) *ав.* возду́шная я́ма; ~**-book** [-buk] 1) бума́жник *м* (*wallet*) 2) записна́я

кни́жка (*note-book*); ~**-knife** [-naɪf] складно́й нож

poem ['pəuɪm] поэ́ма *ж*, стихотворе́ние *с*

poet ['pəuɪt] поэ́т *м*; ~**ry** [-rɪ] поэ́зия *ж*; стихи́ *мн.*

point [pɔɪnt] **1.** *n* 1) то́чка *ж*; пункт *м*; деле́ние шкалы́; three ~ one (3.1) три и одна́ деся́тая (3,1); the témperature went up nine ~s температу́ра повы́силась на 9 гра́дусов 2) пункт *м*; моме́нт *м*; вопро́с *м*; ~ of view то́чка зре́ния; ~ of information сло́во для спра́вки; ~ of órder! к поря́дку веде́ния! 3) *спорт.* очко́ *с* 4) гла́вное *с*, суть *ж*; it's just the ~ в э́том-то и де́ло ◊ to (off) the ~ кста́ти (некста́ти) **2.** *v* 1) пока́зывать па́льцем 2) (за)остри́ть, (за-)точи́ть (*sharpen*); ~ out ука́зывать

poison ['pɔɪzn] яд *м*; ~ ivy *амер.* ядови́тый сума́х; ~**ous** [-əs] ядови́тый

poke [pəuk] 1) ты́кать 2) (*тж.* poke up) поме́шивать

polar ['pəulə] поля́рный; ~ círcle поля́рный круг; ~ fox песе́ц *м*; ~ bear бе́лый медве́дь

pole I [pəul] по́люс *м*; North (Sóuth) P. Се́верный (Ю́жный) по́люс

pole II 1) шест *м*; ~ vault (*лёгкая атлетика*) прыжо́к с шесто́м 2) столб *м*; télegraph ~ телегра́фный столб

police [pəˈliːs] поли́ция *ж*; ~**man** [-mən] полице́йский *м*; ~ **station** ['steɪʃn] полице́йский уча́сток

policy I ['pɔlɪsɪ] полѝтика ж; peace ~ мѝрная полѝтика

policy II страховой полис

polish ['pɔlɪʃ] **1.** n 1) полирóвка ж; shoe ~ *брит.* гуталѝн м 2) лоск м, глянец м (*lustre*) **2.** v 1) полировáть, шлифовáть 2) *брит.* чѝстить (*обувь*); I want my shoes ~ed мне нýжно почѝстить ботѝнки

polite [pə'laɪt] вéжливый, любéзный; ~**ness** [-nɪs] вéжливость ж

political [pə'lɪtɪkəl] политѝческий

politician [ˌpɔlɪ'tɪʃn] политѝческий дéятель; *амер. тж.* политикáн м

politics ['pɔlɪtɪks] полѝтика ж

poll [pəul] **1.** n 1) голосовáние c (*voting*) 2) pl *амер.* избирáтельный пункт 3) (*тж.* públic opínion poll) опрóс (общéственного мнéния) **2.** v проводѝть опрóс (общéственного мнéния)

polling-booth ['pəulɪŋbuːð] кабѝна для голосовáния

pollut‖e [pə'luːt] загрязнять; ~ed air загрязнённый вóздух; ~**ion** [pə'luːʃn] загрязнéние (окружáющей средѝ)

pomegranate ['pɔmɪɡrænɪt] *бот.* гранáт м

pompous ['pɔmpəs] насыщенный

pond [pɔnd] пруд м

ponder ['pɔndə] 1) обдýмывать (*что-л.*) 2) раздýмывать (*о чём-л.*)

pony ['pəunɪ] пóни м *нескл.*

pool I [puːl] 1) лýжа ж 2) (*тж.* swimming-pool) (плáвательный) бассéйн; cóvered (índoor) ~ закрытый (зѝмний) бассéйн; ópen-air (óutdoor) ~ открытый (лéтний) бассéйн

pool II 1) объединённый фонд (*foundation*) 2) объединéние c; týping ~ машбюрó c

poor [puə] 1) бéдный 2) плохóй, скýдный; in a ~ condítion в плохóм состоянии; of ~ quálity плохóго кáчества

pop [pɔp]: ~ músic поп-мýзыка ж; ~ sínger исполнѝтель в стѝле «поп»

popcorn ['pɔpkɔːn] воздýшная кукурýза

pope [pəup] пáпа (рѝмский)

poplar ['pɔplə] тóполь м

poppy ['pɔpɪ] мак м

popular ['pɔpjulə] 1) нарóдный; P. Front нарóдный фронт 2) популярный; ~ sínger популярный певéц; ~**ity** [ˌpɔpju-'lærɪtɪ] популярность ж

population [ˌpɔpju'leɪʃn] населéние c

porcelain ['pɔːslɪn] фарфóр м

porch [pɔːtʃ] 1) крыльцó c 2) *амер.* верáнда ж; террáса ж

pork [pɔːk] свинѝна ж

porpoise ['pɔːpəs] дельфѝн м (морскáя свинья)

porridge ['pɔrɪdʒ] *брит.* (овсяная) кáша

port [pɔːt] 1) порт м, гáвань ж; ~ of call *мор.* порт захóда 2) портвéйн м (*wine*)

porter I ['pɔːtə] 1) носѝль-

щик *м* 2) *амер.* проводни́к *м*
(*спального вагона*)

porter II швейца́р *м*, привра́тник *м* (*door-keeper*)

porthole ['pɔːthəul] иллюмина́тор *м*

portion ['pɔːʃn] часть *ж*, до́ля *ж*

portrait ['pɔːtrɪt] портре́т *м*

pose [pəuz] пози́ровать

position [pə'zɪʃn] 1) положе́ние *с*; ме́сто *с* 2) пози́ция *ж* (*attitude*) ◊ be in a ~ to do мочь, быть в состоя́нии сде́лать (*что-л.*)

positive ['pɔzətɪv] 1) положи́тельный 2) уве́ренный; I'm quite ~ я соверше́нно уве́рен

possess [pə'zes] владе́ть, облада́ть; ~**ion** [pə'zeʃn] владе́ние *с*, облада́ние *с*

possibility [,pɔsə'bɪlɪtɪ] возмо́жность *ж*

possible ['pɔsəbl] возмо́жный; ~ winner вероя́тный победи́тель

post I [pəust] столб *м*

post II *воен.* пост *м*

post III 1. *n* по́чта *ж*; by return of ~ обра́тной по́чтой **2.** *v брит.* отправля́ть по́чтой; ~**age** [-ɪdʒ] почто́вые расхо́ды; ~age stamp почто́вая ма́рка; ~**al** [-əl] почто́вый

postcard ['pəustkɑːd] откры́тка *ж*

poster ['pəustə] афи́ша *ж*, объявле́ние *с*, плака́т *м* (*placard*)

poste restante [,rəust'restɑːnt] до востре́бования

post-graduate [,pəust'grædjuːt] аспира́нт *м*

post‖man ['pəustmən] *брит.* почтальо́н *м*; ~**mark** [-mɑːk] почто́вый штéмпель; ~**office** [-,ɔfɪs] по́чта *ж*, почто́вое отделе́ние; P.-Óffice Géneral Гла́вный почта́мт

postpone [pəus'pəun] откла́дывать, отсро́чивать

pot [pɔt] горшо́к *м*; ~ roast жарко́е *с* ◊ to smoke ~ *амер. разг.* кури́ть марихуа́ну

potage [pɔ'tɑːʒ] суп-пюре́ *м*

potato [pə'teɪtəu] 1) карто́шка *ж*, карто́фелина *ж*; ~ chips *амер.*, ~ crisps *брит.* хрустя́щий карто́фель 2): ~es *pl* карто́фель *м собир.*; mashed ~es карто́фельное пюре́

potential [pəu'tenʃəl] потенциа́л *м*; возмо́жности *мн.*; económic ~ экономи́ческий потенциа́л

pothole ['pɔthəul] вы́боина *ж*, ныро́к *м* (*на дороге*)

pot-pourri [pəu'puərɪ] попурри́ *с нескл.*

pouch [pautʃ] 1) мешо́к *м* (*bag*) 2) кисе́т *м* (*for tobacco*) 3) дипломати́ческая вали́за; send by ~ посла́ть диппо́чтой

poultry ['pəultrɪ] 1) дома́шняя пти́ца *собир.* 2) (*тж.* póultry ráising) птицево́дство *с*

pound [paund] 1) фунт *м* 2) (*тж.* pound stérling) фунт (сте́рлингов)

pour [pɔː] ли́ть(ся); it's ~ing дождь льёт как из ведра́; ~ out налива́ть

poverty ['pɔvətɪ] бе́дность *ж*

powder ['paudə] **1.** *n* 1) порошо́к *м* 2) пу́дра *ж*; ~ room да́мский туале́т **2.** *v* пу́дрить (-ся); ~ one's face попу́дриться; ~-case [-keıs] пу́дреница *ж*

power ['pauə] 1) спосо́бность *ж*; возмо́жность *ж*; I'll do everything in my ~ я сде́лаю всё, что в мои́х си́лах; ~ of attorney *юр.* дове́ренность ,*ж* 2) эне́ргия *ж*, мо́щность *ж*; eléctric ~ электроэне́ргия *ж*; ~ brákes (stéering) *авто* тормоза́ (рулево́е управле́ние) с гидроусили́телем 3) власть *ж* 4) держа́ва *ж*; the Great Pówers вели́кие держа́вы; ~ful [-ful] могу́щественный, си́льный, мо́щный

practicable ['præktıkəbl] осуществи́мый

practical ['præktıkəl] 1) практи́ческий 2) практи́чный; целесообра́зный; ~ advíce де́льный сове́т ◊ ~ joke ро́зыгрыш *м*; ~ly [-ı] практи́чески; факти́чески; ~ly spéaking в су́щности; ~ly éverything is done практи́чески (в су́щности) всё сде́лано

practice ['præktıs] 1) пра́ктика *ж*; in ~ на де́ле; put into ~ осуществля́ть 2) упражне́ние *с*, трениро́вка *ж*; I am out of ~ я давно́ не упражня́лся

practise ['præktıs] 1) упражня́ть(ся) 2) рабо́тать (*о враче, юристе*); he ~s médicine он рабо́тает врачо́м

practitioner [præk'tıʃnə]: géneral ~ врач о́бщей пра́ктики

prairie ['prɛərı:] пре́рия *ж*

praise [preız] **1.** *n* (по)хвала́ *ж* **2.** *v* хвали́ть

pram [præm] *брит.* де́тская коля́ска

prank [præŋk] ро́зыгрыш *м*

pray [preı] 1) моли́ться 2) проси́ть; ~ ! пожа́луйста!; ~er [prɛə] 1) моли́тва *ж* 2) про́сьба *ж* (*request*)

preach [pri:tʃ] пропове́довать; -er [-ə] пропове́дник *м*

precarious [prı'kɛərıəs] неусто́йчивый

precaution [prı'kɔːʃn] предосторо́жность *ж*

precede [prı'siːd] предше́ствовать

preceding [prı'siːdıŋ] предше́ствующий

precinct ['priːsıŋkt] 1) *брит.* уча́сток (при це́ркви *или* собо́ре) 2) *амер.* о́круг *м*; eléction ~ (*тж.* eléction dístrict) избира́тельный о́круг; políce ~ полице́йский о́круг 3) *pl* окре́стности *мн.*; the ~s of a town окре́стности го́рода

precious ['preʃəs] драгоце́нный; ~ stones (métals) драгоце́нные ка́мни (мета́ллы)

precipice ['presıpıs] про́пасть *ж*; обры́в *м*

precise [prı'saıs] то́чный

precision [prı'sıʒn] то́чность *ж*; ~ bálance то́чные весы́

predecessor ['priːdısesə] 1) предше́ственник *м* 2) пре́док *м* (*ancestor*)

predicament [prı'dıkəmənt] затрудни́тельное положе́ние; what a ~ ! ну и перепле́т! *разг.*

predict [prɪˈdɪkt] предска́зывать

prefabricate [ˌpriːˈfæbrɪkeɪt] изготовля́ть зара́нее; ~d house сбо́рный дом

preface [ˈprefɪs] предисло́вие *c*

prefer [prɪˈfɜː] предпочита́ть; ~ence [ˈprefərəns] 1) предпочте́ние *c* 2) преиму́щество *c*; impérial ~ences импе́рские префере́нции

pregnant [ˈpregnænt] бере́менная

prejudice [ˈpredʒudɪs] 1) предрассу́док *м* 2) предубежде́ние *c* (*partiality*)

preliminary [prɪˈlɪmɪnərɪ] предвари́тельный

premises [ˈpremɪsɪz] *pl* помеще́ние *c*

premium [ˈpriːmjəm] 1) (страхова́я) пре́мия 2) награ́да *ж* (*prize*)

preparation [ˌprepəˈreɪʃn] приготовле́ние *c*; подгото́вка *ж*

prepare [prɪˈpɛə] приготáвливать(ся), подгота́вливать (-ся)

prerecorded [ˌpriːrɪˈkɔːdɪd] в за́писи; the cóncert was ~ конце́рт передаётся в (звуко-) за́писи; the show was ~ спекта́кль был пе́редан в видеоза́писи

preschool [ˌpriːˈskuːl] дошко́льный

prescription [prɪsˈkrɪpʃn] 1) предписа́ние *c* 2) *мед.* реце́пт *м*

presence [ˈprezns] прису́тствие *c*; ~ of mind прису́тствие ду́ха, хладнокро́вие *c*

present I [ˈpreznt] **1.** *a* 1) прису́тствующий 2) тепе́решний, настоя́щий; ~ situátion ны́нешнее положе́ние **2.** *n* настоя́щее вре́мя; at ~ тепе́рь, в да́нное вре́мя; for the ~ пока́

present II 1. *n* [ˈpreznt] пода́рок *м* **2.** *v* [prɪˈzent] 1) представля́ть (*introduce*) 2) преподноси́ть, дари́ть; may I ~ ... to you разреши́те вручи́ть вам...

presently [ˈprezntlɪ] 1) вско́ре 2) тепе́рь, сейча́с (*now*)

preserve [prɪˈzɜːv] 1) сохраня́ть 2) консерви́ровать (*tin*)

preside [prɪˈzaɪd] председа́тельствовать (at, óver — на)

president [ˈprezɪdənt] 1) председа́тель *м* (*chairman*) 2) президе́нт *м*; US ~ президе́нт США

press [pres] **1.** *n* 1) *тех.* пресс *м*; тиски́ *мн.* 2) печа́ть *ж*, пре́сса *ж*; ~ campáign газе́тная кампа́ния; ~ reléase пресс-бюллете́нь *м* 3) *спорт.* жим *м* **2.** *v* 1) нажима́ть; выжима́ть 2) *спорт.* выжима́ть шта́нгу 3) гла́дить; where can I get my suit ~ed? куда́ мо́жно отда́ть погла́дить костю́м? 4) наста́ивать (*insist*); ~-**conference** [-ˌkɔnfərəns] пресс-конфере́нция *ж*

pressing [ˈpresɪŋ] 1) неотло́жный, спе́шный 2) настоя́тельный (*insistent*)

pressman [ˈpresmən] журнали́ст *м*

pressure [ˈpreʃə] давле́ние *с*; нажи́м *м*; put ~ upón ока́зывать давле́ние на ◊ ~ súit *ав.*, *косм.* скафа́ндр *м*

presume [prɪˈzjuːm] (пред-) полага́ть *(suppose)*

pretend [prɪˈtend] притворя́ться, де́лать вид

pretext [ˈpriːtekst] предло́г *м*, отгово́рка *ж*

pretty [ˈprɪtɪ] хоро́шенький, привлека́тельный ◊ sítting ~ *разг.* удо́бно устро́ившись

prevail [prɪˈveɪl] 1) преоблада́ть; госпо́дствовать 2) одолева́ть; торжествова́ть *(óver — над)*

prevent [prɪˈvent] 1) предотвраща́ть 2) меша́ть *(hinder)*

preview [ˈpriːvjuː] **1.** *n* (предвари́тельный) просмо́тр *(фи́льма, спекта́кля)* **2.** *v* просма́тривать *(фильм, спектакль)*

previous [ˈpriːvɪəs] предыду́щий, предше́ствующий

pre-war [ˌpriːˈwɔː] довое́нный; ~ lével довое́нный у́ровень

prey [preɪ] добы́ча *ж*; же́ртва *ж*

price [praɪs] цена́ *ж*; ~ redúction сниже́ние цен; ~ tag *амер.* этике́тка *ж* *(с указа́нием цены́)*

pride [praɪd] го́рдость *ж*; take ~ in горди́ться *(чем-л.)*

priest [priːst] свяще́нник *м*

primary [ˈpraɪmərɪ] **1.** *a* перви́чный; ~ school нача́льная шко́ла **2.** *n pl амер. полит.* перви́чные вы́боры

prime [praɪm]: P. Mínister

премье́р-мини́стр *м*; ~ cost себесто́имость *ж*; ~ númber просто́е число́; ~ time *амер. тлв* вече́рние часы́

primitive [ˈprɪmɪtɪv] примити́вный, первобы́тный

principal [ˈprɪnsəpəl] **1.** *a* гла́вный, основно́й **2.** *n* глава́ *ж и м*; ре́ктор *м (of a univérsity)*; дире́ктор *м (of a college, school)*

principle [ˈprɪnsəpl] при́нцип *м*; пра́вило *с*; in ~ в при́нципе; on ~ из при́нципа, принципиа́льно

print [prɪnt] **1.** *n* 1) печа́ть *ж* 2) шрифт *м*; small (large) ~ ме́лкий (кру́пный) шрифт 3) *текст.* набивна́я ткань 4) гравю́ра *ж*, эста́мп *м (picture)* **2.** *v* 1) печа́тать; ~ed mátter бандеро́ль *ж*; ~ círcuit печа́тная схе́ма 2) писа́ть печа́тными бу́квами; ~, please пиши́те (заполня́йте) печа́тными бу́квами *(в анке́те)*

priority [praɪˈɔrɪtɪ] 1) приорите́т *м* 2) поря́док очерёдности; of first ~ первоочередно́й; неотло́жный

prison [ˈprɪzn] тюрьма́ *ж*; ~er [-ə] 1) заключённый *м* 2) *(тж.* prísoner of war) военнопле́нный *м*

private [ˈpraɪvɪt] **1.** *a* ча́стный; ли́чный; ~ próperty ча́стная со́бственность **2.** *n воен.* рядово́й *м*

privilege [ˈprɪvɪlɪdʒ] привиле́гия *ж*, преиму́щество *с*; ~d [-d] привилегиро́ванный

prize [praɪz] пре́мия *ж*, на-

гра́да *ж*; приз *м*; the Lénin P. Ле́нинская пре́мия; the Nobél P. Но́белевская пре́мия

probability [ˌprɔbə'bılıtı] вероя́тность *ж*; in all ~ по всей вероя́тности

probable ['prɔbəbl] вероя́тный

probably ['prɔbəblı] вероя́тно

probe [prəub] автомати́ческая нау́чно-иссле́довательская ста́нция; зонд *м*; lúnar (Vénus) ~ автомати́ческая ста́нция, иссле́дующая Луну́ (Вене́ру)

problem ['prɔbləm] пробле́ма *ж*, зада́ча *ж*

proceed [prə'siːd] продолжа́ть; please ~ продолжа́йте, пожа́луйста

process ['prəuses] 1) проце́сс *м* 2) движе́ние *с*, тече́ние *с* (*course*)

procession [prə'seʃn] проце́ссия *ж*

proclaim [prə'kleım] провозглаша́ть; объявля́ть

procure [prə'kjuə] достава́ть, добыва́ть

produce [prə'djuːs] 1) производи́ть; ~ an impréssion производи́ть впечатле́ние 2) предъявля́ть; ~ a tícket предъяви́ть биле́т 3): ~ a play поста́вить пье́су; ~r [-ə] *кино* продю́сер *м*

product ['prɔdəkt] проду́кт *м*; изде́лие *с*; ~ion [prə'dʌkʃn] 1) проду́кция *ж* 2) произво́дство *с* (*manufacturing*)

profession [prə'feʃn] профес-

сия *ж*; ~al [prə'feʃənl] **1.** *a* профессиона́льный **2.** *n* профессиона́л *м*; специали́ст *м*

professor [prə'fesə] профе́ссор *м*

profit ['prɔfıt] 1) вы́года *ж*, по́льза *ж* 2) (*чаще pl*) при́быль *ж*; net ~(s) чи́стая при́быль; ~able [-əbl] 1) при́быльный; вы́годный 2) поле́зный (*useful*)

profound [prə'faund] глубо́кий

program(me) ['prəugræm] програ́мма *ж*; план *м*

progress 1. *n* ['prəugres] разви́тие *с*, прогре́сс *м* **2.** *v* [prə'gres] продвига́ться; де́лать успе́хи; ~ive [prə'gresıv] **1.** *a* прогресси́вный **2.** *n* прогресси́вный челове́к (де́ятель)

prohibit [prə'hıbıt] запреща́ть; ~ion [ˌprəuhı'bıʃn] запреще́ние *с*

project 1. *n* ['prɔdʒekt] 1) прое́кт *м* (*plan*); програ́мма *ж*; Apóllo-Soyúz ~ програ́мма «Сою́з — Аполло́н» (*совместный советско-американский космический полёт*) 2) объе́кт *м*, стро́йка *ж* **2.** *v* [prə'dʒekt] проекти́ровать

proletarian [ˌprəulı'tɛərıən] **1.** *a* пролета́рский **2.** *n* пролета́рий *м*

proletariat [ˌprəulı'tɛərıət] пролетариа́т *м*

prolong [prəu'lɔŋ] продлева́ть

promenade [ˌprɔmə'neıd]: ~ deck *мор.* прогу́лочная па́луба

prominent ['prɔmınənt] выдаю́щийся, ви́дный

promise ['promis] **1.** *n* обеща́ние *c*; keep (break) one's ~ сдержа́ть (нару́шить) обеща́ние **2.** *v* обеща́ть

promote [prə'məut] 1) повыша́ть *(в должности)* 2) содействовать

promotion [prə'məuʃn] 1) повыше́ние *c (в должности)* 2) содействие *c (assistance)*

prompt I [prompt] бы́стрый, неме́дленный; a ~ reply ско́рый отве́т

prompt II 1) подска́зывать 2) *театр.* суфли́ровать; ~er [-ə] суфлёр *м*

pronounce [prə'nauns] 1) объявля́ть *(declare)* 2) произноси́ть; how do you ~ this word? как произно́сится э́то сло́во?

pronunciation [prə,nʌnsɪ'eɪʃn] произноше́ние *c*

proof [pru:f] доказа́тельство *c*

prop [prop] **1.** *n* подпо́рка *ж* **2.** *v* подпира́ть

propaganda [,propə'gændə] пропага́нда *ж*; агита́ция *ж*

proper ['propə] 1) прису́щий, сво́йственный 2) пра́вильный, надлежа́щий *(correct)*; ~ly [-lɪ] как сле́дует

property ['propətɪ] 1) со́бственность *ж*; иму́щество *c*; na´tional ~ национа́льное достоя́ние, госуда́рственная со́бственность 2) сво́йство *c (quality)*

prophet ['profɪt] проро́к *м*

proportion [prə'pɔ:ʃn] пропо́рция *ж*; отноше́ние *c*

proposal [prə'pəuzəl] предложе́ние *c*

propose [prə'pəuz] 1) предлага́ть 2) де́лать предложе́ние *(о браке;* to) 3) предполага́ть; do you ~ to go there? вы наме́рены отпра́виться туда́?

prose ['prəuz] про́за *ж*

prosecut‖**e** ['prosɪkju:t] подверга́ть суде́бному пресле́дованию; ~ing atto´rney прокуро́р *м*, обвини́тель *м*

prospect ['prospekt] 1) перспекти́ва *ж* 2) вид *м (view)*

prosper ['prospə] процвета́ть, преуспева́ть; ~ity [pro'sperɪtɪ] процвета́ние *c*; ~ous ['prospərəs] процвета́ющий

protect [prə'tekt] защища́ть; ~ion [prə'tekʃn] защи́та *ж*

protein ['prəuti:n] *биол.* бело́к *м*, протеи́н *м*

protest 1. *n* ['prəutest] проте́ст *м*; make (lodge) a ~ заяви́ть проте́ст **2.** *v* [prə'test] протестова́ть; ~ a decision опротестова́ть реше́ние

Protestant ['protɪstənt] **1.** *a* протеста́нтский **2.** *n* протеста́нт *м*, протеста́нтка *ж*

proud [praud] го́рдый; be ~ of горди́ться

prove [pru:v] 1) дока́зывать 2) ока́зываться *(кем-л., чем--л.)*; the play ~d e´xcellent пье́са оказа́лась превосхо́дной

proven ['pru:vən] *pp от* prove

proverb ['provə:b] посло́вица *ж*

provide [prə'vaɪd] снабжа́ть, обеспе́чивать; I'll ~ ti´ckets я

доста́ну биле́ты; ~d [prǝ'vai-
did] е́сли, при усло́вии

province ['prɔvɪnₔ] 1) про-
ви́нция ж; о́бласть ж 2) сфе́ра
де́ятельности (*sphere of activity*)

provision [prǝ'vɪʒn] 1) обес-
пе́чение с, снабже́ние с 2) pl
прови́зия ж (*food*) 3) положе́-
ние с, усло́вие с; ~s of a tréaty
положе́ния догово́ра

provocation [ˌprɔvǝ'keiʃn]
провока́ция ж

provoke [prǝ'vǝuk] 1) вызы-
ва́ть; ~ doubt вы́звать сомне́-
ние 2) провоци́ровать (*insti-
gate*)

prow [prau] нос м (*корабля*)

proxy ['prɔksɪ] дове́ренность
ж; by ~ по дове́ренности

prudent ['pru:dǝnt] осторо́ж-
ный, благоразу́мный

prune [pru:n] черносли́в м

pub [pʌb] пивна́я ж, таве́рна
ж

public ['pʌblɪk] **1.** *a* публи́ч-
ный, обще́ственный; ~ líbrary
публи́чная библиоте́ка; ~ educátion наро́дное образова́ние;
~ fígure обще́ственный де́я-
тель; ~ health здравоохране́-
ние с; ~ opínion обще́ственное
мне́ние; ~ sérvant госуда́р-
ственный слу́жащий; ~ télephone телефо́н-автома́т м; ~
télevision некомме́рческое те-
леви́дение; ~ utílities комму-
на́льные услу́ги; ~ addréss
sýstem радиотрансля́ция ж
(*система и установка*) **2.** *n*:
the ~ пу́блика ж; in ~ публи́ч-
но, на лю́дях

publication [ˌpʌblɪ'keiʃn] 1)
опубликова́ние с; публика́ция
ж 2) изда́ние с (*issuing*)

publicity [pʌb'lɪsɪtɪ] 1) глас-
ность ж 2) рекла́ма ж

publish ['pʌblɪʃ] издава́ть;
~er [-ǝ] изда́тель м; the ~ers
изда́тельство с; ~ing [-ɪŋ]:
~ing house изда́тельство с

puck [pʌk] *спорт.* ша́йба ж

pudding ['pudɪŋ] пу́динг м

pull [pul] 1) тяну́ть; тащи́ть
2) дёргать; ~ a bell звони́ть
3) *спорт.* растя́гивать; ~ a
múscle растяну́ть мы́шцу 4)
(*тж.* pull óut) выта́скивать;
I must have my tooth ~ed óut
мне ну́жно удали́ть зуб; ~
down а) опуска́ть; ~ down the
shades, please опусти́те, пожа́-
луйста, што́ры; б) сноси́ть
(*destroy*); ~ out = pull; ~ óver
авто останови́ться у обо́чины
◊ ~ onesélf togéther взять
себя́ в ру́ки

pulley ['pu:lɪ] *тех.* блок м

pull-over ['pul͵ǝuvǝ] джéмпер м, сви́тер м, пуло́вер м

pulse [pʌls] пульс м

pulverizer ['pʌlvǝraizǝ] пуль-
вериза́тор м

pump [pʌmp] **1.** *n* насо́с м
2. *v* кача́ть, выка́чивать

pumpkin ['pʌmpkɪn] ты́ква ж

pumps [pʌmps] *pl* ло́дочки
мн. (*туфли*); ту́фли-гало́шки
мн.

pun [pʌn] игра́ слов, калам-
бу́р м

punch [pʌntʃ] 1) ж.-д. ком-
пости́ровать 2) перфори́ро-
вать; ~ed tape перфоле́нта

ж; ~ed card перфока́рта ж

punch II пунш м (*drink*)

punctual [ˈpʌŋktʃuəl] пунктуа́льный, то́чный

punish [ˈpʌnɪʃ] 1) нака́зывать 2) спорт. штрафова́ть; ~**ment** [-mənt] наказа́ние с

punitive [ˈpjuːnətɪv] кара́тельный; ~ áction кара́тельная а́кция

punk [pʌŋk] панк м, «подо́нок» м

pupil I [ˈpjuːpl] учени́к м

pupil II зрачо́к м (*of an eye*)

puppet [ˈpʌpɪt] марионе́тка ж; ~**-show** [-ʃəu] ку́кольный теа́тр

puppy [ˈpʌpɪ] щено́к м

purchase [ˈpɜːtʃəs] 1. n поку́пка ж; I have a few ~s to make мне ну́жно кое-что́ купи́ть 2. v покупа́ть; púrchasing pówer покупа́тельная спосо́бность

pure [pjuə] 1) чи́стый 2) полне́йший; чисте́йший; ~ imaginátion чисте́йшая вы́думка

purge [pɜːdʒ] очища́ть

purple [pɜːpl] фиоле́товый, лило́вый

purpose [ˈpɜːpəs] цель ж, наме́рение с (*intention*); on ~ наро́чно

purse [pɜːs] кошелёк м; амер. да́мская су́мочка

pursue [pəˈsjuː] пресле́довать

pursuit [pəˈsjuːt] пресле́дование с

push [puʃ] 1. n толчо́к м; уда́р м; give a ~ толка́ть, подта́лкивать 2. v толка́ть(ся), прота́лкивать(ся)

put [put] (put) 1) класть, ста́вить; ~ to bed уложи́ть спать 2): ~ a quéstion зада́ть вопро́с 3) приводи́ть (*в определённое состояние*); ~ in órder приводи́ть в поря́док 4) броса́ть, мета́ть; ~ shot спорт. толка́ть ядро́; ~ **aside** откла́дывать; ~ **down** запи́сывать; ~ **on** надева́ть; ~ **out** туши́ть; ~ **up**: ~ up at остана́вливаться в (*гостинице и т. п.*)

puzzle [ˈpʌzl] 1. v озада́чивать, ста́вить в тупи́к 2. n головоло́мка ж; cróss-word ~ кроссво́рд м

pyjamas [pəˈdʒɑːməz] пижа́ма ж

Q

quadrangle [ˈkwɔdræŋgl] квадра́т м

quagmire [ˈkwæɡmaɪə] тряси́на ж

quake [kweɪk] дрожа́ть, трясти́сь

Quaker [ˈkweɪkə] ква́кер м

qualification [ˌkwɔlɪfɪˈkeɪʃn] 1) квалифика́ция ж 2) огово́рка ж; ограниче́ние с (*reservation*)

qualify [ˈkwɔlɪfaɪ] (for) подходи́ть (для)

quality [ˈkwɔlɪtɪ] ка́чество с; of high ~ высо́кого ка́чества

quantity [ˈkwɔntɪtɪ] коли́чество с

quarantine [ˈkwɔrəntiːn] каранти́н м

quarrel [ˈkwɔrəl] **1.** *n* ссо́ра *ж* **2.** *v* ссо́риться

quarry I [ˈkwɔrɪ] карье́р *м*, каменоло́мня *ж*

quarry II 1) добы́ча *ж*; bird of ~ хи́щная пти́ца 2) *перен.* (наме́ченная) же́ртва

quart [kwɔːt] ква́рта *ж* (*брит.=1.,14 л, амер.=0,95 л*)

quarter [ˈkwɔːtə] 1) че́тверть *ж*; a ~ of an hour че́тверть часа́; a ~ past two че́тверть тре́тьего; a ~ to three без че́тверти три 2) кварта́л *м* (*года, города и т. п.*); in the sécond ~ (of the year) во второ́м кварта́ле (го́да); the resi̇́déntial ~s of the ci̇́ty жилы́е кварта́лы го́рода 3) *амер. разг.* «четверта́к» *м*, моне́та в два́дцать пять це́нтов 4) *pl* помеще́ние *с*; ~-back [-bæk] защи́тник *м* (*в футболе*); ~final [ˌkwɔːtəˈfaɪnl] *спорт. pl* четвертьфина́л; to énter the ~s вы́йти в четвертьфина́л

quartet(te) [kwɔːˈtet] *муз.* кварте́т *м*

quartz [kwɔːts]: ~ watch электро́нные часы́

quay [kiː] прича́л *м*; на́бережная *ж*

queen [kwiːn] 1) короле́ва *ж* 2) *шахм.* ферзь *м* 3) *карт.* да́ма *ж* ◊ ~ size *амер.* разме́ра «куи́н» (*стандартный размер матраса и постельного белья, равный примерно 150 × 200 см*)

queer [kwɪə] стра́нный, эксцентри́чный

quench [kwentʃ]: ~ one's thirst утоля́ть жа́жду

question [ˈkwestʃn] 1) вопро́с *м*; may I ask you a ~? мо́жно зада́ть (вам) вопро́с? 2) пробле́ма *ж*, де́ло *с*; the ~ is... де́ло в том...; it's out of the ~ об э́том не мо́жет быть и ре́чи 3) сомне́ние *с*; withóut ~ несомне́нно

questionnaire [ˌkwestʃəˈnɛə] вопро́сник *м*, анке́та *ж*

queue [kjuː] **1.** *n брит.* о́чередь *ж* **2.** *v брит.* стоя́ть в о́череди; ~ (up) for smth стоя́ть в о́череди за чем-л., станови́ться в о́чередь за чем-л.

quick [kwɪk] **1.** *a* бы́стрый **2.** *adv* бы́стро; come ~! торопи́тесь!

quicksilver [ˈkwɪkˌsɪlvə] ртуть *ж*

quiet [ˈkwaɪət] споко́йный, ти́хий; keep ~! не шуми́те!

quilt [kwɪlt] стёганое одея́ло

quinsy [ˈkwɪnzɪ] анги́на *ж*

quintet(te) [kwɪnˈtet] *муз.* квинте́т *м*

quit [kwɪt] 1) оставля́ть, покида́ть; выбыва́ть; ~ work бро́сить рабо́ту 2) переста́ть; ~ it! переста́ньте! ◊ ~s! кви́ты!

quite [kwaɪt] соверше́нно, вполне́, совсе́м; ~ right, ~ so соверше́нно ве́рно

quiver [ˈkwɪvə] дрожа́ть, трепета́ть

quiz [kwɪz] *амер.* 1) (контро́льный) опро́с (*в классе*)

2): ~ show телевиктори́на *ж*

quotation [kwəu'teɪʃn] цита́та *ж*

quote [kwəut] цити́ровать

R

rabbit ['ræbɪt] кро́лик *м*

rabies ['reɪbiːz] *мед.* бе́шенство *с*

race I [reɪs] **1.** *n* 1) го́нка *ж*; mótor (mótorcycle) ~ автомоби́льные (мотоциклéтные) го́нки; ~ car (bícycle) го́ночный автомоби́ль (велосипéд); ármaments ~ го́нка вооружéний 2) *pl* бега́ *мн.*, ска́чки *мн.* 3) (за)бе́г *м*; пробе́г *м*; one húndred métre ~ бег на сто ме́тров **2.** *v* состяза́ться в ско́рости; мча́ться

race II ра́са *ж*; ~ discriminátion ра́совая дискримина́ция

race‖course ['reɪskɔːs] *брит.* ипподро́м *м*; ~**horse** [-hɔːs] скакова́я ло́шадь

racer ['reɪsə] 1) го́нщик *м* 2) го́ночный автомоби́ль (велосипéд *и т. п.*) (car etc)

racetrack ['reɪstræk] = rácecourse

racket ['rækɪt] *спорт.* раке́тка *ж*

racoon [rə'kuːn] ено́т *м*

radial ['reɪdɪəl] радиа́льный; ~ tyre *авто* радиа́льная ши́на

radiation [,reɪdɪ'eɪʃn] 1) излучéние *с* 2) *физ.* радиа́ция *ж*;

~ síckness лучева́я боле́знь

radiator ['reɪdɪeɪtə] 1) батаре́я *ж* (heating device) 2) *авто* радиа́тор *м*

radical ['rædɪkəl] коренно́й, основно́й; радика́льный

radio ['reɪdɪəu] 1) ра́дио *с нескл.*; by ~ по ра́дио; lísten to the ~ слу́шать ра́дио; accórding to Lóndon ~ как сообща́ет ло́ндонское ра́дио 2) радиоприёмник *м* (radio set)

radish ['rædɪʃ] реди́ска *ж*

raft [rɑːft] плот *м*

rag [ræg] тря́пка *ж*

rage [reɪdʒ] я́рость *ж*; гнев *м*

ragtime ['rægtaɪm] *муз.* регта́йм *м*, синко́па *ж*

raid [reɪd] налёт *м*

rail [reɪl] 1) пери́ла *мн.* (banisters) 2) перекла́дина *ж* (bar) 3) рельс *м*; go by ~ éхать по́ездом; ~**ing** [-ɪŋ] огра́да *ж*

rail‖road ['reɪlrəud] *амер.* желéзная доро́га; ~**way** [-weɪ] *брит.* желéзная доро́га, *амер.* 1) трамва́йные пути́; elevated ~way надзéмка *ж* 2) подъездно́й путь (industrial); ~way man железнодоро́жник *м*; ~way guide железнодоро́жный спра́вочник

rain [reɪn] **1.** *n* дождь *м* ◇ ~ check *амер.* квита́нция зака́за, (пи́сьменная) гара́нтия (выполнéния) отло́женной сде́лки (отло́женного обяза́тельства); I'll take a ~ check on that dínner *перен.* я приду́ к вам на обéд в друго́й раз **2.** *v*: it ~s (it is ~ing) идёт дождь

rain‖bow ['reɪnbəu] páдуга ж; ~**coat** [-kəut] плащ м

rainy ['reɪnɪ] дождли́вый; ~ day «чёрный день»

raise [reɪz] **1.** v 1) поднима́ть; ~ a quéstion подня́ть вопро́с 2) выра́щивать (breed, produce) 3) воздвига́ть; ~ a mónument воздви́гнуть па́мятник 4) повыша́ть; ~ wáges повыша́ть за́работную пла́ту 5) собира́ть, добыва́ть (голоса́, сре́дства и т. п.) **2.** n амер. повыше́ние c; ~ in wáges повыше́ние за́работной пла́ты

raisin ['reɪzn] изю́м м

rake [reɪk] гра́бли мн.

rally ['rælɪ] 1) слёт м, собра́ние c, (ма́ссовый) ми́тинг (meeting) 2) спорт. ра́лли с нескл.

ram [ræm] бара́н м

ramp [ræmp] авто накло́нный въезд, па́ндус м

ran [ræn] past от run 1

ranch [rɑːntʃ] амер. ра́нчо с нескл., скотово́дческая фе́рма

random ['rændəm]: at ~ науга́д, наобу́м

rang [ræŋ] past от ring II 1

range [reɪndʒ] 1) ряд м, ли́ния ж (row) 2) о́бласть распростране́ния; the ~ of héaring преде́л слы́шимости 3) разма́х м; диапазо́н м; ~ of ínterests круг интере́сов 4) (тж. rífle-range, shóoting-range) тир м; стре́льбище с 5) (ку́хонная) плита́; gas ~ га́зовая плита́ ◊ míssile ~ раке́тный полиго́н; ~ fínder

дальноме́р м; ~**r** [-ə] 1) амер. лесни́к м, объе́здчик м (warden) 2) амер. солда́т спецво́йск, ре́йнджер м (soldier)

rank [ræŋk] **1.** n 1) ряд м, шере́нга ж; fall ínto ~ постро́иться 2) чин м, ранг м (grade) ◊ ~ and fíle рядовы́е мн. **2.** v 1) выстра́ивать(ся) в ряд (в ли́нию) 2) классифици́ровать; занима́ть ме́сто; he ~s high as a sprínter он ви́дный спри́нтер

ransom ['rænsəm] вы́куп м

rapid ['ræpɪd] **1.** a бы́стрый, ско́рый; ~ tránsit (городско́й) скоростно́й тра́нспорт **2.** n pl поро́ги мн. (реки́)

rapporteur [ˌræpɔːˈtəː] докла́дчик м (комиссии, комите́та)

rare [гɛə] 1) ре́дкий, необыкнове́нный 2) амер.: a ~ steak бифште́кс «с кро́вью»

rash I [ræʃ] сыпь ж

rash II поспе́шный; опроме́тчивый

raspberry ['rɑːzbərɪ] мали́на ж

rat [ræt] кры́са ж

rate [reɪt] 1) но́рма ж; расце́нка ж; ста́вка ж; ~ of exchánge фин. обме́нный курс 2) темп м; ско́рость ж; at the ~ of one húndred míles per hóur со ско́ростью сто миль в час 3) сорт м (sort) 4) проце́нт м; сте́пень ж; birth (death) ~ рожда́емость ж (сме́ртность ж) 5) брит. обы́чно pl ме́стные нало́ги; ~s and táxes ме́стные и госуда́рственные нало́ги ◊ at any ~ во вся́ком слу́чае

rather [ˈrɑːðə] 1) скоре́е, лу́чше 2) слегка́, не́сколько; I'm ~ tíred я немно́го уста́л 3) *разг.* коне́чно, да; ещё бы; would you like to go there? — ~! вы хоти́те туда́ пойти́? — Ещё бы!

ratification [ˌrætɪfɪˈkeɪʃn] ратифика́ция *ж;* ~ ínstruments ратификацио́нные гра́моты

ratify [ˈrætɪfaɪ] ратифици́-ровать

ration [ˈræʃn] паёк *м*

rational [ˈræʃənl] разу́мный, рациона́льный

rattle [ˈrætl] треща́ть, греме́ть, грохота́ть

raven [ˈreɪvn] во́рон *м*

raw [rɔː] сыро́й; необрабо́-танный; ~ matérial сырьё *с*

ray [reɪ] луч *м*

rayon [ˈreɪɔn] иску́сствен-ный шёлк, виско́за *ж*

razor [ˈreɪzə] бри́тва *ж;* sáfety ~ безопа́сная бри́тва; ~ blade (бри́твенное) ле́звие

reach [riːtʃ] 1) достига́ть, доходи́ть, доезжа́ть 2) достава́ть, дотя́гиваться; will you kíndly ~ me the salt переда́йте, пожа́луйста, соль 3) простира́ться *(extend)*

react [rɪˈækt] реаги́ровать

reaction [rɪˈækʃn] 1) реа́кция *ж;* реаги́рование *с* 2) *полит.* реа́кция *ж;* ~ary [-ərɪ] **1.** *a* реакцио́нный **2.** *n* реакционе́р *м*

read [riːd] (read [red]) 1)

чита́ть; I ~ Rússian я чита́ю по-ру́сски 2) гласи́ть; пока́-зывать; the thermómeter ~s... термо́метр пока́зывает...; ~er [-ə] 1) чита́тель *м* 2) хресто-ма́тия *ж (book);* ~ing [-ɪŋ] чте́ние *с*

reading-room [ˈriːdɪŋrum] чи-та́льный зал

readout [ˈriːdaut] вы́вод да́н-ных *(в электро́нике)*

ready [ˈredɪ] гото́вый; dínner is ~ обе́д гото́в; ~ móney нали́чные *мн.;* ~-made [ˌredɪˈmeɪd]: ~-made clothes гото́-вое пла́тье; ~-mix [-mɪks] полуфабрика́т *м (то́рта, кек-са и т. п.)*

real [rɪəl] действи́тельный, настоя́щий ◊ ~ estáte недви́-жимость *ж*

realism [ˈrɪəlɪzm] реали́зм *м*

reality [riːˈælɪtɪ] действи́-тельность *ж;* in ~ на са́мом де́ле

realize [ˈrɪəlaɪz] 1) осу-ществля́ть 2) понима́ть, пред-ставля́ть себе́ *(understand)*

really [ˈrɪəlɪ] действи́тельно, в са́мом де́ле

reap [riːp] *с.-х.* жать; ~er [-ə] 1) жнец *м (man)* 2) жа́тка *ж (machine)*

rear I [rɪə] тыл *м* ◊ ádmiral контр-адмира́л *м*

rear II 1) поднима́ть, воз-двига́ть 2) воспи́тывать, выра́-щивать *(bring up)*

reason [ˈriːzn] **1.** *n* 1) ра́зум *м;* благоразу́мие *с* 2) причи́на *ж,* основа́ние *с;* до́вод *м;* for some ~ or óther заче́м-то, почему́-то **2.** *v* рассужда́ть; ~**able** [-əbl] 1) разу́мный 2) прие́млемый; ~**able price** уме́ренная цена́

rebel 1. *n* [ˈrebl] повста́нец *м*; мяте́жник *м* **2.** *v* [rɪˈbel] восстава́ть

recall [rɪˈkɔ:l] **1.** *v* 1) отзыва́ть 2) отменя́ть; ~ **an órder** отмени́ть прика́з 3) вспомина́ть (*recollect*) **2.** *n* изъя́тие *с* (*из оборота недоброкачественной продукции*)

recap [riːˈkæp] резюми́ровать

recede [rɪˈsiːd] отступа́ть; **the high water** ~**d** вода́ спа́ла

receipt [rɪˈsiːt] 1) получе́ние *с* 2) распи́ска *ж*, квита́нция *ж*; **may I have a** ~, **please** да́йте, пожа́луйста, квита́нцию (чек)

receive [rɪˈsiːv] 1) получа́ть; ~ **an invitátion** получи́ть приглаше́ние 2) принима́ть (*entertain*); ~**r** [-ə] (телефо́нная) тру́бка (*ear-piece*)

recent [ˈriːsnt] неда́вний, но́вый, све́жий; ~**ly** [-lɪ] неда́вно

reception [rɪˈsepʃn] приём *м*; ~ **desk** конто́рка дежу́рного (*или* портье́) (*в гостинице*); ~**ist** [-ɪst] 1) дежу́рный (*или* дежу́рная), веду́щий(-ая) приём посети́телей (*в учреждении*) 2) регистра́тор *м* (*у врача*)

recess [rɪˈses] 1) переры́в *м*; **an hour's** ~ часово́й переры́в 2) кани́кулы *мн.* (*vacation*)

recital [rɪˈsaɪtl] 1) деклама́ция *ж*; худо́жественное чте́ние 2) *муз.* со́льный конце́рт; конце́рт из произведе́ний одного́ компози́тора

recite [rɪˈsaɪt] чита́ть, деклами́ровать

reckless [ˈreklɪs] отча́янный, безрассу́дный

reckon [ˈrekən] 1) счита́ть, подсчи́тывать 2) ду́мать, предполага́ть (*suppose*)

reclaim [rɪˈkleɪm] осва́ивать; ~ **árable land from the júngle** расчища́ть джу́нгли под па́шню

recognition [ˌrekəgˈnɪʃn] призна́ние *с*

recognize [ˈrekəgnaɪz] 1) узнава́ть 2) признава́ть; ~ **a góvernment** призна́ть прави́тельство

recollect [ˌrekəˈlekt] припомина́ть (*remember*)

recommend [ˌrekəˈmend] рекомендова́ть, сове́товать; ~**ation** [ˌrekəmenˈdeɪʃn] рекоменда́ция *ж*; **fóllow the dóctor's** ~**átion** выполня́йте предписа́ния врача́

reconcile [ˈrekənsaɪl] примиря́ть (**with, to** — *с*)

reconstruct [ˌriːkənˈstrʌkt] перестра́ивать; ~**ion** [ˌriːkənˈstrʌkʃn] перестро́йка *ж*, реконстру́кция *ж*

record 1. *n* [ˈrekɔːd] 1) за́пись *ж*; протоко́л *м*; **on** ~ занесённый в протоко́л, зарегистри́рованный; официа́льный, объя́вленный публи́чно 2) (граммофо́нная) пласти́нка (*for a* gramophone) 3) реко́рд м; break (set) a ~ поби́ть (установи́ть) реко́рд ◊ bad (good) ~ плоха́я (хоро́шая) репута́ция; off the ~ не для протоко́ла; ме́жду на́ми **2.** *v* [rɪ'kɔ:d] 1) запи́сывать, регистри́ровать 2) осуществля́ть звукоза́пись; вести́ за́пись зву́ка *или* изображе́ния на магни́тную ле́нту; their songs were ~ed их пе́сни (бы́ли) запи́саны (на магнитофо́не); the show was ~ed on ví́deo tape конце́рт запи́сан на ви́део; ~-**holder** [-həuldə] *спорт.* рекордсме́н м; ~ing [rɪ'kɔ:dɪŋ] (магни́тная) за́пись; ~**player** прои́грыватель м; электрофо́н м, «верту́шка» ж

recover [rɪ'kʌvə] 1) возвраща́ть; получа́ть наза́д; ~ a lost thing получи́ть наза́д поте́рянную вещь 2) выздора́вливать, поправля́ться *(from illness)*; ~y [rɪ'kʌvərɪ] 1) выздоровле́ние *с (after illness)* 2) восстановле́ние *с (restoration)*

recreation [ˌrekrɪ'eɪʃn] о́тдых м, развлече́ние *с*; ~ gró́und площа́дка для игр

recruit [rɪ'kru:t] вербова́ть

rectangle ['rektæŋgl] прямоуго́льник м

red [red] 1) кра́сный; ~ flag кра́сный флаг; R. Cross Кра́сный Крест; R. Cré́scent Кра́сный Полуме́сяц 2) ры́жий; ~ hair ры́жие во́лосы ◊ ~ alé́rt *воен.* боева́я гото́вность; ~ cá́rpet tré́atment (wé́lcome) торже́ственный приём (торже́-

ственная встре́ча); ~ tape бюрократи́зм м

reduce [rɪ'dju:s] уменьша́ть, понижа́ть; ~ prí́ces снижа́ть це́ны; ~ speed сба́вить ско́рость

reduction [rɪ'dʌkʃn] сниже́ние *с*; ски́дка ж; уменьше́ние *с*; ~ of á́rmaments сокраще́ние вооруже́ний

reed [ri:d] тростни́к м; камы́ш м

reel [ri:l] 1) кату́шка ж 2) *(тж.* tape reel) (магнитофо́нная) боби́на 3) *тех.* бараба́н м 4) *кино* часть ж

re-entry [ri:'entrɪ]: ~ mó́dule спуска́емый отсе́к *(косми́ческого корабля́)*

refer [rɪ'fɜ:] 1) ссыла́ться (to — на) 2) направля́ть, отсыла́ть; I can ~ you to a good lí́brary я могу́ порекомендова́ть вам хоро́шую библиоте́ку 3) име́ть отноше́ние, относи́ться; this rule ~s ó́nly to children э́то положе́ние отно́сится лишь к де́тям; ~ee [ˌrefə'ri:] *спорт.* судья́ м; ~ence ['refrəns] 1) ссы́лка ж, упомина́ние *с*; cross ~ence перекрё́стная ссы́лка; make ~ence to smth упомина́ть что-л. 2) спра́вка ж; ~ence book спра́вочник м 3) рекоменда́ция ж; he has vé́ry good ~ences у него́ отли́чные рекоменда́ции (отли́чная характери́стика)

refill [ˌri:'fɪl] **1.** *v* 1) напо́лнить вновь 2) *авто* запра́виться; дозапра́виться **2.** *n* ['ri:fɪl] *(запасная, расходуе-*

мая часть чего-л.): máy I have a ~ for my báll-point pen? дáйте, пожáлуйста, стéржень для этой рýчки

refine [rɪ'faɪn] 1) очищáть 2) *перен.* дéлать изящным, утончённым; ~**ry** [rɪ'faɪnərɪ] нефтеперегóнный завóд

reflect [rɪ'flekt] 1) отражáть(ся) 2) размышлять (*ponder*)

reform [rɪ'fɔːm] **1.** *n* рефóрма *ж*; agrárian ~ аграрная рефóрма **2.** *v* исправлять, перевоспитывать; ~ júvenile delínquents перевоспитывать малолéтних престýпников

refrain [rɪ'freɪn] припéв *м*

refresh [rɪ'freʃ] освежáть; ~ onesélf *разг.* подкрепиться; ~**ment** [-mənt] 1) подкреплéние *с (сил и т. п.)* 2) (*тж. pl*) закýски и напитки; ~ment room буфéт *м*

refrigerator [rɪ'frɪdʒəreɪtə] холодильник *м*

refuge ['refjuːdʒ] убéжище *с*; take ~ спасáться; ~**e** [ˌrefjuː'dʒiː] бéженец *м*

refusal [rɪ'fjuːzəl] откáз *м*

refuse I [rɪ'fjuːz] откáзывать(ся); ~ point-blánk наотрéз отказáться

refuse II ['refjuːs] мýсор *м*, отбрóсы *мн.*

refute [rɪ'fjuːt] опровергáть

regain [rɪ'geɪn] получить обрáтно; ~ one's health (cónsciousness) поправиться (прийти в сознáние)

regard [rɪ'gɑːd] **1.** *n* 1) внимáние *с*; уважéние *с* (*respect*) 2) *pl* поклóн *м*, привéт *м*; give him my best ~s передáйте емý сердéчный привéт 3) отношéние *с*; in (with) ~ to относительно **2.** *v* 1) смотрéть на когó-л., что-л. 2) считáть, рассмáтривать (*consider*) 3) касáться; as ~s что касáется; ~**ing** [-ɪŋ] относительно

regime [reɪ'ʒiːm] режим *м*; строй *м*

region ['riːdʒən] 1) óбласть *ж* 2) зóна *ж*, региóн *м*, (географический *или* экономический) райóн; the Sóuth-Éast Ásia R. райóн (зóна) Юго-Восточной Ázии; ~**al** [-əl] региональный; UN ~al ecónomic commíssions региональные экономические комиссии ОÓН

register ['redʒɪstə] **1.** *n* журнáл *м* (*записей*); have you signed the ~? вы расписáлись в книге посетителей? **2.** *v* регистрировать; ~ one's lúggage сдать вéщи в багáж; they're ~ed in the same hotél они остановились в той же гостинице; ~**ed** [-d]: ~ed létter заказнóе письмó

registration [ˌredʒɪ'streɪʃn] регистрáция *ж*

registry ['redʒɪstrɪ] 1) регистратýра *ж* 2) (the R., *тж.* Régistry Óffice) отдéл зáписи áктов граждáнского состояния (*ЗАГС*)

regret [rɪ'gret] **1.** *n* сожалéние *с*; to my ~ к сожалéнию **2.** *v* 1) сожалéть 2) раскáиваться

regular [ˈregjulə] 1) пра́вильный (correct) 2) обы́чный; ~ procédure обы́чная процеду́ра 3) разг. настоя́щий; ~ guy амер. молоде́ц м 4) регуля́рный; ~ ármy регуля́рная а́рмия

regulate [ˈregjuleɪt] 1) регули́ровать 2) приспоса́бливать (adjust)

regulation [ˌregjuˈleɪʃn] 1) регули́рование с 2) (обыкн. pl) пра́вила мн.; регла́мент м; keep to the ~s соблюда́йте пра́вила

rehearsal [rɪˈhəːsəl] репети́ция ж

reign [reɪn] 1) ца́рствовать 2) перен. госпо́дствовать

reindeer [ˈreɪndɪə] се́верный оле́нь

reinforce [ˌriːɪnˈfɔːs] уси́ливать, подкрепля́ть; ~d cóncrete железобето́н

reins [reɪnz] pl пово́дья мн., во́жжи мн.

reject [rɪˈdʒekt] отверга́ть, отклоня́ть

rejoice [rɪˈdʒɔɪs] ра́довать(ся); ~ in (at) ра́доваться чему́-л.

relate [rɪˈleɪt] 1) расска́зывать 2) устана́вливать связь ме́жду чем-л. (establish connections) 3) находи́ться в родстве́; we are clósely ~d мы бли́зкие ро́дственники

relation [rɪˈleɪʃn] 1) отноше́ние с; связь ж; búsiness (fríendly) ~s деловы́е (дру́жеские) отноше́ния; in ~ to что каса́-

ется 2) ро́дственник м (relative)

relative [ˈrelətɪv] 1. n ро́дственник м 2. a относи́тельный; име́ющий отноше́ние

relax [rɪˈlæks] ослабля́ть; ~ one's atténtion (éfforts) осла́бить внима́ние (уси́лия) ◊ ~! амер. споко́йно!; передохни́!, приди́ в себя́!; ~ation [ˌriːlækˈseɪʃn] 1) ослабле́ние с; ~átion of internátional ténsion(s) смягче́ние междунаро́дной напряжённости 2) о́тдых м, передышка ж (respite)

relay [ˈriːleɪ] 1) радио, тлв. (ре)трансля́ция ж; ~ státion ретрансляцио́нная ста́нция 2) спорт. эстафе́та ж

release [rɪˈliːs] 1) освобожда́ть 2) (от)пуска́ть; ~ an árrow пусти́ть стрелу́ 3) выпуска́ть (из печати и т. п.); ~ the news опубликова́ть сообще́ние

reliable [rɪˈlaɪəbl] надёжный; ~ informátion достове́рные све́дения

relief I [rɪˈliːf] 1) облегче́ние с 2) по́мощь ж; посо́бие с; ~ fund фонд по́мощи

relief II релье́ф м

relieve [rɪˈliːv] 1) облегча́ть; ~ pain облегча́ть боль 2) ока́зывать по́мощь (help) 3) заменя́ть, подменя́ть; will you ~ me for a mínute? пожа́луйста, замени́те меня́ на мину́тку

religion [rɪˈlɪdʒn] рели́гия ж

religious [rɪˈlɪdʒəs] религио́зный

relish [ˈrelɪʃ] 1) (при)вкус *м*, за́пах *м* 2) со́ус *м*, припра́ва *ж*

reluctant [rɪˈlʌktənt] сопротивля́ющийся; неохо́тный

rely [rɪˈlaɪ] полага́ться; you may ~ on (upón) me вы мо́жете положи́ться на меня́

remain [rɪˈmeɪn] остава́ться; ~**der** [-də] оста́ток *м*

remark [rɪˈmɑːk] **1.** *n* замеча́ние *c*; límit your ~s to five mínutes у вас пять мину́т для выступле́ния **2.** *v* 1) замеча́ть *(notice)* 2) вы́сказать замеча́ние *(make a comment)*; ~**able** [-əbl] замеча́тельный

remedial [rɪˈmiːdɪəl] 1) корректи́вный; ~ clásses дополни́тельные заня́тия (с отстаю́щими) 2) лече́бный; ~ gymnástics лече́бная гимна́стика

remedy [ˈremɪdɪ] 1) сре́дство *c* 2) лека́рство *c* *(medicine)*

remember [rɪˈmembə] по́мнить, вспомина́ть; ~ me to her кла́няйтесь ей от меня́

remind [rɪˈmaɪnd] напомина́ть; please ~ me of it напо́мните мне об э́том, пожа́луйста

reminiscence [ˌremɪˈnɪsns] воспомина́ние *c*

remit [rɪˈmɪt]: ~ móney перевести́ де́ньги; ~**tance** [-əns] перево́д де́нег

remnant [ˈremnənt] оста́ток *м*

remote [rɪˈməut] 1) да́льний; отдалённый 2) маловероя́тный; a véry ~ possibílity ма-

ловероя́тное собы́тие; оди́н шанс из ты́сячи

remove [rɪˈmuːv] удаля́ть; устраня́ть; убира́ть; ~ stáins выводи́ть пя́тна

Renaissance [rəˈneɪsəns] эпо́ха Возрожде́ния, Ренесса́нс *м*

render [ˈrendə] 1) воздава́ть; ока́зывать; ~ aid ока́зывать по́мощь 2) представля́ть; ~ an accóunt предста́вить счёт 3) приводи́ть в определённое состоя́ние, превраща́ть во что-л.; ~ him háppy осчастли́вить его́ 4) переводи́ть *(translate)*

renege [rɪˈniːg] идти́ на попя́тный

renew [rɪˈnjuː] 1) обновля́ть; ~ a house отремонти́ровать дом 2) возобновля́ть; ~ correspóndence возобнови́ть перепи́ску

renown [rɪˈnaun]: of world ~ всеми́рно изве́стный

rent [rent] *особ. амер.* **1.** *n* 1) аре́нда *ж*; apártments for ~ сдаю́тся кварти́ры *(объявление)* 2) аре́ндная пла́та *(for land, machinery, etc)* 3) кварти́рная пла́та *(for an apartment)*; what's your ~? ско́лько вы пла́тите за кварти́ру? **2.** *v* 1) нанима́ть; they ~ an apártment они́ снима́ют кварти́ру 2) сдава́ть в аре́нду *(let)*; ~**al** [-əl] 1) аре́ндная пла́та *(rent)* 2) прока́т *м*; ~al store бюро́ прока́та

repair [rɪˈpeə] **1.** *n* 1) почи́нка *ж*, ремо́нт *м*; mínor ~(s) ме́лкий ремо́нт; únder ~ в ремо́нте; "~s done while you wait" «ремо́нт произво́дится в прису́тствии зака́зчика» *(надпись)* 2): in good ~ в хоро́шем состоя́нии, в испра́вности 2. *v* ремонти́ровать; ~ shoes (a road) ремонти́ровать боти́нки (доро́гу)

repeat [rɪˈpiːt] повторя́ть

repel [rɪˈpel] отта́лкивать; ~**lent** [-ənt] **1.** *a* 1) отта́лкивающий 2) отврати́тельный *(repulsive)* 3): wáter ~lent fábric водоотта́лкивающая ткань **2.** *n* репелле́нт *(to repel insects)*

repertoire [ˈrepətwɑː] реперту́а́р *м*

repetition [ˌrepɪˈtɪʃn] повторе́ние *с*

replace [rɪˈpleɪs] 1) положи́ть обра́тно 2) заменя́ть, замеща́ть *(substitute for)*; impóssible to ~ незамени́мый

replay 1. *n* [ˈriːpleɪ] *спорт.* переигро́вка *ж* **2.** *v* [ˌriːˈpleɪ] переигра́ть *(матч, игру)*

replica [ˈreplɪkə] *иск.* ко́пия *ж*

reply [rɪˈplaɪ] **1.** *n* отве́т *м*; sóund ~ разу́мный отве́т **2.** *v* отвеча́ть; he replíed yes он отве́тил утверди́тельно; ~**-paid** [-peɪd] с опла́ченным отве́том

report [rɪˈpɔːt] **1.** *n* докла́д *м*; ра́порт *м*; отчёт *м*; a néwspaper ~ газе́тный отчёт **2.** *v* 1) сообща́ть; докла́дывать; it's ~ed that... сообща́ется, что... 2) быть в подчине́нии; he ~s diréctly to the mínister он подчиня́ется непосре́дственно мини́стру; ~**er** [-ə] репортёр *м (journalist)*; ~**ing** [-ɪŋ] репорта́ж *м*

represent [ˌreprɪˈzent] 1) представля́ть 2) изобража́ть; what does the pícture ~? что изображено́ на э́той карти́не?; ~**ative** [-ətɪv] представи́тель *м*

repression [rɪˈpreʃn] подавле́ние *с*, репре́ссия *ж*

reprint [ˌriːˈprɪnt] переиздава́ть, перепеча́тывать

reprisal [rɪˈpraɪzəl] 1) *особ. pl* репре́ссии *(use of force)* 2) *юр.* репресса́лия *ж*

reproach [rɪˈprəʊtʃ] **1.** *n* упрёк *м*; осужде́ние *с* **2.** *v* упрека́ть (with *smth* — в чём-л.)

reproduction [ˌriːprəˈdʌkʃn] воспроизведе́ние *с*, репроду́кция *ж*, ко́пия *ж*

republic [rɪˈpʌblɪk] респу́блика *ж*; ~**an** [-ən] **1.** *a* республика́нский; the R. Párty республика́нская па́ртия **2.** *n* (R.) республика́нец *м*, член республика́нской па́ртии *(в США)*; the Repúblican Admiпistrátion прави́тельство республика́нцев

reputation [ˌrepjuˈteɪʃn] репута́ция *ж*; до́брое и́мя

request [rɪˈkwest] **1.** *n* про́сьба *ж*; "a ~ stop" «остано́вка по тре́бованию» *(надпись)*; wrítten ~ пи́сьменное заявле́ние ◇ by ~ по про́сьбе **2.** *v* проси́ть; "vísitors are ~ed not to touch the exhíbits" «посети́телей про́сят экспона́ты рука́ми не тро́гать» *(надпись в музее)*; as ~ed по инстру́кции

require [rɪ'kwaɪə] 1) тре́бовать; if círcumstances ~ в слу́чае необходи́мости 2) нужда́ться в чём-л. *(need)*; ~ment [-mənt] тре́бование *c*; потре́бность *ж*; meet the ~ments отвеча́ть тре́бованиям, удовлетворя́ть потре́бности

rerun ['rɪːrʌn] 1) повто́рный пока́з *(фильма)* 2) ста́рый фильм *(особ. показываемый по телеви́дению — film)*

rescue ['reskjuː] 1. *n* спасе́ние *c*; come to the ~ прийти́ на по́мощь 2. *v* спаса́ть 3. *a*: ~ team спаса́тельная кома́нда

research [rɪ'səːʧ] (нау́чное) иссле́дование; ~ and devélopment (R and D) нау́чно-иссле́довательские и о́пытно-констру́кторские рабо́ты (НИОКР)

resemblance [rɪ'zembləns] схо́дство *c* (betwéen, to — ме́жду, с)

resemble [rɪ'zembl] походи́ть на *(кого-л.)*; име́ть схо́дство с *(кем-л.)*

resent [rɪ'zent] раздража́ться; he ~s my béing here его́ раздража́ет моё прису́тствие

reservation [,rezə'veɪʃn] 1) огово́рка *ж*; without ~ безогово́рочно; make a ~ сде́лать огово́рку 2) резерва́ция *ж (for the Indians)*

reserve [rɪ'zəːv] 1. *n* 1) запа́с *м*, резе́рв *м*; in ~ в запа́се 2) сде́ржанность *ж (self-restraint)*

3) *спорт.* запасно́й игро́к 2. *v* 1) сберега́ть; запаса́ть; ~ your strength береги́те си́лы 2) откла́дывать *(решение и т. д.)*; резерви́ровать; I ~ my posítion я вы́скажусь по э́тому вопро́су по́зже 3) брони́ровать, резерви́ровать; ~ a room in a hotél заброни́ровать но́мер в гости́нице; ~d [-d] 1) скры́тный, сде́ржанный 2): ~d seat а) нумеро́ванное ме́сто; б) плацка́рта *ж (on a railway)*; в) биле́т в теа́тр *(ку́пленный зара́нее на нумеро́ванное ме́сто)*; all seats ~d *театр., кино* все места́ нумеро́ванные *(объявле́ние)*

reservoir ['rezəvwɑː] резервуа́р *м*; водохрани́лище *c*

reside [rɪ'zaɪd] прожива́ть; ~nce ['rezɪdəns] местожи́тельство *c*, резиде́нция *ж*; ~nt ['rezɪdənt] постоя́нный жи́тель *(inhabitant)*; ~ntial [,rezɪ'denʃəl] жило́й; ~ntial dístrict жилы́е кварта́лы; ~ntial hotél меблиро́ванные ко́мнаты

resign [rɪ'zaɪn] *полит.* уходи́ть в отста́вку; ~ation [,rezɪg'neɪʃn] отста́вка *ж*

resist [rɪ'zɪst] 1) сопротивля́ться 2) сде́рживаться; I can't ~ the temptátion (of) не могу́ удержа́ться от искуше́ния; ~ance [-əns] сопротивле́ние *c*; ~ance móvement движе́ние сопротивле́ния, освободи́тельное движе́ние

resolute ['rezəluːt] твёрдый, реши́тельный

resolution [,rezə'lu:ʃn] 1) решéние *c*, резолюция *ж* 2) решимость *ж* (*determination*)

resolve [rɪ'zɔlv] 1. *v* решáть(ся) 2. *n* решимость *ж*; act with ~ дéйствовать решительно

resort [rɪ'zɔ:t] 1. *n* 1): súmmer ~ дáчное мéсто 2) (*тж.* health resórt) курóрт *м* 2. *v* прибегáть (to — к *чему-л.*)

resources [rɪ'sɔ:sɪz] *pl* ресýрсы *мн.*, срéдства *мн.*; nátural (míneral) ~ прирóдные ресýрсы (полéзные ископáемые)

respect [rɪ'spekt] 1. *n* 1) уважéние *c* 2): in ~ to что касáется 2. *v* уважáть; ~**able** [-əbl] почтéнный; представительный; ~**fully** [-fulɪ]: ~fully yours искренне уважáющий вас (*в письме*); ~**ive** [-ɪv] соотвéтственный; each went to his ~ive home все разошлись по домáм

respite ['respaɪt] передышка *ж*

respond [rɪ'spɔnd] 1) отвечáть; отзывáться 2) реагировать (*react to*)

response [rɪ'spɔns] отвéт *м*; óтклик *м*; in ~ to в отвéт на

responsibility [rɪ,spɔnsə'bɪlɪtɪ] 1) отвéтственность *ж* 2) (*особ. pl*) обязанность *ж* (*duty*)

responsible [rɪ'spɔnsəbl] отвéтственный

rest I [rest] 1. *n* óтдых *м*, покóй *м*; let's have a ~ давáйте отдохнём ◊ ~ room *амер.*

общéственная убóрная 2. *v* 1) отдыхáть; ~ well хорошó отдохнýть 2) опирáться (*lean on*)

rest II 1. *n* (the ~) остальнóе *c*; остальные *мн.* 2. *v* 1) оставáться; ~ assúred that... бýдьте увéрены, что... 2): it ~s with you to decíde за вáми прáво решéния

restaurant ['restərənt] ресторáн *м*

rest-house ['resthaus] (придорóжная) гостиница

restless ['restlɪs] беспокóйный, неугомóнный

restoration [,restə'reɪʃn] восстановлéние *c*, реставрáция *ж*

restore [rɪ'stɔ:] восстанáвливать, реставрировать

restrain [rɪ'streɪn] сдéрживать

restriction [rɪ'strɪkʃn] ограничéние *c*; withóut ~s без ограничéний

result [rɪ'zʌlt] 1. *n* результáт *м*, слéдствие *c* 2. *v* (in smth) приводить к (*чему-л.*), окáнчиваться (*чем-л.*)

resume [rɪ'zju:m] возобновлять

retail 1. *n* ['ri:teɪl] рóзничная продáжа 2. *adv* в рóзницу 3. *v* [rɪ'teɪl] продавáть(ся) в рóзницу; ~**er** [-ə] лáвочник *м*, рóзничный торгóвец

retard [rɪ'tɑ:d] замедлять; ~**ed** [-əd] ýмственно отстáлый; ~ed prógram (school) прогрáмма (шкóла) для ýмственно отстáлых детéй

retire [rɪˈtaɪə] 1) удаля́ться *(withdraw)* 2) уходи́ть в отста́вку *(resign)*

retreat [rɪˈtriːt] отступа́ть

retro [ˈretrəu] *иск.* стиль «ре́тро»; **~pack** [-pæk] *косм.* тормозна́я дви́гательная устано́вка

return [rɪˈtəːn] **1.** *n* 1) возвраще́ние *c;* on one's ~ по возвраще́нии 2) возмеще́ние *c;* in ~ в отве́т; в обме́н 3) *ком.* оборо́т *м;* дохо́д *м* ◇ mány háppy ~s of the day! (поздравля́ю) с днём рожде́ния! **2.** *v* 1) возвраща́ть(ся); when will you ~? когда́ вы верне́тесь?; ~ a ball *спорт.* отби́ть мяч 2) избира́ть *(в парла́мент и т. п.);* be ~ed to Cóngress *амер.* быть и́збранным в конгре́сс

Reuter [ˈrɔɪtə] Ре́йтер *(телеграфное агентство)*

reveal [rɪˈviːl] открыва́ть, обнару́живать; ~ a sécret вы́дать секре́т; ~ itsélf появи́ться, обнару́житься

revenge [rɪˈvendʒ] **1.** *n* месть *ж;* take one's ~ а) отомсти́ть; б) *спорт.* взять рева́нш **2.** *v* мстить

revenue [ˈrevɪnjuː] *(тж.* públic ~s) госуда́рственные дохо́ды

reverence [ˈrevərəns] почте́ние *c;* благогове́ние *c*

reverse [rɪˈvəːs] **1.** *a* обра́тный, противополо́жный **2.** *n* 1) противополо́жное *c;* обра́тное *c;* quite the ~! совсе́м наоборо́т! 2) за́дний ход; put

the car in ~ включи́ть за́дний ход

reversible [rɪˈvəːsəbl] 1) обрати́мый; a ~ reáction обрати́мая реа́кция 2) двусторо́нний; a ~ coat (jácket) двусторо́ннее пальто́ (двусторо́нняя ку́ртка)

review [rɪˈvjuː] **1.** *n* 1) обзо́р *м (survey)* 2) *театр.* обозре́ние *c;* ревю́ *с нескл.* 3) реце́нзия *ж;* ~ of a book реце́нзия на кни́гу **2.** *v* 1) пересма́тривать; ~ the plans пересма́тривать пла́ны 2) повторя́ть; ~ a lésson повтори́ть уро́к

revise [rɪˈvaɪz] исправля́ть, пересма́тривать; ~r [-ə] реда́ктор *м*

revive [rɪˈvaɪv] 1) ожива́ть, оживля́ть 2) восстана́вливать; возобновля́ть; ~ a play возобнови́ть постано́вку

revolt [rɪˈvəult] **1.** *n* восста́ние *c;* мяте́ж *м* **2.** *v* восстава́ть

revolution I [ˌrevəˈluːʃn] револю́ция *ж;* the Great Octóber Sócialist R. Вели́кая Октя́брьская социалисти́ческая револю́ция

revolution II оборо́т *м;* the spáceship is compléting its fifth ~ aróund the Moon косми́ческий кора́бль заверша́ет пя́тый вито́к (оборо́т) вокру́г Луны́

revolutionary [ˌrevəˈluːʃnərɪ] **1.** *a* революцио́нный **2.** *n* революционе́р *м*

revolve [rɪˈvɔlv] враща́ть(ся); ~ aróund *smth*

обраща́ться вокру́г *чего-л.*

reward [rɪ'wɔːd] **1.** *n* вознагражде́ние *с*; компенса́ция *ж* **2.** *v* награжда́ть

Rh [ˌɑːˈeɪtʃ]: ~ fáctor ре́зус-фа́ктор *м (крови)*; ~-**negative** [-'negətɪv] ре́зус-отрица́тельный; ~-**positive** [-'pɔzɪtɪv] ре́зус-положи́тельный

rheumatism ['ruːmətɪzm] ревмати́зм *м*

rhyme [raɪm] ри́фма *ж*

rhythm ['rɪðəm] ритм *м*

rib [rɪb] ребро́ *с*

ribbon ['rɪbən] ле́нт(очк)а *ж*

rice [raɪs] рис *м*

rich [rɪtʃ] 1) бога́тый 2) плодоро́дный; ~ soil плодоро́дная по́чва 3) жи́рный *(о пище)*; ~ milk густо́е молоко́

rid [rɪd] (rid) освобожда́ть, избавля́ть; get ~ of отде́лываться; избавля́ться

ridden ['rɪdn] *pp от* ride 1

riddle ['rɪdl] зага́дка *ж*

ride [raɪd] **1.** *v* (rode; ridden) е́хать; ~ a race уча́ствовать в ска́чках **2.** *n* 1) езда́ *ж* 2) прогу́лка *ж*; go for a bike ~ соверши́ть прогу́лку на велосипе́де; ~**r** [-ə] нае́здник *м*, вса́дник *м*

ridge [rɪdʒ] 1) гре́бень *м*; ~ of a wave гре́бень волны́ 2) хребе́т *м (of a mountain)* 3) край *м*; ~ of a coin ребро́ моне́ты

ridiculous [rɪ'dɪkjuləs] смехотво́рный, неле́пый

riding ['raɪdɪŋ] **1.** *n* ко́нный спорт **2.** *a* верхово́й; ~ horse верхова́я ло́шадь; ~ school (acádemy) шко́ла верхово́й

езды́; ~-**hood** [-huːd] капюшо́н *м*; Little Red R.-hood Кра́сная Ша́почка; ~-**house** [-haus] мане́ж *м*

rifle ['raɪfl] винто́вка *ж*; smállbore ~ мелкокали́берная винто́вка; ~**man** [-mən] стрело́к *м*; ~-**range** [-reɪndʒ] стре́льбище *с*

right [raɪt] **1.** *n* 1) пра́во *с*; it's your ~ э́то ва́ше пра́во 2) пра́вая сторона́; turn to the ~ поверни́те напра́во **2.** *a* 1) пра́вильный, ве́рный; you are ~! вы пра́вы!, пра́вильно!; the ~ thing to do как раз то, что ну́жно 2) пра́вый; ~ hand пра́вая рука́; ~ turn пра́вый поворо́т **3.** *adv* 1) пра́вильно 2) напра́во; turn ~ at the sécond light поверни́те напра́во на второ́м светофо́ре 3) то́чно, как раз; ~ in the míddle как раз в середи́не; go ~ to the end иди́те до са́мого конца́ ◊ ~ awáy (off) *амер.* то́тчас, неме́дленно; ~ here *амер.* как раз здесь; ~ now! *амер.* сейча́с!; в э́ту мину́ту; ~-**hand** [-hænd]: ~-hand tráffic правосторо́ннее движе́ние; ~-**of-way** [-əv'weɪ] *авто* преиму́щественное пра́во прое́зда; ~-**side** [-saɪd] = ~-hand; ~-**wing** [-wɪŋ] *полит.* пра́вый

rigid ['rɪdʒɪd] 1) засты́вший; негну́щийся 2) жёсткий; стро́гий; ~ rule твёрдое пра́вило

rim [rɪm] о́бод *м*, ободо́к *м*; ~**less** [-lɪs]: ~less glásses пенсне́ *с нескл.*

rind [raɪnd] кожура́ ж, ко́рка ж

ring I [rɪŋ] **1.** *n* 1) круг *м* 2) кольцо́ *с*; wédding ~ обруча́льное кольцо́ 3) ринг *м*; аре́на ж; bóxing ~ (боксёрский) ринг 4) *pl спорт.* ко́льца *мн.*; упражне́ния на ко́льцах **2.** *v* окружа́ть *(surround)*

ring II 1. *v* (rang; rung) 1) звони́ть 2) звене́ть, звуча́ть; ~ in one's ears звуча́ть в уша́х; ~ing tone дли́нные гудки́ *(в телефо́не)* ◊ that ~s a bell! *разг.* ≅ начина́ю припомина́ть!; ~ **off** дава́ть отбо́й; ~ **up** звони́ть (по телефо́ну) **2.** *n* звон *м*; звоно́к *м*; give me a ~ tomórrow позвони́те мне за́втра

ring-finger [ˈrɪŋfɪŋɡə] безымя́нный па́лец

rink [rɪŋk] *n (тж.* skáting--rink) като́к *м*

rinse [rɪns] полоска́ть

riot [raɪət] бунт *м*, мяте́ж *м*

rip [rɪp] рвать, срыва́ть, разрыва́ть; ~ ópen a létter вскрыва́ть письмо́; ~ a dress распа́рывать пла́тье

ripe [raɪp] спе́лый; созре́вший; ~**n** [-ən] зреть, созрева́ть

rise [raɪz] **1.** *v* (rose; rísen) 1) встава́ть; ~ éarly ра́но встава́ть 2) поднима́ться; when will the cúrtain ~? когда́ начну́т спекта́кль? 3) увели́чиваться; the témperature rose температу́ра повы́силась ◊ ~ in appláuse встреча́ть ова́цией

2. *n* 1) подъём *м* 2): give ~ to порожда́ть 3) *брит.* увеличе́ние *с*; ~ in wáges рост за́работной пла́ты

risen [ˈrɪzn] *pp от* rise 1

risk [rɪsk] **1.** *n* риск *м*; run a ~ рискова́ть ◊ he is a poor (good) ~ на него́ нельзя́ (мо́жно) положи́ться; secúrity ~ неблагонадёжный челове́к **2.** *v* рискова́ть *(чем-л.)*; I'd ~ my life голово́й руча́юсь

rite [raɪt] обря́д *м*, церемо́ния ж; the ~s of hospitálity обы́чаи гостеприи́мства

ritzy [ˈrɪtsɪ] шика́рный; a ~ hotél роско́шный оте́ль

rival [ˈraɪvəl] **1.** *n* сопе́рник *м*; конкуре́нт *м*; ~s in sports сопе́рники в спо́рте; withóut a ~ вне конкуре́нции **2.** *a* сопе́рничающий; конкури́рующий; we beat the ~ team мы победи́ли кома́нду проти́вника **3.** *v* сопе́рничать; конкури́ровать

river [ˈrɪvə] река́ ж; down (up) the ~ вниз (вверх) по реке́ (по тече́нию); ~-**bed** [-bed] ру́сло реки́; ~**side** [-saɪd] прибре́жная полоса́; ~side inn гости́ница на берегу́ реки́

road [rəud] доро́га ж; ~ sign доро́жный знак; ~ tránsport автотра́нспорт *м*; ~-**book** [-buk] а́тлас автодоро́г; ~-**map** [-mæp] ка́рта автодоро́г

roadster [ˈrəudstə] *брит.* 1) доро́жный велосипе́д *(bicycle)* 2) *амер.* спорти́вный двухме́стный автомоби́ль (с откры́тым ве́рхом) *(car)*

roar [rɔː] реве́ть; ~ with láughter поката́ться со́ смеху

roast [rəust] **1.** *v* жа́рить(ся); ~ meat жа́рить мя́со **2.** *a* жа́реный; ~ beef ро́стбиф м **3.** *n* жа́ркое *с*; *амер.* ро́стбиф м

rob [rɔb] гра́бить, обворо́вывать

robbery [ˈrɔbərɪ] ограбле́ние *с*; грабёж м

robust [rəˈbʌst, ˈrəubʌst] кре́пкий, дю́жий

rock I [rɔk] скала́ ж ◊ on the ~s со льдом *(о напитках)*

rock II кача́ть(ся); ~ing chair кре́сло-кача́лка *с* ◊ ~ the boat *перен.* вноси́ть разла́д

rock III *см.* rock'n'roll; ~ ópera рок-о́пера ж

rocket [ˈrɔkɪt] раке́та ж; launch a ~ запуска́ть раке́ту

rock'n'roll [ˌrɔkənˈrəul] *(тж.* rock and roll) рок-н-ро́лл м

rod [rɔd] 1) прут м; сте́ржень м 2) *(тж.* físhing-rod) у́дочка ж

rode [rəud] *past от* ride 1

role [rəul] роль ж; play the léading (títle) ~ игра́ть веду́щую (гла́вную) роль

roll [rəul] **1.** *n* 1) свёрток м; руло́н м 2) спи́сок м *(list)* 3) бу́лочка ж; a sweet ~ сла́дкая бу́лочка 4) *мор.* бортова́я ка́чка **2.** *v* 1) кати́ть(ся); верте́ть(ся) 2) свёртывать(ся)

3) кача́ть(ся); the ship ~ed héavily парохо́д си́льно кача́ло; ~ up ска́тывать, свёртывать; ~-call [-kɔːl] перекли́чка ж; ~-call vote поимённое голосова́ние

roller-coaster [ˈrəuləˌkəustə] *амер.* америка́нские го́рки *(аттракцион)*

rollers [ˈrəuləz] *pl* бигуди́ мн. нескл.

roller-skates [ˈrəuləskeits] *pl* ро́лики мн., ро́ликовые коньки́

Roman [ˈrəumən] 1) древнери́мский 2) рома́нский *(as of a language)* ◊ ~ Cátholic като́лик м

romance [rəuˈmæns] *муз.* рома́нс м

roof [ruːf] кры́ша ж; кров м

rook I [ruk] грач м

rook II *шахм.* ладья́ ж

room [ruːm] 1) ко́мната ж; ~ and board по́лный пансио́н 2) (однокомнатный) но́мер м *(гостиницы)*; the ~ is resérved for... но́мер заброни́рован для...; ~ sérvice обслу́живание номеро́в *(в гостинице)* 3) ме́сто *с*; простра́нство *с*; plénty of ~ просто́рно; мно́го ме́ста; ámple ~ for... есть ме́сто для...

room-mate [ˈruːmmeit] сосе́д (сосе́дка) по ко́мнате

root [ruːt] **1.** *n* ко́рень м; ~ beer *амер.* «ру́т бир» *(безалкогольный напиток)* **2.** *v:* ~ out искореня́ть

rope [rəup] верёвка ж, кана́т м

rose I [rəuz] ро́за *ж*

rose II *past* от rise 1

rostrum [´rɔstrəm] трибу́на *ж*, ка́федра *ж*

rosy [´rəuzı] румя́ный; with ~ cheeks румя́ный, розовощёкий

rot [rɔt] 1. *n* 1) гние́ние *с*; гниль *ж* 2) чепуха́ *ж*; talk ~ моло́ть вздор 2. *v* гнить, по́ртиться

rotation [rəu´teıʃn] 1) враще́ние *с* 2) чередова́ние *с*; in ~ попереме́нно

rotten [´rɔtn] гнило́й

rouble [´ruːbl] рубль *м*

rouge [ruːʒ] румя́на *мн.*

rough [rʌf] 1) гру́бый; ~ play *спорт.* гру́бая игра́; by ~ calculátion по предвари́тельным подсчётам 2) бу́йный, бу́рный; ~ sea бу́рное мо́ре 3) неотде́ланный; ~ со́ру чернови́к *м*; ~ly [-lı] приблизи́тельно, в о́бщих черта́х

round [raund] 1. *a* 1) кру́глый; ~ trip *амер.* пое́здка туда́ и обра́тно 2) по́лный, окру́глый; ~ cheeks по́лные щёки 2. *n* 1) *бокс* ра́унд *м* 2) *шахм.* тур *м* 3. *adv* обра́тно, круго́м, вокру́г; the whole world ~ весь мир; long way ~ кру́жным путём 4. *prep* вокру́г, круго́м; ~ the córner за угло́м; ~ the world вокру́г све́та

route [ruːt] маршру́т *м*; bus ~ автобусный маршру́т; en ~ по пути́, по доро́ге

routine [ruː´tiːn] установи́вшаяся пра́ктика; ~ repáirs

теку́щий ремо́нт; ~ procédure обы́чная процеду́ра

row I [rəu] ряд *м*

row II грести́; ~er [-ə] гребе́ц *м*; ~ing [-ıŋ] гре́бля *ж*; академи́ческая гре́бля

royal [´rɔıəl] короле́вский

rub [rʌb] 1) тере́ть(ся); ~ one's hands потира́ть ру́ки 2) натира́ть; my foot is ~bed sore я натёр себе́ но́гу; ~ out стере́ть

rubber [´rʌbə] 1) рези́на *ж*; каучу́к *м* 2) *pl* гало́ши *мн.* 3) *разг.* презервати́в *м*; ~neck [-nek] глазе́ть (по сторона́м)

rubdown [´rʌbdaun] *спорт.* масса́ж *м*

ruby [´ruːbı] руби́н *м*

rudder [´rʌdə] руль *м*

rude [ruːd] гру́бый, неве́жливый

rug [rʌg] 1) ко́врик *м*; ковёр *м* (*floor-mat*) 2) плед *м* (*plaid*)

Rugby [´rʌgbı] *спорт.* ре́гби *с нескл.*

ruin [ruın] 1. *n* 1) ги́бель *ж*, круше́ние *с* 2) (*чаще pl*) разва́лины *мн.*; руи́ны *мн.* 2. *v* (по)губи́ть; разруша́ть; разоря́ть; ~ one's health подорва́ть здоро́вье; ~ onesélf разори́ться

rule [ruːl] 1. *n* 1) пра́вило *с*; ~(s) of the road пра́вила движе́ния; as a ~ обы́чно; ~s of procédure пра́вила процеду́ры 2) правле́ние *с*, госпо́дство *с*; fóreign (colónial) ~ инозе́мное (колониа́льное) гос по́дство **2.** *v* 1) пра́вить, управля́ть 2) постановля́ть, реша́ть *(устно)*; the cháirman ~d that... председа́тель постанови́л, что ...; ~ smb out of órder лиши́ть кого́-л. сло́ва; ~ **out** исключа́ть; ~**r** [-ə] 1) прави́тель м *(sovereign)* 2) лине́йка ж *(for drawing)*

rumour [ˈruːmə] слух м, молва́ ж

run [rʌn] **1.** *v* (ran; run) 1) бе́гать, бежа́ть; ~ for it спаса́ться бе́гством; ~ alóng, chíldren! де́ти, вы свобо́дны! 2) идти́ *(о поезде, машине и т. п.)*; are the búses ~ning? авто́бусы хо́дят? 3) течь *(flow)*; the sink isn't ~ning ра́ковина засори́лась 4) вести́ *(дело, предприя́тие)*; управля́ть *(машиной)*; ~ a hotél содержа́ть гости́ницу 5) идти́ *(о пьесе, кинофильме и т. п.)* 6) выставля́ть кандидату́ру на вы́борах; ~ for président баллоти́роваться на пост президе́нта; ~ **across** встре́тить; ~ **away** убежа́ть; ~ **out** конча́ться ◊ ~ érrands быть на побегу́шках; ~ a risk рискова́ть; ~ dry пересыха́ть; иссяка́ть; ~ short конча́ться **2.** *n* 1) бег м; cross-cóuntry ~ бег по пересечённой ме́стности, кросс м 2) тече́ние с, продолже́ние с *(course)* 3) *спорт.* забе́г м 4) *амер.* спусти́вшаяся пе́тля; there's a ~ in the stócking на чулке́ спусти́лась пе́тля 5): the play has a ~ of three húndred nights пье́са прошла́ три́ста раз ◊ at a ~ подря́д; in the long ~ в конце́ концо́в

rung [rʌŋ] *pp от* ring II 1

runner [ˈrʌnə] бегу́н м; ~-**up** [ˌrʌnəˈrʌr] финиши́рующий вторы́м, заня́вший второ́е ме́сто

running [ˈrʌnɪŋ] 1) бегу́щий; ~ wáter водопрово́д м *(в кварти́ре)* 2) бегово́й; ~ track бегова́я доро́жка 3) после́довательный; three times (days) ~ три ра́за (дня) подря́д; ~ cómmentary репорта́ж м

run-up [ˈrʌnʌr] разбе́г м

runway [ˈrʌnweɪ] 1) *ав.* взлётно-поса́дочная полоса́ 2) *спорт.* доро́жка для разбе́га

rural [ˈruərəl] се́льский, дереве́нский

rush [rʌʃ] **1.** *n* спе́шка ж; what's the ~? почему́ така́я спе́шка?; ~ hóurs часы́ «пик»; ~ órder сро́чный зака́з; ~ séason горя́чая пора́ **2.** *v* мча́ться; "rush" «сро́чно» *(поме́тка на докуме́нте)*

Russian [ˈrʌʃən] **1.** *a* ру́сский; I want a ~ text-book, please да́йте мне, пожа́луйста, уче́бник ру́сского языка́ **2.** *n* 1) ру́сский м, ру́сская ж 2) ру́сский язы́к

rustle [ˈrʌsl] **1.** *n* ше́лест м; шо́рох м **2.** *v* шелесте́ть

rusty [ˈrʌstɪ] ржа́вый

rye [raɪ] рожь ж; ~ bread ржано́й хлеб

S

sable ['seɪbl] со́боль *м*

sabre ['seɪbə] са́бля *ж*; ~
dance та́нец с са́блями

sack [sæk] мешо́к *м*

sacred ['seɪkrɪd] свяще́нный

sacrifice ['sækrɪfaɪs] · **1.** *n*
же́ртва *ж* **2.** *v* приноси́ть в
же́ртву, же́ртвовать

sad [sæd] печа́льный

saddle ['sædl] **1.** *n* седло́
с **2.** *v* седла́ть; ~-**horse** [-hɔːs]
верхова́я ло́шадь

safari [sə'fɑːrɪ] сафа́ри *с
нескл.*; ~ park зоопа́рк «са-
фа́ри» *(с бесклеточным содер-
жанием зверей, для проезда
в закрытой автомашине)*

safe [seɪf] **1.** *a* 1) невре-
ди́мый; ~ and sóund цел и не-
вреди́м 2) безопа́сный; ~ place
безопа́сное ме́сто 3) надёжный
(reliable) ◊ jóurney! счаст-
ли́вого пути́! **2.** *n* сейф *м*

safeguard ['seɪfgɑːd] **1.** *n*
гара́нтия *ж*; предосторо́ж-
ность *ж* **2.** *v* охраня́ть

safely ['seɪflɪ] безопа́сно,
благополу́чно

safety ['seɪftɪ] безопа́с-
ность *ж*; ~ méasures те́хника
безопа́сности; ~ rázor безо-
па́сная бри́тва; ~ zone *авто*
1) острово́к безопа́сности *(at a
crossing)* 2) раздели́тельная
полоса́ *(on a road)*; ~-**pin**
[-pɪn] безопа́сная була́вка

said [sed] *past u pp от* say 1

sail [seɪl] **1.** *n* 1) па́рус *м*

2) пла́вание *с (на корабле)*;
set ~ отпра́виться в пла́вание
2. *v* пла́вать *(на корабле)*;
when do we ~? когда́ мы
отплыва́ем?; ~**or** [-ə] моря́к
м; матро́с *м* ◊ he is a bad ~or
он пло́хо перено́сит ка́чку

saint [seɪnt] свято́й

sake [seɪk]: for the ~ of
ра́ди; do it for her ~ сде́-
лайте э́то ра́ди неё

salad ['sæləd] сала́т *м*; egg
(sálmon) ~ сала́т из яи́ц (из
лососи́ны); Rússian ~ вине-
гре́т *м*; ~-**dressing** [-ˌdresɪŋ]
припра́ва (для сала́та)

salami [sə'lɑːmɪ] копчёная
колбаса́, саля́ми *ж нескл.*

salary ['sælərɪ] жа́лованье *с*,
окла́д *м*

sale [seɪl] 1) прода́жа *ж*; on
~ в прода́же; "for ~" «прода-
ётся» *(надпись)*; ~s depártment отде́л сбы́та; ~s tax
нало́г с оборо́та *(в США
оплачивается покупателем
сверх цены товара)* 2) *амер.*
распрода́жа *ж (at reduced
prices)*; ~ price сни́женная
цена́

sales‖girl ['seɪlzgə:l] про-
давщи́ца *ж*; ~**man** [-mən]
продаве́ц *м*; ~**woman** [-wu-
mən] продавщи́ца *ж*

salmon ['sæmən] лосо́сь *м*;
сёмга *ж*; pink (húmpback) ~
горбу́ша *ж*; chum (dog) ~ ке́-
та́ *ж*; red (sóckeye) ~ не́рка
ж

saloon [sə'luːn] 1) *амер.* бар *м*
(tavern) 2) *брит. авто* лимузи́н
м

salt [sɔ:lt] **1.** *n* соль *ж* **2.** *v* солить; ~**cellar** [-selə] солонка *ж*; ~**y** [-ı] солёный

salute [sə'lu:t] **1.** *n* 1) приве́тствие *с (greeting)* 2) салю́т *м*; ~ of twénty one guns салю́т из двадцати́ одного́ ору́дия **2.** *v* приве́тствовать; салютова́ть

same [seım] (the ~) тот же, одина́ковый; all the ~ всё равно́

sample ['sɑ:mpl] образе́ц *м*; обра́зчик *м (specimen)*

sanction ['sæŋkʃn] **1.** *n* са́нкция *ж*; разреше́ние *с* **2.** *v* санкциони́ровать

sand [sænd] песо́к *м*

sandal [sændl] санда́лия *ж*; ópen-toe ~s босоно́жки *мн.*

sandwich ['sænwıdʒ, *амер.* 'sændwıtʃ] са́ндвич *м*, бутербро́д *м*; club ~ «клу́бный бутербро́д» *(из трёх ломтей хлеба и двух разных закусок)*; ham ~ бутербро́д с ветчино́й ◊ ~ cóurse комбини́рованное обуче́ние *(без отрыва от производства)*

sane [seın] норма́льный; здра́вый; ~ views здра́вые сужде́ния

sang [sæŋ] *past от* sing

sanitary ['sænıtərı] санита́рный, гигиени́ческий; ~ nápkin гигиени́ческая салфе́тка; ~ pánties гигиени́ческие трусы́

sanitation [,sænı'teıʃn] вы́возка му́сора; ~ truck *амер.* мусорово́з *м*

sank [sæŋk] *past от* sink II

Santa Claus ['sæntə klɔ:z] Дед Моро́з *м*

sardine [sɑ:'di:n]: a tin of ~s ба́нка сарди́н

sat [sæt] *past и pp от* sit

satellite ['sætəlaıt] 1) сателли́т *м* 2) го́род-спу́тник *м (suburban area)* 3) *астр.* спу́тник *м*; artifícial ~ иску́сственный спу́тник

satin ['sætın] атла́с *м*

satire ['sætaıə] сати́ра *ж*

satirical [sə'tırıkəl] сатири́ческий

satisfaction [,sætıs'fækʃn] удовлетворе́ние *с*

satisfactory [,sætıs'fæktərı] удовлетвори́тельный

satisfied ['sætısfaıd]: be ~ (with) быть дово́льным

satisfy ['sætısfaı] 1) удовлетворя́ть 2) утоля́ть; ~ húnger утоля́ть го́лод

Saturday ['sætədı] суббо́та *ж*; ~s по суббо́там; we do not work ~s в суббо́ту мы не рабо́таем

sauce [sɔ:s] со́ус *м*; ~**pan** [-pən] кастрю́ля *ж*

saucer ['sɔ:sə] блю́дце *с*; flýing ~ лета́ющая таре́лка

sausage ['sɔsıdʒ] 1) колбаса́ *ж*; a ~ круг («па́лка», «бато́н») колбасы́ 2) *(тж.* sáusage-meat) колба́сный фарш 3) колба́ска *ж, реже* соси́ска *ж*, сарде́лька *ж*

savage ['sævıdʒ] 1) ди́кий 2) свире́пый, жесто́кий *(cruel)*

save [seıv] 1) спаса́ть 2) эконо́мить, бере́чь *(spare)* 3) откла́дывать; ~ it for me отложи́те э́то для меня́; ~ **up** де́лать сбереже́ния

saving [ˈseɪvɪŋ] эконо́мия ж

savings [ˈseɪvɪŋz] *pl* сбереже́ния *мн.*; ~ accóunt проце́нтный вклад; **~-bank** [-bæŋk] сберега́тельная ка́сса, сберега́тельный банк

saw I [sɔː] *past от* see

saw II пила́ ж; **~mill** [-mɪl] лесопи́льный заво́д

saxophone [ˈsæksəfəun] саксофо́н м

say [seɪ] **1.** *v* (said) говори́ть, сказа́ть; I ~ (по)слу́шайте; they ~ говоря́т ◊ you don't ~ so! неуже́ли? **2.** *n* сло́во *с*, мне́ние *с*; have one's ~ вы́сказаться; **~ing** [-ɪŋ] погово́рка ж

scaffolding [ˈskæfəldɪŋ] леса́ *мн. (строительные)*

scale [skeɪl] 1) шкала́ ж 2) масшта́б м; on a large ~ в большо́м масшта́бе; built to ~ сде́ланный в масшта́бе

scales [skeɪlz] *pl* весы́ *мн.*

scandal [ˈskændl] 1) позо́р м; публи́чный сканда́л 2) злосло́вие *с*; спле́тни *мн. (gossip)*

scar [skɑː] шрам м, рубе́ц м

scare [skeə] пуга́ть

scarf [skɑːf] шарф м, косы́нка ж

scarlet [ˈskɑːlɪt] а́лый; ~ féver скарлати́на ж

scatter [ˈskætə] 1) разбра́сывать; рассыпа́ть 2) рассе́ивать, разгоня́ть; the políce ~ed the márchers поли́ция разгнала́ уча́стников демонстра́ции

scene [siːn] 1) *театр.* сце́на ж, явле́ние *с (в пьесе)* 2) сканда́л м; make a ~ устра́ивать сканда́л (сце́ну) ◊ behínd the ~s за кули́сами; **~ry** [ˈsiːnərɪ] 1) пейза́ж м; móuntain ~ry го́рный пейза́ж 2) *театр.* декора́ции *мн.*

scent [sent] 1) за́пах м 2) духи́ *мн. (perfume)*

schedule [ˈʃedjuːl, *амер.* ˈskedʒul] расписа́ние *с*, гра́фик м; the train is behínd ~ по́езд опа́здывает

scheme [skiːm] схе́ма ж; план м *(plan)*

scholar [ˈskɔlə] учёный м; **~ship** [-ʃɪp] 1) эруди́ция ж 2) стипе́ндия ж *(allowance)*

school [skuːl] шко́ла ж *(тж. в живописи и т. п.)*; go to ~ учи́ться в шко́ле; **~book** [-buk] уче́бник м; **~boy** [-bɔɪ] шко́льник м; **~girl** [-gəːl] шко́льница ж; **~master** [-ˌmɑːstə] учи́тель м; **~mistress** [-ˌmɪstrɪs] учи́тельница ж; **~room** [-rum] класс м; **~teacher** [-ˌtiːtʃə] учи́тель м

science [ˈsaɪəns] 1) нау́ка ж; ~ fíction нау́чная фанта́стика 2) то́чная нау́ка *(mathematics, etc)*

scientific [ˌsaɪənˈtɪfɪk] нау́чный

scientist [ˈsaɪəntɪst] учёный м

sci-fi [ˌsaɪˈfaɪ] нау́чная фанта́стика; ~ móvie нау́чно-фантасти́ческий фильм

scissors [ˈsɪzəz] *pl* но́жницы *мн.*

scold [skəuld] брани́ть, руга́ть

scoop [sku:p] 1) сово́к м (*home utensil*) 2) черпа́к м (*chipper*); two ~s of ícecream, please моро́женое, два ша́рика, пожа́луйста 3) разлива́тельная ло́жка (*ladle*)

scooter ['sku:tə] 1) *спорт.* ску́тер м 2) моторо́ллер м (*type of motor cycle*)

scope [skəup] 1) кругозо́р м; охва́т м; it's beyónd my ~ э́то вне мое́й компете́нции 2) разма́х м; ~ of work разма́х рабо́т

score [skɔ:] 1. *n* 1) счёт м; the ~ béing 3:1 со счётом 3:1; on that ~ на э́тот счёт 2) два деся́тка (*twenty*) 3) *муз.* партиту́ра ж 2. *v* 1) де́лать отме́тки 2) *спорт.* вести́ счёт 3) выи́грывать (*win*); ~-**board** [-bɔ:d] *спорт.* табло́ с нескл.

scorn [skɔ:n] 1. *n* презре́ние с 2. *v* презира́ть

scotch [skɔtʃ] 1) (шотла́ндское) ви́ски 2): ~ tape кле́йкая ле́нта, скотч м

Scotland Yard [,skɔtlənd 'jɑ:d] Ско́тленд-ярд (*уголовная полиция и угрозыск в Лондоне*)

scoundrel ['skaundrəl] негодя́й м

scout [skaut] 1) разве́дчик м 2) (*тж.* boy scout) бойска́ут м

Scrabble [skræbl] скрэбл м, крестосло́в м (*игра в слова*)

scramble ['skræmbl] 1) ка-

ра́бкаться (*climb*) 2) *воен.* взлета́ть по трево́ге (*о самолётах-истребителях*) 3) *эл.* зашифро́вывать сообще́ния 4): ~ eggs де́лать яи́чницу (омле́т); ~d eggs яи́чница (-болту́нья), омле́т м; ~r [-ə] *эл.* шифра́тор м

scrap [skræp] 1. *n* 1) клочо́к м, лоскуто́к м; ~s of páper клочки́ бума́ги; ~ básket корзи́нка для бума́г 2) (*тж.* scrap metal) металлоло́м м ◇ ~ páper макулату́ра ж 2. *v* 1) сдава́ть в лом; ~ an old machíne пусти́ть маши́ну на слом 2) выбра́сывать (*discard*)

scratch [skrætʃ] 1. *v* 1) цара́пать(ся) 2) чеса́ть(ся) (*to relieve itching*) 2. *n* цара́пина ж ◇ from ~ на пусто́м ме́сте; из ничего́

scream [skri:m] пронзи́тельно крича́ть

screen [skri:n] 1. *n* 1) ши́рма ж 2) *кино* экра́н м; ~ áctor (áctress) киноактёр м (киноактри́са ж); ~ cómedy кинокоме́дия ж 2. *v* 1) загора́живать, защища́ть, укрыва́ть (*protect*) 2) просе́ивать, отсортиро́вывать (*sift out*); проверя́ть 3) производи́ть киносъёмку; ~ a film ста́вить кинофи́льм

screw [skru:] 1. *n* винт м 2. *v* зави́нчивать; ~-**driver** [-,draivə] 1) отвёртка ж 2) кокте́йль «скрудра́йвер» (*водка, разбавленная апельсиновым соком, со льдом*)

script [skrɪpt] 1) рукопись ж 2) *кино* сценарий м

scrupulous [ˈskruːpjuləs] 1) щепетильный 2) тщательный *(most careful)*

scuba [ˈskuːbə] акваланг м, скуба ж; ~-**dive** [-ˌdaɪv] нырять с аквалангом; ~-**diver** [-ˌdaɪvə] ныряльщик с аквалангом; ~**diving** [-ˌdaɪvɪŋ] подводное плавание

sculptor [ˈskʌlptə] скульптор м

sculpture [ˈskʌlptʃə] скульптура ж

sea [siː] море с; at ~ в море; by ~ морем; ~**bed** [-bed] морское дно; ~-**biscuit** [-ˌbɪskɪt] галета ж; ~**food** [-fuːd] 1) морепродукты *мн.* 2) *амер.* «дары» моря; ~-**gull** [-gʌl] чайка ж

seal I [siːl] 1. *n* печать ж 2. *v* 1) скреплять печатью 2) запечатывать; ~ a létter запечатать письмо

seal II тюлень м

sealskin [ˈsiːlskɪn] котик м *(мех)*

seam [siːm] шов м

seaman [ˈsiːmən] моряк м; матрос м

search [səːtʃ] 1. *v* 1) искать 2) обыскивать *(examine)* 2. *n* поиски *мн.*; a párty поисковая партия; be in ~ of искать; ~**light** [-laɪt] прожектор м

sea‖shore [ˈsiːʃɔː] морской берег, побережье с; ~**sick** [-sɪk]: be ~sick страдать морской болезнью; ~**sickness** [-sɪknɪs] морская болезнь; ~**side** [-saɪd] морской берег, побережье с; ~**side** resórt морской курорт

season [ˈsiːzn] время года; сезон м; ~**ed** [-d] 1) выдержанный *(о сыре, дереве и т. п.)*; ~ed wine выдержанное вино 2) приправленный, с приправами; ~ed with приправленный *чем-л.*

season ticket [ˈsiːznˌtɪkɪt] проездной (сезонный) билет; абонемент м *(на концерты и т. п.)*

seat [siːt] 1. *n* сиденье с, место с; take a ~! садитесь!; ~ belt *авто* ремень безопасности; take your ~s! *брит. ж.-д.* посадка закончена! 2. *v* усадить, посадить

second I [ˈsekənd] 1. *a* второй; вторичный ◊ ~ cóusin троюродный брат (-ая сестра); have ~ thóughts (abóut *smth*) передумать; on ~ thought I will accépt the óffer подумав, я принимаю предложение 2. *v* поддерживать *(предложение)*; I ~ your mótion я поддерживаю ваше предложение

second II секунда ж; just a ~! одну секунду!

secondary [ˈsekəndərɪ] второстепенный ◊ ~ school средняя школа

second‖-class [ˌsekəndˈklɑːs] 1) второсортный 2) второго класса; ~-class car вагон второго класса; ~-**hand** [-ˈhænd] поде́ржанный; ∼-hand shop комиссио́нный магази́н

secret [ˈsiːkrt] секре́т *м*, та́йна *ж*; in ∼ та́йно

secretary [ˈsekrətrɪ] 1) секрета́рь *м* 2) мини́стр *м;* Fóreign S. мини́стр иностра́нных дел *(в Великобрита́нии);* S. of State госуда́рственный секрета́рь, мини́стр иностра́нных дел *(в США)*

secretary-general [ˌsekrətrɪˈdʒenərəl] генера́льный секрета́рь

section [ˈsekʃn] 1) се́кция *ж;* часть *ж* 2) часть *ж (of a book, etc);* ∼**al** [-əl] 1) секцио́нный *(мебель и т. д.)* 2) группово́й, ме́стный

secure [sɪˈkjuə] **1.** *a* надёжный; обеспе́ченный; feel ∼ abóut *smth* быть споко́йным за *что-л.* **2.** *v* обеспе́чивать, гаранти́ровать

security [sɪˈkjuərɪtɪ] 1) безопа́сность *ж;* S. Cóuncil Сове́т Безопа́сности 2) гара́нтия *ж*, обеспе́чение *с (guarantee);* ∼ competítions *спорт.* зачётные соревнова́ния

sedan [sɪˈdæn] *авто* седа́н *м (тип кузова)*

sedative [ˈsedətɪv] *мед.* 1) успока́ивающее *с (tranquilizer)* 2) болеутоля́ющее *с (pain-killer)*

see [siː] (saw; seen) 1) ви́деть; I háven't ∼n you for áges я не ви́дел вас це́лую ве́чность; ∼ you agáin! до ско́рого свида́ния! 2) осма́тривать; let me ∼ the book да́йте

посмотре́ть э́ту кни́гу 3) знать, понима́ть; I ∼! поня́тно!, я́сно!; let me ∼ да́йте поду́мать; ∼ **off** провожа́ть ◊ ∼ smb home проводи́ть кого́-л. домо́й; I'll ∼ to it я об э́том позабо́чусь

seed [siːd] се́мя *с*

seek [siːk] (sought) 1) иска́ть 2) пыта́ться, стара́ться *(try);* ∼ to do стреми́ться сде́лать

seem [siːm] каза́ться; it ∼s (that) ка́жется (что), по-ви́димому; ∼ to be каза́ться, вы́глядеть

seen [siːn] *pp от* see

seep [siːp] проса́чиваться, протека́ть

segregation [ˌsegrɪˈgeɪʃn] *(тж.* rácial segregátion) (ра́совая) сегрега́ция

seize [siːz] 1) схва́тывать 2) захва́тывать *(capture)*

seldom [ˈseldəm] ре́дко

select [sɪˈlekt] **1.** *v* выбира́ть **2.** *a* отбо́рный, и́збранный

selection [sɪˈlekʃn] 1) вы́бор *м* 2) *биол.* отбо́р *м*

self ‖ **-confident** [ˌselfˈkɒnfɪdənt] самоуве́ренный; ∼**-control** [-kənˈtrəul] самооблада́ние *с;* ∼**-defeating** [-dɪˈfiːtɪŋ] зара́нее обречённый (на прова́л); ∼**-determination** [-dɪtəːmɪˈneɪʃn] самоопределе́ние *с;* ∼**-employed** [-ɪmˈplɔɪd] свобо́дной профе́ссии; ∼**-government** [-ˈgʌvnmənt] самоуправле́ние *с*

selfish [ˈselfɪʃ] эгоисти́чный

self-service [ˌselfˈsəːvɪs] самообслу́живание *с*

sell [sel] (sold) продава́ть (-ся); ~er [-ə] 1) продаве́ц *м* 2) (*тж.* best-séller) хо́дкая кни́га, бестсе́ллер *м*; хо́дкий това́р

semi-detached [ˌsemɪdɪ'tætʃt]: ~ house *брит.* двухкварти́рный дом

semi-final [ˌsemɪ'faɪnl] *спорт.* полуфина́л *м*

senate ['senɪt] 1) сена́т *м* 2) (*тж.* Univérsity Sénate) сове́т университе́та

senator ['senətə] сена́тор *м*

send [send] (sent) 1) посыла́ть, отправля́ть; ~ a létter отпра́вить письмо́ 2) *спорт.* броса́ть, посыла́ть (*мяч*); ~ for вызыва́ть, посыла́ть за; ~er [-ə] отправи́тель *м*

senior ['siːnɪə] 1. *a* ста́рший; ~ cítizen *амер.* пенсионе́р *м*, пенсионе́рка *ж* 2. *n амер.* студе́нт ста́ршего (четвёртого) ку́рса

sensation [sen'seɪʃn] 1) ощуще́ние *с*, чу́вство *с* 2) сенса́ция *ж*; the news caused a ~ но́вость вы́звала сенса́цию

sense [sens] 1) чу́вство *с*; ~ of húmour чу́вство ю́мора 2) созна́ние *с*; have ~ enóugh to... быть доста́точно разу́мным, что́бы... 3) смысл *м*; no ~ at all бессмы́сленно, нет смы́сла; ~less [-lɪs] бессмы́сленный

sensible ['sensəbl] (благо)разу́мный

sensitive ['sensɪtɪv] 1) чувстви́тельный 2): ~ informátion секре́тные да́нные

sent [sent] *past и pp от* 'send

sentence ['sentəns] 1. *n* 1) фра́за *ж*, предложе́ние *с* 2) пригово́р *м*; pass ~ upón *smb* выноси́ть пригово́р *кому́-л.* 2. *v* осужда́ть, пригова́ривать

sentiment ['sentɪmənt] чу́вство *с*

sentry ['sentrɪ] часово́й *м*

separate 1. *a* ['seprɪt] 1) отде́льный; ~ room отде́льный но́мер 2) осо́бый; ~ opínion осо́бое мне́ние 2. *v* ['sepəreɪt] 1) отделя́ть(ся); разделя́ть(ся) 2) разлуча́ть(ся) (*part*)

separated ['sepəreɪtɪd] живу́щий разде́льно (*о супру́гах*); he (she) is ~ он (она́) не живёт с жено́й (му́жем)

September [səp'tembə] сентя́брь *м*

sequence ['siːkwəns] после́довательность *ж*; ряд *м*

series ['sɪəriːz] се́рия *ж*; ряд *м*

serious ['sɪərɪəs] серьёзный; ва́жный; ~ mátter ва́жное де́ло

sermon ['səːmən] про́поведь *ж*

servant ['səːvənt] слуга́ *м*; прислу́га *ж*

serve [səːv] 1. *v* 1) служи́ть; ~ in the ármy служи́ть в а́рмии 2) подава́ть (*на стол*); ~ dínner подава́ть обе́д 3) обслу́живать покупа́телей; are you béing ~d? вас обслу́живают? 4) *спорт.* ~ the ball подава́ть мяч ◇ it ~s you right! так вам и на́до! 2. *n спорт.* пода́ча *ж*; your ~! ва́ша пода́ча!

service ['səːvɪs] 1) слу́жба *ж* (*тж. рел.*); mílitary ~ вое́нная служба; air ~ возду́шное сообще́ние 2) обслу́живание *с*, се́рвис *м*; ~ státion ста́нция обслу́живания автомоби́лей; ~ charge допла́та за обслу́живание; ~ elevátor грузово́й лифт 3) услу́га *ж*; do *smb* a ~ оказа́ть услу́гу *кому-л.*; at your ~ к ва́шим услу́гам 4) серви́з *м*; cóffee (tea) ~ кофе́йный (ча́йный) серви́з

serviette [ˌsəːvɪˈet] салфе́тка *ж*

session [ˈseʃn] 1) се́ссия *ж* 2) заседа́ние *с*; be in ~ заседа́ть

set I [set] (set) 1) ста́вить; класть; устана́вливать; ~ the table накрыва́ть на стол; ~ the world récord установи́ть мирово́й реко́рд 2) приводи́ть в определённое состоя́ние; ~ free освобожда́ть; ~ on fire поджига́ть; ~ in mótion приводи́ть в движе́ние; ~ a fast (slow) pace зада́ть бы́стрый (ме́дленный) темп 3) сади́ться, заходи́ть *(о солнце)*; the sun is ~ting со́лнце сади́тся 4) назнача́ть; ~ the time (the price, *etc*) назна́чить вре́мя (це́ну *и т. п.*); ~ aside отложи́ть; ~ out отправля́ться; ~ up учрежда́ть, осно́вывать

set II 1) набо́р *м*, компле́кт *м*; tea (dínner) ~ ча́йный (обе́денный) серви́з 2) прибо́р *м*, аппара́т *м*; rádio (TV) ~ радиоприёмник *м* (телеви́зор *м*)

setback [ˈsetbæk] препя́тствие *с*; неуда́ча *ж*; súffer a ~ потерпе́ть неуда́чу

setting [ˈsetɪŋ] 1) опра́ва *ж*

(камня) 2) *театр.* оформле́ние спекта́кля

settle [ˈsetl] 1) посели́ть(ся), устро́ить(ся); where did he ~? где он посели́лся? 2) ула́живать(ся); устана́вливать(ся); ~ dífficulties (affáirs) ула́живать тру́дности (дела́) 3) реша́ть; ~ próblems реша́ть вопро́сы; ~**ment** [-mənt] 1) поселе́ние *с*; коло́ния *ж* 2) урегули́рование *с*; соглаше́ние *с*; péaceful ~ment ми́рное урегули́рование

seven [ˈsevn] семь; ~ húndred семьсо́т

seventeen [ˌsevnˈtiːn] семна́дцать; ~**th** [-θ] семна́дцатый

seventh [ˈsevnθ] седьмо́й

seventieth [ˈsevntɪɪθ] семидеся́тый

seventy [ˈsevntɪ] се́мьдесят

several [ˈsevrəl] не́сколько

severe [sɪˈvɪə] суро́вый; стро́гий; ~ wínter суро́вая зима́

sew [səu] (sewed; sewed, sewn) шить

sewerage [ˈsjuːərɪdʒ] канализа́ция *ж*

sewing [ˈsəuɪŋ] шитьё *с*; ~-**machine** [-məˌʃiːn] швейная маши́на

sewn [səun] *pp от* sew

sex [seks] 1) *биол.* пол *м* 2) секс *м*; чу́вственность *ж*; appréal (же́нская) сексуа́льная привлека́тельность, «изю́минка» *ж*

shabby [ˈʃæbɪ] потрёпанный, поно́шенный

shade [ʃeɪd] **1.** *n* 1) тень *ж* 2) отте́нок *м*; ~ of méaning от-

тёнок значе́ния 3) *амер.* што́-
ра *ж* **2.** *v* заслоня́ть *(от света)*,
затемня́ть

shadow ['ʃædəu] тень *ж*

shady ['ʃeɪdɪ] тени́стый; ~
tree раски́дистое де́рево

shaft [ʃɑːft] 1) ствол *м*; elevátor ~ лифтова́я ша́хта
2) *тех.* вал *м*; drive ~ привод-
но́й вал

shake [ʃeɪk] (shook; sháken)
1) трясти́, встря́хивать; ~
hands обменя́ться рукопожа́-
тием; "~ well befóre use"
«пе́ред употребле́нием взбал-
тывать» *(надпись)* 2) дро-
жа́ть; ~ with fear (cold) дро-
жа́ть от стра́ха (от хо́лода);
~n [-ən] *pp от* shake

shall [ʃæl] (should) 1) *в 1 л.
ед. и мн. образует будущее
время:* I ~ be glad to see you
я бу́ду рад вас ви́деть 2) *во 2
и 3 л. ед. и мн. выражает при-
казание, уверенность:* you ~
do it вы должны́ э́то сде́лать

shallow ['ʃæləu] **1.** *a* ме́лкий,
неглубо́кий; in ~ wáters на
мелково́дье **2.** *n* (о́т)мель *ж*

shame [ʃeɪm] стыд *м*, позо́р
м; ~ful [-ful] позо́рный; ~less
[-lɪs] бессты́дный

shampoo [ʃæm'puː] **1.** *v* мыть
(шампу́нем) **2.** *n* 1) мытьё го-
ловы́; I want a ~, please по-
мо́йте мне, пожа́луйста, го́ло-
ву 2) шампу́нь *м*, жи́дкое
мы́ло

shantytown ['ʃæntɪtaun] тру-
що́бный посёлок, «бидон-
ви́лль» *м*

shape [ʃeɪp] фо́рма *ж*; очер-

та́ние *с*; ~less [-lɪs] бесфо́р-
менный

share [ʃɛə] **1.** *n* 1) часть *ж*,
до́ля *ж* 2) *ком.* пай *м*; а́кция *ж*
2. *v* 1) дели́ть(ся) 2) разде-
ля́ть; ~ the pléasure разде-
ли́ть удово́льствие; ~holder
[-ˌhəuldə] держа́тель а́кций;
па́йщик *м*

shark [ʃɑːk] аку́ла *ж*

sharp [ʃɑːp] 1) о́стрый 2) ре́з-
кий; ~ wind ре́зкий ве́тер;
~en [-ən] точи́ть, заостря́ть;
~ener [-nə]: péncil ~ener то-
чи́лка для карандаше́й

shatter ['ʃætə] разби́ть(ся)
вдре́безги

shave [ʃeɪv] **1.** *v* (shaved; shaved, sháven) бри́ть(ся) **2.** *n*
бритьё *с*; I want a ~, please
побре́йте меня́, пожа́луйста;
~n [-n] *pp от* shave 1; ~r [-ə]
(тж. eléctric sháver) электро-
бри́тва *ж*

shaving ['ʃeɪvɪŋ] бритьё *с*; ~
things бри́твенные принад-
ле́жности; ~-brush [-brʌʃ] ки-
сточка для бритья́; ~-set
[-set] бри́твенный прибо́р

shawl [ʃɔːl] плато́к *м*, шаль *ж*

she [ʃiː] она́

shed I [ʃed] (shed) 1) роня́ть,
теря́ть 2) пролива́ть, лить
(слёзы и т. п.); ~ blood про-
лива́ть кровь

shed II сара́й *м*; наве́с *м*; cow
~ коро́вник *м*

sheep [ʃiːp] *(pl* sheep) овца́ *ж*

sheer [ʃɪə] я́вный, абсолю́т-
ный

sheet [ʃiːt] 1) простыня́ *ж*;
will you change the ~s, please?

смени́те, пожа́луйста, про́стыни 2) лист *м*; ~ of pа́per лист бума́ги

shelf [ʃelf] по́лка *ж*

shell [ʃel] 1) скорлупа́ *ж* 2) ра́ковина *ж*; sea ~ морска́я раку́шка 3) *воен.* снаря́д *м*

shelter [ˈʃeltə] **1.** *n* кров *м*; прию́т *м*, убе́жище *с* **2.** *v* приюти́ть(ся), укры́ть(ся)

shepherd [ˈʃepəd] пасту́х *м*

shield [ʃiːld] **1.** *n* щит *м* **2.** *v* защища́ть; прикрыва́ть

shift [ʃift] **1.** *v* меня́ть(ся); перемеща́ть(ся) **2.** *n* сме́на *ж*; night ~ ночна́я сме́на

shilling [ˈʃiliŋ] ши́ллинг *м*

shin [ʃin] го́лень *ж*

shine [ʃain] (shone) 1) сия́ть; свети́ть(ся) 2) блесте́ть (*glitter*) 3) *амер.* чи́стить о́бувь (*about footwear*)

ship [ʃip] **1.** *n* кора́бль *м*, су́дно *с* **2.** *v* (по)грузи́ть (*на парохо́д*); отправля́ть (*парохо́дом*); ~ment [-mənt] 1) погру́зка *ж* 2) груз *м* (*consignment*)

shipping [ˈʃipiŋ] 1) флот *м*, суда́ *мн.* 2) перево́зка гру́зов; ~ índustry торго́вое судохо́дство

ship‖wreck [ˈʃiprek] кораблекруше́ние *с*; ~yard [-jɑːd] верфь *ж*

shirt [ʃəːt] (мужска́я) руба́шка

shiver [ˈʃivə] дрожа́ть

shock [ʃɔk] **1.** *n* уда́р *м*, толчо́к *м* **2.** *v* потряса́ть; шоки́ровать; ~ing [-iŋ] возмути́тельный, ужа́сный

shoe [ʃuː] (полу)боти́нок *м*, ту́фля *ж*; ~black [-blæk] чи́стильщик о́буви; ~lace [-leis] шнуро́к *м*; ~maker [-ˌmeikə] сапо́жник *м*; ~shine [-ʃain] чи́стка о́буви; ~string [-ˌstriŋ] шнуро́к *м*

shone [ʃɔn] *past и pp от* shine

shook [ʃuk] *past от* shake

shoot [ʃuːt] (shot) 1) стреля́ть 2) застрели́ть (*kill*) 3) фо́то де́лать сни́мки 4) *спорт.:* a goal заби́ть гол; ~ the puck забро́сить ша́йбу; ~ing [-iŋ] 1) стрельба́ *ж* 2) *спорт.* соревнова́ния по стрельбе́

shooting-range [ˈʃuːtiŋreindʒ] тир *м*, стре́льбище *с*

shop [ʃɔp] **1.** *n брит.* 1) магази́н *м*, ла́вка *ж*; ~ window витри́на *ж*; ~ assistant продаве́ц *м*, продавщи́ца *ж*; ~ girl продавщи́ца *ж* 2) цех *м* (*of a factory*) ◊ talk ~ говори́ть о свое́й рабо́те **2.** *v* ходи́ть по магази́нам; ~ aróund подбира́ть това́р (*подходящий по цене и качеству*); ~ for smth присма́тривать что-л. (*в магазинах*); go ~ping, do the ~ping де́лать поку́пки; ~ping centre торго́вый центр; ~-lifting [-ˌliftiŋ] воровство́ (покупа́телей) в магази́не (*особ. самообслуживания*)

shore [ʃɔː] бе́рег *м* (*моря*)

short [ʃɔːt] 1) коро́ткий; низкоро́слый 2): be ~ of smth испы́тывать недоста́ток в чём-л.; I'm ~ of móney у меня́ ма́ло де́нег; in a ~ time ско́ро, вско́ре; in ~ коро́че говоря́;

run ~ подходи́ть к концу́, иссяка́ть; ~ círcuit эл. коро́ткое замыка́ние

shortage ['ʃɔːtɪdʒ] недоста́ток м, нехва́тка ж *(в чём-л.)*

shortcoming ['ʃɔːtˌkʌmɪŋ] недоста́ток м, изъя́н м

shorthand ['ʃɔːthænd] стеногра́фия ж

shortly ['ʃɔːtlɪ] 1) незадо́лго; ~ befóre незадо́лго до 2) вско́ре; ~ áfter вско́ре по́сле

shorts [ʃɔːts] *pl* трусы́ *мн.*; шо́рты *мн.*

short-sighted [ˌʃɔːt'saɪtɪd] 1) близору́кий 2) недальнови́дный; ~ pólicy недальнови́дная поли́тика

shot [ʃɔt] 1) вы́стрел м; good ~ а) ме́ткий вы́стрел; б) хоро́ший уда́р *(in games)* 2) *(тж.* bird shot) дробь ж 3) стрело́к м; he's a good ~ он хоро́ший стрело́к 4) *кино* кадр м *(на экра́не)* 5) *фото* сни́мок м 6) *спорт.* ядро́ с; ~ pút(ting) толка́ние ядра́

shot II *past и pp от* shoot

should [ʃud] *(past om* shall) 1) *в 1 л. ед. и мн. образует* а) *бу́дущее в проше́дшем*: I told him I ~ not do it я сказа́л ему́, что я не бу́ду де́лать э́того; б) *усло́вное накл.*: ~ I be free tomórrow, I'll come е́сли я бу́ду свобо́ден за́втра, то я приду́; в) *сослага́тельное накл. (во всех ли́цах)*: I ~ like to leave éarly я бы хоте́л вы́ехать пора́ньше 2) *выража́ет долженствова́ние, не́которую неуве́ренность*: you ~ be more

cáreful вы должны́ быть бо́лее осторо́жны; I ~ hárdly go there вряд ли я пое́ду туда́

shoulder ['ʃəuldə] плечо́ ̇с; ~-blade [-bleɪd] *анат.* лопа́тка ж

shout [ʃaut] 1. *v* крича́ть 2. *n* крик м

shovel ['ʃʌvl] лопа́та ж; сово́к м

show [ʃəu] 1. *v* (showed; shown) 1) пока́зывать, проявля́ть; демонстри́ровать 2) дока́зывать *(prove)*; ~ in ввести́ *(в дом, в ко́мнату)* 2. *n* 1) вы́ставка ж; flówer ~ вы́ставка цвето́в 2) спекта́кль м *(perfor-mance)*; ~ búsiness индустри́я зре́лищ *(теа́тр, эстра́да, кино́, телеви́дение)*

shower ['ʃauə] 1) ли́вень м, дождь м 2) душ м; take a ~ приня́ть душ

shown [ʃəun] *pp от* show 1

show‖room ['ʃəurum] вы́ставочный зал; ~-window [-ˌwindəu] витри́на ж

shrank [ʃræŋk] *past om* shrink

shrewd [ʃruːd] проница́тельный; хи́трый

shriek [ʃriːk] крича́ть, вопи́ть

shrimp [ʃrimp] креве́тка ж; ~ sálad сала́т с креве́тками

shrink [ʃriŋk] (shrank; shrunk) 1) отпря́нуть 2) сжима́ться; сади́ться *(о мате́рии)*; the matérial ~s in the wash при сти́рке э́та мате́рия сади́тся

shrubbery ['ʃrʌbərɪ] куста́рник м

shrug [ʃrʌg]: ~ one's shóulders пожимáть плечáми

shrunk [ʃrʌŋk] *pp от* shrink

shudder [ˈʃʌdə] вздрáгивать; содрогáться

shut [ʃʌt] (shut) закрывáть (-ся); ~ **down** закры́ть(ся); ~ **off** отключáть, отключи́ть; ~ **up** 1) закрывáть(ся); it's time to ~ up shop *перен.* порá закругля́ться (кончáть рабóту) 2) замолчáть, заткну́ться; ~**ter** [-ə] 1) стáвень *м;* rólling ~s жалюзи́ *мн.* 2) *фото* затвóр объекти́ва

shuttle [ʃʌtl] 1) челнóк *м (in a loom);* ~ sérvice челнóчное движéние *(о транспорте)* 2) *амер. (тж.* shúttle-train) челнóчный состáв, «куку́шка» *ж* 3) *косм.* челнóчный корáбль *(космический корабль многоразового пользования),* «шаттл» *м*

shy [ʃaı] рóбкий, застéнчивый; be ~ стесня́ться, робéть

sick [sık] больнóй ◇ I am ~ and tíred of it мне э́то стрáшно надоéло

sickle [ˈsıkl] серп *м*

sick‖-leave [ˈsıkliːv] óтпуск по болéзни; ~**-list** [-lıst]: be on the ~-list быть на бюллетéне

sickness [ˈsıknıs] 1) болéзнь *ж* 2) тошнотá *ж,* рвóта *ж (vomiting)*

side [saıd] 1) сторонá *ж;* take smb's ~ встать на чью-л. стóрону 2) бок *м;* ~ by ~ бок ó бок, ря́дом; ~**show** [-ʃəu] вставны́е номерá, дополни-

тельная прогрáмма; ~**walk** [-wɔːk] *амер.* тротуáр *м*

sieve [sıv] решетó *с,* си́то *с*

sigh [saı] 1. *v* вздыхáть 2. *n* вздох *м*

sight [saıt] 1) *(тж.* éyesight) зрéние *с* 2) взгляд *м;* at first ~ с пéрвого взгля́да 3) вид *м,* зрéлище *с;* catch ~ of увидеть; you look a pérfect ~! ну и вид же у вас! 4) *pl* достопримечáтельности *мн.;* ~**seeing** [-ˌsiːıŋ] осмóтр достопримечáтельностей; go ~seeing осмáтривать достопримечáтельности; ~seeing tour экску́рсия *ж,* осмóтр достопримечáтельностей

sign [saın] 1. *n* 1) знак *м;* при́знак *м* 2) вы́веска *ж,* нáдпись *ж;* the ~ reads... нáдпись (вы́веска) гласи́т... 2. *v* подпи́сывать(ся), распи́сываться; ~ **in** *амер.* отмéтиться при прихóде (на рабóту); ~ **off** 1) отмéтиться в ухóде (с рабóты) 2) закóнчить передáчу *(по радио, телеви́дению);* ~ **on** *брит.* отмéтиться при прихóде (на рабóту); ~ **up** 1) поступи́ть на рабóту 2) *брит. см.* sign on 3) *амер.* записáться доброво́льцем; ~ **up for** *smth* записáться на *что-л.*

signal [ˈsıgnl] 1. *n* сигнáл *м,* знак *м;* turn ~s *авто* указáтели поворóта 2. *v* сигнализи́ровать

signature [ˈsıgnıtʃə] пóдпись *ж*

sign-board [ˈsaınbɔːd] вы́веска *ж*

significance [sɪg'nɪfɪkəns] значе́ние *с*

significant [sɪg'nɪfɪkənt] (много)значи́тельный, ва́жный

signify ['sɪgnɪfaɪ] зна́чить, означа́ть

silence ['saɪləns] **1.** *n* молча́ние *с*, тишина́ *ж*; ~! ти́ше!; keep (break) ~ соблюда́ть (наруша́ть) тишину́ **2.** *v* заста́вить замолча́ть

silent ['saɪlənt] безмо́лвный, молчали́вый; ти́хий

silk [sɪlk] шёлк *м*

sill [sɪl] (*тж.* window-sill) подоко́нник *м*

silly ['sɪlɪ] глу́пый

silo ['saɪləʊ] 1) *с.-х.* си́лосная ба́шня *или* я́ма 2) *воен.* ста́ртовая ша́хта

silver ['sɪlvə] **1.** *n* серебро́ *с* **2.** *a* сере́бряный

similar ['sɪmɪlə] схо́дный, подо́бный

simple ['sɪmpl] просто́й, несло́жный

simultaneous [ˌsɪməl'teɪnɪəs] одновре́менный; ~ interpretátion синхро́нный перево́д

sin [sɪn] грех *м*; déadly (mórtal) ~ сме́ртный грех

since [sɪns] **1.** *prep* с; I've been here ~ 3 p.m. я здесь с трёх часо́в дня **2.** *cj* 1) с тех по́р как; two years passed ~ I saw you last с тех по́р, как мы ви́делись в после́дний раз, прошло́ два го́да 2) та́к как; ~ you are tíred I'll do it mysélf та́к как вы уста́ли, я сде́лаю э́то сам **3.** *adv* с тех по́р; I

háven't been here ~ я здесь не́ был с тех по́р

sincere [sɪn'sɪə] и́скренний; ~ly [-lɪ] и́скренне; ~ yours и́скренне ваш, с и́скренним уваже́нием (*в письме*)

sincerity [sɪn'serɪtɪ] и́скренность *ж*; прямота́ *ж*, че́стность *ж*

sing [sɪŋ] (sang; sung) петь; ~er [-ə] певе́ц *м*, певи́ца *ж*

single ['sɪŋgl] 1) еди́нственный 2) отде́льный; ~ room но́мер на одного́; ~ bed односпа́льная крова́ть 3) холосто́й, незаму́жняя (*unmarried*); ~-spaced [-'speɪst] че́рез оди́н интерва́л (*о печа́тании на маши́нке*)

sink I [sɪŋk] ра́ковина *ж* (*водопрово́дная*)

sink II (sank; sunk) 1) тону́ть, погружа́ться 2) опуска́ться; оседа́ть; the básement sank фунда́мент осе́л

sir [sə:] сэр *м*, су́дарь *м*; dear ~ ми́лостивый госуда́рь (*в письме́*)

sister ['sɪstə] сестра́ *ж*; ~-in-law ['sɪstərɪnˌlɔ:] неве́стка *ж* (*brother's wife*); золо́вка *ж* (*husband's sister*)

sit [sɪt] (sat) 1) сиде́ть 2) заседа́ть; the commíttee ~s from nine to six комите́т заседа́ет с девяти́ до шести́; ~ down сади́ться; ~ up сиде́ть (сади́ться) пря́мо; chíldren, will you ~ up straight, please! де́ти, ся́дьте пря́мо!

site [saɪt] местоположе́ние *с*; местопребыва́ние *с*

sitting-room ['sɪtɪŋru:m] гостиная ж

situated ['sɪtʃueɪtɪd] расположенный

situation [ˌsɪtʃu'eɪʃn] 1) обстоятельства *мн.*, ситуация ж, положение с; internátional ~ международное положение 2) местоположение с (*site*)

six [sɪks] шесть; ~ húndred шестьсот

sixteen [ˌsɪk'sti:n] шестнадцать; ~th [-θ] шестнадцатый

sixth [sɪksθ] шестой

sixtieth ['sɪkstɪɪθ] шестидесятый

sixty ['sɪkstɪ] шестьдесят

size [saɪz] размер м; величина ж; try this ~! a этот размер вам не подойдёт?; fámily (ecónomy) ~ в крупной расфасовке (*о продовольственных или хозяйственных товарах, обычно по цене ниже на единицу веса*)

skate [skeɪt] кататься на коньках; ~**board** [-bɔ:d] роликовая доска; ~**board-rink** [-bɔ:d'rɪŋk] (асфальтированная) площадка для катания на роликовых досках (*с горками и виражами*); ~**s** [-s] *pl* коньки *мн.*

skating-rink ['skeɪtɪŋrɪŋk] каток м

skeleton ['skelɪtn] скелет м; остов м

sketch [sketʃ] **1.** *n* 1) эскиз м, набросок м, этюд м 2) скетч м (*a short play*) **2.** *v* набрасывать (*план, эскиз и т. п.*)

ski [ski:] **1.** *n* лыжа ж; skis лыжи *мн.*; ~ lift подъёмник м (*на лыжной базе*) **2.** *v* (ski'd) ходить на лыжах

ski'd [ski:d] *past и pp от* ski 2

skier ['ski:ə] лыжник м

skiing ['ski:ɪŋ] *спорт.* см. Álpine, cross-cóuntry

skilful ['skɪlful] искусный, умелый

skill [skɪl] искусство с, мастерство с; ~**ed** [-d] квалифицированный, искусный; ~ed wórker квалифицированный рабочий

skin [skɪn] 1) кожа ж; шкура ж 2) кожура ж; banána ~ кожура банана ◊ wet to the ~ промокший до нитки

skip [skɪp] прыгать; перепрыгивать (*тж. перен.*); ~ping rope скакалка ж; hop, ~ and jump *амер. спорт.* тройной прыжок

skipper ['skɪpə] шкипер м; капитан м (*небольшого судна*)

skirt [skə:t] юбка ж

skiwear ['ski:wɛə] одежда для лыжников

skull [skʌl] череп м

sky [skaɪ] небо с

sky‖diving ['skaɪdaɪvɪŋ], ~**-jumping** [-dʒʌmpɪŋ] прыжки с парашютом (*особ. затяжные*)

skylark ['skaɪlɑ:k] жаворонок м

sky-scraper ['skaɪˌskreɪpə] небоскрёб м

slack [slæk] расслабленный, слабый, вялый

slacks [slæks] 1) брюки *мн.*

(отдельно от костюма) 2) дамские брюки

slalom ['sleɪləm] *спорт.* слалом *м*

slander ['slɑːndə] 1. *n* клевета ж 2. *v* клеветать

slang [slæŋ] жаргон *м*, сленг *м*

slaughter ['slɔːtə] 1) резня ж *(of people)* 2) убой *м (of cattle)*

slave [sleɪv] раб *м*; ~ry ['sleɪvərɪ] рабство *с*

sled [sled], **sledge** [sledʒ] сани *мн.*

sleep [sliːp] 1. *v* (slept) спать 2. *n* сон *м*; go to ~ ложиться спать; ~er [-ə] спальный вагон

sleeping-car ['sliːpɪŋkɑː] спальный вагон

sleepy ['sliːpɪ] сонный; I am ~ я хочу спать

sleeve [sliːv] рукав *м*; roll up one's ~s засучить рукава

slender ['slendə] тонкий, стройный

slept [slept] *past и pp от* sleep 1

slice [slaɪs] 1. *n* ломтик *м*; а ~ of pizza кусок пиццы 2. *v* 1) нарезать ломтиками 2): ~ the ball *спорт.* срезать мяч

slid [slɪd] *past и pp от* slide

slid‖e [slaɪd] (slid) скользить; ~ing door раздвижная дверь

slight [slaɪt] лёгкий, незначительный; ~ difference незначительная разница; ~ly [-lɪ] слегка, едва

slim [slɪm] тонкий, стройный

slip [slɪp] 1. *v* скользнуть; поскользнуться 2. *n* 1) скольжение *с* 2) ошибка ж, промах *м*; ~ of the pen описка ж; ~ of the tongue оговорка ж 3) комбинация ж *(бельё)*; нижняя юбка *(petticoat)* 4): ~ of páper бумажка ж, клочок бумаги

slippers ['slɪpəz] *pl* домашние туфли; шлёпанцы *мн.*

slippery ['slɪpərɪ] скользкий

slogan ['sləugən] лозунг *м*

slope [sləup] откос *м*, склон *м*

slot machine ['slɔtməˌʃiːn] (торговый) автомат

slow [sləu] 1. *a* медленный; медлительный ◊ my watch is five minutes ~ мои часы ·отстают на пять минут 2. *v*: ~ down замедлять(ся)

sly [slaɪ] хитрый

small [smɔːl] маленький; незначительный; ~ farmer мелкий фермер; ~ print мелкий шрифт ◊ ~ hours первые часы после полуночи

smallpox ['smɔːlpɔks] *мед.* оспа ж; certificate of vaccination agáinst ~ свидетельство о прививке против оспы

smart [smɑːt] 1) нарядный, шикарный *(dressy)* 2) остроумный; умный *(clever)*

smash [smæʃ] 1) разбивать (-ся) вдребезги 2) разгромить *(rout)*

smell [smel] 1. *n* 1) запах *м* 2) обоняние *с*; keen ~ острое обоняние 2. *v* (smelt) 1) пахнуть; the perfume ~s good духи хорошо пахнут 2) обонять; (по)нюхать; I don't ~ **anything** никакого запаха нет

smelt I [smelt] плавить

smelt II *past и pp от* smell 2

smile [smaɪl] **1.** *n* улыбка ж **2.** *v* улыбаться

smog [smɔg] смог м *(смесь тумана с городским дымом)*

smoke [sməuk] **1.** *n* дым м **2.** *v* 1) дымить(ся) 2) курить; "no smoking!" «не курить» *(надпись)*

smoking‖-**car** [ˈsməukɪŋ‚kɑː] вагон для курящих; ~-**room** [-‚rum] курительная комната

smooth [smuːð] 1) гладкий, ровный; ~ face чисто выбритое лицо 2) плавный, спокойный; ~ sea спокойное море

snack [snæk] закуска ж; have a ~ закусить, «заморить червячка»; ~-**bar** [-bɑː] закусочная ж, буфет м

snake [sneɪk] змея ж

snapshot [ˈsnæpʃɔt] моментальный снимок

snatch [snætʃ] хватать(ся); схватить(ся) *(seize)*

sneer [snɪə] **1.** *n* насмешка ж; усмешка ж **2.** *v* насмехаться, издеваться

sneeze [sniːz] чихать

snore [snɔː] храпеть

snow [snəu] **1.** *n* снег м **2.** *v:* it ~s, it is ~ing идёт снег

snow‖**ball** [ˈsnəubɔːl] снежок м; ~-**flake** [-fleɪk] снежинка ж; ~-**man** [-mən] снеговик м; ~**mobile** [-məbiːl] снегоход м; ~**storm** [-stɔːm] метель ж

snug [snʌg] уютный

so [səu] **1.** *adv* 1) так; таким образом; just so именно так; and so on и так далее 2) также, тоже; I have seen him.— So have I я его видел.— И я тоже 3) итак; and so you agree итак, вы согласны ◊ fifty or so пятьдесят или около этого; so far до сих пор, пока; so far as поскольку; so long! *амер.* пока!, до свидания! **2.** *pron* это; так; I should think so! полагаю, что так!

soak [səuk] 1) намачивать, пропитывать *(steep)* 2) промокнуть *(drench)*

soap [səup] **1.** *n* мыло с; ~ opera «мыльная опера» *(многосерийная радио- или телевизионная постановка сентиментального характера на семейные темы)* **2.** *v* намыливать; ~**y** [-ɪ] мыльный

sob [sɔb] рыдать, всхлипывать

sober [ˈsəubə] *(тж. перен.)* трезвый; ~-**minded** [-ˈmaɪndɪd] трезвомыслящий

soccer [ˈsɔkə] футбол м; ~ player футболист м

sociable [ˈsəuʃəbl] общительный

social [ˈsəuʃəl] общественный; социальный; ~ system общественный строй; ~ welfare социальное обеспечение; ~ worker работник патронажа *(при муниципалитете или фирме)*; ~**ism** [-ɪzm] социализм м; ~**ist** [-ɪst] **1.** *a* социалистический **2.** *n* социалист м

society [səˈsaɪətɪ] общество с

sock [sɔk] носок м

socker ['sɔkə] = sóccer

sofa ['səufə] дива́н *м*, софа́ *ж*

soft [sɔft] 1) мя́гкий; a ~ light мя́гкий свет; ~ lens мя́гкая конта́ктная ли́нза 2) не́жный (*gentle*); ~wear [-wɛə] програ́ммное обеспе́чение

soil [sɔil] 1. *n* земля́ *ж*, по́чва *ж* 2. *v* па́чкать(ся), грязни́ть (-ся)

solar ['səulə] со́лнечный; ~ báttery со́лнечная батаре́я

sold [səuld] *past и pp от* sell

soldier ['səuldʒə] солда́т *м*, во́ин *м*

sole I [səul] подо́шва *ж*; подмётка *ж*; I want new ~s on the shoes, please поста́вьте, пожа́луйста, но́вые подмётки на э́ти боти́нки

sole II еди́нственный; for the ~ púrpose с еди́нственной це́лью

solemn ['sɔləm] торже́ственный

solicitor [sə'lısıtə] *юр.* соли́ситор *м*, пове́ренный *м*

solid ['sɔlıd] 1) твёрдый; ~ propéllant *косм.* твёрдое то́пливо 2) про́чный, кре́пкий; основа́тельный; ~ árgument ве́ский до́вод; ~-state [-'steıt]: ~-state rádio полупроводнико́вый (радио)приёмник

solitary ['sɔlıtərı] одино́кий; уединённый

solo ['səuləu] со́ло *с нескл.*; ~ist [-ıst] соли́ст *м*, соли́стка *ж*

solution [sə'luːʃn] 1) реше́ние *с* 2) *хим.* раство́р *м*

solve [sɔlv] реша́ть, разреша́ть (*проблему и т. п.*)

some [sʌm] 1. *a* 1) како́й-л., како́й-нибудь; find ~ way найди́те како́й-нибудь вы́ход 2) не́сколько; there are ~ books here тут есть не́сколько книг 3) не́который, не́кий; како́й-то; ~ man asked you како́й-то челове́к вас спра́шивал 2. *pron* 1) не́которые; ~ of us не́которые из нас 2) не́которое коли́чество (*часто не переводится*); I want ~ wáter да́йте мне воды́ ◊ this is ~ play *разг.* (*обычно ирони́чески*) вот э́то пье́са!

some‖body ['sʌmbədı] кто́-то; не́кто; ~day [-deı] в оди́н прекра́сный день; ~how [-hau] ка́к-нибудь; ~one [-wʌn] = sómebody

somersalt ['sʌməsɔːlt] са́льто *с нескл.*

some‖thing ['sʌmθıŋ] что́-то, кое-что́, не́что; ~times [-taımz] иногда́; ~what [-wɔt] не́сколько, до не́которой сте́пени; ~where [-wɛə] куда́-нибудь; где́-нибудь

son [sʌn] сын *м*

song [sɔŋ] пе́сня *ж*

son-in-law ['sʌnınˌlɔː] зять *м*

soon [suːn] вско́ре, ско́ро; as ~ as póssible как мо́жно скоре́е; no ~er than как то́лько

soothe [suːð] 1) успока́ивать, утеша́ть 2) облегча́ть боль (*allay*)

sophisticated [sə'fıstıkeıtıd] 1) изы́сканный, утончённый (*of a person*) 2) передово́й,

совреме́нный; ~ wéapons со-
вре́менные ви́ды ору́жия

sophomore [ˈsɔfəmɔ:] *амер.*
второку́рсник *м (в колле́дже
с четырёхле́тним обуче́нием)*

soprano [səˈprɑːnəu] сопра́но
с нескл.

sore [sɔ:] **1.** *a* чувстви́тель-
ный, боле́зненный; I have a ~
throat у меня́ боли́т го́рло **2.** *n*
боля́чка *ж*, ра́на *ж*

sorority [səˈrɔrɪtɪ] (привиле-
гиро́ванный) клуб в же́нском
колле́дже

sorrow [ˈsɔrəu] го́ре *с*, пе-
ча́ль *ж*; скорбь *ж*

sorry [ˈsɔrɪ]: be ~ жале́ть,
быть огорчённым; ~! вино-
ва́т!; I'm (so) ~! прости́те!

sort [sɔ:t] сорт *м*, род *м*, вид
м; nóthing of the ~ ничего́
подо́бного; what ~ of a man is
he? что он за челове́к?

SOS [ˌesəuˈes] СОС *(сигна́л
бе́дствия)*

sought [sɔ:t] *past и pp от*
seek

soul [səul] душа́ *ж* ◇ ~
músic негритя́нская му́зыка

sound I [saund] **1.** *n* звук *м*;
~ sýstem стереофони́ческая
звуковоспроизводя́щая систе́-
ма **2.** *v* звуча́ть

sound II **1)** здоро́вый, кре́п-
кий; ~ sleep здоро́вый сон
2) здра́вый, пра́вильный; ~
advíce разу́мный сове́т

soup [su:p] суп *м*; cup (bowl)
of ~ *амер.* ча́шка (ми́ска)
су́па *(соотве́тствует полпо́р-
ции и це́лой по́рции)*; ~-**plate**
[-pleɪt] глубо́кая таре́лка

sour [ˈsauə] ки́слый; ~ cream
смета́на *ж*

source [sɔ:s] **1)** исто́чник *м* **2)**
нача́ло *с*

south [sauθ] **1.** *n* юг *м*; in the
~ на ю́ге; to the ~ к ю́гу **2.** *a*
ю́жный **3.** *adv* на юг(е), к
ю́гу

southern [ˈsʌðən] ю́жный

souvenir [ˈsuːvənɪə] суве-
ни́р *м*

sovereign [ˈsɔvrɪn] **1.** *n* **1)** мо-
на́рх *м (king, etc)* **2)** совере́н
*м (золота́я моне́та в 1 фунт
сте́рлингов)* **2.** *a* **1)** верхо́вный;
~ pówer верхо́вная власть **2)**
суаере́нный, незави́симый; ~
state суаере́нное госуда́рство;
~ty [ˈsɔvrəntɪ] суверените́т *м*

Soviet [ˈsəuvɪet] **1.** *n* сове́т
м (о́рган вла́сти в СССР);
the Supréme ~ Верхо́вный Со-
ве́т; the ~ of the Únion Сове́т
Сою́за; the ~ of Nationálities
Сове́т Национа́льностей **2.** *a*
сове́тский; the ~ Únion Сове́т-
ский Сою́з

sow [sau] (sowed; sown, sowed) се́ять, засева́ть; ~**n** [-n]
pp от sow

space [speɪs] **1)** простра́нст-
во *с*; (óuter) ~ ко́смос *м*, кос-
ми́ческое простра́нство **2)** рас-
стоя́ние *с*; промежу́ток *м*; а ~
of ten feet расстоя́ние в де́сять
фу́тов; ~**man** [-mən] космо-
на́вт *м*; ~**ship** [-ʃɪp] косми́че-
ский кора́бль

spade [speɪd] **1)** лопа́та *ж* **2)**
pl карт. пи́ки *мн.*

spaghetti [spəˈgetɪ] спаге́тти
с и мн. нескл.

span [spæn] *past от* spin

spare [spɛə] **1.** *v* 1) эконо́мить; жале́ть 2) щади́ть, бере́чь; ~ smb's féelings щади́ть чьи-л. чу́вства 3) уделя́ть; can you ~ a mínute? удели́те мне мину́тку (вре́мени) **2.** *a* запасно́й, запа́сный, ли́шний; ~ time досу́г *м* **3.** *n* (*тж.* spare tíre) *авто разг.* запа́ска *ж*

spark [spɑːk] и́скра *ж*, вспы́шка *ж*; ~ plug *авто* свеча́ *ж*

sparkle [ˈspɑːkl] сверка́ть, и́скри́ться

sparrow [ˈspærəu] воробе́й *м*

sparse [spɑːs] ре́дкий; разбро́санный

spat [spæt] *past и pp от* spit

speak [spiːk] (spoke; spóken) говори́ть; разгова́ривать; ~ Rússian говори́ть по-ру́сски; ~ for выступа́ть от и́мени; ~ out вы́сказаться; ~er [-ə] 1) ора́тор *м* 2) (the S.) спи́кер *м* (*в парла́менте*) 3) *тех.* звукова́я коло́нка, дина́мик *м*

spear [spɪə] дро́тик *м*, копьё *с*

special [ˈspeʃəl] 1) специа́льный; ~ tráining специа́льная подгото́вка 2) осо́бый; ~ réason осо́бая причи́на 3) э́кстренный; ~ íssue э́кстренный вы́пуск

species [ˈspiːʃiːz] *биол.* вид *м*

specific [spɪˈsɪfɪk] 1) хара́ктерный; осо́бый; специфи́ческий; ~ féature специфи́ческая черта́ 2) определённый, конкре́тный; ~ aim определённая цель; a ~ case конкре́тный слу́чай

specify [ˈspesɪfaɪ] то́чно определя́ть, уточня́ть

specimen [ˈspesɪmɪn] образе́ц *м*, обра́зчик *м*, экземпля́р *м*

spectacle [ˈspektəkl] зре́лище *с*

spectacles [ˈspektəklz] *pl* очки́ *мн.*

spectator [spekˈteɪtə] зри́тель *м*

speculate [ˈspekjuleɪt] 1) размышля́ть, разду́мывать 2) спекули́ровать (in shares, etc)

sped [sped] *past и pp от* speed 2

speech [spiːtʃ] речь *ж*

speed [spiːd] **1.** *n* ско́рость *ж*, быстрота́ *ж*; at a ~ of fifty miles со ско́ростью пятьдеся́т миль; at full ~ по́лным хо́дом; ~ límit *авто* ограниче́ние ско́рости **2.** *v* (sped) спеши́ть; бы́стро е́хать; ~ up ускоря́ть **3.** *a* скоростно́й; бегово́й; ~ skates беговы́е коньки́; ~er [-ə] лиха́ч *м*; "~ers lose their lícences" «лихачи́ лиша́ются прав» (на́дпись); ~ing [-ɪŋ] *авто* превыше́ние ско́рости

speed‖-reading [ˈspiːdˌriːdɪŋ] скорочте́ние *с*; ~-skating [-ˌskeɪtɪŋ] скоростно́й бег на конька́х; ~way [-weɪ] *спорт.* спидве́й *м*, скоростны́е мотого́нки

spell I [spel] 1) пери́од *м*; срок *м*; a dry ~ пора́ сухо́й пого́ды; bréathing ~ переды́шка *ж* 2) при́ступ *м*; a cóughing ~ при́ступ ка́шля

spell II (spelt) писа́ть (произноси́ть) сло́во по бу́квам; how do you ~ it? как э́то пи́шется?, произнеси́те по бу́квам; ~ing [-ɪŋ] правописа́ние с

spelt [spelt] *past и pp от* spell II

spend [spend] (spent) 1) тра́тить, расхо́довать; ~ mо́ney тра́тить де́ньги 2) проводи́ть *(время)*; ~ a night переночева́ть

spent [spent] *past и pp от* spend

sphere [sfɪə] 1) шар м 2) сфе́ра ж, по́ле де́ятельности *(province)*

spice [spaɪs] спе́ция ж, пря́ность ж

spider ['spaɪdə] пау́к м

spike [spaɪk] шип м; ~s *спорт.* шипо́вки мн.

spill [spɪl] (spilt) пролива́ть (-ся); рассыпа́ть(ся); ~ milk проли́ть молоко́; ~ sú́gar рассы́пать са́хар; ~ out выплёскивать; ~ over а) расплеска́ть (по *чему-л.*); б) вы́йти за преде́лы, перепо́лниться; the cíty is ~ing óver its old bóundaries го́род выхо́дит за преде́лы свои́х грани́ц

spilt [spɪlt] *past и pp от* spill

spin [spɪn] (span, spun; spun) 1) прясть *(of fibers)* 2) закру́чивать *(twirl)*

spinach ['spɪnɪdʒ] шпина́т м

spine [spaɪn] *анат.* позвоно́чный столб

spin-off ['spɪnɔf] побо́чный проду́кт

spinster ['spɪnstə] ста́рая де́ва

spire ['spaɪə] шпиль м

spirit I ['spɪrɪt] 1) дух м 2) *pl* настрое́ние с; high (low) ~s хоро́шее (плохо́е) настрое́ние

spirit II 1) спирт м 2) *pl* спиртны́е напи́тки

spiritual ['spɪrɪtʃuəl] **1.** *a* духо́вный **2.** *n амер.* спири́чуал м, негритя́нская религио́зная пе́сня

spit [spɪt] (spat) плева́ть(ся)

spite [spaɪt] злость ж, зло́ба ж ◊ in ~ of несмотря́ на

splash [splæʃ] 1) бры́згать (-ся); забры́згать 2) плеска́ть (-ся); ~ in wáter плеска́ться в воде́

splendid ['splendɪd] великоле́пный; роско́шный

splinter ['splɪntə] 1) ще́пка ж 2) оско́лок м *(of glass, etc)* 3) зано́за ж; a ~ in one's fínger зано́за в па́льце

split [splɪt] **1.** *v* (split) раска́лывать(ся); разделя́ть(ся); my head is ~ting у меня́ голова́ трещи́т **2.** *n* 1) тре́щина ж 2) *полит.* раско́л м

spoil [spɔɪl] (spoilt) 1) по́ртить(ся) 2) балова́ть; ~ a child балова́ть ребёнка; ~t [-t] *past и pp от* spoil

spoke [spəuk] *past от* speak; ~n [-ən] *pp от* speak

sponge [spʌndʒ] гу́бка ж; ~-cake [-keɪk] бискви́т м

spontaneus [spɔn'teɪnɪəs] непосре́дственный; непринуждённый *(unconstrained)*

spool [spu:l] кату́шка ж

spoon [spu:n] ло́жка ж

sport [spɔ:t] спорт м; ~s club

спортклу́б *м*; ~s equípment спорти́вный инвента́рь; ~s gróund спорти́вная площа́дка; ~ shoes (спорти́вные) та́почки; ~s car спорти́вный автомоби́ль

sporting ['spɔːtɪŋ] *амер.* спорти́вный; ~ goods спорти́вные това́ры

sports‖man ['spɔːtsmən] спортсме́н *м*; ~woman [-wumən] спортсме́нка *ж*

spot [spɔt] 1) пятно́ *с*; ~s of ink черни́льные пя́тна 2) ме́сто *с (place)* ◊ ~ news э́кстренное сообще́ние; on the ~ на ме́сте, сра́зу, неме́дленно; ~ check вы́борочная прове́рка

sprang [spræŋ] *past от* spring II 1

spray [spreɪ] аэрозо́ль *м*

spread [spred] (spread) 1) расстила́ть 2) распространя́ть (-ся); ~ knówledge распространя́ть зна́ния 3) простира́ться, расстила́ться *(cover a surface)*

spring I [sprɪŋ] весна́ *ж*; ~ corn яровы́е хлеба́

spring II 1. *v* (sprang; sprung) пры́гать; вска́кивать; ~ to one's feet вскочи́ть на́ ноги 2. *n* 1) прыжо́к *м* 2) пружи́на *ж (of a watch, etc)* 3) исто́чник *м (source)*

sprint [sprɪnt] *спорт.* спринт *м*

sprung [sprʌŋ] *pp от* spring II 1

spun [spʌn] *past и pp от* spin

spur [spəː] 1. *n* шпо́ра *ж* 2. *v*

1) пришпо́ривать 2) подстрека́ть *(excite)*

spy [spaɪ] 1. *n* шпио́н *м* 2. *v* шпио́нить

square [skwɛə] 1. *n* 1) квадра́т *м* 2) *шахм.* по́ле *с*; white (black) ~ бе́лое (чёрное) по́ле 3) пло́щадь *ж*; Trafálgar S. Трафальга́рская пло́щадь 2. *a* квадра́тный ◊ ~ refúsal категори́ческий отка́з; from ~ one с са́мого нача́ла; be back to ~ one быть отбро́шенным к (са́мому) нача́лу

squash I [skwɔʃ] *амер.* кабачо́к *м*

squash II *брит.*: órange ~ оранжа́д *м*

squawk ['skwɔːk]: ~ box 1) громкоговори́тель *м (loud-speaker)* 2) селе́ктор *м (intercom)*

squeeze [skwiːz] 1) выжима́ть; ~ a lémon выжима́ть лимо́н 2) сжима́ть; дави́ть; ~ one's hand сжима́ть ру́ку

squire ['skwaɪə] сквайр *м*, поме́щик *м*

squirrel ['skwɪrəl] бе́лка *ж*

SST ['es'es'tiː] (supersónic tránsport) сверхзвуково́й самолёт

St. [seɪnt] (Saint) свято́й *(в названиях)*

stability [stæ'bɪlɪtɪ] усто́йчивость *ж*, про́чность *ж*; ~ of cúrrency усто́йчивость валю́ты

stable I ['steɪbl] усто́йчивый; про́чный; ~ peace про́чный мир

stable II коню́шня *ж*

stadium [ˈsteɪdɪəm] стадио́н м

staff [stɑːf] 1) штат м; персона́л м; médical ~ медици́нский персона́л; on the ~ в шта́те; ~ mémber (шта́тный) сотру́дник; ~ repórt докладна́я запи́ска 2) *воен.* штаб м

stage I [steɪdʒ] 1. *n* сце́на ж 2. *v* инсцени́ровать; ста́вить *(пьесу)*

stage II фа́за ж, ста́дия ж; эта́п м; the first ~ нача́льная ста́дия

stage-manager [ˈsteɪdʒ-ˌmænɪdʒə] режиссёр м, постано́вщик м

stagnation [stæɡˈneɪʃn] засто́й м

stag-party [ˈstæɡˌpɑːtɪ] холостя́цкая вечери́нка, мальчи́шник м

stain [steɪn] пятно́ м; take out ~s выводи́ть пя́тна; **~less** [-lɪs]: ~less steel нержаве́ющая сталь

stair [stɛə] 1) ступе́нька ж 2) *pl* ле́стница ж; **~case** [-keɪs] ле́стница ж

stake [steɪk] ста́вка ж, закла́д м *(в пари)*

stale [steɪl] 1) чёрствый; ~ bread чёрствый хлеб 2) за́тхлый; ~ air за́тхлый во́здух

stalemate [ˈsteɪlmeɪt] *шахм.* пат м

stalk [stɔːk] сте́бель м

stall [stɔːl] 1) сто́йло с 2) ларёк м *(for sale of goods)* 3) *театр.* кре́сло в парте́ре

stallion [ˈstælɪən] жеребе́ц м

stamina [ˈstæmɪnə] вы́держка ж, сто́йкость ж; he has a lot of ~ он облада́ет больши́м упо́рством

stammer [ˈstæmə] заика́ться; запина́ться

stamp [stæmp] 1. *n* 1) почто́вая ма́рка 2) штамп м, ште́мпель м; bear the ~ of... име́ть штамп... 2. *v* 1) накла́дывать штамп *(a document)* 2) накле́ивать ма́рку *(a letter)*; **~-collector** [-kəˌlektə] филатели́ст м

stand [stænd] 1. *v* (stood) 1) стоя́ть 2) выде́рживать, выноси́ть; I can't ~ such músic я не выношу́ тако́й му́зыки 3) *авто* остана́вливаться на коро́ткое вре́мя, "no ~ing" *амер.* «стоя́нка *(даже кра́ткая)* запрещена́» *(надпись)*; ~ by дежу́рить *(be at hand)*; ~ out выделя́ться; ~ up встава́ть 2. *n* 1) остано́вка ж, стоя́нка ж 2) сто́йка ж; стенд м; кио́ск м *(stall)* 3) пози́ция ж *(position)* 4) трибу́на ж; the ~s were filled with chéering fans трибу́ны бы́ли запо́лнены реву́щими боле́льщиками

standard [ˈstændəd] 1. *n* 1) зна́мя с *(flag)* 2) мери́ло с, станда́рт м 2. *a* станда́ртный; **~-bearer** [-ˌbɛərə] знамено́сец м

standpoint [ˈstændpɔɪnt] то́чка зре́ния

staple I [ˈsteɪpl]: ~ food повседне́вная пи́ща, основно́й проду́кт пита́ния

staple II скоба́ ж *(для сшива́ния бума́г)*; **~r** [-ə] сте́плер м *(канцеля́рская маши́на)*

star [stɑː] **1.** *n* 1) звезда́ ж; Stars and Stripes звёздно-полоса́тый флаг (*государственный флаг США*) 2) *театр., кино* звезда́ ж **2.** *v театр., кино* игра́ть гла́вную роль

starch [stɑːʧ] **1.** *n* крахма́л м **2.** *v* крахма́лить; ~ed collar крахма́льный воротничо́к

stare [stɛə] при́стально смотре́ть

start [stɑːt] **1.** *v* 1) начина́ть; ~ a motor заводи́ть мото́р 2) отправля́ться; ~ for the trip отпра́виться в путь **2.** *n* 1) нача́ло с 2) *спорт.* старт м

startle ['stɑːtl] 1) испуга́ть (*frighten*) 2) поража́ть (*surprise*)

starvation [stɑːˈveɪʃn] го́лод м; истоще́ние с

starve [stɑːv] голода́ть; I'm starving я умира́ю с го́лода

state I [steɪt] **1.** *n* 1) госуда́рство с 2) штат м (*territorial unit*); ...S. University *амер.* университе́т шта́та... **2.** *a* госуда́рственный; S. Department госуда́рственный департа́мент, министе́рство иностра́нных дел (*в США*)

state II 1. *n* состоя́ние с; in a good (bad) ~ в хоро́шем (плохо́м) состоя́нии; ~ of the art (совреме́нное) состоя́ние дел (*в науке и технике*) **2.** *v* заявля́ть, формули́ровать

statement ['steɪtmənt] заявле́ние с, утвержде́ние с

statesman ['steɪtsmən] госуда́рственный де́ятель

station ['steɪʃn] (*тж.* railway station) ста́нция ж, вокза́л м; ~-to-~ call телефо́нный вы́зов «кто подойдёт» (*при заказе междугороднего разговора*); ~ wagon *амер.* автомоби́ль с ку́зовом «универса́л»

stationery ['steɪʃənrɪ] канцеля́рские принадле́жности ◊ write on official ~ писа́ть на бла́нках

statistics [stəˈtɪstɪks] стати́стика ж

statue ['stætjuː] ста́туя ж

statute ['stætjuːt] 1) зако́н м (*law*) 2) уста́в м (*charter*)

stay [steɪ] **1.** *v* 1) остава́ться 2) остана́вливаться; гости́ть (with smb — у кого́-л.); ~ at a hotel остана́вливаться в гости́нице **2.** *n* пребыва́ние с

steady ['stedɪ] 1) кре́пкий, про́чный, усто́йчивый (*firm*) 2) постоя́нный; ~ progress неукло́нное движе́ние вперёд ◊ go ~ «дружи́ть» (*о мальчике и девочке*)

steak [steɪk] стейк м, натура́льный бифште́кс

steal [stiːl] (stole; stolen) красть, ворова́ть

steam [stiːm] пар м; ~er [-ə] парохо́д м

steel [stiːl] сталь ж

steep [stiːp] круто́й

steer ['stɪə] 1) пра́вить рулём; управля́ть (*машиной*) 2) направля́ть, вести́ (*guide*); ~ing-wheel ['stɪərɪŋwiːl] *авто* руль м

stein [staɪn] *амер.* (пивна́я) кру́жка; a ~ of lager (beer), please кру́жку све́тлого (пи́-ва), пожа́луйста

stem [stem] 1) ствол *м (of a tree)* 2) сте́бель *м (of a flower)*

step [step] **1.** *n* 1) шаг *м*; in ~ в но́гу; ~ by ~ шаг за ша́гом, постепе́нно 2): take ~s принима́ть ме́ры 3) ступе́нька *ж (of a staircase)* **2.** *v* ступа́ть, шага́ть; ~ aside отойти́ в сто́рону, посторони́ться

step‖child [ˈsteptʃaɪld] па́сынок *м*, па́дчерица *ж*; ~**daughter** [-dɔːtə] па́дчерица *ж*; ~**father** [-fɑːðə] о́тчим *м*; ~**mother** [-mʌðə] ма́чеха *ж*; ~**son** [-sʌn] па́сынок *м*

stereo [ˈstɪərɪəu] **1.** *a (тж.* stereophonic) стереофони́ческий; ~ récord стереофони́ческая пласти́нка; ~ récord-pláyer (tape-recórder) стереофони́ческий прои́грыватель (магнитофо́н) **2.** *n* 1) стереофони́я *ж* 2) стереофони́ческая звуковоспроизводя́щая систе́ма *(sound system)*

sterling [ˈstəːlɪŋ] сте́рлинг *м*; ~ área сте́рлинговая зо́на ◊ ~ sílver серебро́ устано́вленной про́бы

stern I [stəːn] суро́вый, стро́гий

stern II *мор.* корма́ *ж*; in the ~ на корме́

stew [stjuː] **1.** *v* туши́ть *(мясо и т. п.)*; ~ed fruit компо́т *м* **2.** *n* тушёное мя́со

steward [ˈstjuːəd] официа́нт *м (on a ship)*; ~**ess** [-ɪs] 1) бортпроводни́ца *ж*, стюарде́с-

са *ж (on an airliner)* 2) го́рничная *ж (on a ship)*

stick I [stɪk] па́лка *ж*; трость *ж*; hóckey ~ хокке́йная клю́шка

stick II (stuck) 1) втыка́ть *(thrust)* 2) прикле́ивать(ся); the énvelope won't ~ конве́рт не закле́ивается; ~ out высо́вывать(ся); ~ to быть ве́рным; ~y [-ɪ] ли́пкий, кле́йкий

stiff [stɪf] негну́щийся *(rigid)*; ~**en** [-n] (о)кочене́ть; (о)деревене́ть

still I [stɪl] ти́хий; неподви́жный, споко́йный

still II 1) до сих по́р; всё ещё; he's ~ asléep он всё ещё спит 2) ещё *(в сравнении)*; ~ bétter ещё лу́чше

still III *кино* кадр *м (фотореклама)*

still-life [ˈstɪllaɪf] натюрмо́рт *м*

stimulate [ˈstɪmjuleɪt] побужда́ть, стимули́ровать

sting [stɪŋ] (stung) жа́лить

stingy [ˈstɪndʒɪ] скупо́й, ска́редный

stir [stəː] 1) шевели́ть(ся); don't ~! не шевели́тесь! 2) разме́шивать; ~ one's tea помеша́ть чай 3) возбужда́ть *(excite)*

stitch [stɪtʃ] стежо́к *м*

stock [stɔk] 1) *биол.* род *м*, поро́да *ж*; cows of pédigree ~ поро́дистые коро́вы 2) запа́с *м*; lay in ~ де́лать запа́с 3) а́кция *ж*; S. Exchánge (фо́ндовая) би́ржа *(в Ло́ндоне)*;

~-**breeding** [-‚briːdɪŋ] животноводство *с*

stocking [ˈstɔkɪŋ] чулóк *м*

stole [stəul] *past от* steal; ~**n** [-ən] *pp от* steal

stomach [ˈstʌmək] желýдок *м*; on an émpty ~ натощáк

stone [stəun] 1) кáмень *м* 2) кóсточка *ж (плода)*; chérry ~s вишнёвые кóсточки

stood [stud] *past и pp от* stand 1

stool [stuːl] 1) табурéтка *ж*; bar ~ табурéт у стóйки бáра; piáno ~ табурéт для роя́ля 2) *мед.* стул *м*

stoop [stuːp] наклоня́ть(ся), нагибáть(ся)

stop [stɔp] 1. *v* 1) останáвливать(ся); "no ~ping" *амер. авто* «останóвка запрещенá» *(надпись)* 2) прекращáть(ся); ~ tálking! перестáньте разговáривать! 3) затыкáть, задéлывать; ~ a hole задéлать отвéрстие; ~ a tooth пломбировáть зуб 2. *n* останóвка *ж*; the train goes through withóut ~s пóезд идёт без останóвок; ~**over** [-əuvə] перерýв в поéздке; I'll make a ~over in Móscow я сдéлаю останóвку в Москвé

stopper [ˈstɔpə] прóбка *ж*; заты́чка *ж*

stop-watch [ˈstɔpwɔtʃ] секундомéр *м*

storage [ˈstɔːrɪdʒ] хранéние *с*; ~ fee плáта за хранéние; keep in cold ~ держáть на хóлоде

store [stɔː] 1. *n* 1) запáс *м*; in ~ в запáсе 2) склад *м* *(storehouse)* 3) *амер.* магазин *м* 4) *pl* универсáльный магазин 2. *v (тж.* store up) запасáть; хранить ◊ what does tomórrow keep in ~ for us что нас ожидáет зáвтра?

storey [ˈstɔːrɪ] этáж *м*

storm [stɔːm] бýря *ж*; шторм *м*; ~ of appláuse бýрные аплодисмéнты ◊ ~ coat утеплённый плащ *(обычно с капюшóном, чáсто на меху́)*; ~ door зимняя дверь *(вторáя вхóдная дверь коттéджа, застеклённая, с металлической сéткой от непогóды)*

story [ˈstɔːrɪ] рассказ *м*, пóвесть *ж*; short ~ (корóткий) рассказ; новéлла *ж* ◊ tell stóries расскáзывать небылицы

stout [staut] тóлстый, пóлный *(bulky)*

stove [stəuv] печь *ж*, плитá *ж*; eléctric (gas) ~ электрическая (гáзовая) плитá

straight [streɪt] 1. *a* прямóй; ~ story фáкты без комментáриев 2. *adv* прямо ◊ ~ awáy! *брит.* сейчáс!; ~ awáy тóтчас; put a room ~ навести порядок в кóмнате; I cánnot think ~ я не могý собрáться с мы́слями 3. *n спорт.*: the ~ *брит.* финишная прямáя; ~**en** [-n] выпрямля́ть(ся)

strain [streɪn] 1. *v* 1) натя́гивать 2) растя́нуть; ~ a téndon растянýть связку 3) напрягáть (-ся); ~ évery múscle напрягáть все силы 2. *n* напряжéние *с*; ~**ed** [-d] напряжённый

strait [streɪt] проли́в м

strange [streɪndʒ] 1) стра́нный 2) чужо́й, незнако́мый *(unknown)*; ~**r** [-ə] 1) чужо́й м; незнако́мец м 2) иностра́нец м *(foreigner)*

strap [stræp] 1) реме́нь м 2) *(тж.* shóulder strap) бретéлька ж

straw [strɔː] 1) соло́ма ж; ~ hat соло́менная шля́па 2) соло́минка ж; to sip a drink through a ~ тяну́ть напи́ток че́рез соло́минку ◊ the last ~ ≅ после́дняя ка́пля

strawberry ['strɔːbərɪ] 1) клубни́ка ж; ~ shérbet клубни́чное моро́женое 2) *(тж.* wild stráwberry) земляни́ка ж ◊ ~ blonde рыжева́тая блонди́нка; ~ poll вы́борочный опро́с *(общественного мнения)*

stray [streɪ] заблуди́вшийся

stream [striːm] **1.** *n* 1) пото́к м; руче́й м; ~ of cars пото́к автомоби́лей 2) тече́ние *с*; with the ~ по тече́нию; agáinst the ~ про́тив тече́ния **2.** *v* 1) течь, струи́ться *(alóng)* 2) развева́ться (in)

streamline(d) ['striːmlaɪn(d)] обтека́емый

street [striːt] у́лица ж; ~ floor *амер.* пе́рвый эта́ж; in the ~ на у́лице; ~**car** [-kɑː] *амер.* трамва́й м

strength [streŋθ] си́ла ж; the ~ of his will его́ больша́я си́ла во́ли; ~**en** [-ən] уси́ливать (-ся); крепи́ть

stress [stres] **1.** *n* 1) нажи́м м, давле́ние *с* 2) ударе́ние *с*

(accent) **2.** *v* подчёркивать

stretch [stretʃ] **1.** *v* 1) протя́гивать; ~ a hand протяну́ть ру́ку 2) растя́гивать(ся); the shoes want ~ing боти́нки на́до растяну́ть 3) тяну́ться, простира́ться *(extend)* **2.** *a* эласти́чный; ~ socks (pants) эласти́чные носки́ (брю́ки) **3.** *n* *спорт.*: the ~ *амер.* фи́нишная пряма́я

stretcher ['stretʃə] *мед.* носи́лки *мн.*

strict [strɪkt] 1) стро́гий 2) то́чный *(exact)*

strike I [straɪk] (struck) 1) ударя́ть(ся); ~ a chord взять акко́рд 2): ~ a match заже́чь спи́чку 3) поража́ть *(produce impression)* 4) бить *(о часах)*; the clock struck three часы́ проби́ли три (часа́) ◊ ~ a bárgain прийти́ к соглаше́нию

strike II 1. *n* забасто́вка ж; go on ~ бастова́ть; dock (pit) ~ забасто́вка до́керов (шахтёров) **2.** *v* (struck) бастова́ть; ~**-breaker** [-ˌbreɪkə] штрейкбре́хер м; ~**r** [-ə] забасто́вщик м

string [strɪŋ] 1) верёвка ж, бечёвка ж *(cord)*; тесёмка ж, шнуро́к м 2) ни́тка ж *(бус)*; ~ of pearls ни́тка же́мчуга 3) *муз.* струна́ ж; ~**s** [-z] *pl* (the ~s) *муз.* 1) смычко́вые *мн.* 2) смычко́вая гру́ппа *(in an orchestra)*

strip [strɪp] **1.** *v* 1) обдира́ть *(peel)* 2) раздева́ть(ся) *(undress)* **2.** *n* 1) лоску́т м; поло́ска ж; ~ of land клочо́к земли́ 2) (*тж.* cómic strip) ко́микс *м*, расска́з в карти́нках (*в газете*)

stripe [straɪp] 1) полоса́ *ж* 2) наши́вка *ж*, шевро́н *м* (*on a sleeve*); ~**d** [-t] полоса́тый

strip-tease [ˈstrɪptiːz] стрипти́з *м*

strive [straɪv] (strove; stríven) 1) стара́ться; ~ and do smth стара́ться сде́лать что-л. 2) боро́ться (for — за *что-л.*); стреми́ться к (*чему-л.*); ~ for peace боро́ться за мир; ~**n** [ˈstrɪvn] *pp от* strive

strobe [strəub] стробоско́п *м*, строб *м*

stroke [strəuk] 1. *n* 1) уда́р *м* 2) взмах *м* (*of an oar, etc*) 2. *v* гла́дить, погла́живать

stroll [strəul] броди́ть; прогу́ливаться; ~**er** [-ə] ходуно́к *м*

strong [strɒŋ] 1) си́льный 2) кре́пкий; ~ tea кре́пкий чай

stronghold [ˈstrɒŋhəuld] опло́т *м*, тверды́ня *ж*; ~ of fréedom опло́т свобо́ды

strove [strəuv] *past от* strive

struck [strʌk] *past и pp от* strike I *и* II, 2

structure [ˈstrʌktʃə] 1) строе́ние *с*, структу́ра *ж* 2) постро́йка *ж*, зда́ние *с* (*building*)

struggle [ˈstrʌgl] 1. *n* борьба́ *ж*; ~ for peace and indepéndence борьба́ за мир и незави́симость 2. *v* боро́ться

stub [stʌb] 1) пень *м* (*of a tree*) 2) оку́рок *м* (*of a cigarétte*)

stubborn [ˈstʌbən] упо́рный, упря́мый

stuck [stʌk] *past и pp от* stick II

student [ˈstjuːdənt] 1) студе́нт *м*; уча́щийся *м* 2) изуча́ющий что-л.; a ~ of líterature челове́к, занима́ющийся литерату́рой

study [ˈstʌdɪ] 1. *n* 1) изуче́ние *с* 2) кабине́т *м* (*room*) 2. *v* 1) изуча́ть; ~ hístory изуча́ть исто́рию 2) учи́ться, занима́ться; ~ at a cóllege учи́ться в колле́дже

stuff [stʌf] 1) вещество́ *с*, материа́л *м* 2) мате́рия *ж* (*textile fabric*)

stuffy [ˈstʌfɪ] ду́шный

stumble [ˈstʌmbl] спотыка́ться; запина́ться

stumbling-block [ˈstʌmblɪŋblɔk] ка́мень преткнове́ния

stun [stʌn] оглуша́ть, ошеломля́ть

stung [stʌŋ] *past и pp от* sting

stunt [stʌnt] акробати́ческий трюк; ~**man** [ˈstʌntmən] *кино* каскадёр *м*; дублёр *м*

stupid [ˈstuːpɪd] глу́пый, тупо́й

sty(e) [staɪ] ячме́нь *м* (*на глазу*)

style [staɪl] 1) стиль *м*; мане́ра *ж* 2) мо́да *ж*; фасо́н *м*; the ~s of the séason мо́ды сезо́на

stylish [ˈstaɪlɪʃ] мо́дный, элега́нтный

subdue [səbˈdjuː] подчиня́ть

subject 1. *n* [ˈsʌbdʒɪkt] 1) по́дданный *м* 2) предме́т *м*, те́ма *ж*; ~ of a play те́ма пье́сы

2. *v* [səb'dʒekt] 1) подчиня́ть 2) подверга́ть *(действию чего-л.)*; ~ to púnishment подве́ргнуть наказа́нию

sublet [sʌb'let] сдава́ть (в поднаём) *(особ. кварти́ру)*

submarine ['sʌbmərí:n] 1) подво́дная ло́дка 2) = hero 2)

submerge [səb'mə:dʒ] погружа́ть(ся) в во́ду

submit [səb'mɪt] представля́ть на рассмотре́ние; ~ a repórt предста́вить докла́д

subordinate [sə'bɔːdɪnɪt] подчинённый

subpoena [sə'piːnə] **1.** *n юр.* *(тж.* writ of subpóena) пове́стка (в суд); to serve a ~ on *smb* вручи́ть *кому́-л.* повестку (вы́зов) в суд **2.** *v юр.* вы́звать в суд в ка́честве свиде́теля *(под угро́зой штра́фа)*

subscribe [səb'skraɪb] подпи́сываться; ~ to a magazíne подписа́ться на журна́л; ~**r** [-ə] подпи́счик *м*

subsequent ['sʌbsɪkwənt] после́дующий; ~**ly** [-lɪ] впосле́дствии, пото́м

subside [səb'saɪd] 1) па́дать, убыва́ть; the féver has ~d жар спал 2) утиха́ть *(abate)*

substance ['sʌbstəns] 1) вещество́ *с* 2) су́щность *ж*; in ~ по существу́

substitute ['sʌbstɪtjuːt] **1.** *n* 1) замеща́ющий *м (a person)* 2) замени́тель *м (a thing)* 3) *спорт.* запасно́й игро́к **2.** *v* заменя́ть; замеща́ть

subtle ['sʌtl] то́нкий, неуло-

ви́мый; ~ ódour то́нкий за́пах

suburb ['sʌbə:b] 1) при́город *м* 2) *pl* предме́стья *мн.*, окре́стности *мн.*; ~**an** [sə'bə:bən] при́городный; ~an train при́городный по́езд

subway ['sʌbweɪ] 1) *брит.* тонне́ль *м* 2) *амер.* метрополите́н *м*

succeed [sək'siːd] 1) сле́довать за *(чем-л.)* 2) удава́ться; име́ть успе́х; our plan ~ed наш план уда́лся; I ~ed in dóing it мне удало́сь э́то сде́лать

success [sək'ses] успе́х *м*; ~**ful** [-ful] уда́чный

succession [sək'seʃn] 1) после́довательность *ж*; ~ of evénts после́довательность собы́тий 2) непреры́вный ряд; in ~ подря́д

successive [sək'sesɪv] сле́дующий оди́н за други́м, после́довательный; ~**ly** [-lɪ] после́довательно, по поря́дку

such [sʌtʃ] тако́й; ~ as как наприме́р; don't be in ~ a húrry! не спеши́те так!

suck [sʌk] соса́ть

sudden ['sʌdn] внеза́пный ◊ all of a ~ вдруг, внеза́пно; ~**ly** [-lɪ] вдруг, внеза́пно

suffer ['sʌfə] страда́ть; ~**ing** ['sʌfərɪŋ] страда́ние *с*

sufficient [sə'fɪʃənt] доста́точный

suffrage ['sʌfrɪdʒ] го́лос *м*, пра́во го́лоса; избира́тельное пра́во; univérsal ~ всео́бщее избира́тельное пра́во

sugar ['ʃugə] са́хар *м*; gránulated ~ са́харный песо́к; ~

bowl *амер.* са́харница ж; ~ ба́sin *брит.* са́харница ж; ~-**beet** [-bi:t] са́харная свёкла; ~-**cane** [-keɪn] са́харный тростни́к

suggest [sə'dʒest] 1) предлага́ть 2) наводи́ть на мысль, намека́ть *(imply)*; ~**ion** [sə'dʒestʃn] предложе́ние *с*; move a ~ion вы́двинуть предложе́ние

suicide ['sju:ɪsaɪd] самоуби́йство *с*

suit I [sju:t] 1) проше́ние *с* 2) *юр.* иск *м*

suit II 1. *n* 1) *(тж.* suit of clothes) костю́м *м*; wet ~ костю́м для подво́дного пла́вания 2) *карт.* масть ж **2.** *v* 1) подходи́ть; will this time ~ you? э́то вре́мя вас устра́ивает?; ~ yoursélf де́лайте как хоти́те 2) быть к лицу́; the hat ~s her э́та шля́па ей идёт

suitable ['sju:təbl] подходя́щий, соотве́тствующий, го́дный

suitcase ['sju:tkeɪs] чемода́н *м*

suite [swi:t] 1) сви́та ж; queen's ~ сви́та короле́вы 2) набо́р *м*; компле́кт *м*; ~ of fúrniture гарниту́р ме́бели 3) *(тж.* suite of rooms) (но́мер-) люкс *м* *(в гостинице)* 4) *муз.* сюи́та ж

sum [sʌm] **1.** *n* 1) су́мма ж 2) *(тж.* sum tótal) ито́г *м* **2.** *v*: ~ **up** подводи́ть ито́г

summary ['sʌmərɪ] кра́ткое изложе́ние, резюме́ *с нескл.*, сво́дка ж

summer ['sʌmə] ле́то *с*; ~ cóttage (house) да́ча ж; ~ time ле́тнее вре́мя *(на час впереди поясного)*

summit ['sʌmɪt] верши́на ж; ~ cónference совеща́ние на вы́сшем у́ровне

summon ['sʌmən] 1) вызыва́ть *(в суд)* 2) созыва́ть *(convoke)*; ~**s** [-z] *юр.* вы́зов в суд *(в качестве ответчика)*, пове́стка в суд

sun [sʌn] со́лнце *с*; ~**bathe** [-beɪð] загора́ть; ~**beam** [bi:m] со́лнечный луч; ~**burn** [-bə:n] **1.** *n* зага́р *м* **2.** *v* загора́ть; ~**burnt** [-bə:nt] загоре́лый

Sunday ['sʌndɪ] воскресе́нье *с*; ~ school воскре́сная шко́ла

sundeck ['sʌndek] соля́рий *м*, откры́тая вера́нда *(на со́лнце)*

sunflower ['sʌnflauə] подсо́лнечник *м*; ~ oil подсо́лнечное ма́сло

sung [sʌŋ] *pp от* sing

sun-helmet ['sʌnhelmɪt] про́бковый шлем

sunk [sʌŋk] *pp от* sink II

sunlight ['sʌnlaɪt] со́лнечный свет

sunny ['sʌnɪ] со́лнечный; ~ wéather со́лнечная пого́да; ~-**side up** [-saɪd'ʌp]: eggs ~-side up *амер.* яи́чница-глазу́нья ж

sun‖rise ['sʌnraɪz] восхо́д со́лнца; ~**set** [-set] захо́д со́лнца, зака́т *м*; ~**shade** [-ʃeɪd] зо́нтик от со́лнца; ~**shine** [-ʃaɪn] со́лнечный свет;

~**stroke** [-strəuk] со́лнечный уда́р

superficial [ˌsjuːpəˈfɪʃəl] пове́рхностный, вне́шний

superfluous [sjuːˈpəːfluəs] изли́шний, чрезме́рный

superhighway [ˌsjuːpəˈhaɪweɪ] амер. автостра́да ж

superintend [ˌsjuːpərɪnˈtend] управля́ть, надзира́ть; ~**ent** [-ənt] 1) управля́ющий м, заве́дующий м 2) амер. (тж. разг. súper) управля́ющий до́мом

superior [sjuːˈpɪərɪə] **1.** a 1) вы́сший, превосходя́щий 2) лу́чший; ~ grade of cóffee лу́чший сорт ко́фе **2.** n ста́рший м, нача́льник м; he is my ~ он мой нача́льник; ~**ity** [sjuːˌpɪərɪˈɔrɪtɪ] превосхо́дство с

supermarket [ˈsjuːpəˌmɑːkɪt] универса́м м

supersonic [ˌsjuːpəˈsɔnɪk]: ~ áirliner сверхзвуково́й пассажи́рский самолёт

superstition [ˌsjuːpəˈstɪʃn] 1) суеве́рие с 2) pl предрассу́дки мн.

supervision [ˌsjuːpəˈvɪʒn] надзо́р м, наблюде́ние с; únder the ~ of в ве́дении, под руково́дством

supper [ˈsʌpə] у́жин м

supplement [ˈsʌplɪmənt] дополне́ние с, приложе́ние с

supply [səˈplaɪ] **1.** v снабжа́ть; поставля́ть **2.** n снабже́ние с; поста́вки мн.

support [səˈpɔːt] **1.** v 1) подде́рживать 2) содержа́ть; ~ one's fámily содержа́ть семью **2.** n подде́ржка ж; in ~ в подтвержде́ние; ~**er** [-ə] сторо́нник м, приве́рженец м

suppose [səˈpəuz] предполага́ть; полага́ть; I ~ you're right я полага́ю, вы пра́вы

suppress [səˈpres] 1) подавля́ть 2) запреща́ть (газе́ту и т. n.); ~ a book запрети́ть кни́гу; ~**ion** [səˈpreʃn] 1) подавле́ние с 2) запреще́ние с (газе́ты и т. n.)

supreme [sjuːˈpriːm] 1) вы́сший 2) верхо́вный; S. Court Верхо́вный суд

sure [ʃuə] **1.** a уве́ренный; несомне́нный; be ~ быть уве́ренным; for ~ обяза́тельно; make ~ а) убеди́ться; б) обеспе́чить (secure) **2.** adv несомне́нно, наверняка́; ~**ly** [-lɪ] несомне́нно, ве́рно

surf [səːf] прибо́й м

surface [ˈsəːfɪs] пове́рхность ж

surf‖board [ˈsəːfbɔːd] доска́ для сёрфинга; ~**er** [-ə] спортсме́н, занима́ющийся сёрфингом; ~**ing** [-ɪŋ] сёрфинг м

surgeon [ˈsəːdʒn] хиру́рг м; S. Géneral амер. нача́льник медици́нского управле́ния; "The S. Géneral Has Detérmined that Cigarétte Smóking Is Dángerous to Your Health" ≅ «Куре́ние вреди́т ва́шему здоро́вью» (на́дпись на пачке сигаре́т)

surgery [ˈsəːdʒərɪ] хирурги́я ж, опера́ция ж

surname [ˈsəːneɪm] фами́лия ж

surpass [sə'pɑ:s] превосхо-
ди́ть

surplus ['sə:pləs] **1.** *n* изли́-
шек *м* **2.** *a* изли́шний; ~ food
продово́льственные изли́ш-
ки

surprise [sə'praız] **1.** *n* 1)
удивле́ние *с*; no ~ неудиви́-
тельно 2) неожи́данность *ж*,
сюрпри́з *м*; take *smb* by ~
захвати́ть *кого-л.* врасплóх
2. *v* удивля́ть; it ~d me э́то
меня́ удиви́ло; be ~d удив-
ля́ться

surrender [sə'rendə] **1.** *n* сда́-
ча *ж*, капитуля́ция *ж*; uncon-
dítional ~ безогово́рочная
капитуля́ция **2.** *v* сдава́ть(ся),
капитули́ровать

surround [sə'raund] окру-
жа́ть

survey 1. *n* ['sə:veı] обозре́-
ние *с*; осмóтр *м*; ~ of evénts
обзóр собы́тий **2.** *v* [sə'veı]
обозрева́ть, осма́тривать; ~
the situátion ознакóмиться с
обстанóвкой

survival [sə'vaıvəl] выжива́-
ние *с*; it's the quéstion of ~
э́то вопрóс жи́зни и сме́рти;
the ~ of the fíttest есте́ствен-
ный отбóр

survive [sə'vaıv] 1) пережи́ть
2) вы́жить; оста́ться в живы́х;
~ an áccident (a shípwreck)
оста́ться в живы́х пóсле ава́-
рии (кораблекруше́ния)

suspect 1. *n* ['sʌspekt] подо-
зрева́емый *м* **2.** *v* [sə'spekt]
подозрева́ть

suspend [sə'spend] 1) подве́-
шивать (*hang up*) 2) отсрóчи-
вать; ~ páyments отсрóчить
платежи́

suspenders [sə'spendəz] *pl*
1) *брит.* подвя́зки *мн.* 2) *амер.*
подтя́жки *мн.* (*braces*)

suspension [sə'spenʃn] *авто*
подве́ска *ж*

suspicion [sə'spıʃn] подозре́-
ние *с*

suspicious [sə'spıʃəs] подо-
зри́тельный

swallow I ['swɔləu] ла́сточка
ж

swallow II глота́ть

swam [swæm] *past от* swim 1

swamp [swɔmp] болóто *с*,
топь *ж*

swan [swɔn] ле́бедь *м*

swear [swɛə] (swore; sworn)
1) кля́сться; присяга́ть 2) ру-
га́ться (*curse*)

sweat [swet] **1.** *n* пот *м*; ~
suit трениро́вочный костю́м
2. *v* поте́ть (*perspire*)

sweater ['swetə] сви́тер *м*

sweep [swi:p] (swept) 1) ме-
сти́, вымета́ть; ~ the floor
подмета́ть пол 2) смета́ть; the
bridge was swept awáy мост
снеслó

sweet [swi:t] **1.** *a* сла́дкий;
is the milk still ~? молокó ещё
не ски́сло? **2.** *n* 1) сла́дкое *с*
2) *pl брит.* конфе́ты *мн.*, сла́-
сти *мн.* (*sweetmeat*)

sweetheart ['swi:thɑ:t] воз-
лю́бленный *м*, возлю́бленная
ж

sweetmeat ['swi:tmi:t] *брит.*
конфе́ты *мн.*; ~ box коро́бка
конфе́т

swell [swel] **1.** *v* (swélled;

swóllen) распуха́ть, вздува́ться 2. *a разг.* шика́рный; that's ~! здо́рово!, о́чень хорошо́!

swept [swept] *past и pp от* sweep

swift [swɪft] ско́рый, бы́стрый

swim [swɪm] 1. *v* (swam; swum) плыть, пла́вать 2. *n* 1) пла́вание *c*; let's have a ~! дава́йте (пойде́м) искупа́емся! 2) *спорт.* заплы́в *м*

swimmer ['swɪmə] плове́ц *м*

swimming ['swɪmɪŋ] *спорт.* пла́вание *c*

swing [swɪŋ] 1. *v* (swung) 1) кача́ть(ся) 2) разма́хивать; ~ one's arms разма́хивать рука́ми 2. *n* 1) разма́х *м*; in full ~ в по́лном разга́ре 2) *pl* каче́ли *мн.*

switch [swɪtʃ] 1. *n* 1) ж.-д. стре́лка *ж* 2) *эл.* выключа́тель *м* 2. *v* переключа́ть; ~ off выключа́ть; ~ on включа́ть

swollen ['swəulən] *pp от* swell 1

sword [sɔːd] меч *м*; шпа́га *ж*; са́бля *ж*

swore [swɔː] *past от* swear
sworn [swɔːn] *pp от* swear
swum [swʌm] *pp от* swim 1
swung [swʌŋ] *past и pp от* swing 1

symbol ['sɪmbəl] си́мвол *м*

symbolic [sɪm'bɔlɪk] символи́ческий

sympathize ['sɪmpəθaɪz] сочу́вствовать (with *smb, smth* — кому́-л., чему́-л.)

sympathy ['sɪmpəθɪ] сочу́в-ствие *c*; feel ~ for smb сочу́вствовать кому́-л.

symphonic [sɪm'fɔnɪk] симфони́ческий

symphony ['sɪmfənɪ] симфо́ния *ж*; ~ órchestra симфони́ческий орке́стр

synagogue ['sɪnəgɔg] синаго́га *ж*

synopsis [sɪ'nɔpsɪs] (*pl* synópses) конспе́кт *м*, кра́ткий обзо́р

syrup ['sɪrəp] сиро́п *м*

system ['sɪstəm] систе́ма *ж*; the métric ~ метри́ческая систе́ма; ~ of educátion систе́ма образова́ния

T

tab [tæb] 1) ве́шалка *ж* (*у одежды*); the ~ of my coat is torn off у моего́ пальто́ оторвала́сь ве́шалка 2) *разг.* счёт *м*; pick up the ~ взять расхо́ды (опла́ту счёта) на себя́

table ['teɪbl] 1) стол *м*; at the ~ за столо́м; ~ ténnis насто́льный те́ннис 2) табли́ца *ж*; statístical ~ статисти́ческая табли́ца; ~cloth [-klɔːθ] ска́терть *ж*; ~spoon [-spuːn] столо́вая ло́жка

tackle ['tækl] 1. *n* снасть *ж* 2. *v* занима́ться *чем-л.* (*вопро-сом, проблемой и т. п.*), реша́ть *что-л.* (*вопрос, проблему и т. п.*)

tact [tækt] такт *м* (*тж. муз.*); ~less [-lɪs] беста́ктный

tail [teɪl] хвост *м* ◊ heads or ~s орёл или решка; **~coat** [-kəut] фрак *м*; **~gate** [-geɪt] *амер. авто* «висеть на хвосте»; "do not ~gate" «соблюдай дистанцию» *(надпись)*; **~lights** [-laɪts] *pl авто* задние фонари

tailor ['teɪlə] портной *м*

take [teɪk] (took; taken) 1) брать; ~ smb's arm взять кого-л. под руку 2) принимать; ~ a medicine принять лекарство 3) занимать *(место, время)*; it won't ~ much time это займёт немного времени; ~ a seat садиться; ~ a train (a ship) сесть в поезд (на пароход) 4) доставлять; ~ the letter to the post, please отнесите, пожалуйста, письмо на почту; ~ **down** записывать; ~ **off** снимать; ~ off your coat, please снимите, пожалуйста, пальто; ~ **over** 1) принять дела *(post)* 2) захватить власть *(power)*; ~ **out**: sandwich to ~ out сандвич «на вынос» ◊ ~ it easy! не волнуйтесь; what size in shoe (coat) do you ~? какой вы носите размер обуви (пальто)?; **~n** [-ən] *pp от* take; **~-out** ['teɪkaut]: ~-out order заказ «на вынос» *(подаётся в упаковке)*

tale [teɪl] рассказ *м*, повесть *ж*

talent ['tælənt] талант *м*, дарование *с*; **~ed** [-ɪd] талантливый, одарённый

talk [tɔːk] **1.** *n* 1) разговор *м*; free and easy ~ непринуждённая беседа 2) *pl* переговоры *мн.*; peace ~s мирные переговоры **2.** *v* говорить, разговаривать; what are you ~ing about? о чём речь?; ~ **into**: ~ into doing smth уговорить что-л. сделать; ~ **out**: ~ out of doing smth отговорить от чего-л.

tall [tɔːl] высокий; a man six foot ~ мужчина ростом в шесть футов (метр восемьдесят) ◊ a ~ story небылица *ж*; a ~ drink коктейль в высоком стакане; this is a ~ order это дело трудное

tame [teɪm] **1.** *a* ручной **2.** *v* приручать; укрощать; **~r** [-ə] укротитель *м*

tangerine [ˌtændʒə'riːn] мандарин *м (плод)*

tank [tæŋk] 1) бак *м*, цистерна *ж* 2) *воен.* танк *м*

tap I [tæр] кран *м (водопроводный и т. п.)*; beer on ~ бочковое пиво, пиво в разлив

tap II (по)стучать (тихо), (по)хлопать *(по плечу)*; **~-dance** [-dɑːns] чечётка *ж*

tape [teɪp] 1) тесьма *ж* 2) (магнитная) лента; video ~ лента для магнитной записи изображения; ~ deck магнитофонная приставка (дека *ж*); ~ **recorder** магнитофон *м*

tapestry ['tæpɪstrɪ] гобелен *м*

taproom ['tæprum] пивной бар

tar [tɑː] вар *м*, дёготь *м*

target ['tɑːgɪt] мишень *ж*, цель *ж*

tariff ['tærɪf] тариф *м*

tarpaulin [tɑː'pɔːlɪn] брезе́нт *м*

tart [tɑːt] торт *м*; сла́дкий пиро́г *(типа ватрушки)*

task [tɑːsk] зада́ние *с*; зада́ча *ж*; ~ force *амер.* специа́льная коми́ссия (по изуче́нию вопро́са)

TASS [tɑːs] (Télegraph Ágency of the Soviet Únion) ТАСС *м* (Телегра́фное аге́нтство Сове́тского Сою́за)

taste [teɪst] **1.** *n* 1) вкус *м* 2) вкус *м*, скло́нность *ж*; ~s differ о вку́сах не спо́рят **2.** *v* 1) про́бовать 2) име́ть (при)вкус; ~ bítter быть го́рьким на вкус; ~less [-ləs] безвку́сный

tasty ['teɪstɪ] вку́сный

taught [tɔːt] *past и pp от* teach

tax ['tæks] нало́г *м*

taxi ['tæksɪ] такси́ *с нескл.*; ~ stand стоя́нка такси́; let's take a ~ пое́дем на такси́; call a ~ вы́звать такси́

tea [tiː] чай *м*; strong (weak) ~ кре́пкий (сла́бый) чай

teach [tiːʧ] (taught) учи́ть, обуча́ть; I ~ English (mathemátics) я преподаю́ англи́йский язы́к (матема́тику); T. Yoursélf Book самоучи́тель *м*; ~er [-ə] учи́тель *м*

team [tiːm] **1.** *n* 1) брига́да *ж* (brigade) 2) *спорт.* кома́нда *ж*; USSR Nátional Fóotball T. сбо́рная футбо́льная кома́нда СССР **2.** *a спорт.* кома́ндный; ~ chámpionship кома́ндное пе́рвенство

teamster ['tiːmstə] 1) изво́зчик *м* 2) *амер. (тж.* trúckman) води́тель грузовика́; ~s' únion профсою́з води́телей грузовико́в

tea-pot ['tiːpɔt] ча́йник *м (для заварки)*

tear I [tɪə] слеза́ *ж*; ~ gas слезоточи́вый газ

tear II [tɛə] (tore, torn) рва́ть(ся); отрыва́ть; раздира́ть; ~ off оборва́ть

tease [tiːz] дразни́ть

teaspoon ['tiːspuːn] ча́йная ло́жка

technical ['teknɪkəl] техни́ческий; ~ educátion техни́ческое образова́ние

technician [tek'nɪʃn] лабора́нт *м*, лабора́нтка *ж*

technique [tek'niːk] те́хника *ж*; the ~ of translátion те́хника перево́да

tedious ['tiːdɪəs] ну́дный, ску́чный, утоми́тельный

teen-ager ['tiːneɪdʒə] подро́сток *м*

teens [tiːnz]: she's still in her ~ ей ещё нет двадцати́ лет

teeth [tiːθ] *pl от* tooth

telecast ['telɪkɑːst] передава́ть по телеви́дению, вести́ телепереда́чу

telegram ['telɪgræm] телегра́мма *ж*

telegraph ['telɪgrɑːf] **1.** *n* телегра́ф *м*; ~ ágency телегра́фное аге́нтство **2.** *v* телеграфи́ровать

telephone ['telɪfəun] теле-

фóн *м*; ~ diréctory телефóн-
ная кни́га; ~ booth *амер.* те-
лефóнная бу́дка

teleplay ['telɪpleɪ] телеспек-
тáкль *м*

teleprinter ['telɪˌprɪntə],
teletype ['telɪtaɪp] телетáйп *м*

television ['telɪˌvɪʒn] телеви́-
дение *с*; ~ set телеви́зор *м*

tell [tel] (told) 1) сказáть,
говори́ть; ~ me (us), please...
скажи́те, пожáлуйста...; ~ the
truth говори́ть прáвду 2) расскáзывать *(narrate)* 3) отли-
чáть, различáть (from — от)
4) отражáться, скáзываться;
~ on one's health скáзываться на здорóвье; **~er** [-ə] 1)
счётчик *м (подсчитывающий
голосá)* 2) *амер.* касси́р *м (в
бáнке)*

temper ['tempə] 1) харáктер *м (человéка)* 2) настроéние
с; lose one's ~ вы́йти из себя́

temperature ['temprətʃə]
температýра *ж*; what is the ~
todáy? скóлько сегóдня грá-
дусов?; take ~ изме́рить тем-
перату́ру; have (run) a ~
име́ть повы́шенную темпера-
ту́ру

temple I ['templ] храм *м
(church)*

temple II висóк *м*

tempo ['tempəu] *муз.* темп *м*

temporary ['tempərərɪ] вре́-
менный

temptation [temp'teɪʃn] ис-
куше́ние *с*, соблáзн *м*

ten [ten] **1.** *num* де́сять
2. *n* деся́ток *м*

tenant ['tenənt] 1) квартиро-

сьёмщик *м*, жиле́ц *м* 2) *(тж.*
ténant fármer) арендáтор *м*

tend I [tend] присмáтривать
(to — за)

tend II 1) име́ть тенде́нцию
к *чему-л.*; prices ~ to go up
це́ны растýт 2) склоня́ться к
чему-л.; he ~s towards a
dífferent conclúsion он скло-
ня́ется к иномý вы́воду

tendency ['tendənsɪ] наклóн-
ность *ж*, тенде́нция *ж*

tender ['tendə] не́жный, чув-
стви́тельный; a ~ súbject ще-
котли́вый вопрóс

tennis ['tenɪs] те́ннис *м*;
play ~ игрáть в те́ннис; ~-
-court [-kɔːt] (те́ннисный) корт;
~-player [-pleɪə] тенниси́ст *м*

tenor ['tenə] *муз.* те́нор *м*

tension ['tenʃn] 1) напряжён-
ность *ж*; internátional ~(s)
междунарóдная напряжён-
ность 2) *тех.* напряже́ние *с*

tent [tent] палáтка *ж*

tenth [tenθ] деся́тый

term [tɜːm] 1) срок *м*; ~ of
óffice срок полномóчий 2) се-
ме́стр *м*; ~ páper курсовáя
рабóта 3) те́рмин *м*; выраже́-
ние *с*; botánical ~s ботани́-
ческие те́рмины 4) *pl* услóвия
мн.; come to ~s with... прийти́
к соглаше́нию с... 5) *pl* от-
ноше́ния *мн.*; be on fríendly ~s
быть в дру́жеских отноше́-
ниях

terminal I ['tɜːmɪnl] *амер.*
вокзáл *м*; bus ~ автовокзáл *м*

terminal II *мед.*: ~ cáncer
рак в послéдней стáдии; ~
case умирáющий (больнóй)

termination [ˌtəːmɪˈneɪʃn] конец *м*; окончáние *с*

terminus [ˈtəːmɪnəs] *брит.* конéчная стáнция; ráilway ~ железнодорóжный вокзáл

terrible [ˈterəbl] стрáшный, ужáсный

terrify [ˈterɪfaɪ] ужасáть

territory [ˈterɪtərɪ] территóрия *ж*

terror [ˈterə] 1) ýжас *м* (*fear*) 2) *полит.* террóр *м*

test [test] 1. *n* 1) испытáние *с*; stand the ~ вы́держать испытáние 2) *тех.* прóба *ж* 2. *v* подвергáть испытáнию, испы́тывать

testify [ˈtestɪfaɪ] свидéтельствовать, давáть показáния (to — в пóльзу; agáinst — прóтив)

text [tekst] текст *м*; ~**book** [-buk] учéбник *м*, руковóдство *с*

textile [ˈtekstaɪl] 1. *n* (*часто pl*) ткань *ж*; мануфактýра *ж* 2. *a* тексти́льный; ~ mill тексти́льная фáбрика

than [ðæn] нéжели; чем; it's cólder here ~ in Lóndon здесь холоднéе, чем в Лóндоне

thank [θæŋk] благодари́ть; ~ you véry much óчень вам благодáрен; ~**ful** [-ful] благодáрный; ~**s** [-s] благодáрность *ж*; ~**s**! спаси́бо!; ~**s** to... благодаря́ (*чему-л., кому-л.*)

Thanksgiving [ˈθæŋksgɪvɪŋ]: ~ Day *амер.* день благодарéния (*национальный праздник, отмечаемый в четвёртый четверг ноября в США и во*

второй понедельник октября в Канаде)

that [ðæt] 1. *pron demonstr* (*pl* those) тот, та, то, те; ~ hotél is beyónd the park та гости́ница за пáрком ◊ and all ~ и томý подóбное; by ~ тем сáмым; like ~ таки́м óбразом 2. *pron relat* (*pl* those) котóрый, кто; the tóurists ~ have alréady arríved те тури́сты, котóрые ужé приéхали 3. *cj* что; he said ~ he would not come он сказáл, что не придёт ◊ ~ is а и́менно; so ~ с тем чтóбы

thaw [θɔː] 1. *n* óттепель *ж* 2. *v* тáять

the [ðiː] 1. *определённый артикль* (*не переводится*) 2. *adv*: ~ sóoner ~ bétter чем быстрéе, тем лýчше

theatre [ˈθɪətə] 1) теáтр *м* 2) *амер.* (*тж.* móvie-théatre) кино(теáтр) *м*

theft [θeft] крáжа *ж*

their [ðeə] их; свой, свой; ~ child их ребёнок; ~**s** [-z] их; this car is ~s э́то их автомаши́на

them [ðem] (*косв. п. от* they) им, их; tell ~ that... скажи́те им, что...

theme [θiːm] тéма *ж*

themselves [ðəmˈselvz] 1) себя́, -ся 2) (*для усиления*) сáми; ~ they bought the tíckets они́ сáми купи́ли биле́ты

then [ðen] 1. *adv* 1) тогдá; ~ I'll be able to decíde тогдá я смогý реши́ть 2) потóм; I'll finish the work and ~

I'll go я зако́нчу рабо́ту, а пото́м пойду́ 3) в тако́м слу́чае *(in that case)* **2.** *n* в то вре́мя; by ~ к тому́ вре́мени; since ~ с того́ вре́мени

theory ['θɪərɪ] тео́рия ж

therapeutist [ˌθerə'pjuːtɪst] терапе́вт м

therapist ['θerəpɪst] *мед.* 1) медсестра́-физиотерапе́вт ж 2) врач-психиа́тр м

there [ðeə] 1) там 2) туда́; will you go ~? вы туда́ пойдёте? 3): ~ is, ~ are есть, име́ются; ~ is no time вре́мени нет ◇ are you ~? вы слу́шаете? *(по телефо́ну)*

therefore ['ðeəfɔː] поэ́тому, сле́довательно

thermometer [θə'mɔmɪtə] гра́дусник м, термо́метр м

these [ðiːz] *(pl от* this) э́ти

thesis ['θiːsɪs] *(pl* théses) 1) те́зис м 2) диссерта́ция ж *(dissertation)* 3) сочине́ние с

they [ðeɪ] они́

thick [θɪk] 1) то́лстый; пло́тный; ~ cloth драп м; a foot ~ в фут толщино́й 2) густо́й; ~ soup густо́й суп, суп-пюре́ м; ~ hair густы́е во́лосы

thief [θiːf] вор м

thigh [θaɪ] бедро́ с

thimble ['θɪmbl] напёрсток м

thin [θɪn] 1) то́нкий 2) худо́й *(lean)* 3) ре́дкий; ~ hair жи́дкие во́лосы

thing [θɪŋ] 1) вещь ж, предме́т м 2) де́ло с, факт м; ~s look promising положе́ние обнадёживающее 3) *pl* ве́щи *мн.*;

бага́ж м; where are my ~s? где лежа́т мои́ ве́щи?

think [θɪŋk] (thought) 1) ду́мать 2) счита́ть, полага́ть *(consider)*; ~ over обду́мать; ~-tank [-tæŋk] *разг.* «мозгово́й центр»

third [θəːd] тре́тий

thirst [θəːst] жа́жда ж; quench one's ~ утоли́ть жа́жду; ~y [-ɪ]: I'm ~y я хочу́ пить

thirteen [ˌθəː'tiːn] трина́дцать; ~th [-θ] трина́дцатый

thirtieth ['θəːtɪɪθ] тридца́тый

thirty ['θəːtɪ] три́дцать

this [ðɪs] *(pl* these) э́тот, э́та, э́то; да́нный; ~ afternóon сего́дня днём; post ~ létter отошли́те э́то письмо́

thorn ['θɔːn] шип м; колю́чка ж

thorough ['θʌrə] по́лный, соверше́нный; тща́тельный

thoroughfare ['θʌrəfeə]: "no ~" «прое́зд закры́т» *(на́дпись)*

those [ðəuz] *(pl от* that 1 *u* 2) те; ~ seats are vácant те места́ свобо́дны; ~ who want жела́ющие *мн.*

though [ðəu] **1.** *cj* хотя́; as ~ как бу́дто бы **2.** *adv* одна́ко

thought I [θɔːt] мысль ж; размышле́ние с; on sécond ~ по зре́лом размышле́нии

thought II *past u pp* от think

thousand ['θauzənd] ты́сяча; ~th ['θauzəntθ] ты́сячный

thrash [θræʃ] 1) бить 2) *спорт.* победи́ть 3) = thresh

thread [θred] **1.** *n* нить ж, ни́тка ж **2.** *v* 1): ~ the néedle, please вде́ньте, пожа́луйста, ни́тку в иго́лку 2): ~ the tape запра́вить магни́тную ле́нту

threat [θret] угро́за ж; ~**en** [-n] угрожа́ть

three [θriː] три; ~ **húndred** три́ста

threefold ['θriːfəuld] **1.** *a* тройно́й **2.** *adv* втройне́

thresh [θreʃ] молоти́ть; ~**er** [-ə] молоти́лка ж *(machine)*

threshold ['θreʃhəuld] поро́г *м*

threw [θruː] *past от* throw 1

thrill [θrɪl] **1.** *n* волне́ние *с*; тре́пет *м* **2.** *v* си́льно взволнова́ть(ся); ~**er** [-ə] фильм у́жасов, три́ллер *м*

thrive [θraɪv] (throve, thríven) процвета́ть; she ~s on cómpliments она́ жить не мо́жет без комплиме́нтов; ~**n** ['θrɪvn] *pp от* thrive

throat [θrəut] го́рло *с*; гло́тка ж

throb [θrɔb] си́льно би́ться; пульси́ровать

throne [θrəun] трон *м*

throttle ['θrɔtl] **1.** *n тех.* (дро́ссельная) засло́нка **2.** *v:* ~ **down** *авто* сбро́сить газ

through [θruː] **1.** *prep* 1) че́рез, сквозь; по; ~ the fórest че́рез лес; I heard of you ~ the rádio я слы́шал о вас по ра́дио 2) в продолже́ние; ~ the night всю ночь **2.** *adv* от нача́ла до конца́, наскво́зь; all day ~ весь день; I'm wet ~ я промо́к до ни́тки ◊ be ~ (with) поко́нчить (с *чем-л.*), око́нчить (*что-л.*) **3.** *a* прямо́й, беспере-

са́дочный; ~ tícket транзи́тный биле́т; ~ train прямо́й по́езд; "~ tráffic" «сквозно́е движе́ние» *(надпись)*

throughout [θruː'aut] **1.** *adv* повсю́ду, везде́; repáint the house ~ перекра́сить весь дом **2.** *prep* че́рез, по всему́; ~ one's life всю жизнь

throve [θrəuv] *past от* thrive

throw [θrəu] **1.** *v* (threw; thrown) 1) броса́ть, кида́ть 2) *спорт.* мета́ть; ~ the jávelin (díscus, hámmer) мета́ть копьё (диск, мо́лот); ~ **off** сбро́сить; ~ **open** распа́хивать; ~ **out** вы́бросить **2.** *n спорт.* бросо́к; ~**ing** [-ɪŋ] *спорт.* мета́ние *с*; jávelin ~**ing** *спорт.* мета́ние копья́

thrown [θrəun] *pp от* throw 1

thrust [θrʌst] (thrust) 1) толка́ть; ~ one's way пробива́ть себе́ доро́гу 2) вонза́ть *(pierce)*

thumb [θʌm] большо́й па́лец *(руки)*; ~**tack** [-tæk] *амер.* кно́пка ж *(канцеля́рская)*

thunder ['θʌndə] **1.** *n* гром *м* **2.** *v* греме́ть; it ~s греми́т гром; ~**bolt** ['θʌndəbəult] уда́р гро́ма; ~**storm** [-stɔːm] гроза́ ж

Thursday ['θəːzdɪ] четве́рг *м*

thus [ðʌs] так, таки́м о́бразом

ticker ['tɪkə] ~ tape ти́ккерная ле́нта *(на бирже)*

ticket ['tɪkɪt] 1) биле́т *м*; éntrance ~ входно́й биле́т; síngle ~ *брит.* биле́т в оди́н коне́ц; retúrn ~ *брит.* обра́тный биле́т; ópen-date ~ некомпости́рованный биле́т; ~ colléctor *ж.-д., театр.* контролёр *м*; ~ óffice *амер.* биле́тная ка́сса 2) ярлы́к *м*; price ~ этике́тка *ж (с ценой)* 3) *амер. разг.* а́вто *(тж.* párking tícket) повéстка о штрáфе за наруше́ние прáвил *(стоянки и т. п.)*

tickle ['tɪkl] щекота́ть

tide [taɪd]: high ~ прили́в *м*; low ~ отли́в *м*

tidy ['taɪdɪ] 1. *a* аккура́тный, опря́тный 2. *v* убира́ть, приводи́ть в поря́док

tie [taɪ] 1. *n* 1) связь *ж* 2) *pl перен.* у́зы *мн.*; ~s of fríendship у́зы дру́жбы 3) *(тж.* nécktie) га́лстук *м* 4) *(тж.* tie up) *амер. спорт.* ничья́ *ж* 2. *v* 1) свя́зывать; привя́зывать; ~ it up, please завяжи́те, пожа́луйста 2) *(тж.* tie up) *спорт.* сыгра́ть вничью́; име́ть ра́вное число́ очко́в; these teams are ~d for the lead веду́щие кома́нды име́ют ра́вное число́ очко́в

tier [tɪə] я́рус *м*

tiger ['taɪgə] тигр *м*

tight [taɪt] 1) туго́й; ~ knot туго́й у́зел 2) те́сный; my shoes are ~ ту́фли мне жмут; ~s [-s] *pl* 1) (бале́тное) трико́ 2) *брит.* колго́тки *мн.*

till [tɪl] 1. *prep* до; ~ now до сих пор; wait ~ tomórrow подожди́те до за́втра 2. *cj* до тех пор пока́, пока́ не; sit here ~ I come back посиди́те здесь, пока́ я не верну́сь

timber ['tɪmbə] строево́й лес

time [taɪm] 1. *n* 1) вре́мя *с*; what's the ~? кото́рый час?; at ~s времена́ми; from ~ to ~ вре́мя от вре́мени; have a good ~ хорошо́ провести́ вре́мя; in ~ во́время; at the same ~ в то же вре́мя, вме́сте с тем; for the ~ béing на вре́мя, пока́; ~ tróuble *шахм.* цейтно́т *м*; ~ zone часово́й по́яс; Brítish súmmer ~ брита́нское ле́тнее вре́мя 2) пери́од *м*, пора́ *ж*; súmmer ~ ле́то *с*; they were tied up in the sécond ~ второ́й пери́од око́нчился вничью́ 3) срок *м*; the ~ is up срок истёк 4) раз *м*; how mány ~s..? ско́лько раз ..? 5) *муз.* темп *м*; такт *м* ◊ in no ~ момента́льно; take your ~! не спеши́те! 2. *v* хронометри́ровать, засека́ть вре́мя

time‖-bomb ['taɪmbɔːm] бо́мба заме́дленного де́йствия; ~-**honored** [-,ɔnəd] испы́танный вре́менем; ~-**lag** [-læg] заде́ржка *ж*, отстава́ние во вре́мени; ~-**limit** [-,lɪmɪt] 1) устано́вленный пери́од вре́мени; регла́мент *м* 2) кра́йний срок *(last moment)*; ~-**out** [-,aut] *спорт.* тайм-а́ут *м*; ~**table** [-,teɪbl] расписа́ние *с*

timid ['tɪmɪd] ро́бкий, засте́нчивый

tin [tɪn] 1) о́лово *с*; жесть *ж* 2) *брит.* ба́нка *ж (консервов)*; ~-**opener** [-,əupnə] *брит.* консе́рвный нож

tiny ['taɪnɪ] кро́шечный

tip [tɪp] 1. *n* 1) коне́ц *м*, ко́нчик *м* 2) чаевы́е *мн. (топ-*

ey) 3) намёк *м* (*hint*) 4) конфиденциа́льные све́дения (*information*) **2.** *v* дава́ть «на чай»

tiptoe ['tɪptəʊ]: on ~ на цы́почках

tire ['taɪə] ши́на *ж*; pump up (inflate) а ~ накача́ть ши́ну; túbeless ~ *авто* бескамерная ши́на; púnctured ~ проко́л ши́ны

tired ['taɪəd] уста́лый, утомлённый; are you ~? вы не уста́ли?

tiresome ['taɪəsəm] 1) утоми́тельный 2) надое́дливый, ску́чный (*dull*)

title ['taɪtl] 1) загла́вие *с*, назва́ние *с*; what's the ~ of the book? как называ́ется э́та кни́га? 2) ти́тул *м*, зва́ние *с* (*rank*) 3) *спорт.* зва́ние чемпио́на; he won the ~ in... он стал чемпио́ном по...

to [tu:] **1.** *prep* 1) к, в, на; the way to Móscow доро́га, веду́щая в Москву́; I'll go to the sea я пое́ду на мо́ре 2) *передаётся дат. п.*: a létter to my friend письмо́ моему́ дру́гу 3) до; from three to six от трёх до шести́; to the end до конца́ 4): to the sécond (third) degrée *мат.* в квадра́те (в тре́тьей сте́пени) **2.** *частица при инфинитиве* (*не переводится*): he wants to leave он хо́чет уе́хать

toast I [təʊst] тост *м* (*подсушенный ломтик хлеба*); грено́к *м*

toast II тост *м*; annóunce (propóse) a ~ провозгласи́ть тост

toaster ['təʊstə] то́стер *м*

tobacco [tə'bækəʊ] таба́к *м*; **~nist's** [tə'bækənɪsts] таба́чный кио́ск

today [tə'deɪ] сего́дня

toe [təʊ] па́лец ноги́

together [tə'geðə] вме́сте

toilet ['tɔɪlɪt] туале́т *м*; ~ soap туале́тное мы́ло

token ['təʊkən] 1) знак *м*; in ~ of friendship в знак дру́жбы 2) жето́н *м*

tolerant ['tɔlərənt] терпи́мый

tolerate ['tɔləreɪt] терпе́ть

toll [təʊl] 1) *авто* пла́та за прое́зд (*по мосту или дороге*); ~ road пла́тная доро́га 2): death ~ поте́ри уби́тыми; **~-booth** [-bu:ð] бу́дка сбо́рщика пла́ты (за прое́зд); **~-bridge** [-brɪdʒ] пла́тный мост; **~-free** [-fri:] беспла́тный; call ~-free... звони́те беспла́тно по телефо́ну...

tomato [tə'mɑːtəʊ, *амер.* tə'meɪtəʊ] помидо́р *м*, тома́т *м*; ~ juice тома́тный сок

tomb [tu:m] надгро́бный па́мятник, мавзоле́й *м*

tomorrow [tə'mɔrəʊ] за́втра

ton [tʌn] то́нна *ж*

tone [təʊn] тон *м*

tongs [tɔŋz] *pl* щипцы́ *мн.*, кле́щи *мн.*

tongue [tʌŋ] язы́к *м* (*тж. кушанье*)

tonic ['tɔnɪk] 1) тонизи́рующее сре́дство 2) «то́ник» *м*

(тонизирующий хинный напиток)

tonight [tə'naɪt] сего́дня ве́чером *(реже но́чью)*

tonsil ['tɔnsl] *(обыкн. pl)* *анат.* минда́лина *ж;* ~**lectomy** [ˌtɔnsɪ'lektəmɪ] *мед.* удале́ние минда́лин; ~**litis** [ˌtɔnsɪ'laɪtɪs] *мед.* тонзилли́т *м*

too [tuː] 1) та́кже, то́же; I'll go there ~ я та́кже пойду́ туда́ 2) сли́шком, чересчу́р; it's ~ expénsive э́то сли́шком до́рого 3) о́чень; ~ bad о́чень пло́хо

took [tuk] *past от* take

tool [tuːl] инструме́нт *м,* ору́дие *с*

tooth [tuːθ] *(pl* teeth) зуб *м;* ~**ache** [-eɪk] зубна́я боль; ~**-brush** [-brʌʃ] зубна́я щётка; ~**-paste** [-peɪst] зубна́я па́ста; ~**pick** [-pɪk] зубочи́стка *ж*

top [tɔp] 1. *n* 1) верх *м;* кры́шка *ж;* fólding ~ откидно́й верх *(автомоби́ля);* at the ~ вверху́ 2) верши́на *ж (of a mountain)* 3) маку́шка *ж (of a head)* 2. *a* ве́рхний; вы́сший; at ~ speed на преде́льной ско́рости

topaz ['təupæz] топа́з *м*

topic ['tɔpɪk] предме́т *м,* те́ма *ж*

torch [tɔːtʃ] 1) фа́кел *м* 2) *тех.* горе́лка *ж;* ~ wélding га́зовая сва́рка 3) *брит.* электри́ческий фона́рик *(flashlight)*

tore [tɔː] *past от* tear II

torn [tɔːn] *pp от* tear II

tortoise ['tɔːtəs] черепа́ха *ж*

torture ['tɔːtʃə] 1. *n* пы́тка *ж* 2. *v* пыта́ть

Tory ['tɔːrɪ] то́ри *м нескл.,* консерва́тор *м*

toss [tɔs] 1) кача́ть(ся) *(swing)* 2) подбра́сывать, швыря́ть; ~ a cóin бро́сить моне́ту ◊ ~ed sálad зелёный сала́т с запра́вкой

total ['təutl] 1) весь *(entire)* 2) по́лный, абсолю́тный *(complete)*

touch [tʌtʃ] 1. *v* 1) тро́гать, притра́гиваться, (при)каса́ться 2) каса́ться, затра́гивать *(тему и т. п.);* ~ upón a próblem затро́нуть вопро́с 3) тро́гать, волнова́ть; how does it ~ me? како́е э́то име́ет отноше́ние ко мне? 2. *n* 1) осяза́ние *с;* soft to the ~ мя́гкий на о́щупь 2) прикоснове́ние *с;* at a ~ при прикоснове́нии 3) обще́ние *с;* in ~ with... в конта́кте с...; to get in ~ with *smb* связа́ться с *кем-л.*

tough [tʌf] 1) жёсткий; ~ pólicy жёсткая поли́тика 2) выно́сливый *(strong)* 3) *разг.* тру́дный; a ~ job тяжёлая рабо́та

tour [tuə] 1) путеше́ствие *с* 2) *театр.* гастро́ли *мн.* 3) экску́рсия *ж;* make a ~ of the cíty соверши́ть экску́рсию по го́роду; ~**ist** ['tuərɪst] тури́ст *м;* ~ist ágency туристи́ческое бюро́; ~ist class tícket биле́т тури́стского кла́сса

towards [tə'wɔːdz] 1) (по направле́нию) к; ~ the sea к мо́рю 2) по отноше́нию к; my

attitude ~ it is known моё отношéние к э́тому извéстно 3) óколо; ~ the end под конéц

towel [ˈtauəl] полотéнце *с*

tower [ˈtauə] бáшня *ж*; вы́шка *ж*

town [taun] гóрод *м*; ~ car лимузи́н *м*; ~ hall рáтуша *ж*; ~ house особня́к *м* (*в городе*)

toy [tɔɪ] игру́шка *ж*

trace [treɪs] след *м*

track [træk] 1) след *м* 2) *ж.-д.* колея́ *ж* 3) тропи́нка *ж*, дорóга *ж* (*path*) 4) *спорт.* трек *м*; ~ and field (evénts) лёгкая атлéтика

tractor [ˈtræktə] трáктор *м*; ~ driver тракторúст *м*

trade [treɪd] **1.** *n* 1) торгóвля *ж*; ~ mark фабри́чное клеймó 2) ремеслó *с*, профéссия *ж* (*profession*); ~ union профсою́з *м*; ~ sécret секрéт произвóдства **2.** *v* 1) торговáть (*sell and buy*) 2) обмéнивать (-ся); I óffer you to ~ my stamp for your badge я предлагáю вам обменя́ть мою́ (почтóвую) мáрку на ваш значóк; ~-in [-ɪn] 1) сдáча подéржанного телеви́зора (автомоби́ля *и т. п.*) в счёт опла́ты нóвого (*act*) 2) предмéт, сдавáемый в части́чную упла́ту за нóвый (*о телевизоре, автомобиле и т. п.*); ~-unionist [-ˈjuːnjənɪst] член профсою́за; дéятель профсою́зного движéния

tradition [trəˈdɪʃn] традúция *ж*

traffic [ˈtræfɪk] у́личное движéние; трáнспорт *м*; héavy (light) ~ большóе (небольшóе) движéние; ~ lights (sígnals) светофóр *м*; ~ regulátions прáвила у́личного движéния

tragedy [ˈtrædʒɪdɪ] трагéдия *ж*

trail [treɪl] волочи́ть(ся), тащи́ть(ся) (*drag along*); ~er [-ə] 1) (грузовóй) прицéп 2) *амер.* прицéп-дáча *м*

train I [treɪn] пóезд *м*; there's a ~ évery third hóur поездá хóдят чéрез кáждые два часá; ~ sérvice железнодорóжное сообщéние; fast (expréss, pássenger, goods) ~ скóрый (курьéрский, пассажи́рский, товáрный) пóезд; by ~ пóездом

train II 1) обучáть, воспи́тывать 2) *спорт.* тренировáть; ~ onesélf тренировáться 3) дрессировáть (*animals*); ~er [-ə] 1) трéнер *м*, инстру́ктор *м* 2) дрессирóвщик *м* (*of animals*)

trait [treɪ, *амер.* treɪt] чертá *ж*; ~s of cháracter черты́ харáктера

traitor [ˈtreɪtə] измéнник *м*, предáтель *м*

tram [træm] трамвáй *м*; take the ~ поéхать трамвáем

tranquil [ˈtræŋkwɪl] спокóйный; ~lity [træŋˈkwɪlɪtɪ] спокóйствие *с*; ~lizer [-aɪzə] успокáивающее (срéдство), транквилизáтор *м*

transaction [trænˈzækʃn] 1) дéло *с*, сдéлка *ж* (*business*) 2) ведéние *с*; ~ of affáirs ведéние дел 3) *pl* труды́ *мн.*;

протоколы *мн.* (*общества*); учёные записки

transfer [træns'fə:] 1) перемещать, переносить 2) передавать (*hand over*)

transform [træns'fɔ:m] превращать

transistor [træn'zɪstə] (*тж.* transistor radio) транзисторный приёмник

transit ['trænsɪt] транзит *м*, перевозка *ж*

translate [træns'leɪt] переводить; ~, please! переведите, пожалуйста!; ~ accurately точно переводить; ~ from English into Russian переводить с английского на русский

translation [træns'leɪʃn] перевод *м*

translator [træns'leɪtə] переводчик *м* (*письменный*)

transmission [trænz'mɪʃn] 1) передача *ж* 2) радиопередача *ж* (*broadcast*) 3) *авто* трансмиссия *ж*; automatic ~ автоматическая трансмиссия; manual ~ обычная трансмиссия (*сцепление и коробка перемены передач*)

transnational [træns'næʃənl] 1. *a* транснациональный, межнациональный 2. *n pl* (*тж.* transnational corporations) транснациональные корпорации

transparent [træn'spɛərənt] прозрачный

transport 1. *n* ['trænspɔt] 1) перевозка *ж* 2) транспорт *м* (*means*) 2. *v* [træn'spɔt] перевозить

trap [træp] западня *ж*, ловушка *ж*; капкан *м*

travel ['trævl] 1. *n* (*обыкн. pl*) путешествие *с* 2. *v* путешествовать; ~-**bureau** [-ˌbjuərəu] бюро путешествий

traveller ['trævlə] путешественник *м*

travelling ['trævlɪŋ] дорожный; ~-**dress** [-dres] дорожный костюм

tray [treɪ] поднос *м*

treacherous ['tretʃərəs] предательский

treachery ['tretʃərɪ] предательство *с*

treason ['tri:zn] (*тж.* high treason) (государственная) измена

treasure ['treʒə] сокровище *с*; ~s of art сокровища искусства; ~**r** ['treʒərə] казначей *м*

treat [tri:t] 1) обращаться, относиться 2) угощать (to — чем-л.) 3) лечить (*cure*); ~**ment** [-mənt] 1) обращение *с*; bad (kind) ~ment скверное (ласковое) обращение 2) лечение *с*; уход *м*; hospital ~ment больничное лечение

treaty ['tri:tɪ] договор *м*; peace ~ мирный договор

treble ['trebl] *муз.* высокие тона

tree [tri:] дерево *с*

tremble ['trembl] дрожать, трепетать

tremendous [trɪ'mendəs] огромный

trench [trentʃ] ров *м*; канава *ж*

trend [trend] тенденция *ж*

trial ['traɪəl] 1) испыта́ние *c*; by ~ and érror ме́тодом проб и оши́бок 2) *юр.* суд *м*, суде́бное разбира́тельство 3) *спорт.* попы́тка *ж*; предвари́тельный забе́г

tribe [traɪb] пле́мя *c*

tribune ['trɪbjuːn] помо́ст *м*, трибу́на *ж*

tributary ['trɪbjutərɪ] *геогр.* прито́к *м*

tribute ['trɪbjuːt] дань *ж*; pay a ~ *перен.* отдава́ть дань

trick [trɪk] 1) хи́трость *ж*; уло́вка *ж* 2) фо́кус *м*, трюк *м* (*a piece of jugglery*)

trifle ['traɪfl] пустя́к *м*; I'm tíred a ~ я слегка́ уста́л

trimming ['trɪmɪŋ] отде́лка *ж* (*на платье*)

trio ['triːəu] *муз.* три́о *c нескл.*

trip [trɪp] 1. *n* 1) путеше́ствие *c*, пое́здка *ж*; экску́рсия *ж* 2) *спорт.* подно́жка *ж* 2. *v:* ~ (the pláyer) дать (игроку́) подно́жку

triumph ['traɪəmf] 1. *n* торжество́ *c* 2. *v* (вос)торжествова́ть; ~ant [traɪ'ʌmfənt] победоно́сный

trolley ['trɔlɪ] (*тж.* trólley--bus) тролле́йбус *м*

trombone [trɔm'bəun] *муз.* тромбо́н *м*

troops [truːps] *pl* войска́ *мн.*

trophy ['trəufɪ] *спорт.* приз *м*

tropic ['trɔpɪk] 1) тро́пик *м* 2) (the ~s) *pl* тро́пики *мн.*; ~al [-əl] тропи́ческий

trot [trɔt] 1. *n* рысь *ж (аллюр)* 2. *v* идти́ ры́сью

trouble ['trʌbl] 1. *n* 1) беспоко́йство *c*, забо́та *ж*, хло́поты *мн.*; thank you for all your ~ благодарю́ вас за все ва́ши хло́поты 2) неприя́тности *мн.*; беда́ *ж*; get ínto ~ попа́сть в беду́ 3) боле́знь *ж*; heart ~ боле́знь се́рдца ◇ shoot the ~ а) *тех.* устрани́ть неиспра́вность; б) *полит.* ула́дить конфли́кт 2. *v* 1) беспоко́ить(ся) 2) проси́ть; затрудня́ть; I'm sórry to ~ you! прости́те за беспоко́йство!; ~-maker [-ˌmeɪkə] наруши́тель (поря́дка); смутья́н *м*; ~-shooter [-ˌʃuːtə] специали́ст по ула́живанию конфли́ктов

troupe [truːp] тру́ппа *ж*

trousers ['trauzəz] *pl* брю́ки *мн.*

trout [traut] форе́ль *ж*

truce [truːs] переми́рие *c*

truck [trʌk] *амер.* грузови́к *м (lorry)*; ~er [-ə], ~man [-mən] води́тель грузови́ка

true [truː] 1) и́стинный, настоя́щий, по́длинный; it's not ~ э́то непра́вда; come ~ сбыва́ться 2) ве́рный, пра́вильный; правди́вый; a ~ stóry правди́вый расска́з 3) ве́рный, пре́данный (*faithful*) 4) то́чный; a ~ cópy то́чная ко́пия

truly ['truːlɪ]: yours ~ пре́данный вам (*в письме*)

trumpet ['trʌmpɪt] *муз.* труба́ *ж*, фанфа́ра *ж*

trunk [trʌŋk] 1) ствол *м* 2) ту́ловище *c*, ко́рпус *м* *(body)* 3) чемода́н м, сунду́к м *(box)* 4) хо́бот м *(of an elephant)* 5) *авто* бага́жник м; ~-call [-kɔːl] междугоро́дный вы́зов

trust [trʌst] **1.** *n* 1) дове́рие *с* 2) *эк.* трест м **2.** *v* ве́рить

truth [truːθ] пра́вда ж; и́стина ж; ~ful [-ful] правди́вый

try [traɪ] 1) пыта́ться; стара́ться 2) про́бовать, испы́тывать *(test)* 3) *юр.* суди́ть; ~ **on** примеря́ть *(платье)*; ~ on this suit приме́рьте э́тот костю́м

T-shirt [ˈtiːʃəːt] футбо́лка ж

tuba [ˈtjuːbə] *муз.* ту́ба ж

tube [tjuːb] 1) тру́бка ж 2) тю́бик м; a ~ of paint тю́бик кра́ски 3): the ~ метрополите́н м *(в Лондоне)* 4) *амер. тех.* радиола́мпа ж 5) *амер. разг.* телеви́зор м, «те́лек» м; on the ~ ≅ по «те́леку»

Tuesday [ˈtjuːzdɪ] вто́рник м

tulip [ˈtjuːlɪp] тюльпа́н м

tune [tjuːn] **1.** *n* мело́дия ж; to the ~ of... на моти́в... **2.** *v* настра́ивать *(инструмент)*; ~ **in:** ~ in the ra̒dio настро́ить приёмник *(на нужную волну)*; ~r [-ə] *радио* приёмник м *(без усилителя и динамиков)*

tunnel [ˈtʌnl] тунне́ль м

turkey [ˈtəːkɪ] индю́к м, инде́йка ж; ~ dinner *амер.* обе́д с инде́йкой *(традиционно, в день благодарения)*

Turkish [ˈtəːkɪʃ] **1.** *a* туре́цкий ◊ ~ towel мохна́тое полоте́нце; ~ bath туре́цкая

ба́ня; пари́льня ж **2.** *n* туре́цкий язы́к

turn [təːn] **1.** *v* 1) враща́ть(-ся), верте́ть(ся) 2) повора́чивать(ся); ~ the corner поверну́ть за́ угол 3) направля́ть, сосредото́чивать; ~ one's éfforts to *smth* напра́вить уси́лия на *что-л.* 4) де́латься, станови́ться; ~ red покрасне́ть; ~ pale побледне́ть; ~ **off** а) закры́ть *(tap)*; б) вы́ключить *(light)*; ~ **on** а) откры́ть *(tap)*; б) включи́ть *(light)* **2.** *n* 1) оборо́т м *(колеса и т. п.)* 2) поворо́т м; "no right ~!" «пра́вый поворо́т запрещён!» *(надпись)* 3) о́чередь ж; in ~, by ~s по о́череди 4) услу́га ж; do *smb* a good ~ оказа́ть хоро́шую услу́гу *кому-л.*

turner [ˈtəːnə] то́карь м

turnip [ˈtəːnɪp] ре́па ж

turntable [ˈtəːnˌteɪbl] про́игрыватель м

turtle [ˈtəːtl] черепа́ха ж *(морская)*; ~ soup суп из черепа́хи

turtleneck [ˈtəːtlnek] *(тж.* túrtleneck swéater) сви́тер-водола́зка м

tutor [ˈtjuːtə] 1) наста́вник м; private ~ репети́тор м 2) *амер.* мла́дший преподава́тель *(в некоторых университетах)* 3) *брит.* наста́вник м *(студент-старшекурсник по отношению к младшекурснику в некоторых колледжах)*

tutorial [tjuːˈtɔːrɪəl] 1) консульта́ция ж (*individual*) 2) семина́р м (*group*)

tutu [ˈtuːtuː] па́чка ж (*балерины*)

tuxedo [tʌkˈsiːdəu] *амер.* смо́кинг м

TV [ˌtiːˈviː] = télevision; TV dinner «телеу́жин» м (*замороженное второе блюдо с гарниром в алюминиевой фольге, готовое к употреблению после быстрого разогрева в духовке*)

twelfth [twelfθ] двена́дцатый

twelve [twelv] двена́дцать

twentieth [ˈtwentɪɪθ] двадца́тый

twenty [ˈtwentɪ] два́дцать

twice [twaɪs] два́жды; ~ as much вдво́е бо́льше

twilight [ˈtwaɪlaɪt] су́мерки мн.

twin [twɪn] **1.** *a* па́рный, одина́ковый; would you like a room with a double bed or ~ beds? вам дать но́мер с двуспа́льной крова́тью или с двумя́ односпа́льными? **2.** *n* близне́ц м

twine [twaɪn] шпага́т м, бечёвка ж

twinned [twɪnd] спа́ренный; ~ cities породнённые города́, города́-побрати́мы

twist [twɪst] **1.** *v* 1) крути́ть; скру́чивать(ся) 2) искажа́ть (*distort*) **2.** *n* твист м (*танец*)

two [tuː] два; ~ húndred две́сти; the ~ of us (them, you) мы (они́, вы) вдвоём

twofold [ˈtuːfəuld] **1.** *a* двойно́й **2.** *adv* вдво́е

type [taɪp] **1.** *n* тип м **2.** *v* (*тж.* týpewrite) печа́тать на маши́нке; ~writer [-ˌraɪtə] пи́шущая маши́нка

typical [ˈtɪpɪkəl] типи́чный, характе́рный (of)

typist [ˈtaɪpɪst] машини́стка ж

tyre [ˈtaɪə] = tire

U

ugly [ˈʌglɪ] безобра́зный; га́дкий; ~ dúckling га́дкий утёнок

ulcer [ˈʌlsə] я́зва ж

ultimate [ˈʌltɪmɪt] оконча́тельный; преде́льный, вы́сший

ultimatum [ˌʌltɪˈmeɪtəm] ультима́тум м

umbrella [ʌmˈbrelə] зо́нт(ик) м

umpire [ˈʌmpaɪə] *спорт.* судья́ м

UN [ˌjuːˈen] (United Nátions) ООН (Организа́ция Объединённых На́ций); UN Secretáriat секретариа́т ООН

unable [ʌnˈeɪbl] неспосо́бный; be ~ быть не в состоя́нии

unanimous [juːˈnænɪməs] единоду́шный, единогла́сный

unbutton [ʌnˈbʌtn] расстёгивать (*пуговицы*)

uncertain [ʌnˈsɜːtn] 1) неопределённый 2) неуве́ренный (*not sure of*)

uncle [ʌŋkl] дя́дя м

uncomfortable [ʌnˈkʌmfə-
təbl] неудо́бный; feel ~ чу́вст-
вовать себя́ нело́вко

uncommon [ʌnˈkɔmən] не-
обыкнове́нный, ре́дкий

unconscious [ʌnˈkɔnʃəs] 1)
бессозна́тельный 2): be ~ of
не сознава́ть 3) нево́льный;
~ smile нево́льная улы́бка

uncork [ʌnˈkɔːk] отку́порить

undeniable [ˌʌndɪˈnaɪəbl] не-
оспори́мый; несомне́нный; я́в-
ный; ~ truth неоспори́мая
и́стина

under [ˈʌndə] 1) под; ~ the
gróund под землёй 2) при, по,
согла́сно, в соотве́тствии, в;
~ mо́dern conditions при со-
вре́менных усло́виях; ~ repа́ir
в ремо́нте, ремонти́руется; ~
discússion обсужда́ется 3)
ме́ньше (чем); ни́же (о стоимости); children ~ 14 are not
admítted де́ти до 14 лет не
допуска́ются

underclothes [ˈʌndəkləuðz] pl
(ни́жнее) бельё

undercoating [ˈʌndəkəutɪŋ]
1) грунто́вка ж (a coat of
paint) 2) авто антикоррози́й-
ное покры́тие дни́ща

underdone [ˌʌndəˈdʌn]: an ~
steak стейк «с кро́вью» (мясо)

underemployment [ˌʌndərɪm-
ˈplɔɪmənt] непо́лная за́ня-
тость, части́чная безрабо́тица

underestimate [ˌʌndərˈestɪ-
meɪt] недооце́нивать

undergo [ˌʌndəˈgəu] (under-
wént; undergóne) испы́тывать;
подверга́ться; ~ an operа́tion
подве́ргнуться опера́ции; ~ne

[ˌʌndəˈgɔn] pp от undergó

undergraduate [ˌʌndəˈgrædʒu-
ɪt] студе́нт м

underground [ˈʌndəgraund]
1. a 1) подзе́мный 2) под-
по́льный; ~ actívity подпо́ль-
ная де́ятельность 3) иск. аван-
гарди́стский **2.** n (the ~) мет-
рополите́н м

underline [ˌʌndəˈlaɪn] подчёркивать

undermine [ˌʌndəˈmaɪn] под-
рыва́ть, подка́пывать(ся)

underpass [ˈʌndəpɑːs, амер.
ˈʌndəpæs] 1) авто тунне́ль м
2) подзе́мный перехо́д (for pedestrians)

under‖shirt [ˈʌndəʃəːt] ни́ж-
няя руба́шка; ~**skirt** [-skəːt]
ни́жняя ю́бка

understand [ˌʌndəˈstænd]
(understóod) понима́ть; make
oneself understóod уме́ть объ-
ясни́ться; ~**ing** [-ɪŋ] понима́-
ние c; come to an ~ing найти́
о́бщий язы́к; mútual ~ing
взаимопонима́ние c

understood [ˌʌndəˈstud] past
и pp от understánd

understudy [ˈʌndəstʌdɪ]
театр. дублёр м

undertake [ˌʌndəˈteɪk] (un-
dertóok; undertáken) 1) взя́ть-
ся; ~ a task взять на себя́
зада́чу; ~ to do smth взя́ться
сде́лать что-л. 2) предпри-
ма́ть; ~ a jóurney предпри-
ня́ть пое́здку; ~**n** [-n] pp от
undertáke

undertaking [ˌʌndəˈteɪkɪŋ] 1)
предприя́тие c 2) обяза́тель-
ство c (obligation)

undertook [,ʌndə'tuk] *past от* undertáke

underwear ['ʌndəwɛə] ни́жнее бельё

underwent [,ʌndə'went] *past от* undergó

undesirable [,ʌndɪ'zaɪərəbl] 1) нежела́тельный 2) неподходя́щий; неудо́бный; ~ móment неподходя́щий моме́нт

undid [ʌn'dɪd] *past от* undó

undo [ʌn'duː] (undíd; undóne) развя́зывать; расстёгивать; ~ a páckage раскры́ть паке́т; ~ne [ʌn'dʌn] *pp от* undó

undress [ʌn'dres] раздева́ть (-ся)

undying [ʌn'daɪɪŋ] бессме́ртный; ве́чный; ~ másterpiece бессме́ртное творе́ние

uneasy [ʌn'iːzɪ] 1) встрево́женный; I feel ~ abóut... я беспоко́юсь о... 2) нело́вкий (*awkward*)

unemployed [,ʌnɪm'plɔɪd] безрабо́тный *м*

unemployment [,ʌnɪm'plɔɪmənt] безрабо́тица *ж*; ~ bénefit посо́бие по безрабо́тице

unequal [ʌn'iːkwəl] нера́вный

UNESCO [juː'neskəu] (Uníted Nátions Educátional, Scientífic and Cúltural Organizátion) ЮНЕ́СКО (Организа́ция Объединённых На́ций по вопро́сам образова́ния, нау́ки и культу́ры)

unexpected [,ʌnɪk'spektɪd] неожи́данный, внеза́пный

unfamiliar [,ʌnfə'mɪlɪə] незнако́мый

unfasten [ʌn'fɑːsn] отстёгивать, отвя́зывать

unforeseen [,ʌnfɔː'siːn] непредви́денный

unfortunate [ʌn'fɔːtʃnɪt] несча́стный; несчастли́вый 2) неуда́чный; I find it véry that... мне о́чень неприя́тно, что...; ~ly [-lɪ] к несча́стью, к сожале́нию

unhappy [ʌn'hæpɪ] 1) несча́стный, несчастли́вый 2) неуда́чный, неуме́стный; ~ chóice неуда́чный вы́бор; ~ remárk неуме́стное замеча́ние

unhealthy [ʌn'helθɪ] нездоро́вый; ~ clímate вре́дный кли́мат

uniform ['juːnɪfɔːm] **1.** *n* фо́рма *ж*; фо́рменная оде́жда **2.** *a* одина́ковый

unimpeachable [,ʌnɪm'piːtʃəbl] 1) безупре́чный; ~ hónesty безукори́зненная че́стность 2) достове́рный; надёжный; ~ source достове́рный исто́чник

unintentional [,ʌnɪn'tenʃənl] неча́янный; ~ly [,ʌnɪn'tenʃənəlɪ] неча́янно

union ['juːnɪən] сою́з *м*; объедине́ние *с*; in ~ with... в сою́зе с...; the U. Jack брита́нский флаг

unisex ['juːnɪseks] универса́льного молодёжного сти́ля (*для обоих полов — о моде, причёске*), сти́ля «унисе́кс»

unit ['juːnɪt] 1) едини́ца *ж*; це́лое *с* 2) едини́ца измере́-

ния; a ~ of length (weight) едини́ца длины́ (ве́са)

unite [juːˈnaɪt] 1) соединя́ть (-ся) 2) объединя́ть(ся)

united [juːˈnaɪtɪd] объединённый, еди́ный; the U. Nátions (*реже* U. Nátions Organizátion) Организа́ция Объединённых На́ций

unity [ˈjuːnɪtɪ] еди́нство *с*; ~ of áctions еди́нство де́йствий

universal [ˌjuːnɪˈvɜːsəl] универса́льный, всео́бщий; ~ peace мир во всём ми́ре

universe [ˈjuːnɪvɜːs] мир *м*, вселе́нная *ж*

university [ˌjuːnɪˈvɜːsɪtɪ] университе́т *м*

unknown [ʌnˈnəun] неизве́стный

unleaded [ʌnˈledɪd]: ~ gásoline неэтили́рованный бензи́н

unless [ənˈles] е́сли не; ~ he phones, don't leave не уезжа́йте без его́ звонка́

unlikely [ʌnˈlaɪklɪ] **1.** *a* малове́роя́тный; it is híghly ~ э́то весьма́ малове́роя́тно **2.** *adv* вряд ли

unlimited [ʌnˈlɪmɪtɪd] неограни́ченный

unload [ʌnˈləud] 1) разгружа́ть(ся) 2) *воен.* разряжа́ть (*оружие*)

unlucky [ʌnˈlʌkɪ] несчастли́вый; неуда́чный

unmanned [ʌnˈmænd] беспило́тный; ~ space probe автомати́ческий косми́ческий кора́бль

unmarked [ʌnˈmɑːkt] 1) незаме́ченный; ...remained ~ ... оста́лся незаме́ченным 2) без опознава́тельных зна́ков; an ~ políce car полице́йская маши́на без опознава́тельных зна́ков

unmarried [ˌʌnˈmærɪd]: ~ móther мать-одино́чка *ж*

unnatural [ˌʌnˈnætʃrəl] неесте́ственный; противоесте́ственный

unnecessary [ˌʌnˈnesɪsərɪ] нену́жный, изли́шний

unpleasant [ʌnˈpleznt] неприя́тный

unpopular [ʌnˈpɔpjulə] непопуля́рный (with)

unprotected [ˌʌnprəˈtektɪd] беззащи́тный; незащищённый

unreasonable [ʌnˈriːznəbl] 1) неразу́мный 2) непоме́рно высо́кий; ~ price чрезме́рно высо́кая цена́

unrestricted [ˌʌnrɪˈstrɪktɪd] неограни́ченный

unsettled [ʌnˈsetld] нерешённый; ~ próblem нерешённый вопро́с

unskilled [ʌnˈskɪld] неквалифици́рованный; ~ wórker неквалифици́рованный рабо́чий

unsuccessful [ˌʌnsəkˈsesfəl] неуда́чный; ~ tríal (attémpt) неуда́чная попы́тка

untie [ʌnˈtaɪ] отвя́зывать (-ся), развя́зывать(ся)

until [ənˈtɪl] = till

untimely [ʌnˈtaɪmlɪ] несвоевре́менный

unusual [ʌnˈjuːʒuəl] необыкнове́нный; необы́чный; in ~ círcumstances в исключи́тельных обстоя́тельствах

unwell [ʌnˈwel] нездоро́вый; I'm ~ мне нездоро́вится

unwilling [ʌnˈwɪlɪŋ] несклóнный, нераспо́ложенный; be ~ не хотéть

unzip [ʌnˈzɪp] расстегну́ть мóлнию

up [ʌp] **1.** *adv выражает* 1) *подъём, увеличение:* age twénty one up от двадцати́ одногó гóда и ста́рше; cótton is up хлóпок подорожáл 2) *приближение:* he came up он подошёл 3) *истечение, завершение, результат:* the time is up врéмя вы́шло; eat up съесть ◊ up and abóut на ногáх; what are you up to? что вы замышля́ете?; what's up here? что тут происхóдит?; it's up to you to decíde слóво за ва́ми; up-to-date совремéнный **2.** *prep* вверх по; up the ríver (stairs) вверх по рекé (лéстнице)

upbringing [ˈʌpbrɪŋɪŋ] воспитáние *с*

update [ˌʌpˈdeɪt] **1.** *v* поднять до у́ровня совремéнности, модернизи́ровать; ~ a repórt уточни́ть доклáд; ~ a plan скорректи́ровать план **2.** *n* 1) уточнённый вариáнт 2): news ~ «в послéдний час»

upgrade [ʌpˈgreɪd] **1.** *v* 1) повы́сить кáчество; ~ a próduct повы́сить кáчество продýкции 2) перевести́ в бóлее высóкую категóрию; ~ a post повы́сить

у́ровень постá **2.** *n* [ˈʌpˌgreɪd]: on the ~ на подъёме

uphold [ʌpˈhəuld] поддéрживать

upon [əˈpɒn] = on 1

upper [ˈʌpə] вéрхний, вы́сший; the U. House вéрхняя палáта; ~ floor вéрхний этáж; ~ círcle *театр.* балкóн *м* ◊ get the ~ hand взять верх; ~ middle class «верху́шка срéднего клáсса», кру́пная буржуази́я

upˈroar [ˈʌprɔː] шум *м*, волнéние *с*

upset [ʌpˈset] (upsét) 1) опроки́дывать(ся) 2) огорчáть, расстрáивать (*distress*)

upside down [ˌʌpsaɪdˈdaun] вверх дном, вверх ногáми

upstairs [ˌʌpˈstɛəz] вверх (по лéстнице); навéрх, наверху́; go ~ поднимáться вверх; he's ~ он наверху́

upstate [ˈʌpsteɪt]: ~ New York сéверная часть штáта Нью-Йóрк

upsurge [ˈʌpsɜːdʒ] подъём *м*

uptown [ʌpˈtaun] *амер.* **1.** *n* жилы́е квартáлы (*удалённые от центра*); an ~ train пóезд, иду́щий от цéнтра (*в метро*) **2.** *adv* (по направлéнию) от цéнтра; go ~ направля́ться в жилу́ю часть гóрода

upwards [ˈʌpwədz] 1) вверх 2) свы́ше

uranium [juˈreɪnɪəm] урáн *м*

urban [ˈɜːbən] городскóй; ~ devélopment городскóе строи́тельство

urge [ɜːdʒ] 1) понуждáть

2) убежда́ть, наста́ивать на (*exhort*)

urgent ['ə:dʒənt] сро́чный, ва́жный; настоя́тельный; ~ requést насто́йчивая про́сьба

urn [ə:n] у́рна ж

us [ʌs] (*косв. п. от* we) нас, нам, на́ми; is it for us? э́то для нас?; let's go пойдёмте!

usage ['ju:zɪdʒ] употребле́ние с

use 1. *n* [ju:s] 1) по́льзование с, употребле́ние с; in ~ в употребле́нии; be out of ~ вы́йти из употребле́ния 2) по́льза ж; no ~ to go there туда́ идти́ не́зачем; is there ány ~? сто́ит ли? **2.** *v* [ju:z] 1) употребля́ть; по́льзоваться; mày I ~ your télephone? мо́жно позвони́ть от вас? 2): he ~d to... он име́л обыкнове́ние...; I ~d to play the píano ра́ньше я игра́л на фортепья́но; ~ **up** испо́льзовать, истра́тить

used 1) [ju:st] привы́кший; he is ~ to us он привы́к к нам; get ~ to smth привы́кнуть к чему́-л. 2) [ju:zd] поде́ржанный, ста́рый; ~ car поде́ржанный автомоби́ль

useful ['ju:sful] поле́зный; приго́дный

useless ['ju:slɪs] бесполе́зный

user ['ju:zə] потреби́тель *м*; по́льзующийся *м* (of — чем-л.); the ~ of the díctionary чита́тель словаря́

usher ['ʌʃə] **1.** *n* биле́тёр *м* (*in a theatre*) **2.** *v*: ~ in проводи́ть, вводи́ть

usual ['ju:ʒuəl] обы́чный; обыкнове́нный; as ~ как обы́чно; it's the ~ thing here здесь э́то при́нято; ~**ly** [-ɪ] обы́чно, обыкнове́нно

utilize ['ju:tɪlaɪz] испо́льзовать

utmost ['ʌtməust] **1.** *a* кра́йний, преде́льный; this is of ~ impórtance э́то кра́йне ва́жно **2.** *n* са́мое бо́льшее; try one's ~ сде́лать всё возмо́жное

utter I ['ʌtə] 1) издава́ть (*звуки*); ~ a cry вскри́кнуть 2) произнести́, вы́молвить; don't ~ a word! молчи́те!, ни сло́ва!

utter II по́лный; полне́йший; кра́йний; ~ surpríse полне́йшая неожи́данность

U-turn ['ju:tə:n] *авто* разворо́т *м*; "No ~" «разворо́та нет» (*надпись на дорожном знаке*)

V

vac [væk] *см.* vácuum

vacancy ['veɪkənsɪ] 1) пустота́ ж 2) вака́нсия ж (*unoccupied post*)

vacant ['veɪkənt] незáнятый, свобо́дный, вака́нтный; is the seat ~? э́то ме́сто свобо́дно?

vacation [və'keɪʃn] 1) кани́кулы *мн.*; wínter (súmmer) ~ зи́мние (ле́тние) кани́кулы 2) *амер.* о́тпуск *м*

vaccinate ['væksɪneɪt] 1) де́лать приви́вку 2) привива́ть о́спу

vacuum ['vækjuəm] **1.** *n* 1) пустота́ *ж*, ва́куум *м* 2) (*тж.* vácuum cléaner) пылесо́с *м*; an úpright ~ вертика́льный (ковро́вый) пылесо́с 3): ~ flask те́рмос *м* **2.** *v* пылесо́сить

vade-mecum [ˌveɪdɪ'miːkəm] карма́нный спра́вочник

vague [veɪg] сму́тный, нея́сный, неопределённый; ~ resémblance отдалённое схо́дство

vain [veɪn] тще́тный; in ~ напра́сно, зря

valid ['vælɪd] 1) действи́тельный, име́ющий си́лу; ~ dócument докуме́нт, име́ющий си́лу 2) ве́ский, обосно́ванный; ~ réason ве́ское основа́ние 3): ~ competítions *спорт.* зачётные соревнова́ния

valise [və'liːz, *амер.* və'liːs] 1) саквоя́ж *м* 2) *дип.* вали́за *ж*

valley ['vælɪ] доли́на *ж*

valuable ['væljuəbl] **1.** *a* це́нный **2.** *n pl* драгоце́нности *мн.*

value ['væljuː] **1.** *n* 1) це́нность *ж*; do you have ánything of ~ to decláre? у вас есть це́нные ве́щи, подлежа́щие по́шлине? 2) эк. сто́имость *ж* **2.** *v* оце́нивать

van I [væn] 1) фурго́н *м* 2) ж.-д. бага́жный (това́рный) ваго́н

van II = vánguard

vandal ['vændl] ванда́л *м*,

ва́рвар *м*; ~ism ['vændəlɪzm] вандали́зм *м*, ва́рварство *с*

vanguard ['vængɑːd] аванга́рд *м*

vanilla [və'nɪlə] вани́льный; ~ íce-cream вани́льное моро́женое

vanish ['vænɪʃ] исчеза́ть

vanity ['vænɪtɪ] тщесла́вие *с*

variant ['vɛərɪənt] вариа́нт *м*

variety [və'raɪətɪ] 1) разнообра́зие *с* 2) эстра́да *ж*; варьете́ *с нескл.*; ~ show a) варьете́ *с нескл.*; б) эстра́дный конце́рт (*concert*); ~ áctor арти́ст эстра́ды (варьете́); ~ art эстра́да *ж* (*вид иску́сства*)

various ['vɛərɪəs] разли́чный, ра́зный, разнообра́зный

vary ['vɛərɪ] 1) (из)меня́ться 2) расходи́ться (*во вку́сах и т. п.*); our tastes ~ мы расхо́димся во вку́сах

vase [vɑːz, *амер.* veɪs, veɪz] ва́за *ж*

vaseline ['væsɪliːn] вазели́н *м*

vast [vɑːst] обши́рный, грома́дный

vault [vɔːlt] **1.** *n спорт.* (опо́рный) прыжо́к; pole ~ прыжо́к с шесто́м **2.** *v* пры́гать с упо́ром; ~ on a horse вольтижи́ровать

VCR [ˌviːsiː'ɑː] (vídeo cassétte recórder) *см.* VTR

veal [viːl] теля́тина *ж*; ~ cútlet теля́чья отбивна́я

vegetable ['vedʒɪtəbl] **1.** *n* о́вощ *м* **2.** *a* расти́тельный

vegetarian [ˌvedʒɪ'tɛərɪən] **1.** *n* вегетариа́нец *м* **2.** *a* вегетариа́нский; ~ réstaurant вегетариа́нский рестора́н

vegetation [ˌvedʒɪ'teɪʃn] расти́тельность ж; there's much ~ aróund here здесь мно́го зе́лени

vehicle ['viːɪkl] тра́нспортное сре́дство *(carriage)*

veil [veɪl] **1.** *n* вуа́ль ж **2.** *v* завуали́ровать

vein [veɪn] ве́на ж

velvet ['velvɪt] *(тж.* silk vélvet) ба́рхат м

venerable ['venərəbl] почте́нный; ~ age глубо́кая ста́рость

vengeance ['vendʒəns] месть ж, мще́ние с

ventilate ['ventɪleɪt] прове́тривать, вентили́ровать

ventilation [ˌventɪ'leɪʃn] вентиля́ция ж

venture ['ventʃə] рискова́ть; отва́житься

veranda(h) [və'rændə] вера́нда ж, терра́са ж

verbatim [vəː'beɪtɪm] **1.** *adv* досло́вно; quote ~ цити́ровать досло́вно **2.** *a*: ~ récords стеногра́мма ж

verdict ['vəːdɪkt] верди́кт м, реше́ние прися́жных заседа́телей

verge [vəːdʒ] **1.** *n* 1) край м 2) *перен.* грань ж; on the ~ на гра́ни **2.** *v*: ~ **on** грани́чить

verify ['verɪfaɪ] проверя́ть

vermicelli [ˌvəːmɪ'selɪ] верми́шель ж

verse [vəːs] стихи́ *мн.*

vertical ['vəːtɪkəl] вертика́льный

very ['verɪ] **1.** *adv* о́чень; весьма́; he is ~ much pleased он о́чень дово́лен **2.** *a*: the ~ (тот) са́мый

vessel [vesl] 1) сосу́д м 2) кора́бль м, су́дно с *(ship)*

vest [vest] 1) *брит.* ни́жняя руба́шка 2) *амер.* жиле́т м; ~ed suit костю́м-тро́йка м

veteran ['vetərən] 1) ветера́н м 2) уча́стник войны́; sécond world war ~s уча́стники второ́й мирово́й войны́

veterinary ['vetərɪnərɪ] **1.** *n* ветерина́р м **2.** *a* ветерина́рный

veto ['viːtəu] **1.** *n* ве́то с *нескл.* **2.** *v* налага́ть ве́то

via ['vaɪə] че́рез; ~ Móscow че́рез Москву́

vibrate [vaɪ'breɪt] вибри́ровать; дрожа́ть (with — от)

vice [vaɪs] поро́к м

vice- [vaɪs-] ви́це-, замести́тель м

vice-president [ˌvaɪs'prezɪdənt] ви́це-президе́нт м, замести́тель председа́теля

vice versa [ˌvaɪsɪ'vəːsə] наоборо́т

vicinity [vɪ'sɪnɪtɪ] 1) окре́стности *мн.*; окру́га ж 2) бли́зость ж; in the ~ of thírty о́коло тридцати́

victim ['vɪktɪm] же́ртва ж

victor ['vɪktə] победи́тель м; ~**ious** [vɪk'tɔːrɪəs] победоно́сный; ~**y** ['vɪktərɪ] побе́да ж

video ['vɪdɪəu]: ~ tape recórding *тлв.* видеоза́пись ж; ~ cassétte видеокассе́та ж

view [vjuː] 1) вид *м*; пейза́ж *м* 2) по́ле зре́ния; he is not yet in ~ его́ ещё не ви́дно 3) взгляд *м*, мне́ние *с*; point of ~ то́чка зре́ния; have in ~ име́ть в виду́; ~-finder [-ˌfaɪndə] *фото* видоиска́тель *м*

vigilance [ˈvɪdʒɪləns] бди́тельность *ж*

vigorous [ˈvɪgərəs] си́льный, энерги́чный

village [ˈvɪlɪdʒ] дере́вня *ж*, село́ *с*

villain [ˈvɪlən] злоде́й *м*, негодя́й *м*

vine [vaɪn] виногра́дная лоза́

vinegar [ˈvɪnɪgə] у́ксус *м*

vineyard [ˈvɪnjəd] виногра́дник *м*

viola [vɪˈəulə] *муз.* альт *м* (*инструмент*)

violate [ˈvaɪəleɪt] наруша́ть, попира́ть; ~ the rules of the game наруша́ть пра́вила игры́

violation [ˌvaɪəˈleɪʃn] наруше́ние *с (правил и т. п.)*

violence [ˈvaɪələns] 1) си́ла *ж*, неи́стовство *с* 2) наси́лие *с (forcible act)*

violent [ˈvaɪələnt] си́льный, неи́стовый; ~ strúggle ожесточённая борьба́

violet [ˈvaɪəlɪt] **1.** *n* фиа́лка *ж* **2.** *a* фиоле́товый

violin [ˌvaɪəˈlɪn] скри́пка *ж*; ~ist [ˈvaɪəlɪnɪst] скрипа́ч *м*

violoncello [ˌvaɪələnˈtʃeləu] виолонче́ль *ж*

VIP [ˌviːaɪˈpiː] (véry impórtant pérson) высокопоста́влен-

ное лицо́; VIP lounge специа́льный зал ожида́ния (*в аэропорту*)

virgin [ˈvəːdʒɪn] де́вственный, нетро́нутый; ~ land (soil) целина́ *ж*

virtue [ˈvəːtʃuː] 1) доброде́тель *ж* 2) досто́инство *с (merit)*

visa [ˈviːzə] ви́за *ж*; éntrance (éxit) ~ ви́за на въезд (на вы́езд); through (tránsit) ~ транзи́тная ви́за; grant a ~ вы́дать ви́зу; get a ~ получи́ть ви́зу

visibility [ˌvɪzɪˈbɪlɪtɪ] ви́димость *ж*; éxcellent ~ прекра́сная ви́димость

visible [ˈvɪzəbl] ви́димый, очеви́дный

vision [ˈvɪʒn] зре́ние *с*

visit [ˈvɪzɪt] **1.** *n* визи́т *м*, посеще́ние *с*; cóurtesy ~ визи́т ве́жливости; pay (retúrn) a ~ нанести́ (отда́ть) визи́т; be on a ~ (to) быть в гостя́х (у) **2.** *v* посеща́ть; навеща́ть

visiting‖-book [ˈvɪzɪtɪŋbuk] кни́га посети́телей; ~-card [-kɑːd] визи́тная ка́рточка

visitor [ˈvɪzɪtə] посети́тель *м*; гость *м*

visual [ˈvɪzuəl] 1) зри́тельный; ~ mémory зри́тельная па́мять 2) нагля́дный; ~ aids нагля́дные посо́бия

vital [vaɪtl] жи́зненно ва́жный; насу́щный; ~ próblem важне́йший вопро́с

viva [ˈviːvə]: ~! да здра́вствует!

vivid [ˈvɪvɪd] живо́й, я́ркий

vocabulary [vəuˈkæbjulərɪ] слова́рь *м*, запа́с слов

vocal [ˈvəukəl] 1) голосово́й; ~ chords голосовы́е свя́зки 2) вока́льный; ~ duét вока́льный дуэ́т

vocation [vəuˈkeɪʃn] призва́ние *с*; ~al [vəuˈkeɪʃənl]: ~al school шко́ла произво́дственного обуче́ния; ~al guídance по́мощь в вы́боре профе́ссии

vodka [ˈvɔdkə] во́дка *ж*

vogue [vəug]: be in ~ быть в мо́де

voice [vɔɪs] го́лос *м*; ~-**over** [-əuvə] *тлв., кино* го́лос за ка́дром

volcano [vɔlˈkeɪnəu] вулка́н *м*

volleyball [ˈvɔlɪbɔːl] волейбо́л *м*

volt [vəult] *эл.* вольт *м*; ~**age** [-ɪdʒ] напряже́ние *с* (*тока*)

volume [ˈvɔljuːm] 1) том *м* 2) объём *м*; ~ of work объём рабо́т

voluntary [ˈvɔləntərɪ] доброво́льный

volunteer [ˌvɔlənˈtɪə] 1. *n* доброво́лец *м* 2. *v* вы́зваться (*что-л. сде́лать*)

vomit [ˈvɔmɪt] 1. *n* рво́та 2. *v*: he ~ed blood его́ рвало́ кро́вью; I feel like ~ing меня́ тошни́т

vote [vəut] 1. *n* 1) го́лос *м* (*на вы́борах*) 2) голосова́ние *с*; unánimous ~ единоду́шное голосова́ние 2. *v* голосова́ть; ~ for (agáinst) голосова́ть за (про́тив); ~ on the mótion

голосова́ть предложе́ние; ~ **down** отве́ргнуть большинство́м голосо́в; ~**r** [-ə] избира́тель *м*

voting [ˈvəutɪŋ] голосова́ние *с*; ~ páper избира́тельный бюллете́нь

vouch [vautʃ] руча́ться

vow [vau] 1. *n* обе́т *м*, кля́тва *ж*; make (take) a ~ дать кля́тву 2. *v* дава́ть обе́т, кля́сться (*в чём-л.*)

voyage [ˈvɔɪɪdʒ] путеше́ствие *с* (*по воде́*)

VTR [ˌviːtiːˈɑː] (vídeo tape recórder) видеомагнитофо́н *м*

vulgar [ˈvʌlgə] вульга́рный, по́шлый

vulnerable [ˈvʌlnərəbl] уязви́мый; рани́мый

W

wade [weɪd] брести́, переходи́ть вброд

wafer [ˈweɪfə] 1) ва́фля *ж* 2) сургу́чная печа́ть (*seal*)

waffle [ˈwɔfl] ва́фля *ж*

wage I [weɪdʒ] (*чаще pl*) за́работная пла́та; mónthly básic ~ ме́сячный окла́д; real ~s реа́льная за́работная пла́та; líving ~ прожи́точный ми́нимум

wage II вести́ (*войну́*); ~ war воева́ть

wag(g)on [ˈwægən] 1) теле́га *ж*, пово́зка *ж* (*horse-driven*) 2) (а́вто)фурго́н *м* 3) *брит.*

ж.-д. товáрный полувагóн 4) *амер. см.* státion-wágon

waist [weɪst] тáлия *ж;* ~**coat** [-kəut] *брит.* жилéт *м;* ~**line** [-laɪn] тáлия *ж*

wait [weɪt] 1) ждать; I'm sórry to keep you ~ing извинúте, что я заставля́ю вас ждать 2) прислу́живать *(за столóм);* where's the girl who ~s on this table? где дéвушка, котóрая обслу́живает э́тот стол?; ~**er** [-ə] официáнт *м*

waiting-room [ˈweɪtɪŋrum] 1) приёмная *ж* 2) *ж.-д.* зал ожидáния

waitress [ˈweɪtrɪs] официáнтка *ж*

wake [weɪk] (woke, waked; waked, wóken) будúть; пробуждáть(ся); ~ **up** разбудúть

walk [wɔːk] **1.** *n* 1) ходьбá *ж (тж. спорт.)* 2) прогу́лка *ж;* go for (take) a ~ идтú гуля́ть **2.** *v* 1) идтú пешкóм; гуля́ть; ~ abóut the cíty гуля́ть по гóроду 2): ~ him to the hotél проводúте егó до гостúницы

walkie-talkie [ˌwɔːkɪˈtɔːkɪ] «уóки-тóки» *с нескл.,* портатúвная рáция

walk‖-**in** [ˈwɔːkɪn]: ~ clóset большóй стеннóй шкаф, кладóвка *ж;* ~-**up** [ˈwɔːkʌp] 1) *(тж.* walk-up house) дом без лúфта 2) *(тж.* walk-up apártment) квартúра в дóме без лúфта

wall [wɔːl] стенá *ж;* ~ cábinet стéнка *ж (мéбель);* ~**covering** [-ˌkʌvərɪŋ] (синтетúче-

ские *или* ткáневые) обóи *мн.,* облицóвка *ж*

wallet [ˈwɔlɪt] бумáжник *м*

wall‖-**painting** [ˈwɔːlˌpeɪntɪŋ] рóспись стен; ~**paper** [-ˌpeɪpə] обóи *мн.*

Wall Street [ˌwɔlˈstriːt] Уóлл-стрит *(у́лица в Нью-Йóрке, финáнсовый центр США)*

walnut [ˈwɔːlnʌt] 1) грéцкий орéх 2) орéховое дéрево *(tree)*

walrus [ˈwɔːlrəs] морж *м*

waltz [wɔːls] вальс *м*

wander [ˈwɔndə] бродúть, стрáнствовать; блуждáть

want [wɔnt] 1) желáть, хотéть; as much as I ~ при всём желáнии; we ~ two tíckets (this book) дáйте нам два билéта (э́ту кнúгу) 2) трéбовать; you are ~ed (on the phone) вас зову́т (к телефóну) ◊ "~ed" «разы́скивается» *(объявлéние)*

war [wɔː] войнá *ж;* at ~ в состоя́нии войны́

ward [wɔːd] *(тж.* hóspital ward) больнúчная палáта; ~ atténdant санитáр *м,* санитáрка *ж;* сидéлка *ж,* ня́ня *ж*

wardrobe [ˈwɔːdrəub] гардерóб *м*

ware [wɛə] 1) издéлия *мн.* 2) *pl* товáры *мн. (goods);* ~**house** [-haus] склад *м;* пакгáуз *м*

warm [wɔːm] **1.** *a* тёплый; ~ wélcome горя́чий (сердéчный) приём **2.** *v* грéть(ся), нагревáть(ся); ~**up** а) подогревáть; б) *спорт.* дéлать разми́нку; ~**er** [-ə] гре́лка ж

warmonger [ˈwɔːˌmʌŋgə] поджига́тель войны́

warn [wɔːn] предупрежда́ть, предостерега́ть; ~**ing** [-ɪŋ] предупрежде́ние с; предостереже́ние с; make a ~ing сде́лать предупрежде́ние

warrant [ˈwɔrənt] руча́ться, гаранти́ровать (*guarantee*); ~**y** [-ɪ] гара́нтия ж

warship [ˈwɔːʃɪp] вое́нный кора́бль

wary [ˈwɛərɪ] насторо́женный; be ~ быть начеку́; остерега́ться

was [wɔz] *ед. прош. от* be

wash [wɔʃ] 1) мыть(ся); ~ one's hands (face) мыть ру́ки (лицо́); I want to ~ я хочу́ умы́ться 2) стира́ть (*бельё*); ~ **off** смыва́ть; ~**-and--wear** [-ənˈwɛə] несмина́емый (*об одежде*); ~**er** [-ə] 1) стира́льная маши́на 2) (*тж.* windshield wásher) *авто* опры́скиватель ветрово́го стекла́

washing [ˈwɔʃɪŋ]: ~ machíne стира́льная маши́на

wash-room [ˈwɔʃruːm] *амер.* туале́т м (*в обще́ственном ме́сте*)

wasp [wɔsp] оса́ ж

waste [weɪst] **1.** *n* 1) отбро́сы *мн.* (*useless remains*) 2) изли́шняя тра́та; ~ of time поте́ря вре́мени; ~ of móney вы́брошенные де́ньги **2.** *v* тра́тить, теря́ть (*время, силы и т. п.*)

watch I [wɔtʃ] 1) следи́ть, наблюда́ть 2) сторожи́ть

(*guard*) ◊ ~ your step! осторо́жнее!; ~ out! береги́сь!

watch II часы́ *мн.*; the ~ dóesn't keep good time часы́ пло́хо хо́дят; ~**-maker** [-ˌmeɪkə] часовщи́к м

watchman [ˈwɔtʃmən] (ночно́й) сто́рож

water [ˈwɔːtə] вода́ ж; bóiled (míneral, drínking) ~ кипячёная (минера́льная, питьева́я) вода́; by ~ по воде́; tránsport во́дный тра́нспорт; ~**-colour** [-ˌkʌlə] акваре́ль ж; ~**fall** [-fɔːl] водопа́д м; ~**-melon** [-ˌmelən] арбу́з м

water-power [ˈwɔːtəˌpauə] гидроэне́ргия ж; ~ státion гидроста́нция ж

waterproof [ˈwɔːtəpruːf] **1.** *a* непромока́емый; водонепроница́емый **2.** *n брит.* непромока́емый плащ

water skiing [ˈwɔːtəˌskiːɪŋ] *спорт.* во́дные лы́жи (*вид спо́рта*)

water-supply [ˈwɔːtəsəˌplaɪ] водоснабже́ние с; водопрово́д м

watt [wɔt] *эл.* ватт м; this lamp úses 120 ~s э́та ла́мпа на 120 свече́й

wave [weɪv] **1.** *n* 1) волна́ ж 2) зави́вка ж; fínger ~ холо́дная зави́вка 3) *ра́дио* волна́ ж; long (short, míddle) ~s дли́нные (коро́ткие, сре́дние) во́лны **2.** *v* 1) колыха́ться, развева́ться 2) маха́ть; ~ good-býe махну́ть руко́й на проща́ние 3) завива́ть; have one's hair ~d зави́ться *(у парикмахера);* ~**length** [-leŋθ] *радио* длина́ волны́

wax [wæks] **1.** *n* воск *м*; ski ~ лы́жная мазь **2.** *v:* ~ the floor натира́ть пол

way [weɪ] 1) доро́га *ж*, путь *м*; can you tell me the ~..? как добра́ться до ..?; not that ~! a) не туда́!; б) не так!; a long ~ off далеко́; on the ~ back на обра́тном пути́; we're góing the same ~ нам по доро́ге 2) мане́ра *ж*, спо́соб *м*; in what ~? каки́м о́бразом?; in such a ~ таки́м путём; ~ of life о́браз жи́зни ◊ ~ out вы́ход *м (из положе́ния);* be in smb's ~ меша́ть кому́-л.; by the ~ ме́жду про́чим; give ~ (to) уступи́ть *кому́-л.;* be únder ~ быть на ходу́, осуществля́ться

way-bill ['weɪbɪl] спи́сок пассажи́ров

we [wiː] мы

weak [wiːk] сла́бый; ~ cóffee жи́дкий ко́фе; ~**ness** [-nɪs] сла́бость *ж*

wealth [welθ] бога́тство *c*; ~**y** [-ɪ] бога́тый

weapon ['wepən] ору́жие *c*

wear [wɛə] **1.** *v* (wore; worn) носи́ть *(оде́жду);* ~ **out** изна́шивать(ся) **2.** *n* оде́жда *ж*; chíldren's ~ де́тская оде́жда

weary ['wɪərɪ] 1) уста́лый 2) утоми́тельный; the trip was ~ пое́здка была́ утоми́тельной

weather ['weðə] пого́да *ж*; flýing ~ лётная пого́да

weave [wiːv] (wove; wóven)

ткать; ~**r** [-ə] ткач *м*, ткачи́ха *ж*

we'd [wiːd] *разг.* 1) = we had 2) = we should 3) = we would

wedding ['wedɪŋ] сва́дьба *ж*

Wednesday ['wenzdɪ] среда́ *ж*

weed [wiːd] сорня́к *м*

week [wiːk] неде́ля *ж*; in a ~ (in two ~s) че́рез неде́лю (че́рез две неде́ли); a ~ agó неде́лю тому́ наза́д; two (three) times a ~ два (три) ра́за в неде́лю; ~**day** [-deɪ] бу́дний день; ~**end** [-end] выходны́е (дни), уик-э́нд *м*, вре́мя о́тдыха с пя́тницы до понеде́льника

weekly ['wiːklɪ] **1.** *a* еженеде́льный **2.** *n* еженеде́льник *м* **3.** *adv* еженеде́льно

weep [wiːp] (wept) пла́кать

weigh [weɪ] 1) ве́сить 2) взве́шивать(ся); ~ out two pounds of sweets взве́сьте два фу́нта конфе́т

weight [weɪt] 1) вес *м*; тя́жесть *ж*; watch one's ~ следи́ть за свои́м ве́сом, сиде́ть на дие́те 2) *спорт.* шта́нга *ж*; clear the ~ взять шта́нгу 3) ги́ря *ж*; a pound ~ фунто́вая ги́ря; ~-**lifter** [-ˌlɪftə] штанги́ст *м*; ~-**lifting** [-ˌlɪftɪŋ] подня́тие тя́жестей

welcome ['welkəm] **1.** *n* приве́тствие *c* **2.** *interj:* ~! добро́ пожа́ловать!; с прие́здом!; ми́лости про́сим! **3.** *a:* "thanks", — "You're ~" «спаси́бо». — «Пожа́луйста (Не сто́ит благода́рности)». **4.** *v* приве́тствовать

welfare [ˈwelfɛə] благосостоя́ние *c*; благополу́чие *c*; child's ~ cе́ntre де́тская консульта́ция ◊ be on ~ жить на посо́бие

well I [wel] коло́дец *м*

well II 1. *adv* (bétter; best) хорошо́; благополу́чно; ~ done! молоде́ц!; прекра́сно!; ~ done meat хорошо́ прожа́ренное мя́со **2.** *a* (bétter; best): be ~ чу́вствовать себя́ хорошо́; I am quite ~! я вполне́ здоро́в! **3.** *interj*: ~? ну?; ну что же!; ~, I'm réady я уже́ гото́в

we'll [wiːl] *разг.* 1) = we shall 2) = we will

well-being [ˌwelˈbiːŋ] благосостоя́ние *c*, благополу́чие *c*

well‖-disposed [ˌweldɪsˈpəuzd] доброжела́тельный; ~-grounded [-ˈgraundɪd] хорошо́ обосно́ванный; ~-known [-ˈnəun] изве́стный, зна́тный; знамени́тый; be ~-known по́льзоваться изве́стностью; ~-paid [-ˈpeɪd] хорошо́ опла́чиваемый; ~-paid job высокоопла́чиваемая рабо́та

well-to-do [ˌweltəˈduː] обеспе́ченный, состоя́тельный

went [went] *past от* go 1

wept [wept] *past и pp от* weep

were [wəː] *мн. прош. от* be

we're [wɪə] *разг.* = we are

weren't [wəːnt] *разг.* = were not

west [west] **1.** *n* за́пад *м* **2.** *a* за́падный; W. End Уэ́ст-Энд

м (за́падный райо́н Ло́ндона); W. Side Уэ́ст-Са́йд *м (за́падная сторона́ Манхэ́ттена в Нью-Йо́рке)* **3.** *adv* на за́пад(е), к за́паду; sail ~ плыть на за́пад; ~ of к за́паду от, за́паднее; ~ern [-ən] **1.** *a* за́падный **2.** *n кино* ве́стерн *м*, ковбо́йский фильм

wet [wet] мо́крый; "~ paint!" «осторо́жно, окра́шено!»; get ~ промо́кнуть

whale [weɪl] кит *м*

what [wɔt] **1.** *pron interrog* что?; како́й?; ~ is your name? как вас зову́т?; ~ time is it? кото́рый час?; ~ is this? что э́то тако́е?; ~ is it for? для чего́ э́то?; ~ do you want? что вам ну́жно?; ~ are you dóing? чем вы за́няты?; ~ shall we do? что мы бу́дем де́лать?; ~ did you say? что вы сказа́ли?; ~ are you? кем вы рабо́таете? **2.** *pron conjunct* како́й; что; ско́лько; I'll do ~ I can я сде́лаю, что могу́; I don't know ~ the price is я не зна́ю, ско́лько э́то сто́ит

whatever [wɔtˈevə] всё что; что бы ни

wheat [wiːt] пшени́ца *ж*

wheel [wiːl] 1) колесо́ *с* 2) *(тж.* stéering-wheel) руль *м*, штурва́л *м*

when [wen] когда́; ~ is the begínning? когда́ нача́ло?

whenever [wenˈevə] вся́кий раз как; когда́ бы ни; ~ you want когда́ уго́дно

where [wɛə] где; куда́; ~

have you been? где вы бы́ли?;
~ is the Póst-Office Géneral?
где гла́вный почта́мт?; ~ is
the néarest réstaurant? где
здесь ближа́йший рестора́н?;
~ is my coat? где моё пальто́?;
~ shall we go? куда́ мы пойдём?; ~ do you come from?
отку́да вы прие́хали?

whereabouts [ˈwɛərəbauts]:
do you know her ~? (вы
зна́ете) где она́ нахо́дится?

wherever [wɛərˈevə] где бы
ни, куда́ бы ни

whether [ˈweðə] ли; и́ли; I
don't know ~ he is at home
я не зна́ю, до́ма ли он

which [wɪtʃ] **1.** *pron interrog* кто?; кото́рый?; ка-
ко́й?; ~ is the right way?
каки́м путём лу́чше всего́
пройти́? **2.** *pron relat and
conjunct* кото́рый; что; this is
the watch ~ I chose вот часы́,
кото́рые я вы́брал

while [waɪl] **1.** *n* вре́мя *c*,
промежу́ток вре́мени; for a ~
не́которое вре́мя; can you stay
here for a ~? вы мо́жете
побы́ть здесь немно́го? **2.** *cj*
пока́; в то вре́мя как

whip [wɪp] **1.** *n* кнут *м*,
хлыст *м* **2.** *v* хлеста́ть, сечь
(beat); ~ **up** подстёгивать,
подгоня́ть

whirlwind [ˈwəːlwɪnd] вихрь
м, урага́н *м*

whiskers [ˈwɪskəz] *pl* 1)
бакенба́рды *мн.* 2) усы́ *мн.*
(у животных)

whisk(e)y [ˈwɪskɪ] ви́ски *c*;
a shot of ~ рюмка ви́ски

whisper [ˈwɪspə] **1.** *n* шёпот
м; in ~ шёпотом **2.** *v* шеп-
та́ть

whistle [wɪsl] **1.** *n* 1) свист
м 2) свисто́к *м* *(instrument)* **2.**
v свисте́ть

white [waɪt] **1.** *a* 1) бе́лый
2) бле́дный; turn ~ поблед-
не́ть ◊ ~ goods посте́льное
и столо́вое бельё; ~ sale
распрода́жа посте́льного и
столо́вого белья́ **2.** *n* бе́лый
(челове́к); ~ minórity rule
госпо́дство бе́лого меньшин-
ства́

white-collar [ˌwaɪtˈkɔlə] 1):
~ wórkers «бе́лые воротнич-
ки́», чино́вники 2): ~ crime
должностны́е преступле́ния

White House [ˈwaɪthaus] Бе́-
лый дом *(резиденция президента США)*

who [huː] **1.** *pron interrog*
кто?; ~ is he (she)? кто э́то?;
~'s there? кто там? **2.** *pron
relat and conjunct* кото́рый;
кто

whoever [huːˈevə] кто бы
ни; кото́рый бы ни

whole [həul] **1.** *a* весь; це́-
лый; the ~ day весь день **2.** *n*
це́лое *c*; as a ~ в це́лом; on
the ~ в о́бщем

whole-hearted [ˌhəulˈhɑːtɪd]
и́скренний, от всего́ се́рдца

wholesale [ˈhəulseɪl] **1.** *n* оп-
то́вая торго́вля **2.** *a* опто́-
вый; ~ príces опто́вые це́ны

wholesome [ˈhəulsəm] поле́з-
ный, здоро́вый

wholly [ˈhəulɪ] целико́м,
вполне́

whom [hu:m] *(косв. п. от* who) кого́, кому́; ~ are you wríting? кому́ вы пи́шете?

whose [hu:z] чей; ~ párcel is it? чей э́то свёрток?

why [waɪ] **1.** *adv* почему́; ~ did you miss the cóncert? почему́ вы не́ бы́ли на конце́рте? **2.** *interj* да, ведь!; ~ not! ну что же!; ла́дно!; хорошо́!

wicked [ˈwɪkɪd] злой, плохо́й

wide [waɪd] **1.** *a* широ́кий; обши́рный **2.** *adv* широко́; ópen the window ~! распахни́те окно́ на́стежь!

wide-body [ˌwaɪdˈbɔdɪ]: ~ plane широкофюзеля́жный самолёт

widespread [ˈwaɪdspred] широко́ распространённый

widow [ˈwɪdəu] вдова́ ж; ~er [-ə] вдове́ц м

width [wɪdθ] ширина́ ж, широта́ ж

wife [waɪf] жена́ ж

wig [wɪg] пари́к м

wild [waɪld] ди́кий

will I [wɪl] **1)** во́ля ж; жела́ние с; at ~ по жела́нию; of one's own free ~ по свое́й во́ле **2)** завеща́ние с *(document)*

will II (would) **1)** *во 2 и 3 л. ед. и мн. образует будущее время:* he ~ do it он сде́лает э́то **2)** *в 1 л. ед. и мн. выражает обещание, намерение, желание:* I ~ let you know я непреме́нно извещу́ вас; of course, I ~ come коне́чно, я приду́ 3): ~ you have a cup of tea? хоти́те ча́ю?

willing [ˈwɪlɪŋ]: he is ~ он согла́сен, он гото́в; ~ly [-lɪ] охо́тно

willow [ˈwɪləu] и́ва ж

win [wɪn] (won) выи́грывать; оде́рживать побе́ду; ~ the chámpionship заня́ть пе́рвое ме́сто; ~ a quárter fínal вы́йти в полуфина́л

wind I [wɪnd] ве́тер м; fair ~ попу́тный ве́тер; head ~ встре́чный ве́тер

wind II [waɪnd] (wound) **1)** заводи́ть *(часы и т. п.);* ~ one's watch завести́ часы́ **2)** ви́ться *(о реке, дороге и т. п.);* ~ing stáircase винтова́я ле́стница

wind instrument [ˈwɪndˌinstrumənt] духово́й инструме́нт

window [ˈwɪndəu] окно́ с; ~-pane [-peɪn] око́нное стекло́

windscreen [ˈwɪndskri:n] *брит. авто* ветрово́е стекло́

windshield [ˈwɪndʃi:ld] *амер. авто* ветрово́е стекло́

windy [ˈwɪndɪ] ве́треный

wine [waɪn] **1.** *n* вино́ с; white (red, dry, grape) ~ бе́лое (кра́сное, сухо́е, виногра́дное) вино́ **2.** *v:* ~ and dine угоща́ть; ~-glass [-glɑ:s] бока́л м, рю́мка ж; ~-list [-lɪst] ка́рта вин; ~-making [-meɪkɪŋ] виноде́лие с

wing [wɪŋ] **1)** крыло́ с **2)** *pl театр.* кули́сы мн.

wink [wɪnk] морга́ть, мига́ть

winner [ˈwɪnə] победи́тель

м (*в соревновании*); prize ~
лауреа́т м, призёр м

winter [ˈwɪntə] зима́ ж; last
(next) ~ про́шлой (бу́дущей)
зимо́й; ~ coat зи́мнее пальто́;
~ séason зи́мний сезо́н; ~
sports зи́мний спорт; ~ crops
ози́мые хлеба́

wipe [waɪp] вытира́ть, сти-
ра́ть; ~ your feet on the mat!
вытира́йте но́ги!; ~ out выти-
ра́ть, стира́ть

wiper [ˈwaɪpə] (*тж.* wínd-
screen-wíper *брит.*, wínd-
shield-wíper *амер.*) авто стек-
лоочисти́тель м, «дво́рник» м

wire [ˈwaɪə] **1.** *n* 1) про́во-
лока ж; про́вод м 2) *разг.*
телегра́мма ж; send a ~ те-
леграфи́ровать **2.** *v* телегра-
фи́ровать; ~less [-lɪs] **1.** *a*
беспро́волочный **2.** *n* ра́дио *c*;
~less óperator ради́ст м; ~less
méssage радиогра́мма ж; ~less
set радиоприёмник м

wisdom [ˈwɪzdəm] му́дрость
ж

wise [waɪz] му́дрый, благо-
разу́мный

wish [wɪʃ] **1.** *n* жела́ние *c*;
with best ~es с наилу́чшими
пожела́ниями (*в письме*) **2.** *v*
жела́ть; I ~ you joy жела́ю
сча́стья

wit [wɪt] ум м; quick ~
сообрази́тельность ж

with [wɪð] 1) с, вме́сте с;
cóffee ~ milk ко́фе с молоко́м;
begínning ~ next week со сле́-
дующей неде́ли; ~ the sun по
со́лнцу; ~ each óther друг
с дру́гом; "handle ~ care!"

«осторо́жно!» (*надпись*) 2)
передаётся тв. п.: ~ a knife
ножо́м 3) от (*по причине*):
shíver ~ cold дрожа́ть от хо́-
лода 4) у, при; he lives ~ his
rélatives он живёт у ро́дствен-
ников

withdraw [wɪðˈdrɔː] (with-
dréw; withdráwn) 1) отдёрги-
вать 2) брать наза́д, отзыва́ть;
~ troops отозва́ть войска́
3) удаля́ться, уходи́ть (*go
away*); ~n [-n] *pp от* withdráw

withdrew [wɪðˈdruː] *past от*
withdráw

within [wɪˈðɪn] внутри́; в
преде́лах; from ~ изнутри́

without [wɪˈðaut] без; ~
permíssion без разреше́ния

witness [ˈwɪtnɪs] **1.** *n* свиде́-
тель (*тж. юр.*); очеви́дец м **2.**
v быть свиде́телем, ви́деть

witty [ˈwɪtɪ] остроу́мный

woke [wəuk] *past от* wake;
~n [ˈwəukən] *pp от* wake

wolf [wulf] волк м

woman [ˈwumən] (*pl* wómen)
же́нщина ж

women [ˈwɪmɪn] *pl от* wóman

won [wʌn] *past и pp от* win

wonder [ˈwʌndə] **1.** *n* 1)
удивле́ние *c*; no ~ не удиви́-
тельно 2) чу́до *c* (*miracle*) **2.**
v удивля́ться ◇ I ~ … хоте́л
бы я знать …; ~ful [-ful] за-
меча́тельный, удиви́тельный

won't [wəunt] *разг.* = will
not

wood [wud] 1) лес м 2)
де́рево *c* (*материал*); this is
made of ~ э́то сде́лано из

де́рева 3) (*тж.* fírewood) дрова́ *мн.*

wooden [wudn] деревя́нный
wool [wul] 1) шерсть *ж* 2) шерстяна́я ткань (*fabric of wool*)

woollen ['wulən] шерстяно́й
word [wə:d] **1.** *n* сло́во *c*; give one's ~ дава́ть сло́во; ~ of hónour че́стное сло́во; in a ~ одни́м сло́вом; ~ for ~ (translátion) досло́вный (перево́д); write me a few ~s черкни́те мне не́сколько строк **2.** *v* формули́ровать; ~ing [-ɪŋ] формулиро́вка *ж*, реда́кция *ж*

wore [wɔ:] *past от* wear 1
work [wə:k] **1.** *n* 1) рабо́та *ж*; труд *м* 2) произведе́ние *c*; ~ of art произведе́ние иску́сства **2.** *v* рабо́тать; де́йствовать, функциони́ровать; where do you ~? где вы рабо́таете?; what are you ~ing at? над чем вы рабо́таете?

worker ['wə:kə] рабо́чий *м*; трудя́щийся *м*
working ['wə:kɪŋ] рабо́чий; ~ class рабо́чий класс
works [wə:ks] заво́д *м*; комбина́т *м*
workshop ['wə:kʃɔp] 1) мастерска́я *ж* 2) (междунаро́дный) семина́р (*conference*)
world [wə:ld] мир *м*, свет *м*; all óver the ~ во всём ми́ре; всеми́рный; W. Peace Cóngress Всеми́рный конгре́сс сторо́нников ми́ра; W. Youth Day Всеми́рный день молодёжи; ~ récord *спорт.* мирово́е

достиже́ние; ~ récord hólder рекордсме́н ми́ра; ~-**ranking** [-'ræŋkɪŋ]: he is a ~-ránking spórtsman он спортсме́н мирово́го кла́сса; ~-**wide** [-'waɪd] всеми́рный

worm [wə:m] червь *м*
worn [wɔ:n] *pp от* wear 1
worry ['wʌrɪ] **1.** *v* беспоко́ить(ся); you don't have to ~ вы напра́сно беспоко́итесь **2.** *n* беспоко́йство *c*, трево́га *ж*; забо́та *ж*
worse [wə:s] **1.** *a* (*сравн. ст. от* bad) ху́дший **2.** *adv* (*сравн. ст. от* bádly*) ху́же; he is ~ ему́ ху́же; so much the ~ тем ху́же
worship ['wə:ʃɪp] поклоне́ние *c*
worst [wə:st] **1.** *a* (*превосх. ст. от* bad) наиху́дший **2.** *adv* (*превосх. ст. от* bádly*) ху́же всего́ **3.** *n* са́мое плохо́е; at the ~ в ху́дшем слу́чае
worth [wə:θ] сто́ящий; be ~ сто́ить; заслу́живать; ~**less** [-lɪs] ничего́ не сто́ящий
worthwhile [,wə:θ'waɪl] сто́ящий
worthy ['wə:ðɪ] досто́йный; ~ oppónent досто́йный проти́вник
would [wud] (*past от* will II) 1) *во 2 и 3 л. ед. и мн. образует* а) *бу́дущее в проше́дшем:* he told us he ~ come он сказа́л нам, что придёт; б) *усло́вное накл.:* it ~ be bétter бы́ло бы лу́чше 2) *выража́ет жела́ние:* come when you ~ приходи́те, когда́ захоти́те 3):

~ you mind a walk? давáйте пройдёмся!

wound I [wuːnd] **1.** *n* рáна ж **2.** *v* рáнить

wound II [waund] *past и pp от* wind II

wove [wəuv] *past от* weave; **~n** *pp от* weave

wrap [ræp] завёртывать; ~ it up, please заверни́те э́то, пожáлуйста

wrapper ['ræpə] суперобло́жка ж *(of a book)*

wrath [rɔθ] гнев м; я́рость ж

wreath [riːθ] венóк м; place a ~ возложи́ть венóк

wrestle ['resl] *спорт.* борóться; **~r** [-ə] *спорт.* борéц м

wrestling ['restlɪŋ] *спорт.* борьбá ж

wring [rɪŋ] (wrung) 1) скрýчивать 2) выжимáть *(clothes)*

wrinkle ['rɪŋkl] **1.** *n* морщи́на ж **2.** *v* мóрщить(ся)

wrist [rɪst] запя́стье с; ~ watch ручны́е часы́

write [raɪt] (wrote; wrítten) писáть; let's ~ to each óther давáйте переписываться; ~ **down** запи́сывать; **~r** [-ə] писáтель м

writing ['raɪtɪŋ]: in ~ в пи́сьменной фóрме; ~ matérials *pl* пи́сьменные принадлéжности

written ['rɪtn] *pp от* write

wrong [rɔŋ] **1.** *a* непрáвильный, оши́бочный; ~ impréssion невéрное представлéние; sómething is ~ with the télephone телефóн не в поря́дке **2.** *adv* непрáвильно

wrote [rəut] *past от* write

wrung [rʌŋ] *past и pp от* wring

X

xerography [zeˈrɔgrəfɪ] ксерогрáфия ж *(спосóб электрофотогрáфии)*

Xerox ['zɪrɔks] **1.** *n* ксéрокс м **2.** *v* снимáть кóпию, копи́ровать фотоэлектри́ческим спóсобом

Xmas ['krɪsməs] Рождествó с

X-ray ['eks reɪ] **1.** *n pl* рентгéновы лучи́ **2.** *v* просвéчивать рентгéновыми лучáми; ~ room рентгéновский кабинéт

xylograph ['zaɪləgrɑːf] гравю́ра на дéреве

xylophone ['zaɪləfəun] *муз.* ксилофóн м

Y

yacht [jɔt] я́хта ж; **-club** [-klʌb] яхт-клýб м; **~ing** [-ɪŋ] *спорт.* пáрусный спорт

yachtsman ['jɔtsmən] яхтсмéн м

Yankee ['jæŋkɪ] я́нки м *нескл.*

yard I [jɑːd] ярд м *(мéра длины́)*

yard II (*тж.* cóurt-yard) двор м

yawn [jɔːn] зевáть

year [jɪə] год м; a ~ agó год

тому́ наза́д; this ~ теку́щий год; в э́том году́; in a ~ (in two ~s) че́рез год (че́рез два го́да); all the ~ round кру́глый год; I am twénty ~s old мне два́дцать лет; ~**ly** [-lı] 1. *a* ежего́дный 2. *adv* ежего́дно

yeast [jiːst] дро́жжи *мн.*

yellow [ˈjeləu] жёлтый ◊ "~ pages" *амер.* телефо́нный спра́вочник магази́нов, предприя́тий услу́г и слу́жбы бы́та (*в отличие от алфавитно-по-имённой телефонной книги*)

yes [jes] да

yesterday [ˈjestədı] вчера́; ~ mórning (afternóon) вчера́ у́тром (днём)

yet [jet] 1. *adv* ещё; всё ещё; not ~ ещё не(т); he has not come ~ он ещё не прие́хал 2. *cj* одна́ко, несмотря́ на э́то

yield [jiːld] 1. *n* 1) урожа́й *м* 2) коли́чество выпуска́емого проду́кта (*amount produced*) 2. *v* 1) приноси́ть (*урожай*); производи́ть; ~ good resúlts приноси́ть хоро́шие плоды́ 2) уступа́ть (*give way*)

yoghurt [ˈjɔgət] (*тж.* yógurt, yóghourt) йогу́рт *м*, простоква́ша *ж*

yoke [jəuk] и́го *с*, ярмо́ *с*

you [juː] вы, ты; glad to see ~ рад вас ви́деть

young [jʌŋ] молодо́й, ю́ный; ~ man молодо́й челове́к; ~ girl де́вушка *ж*; ~ wórkers рабо́чая молодёжь; ~ péople ю́ношество *с*; ~**er** [-ə] мла́дший (*по возрасту*)

your [jɔː] ваш, твой; ва́ши, твой; ~ friends ва́ши друзья́; ~**s** [-z]: I met an acquáintance of ~s я встре́тил ва́шего знако́мого

yourself [jɔːˈself] 1) себя́, -ся, -сь; keep it to ~ держи́те э́то про себя́ 2) (*для усиления*) сам; са́ми; did you do it ~? вы э́то са́ми сде́лали?

youth [juːθ] 1) мо́лодость *ж*, ю́ность *ж* 2) молодёжь *ж* (*young people*) 3) ю́ноша *м* (*young man*); ~**ful** [-ful] ю́ный, ю́ношеский

Z

zeal [ziːl] усе́рдие *с*, рве́ние *с*; ~**ous** [ˈzeləs] усе́рдный, ре́вностный

zebra [ˈziːbrə] зе́бра *ж*; ~ cróssing (пешехо́дный) перехо́д ти́па «зе́бра»

zenith [ˈzenıθ] зени́т *м*

zero [ˈzıərəu] нуль *м*, ничто́ *с*

zest [zest] 1) «изю́минка» *ж* (*piquancy*) 2) *разг.* интере́с *м*; play with ~ игра́ть с жа́ром

zip I [zıp] 1. *n разг.* = zípper 2. *v* застёгивать на мо́лнию

zip II (*часто* ZIP): ~ code *амер.* почто́вый и́ндекс

zipper [ˈzıpə] застёжка-мо́лния *ж*

zone [zəun] зо́на *ж*, по́яс *м*; полоса́ *ж*; райо́н *м*; ~ time поясно́е вре́мя

Zoo [zuː] зоопа́рк *м*

zoology [zəuˈɔlədʒı] зооло́гия *ж*

GAZETTEER

ГЕОГРАФИЧЕСКИЕ
НАЗВАНИЯ

Abu Dhabi [ɑːˌbuːˈdɑːbɪ] *г.* Абу́-Да́би *(capital of United Arab Emirates)*

Accra [əˈkrɑː] *г.* А́ккра *(capital of Ghana)*

Addis Ababa [ˌædɪsˈæbəbə] *г.* Адди́с-Абе́ба *(capital of Ethiopia)*

Aden [eɪdn] *г.* А́ден

Adriatic Sea [ˌeɪdrɪˈætɪkˈsiː] Адриати́ческое мо́ре

Afghanistan [æfˈɡænɪstæn] Афганиста́н

Africa [ˈæfrɪkə] А́фрика

Albania [ælˈbeɪnɪə] Алба́ния

Algeria [ælˈdʒɪərɪə] Алжи́р

Algiers [ælˈdʒɪəz] *г.* Алжи́р *(capital of Algeria)*

Al Kuwait [ˌælkuˈweɪt] *г.* Эль-Куве́йт *(capital of Kuwait)*

Alma-Ata [ˌælməəˈtɑː] *г.* Алма́-Ата́ *(capital of Kazakhstan)*

Amazon [ˈæməzən] *р.* Амазо́нка

America [əˈmerɪkə] Аме́рика

Amman [əˈmɑːn] *г.* Амма́н *(capital of Jordan)*

Amsterdam [ˈæmstədæm] *г.* Амстерда́м

Andes [ˈændiːz] А́нды

Angola [æŋˈɡəulə] Анго́ла

Ankara [ˈæŋkərə] *г.* Анкара́

Antananarivo [ˌæntəˌnænəˈriːvəu] *г.* Антананари́ву *(capital of Madagascar)*

Antarctic [æntˈɑːktɪk], **Antarctic Continent** [æntˈɑːktɪkˈkɔntɪnənt] Антаркти́да

Apennines [ˈæpɪnaɪnz] Апенни́ны

Apia [əˈpiːə] *г.* А́пиа *(capital of Western Samoa)*

Appalachian Mountains [ˌæpəˈleɪtʃjənˈmauntɪnz] Аппала́чские го́ры

Arctic Ocean [ˈɑːktɪkˈəuʃn] Се́верный Ледови́тый океа́н

Argentina [ˌɑːdʒənˈtiːnə] Аргенти́на

Arkhangelsk [ɑːrˈkæŋɡelsk] *г.* Арха́нгельск

Armenia [ɑːˈmiːnjə] Арме́ния

Ashkhabad [ˈæʃkəˌbɑːd] *г.* Ашхаба́д *(capital of Turkmenistan)*

Asia [ˈeɪʃə] А́зия; ~ **Minor** Ма́лая А́зия

Asuncion [əˌsunsɪˈəun] *г.* Асунсьо́н *(capital of Paraguay)*

Athens [ˈæθɪnz] *г.* Афи́ны

Atlantic Ocean [ətˈlæntɪkˈəuʃn] Атланти́ческий океа́н

Australia [ɔsˈtreɪljə] Австра́лия

Austria [ˈɔstrɪə] А́встрия

Azerbaijan [ˌæzerbaɪˈdʒɑːn] Азербайджа́н

Bab el Mandeb [ˌbæbelˈmændeb] Баб-эль-Манде́бский проли́в

283

Bag(h)dad [ˌbæɡˈdæd] *г.* Багдáд (*capital of Iraq*)

Bahamas, the [bəˈhɑːməz] Багáмские острова

Bahrain [bɑːˈreɪn] Бахрéйн

Baikal [baɪˈkɑːl] *оз.* Байкáл

Baku [bɑːˈkuː] *г.* Бакý (*capital of Azerbaijan*)

Balkans [ˈbɔːlkənz] Балкáны

Baltic Sea [ˈbɔːltɪkˌsiː] Балтийское мóре

Bamako [ˌbɑːməˈkəu] *г.* Бамакó (*capital of Mali*)

Bangkok [bæŋˈkɔk] *г.* Бангкóк (*capital of Thailand*)

Bangladesh [ˌbæŋɡləˈdeʃ] Бангладéш

Bangui [bɑːŋˈɡiː] *г.* Бангú (*capital of Central African Republic*)

Banjul [bænˈdʒuːl] *г.* Бан(д)жýл (*capital of Gambia*)

Barbados [bɑːˈbeɪdəs] Барбáдос

Beirut [beɪˈruːt] *г.* Бейрýт (*capital of Lebanon*)

Belguim [ˈbeldʒəm] Бéльгия

Belgrade [belˈɡreɪd] *г.* Белгрáд

Bengal, Bay of [ˌbeɪəvbenˈɡɔːl] Бенгáльский залив

Benin [beˈnɪn] Бенúн

Berlin [bəːˈlɪn] *г.* Берлúн

Bern(e) [bəːn] *г.* Берн

Bhutan [buːˈtæn] Бутáн

Birmingham [ˈbəːmɪŋem] *г.* Бúрмингем

Bissau [bɪˈsau] *г.* Бисáу (*capital of Guinea-Bissau*)

Black Sea [ˈblækˌsiː] Чёрное мóре

Bogota [ˌbɔɡəuˈtɑː] *г.* Боготá (*capital of Colombia*)

Bolivia [bəˈlɪvɪə] Болúвия

Bombay [bɔmˈbeɪ] *г.* Бомбéй

Bonn [bɔn] *г.* Бонн

Bosp(h)orus [ˈbɔspərəs] Босфóр

Botswana [bɔˈtswɑːnə] Ботсвáна

Brasilia [brəˈzɪljə] *г.* Бразúлиа (*capital of Brazil*)

Brazil [brəˈzɪl] Бразúлия

Brazzaville [ˈbræzəvɪl] *г.* Браззавúль (*capital of the Congo*)

Bridgetown [ˈbrɪdʒtaun] *г.* Брúджтаун (*capital of Barbados*)

Britain [ˈbrɪtn] *см.* Great Britain

Brussels [brʌslz] *г.* Брюссéль

Bucharest [ˌbjuːkəˈrest] *г.* Бухарéст

Budapest [ˌbjuːdəˈpest] *г.* Будапéшт

Buenos Aires [ˌbwenəsˈaɪərɪz] *г.* Буэ́нос-Áйрес

Bujumbura [ˌbuːdʒəmˈburə] *г.* Бужумбýра (*capital of Burundi*)

Bulgaria [bʌlˈɡɛərɪə] Болгáрия

Burkina Faso [buəˌkiːnəˈfɑːsɔː] Буркинá Фасó

Burundi [buˈrundɪ] Бурýнди

Byelorussia [ˌbjeləˈrʌʃə] Белорýссия

Cabo Verde [ˌkɑːvuːˈvəːd] Кáбо-Вéрде

Cairo [ˈkaɪərəu] *г.* Каúр

Calcutta [kælˈkʌtə] *г.* Калькýтта

Cambodia [kæmˈbəudɪə] Камбóджа

Cambridge [ˈkeɪmbrɪdʒ] *г.* Кéмбридж

Cameroon ['kæməru:n] Камеру́н

Canada ['kænədə] Кана́да

Canberra ['kænbərə] *г.* Ка́нберра *(capital of Australia)*

Caracas [kə'rækəs] *г.* Кара́кас *(capital of Venezuela)*

Caribbean Sea [,kærɪ'bi:ən-'si:] Кари́бское мо́ре

Carpathians [kɑ:'peɪθjənz] Карпа́ты

Cascade Range [kæ'skeɪd-'reɪndʒ] Каска́дные го́ры

Caspian Sea ['kæspɪən'si:] Каспи́йское мо́ре

Caucasus ['kɔːkəsəs] Кавка́з

Central African Republic ['sentrəl'æfrɪkənrɪ'pʌblɪk] Центральноафрика́нская Респу́блика

Chad [tʃæd] Чад

Chicago [ʃɪ'kɑːgəu] *г.* Чика́го

Chile ['tʃɪlɪ] Чи́ли

China ['tʃaɪnə] Кита́й

Colombia [kə'lɔmbɪə] Колу́мбия

Colombo [kə'lʌmbəu] *г.* Коло́мбо *(capital of Sri Lanka)*

Colorado [,kɔlə'rɑːdəu] *р.* Колора́до

Comoros, the ['kɔməurəuz] Комо́рские острова́

Conakry ['kɔnəkrɪ] *г.* Ко́накри *(capital of Guinea)*

Congo ['kɔŋgəu] Ко́нго

Copenhagen [,kəupn'heɪgən] *г.* Копенга́ген

Costa Rica [,kɔstə'riːkə] Ко́ста-Ри́ка

Côte d'Ivoire [,kɔtdɪ'vuɑ:] Кот-д'Ивуа́р

Coventry ['kɔvəntrɪ] *г.* Ко́вентри

Crete [kriːt] *о-в* Крит

Crimea [kraɪ'mɪə] Крым

Cuba ['kjuːbə] Ку́ба

Cyprus ['saɪprəs] Кипр

Czechoslovakia [,tʃekəuslə̃u-'vækɪə] Чехослова́кия

Dacca ['dækə] *г.* Да́кка *(capital of Bangladesh)*

Dakar ['dækə] *г.* Дака́р *(capital of Senegal)*

Damascus [də'mɑːskəs] *г.* Дама́ск *(capital of Syria)*

Danube ['dænjuːb] *р.* Дуна́й

Dardanelles [,dɑːdə'nelz] Дардане́ллы, Дарданелльский проли́в

Dar es Salaam, Daressalam [,dɑːressə'lɑːm] *г.* Дар-эс-Сала́м *(capital of Tanzania)*

Delhi ['delɪ] *г.* Де́ли

Denmark ['denmɑːk] Да́ния

Detroit [də'trɔɪt] *г.* Детро́йт

Djakarta [dʒə'kɑːtə] *г.* Джака́рта *(capital of Indonesia)*

Djibouti [dʒɪ'buːtɪ] Джибу́ти *(state and capital)*

Dnieper ['dniːpə] *р.* Днепр

Doha ['dəuhə] *г.* До́ха *(capital of Qatar)*

Dominican Republic [də'mɪnɪkənrɪ'pʌblɪk] Доминика́нская Респу́блика

Dover, Strait of [,streɪtəv-'dəuvə] Па-де-Кале́, Ду́врский проли́в

Dublin ['dʌblɪn] *г.* Ду́блин *(capital of Republic of Ireland)*

Dyushambe [dju:'ʃɑːmbə] *г.* Душанбе́ *(capital of Tadjikistan)*

Ecuador [,ekwə'dɔː] Эквадо́р

Egypt ['iːdʒɪpt] Еги́пет

285

El Salvador [el'sælvədɔ:] Сальвадо́р

England ['ɪŋglənd] А́нглия

English Channel ['ɪŋglɪʃ-'tʃænl] Ла-Ма́нш

Equatorial Guinea [,ekwə-'tɔ:rɪəl'gɪnɪ] Экваториа́льная Гвине́я

Erie, Lake ['leɪk'ɪərɪ] *оз.* Э́ри

Estonia [es'təunjə] Эсто́ния

Ethiopia [,i:θɪ'əupjə] Эфио́пия

Europe ['juərəp] Евро́па

Fiji [fi:'dʒi:] Фи́джи

Finland ['fɪnlənd] Финля́ндия

France [frɑ:ns] Фра́нция

Freetown ['fri:taun] *г.* Фрита́ун *(capital of Sierra Leone)*

Frunze ['fru:nzə] *г.* Фру́нзе *(capital of Kirghizia)*

Gabon [gæ'bɔn] Габо́н

Gaborone [,gæbə'rəunə] *г.* Габоро́не *(capital of Botswana)*

Gambia ['gæmbɪə] Га́мбия

Ganges ['gændʒi:z] *р.* Ганг

Geneva [dʒɪ'ni:və] *г.* Жене́ва

Georgetown ['dʒɔ:dʒtaun] *г.* Джо́рджтаун *(capital of Guyana)*

Georgia ['dʒɔ:dʒjə] Гру́зия

Germany ['dʒə:mənɪ] Герма́ния

Ghana ['gɑ:nə] Га́на

Gibraltar [dʒɪ'brɔ:ltə] Гибралта́р, Гибралта́рский проли́в

Glasgow ['glɑ:sgəu] *г.* Гла́зго

Great Britain [,greɪt'brɪtn] Великобрита́ния

Greece [gri:s] Гре́ция

Greenland ['gri:nlənd] Гренла́ндия

Greenwich ['grɪnɪdʒ] *г.* Гри́нвич

Grenada [gre'neɪdə] Грена́да

Guadeloupe [,gwɑ:də'lu:p] Гваделу́па

Guatemala [,gwætɪ'mɑ:lə] Гватема́ла *(state and capital)*

Guinea ['gɪnɪ] Гвине́я

Guinea-Bissau [,gɪnɪbɪ'sau] Гвине́я-Биса́у

Guyana [gaɪ'ænə] Гайа́на

Hague, the [heɪg] *г.* Гаа́га

Haiti ['heɪtɪ] Гаи́ти

Hanoi [hæ'nɔɪ] *г.* Хано́й

Harare ['hɑ:rəre] *г.* Хара́ре *(capital of Zimbabwe)*

Havana [hə'vænə] *г.* Гава́на

Hawaiian Islands [hə'waɪ-ɪən'aɪləndz] Гава́йские острова́

Hebrides ['hebrɪdi:z] Гебри́дские острова́

Helsinki ['helsɪŋkɪ] *г.* Хе́льсинки

Himalaya(s) [,hɪmə'leɪə(z)] Гимала́и

Holland ['hɔlənd] *см.* Netherlands

Honduras [hɔn'djuərəs] Гондура́с

Hudson [hʌdsn] *р.* Гудзо́н

Hudson Bay [,hʌdsn'beɪ] Гудзо́нов зали́в

Hungary ['hʌngərɪ] Ве́нгрия

Huron, Lake ['leɪk'hjuərən] *оз.* Гуро́н

Hwang Ho [,hwæŋ'həu] *р.* Хуанхэ́

Iceland ['aɪslənd] Исла́ндия

India ['ɪndjə] Индия
Indian Ocean [ˌɪndjən'əuʃn] Индийский океан
Indonesia [ˌɪndəu'niːzjə] Индонезия
Indus ['ɪndəs] p. Инд
Iran [ɪ'rɑːn] Иран
Iraq [ɪ'rɑːk] Ирак
Ireland ['aɪələnd] Ирландия
Islamabad [ɪs'lɑːməbɑːd] г. Исламабад (capital of Pakistan)
Israel ['ɪzreɪəl] Израиль
Istanbul [ˌɪstæm'buːl] г. Стамбул
Italy ['ɪtəlɪ] Италия

Jamaica [dʒə'meɪkə] Ямайка
Japan [dʒə'pæn] Япония
Japan, Sea of [ˌsiː'əvdʒə'pæn] Японское море
Java ['dʒɑːvə] о-в Ява
Jerusalem [dʒə'ruːsələm] г. Иерусалим
Jordan [dʒɔːdn] Иордания

Kabul [kə'bul] г. Кабул
Katmandu [ˌkætmæn'duː] г. Катманду (capital of Nepal)
Kazakhstan [ˌkɑːzɑːh'stɑːn] Казахстан
Kenya ['kənjə, 'kiːnjə] Кения
Khart(o)um [kɑː'tuːm] г. Хартум (capital of Sudan)
Kiev ['kiːev] г. Киев (capital of Ukraine)
Kigali [kɪ'gɑːlɪ] г. Кигали (capital of Rwanda)
Kingston ['kɪŋstən] г. Кингстон (capital of Jamaica)
Kinshasa [kɪn'ʃɑːsə] г. Киншаса (capital of Zaire)
Kirghizia [kə'giːzjə] Киргизия

Kishinev [ˌkɪʃɪ'njɔːv] г. Кишинёв (capital of Moldova)
Korea [kɔ'rɪə] Корея
Kuala Lumpur [ˌkwɑːlə'lumpuə] г. Куала-Лумпур (capital of Malaysia)
Kuwait [ku'weɪt] Кувейт

Lagos ['leɪgɔs] г. Лагос (capital of Nigeria)
Laos [lauz] Лаос
La Paz [lɑː'pæz] г. Ла--Пас (capital of Bolivia); см. тж. Sucre
Latvia ['lætvɪə] Латвия
Lebanon ['lebənən] Ливан
Leipzig ['laɪpzɪg] г. Лейпциг
Leningrad ['lenɪngræd] г. Ленинград
Lesotho [lə'səutəu] Лесото
Liberia [laɪ'bɪərɪə] Либерия
Libreville [ˌliːbrə'viːl] г. Либревиль (capital of Gabon)
Libya ['lɪbɪə] Ливия
Liechtenstein ['lɪktənstaɪn] Лихтенштейн
Lilongwe [lɪ'lɔŋwɪ] г. Лилонгве (capital of Malaŵi)
Lima ['liːmə] г. Лима (capital of Peru)
Lisbon ['lɪzbən] г. Лиссабон
Lithuania [lɪθjuː'eɪnjə] Литва
Liverpool ['lɪvəpuːl] г. Ливерпуль
Lomé [lɔ'meɪ] г. Ломе (capital of Togo)
London ['lʌndən] г. Лондон
Los Angeles [lɔs'ændʒɪliːz] г. Лос-Анджелес
Luanda [lu'ændə] г. Луанда (capital of Angola)
Lusaka [lu'sɑːkə] г. Лусака (capital of Zambia)

Luxemburg [ˈlʌksəmbəːg] Люксембу́рг

Madagascar [ˌmædəˈgæskə] Мадагаска́р

Madrid [məˈdrɪd] *г.* Мадри́д

Magellan, Strait of [ˌstreɪt-əməˈgelən] Магелла́нов проли́в

Malabo [məˈlɑːbəu] *г.* Мала́бо *(capital of Equatorial Guinea)*

Malawi [məˈlɑːwɪ] Мала́ви

Malaysia [məˈleɪzɪə] Мала́йзия

Maldives [ˈmɔːldɪvz] Мальди́вские острова́

Male [ˈmɑːleɪ] *г.* Ма́ле *(capital of Maldives)*

Mali [ˈmɑːlɪ] Мали́

Malta [ˈmɔːltə] Ма́льта

Managua [məˈnæɡwɑː] *г.* Мана́гуа *(capital of Nicaragua)*

Manama [məˈnæmə] *г.* Мана́ма *(capital of Bahrain)*

Manchester [ˈmæntʃɪstə] *г.* Манче́стер

Manila [məˈnɪlə] *г.* Мани́ла *(capital of Philippines)*

Maputo [məˈpuːtəu] *г.* Мапу́ту *(capital of Mozambique)*

Maseru [ˈmæzəruː] *г.* Ма́серу *(capital of Lesotho)*

Mauritania [ˌmɔrɪˈteɪnjə] Маврита́ния

Mauritius [məˈrɪʃəs] Маври́кий

Mbabane [mbɑːˈbɑːnɪ] *г.* Мба-ба́не *(capital of Swaziland)*

Mediterranean (Sea) [ˌmedɪ-təˈreɪnjən(ˈsiː)] Средизе́мное мо́ре

Melbourne [ˈmelbən] *г.* Ме́льбурн

Mexico [ˈmeksɪkəu] Ме́кси-ка

Mexico (City) [ˈmeksɪkəu-(ˈsɪtɪ)] *г.* Ме́хико

Mexico, Gulf of [ˈɡʌlfəv-ˈmeksɪkəu] Мексика́нский зали́в

Michigan, Lake [ˈleɪkˈmɪʃɪ-ɡən] *оз.* Ми́чиган

Minsk [mɪnsk] *г.* Минск *(capital of Byelorussia)*

Mississippi [ˌmɪsɪˈsɪpɪ] *г.* Миссиси́пи

Missouri [mɪˈzuərɪ] *р.* Мис-су́ри

Mogadishu [ˌmɔɡəˈdɪʃuː] *г.* Могади́шо *(capital of Somalia)*

Moldova [mɔlˈdəuvə] Молдо́-ва

Monaco [ˈmɔnəkəu] Мона́ко *(state and capital)*

Mongolia [mɔŋˈɡəuljə] Монго́лия

Monrovia [mənˈrəuvɪə] Монро́вия *(capital of Liberia)*

Montevideo [ˌmɔntɪvɪˈdeɪəu] *г.* Монтевиде́о *(capital of Uruguay)*

Montreal [ˌmɔntrɪˈɔːl] *г.* Монреа́ль

Morocco [məˈrɔkəu] Маро́кко

Moroni [məˈrəunɪ] *г.* Моро́ни *(capital of the Comoros)*

Moscow [ˈmɔskəu] *г.* Москва́

Moskva [mʌsˈkvɑː] *р.* Москва́

Mozambique [ˌməuzəmˈbiːk] Мозамби́к

Munich [ˈmjuːnɪk] *г.* Мюнхен

Murmansk [muˈmɑːnsk] *г.* Му́рманск

Muscat [ˈmʌskæt] *г.* Маска́т *(capital of Oman)*

Myanma [ˈmjɑːnmə] Мья́н-ма

288

Nairobi [naɪˈrəubɪ] *г.* Найро́би *(capital of Kenya)*

Namibia [nəˈmɪbɪə] Нами́бия

Nassau [ˈnæsɔː] *г.* Насса́у *(capital of the Bahamas)*

N'Djamena [ndʒɑːˈmenə] *г.* Нджаме́на *(capital of Chad)*

Nepal [nɪˈpɔːl] Непа́л

Netherlands, the [ˈneðələndz] Нидерла́нды

Newfoundland [ˈnjuːfəndlənd] *о-в* Ньюфа́ундле́нд

New Guinea [ˌnjuːˈgɪnɪ] *о-в* Но́вая Гвине́я

New York [ˌnjuːˈjɔːk] *г.* Нью-Йо́рк

New Zealand [ˌnjuːˈziːlənd] Но́вая Зела́ндия

Niamey [njɑːˈmeɪ] *г.* Ниаме́й *(capital of Niger)*

Nicaragua [ˌnɪkəˈrægjuə] Никара́гуа

Nicosia [ˌnɪkəuˈsiːə] *г.* Никоси́я *(capital of Cyprus)*

Niger [ˈnaɪdʒə] Ни́гер

Nigeria [naɪˈdʒɪərɪə] Ниге́рия

Nile [naɪl] *р.* Нил

North Sea [ˌnɔːθˈsiː] Се́верное мо́ре

Norway [ˈnɔːweɪ] Норве́гия

Nouakchott [nwɑːkˈʃɔt] *г.* Нуакшо́т *(capital of Mauritania)*

Oder [ˈəudə] *р.* О́дер

Odessa [əuˈdesə] *г.* Оде́сса

Oman [əuˈmɑːn] Ома́н

Ontario, Lake [ˈleɪkɔnˈtɛərɪəu] *оз.* Онта́рио

Oslo [ˈɔzləu] *г.* О́сло

Ottawa [ˈɔtəwə] *г.* Отта́ва

Ougadougou [ˌwɑːgəˈduːguː] *г.* Уагаду́гу *(capital of Burkina Faso)*

Oxford [ˈɔksfəd] *г.* О́ксфорд

Pacific Ocean [pəˌsɪfɪkˈəuʃn] Ти́хий океа́н

Pakistan [ˌpɑːkɪsˈtɑːn] Пакиста́н

Pamirs [pəˈmɪəz] Пами́р

Panama [ˌpænəˈmɑː] Пана́ма *(state and capital)*

Panama Canal [ˌpænəmɑːkəˈnæl] Пана́мский кана́л

Papua New Guinea [ˌpæpjuˌnjuːˈgɪnɪ] Па́пуа Но́вая Гвине́я

Paraguay [ˈpærəgwaɪ] Парагва́й

Paris [ˈpærɪs] *г.* Пари́ж

Pekin(g) [piːˈkɪn (piːˈkɪŋ)] *г.* Пеки́н

Peru [pəˈruː] Перу́

Philadelphia [ˌfɪləˈdelfjə] *г.* Филаде́льфия

Philippines [ˈfɪlɪpiːnz] Филиппи́ны

Pnompenh, Pnom-Penh [nɔmˈpen] *г.* Пномпе́нь *(capital of Cambodia)*

Poland [ˈpəulənd] По́льша

Polynesia [ˌpɔlɪˈniːzjə] Полине́зия

Port-au-Prince [ˌpɔːtəuˈprɪns] *г.* Порт-о-Пре́нс *(capital of Haiti)*

Port Louis [ˌpɔːtˈluːɪs] *г.* Порт-Луи́ *(capital of Mauritius)*

Port Moresby [ˌpɔːtˈmɔːzbɪ] *г.* Порт-Мо́рсби *(capital of Papua New Guinea)*

Port-of-Spain [ˌpɔːtəvˈspeɪn] *г.* Порт-оф-Спе́йн *(capital of Trinidad and Tobago)*

Porto-Novo [ˌpɔːtəuˈnəuvəu]

г. Пóрто-Нóво *(capital of Benin)*

Port Said [ˌpɔːˈtˈsaɪd] *г.* Порт-Сайд

Portugal [ˈpɔːtjugəl] Португáлия

Prague [prɑːg] *г.* Прáга

Praia [ˈpraɪə] *г.* Прáя *(capital of Cabo Verde)*

Pretoria [prɪˈtɔːrɪə] *г.* Претóрия *(capital of Republic of South Africa)*

Puerto Rico [ˌpwætəuˈriːkəu] Пуэ́рто-Рико

Pyongyang [ˌpjɔŋˈjæŋ] *г.* Пхеньян

Pyrenees [ˌpɪrəˈniːz] Пиренéи

Qatar [kæˈtɑː] Катáр

Quebec [kwɪˈbek] Квебéк

Quito [ˈkiːtəu] *г.* Кито *(capital of Ecuador)*

Rabat [rəˈbɑːt] *г.* Рабáт *(capital of Morocco)*

Rangoon [rænˈguːn] *г.* Рангýн *(capital of Myanma)*

Red Sea [ˌredˈsiː] Крáсное мóре

Republic of South Africa [rɪˈpʌblɪkəvˈsauθˈæfrɪkə] Южно-Африкáнская Респýблика

Republic of Yemen [rɪˈpʌblɪkəvˈjemən] Йéменская Респýблика

Reykjavik [ˈreɪkjəviːk] *г.* Рейкья́вик

Rhine [raɪn] *p.* Рейн

Riga [ˈriːgə] *г.* Рига *(capital of Latvia)*

Rio de Janeiro [ˌriːəudədʒəˈnɪərəu] *г.* Рио-де-Жанéйро

Riyadh [rɪˈjɑːd] *г.* Эр-Рия́д *(capital of Saudi Arabia)*

Rockies [ˈrɔkɪz], **Rocky Mountains** [ˌrɔkɪˈmauntɪnz] Скалистые гóры

Rome [rəum] *г.* Рим

Ro(u)mania [ruːˈmeɪnjə] Румы́ния

Russia [ˈrʌʃə] Россия

Rwanda [ruːˈændə] Руáнда

Saint George's [seɪntˈdʒɔːˈdʒɪz] *г.* Сент-Джóрджес *(capital of Grenada)*

Sana [sɑːˈnɑː] *г.* Санá *(capital of Republic of Yemen)*

San Francisco [ˌsænfrənˈsɪskəu] *г.* Сан-Франциско

San José [ˌsænhəuˈzeɪ] *г.* Сан-Хосé *(capital of Costa Rica)*

San Juan [ˌsænˈhwɑːn] *г.* Сан-Хуáн *(Puerto Rico)*

San Marino [ˌsænməˈriːnəu] Сан-Марино

San Salvador [sænˈsælvədɔː] *г.* Сан-Сальвадóр *(capital of El Salvador)*

Santiago [ˌsæntɪˈɑːgəu] *г.* Сантья́го *(capital of Chile)*

Santo Domingo [ˌsæntəudəˈmɪŋgəu] *г.* Сáнто-Доминго *(capital of Dominican Republic)*

São Tomé [ˌsəuŋtuːˈme] *г.* Сан-Томé *(capital of São Tomé and Principe)*

São Tomé and Principe [ˌsauŋtuːˈmeəndˈpriːnsiːpɪ] Сан-Томé и Принсипи

Saudi Arabia [ˌsɑːudɪəˈreɪbjə] Саýдовская Арáвия

Scotland [ˈskɔtlənd] Шотлáндия

Senegal [ˌsenɪˈgɔːl] Сенегáл

Seychelles [seɪˈʃelz] Сейшéльские островá

290

Sheffield [ˈʃefiːld] *г.* Шéффилд

Siberia [saɪˈbɪərɪə] Сибúрь

Sierra Leone [sɪˌerəlɪˈəun] Сьéрра-Леóне

Singapore [ˌsɪŋgəˈpɔː] Сингапýр *(state and capital)*

Sofia [ˈsəufjə] *г.* Софúя

Somalia [səuˈmɑːlɪə] Сомалú

South-West Africa [ˈsauθˈwestˈæfrɪkə] Юго-Зáпадная Áфрика *(то же, что* Namíbia)

Spain [speɪn] Испáния

Sri Lanka [srɪˈlæŋkə] Шри Лáнка

Stockholm [ˈstɔkhəum] *г.* Стокгóльм

Sucre [ˈsuːkrə] *г.* Сýкре *(capital of Bolivia); см. тж.* La Paz

Sudan [suːˈdɑːn] Судáн

Suez Canal [ˌsuːɪzkəˈnæl] Суэ́цкий канáл

Superior, Lake [ˌleɪksjuːˈpɪərɪə] *оз.* Вéрхнее

Suva [ˈsuːvə] *г.* Сýва *(capital of Fiji)*

Swaziland [ˈswɑːzɪlænd] Свáзиленд

Sweden [swiːdn] Швéция

Switzerland [ˈswɪtsələnd] Швейцáрия

Sydney [ˈsɪdnɪ] *г.* Сúдней

Syria [ˈsɪrɪə] Сúрия

Tadjikistan [tɑːˌdʒɪkɪˈstɑːn] Таджикистáн

Taiwan [taɪˈwæn] *о-в* Тайвáнь

Tallinn [ˈtɑːlɪn] *г.* Тáллинн *(capital of Estonia)*

Tanganyika [ˌtæŋgəˈnjiːkə] *оз.* Танганьúка

Tanzania [ˌtænzəˈnɪə] Танзáния

Tashkent [tæʃˈkent] *г.* Ташкéнт *(capital of Uzbekistan)*

Tbilisi [tbɪˈliːsɪ] *г.* Тбилúси *(capital of Georgia)*

Tegucigalpa [təˌguːsɪˈgɑːlpɑː] *г.* Тегусигáльпа *(capital of Honduras)*

Teh(e)ran [tɪəˈrɑːn] *г.* Тегерáн *(capital of Iran)*

Tel Aviv [ˌteləˈviːv] *г.* Тель-Авúв

Thailand [ˈtaɪlænd] Таилáнд

Thames [temz] *р.* Тéмза

Thimphu [ˈθɪmpuː] *г.* Тхúмпху *(capital of Bhutan)*

Tien Shan [ˌtjənˈʃɑːn] Тянь-Шáнь

Tirana [tɪˈrɑːnə] *г.* Тирáна *(capital of Albania)*

Togo [ˈtəugəu] Тóго

Tokyo [ˈtəukjəu] *г.* Тóкио

Trinidad and Tobago [ˌtrɪnɪdædəndtəuˈbeɪgəu] Тринидáд и Тобáго

Tripoli [ˈtrɪpəlɪ] *г.* Трúполи *(capital of Libya)*

Tunis [ˈtjuːnɪs] *г.* Тунúс *(capital of Tunisia)*

Tunisia [tjuːˈnɪzɪə] Тунúс

Turkey [ˈtɜːkɪ] Тýрция

Turkmenistan [ˌtɜːkmenɪˈstɑːn] Туркменистáн

Uganda [juːˈgændə] Угáнда

Ukraine [juːˈkreɪn] Украúна

Ulan Bator [ˈuːlɑːnˈbɑːtɔː] *г.* Улáн-Бáтор

Union of Soviet Socialist Republics [ˈjuːnjənəvˈsəuvietˈsəuʃəlɪstrɪˈpʌblɪks] **(USSR)** Сою́з Совéтских Социалистúческих Респýблик (СССР)

United Arab Emirates [juːˈnaɪtɪdˈærəbeˈmɪərɪts] Объединённые Арáбские Эмирáты

United Kingdom of Great Britain and Northern Ireland [juːˈnaɪtɪdˈkɪŋdəməvˈgreɪtˈbrɪtnəndˈnɔːðənˈaɪələnd] Соединённое Королéвство Великобритáнии и Сéверной Ирлáндии

United States of America [juːˈnaɪtɪdˈsteɪtsəvəˈmerɪkə] **(USA)** Соединённые Штáты Амéрики (США)

Urals [ˈjuərəlz] Урáл

Uruguay [ˈurugwaɪ] Уругвáй

Uzbekistan [ˌuzbekɪˈstɑːn] Узбекистáн

Vaduz [vəˈduːts] г. Вадýц (capital of Liechtenstein)

Valletta [vəˈletə] г. Валлéтта (capital of Malta)

Vatican [ˈvætɪkən] Ватикáн

Venezuela [ˌveneˈzweɪlə] Венесуэ́ла

Victoria [vɪkˈtɔːrɪə] г. Виктóрия (capital of Seychelles)

Vienna [vɪˈenə] г. Вéна

Vientiane [ˌvjænˈtjɑːn] г. Вьентьян (capital of Laos)

Viet Nam [ˌvjetˈnæm] Вьетнáм

Vilnius [ˈvɪlnɪəs] г. Вильнюс (capital of Lithuania)

Vistula [ˈvɪstjulə] р. Висла

Volga [ˈvɔlgə] р. Вóлга

Wales [weɪlz] Уэ́льс

Warsaw [ˈwɔːsɔː] г. Варшáва

Washington [ˈwɔʃɪŋtən] г. Вашингтóн

Wellington [ˈwelɪŋtən] г. Вéллингтон (capital of New Zealand)

Western Samoa [ˌwestənsəˈməuə] Зáпадное Самóа

Windhoek [ˈvɪnthuːk] г. Вúндхук (Namibia)

Yamoussoukro [ˌjɑːmuːˈsuːkrə] г. Ямуссýкро (capital of Côte d'Ivoire)

Yangtze (Kiang) [ˈjæŋtsɪ(ˈkjæŋ)] р. Янцзы́(цзян)

Yaoundé [ˌjɑːuːnˈdeɪ] г. Яунде (capital of Cameroon)

Yerevan [ˌjerəˈvɑːn] г. Ереван (capital of Armenia)

Yugoslavia [ˌjuːgəuˈslɑːvjə] Югослáвия

Zaire [zəˈiːə] Заúр

Zambia [ˈzæmbɪə] Зáмбия

Zimbabwe [zɪmˈbɑːbwɪ] Зимбáбве

Part 2

RUSSIAN-ENGLISH
DICTIONARY

РУССКО-АНГЛИЙСКИЙ
СЛОВАРЬ

NOTE TO
ENGLISH-SPEAKING USERS

Most words deriving from the same stem are grouped in a single entry, provided the alphabetical sequence is maintained. The swung dash (~) may represent *(a)* the unchangeable part of the headword (printed in bold type), separated from its ending by double vertical strokes (‖**), or *(b)* the entire headword when it occurs in collocations and phrases, e.g.

патрио́т	patriot; ~изм м pátriotism
перевя́зка ж	dréssing; сде́лать ~ bandage
	(i.e. сде́лать перевязку)

Homonyms (i.e. words which are spelt and pronounced the same but have a different meaning) are each allocated a separate entry, distinguished by a Roman numeral, e.g.

по́чка	I ж анат. kidney
по́чка	II ж бот. bud

The gender of Russian nouns is given immediately after the headword.

Arabic numerals distinguish the different meanings of the headword, as well as the different grammatical functions it may perform. In some cases, the numeral is followed by a stylistic usage label or by a short indicator in italics placed within brackets, e.g.

тру́д м 1. labour, work [wəːk] ... 2. *(заботы, хлопоты)* trouble [trʌ –] .... 3. *(научное сочинение)* (scientific [saɪən'ti–]) work [wəːk]

этю́д м 1. *шахм., муз.* étude [eɪ'tjuːd], exercise 2. *жив.* sketch, study

When multiple translations of a headword are given, those which are closely related in meaning are separated by a comma, whilst a semicolon precedes more remote translations.

The following items are presented in round brackets:

1   two (or more) Russian words used in the pattern in question and their English equivalents;

2   alternative translations;

3   an optional word, or part of a word or expression.

English equivalents of Russian verbs are provided only for perfective verbs; imperfective verbs are presented with references to their perfective counterparts.

Examples of idiomatic usage are preceded by the rhombus sign (◇).

Stress is indicated for all Russian words of more than one syllable. A key to pronunciation, and general notes on Russian pronunciation and stress, can be found on page 298 *et seq*. In the dictionary itself, pronunciation is indicated using the International Phonetic Alphabet.

РУССКИЙ АЛФАВИТ

Аа	Ии	Сс	Ъъ
Бб	Йй	Тт	Ыы
Вв	Кк	Уу	Ьь
Гг	Лл	Фф	Ээ
Дд	Мм	Хх	Юю
Ее	Нн	Цц	Яя
Ёё	Оо	Чч	
Жж	Пп	Шш	
Зз	Рр	Щщ	

RUSSIAN PRONUNCIATION AND STRESS

Pronunciation and the Cyrillic alphabet

There are 33 letters in the Russian alphabet, but there are more than 33 sounds in the language. Most Russian sounds differ somewhat in their articulation from their English counterpart; others have no counterpart in the sound system of the English language (see The Cyrillic Alphabet, page 297). The similarly articulated sounds are those represented by the letters

Б, б	(pronounced 'b')
В, в	(pronounced 'v')
Г, г	(pronounced 'g', except when it occurs in the case ending of adjectives and pronouns, when it is pronounced 'v')
З, з	(pronounced 'z')
М, м	(pronounced 'm')
Н, н	(pronounced 'n')
С, с	(pronounced like 's' in *son* or *sister*)
Ф, ф	(pronounced 'f')
Ш, ш	(pronounced like 'sh' in *shut*)

The sounds represented by the letters п and к differ from the English sounds 'p' and 'k' respectively in their lack of aspiration.

For all the diversity of the Russian sound system, written Russian is actually a fairly precise and consistent reflection of pronunciation. Provided one has mastered the articulation of Russian phonemes and can remember certain variations in their pronunciation which relate to their position in the word, one will have little or no difficulty recognizing them in written form. In other words, Russian is basically spelt as it is pronounced, though there are a few general points to remember if one is to apply this rule correctly.

I   Soft and hard consonants
There are hard and soft consonants in Russian. Fifteen hard consonants have their soft counterparts. Hard consonants appear in the final position, before another hard consonant, or else before the vowels represented by the letters а, о, у, э or ы, e.g.

(house) дом   (dog) собака   (bottle) бутылка

Soft consonants, when they appear before another consonant in the final position, are indicated by the letter ь (the 'soft sign') written after them.

298

Otherwise, soft consonants appear before the vowels е, ё, и, ю, я (in some cases being separated from them by the 'soft sign'), e.g.

(tracing paper)	калька	(news)	весть
(coat)	пальто	(buttercup)	лютик
(day)	день	(monk's cell)	келья

Some consonants (ж, ш, д) are always hard, while others (ч, щ) are always soft, irrespective of their position and the letters around them.

2 The 'soft' and 'hard' signs

The 'soft' and 'hard' signs (ь and ъ), apart from indicating either the softness or hardness of the consonant they follow, also serve to separate it from the next sound in a word. Thus, the combination ля will be pronounced differently from лья (cf. also ня and нья; но and нью, etc.)

(beach)	пляж	(monk's cell)	келья
(nanny)	няня	(pig)	свинья
(knife)	нож	(canyon)	каньон

The words in the right-hand column are pronounced as though the 'soft sign' were the final letter in one word, and the following vowel the initial letter in the next word.

3 Voiced and unvoiced consonants

If a voiced consonant (other than л, м, н and р) immediately precedes a voiceless consonant, it tends to lose its resonant quality and turn into its voiceless counterpart. This also happens when the voiced consonant appears in the final position, provided that the following word does not begin with a vowel or another voiced consonant.

(friend)	друг	(pronounced [druk])
but	друга	(pronounced [druga]) (Gen. sing)
(booth)	будка	(pronounced [butkɑ])
but	будок	(pronounced [budok]) (Gen. plural)

The Russian letter с, unlike English s, always stands for the voiceless sound, [s] no matter what position it occupies in a word. e.g.

(dew)	роса	(pronounced [rə'sa])
(table)	стол	(pronounced [stol])
(salt)	соль	(pronounced [sol])

Stress and the reduction of vowels

Russian words have one stressed syllable, no matter how long they are. Stress can fall on any syllable of a word - the first, the second, the third or the last one:

(cat)	ко́шка	(impression)	впечатле́ние
(picture)	карти́на	(interest)	интере́с

The stress pattern of each word has to be memorized, as there is no hard and fast rule which might help to predict it. The declension of most nouns and adjectives, although it involves the addition or modification of inflexions, does not normally affect their accentual pattern as represented in the Nominative case, thus:

	Nom.	*Acc.*	*Gen.*	*Dat.*	*Instr.*	*Prepos.*
(bag)	су́мка	су́мку	су́мки	су́мке	су́мкой	су́мке
(evening)	ве́чер	ве́чер	ве́чера	ве́черу	ве́чером	ве́чере
(sun)	со́лнце	со́лнце	со́лнца	со́лнцу	со́лнцем	со́лнце
(room)	ко́мната	ко́мнату	ко́мнаты	ко́мнате	ко́мнатой	ко́мнате
(wind)	ве́тер	ве́тер	ве́тра	ве́тру	ве́тром	ве́тре
(look)	взгля́д	взгля́д	взгля́да	взгля́ду	взгля́дом	взгля́де
(sofa)	дива́н	дива́н	дива́на	дива́ну	дива́ном	дива́не

However, this cannot be treated as a universal rule, for a considerable number of words do change their stress pattern with their form:

	Nom.	*Acc.*	*Gen.*	*Dat.*	*Instr.*	*Prepos.*
(table)	сто́л	сто́л	стола́	столу́	столо́м	столе́
(boot)	сапо́г	сапо́г	сапога́	сапогу́	сапого́м	сапоге́
(key)	клю́ч	клю́ч	ключа́	ключу́	ключо́м	ключе́
(ship)	кора́бль	кора́бль	корабля́	кораблю́	корабле́м	корабле́

Sometimes the shift of stress accompanies the change from the Singular to the Plural form, e.g.

	Sing.	Plural		Sing.	Plrual
(house)	до́м	дома́	(window)	окно́	о́кна
(cloud)	о́блако	облако́	(thunderstorm)	гроза́	гро́зы

The stressed vowels in Russian are longer and are articulated with greater intensity than unstressed vowels. Unstressed vowels undergo considerable reduction in quantity (i.e. duration) of sound (и, е, ю, у, я), or in quality (i.e. openness and intensity) (а, о, э). The vowels а, о and э in the unstressed position are pronounced similarly to the vowel sound in the unstressed syllable of such English words as

     mother   letter   potato   water, etc.

GRAMMAR NOTES

Russian does not use **ARTICLES**. So any noun can have three quite different meanings, depending on context. Thus:

газета

may mean 'a newspaper', 'the newspaper' or 'newspaper'.

Russian has three **GENDERS**: masculine, feminine and neuter. Gender is determined by a noun's ending (exceptions are shown in the dictionary):

	m	f	n
ending	consonant/й	a/я	o/e

PLURALS are formed as follows:

	sing	plural
m	ends in a consonant	add ы or и
	ends in й	change final letter to и
f	ending in a	change a to ы or и
	ending in я	change я to и
n	ending in o	change o to a
	ending in e	change e to я
m/f	ending in ь	change ь to и

стол/столы	table/tables	деревня/деревни	village/villages
флаг/флаги	flag/flags	место/места	place/places
музей/музеи	museum/museums	решение/решения	decision/decisions
стена/стены	wall/walls	дверь/двери (f)	door/doors
книга/книги	book/books	автомобиль/ автомобили (m)	car/cars

Russian has six **CASES**: nominative, accusative, genitive, dative, instrumental and prepositional. Case endings are:

SINGULAR

masculine	theatre	tram	car
nom/acc	театр	трамвай	автомобиль
gen	театра	трамвая	автомобиля
dat	театру	трамваю	автомобилем
instr	театром	трамваем	автомобилем
prep	театре	трамвае	автомобиле

feminine	map	tower	door	excursion
nom	карта	башня	дверь	экскурсия
acc	карту	башню	дверь	экскурсию
gen	карты	башни	двери	экскурсии
dat	карте	башне	двери	экскурсии
instr	картой	башней	дверью	экскурсией
prep	карте	башне	двери	экскурсия

neuter	place	sea	time	building
nom/acc	место	море	время	здание
gen	места	моря	времени	здании
dat	месту	морю	времени	зданию
instr	местом	морем	временем	здаинием
prep	месте	море	времени	здании

Some common Russian nouns do not decline at all, eg: такси (taxi), фойе (foyer), пальто (overcoat), кафе (cafe), кофе (coffee), метро (tube), кино (cinema).

PLURAL

masculine			
nom/acc	театры	трамваи	автомобили
gen	театров	трамваев	автомобилей
dat	театрам	трамваям	автомобилям
instr	театрами	трамваями	автомобилями
prep	театрах	трамваях	автомобилях

feminine				
nom/acc	карты	башни	лвери	экскурсии
gen	карт	башен	дверей	экскурсий
dat	картам	башням	дверям	экскурсиям
instr	картами	башнями	дверями	экскурсиями
prep	картах	башнях	дверях	экскурсиях

neuter				
nom/acc	места	моря	времена	здания
gen	мест	морей	времён	зданий
dat	местам	морям	временам	зданиям
instr	местами	морями	временами	зданиями
prep	местах	морях	временах	зданиях

The **NOMINATIVE** case is used for the subject of a sentence:

The **ACCUSATIVE** is used for the object of most verbs:

> мы хотим посетить картинную галерею
> we would like to visit the art gallery

It is also used after some prepositions which involve motion or direction (eg в to, into; на to, onto; через across, via; за beyond):

> сегодия мы идём в театр
> today we are going to the theatre

The **GENITIVE** denotes possession and can usually be translated by 'of':

квартира Наташи	Natasha's flat
береги Москва-реки	the banks of the Moscow river

It is also used after some prepositions (as shown in the dictionary):

номер без душа	a room without a shower
около вокзала	near the station

The **DATIVE** is used for indirect objects with the verbs of giving and sending (often corresponding to 'to' in English) and with some prepositions:

я послал письмо брату	I've sent a letter to my brother
к востоку	to the east

The **INSTRUMENTAL** is used to show how an action is carried out:

мы пришли самолётом
we arrived by plane

and is also used after some prepositions and in some time expressions:

чай с лимоном	lemon tea
зимой	in the winter
утром	in the morning

The **PREPOSITIONAL** is used with в in, на on/at, о/об about:

в ресторане	на рынке
in the restaurant	at the market

In Russian **NUMERALS** also determine the case a noun takes:

1 and all numbers ending in 1 (eg 71) take the nominative singular. 2, 3, 4 and all numbers ending in 2, 3, or 4 take the genitive singular. All other numbers take the genitive plural:

21 час	21.00 hours
53 километра	53 kilometres
17 фунтов стерлингов	17 pounds sterling

Except for 11, 12, 13 and 14, which take the genitive plural.

ADJECTIVES agree with the nouns to which they refer:

sing.	m	f	n	plural
nom	старый	старая	старое	старые
acc	старый	старую	старое	старые
gen	старого	старой	старого	старых
instr	старым	старой	старым	старыми
prep	старом	старой	старом	старых

это очень старый дом?   is this house very old?

The **COMPARATIVE** in Russian is formed by placing the words **более** (more) or **менее** (less) before adjective and noun:

> какие блюда злесь более/менее острые?
> which dishes are more/less spicy?

But quite a few common adjectives have irregular comparatives:

большой (big)	больше (bigger)
маленький (small)	меньше (smaller)
старый (old)	старше (older)
дорогой (dear)	дороже (dearer)
дешёвый (cheap)	дешевле (cheaper)

'Than' is **чем**:

> почему эта икра дороже чем та?
> why is this caviar dearer than that?

The easiest way of forming the **SUPERLATIVE** in Russian is by placing the adverb **наиболее** in front of the adjective and noun:

> наиболее близкая станция метро
> the nearest tube station

In Russian **ADVERBS** are usually formed by removing the adjectival endings **ый** or **ий** and adding **o**:

медленный slow	медленно slowly
тихий quiet	тихо quietly

POSSESSIVE ADJECTIVES are:

мой my	наш our
твой your (fam)	ваш your (sing pol/pl)
его his/its	
её her	их their

You are only likely to need the following cases:

	m	f	n	plural
nom	мой	моя	моё	мои
acc	мой	мою	моё	мои
gen	моего	моей	моего	моих
prep	моём	моей	моём	моих
nom	наш	наша	наше	наши
acc	наш	нашу	наше	наши
gen	нашего	нашей	нашего	наших
prep	нашем	нашей	нашем	наших

твой declines as for мой, and ваш as for наш. его, её and их do not decline:

уберите вашу сумку пожалуйста	remove your bag please
кто-то украл мою чековую книжку	someone has stolen my cheque-book
мы не видели их гида	we haven't seen their guide

The possessive adjective can be omitted where the object possessed relates directly to the subject of the sentence:

> я оставил ключ в номере
> I left the key in my room

POSSESSIVE PRONOUNS (mine, yours etc) have the same form as possessive adjectives.

PERSONAL PRONOUNS

я	I	мы	we
ты	you* (fam)	вы	you (sing (formal)/pl)
он\она\оно	he/she/it	они	they

They decline as follows:

nom	acc/gen	dat	instr	prep
я	меня	мне	мной	мне
ты	тебя	тебе	тобой	тебе
он	его	ему	им	нём
она	её	ей	ей	ней
мы	нас	нам	нами	нас
вы	вас	вам	вами	вас
они	их	им	ими	них

3rd person singular and plural pronouns take the prefix н after prepositions:

> это подарок для них
> it's a present for them

* Russian has two ways of saying **you**: ты is informal, for speaking to one relative, friend or child (also used among young people); вы is more formal or for speaking to more than one person.

The word этот ('this') agrees with the noun it precedes:

	m	f	n	plural
nom	этот	эта	это	эти
acc	этот	эту	это	эти
gen	этого	этой	этого	этих
dat	этому	этой	этому	этим
instr	этим	этой	этим	этими
prep	этом	этой	этом	этих

> перед этим магазином
> in front of this shop

There are two main patterns of **VERBS**. In the **PRESENT TENSE** they are:

	1st Conj	2nd Conj
	читать (read)	говорить (speak/say)
я	читаю	говорю
ты	читаешь	говоришь
он/она	читает	говорит
мы	читаем	говорим
вы	читаете	говорите
они	читают	говорят

Verbs ending in -ать or -ять are normally conjugated like читать. Some common exceptions:

	слышать	спать	ждать	брать
	(hear)	(sleep)	(wait)	(take)
я	слышу	сплю	жду	беру
ты	слышишь	спишь	ждёшь	берёшь
он/она	слышит	спит	ждёт	берёт
мы	слышим	спим	ждём	берём
вы	слышите	спите	ждёте	берёте
они	слышат	спят	ждут	берут

Most verbs ending in -ить and -еть conjugate in a similar way to говорить. But some undergo 'consonant mutation' in the first person singular or add л between stem and ending:

	видеть	любить	платить	просить
	(see)	(like)	(pay for)	(ask: favour)
я	вижу	люблю	плачу	прошу
ты	видишь	любишь	платишь	просишь
он/она	видит	любит	платит	просит
мы	видим	любим	платим	просим
вы	видите	любите	платите	просите
они	видят	любят	платят	просят

Note also some common irregular verbs:

	есть	хотеть	пить	жить
	(eat)	(want)	(drink)	(live/stay)
я	ем	хочу	пью	живу́
ты	ешь	хочешь	пьёшь	живёшь
он/она	ест	хочет	пьёт	живёт
мы	едим	хотим	пьём	живём
вы	едите	хотите	пьёте	живёте
они	едят	хотят	пьют	живут

Russian has no real word for **to be** in the present. It's simply left out:

> я из Шотландии   I'm from Scotland

to have is expressed in Russian by the preposition y followed by the genitive of the possessor and the object possessed in the nominative:

> у меня один чемодан с собой   I have one case with me

Russian verbs normally have two **ASPECTS** - imperfective and perfective. (This book gives both aspects if the verb is commonly used, and always in the order 'imperfective/perfective'). The **IMPERFECTIVE** aspect is used to form the present and past continuous tenses (expressing duration or repetition). The **PERFECTIVE** is used to form the future and the past tenses (where an action has been completed).

Both **PAST TENSES** are usually formed by removing the final -ть of the appropriate infinitive and adding the following endings: -л (masc), -ла (fem), -ло (neut) and -ли (plural).

So for the verb пить/выпить (drink):

> раньше я пил кофе, а теперь пью только чай
> I used to drink coffee but now I only drink tea

> вчера я впервые выпила стакан кваса
> yesterday I (*fem*) drank my very first glass of kvas

> выпьём за дружбу и мир!
> let's drink to friendship and peace!

Where the perfective aspect is formed simply by adding a prefix to the imperfective (по-, на-, с-, вы-, etc), the **FUTURE** can be formed by adding present tense endings to the perfective stem:

думать/подумать to think   я подумаю об этом I'll think about it

Some verbs however have completely different perfective aspects. Their conjugation can only be learned:

	говорить/сказать (speak/say)		брать/взять (take)	
я	скажу	(I will say)	возьму	(I will take)
ты	скажешь		возьмёшь	
он/она	скажет		возьмёт	
мы	скажем		возьмём	
вы	скажите		возьмёте	
они	скажут		возьмут	

	давать/дать	(to give)	быть	(to be)
я	дам	(I will give)	буду	(I will be)
ты	дашь		будешь	
он/она	даст		будет	
мы	дадим		будем	
вы	дадите		будете	
они	дадут		будут	

To make a **NEGATIVE** in Russian, insert не between subject and verb:

я не понимаю   I don't understand

or in a 'have not' phrase use нет:

у меня нет денги   I don't have any money (нет takes the genitive here)

308

ABBREVIATIONS

ав. авиация – aeronautics

авто автомобилизм, автомобильный туризм – car travel

амер. американизм – American usage

анат. анатомия – anatomy

безл. безличная форма – impersonal

биол. биология – biology

бот. ботаника – botany

брит. употребляется в Великобритании – British usage

бухг. бухгалтерия – accounting

вводн. сл. вводное слово – parenthetical usage

воен. военный термин – military

вопр. вопросительное (местоимение)– interrogative pronoun

в разн. знач. в разных значениях – in different meanings

геогр. география – geography

гл. глагол – verb

дат. п. дательный падеж – dative case

дип. дипломатический термин – diplomacy

ед. единственное число – singular

ж женский род – feminine gender

ж. -д. железнодорожное дело – railway

жив. живопись – painting

инф. инфинитив – infinitive

канц. канцелярский термин – office term

карт. термин карточной игры – used in the game of cards

кино кинематография – cinematography

ком. коммерческий термин – commercial

кто-л. кто-либо – somebody

куда-л. куда-либо – somewhere

кул. кулинария – cookery

лингв. лингвистика – linguistics

м мужской род – masculine gender

мат. математика – mathematics

мед. медицина – medicine

мест. местоимение – pronoun

мин. минералогия – mineralogy

мн. множественное число – plural

мор. морской термин – nautical

муз. музыка – music

нареч. наречие – adverb

наст. настоящее время – present tense

особ. особенно – especially

относ. относительное (местоимение) – relative (pronoun)

перен. переносное значение – used figuratively

полит. политический термин – politics

преим. преимущественно – chiefly

пренебр. пренебрежительно – derogatory

прил. прилагательное – adjective

притяж. притяжательное (местоимение) – possessive (pronoun)

прош. прошедшее время – past tense

радио радиотехника – radio

разг. разговорное – colloquial

с средний род – neuter

см. смотри – see

собир. собирательно – collectively

сокр. сокращение, сокращенно – abbreviation

спорт. физкультура и спорт – sports

сущ. существительное – noun

с.-х. сельское хозяйство – agriculture

тв. п. творительный падеж – instrumental case

театр. театральный термин – theatrical

тех. техника – engineering

тж. также – also

тлв. телевидение – television

усил. усилительная (частица) – emphatic particle

физ. физика – physics

фото. фотография – photography

хим. химия – chemistry

част. частица – particle

что-л. что-либо – something

шахм. термин шахматной игры – chess

эк. экономика – economics

эл. электротехника – electrical engineering

элк. электроника – electronics

юр. юридический – law

etc et cetera – и так далее

pl plural – множественное число

smb somebody – кто-либо

smth something – что-либо

sn singular – единственное число

A

a but; and; **а и́менно** námely; that is; **а (не) то...** or else; ótherwise

абажу́р *м* (lámp-)shade

абза́ц *м* páragraph ['pærəgrɑːf]

абитурие́нт *м*, **∼ка** *ж* univérsity (cóllege) éntrant

абонеме́нт *м* séason tícket; (библиоте́чный) **∼** (líbrary ['laɪ-]) loan depártment

абоне́нт *м* subscríber

абрико́с *м* ápricot ['eɪprɪ-]

абсолю́тн∥ый ábsolute; **∼** слух pérfect éar; **∼** чемпио́н óverall chámpion; **∼ая и́стина** última te truth [truːθ]; **∼ое ору́жие** última te wéapon ['wepən]

абсу́рд *м* nónsense; **довести́ что-л. до ∼a** carry *smth* to the point of absúrdity; **∼ный** absúrd, ridículous [-'dɪ-]

аванга́рд *м* vánguard, van; **быть в ∼е...** be in the van of...

ава́нс *м* advánce [-'vɑːns]; **∼ в счёт зарпла́ты** advánce on *one's* sálary ['sæ-]; **∼ом** in advánce

ава́ри∥я *ж* (машины, механизма) bréakdown ['breɪk-]; (крушение) crash; (несчастный случай) áccident ['æksɪ-]; **потерпе́ть ∼ю** have (meet with, be in) an áccident

а́вгуст *м* Áugust

авиаба́за *ж* áir-base [-s]

авиакомпа́ния *ж* áirline

авиали́ния *ж* (áir-)route [-ruːt]

авиапо́чт∥а *ж* áirmail; **отпра́вить ∼ой** post by áir(mail)

авиацио́нный aviátion, áircraft; **∼ заво́д** áircraft fáctory; **∼ пра́здник** aviátion paráde

авиа́ция *ж* aviátion, áircraft; **гражда́нская ∼** cívil aviátion

австрали́∥ец *м*, **∼йка** *ж* Austrálian

австрали́йский Austrálian

авто́бус *м* (рейсовый, городской) bus; (туристский и дальнего следования) coach

автовокза́л *м* bus términal

авто́граф *м* áutograph; **да́йте мне ваш ∼, пожа́луйста** give me your áutograph, please

автозаво́д *м* mótor works [wəːks]; *амер.* áutomobile plant

автоинспе́ктор *м* tráffic políceman [-'liːs-]

автомагистра́ль *ж* trunk road; *амер.* híghway ['haɪweɪ]

автома́т *м* **1.** (машина) automátic [-'mæ-] devíce [-'vaɪs]; róbot; (торговый) slót-machine [-ʃiːn] **2.** (оружие) súbmachine-gun; tómmy-gun

автомати́ческ∥ий automátic [-'mæ-]; **∼ая** (межпланета́рная) **ста́нция** space probe

автомоби́ль _м_ mótorcar; _преим. амер._ áutomobile; легково́й ~ (pássenger) car; грузово́й ~ lórry; _амер._ truck; мы пое́дем на автомоби́ле we'll take a car; ~**ный** mótor(-); _амер._ auto-

автоно́м‖**ия** _ж_ autónomy [-'tɔ-]; ~**ный** autónomous [-'tɔ-]; ~**ная о́бласть** autónomous région; ~**ный о́круг** autónomous dístrict

автопило́т _м_ automátic [-'mæ-] (róbot) pílot, áutopilot

автопогру́зчик _м_ fórk-lift truck

автопортре́т _м_ self-pórtrait

а́втор _м_ áuthor ['ɔːθə]; _(литературного произведения)_ wríter; _(музыкального произведения)_ compóser; _(пьесы)_ pláywright, drámatist ['dræ-]

автора́лли _с нескл._ mótor rálly

автореферат _м_ (áuthor's) ábstract

авторите́т _м_ prestíge [-'tiːʒ]; authórity [-'θɔ-]

авторучка _ж_ fóuntain-pen

автосто́п _м_ hítch-hiking

автостра́да _ж_ mótorway; _амер._ (súper-)híghway

автотра́нспорт _м_ mótor tránsport

аге́нтство _с_ ágency; телегра́фное ~ news ágency

агита́тор _м_ propagándist

агита́ци‖**я** _ж_ propagánda; вести́ ~ю за campáign [-'peɪn] for

агити́ровать (за, про́тив) campáign [-'peɪn] (for,

agáinst); ~ за кандида́та campáign [-'peɪn] for a cándidate

агитпу́нкт _м_ propagánda céntre; _(при избирательном участке)_ cánvassing céntre

агрега́т _м_ installátion; únit; óutfit; devíce

агресси́вный aggréssive

агре́ссия _ж_ aggréssion

агре́ссор _м_ aggréssor

агроно́м _м_ agrónomist

агропро́м _м_ agro-indústrial amalgamátion

агроте́хника _ж_ cúltural práctices; agrotéchnics

ад _м_ hell

адвока́т _м_ láwyer; _перен._ ádvocate; _(выступающий в суде)_ bárrister; _амер._ attórney [ə'tɜːnɪ]

администрати́вный adminístrative [-'mɪ-]

администра́тор _м_ mánager

администра́ция _ж_ mánagement ['mæ-]; ме́стная ~ lócal authórities [-'ɔ-] _pl_

адмира́л _м_ ádmiral

а́дрес _м_ addréss; пожа́луйста, скажи́те (мне) ваш ~ tell me your addréss, please; доста́вить (письмо́) по ~y delíver (a létter) at the right addréss

адреса́т _м_ addressée

адресова́ть addréss

а́збука _ж_ ABC; _(алфавит)_ álphabet; ~ Мо́рзе Morse code

азербайджа́н‖**ец** _м_, ~**ка** _ж_ Azerbaijánian

азиа́тский Ásian ['eɪʃ-], of Ásia ['eɪʃə]

азо́т _м_ nítrogen ['naɪ-];

~**ный** nítric; ~**ная кислота́** nítric ácid ['æ-]

а́ист *м* stork

ай: ~! *разг.* oh!; *амер.* ouch!

акаде́мик *м* mémber of the Acádemy [-'kæ-]; academícian [-'mɪʃn]

академи́ческий académic [-'de-]

акаде́мия *ж* acádemy [-'kæ-]; ~ **нау́к** Acádemy of Scíences; ~ **медици́нских нау́к** Acádemy of Médical Scíences; ~ **педаго-ги́ческих нау́к** Acádemy of Pedagógic Scíences; **сельско-хозя́йственная** ~ Agricúltural Acádemy

аквала́нг *м* scúba, áqualung; ~**и́ст** *м* scúba-diver; *(профес-сиона́льный тж.)* frógman

акваре́ль *ж (краска и карти-на)* wáter-colour ['wɔːtə,kʌ-]; **писа́ть** ~**ю** paint in wáter--colours

аккомпанеме́нт *м* accóm-paniment [ə'kʌm-]; **под** ~ to the accómpaniment (of)

аккомпани́ровать accóm-pany [ə'kʌm-]

аккордео́н *м* accórdion

аккредити́в *м* létter of crédit ['kre-]

аккура́тный 1. *(точный)* ác-curate ['ækju-]; *(о времени прихода и т. п.)* púnctual **2.** *(опрятный)* neat, tídy

акроба́т *м* ácrobat

акроба́тика *ж* acrobátics [-'bæ-]

акселера́тор *м авто* accéler-ator

акт *м* **1.** *(действие, тж.*

театр.) act **2.** *(документ)* deed; **обвини́тельный** ~ indíctment [-'daɪt-] **3.** *(протокол)* státe-ment; **соста́вить** ~ draw up a státement

актёр *м* áctor

акти́в I *м фин.* ássets *pl;* ~ **и пасси́в** ássets and liabílities [,laɪə'bɪ-]; **в** ~**е** on the crédit ['kre-] side

акти́в II *м собир.* áctive mémbers *pl;* áctivists *pl*

активи́ст *м* áctive mémber (wórker), áctivist

акти́вн‖ость *ж* actívity [-'tɪ-]; **повы́сить** *свою́* ~ **в** be more áctive in doing *smth;* ~**ый** áctive

а́ктовый: ~ **зал** assémbly hall

актри́са *ж* áctress

актуа́льный úrgent; tópical ['tɔ-]; ~ **вопро́с** mátter of tópical ínterest; vítal quéstion

акце́нт *м* áccent ['æksənt]

акционе́рн‖ый jóint-stock; ~**ое** **о́бщество** jóint-stock cómpany

а́кция I *ж фин.* share

а́кция II *ж (действие)* áction

алкого́ль *м* álcohol

аллерги́я *ж* állergy ['æ-]

алле́я *ж* ávenue ['ævɪ-]; *(в парке)* path ['pɑːθ], álley

алло́! hulló [hʌ'ləu]; ~! **Пет-ро́в у телефо́на!** hulló! Petróv spéaking!

алма́з *м* díamond ['daɪə-]

алта́рь *м* áltar ['ɔːl-]

алфави́т *м* álphabet, ABC

а́лый red, scárlet; ~ **стяг** red (scárlet) bánner

альбо́м м álbum; *(для рисова́ния)* skétch-book

альпини́зм м mountainéering, móuntain ['mauntɪn] clímbing ['klaɪmɪŋ]

альпини́ст м mountainéer, móuntain ['mauntɪn] clímber ['klaɪmə]

альт м 1. *(инструме́нт)* vióla 2. *(го́лос)* álto

алюми́ний м alumínium [-'mɪ-], *амер.* alúminum [-'lu:-]

амба́р м barn, gránary ['græ-]

амбулато́рия ж óut-patient [-ˌpeɪʃnt] clínic ['klɪ-]

америка́н‖ец м, **~ка** ж Américan [ə'me-]

америка́нск‖ий Américan [ə'me-]; US; **~ая а́рмия** US Army

амни́стия ж ámnesty

амортиза́тор м *а́вто* shock absórber

амфитеа́тр м ámphitheatre; circle, *амер.* partérre [pɑ'tɛə]

ана́лиз м análysis [-'næ-]; **~ кро́ви** blóod-test

анана́с м pineapple

анато́мия ж anátomy [-'næ-]

анга́р м áirshed, hángar

анги́на ж *мед.* tonsillítis, quínsy

англи́йск‖ий Énglish ['ɪŋglɪʃ]; Brítish ['brɪ-]; **~ язы́к** Énglish, the Énglish lánguage; **~ая делега́ция** Brítish delegátion ◇ **~ая була́вка** sáfety pin

англича́н‖ин м Énglishman ['ɪŋglɪʃ-]; **он ~** he is Énglish; **~ка** ж Énglishwoman ['ɪŋglɪʃwu-]; **она́ ~ка** she is Énglish

анекдо́т м stóry, joke

анестез‖и́ровать *мед.* anáesthetize [æ'ni:sθɪ-]; **~и́я** ж *мед.* anaesthésia [ˌænɪs'θi:zɪə]; **ме́стная ~и́я** lócal anaesthésia

анке́т‖а ж form, questionnáire; **запо́лнить ~у** fill in (out) a form

анса́мбль м ensémble [ɒn-'sɔ-]; *(певцо́в)* cómpany; *(небольшо́й)* group ['gru:p]; **~ пе́сни и пля́ски** sóng-and-dánce cómpany

анте́нна ж anténna, áerial ['ɛə-]

антибио́тик м antibiótic [-baɪ'ɔtɪk]

антивое́нный ánti-war; *(пацифи́стский)* pácifist ['pæ-]

антиква́рный antiquárian [-'kwɛə]; **~ магази́н** antíque shop

антиконституцио́нный unconstitútional

антисанита́рный insánitary [-'sæ-]

антифаши́стский anti-fáscist [-'fæ-], anti-Názi [-'nɑ:tsɪ]

антра́кт м ínterval; break; intermíssion [-'mɪʃn]; **~ продли́тся 15 мину́т** the ínterval will last fiftéen mínutes

аншла́г м full house; the "sold out" nótice

апельси́н м órange ['ɔrɪ-]

аплоди́ровать appláud, clap one's hands

аплодисме́нты *мн.* appláuse

апоге́й м *косм.* ápogee ['æ-]; *перен.* clímax; **~ сла́вы** height (súmmit) of *one's* glóry

аполити́чн‖ость ж political

[-'lı-] ápathy ['æ-]; **~ый** apolítical [-'lı-]

аппара́т *м* **1.** apparátus; телефóнный ~ télephone set; фотографи́ческий ~ cámera ['kæm-] **2.** machínery; госудáрственный ~ machínery of state **3.** *(штат)* personnél

аппендици́т *м* appendicítis

аппети́т *м* áppetite; прия́тного ~a! enjóy your food!, bon appetít [,bɔŋɑ:pe'tı]!; у меня́ нет ~a I'm not húngry, I don't feel like éating

апре́ль *м* April ['eıp-] ◇ Пéрвое апрéля All Fools' Day

апте́ка *ж* chémist's ['ke-] (shop); phármacy; *амер.* drúg-store; где (ближáйшая) ~? where's the néarest chémist's?

апте́чка *ж* médicine ['me-] chest (cábinet ['kæ-]); доро́жная ~ fírst-aid kit (óutfit)

арби́тр *м спорт.* úmpire

арбу́з *м* wáter-melon ['wɔːtə-me-]

аре́н‖а *ж* aréna; ring; ~ ци́рка círcus ring; на междунаро́дной ~e on the internátional aréna (scene)

аре́нд‖а *ж* **1.** *(наём)* lease [-s]; брать *что-л.* в ~y rent *smth; (на большой срок)* lease *smth;* сдавáть *что-л.* в ~y let *smth; (на большой срок)* lease *smth* **2.** *(плата)* rent

аре́ст *м* arrést; взять *кого-л.* под ~ put *smb* únder arrést; быть под ~oм be únder arrést (in cústody)

арифме́т‖ика *ж* aríthmetic; **~и́ческий** arithmétical [-'me-];

~и́ческая зада́ча próblem, sum

á́рия *ж* ária ['ɑːrıə]

áрка *ж* arch; *(проезд)* árchway; триумфáльная ~ triúmphal [traı'ʌm-] arch

а́рмия *ж* ármy; Совéтская A. the Sóviet Army

армяни́н *м*, **армя́нка** *ж* Arménian

арома́т *м* scent [sent], frágrance ['freı-]

арте́ль *ж* **1.** co-óperative; сельскохозя́йственная ~ agricúltural co-óperative **2.** *ист.* artél

арте́рия *ж анат.* ártery

арти́ст *м* artíste [ɑː'tiːst]; ~ балéта bállet-dancer; ~ дра́мы áctor; заслýженный ~ Hónoured Artíste; нарóдный ~ People's Artíste; **~ка** *ж* artíste [ɑː'tiːst]; ~ка балéта ballerína, bállet-dancer; ~ка дра́мы áctress; заслýженная ~ка Hónoured Artíste; нарóдная ~ка People's Artíste

а́рфа *ж* harp

археóлог *м* archaeólogist [,ɑːkı'ɔlə-]

архите́ктор *м* árchitect ['ɑːkı-]

архитекту́ра *ж* árchitecture ['ɑːkı-]

аспира́нт *м*, **~ка** *ж* póst-gráduate [,pəust'græ-] (stúdent); reséarch [-'sə-] stúdent

аспиранту́р‖а *ж* post-gráduate [,pəust'græ-] course; я учýсь в ~e I am táking a post-gráduate course

ассамбле́я *ж* assémbly; Генера́льная A. Géneral Assém-bly

ассисте́нт *м* **1.** assístant **2.** *(преподаватель вуза)* júnior lécturer; *амер.* instrúctor

ассортиме́нт *м*: широ́кий ~ това́ров large seléction (wide varíety) of goods

ассоциа́ция *ж* associátion

а́стра *ж* áster

астроно́м *м* astrónomer [-'trɔ-]

астрономи́ческ‖ий astro-nómical [-'nɔ-]; ~ие ци́фры as-tronómical fígures ['fı-]

астроно́мия *ж* astrónomy [-'trɔ-]

асфа́льт *м* ásphalt

асфальти́рованн‖ый ásphal-ted; ~ая доро́га hard-súr-face road

ата́ка *ж* attáck; *(пехотная, тж.)* charge; assáult

атакова́ть attáck; charge

атеи́ст *м* átheist ['eıθ-]

ателье́ *с* **1.** *фото* stúdio **2.** *(пошивочное)* dréssmaker's; *(мужской одежды)* táilor's; ~ мод fáshion house [-s] **3.**: ~ прока́та réntal sérvice; телеви-зио́нное ~ télevision [-vıʒn] sérvice shop

а́тлас *м* átlas; ~ автомо-би́льных доро́г róad-book

атле́т *м* áthlete

атле́тика *ж* athlétics [-'le-]; лёгкая ~ track and field athlé-tics; тяжёлая ~ héavy athlé-tics

атмосфе́ра *ж* átmosphere

а́том *м* átom ['æt-]; **~ный** atómic [-'tɔ-]; ~ный ледоко́л

núclear(-pówered) ['nju:-] íce-breaker; ~ная бо́мба atómic bomb ['bɔm], A-bomb ['eıbɔm]; ~ная электроста́нция núclear ['nju:-] pówer station

атташе́ *м* attáché [ə'tæʃeı]

аттеста́т *м* certíficate [-'tı-]; ~ зре́лости Géneral Educátion Certíficate

аттестова́ть 1. *(давать ха-рактеристику)* give [gıv] a réf-erence ['re-] **2.** *(оценивать знания учащихся)* give a re-pórt

аттракцио́н *м* ride; *(пред-ставление)* show [ʃəu]; ~ы *мн.* pláyground

аудито́рия *ж* **1.** *(помещение)* audítórium [-'tɔ:-]; *(в школе, институте)* lécture-hall; *(не-большая)* (cláss)room **2.** *(слу-шатели)* áudience

аукцио́н *м* áuction; прода-ва́ть с ~а áuction off

афи́ша *ж* pláybill, póster

африка́н‖ец *м*, **~ка** *ж* Áfri-can

африка́нский Áfrican

аэро́бика *ж* aeróbics

аэро́бус *м* áirbus

аэровокза́л *м* air términal

аэродро́м *м* áirfield

аэрозо́ль *м* áerosol ['ɛərə-usɔl], spray

аэропо́рт *м* áirport

Аэрофло́т *м* Áeroflot ['ɛərə-flɔt]

Б

ба́ба I *ж пренебр.* wóman ['wu:-] ◊ снéжная ~ snów-man ['snəu-]

ба́ба II *ж кул.:* рóмовая ~ rum cake

ба́б‖ий: ~ье лéто Índian súmmer; ~ьи ска́зки old wives' tales

ба́бочка *ж* bútterfly

ба́бушка *ж* grándmother [-‚mʌ-]; *разг.* gránny

бага́ж *м* lúggage; *амер.* bággage; ручнóй ~ hand lúggage (*амер.* bággage); сдава́ть (вéщи) в ~ régister one's lúggage (*амер.* bággage), have one's lúggage (*амер.* bággage) régistered

бага́жный lúggage, *амер.* bággage

багро́вый réddish púrple, crímson; púrple

бадминто́н *м* bádminton

ба́за *ж* base [beɪs]; лы́жная ~ ski (réntal) dépot ['depəu]

база́р *м* márket; кни́жный ~ book fair

ба́зис *м* básis ['beɪsɪs]

байда́рка *ж* ка́yak

бак *м* tank; cístern

бакале́я *ж* grócery

ба́кен *м* buoy [bɔɪ]

баклажа́нн‖ый: ~ая икра́ égg-plant (áubergine) paste [peɪst]

бактерио́лог *м* bacteriólogist [-'ɔlə-]

бактериоло́гия *ж* bacteriólogy [-'ɔlə-]

бакте́рия *ж* bactérium (*мн.* bactéria)

бал *м* ball; dáncing párty

бала́нс *м* bálance ['bæləns]; торгóвый ~ bálance of trade; подвести́ ~ squáre accóunts

баланси́ровать bálance ['bæ-]; keep *one's* bálance; ~ на гра́ни войны́ walk on the brink of war

балери́на *ж* bállet-dancer ['bæleɪ-], ballerína [‚bælə'riːnə]

бале́т *м* bállet ['bæleɪ]

балко́н *м* bálcony; *только театр.* úpper circle

балл *м* 1. *спорт.* point 2. (*отметка*) mark ◊ вéтер в 5 ~ов fórce-five wind

балло́н *м* 1. cýlinder ['sɪ-]; га́зовый ~ gas-contáiner 2. *авто* tyre, *амер.* tire

бал-маскара́д *м* fáncy-dress ball

балы́к *м* balýk (*cured fillet of sturgeon, etc*)

ба́льн‖ый: ~ые та́нцы báll-room dánces

ба́мпер *м авто брит.* fénder, *амер.* búmper

бана́н *м* banána [bə'nɑːnə]

ба́нда *ж* gang, band

бандеро́ль *ж* prínted má́tter; заказна́я ~ régistered prínted má́tter; проста́я ~ non-régistered prínted má́tter; отпра́вить ~ю send by bóok-post

банди́т *м* thug; *амер.* gángster

банк *м* bank; госуда́рственный ~ the State Bank

ба́нка *ж* (*стекля́нная*) jar; (*жестяна́я*) tin, *амер.* can

банке́т *м* bánquet [ˈbæŋk-wɪt]; públic dínner; дать ~ give [gɪv] a bánquet

ба́нки *мн.* cups; cúpping-glasses; ста́вить ~ applý cups (to)

бант *м* bow [bəu]

ба́ня *ж* báthhouse [ˈbɑːθ]; фи́нская ~ sáuna

бар *м* bar; refréshment room

бараба́н *м* drum

бара́н *м* ram

бара́нина *ж* mútton

бара́нки *мн.* bágels [-gəlz]

бара́ш‖ек *м* **1.** lamb [læm] **2.** *(мех)* lámb-skin; *(каракуль)* ástrakhan **3.** *тех.* wing nut; ~ки *мн.* **1.** *(облака)* fléecy clouds **2.** *(гребни волны)* white horses *(caps)*

барелье́ф *м* bás-relief [ˈbæs-riliːf]

барито́н *м* báritone [ˈbærɪ-]

баро́кко *с нескл.* baróque

барс *м* (snow) léopard [ˈlep-], pánther

ба́рхат *м* vélvet

барье́р *м* bárrier; *спорт.* hurdle; взять ~ *спорт.* clear a hurdle

бас *м* bass [beɪs]

баскетбо́л *м* básketball; ~и́ст *м*, ~и́стка *ж* básketball pláyer

баскетбо́льн‖ый básketball; ~ая кома́нда (площа́дка) básketball team (ground); ~ мяч básketball

ба́сня *ж* fable [ˈfeɪ-]

бассе́йн *м* **1.** básin; ~ реки́ ríver básin **2.** pool; закры́тый ~ índoor (cóvered) pool; от-крытый ~ óutdoor (ópen-air) pool; пла́вательный ~ swímming-pool; *(небольшой)* swímming-bath **3.:** каменноу́го́льный ~ cóal-field

бастова́ть strike, be on strike

батаре́йка *ж* báttery

батаре́я *ж* báttery; ~ отопле́ния rádiator

бато́н *м* long loaf ◊ шокола́дный ~ stick of chócolate, chócolate bar

бахча́ *ж* mélon-field [ˈme-]

бахчев‖о́й: ~ы́е культу́ры mélons [ˈme-]

ба́шенный: ~ кран tówer crane

башмаки́ *мн.* shoes [ʃuːz]

ба́шня *ж* tówer; *(дом)* hígh-rise [ˈhaɪ-] (apártment buílding [ˈbɪl-])

бая́н *м* Rússian accórdion

бди́тельность *ж* vígilance [ˈvɪdʒ-]

бег *м* run, rúnning *спорт. тж.* race; ~ на 100 ме́тров 100 métres race; состяза́ние в ~е race; барье́рный ~ hurdles, húrdling; ~ по пересечённой ме́стности cróss-country race; ~ с препя́тствиями stéeple-chase; эстафе́тный ~ reláy (race); ~ трусцо́й jógging

бега́ *мн.* hárness rácing (race)

бе́гать run; ~ трусцо́й jog

бегле́ц *м* fúgitive, rúnaway [ˈrʌn-]

бе́гл‖о 1. flúently, quíckly; ~ говори́ть по-англи́йски speak flúent Énglish [ˈɪn-]

2. *(поверхностно)* cúrsorily; ~ просмотреть *что-л.* glance through *smth*; ~ый: ~ый взгляд (fléeting) glance; ~ый огонь rápid ['ræ-] fire

бегов‖óй: ~ая доро́жка rúnning track; *(на ипподроме)* rácecourse; ~ые коньки́ speed skates

бего́м at a run; rúnning

бегу́н *м* rúnner; ~ на дли́нные диста́нции dístance rúnner; ~ на сре́дние диста́нции míddle-distance rúnner; ~ на коро́ткие диста́нции sprínter

бед‖á *ж* trouble [-ʌ-]; *(несчастье)* misfórtune [-'fɔːtʃ-]; ~ в том, что... the trouble is that... ◊ не ~! no harm done!; как на ~у́ to make mátters worse

бéдный poor [puə]

бедро́ *c* hip

бéдстви‖е *c* *(тж. стихи́йное* ~) disáster, calámity [-'læ-]; сигна́л ~я distréss sígnal

бежа́ть run; ~ трусцо́й jog

без withóut [wɪð-]; ~ исключе́ния withóut excéption; ~ сомне́ния beyónd doubt; ~ пяти́ (десяти́) мину́т шесть (семь, во́семь) five (ten) mínutes to six (séven, eight); *амер.* ~ пяти́ мину́т (че́тверти) три five mínutes (a quárter) of (befóre) three

безалкого́льн‖ый álcohol-free; ~ые напи́тки soft drinks

безáтомн‖ый: ~ая зо́на núclear-free ['njuː-] zone

безвку́сн‖о in poor taste [teɪst], withóut taste; ~ый tásteless ['teɪst-]

безвре́дный hármless

безграни́чн‖ый bóundless; ínfinite; ~ просто́р vast expánse; ~ая пре́данность ínfinite devótion

безде́йствовать be ináctive; do nóthing ['nʌ-]; *(о механизме)* stand idle [aɪdl]

безжа́лостный mérciless; *(жестокий)* rúthless ['ruːθ-]

беззащи́тный unprotécted; defénceless

безнадёжный hópeless

безопа́сность *ж* sáfety; secúrity; коллекти́вная ~ colléctive secúrity

безопа́сн‖ый safe ◊ ~ая бри́тва sáfety rázor

безрабо́тица *ж* unemplóyment

безрабо́тный unemplóyed

безразли́чн‖о indífferently; (мне) ~ it's all the same (to me); ~ый indífferent

безразме́рный stretch

безукори́зненн‖ый pérfect, fláwless; irrepróachable; ~ое исполне́ние pérfect perfórmance; *(художественного произведения)* pérfect execútion

безусло́вно cértainly; undóubtedly [-'daut-]; вы ~ пра́вы of course, you are right

безуспе́шно in vain; unsuccéssfully [-sək'ses-]

безъя́дерн‖ый: ~ая зо́на núclear-free ['njuː-] zone

безымя́нный: ~ па́лец ríng-finger

беко́н *м* bácon

бе́лка ж 1. squírrel 2. *(мех)* squírrel-fur

беллетри́стика ж fíction

бело́к м 1. *(яйца́, гла́за)* the white 2. *биол.* prótein

белоку́р‖**ый** fáir(-haired); ~**ая де́вушка** blonde (girl)

белору́с м, ~**ка** ж Byelorússian

белосне́жный snów-white

белу́га ж belúga [bɪˈluːgə] *(white sturgeon)*

бе́лый white ◊ ~ **медве́дь** pólar bear [bɛə]

бельё с clothes; línen [ˈlɪnɪn]; **ни́жнее** ~ únderwear; **посте́льное** ~ bed línen [-ˈlɪ-]

бельэта́ж м 1. *(до́ма)* first floor [flɔː] 2. *театр.* dress círcle; *амер.* bálcony

бемо́ль м *муз.* flat

бензи́н м *(горю́чее)* pétrol, *амер.* gásoline [ˈgæs-], gas

бензоколо́нка ж fílling státion, pétrol státion, *амер.* gas státion

бенуа́р м: **ло́жи** ~**а** stall bóxes

бе́рег м *(реки́)* bank; *(мо́ря)* shore; *(побере́жье)* coast; **на** ~**у́** on the bank; on the shore

берего́в‖**о́й** *(о мо́ре)* cóastal; *(о реке́)* ríverside [ˈrɪ-]; *(об о́зере)* lákeside; ~ **ве́тер** óff-shore wind; ~**а́я ли́ния** cóastline

берёза ж birch

бере́менная prégnant

бере́менность ж prégnancy

бере́т м béret [ˈbereɪ]

бере́чь 1. *(забо́титься)* take care of 2. *(сохраня́ть)* keep; maintáin 3. *(щади́ть)* spare; **вы себя́ не бережёте** you don't take care of yoursélf; ~**ся** be cáreful; **береги́сь по́езда!** beware of the trains!; **береги́сь!** look out!; watch out!

бесе́д‖**а** ж talk, conversátion; chat; **дру́жеская** ~ fríendly talk; **провести́** ~**ы о…** give [gɪv] a talk on…

бесе́довать talk; chat; **о чём вы бесе́дуете?** what are you tálking abóut?

бесконе́чный 1. *(беспреде́льный)* ínfinite 2. *(о́чень дли́нный)* éndless

бескоры́стн‖**ый** disínterested; sélfless, unsélfish; ~**ая по́мощь** disínterested aid

беспарти́йный 1. non-párty 2. м non-párty man

беспереса́дочный diréct, through [θruː]

беспе́чн‖**ый** cáre-free; ~**ое отноше́ние к де́лу** irrespónsible áttitude to búsiness [ˈbɪz-]

беспла́тн‖**о** free of charge, grátis; ~**ый** free (of charge), grátis

беспло́дн‖**ый** 1. stérile 2. *(о по́чве)* bárren 3. fútile; ~**ые попы́тки** fútile (frúitless) attémpts

беспоко́ить 1. *(волнова́ть)* wórry [ˈwʌ-]; **меня́ беспоко́ит…** I'm wórried by… 2. *(меша́ть)* distúrb; trouble [trʌ-]; **вас не беспоко́ит..?** do you mind..?; **здесь не беспоко́ит?** *(о бо́ли)* does it hurt?; **«не** ~**!»** *(на́дпись)* "do not distúrb!";

~**ся 1.** *(волноваться)* wórry ['wʌ-], be ánxious; я беспокóюсь (о ·нём) I'm wórried (abóut him); не беспокóйтесь! don't wórry! **2.** *(утруждать себя)* bóther ['bɔðə]; не беспокóйтесь! don't bóther!

беспокóйный 1. *(тревожный)* unéasy **2.** *(причиняющий беспокойство)* tróublesome ['trʌ-]; *(о человеке)* réstless

беспокóйство *с* **1.** *(тревога)* anxíety [æŋ'zaɪ-]; unéasiness **2.** *(нарушение покоя)* trouble [trʌ-]; простите за ~ I'm sórry to trouble you

беспoлéзный úseless, fútile, vain

беспóмощный hélpless

беспорядок *м* disórder; извините за ~ sorry for this mess

беспорядочный irrégular [-'re-]

беспосáдочный: ~ перелёт *(рейс)* non-stóp flight

беспóшлинный dúty-frée

беспощáдный rúthless ['ruːθ-]

беспрáвие *с* ábsence of rights

беспрепятственный unimpéded [-ʌn-], free; ~ дóступ free áccess

беспрестáнно contínually [-'tɪ-]; incéssantly

беспрецедéнтный unprécedented

беспристрáстн‖ый impártial; unbíased; unpréjudiced; ~ая оцéнка impártial asséssment

бесслáвный inglórious,

ignomínious [-'mɪ-]; ~ конéц inglórious end

бесслéдно withóut a trace, léaving no trace

бессмéртн‖ый immórtal; ~ое произведéние undýing másterpiece

бессмýсленн‖ый 1. absúrd; ~ постýпок sénseless áction; **2.** *(неразумный)* póintless, fóolish ◊ ~ взгляд vácant look; ~ая улыбка vácuous smile

бессóнниц‖а *ж* insómnia, sléeplessness; страдáть ~ей súffer from insómnia

бесспóрный indispútable, unquéstionable [-'kwestʃə-]

бессрóчный pérmanent

бесстрáшный féarless

бестáктный táctless; ~ постýпок indiscrétion [-'skreʃn]

бесхозяйственность *ж* mismánagement

бесцéльный áimless, póintless

бесчеловéчный inhúman

бесчисленн‖ый cóuntless, innúmerable; ~ые вопрóсы éndless quéstions

бесшýмный nóiseless

бетóн *м* cóncrete

бечёвка string, twine

биатлóн *м* biáthlon

библиогрáфия *ж* bibliógraphy

библиотéка *ж* líbrary ['laɪ-]; публичная ~ públic líbrary; ~-**передвижка** *ж* trávelling líbrary

библиотéкарь *м* librárian [-'brɛə]

Библия *ж* the Bible [baɪbl]

бигуди *мн.* (hair) cúrlers, róllers

билет *м* 1. tícket; входной ~ (éntrance) tícket; сезóнный (транзитный, обрáтный) ~ séason (through, retúrn) tícket; ~ на пóезд (на автóбус *и т. п.*) ráilway (bus, *etc*) tícket; приглаcительный ~ invitátion card; два ~а туда и обрáтно, пожáлуйста! two retúrns, please!; «Все ~ы прóданы» "Sórry, we are all booked up" 2. *(документ)* card; профсоюзный (членский) ~ tráde-únion (mémbership) card; **~ный:** ~ная кáсса bóoking óffice; *(в кино, театре)* box óffice

бильярд *м* bílliards

бинóкль *м* field-glass; театрáльный ~ ópera-glasses *pl*

бинт *м* bándage

бинтовáть bándage

биогрáфия *ж* biógraphy

биолóгия *ж* biólogy [-'ɔl-]

биóника *ж* biónics [baɪ'ɔ-]

биофизика *ж* biophýsics

биохимия *ж* biochémistry [-'ke-]

биржа *ж* exchánge [-'tʃeɪ-]; фóндовая ~ stock exchánge

бирка *ж* tálly; lábel

бис éncore!

бисквит *м* spónge-cake

бисквитн‖ый: ~ое пирóжное spónge-cake

битва *ж* báttle

битки *мн.* round ríssoles, *амер.* méatballs

бить *(ударить)* hit; strike; *(избивать)* beat; ~ в барабáн beat a drum; **~ся 1.** *(за что-л.)*

struggle (for), fight (for) 2. *(о сердце, пульсе)* beat

бифштéкс *м (натуральный)* steak [-eɪk]; *(рубленый)* hámburger (steak)

бич *м* 1. *(кнут)* whip, lash 2. *перен.* scóurge ['skə:dʒ]

благ‖о *с* 1. good; óбщее ~ cómmon good 2. *мн.* bénefits ['be-]; духóвные ~a spíritual [-'rɪ-] bénefits; произвóдство материáльных благ prodúction of matérial wealth ['welθ] ◊ всех благ! good luck!

благодарить thank; благодарю вас thank you

благодáрность *ж* grátitude ['græ-]; выразить ~ (комý-л. за что-л.) expréss (one's) grátitude (to smb for smth)

благодáрный: óчень вам благодáрен thank you véry ['verɪ] much; thank you éver so much, véry much oblíged to you

благодаря thanks to, due [dju:] to; ~ вáшей пóмощи thanks to your help; ~ томý, что due to the fact that

благополýчно well; я доéхал ~ I had a good [gud] jóurney; всё кóнчилось ~ éverything ['e-] énded háppily

благополýчн‖ый succéssful; ~ое окончáние háppy end; safe énding

благоприятн‖ый fávourable; ~ая погóда fávourable wéather ['weðə]; ~ отвéт fávourable ánswer

благорóдный noble [nəubl]

благосостоя́ние *с* well-béing [-'biː-], wélfare

благоустро́енн∥ый cómfortable ['kʌ-], with módern ['mɔ-] convénience; ~ая кварти́ра well-appóinted flat

благоустро́йств∥о *с*: рабо́ты по ~у го́рода cíty ['sɪ-] (town) impróvement [-'pruːv-] and lándscaping

бланк *м* form; ~ для почто́вого перево́да póstal órder form; телегра́фный ~ télegraph form; пожа́луйста, запо́лните ~ fill in the form, please

бле́дный pale; вы (сего́дня) о́чень бледны́ you look véry ['verɪ] pale (todáy)

блеск *м* lústre; brílliance

блесну́ть flash

блесте́ть shine, glítter

блестя́щ∥ий brílliant; shíning; ~ие достиже́ния brílliant achíevements

ближа́йш∥ий néarest ['nɪə-]; *(непосре́дственно сле́дующий)* next; ~ее почто́вое отделе́ние néarest póst-office; ~ рестора́н (кинотеа́тр) néarest réstaurant (cínema); ~ая стоя́нка такси́ (авто́бусная остано́вка) néarest táxi stand *или* táxi rank (bus stop)

бли́же néarer ['nɪə-]; как ~ всего́ пройти́ к..? what's the shórtest way to..? ◇ ~ к де́лу! stick to the point!

близ close [-s] to, near [nɪə]

бли́зк∥ий 1. *(в простра́нстве и во вре́мени)* near [nɪə], close [-s]; са́мый ~ путь the shórtest way **2.** *(схо́дный)* símilar ['sɪ-], alíke **3.** *(об отноше́ниях)* íntimate; ~ друг íntimate friend

бли́зко near [nɪə] (by), close [-s] (to); мы ~ знако́мы we are clósely acquáinted

близнецы́ *мн.* **1.** *(дво́йня)* twins; *(тро́йня)* tríplets **2.** *Б. астр.* Gémini ['dʒemɪniː]

близору́кий néar-sighted ['nɪə-], *тж. перен.* short-síghted

бли́зость *ж* **1.** proxímity **2.** *(об отноше́ниях)* íntimacy

бли́нчики *мн.* (small) páncakes, frítters

блины́ *мн.* páncakes

блок *м* *(группиро́вка)* bloc

блокно́т *м* wríting pad; nóte-book

блонди́н *м* fáir-háired man; ~ка *ж* blonde (girl)

блоха́ *ж* flea

бло́чный: ~ дом prefábricated house (of cóncrete slabs)

блу́зка *ж* blouse

блю́до *с* **1.** *(посу́да)* dish, plátter **2.** *(часть обе́да, у́жина и т. п.)* course; обе́д из трёх блюд thrée-cóurse dínner

блю́дце *с* sáucer

бобо́вые: ~ (культу́ры) púlses, légumes ['le-]

бобсле́й *м* *спорт.* bóbsledding

бобы́ *мн.* beans

Бог *м* God

бога́тый rich; ~ урожа́й abúndant hárvest, búmper crop

боги́ня *ж* góddess

богослуже́ние *с* divíne sérvice

бо́дрый vígorous ['vɪ-]; ~ шаг brisk walk (pace)

боев‖**о́й** fíghting; ~ дух fíghting spírit ['spɪ-]; ~а́я гото́вность (подгото́вка) cómbat réadiness ['re-] (tráining); ~а́я зада́ча úrgent (vítal) task

боеголо́вка ж wárhead; я́дерная ~ núclear ['njuː-] wárhead

боеспосо́бность ж cómbat efficiency [-'fɪʃ-]

боец м man, sóldier ['sǝuldʒǝ]; рядово́й ~ prívate (sóldier), GI

бой м báttle, áction; (небольшо́й) fight, cómbat; ~ ме́стного значе́ния lócal engágement ◊ взять с бо́ю take by assáult; уступи́ть без бо́я give [-ɪ-] up withóut a fight; ~ часо́в the chimes

бойк‖**ий** lívely, smart; ~ая торго́вля brisk trade

бойко́т м bóycott

бо́йня ж 1. sláughter-house 2. (о лю́дях) mássacre, bútchery ['bu-]

бок м side; по ~а́м on each side; на ~у́ on the side

бока́л м glass, góblet; подня́ть ~ raise one's glass to

боково́й láteral ['læ-], side

бо́ком sídeways

бокс м bóxing

боксёр м bóxer; ~-средневе́с м míddle-weight bóxer

бо́лее more; ~ и́ли ме́нее more or less; ~ того́ móreover; (всё) ~ и ~ more and more; тем ~ all the more; не ~, чем...

not more than...; ~ всего́ most of all

боле́зненный 1. (нездоро́вый) unhéalthy [-'he-], síckly 2. (причиня́ющий боль) páinful

боле́знь ж íllness; (дли́тельное и́ли хрони́ческое заболева́ние) diséase [-'ziːz]

боле́льщик м спорт. fan

боле́ть 1. (чем-л.) to be ill with, to be down with; я боле́ю гри́ппом I have the flu 2. (о те́ле, ча́сти те́ла и т. п.) ache [eɪk], hurt; у меня́ боли́т голова́ (зуб) I have a héadache (tóothache); у меня́ боли́т рука́ my hand hurts 3. разг. (за кого́-л.) be a fan; root (for)

болеутоля́‖**ющее** с (сре́дство) sóothing (drug), ópiate; разг. páin-killer

боло́то с swamp [-ɔ-], bog, marsh

боль ж pain, ache [eɪk]; (ре́зкая внеза́пная) pang; бо́ли в желу́дке cólics; головна́я ~ héadache; зубна́я ~ tóothache

больни́ца ж hóspital

больни́чн‖**ый** hóspital; ~ лист médical ['me-] certíficate [-'tɪ-]; он на ~ом he is on sick leave

бо́льно безл. it is páinful; мне ~ it hurts me; ~ уда́риться hurt onesélf [wʌn-] bádly

больно́й 1. sick 2. м pátient ['peɪʃ-]

бо́льше 1.: э́тот зал ~ того́ this hall is lárger than that one 2.: как мо́жно ~ as much as póssible; спаси́бо, я ~ не хочу́ no more, thanks

большеви́к м Bólshevik

большинств‖о́ с majórity [-'dʒɔ-] в ~é слу́чаев in most cáses

больш‖о́й 1. big, large; ~ го́род big (large) cíty ['sɪ-]; на ~ ско́рости at high (great) speed; ~ вы́бор wide seléction (choice) **2.** перен. great [greɪt] ◊ ~áя бу́ква cápital ['kæ-] létter; ~ па́лец (руки́) thumb [θʌm], (ноги́) big toe; Б. теа́тр the Bolshói Théatre

бо́мба ж bomb [bɔm]; а́томная ~ atómic bomb, A-bomb; водоро́дная ~ hýdrogen bomb, H-bomb; нейтро́нная ~ neútron bomb

бор м pine wood

бордо́ I с нескл. (вино́) cláret

бордо́ II (цвет), ~вый deep red, réddish purple, wíne-cóloured [-kʌ-]; амер. búrgundy

боре́ц м **1.** (сторо́нник) chámpion; борцы́ за мир chámpions of peace **2.** спорт. wréstler ['reslə]

боржо́ми Borzhómi míneral ['mɪ-] wáter ['wɔ-]

бо́рн‖ый: ~ая кислота́ bóric ácid; ~ вазели́н bóric váseline

борода́ ж beard [bɪəd]

борозда́ ж fúrrow

борона́ ж hárrow [-əu]

борони́ть hárrow [-əu]

боро́ться 1. fight, struggle; ~ за мир struggle (work [wə:k]) for peace; ~ за пе́рвое ме́сто compéte for the chámpionship; ~ за ка́чество проду́кции seek to prodúce quálity goods **2.** спорт. wrestle [resl]

борт м board [bɔ:d]; на ~у́ on board; пра́вый ~ stárboard; ле́вый ~ port; вы́бросить за ~ throw óverboard ◊ челове́к за ~ом! man óverboard!

бортмеха́ник м flight mechánic [-'kæ-], flight éngineer

бортпроводн‖и́к м air stéward; ~и́ца ж stéwardess, áir-hostess [-həus-]

борщ м borsch (beetroot and cabbage soup)

борьба́ ж **1.** struggle; ~ за свобо́ду и незави́симость struggle for fréedom and indepéndence; кла́ссовая ~ class struggle **2.** спорт. wréstling ['resl-]; во́льная ~ free style wréstling; класси́ческая ~ Gráeco-Róman wréstling

босико́м bárefoot

босо́й bárefooted; на бо́су́ но́гу with no stóckings (socks) on, bárefooted

босоно́жки мн. (ópen-toe [-təu]) sándals

бота́ник м bótanist ['bɔ-]

бота́ника ж bótany ['bɔ-]

ботани́ческий: ~ сад botánical [-'tæ-] gárdens

боти́нки мн. boots, амер. high shoes [ʃu:z]

бо́чка ж bárrel

боя́знь ж fear [fɪə]

боя́ться be afráid (of), fear [fɪə]; я не бою́сь I'm not afráid;

я не бою́сь за него́ I'm not afráid for him; бою́сь, что... I'm afráid (that)...

брак I м márriage; вступи́ть в ~ get márried

брак II м **1.** (в производстве) réjects **2.** (изъян) deféct [di-'fekt]

браслéт м brácelet; (запястье) bangle

брасс м (стиль плавания) bréast-stroke ['bre-]

брат м bróther ['brʌ-]

брáтск‖ий brótherly ['brʌ-], fratérnal; ~ая дру́жба fratérnal fríendship

брать take; ~ биле́т buy (book) a tícket; ~ нача́ло oríginate (in, from); ~ приме́р с fóllow an exámple of

бревнó с **1.** log **2.** спорт. bálance ['bæ-] beam

бред м delírium [-'lɪ-]

брéдить be delírious [-'lɪ-], rave; перен. be mad (abóut, on)

брезéнт м tarpáulin

брига́да ж team; концéртная ~ cóncert tóuring group

бригади́р м téam-léader

бриллиа́нт м (cut) díamond ['daɪə-]

брита́нский Brítish ['brɪ-]

бри́тва ж rázor; безопа́сная ~ sáfety rázor; электри́ческая ~ eléctric sháver

бри́твенн‖ый: ~ прибóр sháving-set; ~ые принадле́жности sháving things

брить shave; ~ся (самому) shave; (у парикмахера) have a shave

брóви мн. éyebrows ['aɪ-brauz]

брод м ford

броди́ть (ходить) wánder ['wɔndə], roam, stroll

бродя́ч‖ий: ~ая собáка stray dog; ~ие музыка́нты trávelling [-æ-] musícians [-'zɪ-]

брóнза ж bronze; (изделия) brónzes

брóнзовый bronze

бронхи́т м bronchítis [brɔŋ-'kaɪtɪs]

брóня ж reservátion

броня́ ж ármour

броса́ть, брóсить 1. (кинуть) throw [-əu]; ~ мяч throw the ball **2.** (оставить) abándon, leave **3.** (перестать) give [gɪv] up, stop; я брóсил кури́ть I gave up smóking; брóсьте! stop it!, разг. drop it!

брóситься 1. throw [-əu] onesélf [wʌn-] (on, upón) **2.**: ~ бежа́ть start rúnning ◊ мне брóсилось в глаза́ it struck me

бросóк м спорт. throw [-əu]; (в беге) spurt; послéдний ~ fínal spurt

брошь ж brooch [brəutʃ]

брошю́ра ж bóoklet, pámphlet

брусни́ка ж собир. red bílberries pl

бру́сья мн. спорт. bars; паралле́льные ~ párallel bars; разновысóкие ~ unéven (párallel) bars

бры́згать splash

брю́ки мн. tróusers pl; pants pl

брюне́т *м* dark(-háired) man; ~**ка** *ж* brunétte

брюхо *c* bélly

бу́блики *мн.* bóubliks ['bu:-] *(thick ring-shaped rolls)*

бу́бны *мн. карт.* díamonds ['daɪə-]

будди́ст *м* Búddhist ['bu-]

буди́льник *м* alár(u)m-clock; заведи́те ~ set the alárum

буди́ть wake up; не на́до его́ ~ don't wake him up

бу́дка *ж* box, cábin ['kæ-], booth

бу́дни *мн.* **1.** *(не празднич-ные дни)* wéek-days **2.** *(обы-денная жизнь)* húmdrum life; dáily routine

бу́дто as íf, as though [ðəu]

бу́дущ‖ее *c* the fúture; в (ближа́йшем) ~**ем** in the (néarest) fúture

бу́дущ‖ий fúture; next; в ~**ем** году́ next year; на ~**ей** неде́ле next week

буй *м* buoy [bɔɪ]

бу́йный 1. wild, víolent **2.** *(быстро растущий)* vígorous ['vɪ-]

бук *м* beech

бука́шка *ж* bug, small ínsect

бу́ква *ж* létter

буква́льный líteral ['lɪ-]

буква́рь *м* school [sku:l] prímer, ABC-book

буке́т *м* bouquét [bu:'keɪ], bunch of flówers; ~**ик** *м* nósegay

букинисти́ческий: ~ мага-зи́н sécond-hand bóokshop

букси́р *м (судно)* túg (-boat)

була́вка *ж* pin; англи́йская ~ sáfety pin

бу́лка *ж* roll

бу́лочка *ж* roll; сдо́бная ~ bun

бу́лочная *ж* báker's; bákery

бульва́р *м* bóulevard ['bu:-lva:]

бульо́н *м* bóuillon ['bu:jɔːŋ], clear [klɪə] soup [su:p], broth; кури́ный ~ chícken broth; мясно́й ~ beef tea

бума́га *ж* páper; папиро́сная ~ tíssue-paper; почто́вая ~ létter-paper, nóte-paper; туа-ле́тная ~ tóilet-paper

бума́жник *м* wállet ['wɔ-]; я забы́л до́ма ~ I've left my wállet at home

бунт *м* riot, mútiny

бура́н *м* snów-storm, blízzard

буржуази́я *ж* bourgeoisíe [ˌbuəʒwɑːˈziː]

буржуа́зный bóurgeois ['bu-əʒwɑː]

бури́ть bore, drill; ~ нефтя-ну́ю сква́жину sink (drill) an óil-well

бурли́ть seethe; *перен. тж.* buzz with excítement

бу́рн‖ый stórmy, víolent ['vaɪə-]; ~**ые** аплодисме́нты storm of appláuse; ~**ая** жизнь héctic life

буро́в‖о́й: ~**а́я** сква́жина bore hole; ~**а́я** вы́шка dérrick

буру́н *м* surf

бу́рый gréyish-brown; ~ медве́дь brown bear [bɛə]; ~ у́голь brown coal, lígnite

бу́ря *ж* storm

бу́сы *мн.* beads, nécklace [-lɪs]

бутербро́д *м* (о́pen-faced) sándwich; ~ с икро́й (с сы́ром, с ветчино́й, с колбасо́й) cáviar (cheese, ham, sáusage) sándwich

буто́н *м* bud

буты́лка *ж* bóttle; ~ кефи́ра (молока́, сли́вок, вина́) a bóttle of búttermilk (milk, cream, wine)

буфе́т *м* 1. (*мебель*) síde-board [-bɔd] 2. (*на вокзале и т. п.*) refréshment room, bar; пойдёмте в ~! let's go to the refréshment room!

буха́нка *ж* (tínned) loaf (of bread [bred])

бухга́лтер *м* bóokkeeper, accóuntant [ə'kau-]

бухгалте́рия *ж* (*занятие*) bóokkeeping 2. (*помещение*) accóuntant's óffice

бу́хта *ж* bay

бы: я бы охо́тно посети́л... I would like to vísit ['vɪzɪt]...; я хоте́л бы I would like; вы бы присе́ли! sit down, won't you?; е́сли бы я знал (вы зна́ли) (*наст.*) if I (you) knew; (*прош.*) had I (you) known

быва́ть 1. (*случаться*) occúr [ə'kə:], háppen; быва́ет! it does háppen sómetimes!, such things do háppen!, it may háppen to ánybody 2. (*посещать*) vísit ['vɪzɪt]; он там быва́ет ежедне́вно he is there évery ['evrɪ] day; вы ча́сто быва́ете в теа́тре? do you óften go to the théatre ['θɪə-]? 3.

(*происходить*) be held

бы́вший fórmer; éx-

бык *м* bull [bul]

бы́ло: он чуть ~ не упа́л he had néarly fállen, he was on the point of fálling

быль *ж* fact, true stóry

быстрохо́дный hígh-speed, fast

бы́стрый quick; fast; rápid

быт *м* 1. (*уклад жизни*) mode (way) of life 2. (*повседневная жизнь*) (fámily) life; ~ово́й 1.: ~ово́е обслу́живание sérvice 2.: ~ова́я те́хника home appliances [-'aɪə-]

быть be; где вы бы́ли? where have you been? ◊ как ~? what shall I (you, *etc*) do?; так и ~! all right; бу́дьте (так) добры́ would you be so kind as; ~ в состоя́нии be able; бу́дьте здоро́вы! (*до свидания!*) good-býe [gud-]!

бюдже́т *м* búdget

бюллете́н‖ь *м* 1. búlletin ['bu-]; избира́тельный ~ vóting páper, bállot (páper) 2. (*больничный лист*) médical ['me-] certíficate [-'tɪ-]; он на ~е *разг.* he is on síck-leave (on the síck-list)

бюро́ *с* óffice, buréau [bju-'rəu]; спра́вочное ~ inquíry óffice; туристи́ческое ~ tóurist ágency

бюст *м* bust

бюстга́льтер *м* brássiere ['bræzɪə, brə'zɪər]

В

в in; at; to; ínto ['ɪntu]; в теа́тре *(в здании)* in the théatre ['θɪə-]; *(на представлении)* at the théatre; в Москве́ in Móscow; в 2 часа́ дня at two p. m.; в 1981 году́ in 1981; в понеде́льник on Mónday; в про́шлый раз last time; войти́ в дом énter a house; е́хать в Москву́ go to Móscow; в па́мять (о) in mémory (of); в не́скольких киломе́трах от some kílometres from; в несколько дней withín séveral days; длино́й в 5 ме́тров five métres long; в несколько раз бо́льше séveral times as mány ['menɪ] *(о сущ. во мн.)*; séveral times as much *(о сущ. в ед.)*; в два ра́за ме́ньше half; half the size; в несколько раз ме́ньше séveral times less; в соста́ве делега́ции on the delegátion; в спи́ске on the list; пье́са в трёх де́йствиях a play in three acts, a thrée-act play; быть избранным в... be elécted to...; в слу́чае in case of; в том числе́ inclúding; в тече́ние dúring; for; withín; в зави́симости от depénding on

ваго́н *м* cárriage ['kærɪdʒ], *амер.* car; бага́жный ~ lúggage van, *амер.* bággage-car; купи́рованный ~ compártment cárriage; спа́льный ~ sléeping-car, sléeper; мя́гкий ~ sóft-seated cárriage; ~-рестора́н *м* díning-car, díner

вагоновожа́тый *м* mótorman

ва́жн‖ый impórtant; ~ое де́ло (изве́стие) impórtant business ['bɪz-] (news)

ва́за *ж* vase [vɑːz]

вазели́н *м* váseline ['væsɪliːn]

вака́нсия *ж* vácancy

вакци́на *ж* váccine

вал I *м* **1.** *(насыпь)* bank; mound **2.** *(волна)* róller ◊ девя́тый ~ the tenth wave

вал II *м тех.* shaft; коле́нчатый ~ *авто* cránkshaft; распредели́тельный ~ *авто* cámshaft

вал III *м эк.* gross; план по ~y gross tárget fígures ['fɪg-]

ва́ленки *мн.* felt boots

валериа́нов‖ый ~ые ка́пли tíncture of valérian

вале́т *м карт.* knave, Jack

вальс *м* waltz [-s]

валю́т‖а *ж* (fóreign ['fɔrɪn]) cúrrency; обме́н ~ы cúrrency exchánge; обрати́мая ~ convértible cúrrency

вам you; мы к ~ зайдём we'll call on you; мы ~ пока́жем we'll show [ʃəu] you; я ~ э́то дам I'll give it to you

ва́ми by (with) you; мы пойдём с ~ we'll go alóng with you; мы за ~ зайдём we'll come [kʌm] to fetch you

ва́нн‖а *ж* bath [bɑːθ]; приня́ть ~у take a bath; со́лнечная ~ sún-bath

ва́нная *ж* báthroom ['bɑːθ-]

ва́режки *мн.* míttens

варе́ники *мн.* varéniks *(curd or fruit dumplings)*

варе́нье *с* presérve(s) *(pl)*

вари́ть boil; *(готовить)* cook; ~ ко́фе make cóffee; ~ся be bóiling, be on

варьете́ *с* varíety [vəˈraɪətɪ] show [ʃəu]

вас you; рад ~ ви́деть glad to see you; нет ли у ~ ..? can you spare..?; мы о ~ вспомина́ли we've thought abóut you

василёк *м* córnflower

ва́та *ж* cótton (wool)

ватру́шка *ж* curd tart

ва́фли *мн.* wáfers *pl*; wáffles *pl*

ва́хт‖а *ж* watch; на ~е on dúty

ваш your; yours; ~ друг your friend, a friend of yours

вблизи́ near [nɪə] by, near

вбок sídeways

введе́ние *с* introdúction; *(предисловие тж.)* préface [ˈpre-]

ввезти́ *см.* ввози́ть

вверх up, úpwards; ~ по ле́стнице up the stairs, úpstairs; ~ по тече́нию upstréam, up the ríver [ˈrɪ-]

вверху́ at the top; overhéad [-ˈhed]

ввести́ introdúce; bring in; ~ в га́вань pílot (a ship) ínto [ˈɪntu] hárbour; ~ в эксплуата́цию put into operátion ◇ ~ в заблужде́ние misléad

ввиду́: ~ того́, что... as, since, in view of the fact that...

вводи́ть *см.* ввести́

ввоз *м* ímport

ввози́ть impórt

вглубь deep (ínto [ˈɪntu]); ~ страны́ inlánd

вдалеке́, вдали́ in the dístance

вдво́е twice, double [dʌ-]; twice as mány [ˈmenɪ] *(с сущ. во мн.)*; twice as much *(с сущ. в ед.)*; twice as *(с прилагательным)*; увели́чить ~ double; уме́ньшить ~ halve

вдвоём the two of us (them, you); togéther

вдвойне́ double [dʌ-]; twice; twófold [ˈtuː-]

вдева́ть, вдеть pass (through [θruː]); ~ ни́тку в иго́лку thread [θred] a needle

ВДНХ (Вы́ставка достиже́ний наро́дного хозя́йства) СССР the USSR Nátional [ˈnæ-] Ecónomy [ˈkɔ-] Fair

вдоба́вок besídes, in addítion; ínto [ˈɪntu] the bárgain

вдова́ *ж* wídow [ˈwɪdəu]

вдове́ц *м* wídower [ˈwɪdəuə]

вдо́воль 1. *(в изобилии)* in plénty **2.** *(до полного удовлетворения)* to one's heart's [hɑː-] contént

вдого́нку áfter [ˈɑːftə], in pursúit [pəˈsjuːt] of; пуска́ться ~ rush áfter

вдоль alóng; идти́ ~ бе́рега (реки́) go alóng the bank ◇ ~ и поперёк far and wide; знать что-л. ~ и поперёк know *smth* ínside out

вдох *м* breath [breθ]

вдруг súddenly ◇ а ~ мы опозда́ем? and what if we are late?

вегетариа́нск‖ий: ~ое блю́до vegetárian dish

ве́дома: без (его́) ~а withóut létting (him) know; б) *(без разрешения)* withóut (his) consént

ве́домственн‖ый departméntal; ~ые барье́ры departméntal bureaucrátic bárriers

ве́домство *с* depártment

ведро́ *с* pail, búcket ['bʌ-]

веду́щ‖ий: ~ая кома́нда léading (tópping) team

ведь but, why; я ~ вам говори́л but I told you; ~ изве́стно, что... why, it's cómmon knówledge that...

ве́ер *м* fan

ве́жлив‖ость *ж* cóurtesy ['kə-], políteness; долг ~ости políteness requíres...; ~ый políte, cóurteous ['kə-], cívil

везде́ éverywhere ['evrı-]

везти́ 1. *(груз)* cárry; *(кого-л. на автомобиле и т. п.)* drive, take; *(тележку)* draw **2.** *безл.:* ему́ везёт he is lúcky; ему́ не везёт he has no luck

век *м* **1.** *(столетие)* céntury ['sentʃurı] **2.** *(эпоха)* age **3.** *(жизнь)* life

ве́ко *с* éyelid ['aı-]

вели́к: э́ти ту́фли (перча́тки и т. п.) мне ~й these shoes [ʃuːz] (gloves, *etc*) are too big for me

велика́н *м* giant

вели́кий great [-eıt]

великоле́пный spléndid, éxcellent, fine

вели́чественный majéstic; magníficent [-'nı-]

величина́ *ж* **1.** size **2.** *мат.* quántity; *(значение)* válue ['vælju:]

велого́н‖ка *ж* bícycle ['baısıkl], cycle [saı-] race; ~щик *м* rácing cýclist ['saı-], bícycle ['baısıkl] rácer

велодро́м *м* cycle [saı-] track

велосипе́д *м* bícycle ['baısıkl], bike; ~и́ст *м* cýclist ['saı-]

ве́на *ж* vein

вено́к *м* wreath [riːθ], gárland; *(на голову)* cháplet; возлага́ть ~ lay (place) a wreath

вентиля́тор *м* fan

вентиля́ция *ж* ventilátion

ве́ра *ж* **1.** faith; belíef **2.** *(вероисповедание)* relígion [-'lıdʒ-], creed; ~ в бо́га relígious belíef; христиа́нская ~ Chrístian relígion (faith)

вера́нда *ж* veránda(h), *амер.* porch

верблю́д *м* cámel ['kæ-]

верёвка *ж* cord; twine; *(толстая)* rope; *(бечёвка)* string

ве́рить belíeve; я вам ве́рю I belíeve you; я э́тому не ве́рю I don't belíeve it; ~ на́ слово take one's word [wə:d] for..., take on trust

вермише́ль *ж* vermicélli

ве́рно *(правильно)* right, corréctly; соверше́нно ~! quite right!

верну́ть retúrn, give [gıv] back; ~ся retúrn, come [kʌm] back; верни́тесь, пожа́луйста! come back, please!

ве́рн‖ый 1. *(преданный)* true [truː], fáithful, lóyal; ~ друг true friend [frend] **2.** *(надёжный)* relíable [-'laıə-]; из ~ых исто́чников from relíable sóurces **3.** (*правильный*) corréct, right; ~ое реше́ние corréct decísion; у вас ~ые часы́? is your watch right?

вероиспове́дание *с см.* ве́ра 2

вероя́тно próbably ['prɔ-]; он, ~, придёт he is líkely to come [kʌm]

вероя́тност‖ь *ж*: по всей ~и in all probability

вертика́льный vértical

вертолёт *м* helicópter; ~ный: ~ная ста́нция héliport

верфь *ж* dóckyard

верх *м* **1.** top; откидно́й ~ (*автомобиля*) fólding top **2.** (*высшая степень*) height [haɪt]; ~ соверше́нства the pink of perféction ◊ одержа́ть ~ gain (get [get]) the úpper hand

ве́рхн‖ий úpper; ~ее пла́тье clóthes, gárments, appárel; ~ эта́ж úpper floor

верхо́вный supréme

верхов‖о́й: ~а́я езда́ ríding

верхо́м on hórseback; е́здить ~ ride

верши́на *ж* top, súmmit, peak

вес *м* weight [weɪt]; како́й у вас ~? how much do you weigh [weɪ]?; приба́вить в ~е gain weight; сбро́сить ~ loose weight

весели́ться enjóy onesélf, have a good [gud] time, make mérry, have fun

весёлый mérry, gay, chéerful

весе́нний spring

ве́сить weigh [weɪ]

весло́ *с* oar [ɔ]; (*парное*) scull; (*гребо́к*) paddle

весна́ *ж* spring

весно́й in spring; бу́дущей (про́шлой) ~ next (last) spring

весов‖о́й: ~а́я катего́рия *спорт.* wéight-class [weɪt-]

вести́ 1. lead; куда́ вы нас ведёте? where are you táking us?; куда́ ведёт э́та доро́га? where does this road lead to? **2.** (*собрание*) presíde óver, take the chair [tʃɛə] at **3.** (*автомашину*) drive **4.** (*мяч*) dribble **5.**: ~ перегово́ры negótiate; ~ разгово́р have a talk ◊ ~ себя́ beháve (onesélf [wʌn-])

вестибю́ль *м* lóbby, hall

весть *ж* news

весы́ *мн.* **1.** scales, bálance ['bæl-] **2. В.** *астр.* Líbra

весь all; ~ день all day long

ве́тер *м* wind [wɪnd]; лёгкий ~ breeze; встре́чный ~ head [hed] wind; попу́тный ~ fair wind; штормово́й ~ gale

ветера́н *м* véteran ['ve-]; ~ труда́ sénior wórker; (*звание*) Véteran of lábour

ветерина́р *м* véterinary ['ve-tərɪnərɪ] (súrgeon)

ве́тка *ж* branch [brɑː-]; (*ме́лкая*) twig

ве́треный wíndy ['wɪn-]

ветчин‖а́ *ж* ham; яи́чница с ~о́й ham and eggs

ве́чер *м* **1.** (*вечернее время*) évening; до́брый ~! good [gud] évening!; по ~а́м я всегда́ до́ма in the évening I am álways in **2.** (*вечеринка*) (évening) párty; вы пойдёте на ~? are you góing to atténd the párty?

вечéрн‖ий évening; ~ее плáтье évening dress; ~яя шкóла níght-school [-sku:l]

вéчером in the évening; at night; вчерá (зáвтра) ~ last (tomórrow) night; сегóдня ~ toníght

вéчн‖ый etérnal; ~ая мерзлотá pérmafrost

вéшалк‖а ж 1. *(для одежды)* peg; stand; *(плечики)* hánger; дáйте мне ~у! will you give [gɪv] me a hánger? **2.** *(у одежды)* tab, hánger; у меня оборвалáсь ~ the tab of my coat is torn off

вéшать hang; ~ пальтó hang up one's coat

веществó súbstance

вéщи *мн.* things, belóngings; где мой ~? where are my things?, *(о багаже тж.)* where is my lúggage?; упаковáть ~ do the pácking

вещь *ж* thing

взаи́мный mútual, recíprocal

взаимоотношéние *с* (inter-) relátion, relátionship

взаимопóмощ‖ь *ж* mútual assístance; кáсса ~и mútual bénefit fund

взаймы́: брать ~ bórrow; давáть ~ lend

взамéн in exchánge [-'tʃeɪ-], in retúrn

взби́т‖ый: ~ые сли́вки whipped cream

взволновáть excíte, ágitate ['ædʒɪ-]; *(расстроить)* upsét;

(растрогать) move [mu:v]; ~**ся** get [get] wórried ['wʌ-] (excíted)

взгляд *м* **1.** look, glance [glɑːns]; с пéрвого ~а at first sight; брóсить ~ cast a glance **2.** *(мнение)* opínion [-'pɪ-]; óutlook; на мой ~ in my view

вздохну́ть sigh [saɪ]; take a breath [-eθ]; ~ свобóдно breathe fréely

вздрáгивать, вздрóгнуть start, give [gɪv] a start

вздыхáть sigh [saɪ]

взимáться be lévied ['le-], be collécted; тамóженный сбор не взимáется dúty-free; взимáется штраф a fine is set (on)

взлетáть, взлетéть fly up; *(о самолёте)* take off

взлётн‖ый: ~ая дорóжка táke-off strip, rúnway

взмах *м* flap, stroke; *(руки́)* wave

взмáхивать, взмахну́ть 1. *(крыльями)* flap **2.** *(рукой, платком и т. п.)* wave

взмóрье *с* séashore; séaside

взнос *м* páyment; члéнский ~ mémbership dues; вступи́тельный ~ éntrance fee

взрóслый ádult ['ædʌ-], grówn-up ['grəun-]

взрыв *м* explósion; ~ аплодисмéнтов burst of appláuse; ~ смéха óutburst of láughter [lɑːf-]

взыскáние *с* **1.** *(наказание)* pénalty ['pe-]; púnishment ['pʌ-]; ·наложи́ть ~ impóse a pénalty (on) **2.** *(взимание)* exáction; ~ пóшлины colléction of dúty

взя́тка *ж карт.* trick

взять take; ~ с собóй take alóng (with); ~ на себя́ take upón onesélf [wʌn-]; возьми́те! here you are! ◊ ~ себя́ в ру́ки pull onesélf togéther; **~ся:** ~ся за́ руки join hands; ~ся за де́ло get [get] down to búsiness [ˈbɪz-]

вид *м* **1.** *(внешность)* appéarance [-ˈpɪə-], look **2.** *(местности и т. п.)* view [vjuː]; краси́вый ~ beáutiful lándscape ◊ при ~e at the sight (of); име́ть в ~у́ а) bear in mind; б) *(намереваться)* inténd, mean

видеоза́пись *ж (процесс)* vídeo [ˈviː-] recórding; *(результат)* vídeo tape

видеомагнитофóн *м* vídeo tape recórder (VTR), vídeo cassétte recórder (VCR)

ви́деть see; я хорошó (плóхо) ви́жу my éyesight [ˈaɪ-] is good [gud] (poor); вы ви́дите? can you see?; я не ви́жу I cánnot see

ви́димо évidently [ˈevɪ-]

ви́дно one can see; бы́ло хорошó ~ one could see quite well; ~, егó нет на ме́сте appárently, he is not in

видоиска́тель *м фото* view-finder [ˈvjuːfaɪ-]

ви́з‖**а** *ж* vísa [ˈviːzə]; ~ на въезд (вы́езд) éntrance (éxit) vísa; вы́дать ~у grant a vísa; получи́ть ~у get [get] a vísa; транзи́тная ~ tránsit (through [θruː]) vísa

визи́т *м* vísit [ˈvɪzɪt], call; ~ ве́жливости cóurtesy vísit (call); официáльный ~ call, dúty-call; нанести́ ~ pay a vísit; *(короткий, официáльный)* pay a call; отда́ть ~ retúrn a vísit

ви́лка *ж* fork

вина́ *ж* guilt [gɪ-]; fault

винегре́т *м* Rússian sálad [ˈsæ-]

винó *с* wine; бéлое ~ white wine; крáсное ~ red wine; сухóе ~ dry wine; полусухóе ~ sémi-dry wine

виногра́д *м* grapes

виногра́дарство *с* víticulture [ˈvɪ-]

виногра́дник *м* víneyard [ˈvɪnjəd]

виногра́дн‖**ый** grape; ~ое винó (grape) wine

виноде́лие *с* wíne-making

винт *м* screw [-ruː]

винтóвка *ж* rifle [raɪfl]

винтов‖**óй** spíral; ~áя ле́стница spíral (wínding) stáircase; ~áя переда́ча hélical gear [gɪə]; ~áя наре́зка (screw) thread [-ed]

виолонче́ль *ж* violoncéllo [-ˈtʃeləu], ʼcello

виртуóз *м* virtuóso

ви́рус *м* vírus; ~ный víral

висе́ть hang

ви́ски *с* whísky; шотлáндское ~ Scotch

вискóзный: ~ шёлк ráyon [ˈreɪən]

висóк *м* temple

високóсный: ~ год léap-year

витами́н *м* vítamin

вито́к *м* coil; *(один оборот тж.)* turn, revolútion *(на орби́те)*; círcuit [-kɪt]

витри́на *ж* 1. shop wíndow [-əu] 2. *(в музее)* shów-case ['ʃəu-]

ви́ться 1. *(о реке, дороге и т. п.)* wind [waɪnd] 2. *(о волосах)* curl

вишнёв‖ый: ~ сад chérry órchard; ~ сиро́п chérry sýrup; ~ого цве́та chérry-colour [-kʌ-], *амер.* búrgundy

ви́шня *ж* chérry; *(дерево тж.)* chérry-tree

вклад *м* depósit [-'pɔz-]; invéstment; ~ в де́ло ми́ра contribútion to the cause [kɔːz] of peace

включа́ть(ся) *см.* включи́ть (-ся)

включа́я, включи́тельно inclúding [-'kluː-]; *после сущ.* inclúded

включи́ть 1. *(ввести в состав)* inclúde [-'kluːd]; ~ в соста́в делега́ции (кома́нды) inclúde in the delegátion (team) 2. *(ввести в действие)* switch on, turn on; включи́те ра́дио (телеви́зор) turn on the rádio (the TV); ~ся join in; énter

вкра́тце bríefly, in short

вкруту́ю: яйцо́ ~ hárd-bóiled egg

вкус *м* taste [teɪ-]; быть го́рьким на ~ taste bítter; де́ло ~a a mátter of taste

вку́сно: (как) ~! how tásty ['teɪ-] it is!, it is véry ['verɪ] delícious [-'lɪʃəs]

вку́сный tásty ['teɪ-], delí-cious [-'lɪʃəs]; ~ обе́д good [gud] (nice) dínner

вкусов‖о́й (grossly) subjéctive, árbitrary; ~щи́на *ж* (gross) subjéctive bias in decísion-making [-'sɪʒn-]; árbitrary mánagement ['mæ-] méthods ['me-]

владе́лец *м* ówner ['əu-]

владе́ть 1. own [əun], posséss; я владе́ю (не владе́ю) англи́йским языко́м I know [nəu] (don't know) Énglish; каки́м языко́м вы владе́ете? what lánguage do you know? 2.: ~ собо́й contról onesélf [wʌn-]

вла́жн‖ость *ж* humídity [-'mɪ]; ~ый кли́мат damp clímate; ~ый во́здух moist (húmid) air

вла́сти *мн.* authórities [-'θɔ-]

власт‖ь *ж* 1. pówer; authórity [-'θɔ-]; быть у ~и be in pówer; прийти́ к ~и come [kʌm] to pówer 2. *(владычество)* rule [ruːl]

вле́во to the left; ~ от to the left of

влезть get in, climb in [klaɪm]; ~ в тролле́йбус get on a trólley bus; ~ на де́рево climb (up) a tree ◊ ~ в долги́ get into debt [det]

влия́ние *с* ínfluence; оказа́ть ~ ínfluence, exért ínfluence (on); име́ть ~ have ínfluence (on)

влия́ть ínfluence

ВЛКСМ (Всесою́зный Ле́нинский Коммунисти́ческий Сою́з Молодёжи) L.Y.C.L.S.U.

(Léninist Young [jʌŋ] Cómmunist League [liːg] of the Sóviet Únion)

влюби́ться, влюбля́ться fall in love [lʌv] (with smb)

вме́сте togéther [-'geðə]; ~ со мной (с ним, с ва́ми) togéther with me (him, you); вы́йдем ~ let's go out togéther; ~ с тем at the same time

вмести́тельный: ~ зал spácious hall

вме́сто instéad [-'sted] (of)

вмеша́ться, вме́шиваться interfére (in); meddle (in); step in

вмя́тина ж dent

внача́ле at first, in (at) the begínning

вне out of, outsíde, beyónd [-'jɔnd]; ~ ко́нкурса hors concóurs [ɔːkɔːŋ'kuː] ◊ ~ себя́ besíde onesélf [wʌn-] (with)

внедре́ние с: ~ но́вой те́хники applicátion of new technólogies [tek'nɔ-]; ~ передово́го о́пыта introdúction of ædvánced knów-how ['nəu-]

внеза́пно súddenly

внеземно́й extraterréstrial

внеочередно́й 1. out of turn **2.** (о заседании и т. п.) extraórdinary [ɪk'strɔːdnrɪ]

внести́ 1. bring in, cárry in; внеси́те (э́то) сюда́! bring (it) óver here! **2.** (уплатить) pay in; ~ де́ньги pay the móney **3.** (включить) inclúde [-'kluːd], énter; ~ в спи́сок énter on a list **4.** (о предложении) move [muːv], submít; ~ предложе́ние make a propósal; (в кон-

кретной формулировке) move a mótion

вне́шн‖ий óutward, extérnal; ~ вид look, (óutward) appéarance [-'pɪə-]; ~я торго́вля fóreign trade

вне́шность ж extérior; (о человеке) look, appéarance [-'pɪə-]

вниз down, dównwards; ~ по ле́стнице down the stairs, dównstairs

внизу́ belów [-'ləu]; dównstairs; подожди́те меня́ ~ wait for me dównstairs

внима́ни‖е с **1.** atténtion; ~! atténtion! **2.:** приня́ть во ~ take ínto ['ɪntu] considerátion (ínto accóunt); обрати́те ~ на... pay atténtion to...; не обраща́йте ~я take no nótice (of), don't pay atténtion (to)

внима́тельный 1. atténtive **2.** (заботливый) consíderate [-'sɪ-]; вы о́чень внима́тельны you are véry ['verɪ] consíderate

ничью́: игра́ ко́нчилась ~ the game was drawn, the game énded in a draw

вновь agáin

вноси́ть см. внести́

внук м grándson [-sʌn]

вну́треннее (о лекарстве) for intérnal use [juːs]

вну́тренн‖ий ínner; insíde; intérnal; ~яя торго́вля home (doméstic) trade

внутри́ insíde; in

внутрь ínwards; ínto ['ɪntu]; ínside

вну́чка ж gránddaughter

вня́тный distínct; áudible

вовлека́ть, вовле́чь draw in (ínto [ˈɪntu])

во́время in time; не ~ inopportúnely; at the wrong time

во-вторы́х sécondly [ˈse-]

вод‖а́ ж wáter [ˈwɔːtə]; холо́дная ~ cold wáter; горя́чая ~ hot wáter; кипячёная ~ boiled wáter; газиро́ванная ~ aeráted wáter; минера́льная ~ míneral [ˈmɪ-] wáter; питьева́я ~ drínking (fresh) wáter; нельзя́ ли попроси́ть (у вас) стака́н ~ы́? may I have a glass of wáter?

водеви́ль м váudeville [ˈvəudəvɪl], cómic [ˈkɔ-] sketch

води́тель м dríver

води́ть см. вести́

во́дка ж vódka

во́дн‖ый: ~ спорт aquátics, aquátic sports; ~ тра́нспорт wáter [ˈwɔːtə] tránsport; ~ая ста́нция aquátic sports céntre [ˈsentə]; ~ое по́ло wáter pólo; ~ые лы́жи wáter skis [ˌwɔːtəˈskiːz]

водоизмеще́ние с мор. displácement

водока́чка ж wáter-tower [ˈwɔ-]

водола́з м díver

Водоле́й м астр. Aquárius

водопа́д м wáterfall [ˈwɔːtə-]; falls pl

водопрово́д м 1. (в квартире) rúnning wáter [ˈwɔːtə] 2. (в городе) wáter-supply; ~чик м plúmber [ˈplʌmə]

водоро́д м hýdrogen [ˈhaɪ-]; пе́рекись ~а см. пе́рекись

водохрани́лище с réservoir [-wɑː]; stórage pond (pool)

вое́нн‖ый 1. war(-); mílitary [ˈmɪ-]; ~ая слу́жба mílitary sérvice 2. м sérvice-man; он ~ he is in the ármy

вождь м 1. léader 2. (племени) chief

возврати́ть retúrn, give [gɪv] back; возврати́те мне э́то retúrn it to me; ~ся retúrn, come [kʌm] back; когда́ мы возврати́мся? when do we get [get] back?

возвраща́ть(ся) см. возврати́ть(ся)

возвраще́ние с retúrn; ~ домо́й retúrn home; hóme-coming [-kʌm-]

возвыше́ние с 1. (процесс) rise 2. (помост) plátform 3. (на местности) elevátion

возвы́шенность ж hill, elevátion

возгла́вить, возглавля́ть head [hed], be at the head (of); делега́цию возглавля́ет... the delegátion is héaded (by)...

во́зглас м exclamátion; shout; ~ы одобре́ния cheers of appróval; ~ы удивле́ния (восто́рга) shouts of surpríse (enthúsiasm)

воздвига́ть, воздви́гнуть eréct

воздействовать ínfluence, afféct; (на кого-л.) bring ínfluence to bear [bɛə] upon smb

воздержа́ться, возде́рживаться keep onesélf [wʌn-] (from), abstáin (from)

возду́х м air ◊ на (открытом) ~е in the όpen air; out of doors [dɔːz]

воздýшн‖ый air; ~ое сообщéние air sérvice; ~ые гимнáсты áerialists ['ɛə-] ◊ ~ змей kite; ~ шар ballóon

воззвáние с appéal; proclamátion

возúть см. везтú 1

вόзле near [nɪə]; by; ~ дόма near the house

возложúть lay, place; ~ венόк на lay a wreath on; ~ отвéтственность на кого-л. put the mátter in smb's hands; ~ винý на кого-л. lay (put) the blame on smb

возлюбленн‖ая swéetheart [-hɑːt]; gírl-friend [-fre-]; ~ый swéetheart [-hɑːt]; bόy-friend [-fre-]

возмόжн‖о 1. безл. it is pόssible; вполнé ~ it is quite pόssible **2.** вводн. сл. perháps; pόssibly; ~, бýдет дождь it may rain; **~ость** ж possíbility [-'bɪ-]; (удобный случай) opportúnity, chance; дать ~ость give [gɪv] a chance (an opportúnity), enáble; имéть ~ость have a chance (an opportúnity), to be able, to be in a posítion to; **~ый** pόssible; ~ый победúтель pόssible wínner

возмутúться, возмущáться be indígnant (at)

вознаградúть, вознаграждáть rewárd [-'wɔːd]; (материально) remúnerate, récompense

вознаграждéние с **1.** (награ-

да) rewárd [-'wɔːd] **2.** (оплата) remunerátion

возникáть, вознúкнуть aríse; spring up; (появляться) appéar; come [kʌm] ínto ['ɪntu] béing ['biː-]; у негό вознúкла мысль it occúrred to him

возникновéние с όrigin, begínning(s)

возобновúть, возобновлять resúme

возражáть см. возразúть

возражéние с objéction; у вас нет возражéний? have you got ány objéctions?, you don't objéct, do you?

возразúть objéct (to), raise an objéction (agáinst)

вόзраст м age; в ~е (от... до...) áged (from... to...); вýйти из ~а pass the age; excéed the age límit ['lɪ-]

возрастн‖όй: ~ ценз age qualificátion; ~áя грýппа age group

Возрождéние с Renáissance

войн‖á ж war; Велúкая Отéчественная ~ the Great Patriόtic war; граждáнская ~ cívil war; мировáя ~ world [wɜːld] war; вестú ~ý wage war; химúческая (бактериологúческая, термоядерная) ~ chémical ['ke-] (bacteriológical, núclear ['njuː-]) wárfare

войскá мн. troops; fόrce(s); сухопýтные ~ land fόrces

войтú go in; come [kʌm] in; énter; ~ в зал énter a hall; войдúте! come in!

вокзáл м (ráilway) státion;

términal; речно́й ~ boat station (términal); морско́й ~
maríne pássenger términal

вокру́г aróund; round; ~ го́-
рода aróund the cíty ['sı-]

вола́н м спорт. shúttlecock

волейбо́л м vólleyball ['vɔ-];
~и́ст м, ~и́стка ж vólleyball
['vɔ-] pláyer

волейбо́льн‖ый vólleyball
['vɔ-]; ~ая площа́дка vólleyball court; ~ мяч vólleyball;
~ая се́тка vólleyball net

волк м wolf [wulf]

волн‖а́ ж wave; длина́ ~ы́
wáve-length; на дли́нных (ко-
ро́тких, сре́дних) ~а́х long
(short, míddle) wave (transmíssion)

волне́ние с excítement; emótion

волнова́ть excíte; wórry
['wʌ-]; меня́ волну́ет... what
wórries me is...; ~ся **1.**
(быть возбуждённым) be excíted **2.** (беспокоиться) be wórried ['wʌ-]

волоки́та ж red tape

волокно́ с fíbre ['faıbə]; ис-
ку́сственное ~ artifícial fíbre
[-'fıʃəl...]

во́лосы мн. hair

волше́бн‖ик м magícian,
wízard; (колдун) sórcerer;
~ый mágic(al); enchánting
[-'tʃɑ:-]

во́льн‖ый free; unrestrícted; ~ая борьба́ спорт. frée-
-style wréstling ['reslıŋ]

во́л‖я ж will; си́ла ~и wíll-
-power

вон I: ~ там óver there

вон II out; awáy; ~ отсю́да!
get [get] out!

вообще́ génerally ['dʒ-]; on
the whole [həul]; (с отрица-
нием) at all ◊ ~ говоря́ as a
mátter of fact, génerally spéaking

воодушевле́ние с enthúsiasm

вооруже́ни‖е с ármament,
arms; го́нка ~й arms race
(drive), ármaments race (drive);
сокраще́ние ~й redúction
of ármaments; контро́ль над
~ями arms contról [-'trəul]

во-пе́рвых fírstly, in the first
place

вопреки́ in spite of, despíte,
cóntrary to

вопро́с м quéstion ['kwestʃ-
ən]; ~ в том, что... the point
is that...; э́то ещё ~ that is to
be seen; разреши́те зада́ть ~
may I ask a quéstion?

вор м thief ◊ карма́нный ~
píckpocket

воробе́й м spárrow [-əu]

во́рон м ráven ['reı-]

воро́на ж crow [-əu]

воро́нка ж **1.** (для налива-
ния) fúnnel **2.** (яма) cráter

воро́та мн. **1.** gate **2.** спорт.
goal

воротни́к м cóllar ['kɔ-]

воротничо́к м cóllar ['kɔ-]

ворча́ть 1. grúmble (at,
abóut) **2.** (о собаке) growl (at)

восемна́дцать eightéen [eı-
'ti:n]

во́семь eight [eıt]

во́семьдесят éighty ['eıtı];
ему́ за ~ (лет) he is óver
éighty

восемьсо́т eight [eɪt] húndred

воск *м* wax

воскли́кнуть excláim

восклица́ние *с* exclamátion

воско́вка *ж* sténcil(s)

воскресе́нье *с* Súnday [-dɪ]

воскре́сник *м* Súnday vólunteer ['vɔ-] wórk-in

воспале́ние *с* inflammátion; ∼ лёгких pneumónia; ∼ по́чек nephrítis

воспита́ние *с* educátion; úpbringing

воспита́ть, воспи́тывать bring up; éducate ['ed-]

воспо́льзоваться use [juːz], make use [juːs] of; мо́жно ∼ (ва́шим)..? may I use (your)..?

воспомина́ние *с* mémory ['me-], recolléction

воспомина́ния *мн.* mémoirs ['memwɑːz]

воспрети́ть forbíd, prohíbit [-'hɪ-]; *(надпись)* «вход воспрещён!» "no admíttance" (éntry)

воспроизведе́ние *с (звука)* pláy-back

восстана́вливать *см.* восстанови́ть

восста́ние *с* rebéllion, revólt

восстанови́ть 1. restóre **2.** *(силы, здоровье)* recóver [-'kʌ-]

восстановле́ние *с* restorátion; recóvery

восста́ть rise (agáinst), revólt

восто́к *м* east; Бли́жний Восто́к Middle (Near) East; Да́льний Восто́к Far East

восто́рг *м* rápture ['ræptʃə], delíght; я в ∼е от... I am delíghted with...

восто́чн‖ый east; éastern; oriéntal; ∼ая Евро́па Éastern Éurope

востре́бован‖ие: до ∼ия *(на письмах)* post réstante ['poust 'restɑːnt], to be called for, *амер.* géneral delívery [-'lɪ-]

восхити́ть(ся) *см.* восхища́ть(ся)

восхища́ть delíght, enrápture [-'ræp-], enchánt [-'tʃɑː-]; ∼ся admíre; be cárried awáy (by), be delíghted (with); я восхищён I am delíghted

восхище́ние *с* admirátion; прийти́ в ∼ be delíghted (with)

восхо́д *м* rise; ∼ со́лнца súnrise

восхожде́ние *с* ascént (of)

восьмичасово́й: ∼ рабо́чий день éight-hour wórking-day ['eɪt-...]

восьм‖о́й eighth [eɪtθ]; ∼о́е января́ the eighth of Jánuary; ∼а́я страни́ца page eight; полови́на ∼о́го half past séven ['sevn]

вот here; there; ∼ э́тот this one

впервы́е for the first time; я здесь ∼ I've néver been here befóre

вперёд fórward ◊ у вас часы́ (иду́т) ∼ your watch is fast

впереди́ 1. in front [frʌ-] of; ahéad [ə'hed] (of); вста́нем ∼ let's take a stand in front **2.** *(в будущем)* befóre; in store

впечатле́ние *с* impréssion; произвести́ ~ make (prodúce) an impréssion (on); impréss (smb)

вплоть: ~ до... down to; up to

вполго́лоса in a low [ləu] voice; говори́ть ~ speak in an úndertone

вполне́ quite, pérfectly

впо́ру: э́то пальто́ мне ~ (не ~) this óvercoat fits (doesn't fit) me

впосле́дствии áfterwards ['ɑːftə-], láter on

впра́во to the right; ~ от to the right of

впро́чем howéver [-'evə], but

впуска́ть, **впусти́ть** let in

впятеро́м the five of them (us)

враг *м* énemy ['en-]

вражде́бный hóstile

вра́жеский énemy('s)

вразби́вку at rándom

врасплох unawáres, by surprise

врата́рь *м* góalkeeper

врач *м* physícian [fɪ'zɪʃn], dóctor; зубно́й ~ déntist

враче́бн‖ый médical ['me-]; ~ая по́мощь médical aid

враща́ть revólve, rotáte [rəu-], turn

враще́ние *с* rotátion [rəu-]; revolútion

вред *м* harm, ínjury; *(ущерб)* dámage ['dæ-]; причини́ть ~ harm, do harm (to), ínjure

вре́дный hármful, bad; *(для здоровья)* házardous ['hæ-]; unhéalthy [-'he-]

вре́менн‖ый témporary; provísional [-'vɪʒ-]; ~ая ме́ра stóp-gap méasure ['meʒə]; ~ый комите́т ínterim committee

вре́м‖я *с* time; за́втра в э́то ~ this time tomórrow; ~ го́да séason; ско́лько ~ени? what time is it?; в то же ~ at the same time; в то ~ как just when, while; в настоя́щее ~ at présent; на ~ for a while; с тече́нием ~ени in time, evéntually; его́ ~ his time; показа́ть лу́чшее ~ *спорт.* make the best time; тем ~енем méanwhile; у нас ещё есть ~ we've still got time

вро́де like, such as

врозь apárt, séparately ['se-]

вруча́ть *см.* вручи́ть

вруче́ние *с* hánding; delívery [-'lɪ-]; ~ награ́д bestówal of awárds; ~ призо́в prízing (of the competítion)

вручи́ть hand in, delíver [-'lɪ-]; разреши́те вам ~... may I presént to you...

вручну́ю by hand

вряд ли hárdly; он ~ пойдёт he is not líkely to go there

вса́дник hórseman

все all; éverybody ['evrɪbə-dɪ]; ~ здесь? is éverybody here?

всё all; éverything ['evrɪ-]; ~ равно́ (it's) all the same; ~ ещё still; ~ ещё не not yet

всевозмо́жный all kinds of; of évery ['evrɪ] descríption, várious ['vɛə-]

всегда́ álways

вселённая ж úniverse

всемéрно in évery póssible way [...ˈev- ...]

всемúрный world [wɜːld]; Всемúрный конгрéсс сторóнников мúра World Peace Cóngress

всенарóдн‖ый nátional [ˈnæʃ-]; ~ прáздник (день) nátional hóliday; (празднование) nátional celebrátion; ~ое обсуждéние nátionwide discússion

всеóбщ‖ий géneral [ˈdʒe-], univérsal; ~ее одобрéние géneral appróval; ~ее обучéние univérsal educátion

всесоюзный nátional [ˈnæʃ-]; (of) the USSR

всесторóнний comprehénsive; all-róund

всё-таки nevertheléss [ne-], yet, still

всецéло entírely, whólly [ˈhəu-]

вскáкивать см. вскочúть

вскипятúть boil

вскóре soon; ~ пóсле soon áfter [ˈɑːftə]

вскочúть jump up; ~ нá ноги jump up, jump to one's feet

вскрúкивать, вскрúкнуть cry out, scream

вслед áfter [ˈɑːftə]; ~ за (о событиях и т. п.) fóllowing

вслéдствие due to, ówing [ˈəu-] to; in cónsequence of; ~ этого ówing to this

вслух alóud

всмя́тку: яйцó ~ sóft-boiled egg

вспоминáть, вспóмнить re-

colléct, remémber, recáll; я вспóмнил, что... I've just remémbered that...

вспы́шка ж фото (electrónic) flash

вставáть см. встать

встáвить, вставля́ть insért; put [put] in; ~ стеклó в очкú set a glass in a pair of spéctacles

встать 1. stand up, rise; встáньте, пожáлуйста stand up, please; ~ из-за столá rise from the table **2.** get [get] up; я ужé встал I am up alréady

встрéтить (кого-л.) meet; где я вас встрéчу? where shall I meet you?; я встрéтил I met; **~ся** meet (with); (случайно) come [kʌm] acróss; где мы (с вáми) встрéтимся? where shall we meet?; ~ Нóвый год célebrate New Year's Eve

встрéча ж **1.** méeting; дрýжеская (тёплая) ~ fríendly (warm) méeting **2.** (приём) recéption **3.** спорт. match

встречáть(ся) см. встрéтить (-ся)

встречáющ‖ий м: бы́ло мнóго ~их mány [ˈmenı] people came to meet...

встрéчный: ~ пóезд the ón-coming [-kʌ-] train; ~ вéтер head wind [ˈhed...]

вступáть см. вступúть

вступúтельн‖ый: ~ое слóво ópening addréss

вступúть énter; ~ в члéны join

вступлéние с introdúction (тж. муз.)

всю́ду éverywhere ['evrɪ-]

вся all, whole [həul], entíre; ~ страна́ all the cóuntry ['kʌ-]

вся́к‖ий *(любой)* ány ['enɪ]; *(каждый)* évery ['evrɪ]; во ~ое вре́мя at ány time ◊ во ~ом слу́чае at ány rate, ányhow

в тече́ние dúring ['djuə-]; for

втира́ние *с (лекарство)* líniment ['lɪ-]

втира́ть rub (in)

втори́чн‖о for the sécond ['se-] time; ~ый sécondary ['se-]; ~ый проду́кт bý-product; ~ое сырьё sálvage, utílity waste [-'tɪ-...]

вто́рник *м* Túesday ['tju:zdɪ]; по ~ам évery Túesday ['ev-...]

второ́е *с (блюдо)* sécond ['se-] (main) course

второ́й sécond ['se-]

второку́рсник *м* sécond-year ['se-] stúdent; *амер.* sóphomore

второпя́х in a húrry, in haste [heɪ-]

в-тре́тьих thírdly

втро́е three times; thréefold; ~ бо́льше three tímes as mány ['menɪ] *(с сущ. во мн.)*, three tímes as much *(с сущ. в ед.)*

втроём the three of us (of them)

вуз *м (вы́сшее уче́бное заведе́ние)* ínstitute of hígher educátion, hígher school, cóllege ['kɔlɪdʒ]

вулка́н *м* volcáno

вход *м* **1.** *(дверь и т. п.)* éntrance; гла́вный ~ main éntrance; служе́бный ~ staff [stɑ:f] éntrance **2.:** *(надпись)* «~ воспрещён!» "no éntrance!"; «вхо́да нет!» "no admíttance!"; ~ по биле́там éntrance by tícket; ~ беспла́тный éntrance free, admíssion free **3.:** ~ в пло́тные слои́ атмосфе́ры re-éntry

входи́ть *см.* войти́

ВЦСПС (Всесою́зный Центра́льный Сове́т Профессиона́льных Сою́зов) The Céntral Cóuncil of Trade Únions of the USSR

вчера́ yésterday [-dɪ]; ~ у́тром yésterday mórning; ~ днём yésterday afternóon; ~ ве́чером last night

вчера́шн‖ий yésterday('s) [-dɪ(z)]; во ~ей газе́те in yésterday's páper

вче́тверо four times; fóurfold

вчетверо́м the four of us (of them)

въезд *м* **1.** éntrance **2.** *(доро́га)* drive (way); *(путь, веду́щий к чему-л.)* appróach

въезжа́ть, въе́хать 1. énter; *(в экипаже)* drive ínto ['ɪntu]; *(верхом, на велосипеде)* ride ínto **2.** *(в квартиру)* move [mu:v] ínto

вы you; ~ гото́вы? are you réady?

выбира́ть 1. choose, seléct; выбира́йте! take your choice! **2.** *(голосовать)* eléct

вы́бор *м* choice; на ~ at one's choice; *(отбор)* seléction; *(из нескольких возможностей)* altérnative

вы́боры *мн.* eléction(s)

выбра́сывать *см.* вы́бросить

вы́брать *см.* выбира́ть

вы́бритый: чи́сто ~ cléan-shaven

вы́бросить throw [-əu] out; throw awáy

выбыва́ть, вы́быть leave, quit; вы́был из игры́ left the game

вы́везти 1. take out 2. expórt

вы́вернуть 1. *(вывинтить)* unscréw 2. *(наизнанку)* turn ínside out

вы́веска *ж* sign (board)

вы́вести 1. lead out; *(исключить)* expél, exclúde [ɪkˈskluːd]; ~ войска́ withdráw the troops; ~ из соста́ва кома́нды expél from the team 2. *(уничтожить)* extérminate; *(пятна)* remóve [-ˈmuːv], take out

вы́вих *м* dislocátion

вы́вихнуть díslocate, put [put] out of joints

вы́вод *м* 1. *(заключение)* conclúsion [-ˈluːʒn]; сде́лать ~ draw a conclúsion 2. withdráwal [-ˈdrɔːəl]

выводи́ть *см.* вы́вести

вы́воз *м* éxport

вывози́ть *см.* вы́везти

вы́гладить íron [ˈaɪən], press; вы́гладьте мне пла́тье (руба́шку) would you íron my dress (shirt); отда́йте, пожа́луйста, ~ моё пла́тье please get [get] my dress pressed

вы́глядеть look; вы хорошо́ (пло́хо) вы́глядите you look well (bad)

вы́глянуть look out

выгова́ривать 1. réprimand 2. pronóunce, artículate [-ˈtɪ-]; вы пра́вильно (непра́вильно) выгова́риваете... you pronóunce... corréctly (wrong)

вы́говор *м* 1. *(порицание)* réprimand 2. *(произношение)* pronunciátion; у вас хоро́ший (плохо́й) ~ your pronunciátion is good [gud] (bad)

вы́говорить *см.* выгова́ривать

вы́год‖а *ж* 1. *(прибыль)* prófit [ˈprɔ-], gain 2. *(польза)* bénefit [ˈbe-], advántage; извле́чь из... ~y bénefit by...

вы́годный prófitable [ˈprɔ-]

выгружа́ть, вы́грузить unlóad

выдава́ть, вы́дать 1. give [gɪv] out; distríbute [-ˈstrɪ-]; ~ де́ньги give (pay) the móney 2. *(предавать)* betráy

вы́дача *ж* 1. delívery [-ˈlɪ-]; distribútion 2. *(преступника)* extradítion

выдаю́щийся outstánding; *(о человеке тж.)* próminent [ˈprɔ-]

выдвига́ть, вы́двинуть 1. *(теорию и т. п.)* put [put] fórward, advánce [-ˈvɑː-] 2. *(на должность и т. п.)* promóte 3. *(предлагать к избранию и т. п.)* nóminate [ˈnɔ-]

вы́держанн‖ый 1.: ~ое вино́ old [əuld] wine; ~ сыр (таба́к) séasoned cheese (tobácco) 2. *(о человеке)* self-posséssed [-z-]

вы́держать, выде́рживать bear [bɛə], endúre [-ˈdjuə];

stand; ~ на́тиск проти́вника *спорт.* get [get] through [θru:] the oppónent's attáck; ~ боль endúre pain

вы́держка I *ж (из статьи и т. п.)* éxtract

вы́держк‖а II *ж* **1.** *(самооб-ладание)* self-contról [-'trəul], fírmness **2.** *фото* expósure [-'rəuʒə]; с большо́й ~ой with long expósure; с ~ой... секу́нд expósed for... séconds ['se-]

вы́дох *м* exhalátion; вдох! ~! breathe in! breathe out!; inhále! exhále!

вы́думать invént

вы́думка *ж* invéntion

выду́мывать *см.* вы́думать

вы́езд *м* depárture

выездн‖о́й: ~а́я ви́за éxit vísa ['vɪ-]

выезжа́ть, вы́ехать leave; depárt; мы сейча́с выезжа́ем we are léaving now; они́ уже́ вы́ехали they have left alréady

вы́звать 1. *(заказать)* call; ~ такси́ (маши́ну) call a táxi ['tæksɪ] (a car); ~ врача́ call in a dóctor **2.** *(звать)* ask (to); call; вы́зовите, пожа́луйста, (к телефо́ну) please ask to (the télephone) **3.** *(возбудить)* cause, stir; ~ интере́с excíte ínterest

выздора́вливать *см.* вы́здо-роветь

выздора́вливающий convaléscent

вы́здороветь recóver [-'kʌ-], get [get] well

вы́зов *м* **1.:** ~ по телефо́ну télephone call **2.** chállenge ['tʃæ-]; ~ на состяза́ние chállenge to compéte

вызыва́ть *см.* вы́звать

вы́играть, выи́грывать win; ~ состяза́ние win the cóntest

вы́игрыш *м* prize; gain

вы́игрышн‖ый *(имеющий преимущество)* advantágeous; в ~ом положе́нии in an advantágeous position

вы́йти 1. go out; вы́йдем на у́лицу let's go out; ~ из маши́-ны get [get] out of the car **2.** *(появиться)* appéar [ə'pɪə]; be out, be íssued ['ɪʃu:d]; be reléased [-s-]; кни́га то́лько что вы́шла (из печа́ти) the book has just come [kʌm] out **3.** *(удаться)* come out, turn out; из него́ вы́йдет хоро́ший спортсме́н he will make a good [gud] spórtsman; из э́того у меня́ ничего́ не вы́шло I fáiled to do it ◊ ~ за́муж márry

вы́кидыш *м* miscárriage

выключа́тель *м* switch

выключа́ть, вы́ключить turn off, switch off

вы́кройка *ж* páttern

вы́лет *м* start; táke-off

вылета́ть, вы́лететь start, leave; take off; мы вылета́ем в 6 часо́в we leave at 6 o'clóck; когда́ мы вылета́ем? when do we leave?

выле́чивать, вы́лечить cure (of)

вылива́ть, вы́лить pour [рɔ:] out

вы́мыть wash; вы́мойте мне го́лову I want a shampóo,

please; ~ посу́ду do the díshes;
~**ся** wash (onesélf)

вы́нести 1. cárry out; ~ ве́щи
bring out the things **2.** *(терпе́ть)* endúre [-'djuə]; stand

вынима́ть *см.* **вы́нуть**

выноси́ть *см.* **вы́нести**

выно́сливый hárdy

вы́нуть take out

выпада́ть, вы́пасть 1. fall
out; *(о волоса́х и т. п.)* come
[kʌm] out; вы́пасть из рук
slip through [θru:] one's fíngers;
fall out of one's hands **2.** *(об
оса́дках)* fall; вы́пал снег
there was a fall of snow [snəu]

выпива́ть *см.* **вы́пить**

вы́писать, выпи́сывать write
out; órder; subscríbe (to); ~
кни́гу órder a book; каки́е газе́ты и журна́лы вы выпи́сываете? what pápers and maga-zínes do you subscríbe to?

вы́пить drink; вы́пейте ча́шку ко́фе (ча́ю) have a cup of
cóffee (tea)

вы́плата ж páyment

выполне́ние с *(обя́занностей и т. п.)* execútion **2.** *(реше́ния, пла́на и т. п.)* implemen-tátion; realizátion

вы́полнить, выполня́ть cárry out, ímplement, fulfíl; éxecute ['eksɪ-]

вы́пуск м **1.** *(де́нег и т. п.)*
íssue ['ɪʃu:], emíssion; ~ ма́рок
íssue of stamps **2.** *(гру́ппа
уча́щихся)* co-grá́duates
[-'græ-]; весе́нний ~ spring
grá́duates; class of

выпуска́ть *см.* **вы́пустить**

выпускни́к м grá́duate

['græ-], alúmnus *(pl* alúmni
[-aɪ]); выпускники́ 1987 го́да
class of '87

выпускни́ца ж grá́duate
['græ-], alúmna *(pl* alúmnae
[-i:])

вы́пустить 1. let out; вы́пустите меня́ let me out **2.** *(изда́ть)* íssue ['ɪʃu:]; ~ но́вую
кни́гу íssue a new book; ~ но́вую моде́ль автомоби́ля prodúce a new make of a car **3.**
(исключи́ть) omít; ~ часть
те́кста omít a pórtion of the
text

вы́работка ж **1.** manufác-ture; ~ шёлка (ше́рсти) manu-fácture of silk (wool) **2.** *(проду́кция)* óutput [-put]

выража́ть *см.* **вы́разить**

выраже́ние с exprést́sion; ~
лица́ look, cóuntenance

вырази́тельный exprést́sive

вы́разить exprést́s; ~ удо-во́льствие (сожале́ние) show
[ʃəu] pléasure (regrét)

выраста́ть, вы́расти grow
[-əu] (up)

вы́рваться break [breɪk]
loose [lu:s], get [get] free; ~
вперёд get ahead [ə'hed]

вы́резка ж **1.** *(из газе́ты)*
préss-clipping, préss-cutting
2. *(кусо́к мя́са)* fíllet, ténder-loin

выруча́ть, вы́ручить help
smb out; *(спасти́)* réscue; sa-ve

вырыва́ться *см.* **вы́рваться**

вы́садить 1. *(на бе́рег)* land,
disembárk; *(из автомоби́ля)*
drop, set down **2.** *(расте́ние)*

plant [-ɑ:-]; ~**ся** land, disembárk *(тж. из самолёта)*

выса́живать(ся) *см.* **вы́садить(ся)**

вы́сказать speak out; ~ мне́ние expréss an opínion; ~ предположе́ние suggést; surmíse; ~**ся** decláre; ~ за speak for; ~ про́тив speak agáinst, oppóse

выска́зывание *с* statément, pronóuncement; útterance

выска́зывать(ся) *см.* **вы́сказать(ся)**

вы́слушать, выслу́шивать 1. lísten ['lɪsn] (to); hear [hɪə] out **2.** *мед.* sound

высо́кий high; *(рослый)* tall; ~ гость distínguished (éminent) guest

высоко́ high (up); alóft

высота́ *ж* height [haɪt]; *(тж. над уровнем моря)* áltitude

высо́тн‖ый: ~ое зда́ние múlti-storied (tall) búilding, high-rise (búilding); ~ костю́м G-suit (grávity ['græ-] suit)

вы́спаться: я хорошо́ вы́спался I've had a good [gud] sleep; я не вы́спался I am still sléepy

вы́ставить 1. *(картины и т. п.)* exhíbit [ɪg'zɪ-] **2.** *(кандидатуру)* nóminate ['nɔ-]

вы́став‖ка *ж* **1.** exhibítion [ˌeksɪ'bɪ-]; exhíbit [ɪg'zɪ-]; fair; промы́шленная (сельскохозя́йственная) ~ indústrial (agricúltural) exhibítion *(или* fair)*; в музе́е но́вая ~ карти́н there is a new exhíbit of páintings in the muséum [mjuː-

'zɪəm]; ~ соба́к dóg-show [-ʃəu] **2.** *(витрина)* shów-case; на ~ke in the shów-case

выставля́ть *см.* **вы́ставить**

выстра́ивать *см.* **вы́строить 2**

вы́стрел *м* shot

вы́строить 1 *(построить)* build [bɪld]; ~ теа́тр (шко́лу, заво́д) build a théatre ['θɪə-] (school [skuːl], fáctory) **2.** *(в ряды)* draw up; form; line (up); *(в колонну и т. п.)* arránge [ə'reɪndʒ]

вы́ступ *м* projéction, protúberance; *(горы тж.)* jut

выступа́ть, вы́ступить come [kʌm] fórward; ~ на ми́тинге speak at a rálly; ~ со статьёй come out with an árticle

выступле́ние *с* **1.** *(в печати)* árticle; *(устное)* speech *(в прениях)* intervéntion **2.** *(на сцене)* perfórmance; *спорт.* demonstrátion

вы́сш‖ий hígher; the híghest; the supréme; ~его ка́чества of supérior (éxtra) quálity, hígh-grade

вы́тереть, вытира́ть wipe; вытира́йте но́ги! wipe your feet (on the mat)!

вы́учить 1. *(что-л.)* learn; ~ наизу́сть learn by heart [hɑːt] **2.** *(кого-л.)* teach, train

вы́хлоп *м* *авто* exháust [ɪg'zɔː-]

вы́ход *м* éxit ['eksɪt]; *перен.* way out; «~а нет» *(объявление)* "no éxit"; друго́го ~а нет it's the ónly way out

выходи́ть *см.* **вы́йти**

выходно́й: ~ день day off, rést-day, day of rest

вы́честь *мат.* subtráct

вычисле́ние *с* calculátion

вычисли́тельн‖ый compúting; ~ая маши́на compúter; ~ый центр compúter centre

вычита́ние *с* subtráction

вычита́ть *см.* вы́честь

вы́ше 1. hígher; *(о росте)* táller **2.** abóve [ə'bʌv]; ~ нуля́ abóve zéro

вы́шивка *ж* embróidery

вышина́ *ж* height [haɪt]

вы́шка *ж* (wátch-)tówer; парашю́тная ~ párachute tówer

вы́яснить find [faɪnd] out; ~ся turn out; как вы́яснилось as it túrned out; э́то сего́дня вы́яснится todáy it will becóme clear

выясня́ть(ся) *см.* вы́яснить (-ся)

вью́га *ж* snówstorm ['snəu-]; *(пурга)* blízzard ['blɪ-]

вяз *м* élm(-tree)

вяза́льн‖ый *(о спицах)* knítting; *(о крючке)* cróchet ['krəuʃeɪ]; ~ая спи́ца knítting néedle; ~ крючо́к cróchet hook; ~ая маши́на knítting machíne

вя́заный knítted

Г

га *м* héctare *(2,47 акра)*

габарди́н *м* gáberdine ['gæ-]

гав: ~! ~! bów-vów!

га́вань *ж* hárbour; войти́ в ~ énter a hárbour

гада́ть 1. *(предсказывать)* tell fórtunes [-tʃənz] **2.** *(предполагать)* guess (at), surmíse

гадю́ка *ж* ádder; víper *(тж. перен.)*

га́ечный: ~ ключ *тех.* spánner, *амер.* wrench

газ I *м* gas ◊ дать ~ *авто* step on the gas, step on it

газ II *м* *(ткань)* gauze [gɔːz]

газе́та *ж* néwspaper, páper; у́тренняя (вече́рняя) ~ mórning (évening) páper; стенна́я ~ wall néwspaper

газиро́вка *ж* fízzy wáter ['wɔ-]; sóda(-wáter)

га́зов‖ый gas; ~ая плита́ gás-stove, gas cóoker

газо́н *м* lawn ◊ по ~ам не ходи́ть! keep off the grass!

газопрово́д *м* gásmain

ГАИ (Госуда́рственная автоинспе́кция) tráffic políce

га́йка *ж* nut

галантере́йный: ~ магази́н haberdáshery, *амер.* dry goods store

галантере́я *ж* haberdáshery; *амер.* dry goods store

галере́я *ж* gállery ['gæ-]; карти́нная ~ pícture gállery

га́лка *ж* daw, jáckdaw

гало́п *м* gállop ['gæ-]; ~ом at a gállop; скака́ть ~ом gállop

гало́ши *мн.* galóshes, óvershoes [-uːz]; *амер.* rúbbers

га́лстук *м* (néck)tie [-taɪ]; ~-ба́бочка *м* bów-tie ['bəu-]

гамби́т *м* *шахм.* gámbit

га́мма ж муз. scale

га́нгстер м gángster

гандика́п м hándicap

ганте́ли мн. dúmbbells ['dʌm-]

гара́ж м gárage [-ɑːdʒ]

гаранти́ровать guarantée

гара́нт‖ия ж guáranty ['gæ-]; wárranty; с ~ей на... guarantéed for...

гардеро́б м 1. (шкаф) wárdrobe 2. (помещение) clóakroom; амер. chéckroom; где ~? where is the clóakroom?

гармо́ника ж 1. (гармонь) accórdion 2. (концертино) concertína [-'tiːnə]

гарни́р м trímmings, gárnish

гарниту́р м 1. (комплект) set 2. (мебель) спа́льный ~ bédroom suite 3. (бельё) шёлковый ~ ládies' sílken twó-piece (thrée-piece) únderwear

гаси́ть 1. put [put] out, extínguish; ~ электри́чество turn off the light 2. спорт.: ~ мяч kill the ball

гастро́ли мн. tour [tuə]

гастроно́м м (продовольственный магазин) food store

гастроно́мия ж gróceries and provísions [-'vɪʒnz]; амер. delicatéssen

гва́рди‖я ж Guards pl; ~и полко́вник Guards cólonel ['kɜːnəl]

гвозди́ка ж 1. (цветок) carnátion 2. (пряность) clove

гвоздь м 1. nail 2.: ~ сезо́на hit of the séason

где where; ~ вы бы́ли? where have you been?; ~ гла́вный почта́мт (театра́льная ка́сса, спра́вочное бюро́, рестора́н, туале́т)? where is the Céntral Póst-Office (bóx-óffice, inquíry-óffice, réstaurant, lávatory)?; ~ моё пальто́? where is my coat?

где́-либо, где́-нибудь, где́-то sómewhere ['sʌmwɛə]; ánywhere ['enɪwɛə]

гекта́р м см. га

ген м биол. gene

генера́л м géneral ['dʒe-]

генера́льн‖ый géneral ['dʒe-]; ~ая репети́ция dress rehéarsal

гене́тика ж genétics [-'ne-]

гениа́льный of génius ['dʒiː-njəs], great [-eɪ-]; ~ челове́к a man of génius

ге́нн‖ый: ~ая инженéрия genétic engineéring [-'ne-...]

гео́граф м geógrapher

геогра́фия ж geógraphy

гео́лог м geólogist

геоло́гия ж geólogy

геоме́трия ж geómetry

георгин м dáhlia ['deɪ-]

гера́нь ж geránium

герб м arms; госуда́рственный ~ nátional ['næʃ-] émblem

гербици́д м hérbicide, wéed-killer

геркуле́с м (овсяная крупа) óatmeal

герма́нский Gérman

геро́йня ж héroine ['he-]

геро́й м héro; Г. Сове́тского Сою́за Héro of the Sóviet Union; Г. Социалисти́ческого

Труда́ Héro of Sócialist Lábour

герц *м эл.* cycle per sécond ['se-]

ги́бкий fléxible; supple

гига́нт *м* gíant

гигие́на *ж* hýgiene

гигиени́ческ‖ий: ~ая салфе́тка sánitary ['sæ-] nápkin

ги́дро‖самолёт *м* flýing boat, hýdroplane; ~ста́нция *ж* wáter ['wɔː-] (hýdro-eléctric) pówer-station

гимн *м* ánthem; госуда́рственный ~ nátional ['næʃ-] ánthem; ~ демократи́ческой молодёжи Fréedom Song

гимна́ст *м* gýmnast; выступле́ния ~ов gymnástics displáy

гимна́стика *ж* gymnástics; спорти́вная ~ competítive gymnástics; худо́жественная ~ callisthénics, free stánding éxercises

гимнасти́ческ‖ий: ~ зал gymnásium, gym; ~ие упражне́ния gymnástic éxercises, gymnástics; ~ костю́м léotard ['liːə-]

гимна́стка *ж* gýmnast

гипертони́я *ж мед.* high blood préssure [...blʌd...]

гипс *м* pláster (of Páris); *(минерал)* gýpsum

ги́псов‖ый of pláster; ~ая повя́зка pláster (of Páris) bándage

гирля́нда *ж* gárland, festóon; украша́ть ~ми deck with gárlands

ги́ря *ж* **1.** weight [weɪt] **2.** *спорт.* dúmbbell

гита́ра *ж* guitár [gɪ-]

глава́ 1. *м и ж (старший)* head [hed]; ~ делега́ции head of the delegátion **2.** *ж (книги)* chápter

гла́вн‖ый main, chief; príncipal; ~ го́род страны́ cápital; ~ врач head [hed] physícian; ~ почта́мт Céntral Póst-Office ◇ ~ым о́бразом máinly

гла́дить 1. stroke, caréss **2.** *(утюгом)* press, íron ['aɪən]

гла́дкий smooth; *(о ткани)* plain

глаз *м* eye [aɪ]

глазн‖о́й: ~ врач óculist ['ɔk-]; ~а́я лече́бница éye-hóspital ['aɪ-]; ~о́е я́блоко éyeball

глазу́нья *ж* fried eggs, eggs súnny-side up

гла́нды *мн. анат.* tónsils

гла́сно públicly, ópenly

гла́сность *ж* ópenness, transpárency; glásnost

гли́на *ж* clay

глота́ть swállow [-əu]

глото́к *м* gulp; sip

глубина́ *ж* depth; на ~é 10 ме́тров at the depth of ten métres; измеря́ть ~у́ sound *(на море)*

глубо́к‖ий deep; *(перен. тж.)* profóund; ~ое о́зеро deep lake; ~ая о́сень late áutumn; ~ая ста́рость vénerable ['ve-] age

глубоко́ deep, déeply; здесь ~? is it deep here?; я ~ взволно́ван I am déeply moved

глуп‖ость *ж* fóolishness, stupídity [-'pɪ-]; ~ый fóolish, sílly, stúpid

глухо́й 1. deaf [def] 2. *м* deaf man

глухонемо́й 1. déaf-and--dúmb [ˌdefən'dʌm] 2. *м* déaf--múte

глуши́тель *м авто* múffler

гляде́ть look; гляди́те! look!

гна́ться pursúe; ~ за мячо́м run áfter ['ɑːftə] the ball

гнев *м* ánger, wrath [rɔθ]

гнездо́ *с* nest

гнёт *м* oppréssion; *(иго)* yoke

гнило́й rótten; decáyed

гной *м* pus

гобеле́н *м* góbelin tápestry ['tæ-]

гобо́й *м* háutboy ['əubɔɪ], óboe ['əubəu]

говори́ть speak, talk; вы гово-ри́те по-англи́йски? do you speak Énglish?; говоря́т, что... they say (that)...; что вы гово-ри́те! you don't say so! ◊ со́бственно говоря́ as a mátter of fact

говя́дина *ж* beef

год *м* year; ~ (два го́да) тому́ наза́д a year (two years) agó; теку́щий ~ this year; уче́бный ~ acadе́mic year; *(в школе)* school [skuːl] year; че́рез ~ (два го́да) in a year (two years); из го́да в ~ year in, year out; кру́глый ~ all the year róund; Но́вый ~ New Year; с Но́вым го́дом! Háppy New Year!

годи́ться do, be súitable ['sjuː-]; э́то (никуда́) не го-ди́тся that won't do

годи́чный ánnual

го́дный súitable ['sjuː-]; fit;

~ для питья́ drínkable; fit to drink

годово́й ánnual

годовщи́на *ж* annivérsary

гол *м* goal; заби́ть ~ score a goal

голова́ *ж* 1. head [hed] 2. *(скота)* head; 50 голо́в скота́ fífty head of cattle

головн‖о́й: ~а́я боль héad-ache ['hedeɪk]; ~ убо́р hat; héad-dress; héad-gear [-ɡɪə]

головокруже́ние *с* gíddiness ['ɡɪ-]

головоло́мка *ж* puzzle

голо‖гра́мма *ж* hólogram ['hɔ-]; ~гра́фия *ж* holо́graphy

го́лод *м* húnger; *(бедствие)* fámine ['fæmɪn]; испы́тывать ~ be húngry

голода́ть starve

голо́дный húngry; я го́лоден I am húngry

гололе́дица *ж* glazed frost, *амер.* glaze; sleet, íce--crusted ground

го́лос *м* 1. voice 2. *полит.* vote; пра́во ~a súffrage; the vote; реша́ющий ~ *(при раз-делении голосо́в)* cásting vote; пра́во реша́ющего (совеща́-тельного) ~a vóting (spéak-ing) right

голосова́ние *с* vóting; vote; *(тайное)* bállot ['bæ-]; поста́-вить вопро́с на ~ put [put] the quéstion ['kwestʃən] to the vote; провести́ ~ по да́нному предложе́нию have (take) a vote on the mótion

голосова́ть (за, про́тив) vote (for, agáinst)

голубо́й blue [-uː], ský-blue

голубцы́ *мн.* stuffed cábbage-rolls

го́лубь *м* pígeon ['pɪdʒɪn], dove [dʌv]; ~ ми́ра the dove of péace

го́лы‖й náked [-kɪd] ◊ ~е фа́кты bare facts

гомеопати́ческ‖ий: ~ая апте́ка homoeopáthic chémist's; ~ие сре́дства homoeopáthic rémedies

го́нки *мн. спорт.* ráce(s); автомоби́льные ~ mótor ráce(s); па́русные (гребны́е) ~ regátta

гонора́р *м* fee

го́ночный: ~ автомоби́ль rácing car, rácer; ~ велосипе́д rácing bícycle, rácer

го́нщик *м* rácer; rácing dríver

гора́ *ж* móuntain [-tɪn]; *(невысокая)* hill; в го́ру úphill; под го́ру dównhill; ката́ться с горы́ *(на санках)* tobóggan

гора́здо much, far; ~ бо́льше (ме́ньше) much more (less); ~ лу́чше (ху́же) much better (worse), bétter (worse) by far

горбу́ша *ж (рыба)* húmpbacked sálmon ['sæmən]

горбу́шка *ж* crust

горди́ться be proud of; я горжу́сь I am proud of

го́рдость *ж* pride

го́ре *с* grief

горе́ть *(об огне)* burn

го́рец *м* mountainéer [-tɪ-]; Híghlander *(главным образом кавказский и шотландский)*

горизо́нт *м* horízon

горизонта́льный horizóntal

горисполко́м *м* (исполни́тельный комите́т городско́го Сове́та наро́дных депута́тов) Exécutive (Commíttee) of the Cíty/Town Cóuncil (Soviet of Péople's Députies) [...'sɪ- ... 'piːp-'de-]; Cíty/Town Exécutive

гори́стый móuntainous [-tɪ-], hílly

го́рло *с* throat; у меня́ боли́т ~ I have a sore throat

го́рничная *ж* maid, hóusemaid; *(в гостинице)* chámbermaid ['tʃeɪ-]

го́рн‖ый móuntain(ous) [-tɪn-]; ~ая боле́знь móuntain síckness; ~ая промы́шленность mínining industry

горня́к *м* míner

го́род *м* town; cíty ['sɪ-]; мы из одного́ ~а we are from the same town, we are féllow-tównsmen; жить за́ ~ом live out of town; *(работая в городе)* be a commúter, commúte; ~-геро́й *м* Héro Cíty ['sɪ-]

городско́й úrban; town(-); munícipal [-'nɪ-]; ~ тра́нспорт munícipal (cíty ['sɪ-]) tránsport

горожа́нин *м* tównsman

горо́х *м* peas *pl*

горо́шек *м:* души́стый (зелёный) ~ sweet (green) peas *pl*

горсове́т *м* (городско́й сове́т) Town (Cíty ['sɪ-]) Sóviet; Town (Cíty) Cóuncil

горсть *ж* hándful

горчи́ца *ж* mústard

горчи́чник *м* mústard pláster; ста́вить ~ applý a mústard pláster (to)

горчи́чница ж mústard-pot

горшо́к м pot; цвето́чный ~ flówer pot

гор‖ы́ мн. móuntains [-ınz]; в ~а́х in the móuntains

го́рький bítter

горю́чее с fúel; (тж. для автомаши́ны) pétrol; амер. gás(oline)

горя́чий hot; (о встрече) warm

госба́нк м (госуда́рственный банк) the State Bank

госбезопа́сность ж State secúrity

го́спиталь м (mílitary) hóspital

господа́ мн. géntlemen; (в обраще́нии: дамы и господа́) ládies and géntlemen

господи́н м 1. (при фами́лии) Mr ['mıstə]; (в обраще́нии) sir 2. (хозяин) máster

госпо́дство с suprémacy [-'pre-]; dominátion; rule [ruːl]

госпожа́ ж 1. lády 2. (при фами́лии) Mrs ['mısız]; (о незаму́жней же́нщине) Miss; (в традициях движения за эмансипа́цию же́нщин) Ms [mız]; (в обраще́нии) Mádam 3. (хозяйка) místress

гостево́й: ~ биле́т cóurtesy ticket ['kəːtsı...]

гостеприи́м‖ный hóspitable; ~ство с hospitálity [-'tæ-]; оказа́ть ~ство show [ʃəu] hospitálity; play host

гости́ная ж dráwing-room

гости́ниц‖а ж hotél [həu-]; inn; останови́ться в ~e put up (stay или stop) at a hotél

гости́ть stay (with smb); (в городе, стране) be on a vísit ['vız-] (to), be vísiting

гост‖ь м guest; vísitor ['vız-]; дороги́е ~и dear guests; быть в ~я́х (у) be on a vísit (to); встреча́ть ~éй wélcome one's guests; идти́ в ~и go vísiting, pay a vísit; позва́ть в ~и invíte smb; приходи́те (к нам) в ~и! come [kʌm] to see us!

го́стья ж (lády) guest, vísitor ['vı-]

госуда́рственный state; nátional ['næʃ-]; ~ строй polítical sýstem [-'lı-...]; ~ язы́к offícial lánguage [-'fıʃəl...]; ~ слу́жащий góvernment emplóyee ['gʌv-...]; (в Англии) cívil sérvant ['sı-...]

госуда́рство с state; (страна́) cóuntry ['kʌ-], nátion

гото́вить 1. (подготавливать) prepáre, make réady ['re-]; ~ конце́ртную програ́мму work [wəːk] at a cóncert prógramme 2. cook; ~ обе́д cook (make) dínner; ~ся prepáre (for), get [get] réady ['re-] (for); ~ся к встре́че be prepáring to recéive...; get réady for a méeting

гото́вый réady ['re-]; вы гото́вы? are you réady?; мы гото́вы вести́ перегово́ры we are prepáred to negótiate; обе́д гото́в dínner is sérved; всегда́ гото́в! álways réady! ◊ ~ к услу́гам *(в письме)* yours fáithfully

гравю́ра ж engráving print; *(офорт)* étching

град м hail; идёт ∼ it is háiling

гра́дус м degrée; 20 ∼ов тепла́ (моро́за) twénty degrées abóve (belów) zéro; ско́лько сего́дня ∼ов? what is the témperature todáy?

гра́дусник м thermómeter

граждани́н м, **гражда́нка** ж cítizen ['sɪ-]; права́, свобо́ды и обя́занности гра́ждан the rights, fréedoms and dúties of cítizens

гражда́н∥ский cívil ['sɪ-]; *(подобающий гражданину)* cívic ['sɪ-]; *(штатский)* civílian [-'vɪ-]; ∼ство с cítizenship ['sɪ-]; nationálity [ˌnæʃə'næ-]; приня́ть ∼ство be náturalized, join cítizenship

грамза́пис∥ь: в ∼и on a disk (récord ['re-])

грамм м gram(me)

гра́мот∥а ж 1. réading and wríting 2. *(документ)*: вери́тельные ∼ы credéntials; похва́льные ∼ Certíficate of Encóuragement; почётная ∼ Diplóma of Hónour ['ɔnə]

гра́мотный *(о человеке)* líterate ['lɪ-], edúcated

грана́т I м бот. pómegranate

грана́т II м мин. gárnet

грандио́зный grándiose; imménse, vast

грани́т м gránite ['græ-]

грани́ц∥а ж 1. bórder; *(государственная)* fróntier ['frʌ-]; *(города)* bóundary; за ∼ей abróad; из-за ∼ы from abróad; ∼ футбо́льного по́ля line of the fóotball field 2. *(предел)* límit ['lɪ-]; э́то перехо́дит все ∼ы it is strétching the límit

грани́чить *(с чем-л.)* bórder (on, upón); *перен.* verge [vɜːdʒ] (on)

гра́фика ж gráphic arts, bláck-and-white art

графи́н м caráfe [-'ɑːf], decánter [-'kæ-]

грацио́зный gráceful

грач м rook

гребёнка ж, **гре́бень** м comb [kəum]

гре́бля ж rówing ['rəu-]

гре́лка ж hót-water [-wɔːtə] bottle, fóotwarmer

греме́ть rattle; *(о громе)* thúnder

гренки́ мн. tóast-squáres; *(для супа)* síppets

грести́ row [rəu]

греть 1. warm; heat; ∼ ру́ки (но́ги) warm one's hands (feet) **2.** give [gɪv] out warmth; со́лнце си́льно гре́ет it's véry ['verɪ] warm in the sun; ∼ся warm onesélf; ∼ся у ками́на warm onesélf by the fíre-place

грех м sin ◊ э́то мой ∼ this is my fault

гре́цкий: ∼ оре́х wálnut

гречи́ха ж búckwheat

гре́ч∥ка ж *(крупа)* búckwheat; ∼невая ка́ша (búckwheat) kásha ['kæʃə]

гриб м múshroom; марино́ванные ∼ы́ píckled músh-

rooms; собира́ть ~ы́ go músh-
rooming

грим *м* máke-up

гримёр *м* máke-up man

гримирова́ть, ~**ся** make up

грипп *м* flu [fluː], influénza
[-flu-], grippe

гриф *м муз.* fínger-board,
neck

гроб *м* cóffin

гроза́ *ж* thúnderstorm, storm

грози́ть thréaten ['θre-]

гром *м* thúnder; ~ греми́т
it thúnders; ~ аплодисме́н-
тов storm of appláuse

грома́дн‖ый huge, enór-
mous [-'nɔː-]; vast; я получи́л
(от конце́рта *и т. п.*) ~ое удо-
во́льствие I enjóyed (the cóncert, *etc*) imménsely

гро́мк‖ий loud; ~о loud,
lóudly, alóud; не говори́те так
~о don't speak so loud

громкоговори́тель *м* loudspéaker

гро́мче: говори́те ~ speak
lóuder; speak up

гроссме́йстер *м* grand máster

гро́хот *м* crash; rumble;
rattle

груб‖ость *ж* rúdeness
['ruːd-]; *спорт.* (unnécessary
[-'ne-]) róughness ['rʌf-]; до-
пусти́ть ~ commít rough
[rʌf] play; ~ый rough [rʌf],
coarse [kɔːs]; *(невежливый)*
rude [ruːd]; *(об ошибке, нару-
шении)* gross; *(об изделии, работе)* crude [-uː-]; *(о голосе)*
harsh, gruff; ~ая игра́ *спорт.*
rough play

груди́нка *ж* bácon

грудно́й: ~ ребёнок báby

грудь *ж* breast [-e-]; *(груд-
ная клетка)* chest; *(бюст)*
bósom ['buzəm]

груз *м* load; *(судна)* cárgo

грузи́н *м,* ~**ка** *ж* Géorgian
['dʒɔ-]

грузи́ть load

грузови́к *м* lórry ['lɔ-]; *амер.*
truck

грузов‖о́й: ~о́е движе́ние
goods' [gudz] tráffic

гру́зчик *м* lóader; *(в порту)*
stévedore ['stiːvɪdɔ-], dócker;
амер. lóngshoreman

грунт *м* **1.** *(почва)* soil **2.**
жив. ground

гру́ппа *ж* group [-uː-]; ~ зри-
телей clúster of spectátors; ~
кро́ви blood group ['blʌd...]
(type)

грусти́ть be sad

гру́стный sad

гру́ша *ж (плод)* pear [pɛə];
(дерево) péar-tree

гря́дка *ж* (végetable-)bed

гря́з‖и *мн. мед.* mud; *(грязе-
вые ванны)* múd-baths [-bɑːθs]

гря́зн‖о: на у́лице сего́дня
~ it's múddy outsíde; ~**ый**
dírty, fílthy

грязь *ж* dirt; filth; *(слякоть)*
mud

гуа́шь *ж* gouáche [guˈɑːʃ]

губа́ *ж* lip; ве́рхняя (ни́ж-
няя) ~ úpper (lówer) lip

гу́бка *ж* sponge [spʌndʒ]

губн‖о́й: ~а́я гармо́ника
móuthorgan; ~а́я пома́да lípstick

гуде́ть *(об автомобиле)*
hoot, honk

гудóк м hóoter; *(фабричный)* (fáctory) whistle; *(автомобильный тж.)* horn

гуля́нье с wálking; нарóдное ~ públic mérry-making

гуля́ть walk, go for *(или* take*)* a walk; ~ по гóроду (пáрку) walk abóut the cíty ['sɪ-] (in the park)

гуля́ш м *кул.* góulash ['guːlæʃ], stew [stjuː]

гумáнный humáne [-'meɪn]

густóй thick; dense; ~ лес dense fórest; ~ое населéние dense populátion; ~ суп thick soup

гусь м goose *(мн.* geese)

гутали́н м shoe [ʃuː] pólish ['pɔ-]; blácking ['blæ-]

ГЭС (гидроэлектростáнция) hýdro-eléctric pówer-station

Д

да I yes; да, я знáю! yes, I know [nəu]!

да II *союз* 1. *(соединительный)* and 2. *(противительный)* but; да я там был but I've been there

да III: да здрáвствует! long live!

давáть *см.* дать ◊ давáйте пойдём! let's go!; ~ слóво *(обещать)* give [gɪv] one's word [wəːd]

давлéние с préssure [-ʃə]; кровянóе ~ blóod préssure

давнó long agó [ə'gəu]; for a long time; я вас óчень ~ не

ви́дел I haven't seen you for áges

дáже éven

дáлее: и так ~ etc, and so on, and so forth

далекó far awáy, a long way off; нам ещё ~ идти́ (éхать)? have we much fárther ['fɑːðə] to go?

дальнéйш‖ий fúrther ['fəːðə]; в ~ем láter on

дáльний dístant; ~ путь dístant jóurney

дальнови́дный far-síghted

дальнозóркий long-síghted

дальтони́зм м cólour-blíndness ['kʌ-]

дáльше fúrther ['fəːðə]; fárther ['fɑːðə]; пойдёмте ~ let's go on (fúrther); а ~ что? and then what?

дáма ж 1. lády; *(в танцах)* pártner 2. *карт.* queen; ~ пик the queen of spades

дáмк‖а ж king; проводи́ть в ~и crown; проходи́ть в ~и be crowned

дáмск‖ий: ~ зал ládies' háirdressing salóon; ~ая кóмната ládies' room

дáнн‖ые *мн.* facts, dáta; у негó хорóшие спорти́вные ~ he's got the mákings of a good [gud] spórtsman; бáза ~ых элк. dátabase

дáнн‖ый this; gíven; в ~ое врéмя at présent, at the móment; в ~ом слýчае únder the círcumstances, in this case

дань ж tríbute ['trɪ-], contribútion

дар м gift ['gɪ-]

дари́ть make a présent ['preznt]; ~ на па́мять give [gɪv] smb smth as a kéepsake

дарова́ние *с* tálent ['tæ-], gift [gɪ-]

да́ром 1. *(бесплатно)* free (of chárge) **2.** *(очень дёшево)* for next to nóthing, for a song **3.** *(бесполезно)* in vain

да́т‖а *ж* date; поста́вить ~у date (a létter, dócument)

дать 1. give [gɪv]; да́йте им знать let them know [nəu]; да́йте, пожа́луйста... *(в магази́не)* I want...; *(за столо́м)* pass..., please; ~ согла́сие give one's consént; ~ конце́рт give a cóncert **2.** *(позволить)* let; да́йте, пожа́луйста, пройти́ let me pass, please

да́ч‖а *ж* súmmer-house, búngalow; я живу́ на ~e I live out of town, I live in the cóuntry ['kʌ-]

два two

двадца́тый twéntieth

два́дцать twénty

два́жды twice

двена́дцать twelve

дверь *ж* door [dɔː]; входна́я ~ éntrance

две́сти two húndred

дви́гатель *м* éngine; *амер.* mótor

дви́гать(ся) move [muːv]

движе́н‖ие *с* móvement ['muːv-]; у́личное ~ tráffic; ~ за мир Peace Móvement; во́льные ~ия free éxercise, floor éxercise; правосторо́ннее (левосторо́ннее) ~ ríght-hand (léft-hand) tráffic; односторо́ннее ~ óne-way ['wʌn-] tráffic

дви́нуть(ся) *см.* дви́гать(ся)

дво́е two; у меня́ ~ дете́й I have two children

дво́ичный bínary; ~ код bínary code

дво́йка *ж* **1.** *спорт.* double [dʌ-] **2.** *(отметка)* two, "poor" **3.** *карт.* two, deuce [djuːs]; ~ пик *и т. п.* the two of spades, *etc*

двойно́й double [dʌ-]

двойня́ *ж* twins *pl*

двор *м* yard, court; проходно́й ~ communicáting cóurtyard; на ~é тепло́ (прохла́дно, хо́лодно, жа́рко) it's warm (cool, cold, véry ['verɪ] warm) outsíde

дворе́ц *м* pálace ['pæ-]

дво́рник *м* dvórnik; cáretaker; *амер.* jánitor

дворня́жка *ж* móngrel

двою́родн‖ый: ~ брат, ~ая сестра́ cóusin [kʌ-]

двубо́ртный: ~ пиджа́к dóuble-breasted ['dʌblbre-] jácket

двусмы́сленн‖ость *ж* ambigúity [-'gjuːɪtɪ]; ~ый ambíguous [-'bɪgju-], equívocal [-'kwɪ-]

двусторо́нн‖ий biláteral [baɪ'læ-]; ~ее соглаше́ние biláteral agréement; ~ее движе́ние twó-way tráffic

двухме́стн‖ый: ~ая каю́та cábin for two ['kæ-... 'tuː]; ~ое купе́ dóuble compártment

дебю́т *м* **1.** début ['deɪbuː];

first appéarance **2.** *шахм.* ópening

Дéва *ж астр.* Vírgo [-gəu]

девáть *см.* деть

дéвочка *ж* (little) girl

дéвушка *ж* girl ◊ ~! *(в обращении)* miss!

девянóсто nínety

девянóстый nínetieth

девя́тка *ж карт.* nine; ~ пик *и т. п.* the nine of spades, *etc*

девятнáдцать ninetéen

девя́тый ninth [naɪnθ]

дéвять nine

девятьсóт nine húndred

дед *м* grándfather [-fɑːðə], gránddad

Дед-Морóз *м* Fáther ['fɑːðə] Chrístmas ['krɪsməs], Sánta Claus [-ɔːz]

дéдушка *м см.* дед

дежу́рить be on dúty

дежу́рн‖ый 1. *м* man on dúty **2.** on dúty ◊ ~ое блю́до todáy's [-'deɪz] spécial ['speʃ-]

дежу́рство *с* dúty

дéйствие *с* **1.** áction, deed **2.** *(влияние)* efféct; оказáть ~ afféct **3.** *театр.* act; второе ~ начнётся чéрез 5 минýт the sécond act will begín in five mínutes ['mɪn-]

действи́тельност‖ь *ж* reáli-ty; в ~и in fact, in reálity

дéйствовать 1. *(функциони-ровать)* act, work [wəːk]; *(о машине)* run; телефóн (радиоприёмник, телеви́зор) не дéйствует the télephone (rádio, TV-set) is out of órder **2.** *(влиять)* afféct, tell on; ле-кáрство хорошó дéйствует the

médicine is véry ['verɪ] ef-féctive

дéйствующ‖ий: ~ее лицó cháracter ['kærɪktə]

декáбрь *м* Decémber

декáда *ж* tén-day périod

декáн *м* dean

деканáт *м* dean's óffice

деклама́ция *ж* recitátion

деклара́ция *ж* declarátion

декора́ция *ж* scénery ['siːn-]

декрéт *м* decrée

декрéтный: ~ óтпуск matérn-ity leave

дéлать do; make; ~ сообщéние make a repórt; ~ попы́тку make an attémpt; что нам ~? what shall we do?; пóезд дéлает 70 км в час the train makes 70 km an hóur; ~ся **1.** *(происходить)* háppen; что здесь дéлается? what is góing on (háppening) here? **2.** *(становиться)* becóme [-'kʌm]

делегáт *м* délegate ['delɪgɪt]

делегáц‖ия *ж* delegátion [ˌdelɪ-]; в состáве ~ии on the delegátion

делéние *с* divísion [-'vɪʒn]

делéц *м* búsinessman ['bɪz-]

дели́ть divíde; ~ на грýппы divíde ínto ['ɪntu] groups [-uː-]; ~ся **1.** be divíded **2.** *(с кем-л.)* share (with); ~ся впе-чатлéниями tell one's impréssions, compáre notes

дéл‖о *с* **1.** affáir, búsiness ['bɪz-]; concérn; как вáши ~á? how are you gétting ['get-] on? **2.** *(поступок)* deed **3.** *(цель, интересы)* cause [kɔːz]; ~ мúра cause of peace 4. *юр.* case; возбуди́ть ~ про́тив кого́-л. bring an áction agáinst smb 5. *канц.* file ◊ ~ в том, что... the point is that...; в чём ~? what is the mátter?; ~ не в э́том that's not the point; в са́мом ~e? you don't mean it!, réally?; пе́рвым ~ом the first thing to be done is...

делов‖о́й búsiness ['bɪz-]; búsiness-like; ~о́е свида́ние búsiness appóintment

де́льный effícient [ɪ'fɪʃ-], práctical; ~ сове́т práctical advíce

дельфи́н *м* dólphin

демилитариза́ция *ж* demilitariźátion

демобилиза́ция *ж* demobilizátion

демократи́ческий democrátic [-'kræ-]

демокра́тия *ж* demócracy [dɪ'mɔk-]

демонстра́ция *ж* 1. demonstrátion; march; полити́ческая ~ political [-'lɪ-] manifestátion [ˌmæ-] 2. *(показ)* displáy, show [ʃəu]; ~ фи́льма film show; ~ моде́лей гото́вого пла́тья fáshion show

де́нежный: ~ перево́д móney ['mʌ-] órder

день *м* day; до́брый ~! *(до полудня)* good [gud] mórning!; *(после полудня)* good afternóon!; в 2 часа́ дня at two p.m.; ~ рожде́ния bírthday; це́лый ~ all day long; ~ о́тдыха day of rest, day off; че́рез ~ évery ['evrɪ] óther day;

(послезавтра) the day áfter ['ɑːftə] tomórrow

де́ньги *мн.* móney ['mʌ-]; ме́лкие ~ (small) change; кру́пные ~ big bank notes; игра́ть не на ~ *карт.* play for love [lʌv]

депута́т *м* députy ['dep-]; пала́та ~ов Chámber of Députies; наро́дный ~ People's [pi:plz] Députy

дере́вня *ж* víllage; олимпи́йская ~ Olýmpic víllage

де́рев‖о *с* 1. tree 2. *(материал)* wood; э́то сде́лано из ~a this is made of wood; кра́сное ~ mahógany; чёрное ~ ébony ['e-]

деревя́нный wóoden

держа́ва *ж*: вели́кая ~ Great [-eɪ-] Pówer

держа́ть hold; keep; ~ за́ руку hold by the hand; ~ в рука́х hold smb in one's hands; ~ся 1. *(за что-л.)* hold on (to); держи́тесь за пери́ла hold on to the bánisters 2. *(на чём-л.)* be suppórted by ◊ ~ся вме́сте keep togéther [-'geðə]

десе́рт *м* dessért [-'zɜːt]; на ~ for dessert

десяти́чный décimal ['de-]

деся́тка *ж карт.* ten; ~ пик *и т. п.* the ten of spades, *etc*

деся́ток *м* ten; *перен.* score

деся́тый tenth

де́сять ten

дета́ль *ж* détail; *(машины)* part

дета́льно in détail

де́ти *мн.* chíldren ['tʃɪ-]; *разг.* kids

детский child's; children's ['tʃɪ-]; ~ дом children's home; *(для сирот)* órphanage; ~ сад kíndergarten; núrsery school [skuːl]

детство *c* childhood

деть put [put]; куда́ вы де́ли каранда́ш? where have you put the péncil?

дефици́т *м* shórtage; **~ный**: ~ные това́ры goods [gudz] in short supply

дёшево cheap; э́то о́чень ~ it's véry ['verɪ] cheap

дешёвый inexpénsive, cheap

де́ятель *м*: госуда́рственный ~ státesman; обще́ственный ~ públic fígure ['fɪgə]; públic wórker ['wəːkə]; полити́ческий ~ públic fígure; **~ность** *ж* **1.** actívities [æk'tɪv-] **2.** *(заня́тие)* occupátion; **~ный** áctive, energétic [‚enə'dʒe-]; ~ный руководи́тель an aggréssive mánager ['mænɪ-]

джаз *м* jazz

джа́зов‖ый jazz; ~ая му́зыка jazz músic

джаз-орке́стр *м* jazz band

джем *м* jam

джемпер *м* júmper; *(мужско́й)* púll-over ['pul-]

джинсо́в‖ый: ~ая ткань dénim ['de-]

джи́нсы *мн.* jeans *pl*

дзюдо́ *c нескл.* júdo

диа́гноз *м* diagnósis

диале́кт *м* díalect ['daɪə-]

диале́ктика *ж* dialéctics [‚daɪə'lek-]

диалекти́ческий dialéctical [‚daɪə'lek-]

диа́метр *м* diámeter [daɪ'æ-]

дива́н *м* sófa; **~-крова́ть** *м* sófa bed, convértible (sófa)

диез *м муз.* sharp; до ~ C sharp [siː-]

дие́т‖а *ж* díet ['daɪət]; быть на ~e be on a díet

диети́ческ‖ий: ~ магази́н dietétic food shop; ~ая столо́вая dietétic réstaurant

дизентери́я *ж* dýsentery ['dɪs-]

диктату́ра *ж* dictátorship; ~ пролетариа́та dictátorship of the proletáriat

диктова́ть dictáte

ди́ктор *м радио* annóuncer; *амер.* bróadcaster ['brɔː-]

диктофо́н *м* dictáting machíne [-'ʃiːn], dictophóne

дина́мик *м* loudspéaker

диоптри́я *ж* dióptre [daɪ'ɔ-]

дипло́м *м* diplóma; он получи́л университе́тский ~ he is a univérsity gráduate

диплома́т *м* **1.** díplomat **2.** *(чемода́нчик)* (attaché [æ'tæ-ʃeɪ]) case

дипломати́ческий diplomátic [-'mæ-]; ~ ко́рпус diplomátic corps [kɔː]

дире́ктор *м* diréctor; mánager ['mænɪ-]; ~ шко́лы príncipal; *(мужчи́на)* head [hed] máster; *(же́нщина)* head místress; ~ институ́та príncipal; ~ фа́брики (заво́да) fáctory mánager

дире́кция *ж* mánagement, ['mænɪdʒ-]; diréctor's óffice

дирижёр *м* condúctor

дирижёрск‖ий: ~ая па́лочка báton ['bæ-]

дирижи́ровать condúct; дирижи́рует N condúcted by N

дискоте́ка ж dísco

дискредити́ровать discrédit

диску́ссия ж discússion, debáte

диспансе́р м prophyláctic céntre ['sentə]; ~иза́ция ж ánnual clínical ['klı-] check-up

дисплей м элк. displáy

ди́спут м debáte; организова́ть ~ spónsor a debáte

диссерта́ци‖я ж thésis ['θi:sıs], dissertátion; защища́ть ~ю maintáin a thésis, defénd a dissertátion

диста́нци‖я ж спорт. dístance; сойти́ с ~и withdráw, scratch

дисципли́на ж díscipline ['dısıplın]

дитя́ с нескл. child

дичь ж 1. game 2. (жаркое) fowl

длин‖á ж léngth; в ~ý léngthwise; ~ой в 5 ме́тров five métres ['mi:təz] long; ~ волны́ рад. wávelength

дли́нный long

дли́тельный lásting; long; prolónged

дли́ться last

для for; to; ~ же́нщин for wómen ['wımın]; ~ мужчи́н for men; ~ него́ э́то уда́р it is a blow to him; я прие́хал сюда́ ~... I have come [kʌm] here (+ гл. в инф.); ~ того́, чтобы in órder to

дневни́к м díary

дневно́й day(-)

днём by day; in the dáy-time; за́втра ~ tomórrow afternóon; сего́дня ~ this afternóon; вчера́ ~ yésterday [-dı] afternóon

дно с bóttom; на дне at the bóttom; ~ море́й и океа́нов séabed and ócean ['əuʃn] floor; пей до дна! bóttoms up!

до I муз. C [si:]

до II 1. (пространственный и т. п. предел) (up, down) to; до го́рода 5 км it's five km to the town; ско́лько остано́вок до..? how mány ['menı] stops are there to..?; до 30 челове́к up to thírty pérsons **2.** (временной предел) to, till, untiĺ; от 5 до 10 дней from five to ten days; я ждал вас до двух часо́в I wáited for you till two o'clóck; я отложу́ э́то до ва́шего возвраще́ния I'll postpóne it untíl your retúrn **3.** (раньше) befóre; до ва́шего прие́зда befóre your arríval; до револю́ции befóre the revolútion ◊ до сих пор so far

доба́вить, добавля́ть add

доба́вочный 1. addítional [-'dı-] **2.** м (телефонный номер) exténsion; ~ 23, пожа́луйста exténsion 23, please

добива́ться seek, strive for

доби́ться get [get], achíeve; obtáin, win; ~ своего́ get (one's) own way

добро́: ~ пожа́ловать! wélcome!

доброво́лец м voluntéer

добро́вольный vóluntary ['vɔlən-]

доброжела́тельн‖ый kind; well-dispósed; ~ое отноше́ние benévolence, góodwill ['gud-]

доброка́чественный 1. of high (good [gud]) quálity **2.** *мед.* benígn ['-aın], non-malígnant

добросо́вестный consciéntious; hónest ['ɔnı-]

до́брый kind; good [gud] ◊ бу́дьте добры́! be so kind!; всего́ до́брого! good-býe!

добы́ча ж óutput

довезти́ take to; я вас довезу́ до... I'll take you to... (as far as...)

дове́ренность ж power of attórney [ə'tɜ:nı]; wárrant

дове́ри‖е *с* trust; cónfidence; заслу́живающий ~я trústworthy; поста́вить вопро́с о ~и call for a vote of cónfidence

дове́рить, доверя́ть 1. (*что-л.*) entrúst **2.** (*кому-л.*) trust; confíde in (*тайну*)

довести́ lead (up to, to); (*привести́ к чему-л.*) bring; я вас доведу́ до... I'll see you to...; доведи́те меня́... would you take me to...?

до́вод *м* árgument, réason

доводи́ть *см.* довести́

довози́ть *см.* довезти́

дово́льно 1. quite, fáirly; ~ хо́лодно prétty cold **2.** (*достаточно*) enóugh [ı'nʌf]; ~! that will do, that's enóugh

дово́льный: я о́чень дово́лен! I'm véry ['verı] glad!, I'm híghly pleased!

дово́льствоваться (*чем-л.*) be contént, be sátisfied ['sæ-] (with)

довы́боры *мн.* by-eléction *sn*

догада́ться, дога́дываться guess; suspéct (*подозревать*)

догна́ть óvertake; catch up (with)

догова́риваться *см.* договори́ться

до́говор *м* **1.** agréement; tréaty; ~ о взаимопо́мощи (о ненападе́нии) mútual assístance (non-agréssion) pact; ~ о части́чном запреще́нии я́дерных испыта́ний pártial tést-ban tréaty **2.** cóntract

договори́ться come [kʌm] to an agréement; мы договори́лись о встре́че we've made an appóintment

догоня́ть *см.* догна́ть

доезжа́ть, дое́хать reach; как вы дое́хали? did you have a good [gud] jóurney?

дождеви́к *м* (*плащ*) ráincoat

дождь *м* rain; идёт (проливно́й) ~ it's ráining (póuring); ~ мороси́т it is drízzling

дои́ть milk

дойти́ reach; письмо́ (не) дошло́ the létter reached (didn't reach)

док *м* dock

доказа́тельств‖о *с* proof; *юр.* évidence ['evı-]; приводи́ть ~а show [ʃəu] (give [gıv]) proof; fúrnish évidence

доказа́ть prove [pru:v]

дока́зывать árgue, try to

prove [pruːv]; *(наглядно)* démonstrate, show [ʃəu]

до́кер м dócker

докла́д м repórt; lécture; ~ (не) состои́тся the repórt (the lécture) will (not) take place; де́лать ~ а) delíver a lécture (a repórt); б) *(научный)* read a páper

докла́дчик м lécturer, spéaker; *(подкомиссии и т. п.)* rapportéur [-'tə:]

докла́дывать см. доложи́ть

до́ктор м dóctor, *(врач тж.)* physícian [fɪ'zɪʃn]; ~ нау́к Dóctor of Scíence *(сокр. D.Sc.)*; ~ филологи́ческих нау́к Dóctor of Philólogy

докуме́нт м dócument ['dɔ-], páper

документа́льный documéntary; ~ фильм *кино* documéntary (film)

долг м 1. *(обязанность)* dúty; вы́полнить свой ~ do one's dúty 2. *(денежный)* debt [det]; брать в ~ bórrow; дава́ть в ~ lend; отдава́ть ~ repáy the debt

долг‖ий long; ~ое вре́мя (for) a long time

долгоигра́ющ‖ий: ~ая пласти́нка lóng-playing récord *(сокр. LP)*

долгота́ ж *геогр.* lóngitude [-dʒɪ-]

до́лжен: я ~ э́то сде́лать I must do it; я ~ вам сказа́ть I must tell you ◊ должно́ быть appárently [-'pæ-]; должно́ быть, он бо́лен he must be ill

до́лжность ж post [pəu-], posítion [-'zɪ-]; *разг.* job

доли́на ж válley ['vælɪ]

до́ллар м dóllar ['dɔlə]

доложи́ть 1. *(сообщить)* infórm; repórt 2. *(о ком-л.)* annóunce; ~ о прихо́де... annóunce the arríval of...

доло́й! down with..!

до́льше lónger

до́ля ж *(часть)* share

дом м *(здание)* house; *(домашний очаг)* home; ~ о́тдыха rést-home; hóliday céntre ['sentə]; ~ культу́ры recreátion céntre, commúnity céntre

до́ма at home; его́ нет ~ he is not in; он ~? is he at home?

дома́шн‖ий house(-); home; doméstic [dəu-]; ~ее живо́тное doméstic ánimal ['æ-], pet; ~яя пти́ца póultry ['pəu-]; ~ее хозя́йство hóusekeeping; ~яя хозя́йка hóusewife

домино́ с 1. *(игра)* dóminoes ['dɔ-] pl 2. *(маскарадный костюм)* dómino ['dɔ-]

до́мна ж blást-fúrnace

домово́дство с hóusekeeping

домо́й home; пойдёмте ~ let's go home; пора́ ~ it's time to go home

домоуправле́ние с house mánagement ['mæ-]; hóuse mánager's

допла́та ж addítional [-'dɪʃ-] charge (pay)

доплати́ть, допла́чивать pay éxtra; pay in addítion [-'dɪʃ-]; ско́лько ну́жно доплати́ть? how much have I to pay éxtra?;

я доплачу́ I'll make up the difference

дополни́тельный suppleméntary, addítional

допо́лнить, дополня́ть add

допра́шивать см. допроси́ть

допро́с м interrogátion; перекрёстный ~ cross-examinátion

допроси́ть intérrogate

допуска́ть, допусти́ть 1. admít; ~ оши́бку commít an érror **2.** (предположить) assúme; допу́стим, что... let's assúme (that)...

доро́г∥а ж **1.** road; way; нам по ~е we are góing the same way; прегради́ть ~y bar the way (to); уступи́ть ~y make way (for) **2.** (путешествие) trip; jóurney [-'dʒə-]; отправля́ться в ~y start on a trip; я про́был в ~е 3 дня the trip took me three days

до́рого dear [dɪə]; (о стоимости тж.) expénsive

дорого́й on the way

дорого́й 1. (ценный) expénsive; ~ пода́рок expénsive présent ['preznt] **2.** (милый) dear [dɪə]; ~ друг dear friend

дорожи́ть appréciate

доро́жка ж **1.** path; спорт. track **2.** (на магнитной ленте) track

доро́жный road; trávelling ['træ-]; ~ велосипе́д róadster; ~ знак road sign

доса́да ж aggravátion; кака́я ~! what a núisance!

доса́дно: как ~! what a shame!

доска́ ж **1.** board; кла́ссная ~ bláckboard **2.:** ~ почёта hónour roll; ~ объявле́ний nótice board

досло́вный word [wəːd] for word, líteral; ~ перево́д word for word translátion

досмо́тр м: тамо́женный ~ cústoms examinátion [-ˌzæ-]

достава́ть см. доста́ть

доста́вить 1. (препроводить) delíver [-'lɪ-]; доста́вьте поку́пки в гости́ницу delíver (send) the púrchases to the hotél **2.** (причинить) give [gɪv], cause; ~ ра́дость (удово́льствие) give pléasure

доста́вк∥а ж delívery [-'lɪ-]; с ~ой на́ дом to be delívered home, home delívery

доставля́ть см. доста́вить

доста́точно enóugh [ɪ'nʌf]; э́того ~ that will do

доста́ть 1. (дотянуться) reach **2.** (приобрести) get [get] **3.** (вынуть) take out

достига́ть см. дости́чь

достиже́н∥ие с achíevement; мировы́е ~ия спорт. world [wəːld] récords

дости́чь reach

достове́рн∥ый relíable; trústworthy [-wəːðɪ]; ~ые све́дения relíable informátion

досто́йный wórthy ['wəːðɪ], desérving to; ~ внима́ния desérving (wórthy of) atténtion

достопримеча́тельности мн. sights; ~ го́рода sights of the cíty ['sɪ-]; cíty's pláces of ínterest

достоя́ние с próperty ['prɔрэ-]; всенаро́дное ~ nátional [ˈnæʃ-] próperty

до́ступ *м* áccess [ˈæks-]; ~ откры́т... is ópen to the públic

досу́г *м* léisure [ˈleʒə]; на ~e at (one's) léisure

дотра́гиваться, дотро́нуться touch [tʌtʃ]

дохо́д *м* íncome [-kʌm]; трудово́й ~ éarned íncome; *(особ. государственный)* révenue [ˈrevɪ-]

доходи́ть *см.* дойти́; не доходя́... just befóre you reach...

доце́нт *м* dócent, lécturer; *амер.* assístant proféssor

дочь *ж* dáughter

дошко́льный pré-school [-sk-]

дояр *м* dáiry [ˈdɛə-] fármer

доя́рка *ж* mílkmaid, dáirymaid [ˈdɛə-]

драгоце́нности *мн.* jéwelry [ˈdʒuːəlrɪ]

драгоце́нн‖ый précious [ˈpreʃəs]; ~ые ка́мни précious stones, gems

‚ драже́ *с нескл.* súgar-plum, drops

дра́ма *ж* dráma [ˈdrɑː-]

драмати́ческий dramátic [-ˈmæ-], dráma [ˈdrɑː-]; ~ теа́тр dráma théatre [ˈθɪə-]

драмату́рг *м* pláywright, drámatist [ˈdræ-]

драп *м* (thick) cloth

древеси́на *ж* 1. wood 2. *(материалы)* tímber

дре́вко *с* pole, staff; ~ зна́мени flágstaff

дре́вний áncient [ˈeɪnʃ-]

дрема́ть doze

дрессирова́ть train

дрессиро́вка *ж* tráining

дрессиро́вщик *м* tráiner

дробь *ж мат.* fráction

дрожа́ть tremble; shíver [ˈʃɪ-]

друг I *м* friend [frend]; среди́ друзе́й amóng friends

друг II *м:* ~ дру́га each óther [ˈʌðə]; ~ за дру́гом one áfter [ˈɑːftə] anóther; ~ про́тив дру́га face to face; agáinst óther; ~ с дру́гом with each óther

друг‖о́й 1. anóther *(мн.* óther [ˈʌðə]); (в) ~ раз anóther time; с ~ стороны́ on the óther hand; нет ли у вас ~их значко́в? have you ány óther bádges? 2. *(следующий)* next; на ~ день the next day; спроси́те кого́-нибудь ~о́го ask sómeone else

дру́жба *ж* fríendship [ˈfre-]; ~ наро́дов internátional [-ˈnæʃ-] fríendship

дружелю́бный fríendly [ˈfre-]

дру́жеский, дру́жественный fríendly [ˈfre-]

дружи́н‖а *ж (по охране общественного порядка)* públic órder squad; ~ник *м* mémber of a públic órder squad

дружи́ть 1. be fríends [fre-] 2. *(школьное, разг.)* go stéady [ˈste-]

дру́жно unánimously [juː-ˈnæ-]; *(о работе и т. п.)* hámmer and tongs [tɔŋz]

дру́жный *(единодушный)* unánimous [juːˈnæ-]; *(о семье и т. п.)* close [-s], clóse-knit

дуб *м* oak

дублёнка *ж* shéepskin coat

дублёр *м* **1.** dúplicate, cóunterpart; *разг.* ópposite númber **2.** *(космонавт)* báck-up pílot(man) **3.** *кино (актёр для отдельных эпизодов)* stánd-in; *(каскадёр)* stúntman

дубли́ровать dúplicate; ~ кинофи́льм dub (double [dʌbl]) a fílm; ~ роль double (únderstudy) a part

дубо́в‖**ый** oak(-); ~ая ро́ща óak-grove

ду́мать think; *(намереваться)* inténd; я ду́маю, что... I think (that)...; я ду́маю за́втра уе́хать I think of léaving to-mórrow

дупло́ *с* **1.** *(в дереве)* hóllow **2.** *(в зубе)* cávity ['kæ-]

дуть blow [-əu]; ду́ет *(сквозит)* there is a draught [drɑːft] here

дух *м* **1.** spírit ['spɪ-]; в ~е дру́жбы in the spírit of fríendship ['fre-] **2.**: быть (не) в ~е be in a good [gud] (bad) mood, be in high (low [ləu]) spírits

духи́ *мн.* pérfume, scent [sent]

духове́нство *с* clérgy

духов‖**о́й**: ~ орке́стр brass band; ~ы́е инструме́нты wind ínstruments

духота́ *ж* clóseness, stúffiness

душ *м* shówer; (я хочу́) приня́ть ~ I'd like to take a shówer

душ‖**а́** *ж* soul [səul]; всей ~о́й with all (one's) heart [hɑːt]; от всей ~и́ from the bóttom of my heart

души́стый frágrant ['freɪ-]; sweet-scénted

ду́шн‖**о**: здесь о́чень ~ it's véry ['ve-] stúffy here; ~ый stúffy, close [-s]

дуэ́т *м* duét [djuːʹet]

дым *м* smoke

дымохо́д *м* flue [fluː]

ды́ня *ж* mélon ['me-], músk-melon; cántaloupe [-luːp]

дыха́ние *с* breath [-e-]; перевести́ ~ catch (hold) one's breath ◊ второ́е ~ sécond ['se-] wind

дыша́ть breathe; дыши́те глу́бже breathe déeper

дю́жина *ж* dózen ['dʌ-] ◊ чёртова ~ báker's dózen

дя́дя *м* uncle

Е

Ева́нгелие *с* Góspel

евре́й *м*, ~ка *ж* Jew [dʒuː]; он (она́) евре́й (~ка) he (she) is Jéwish

евре́йский Jéwish ['dʒuː-]; ~ язы́к а) *(идиш)* Yíddish; б) *(иврит)* Hébrew ['hiːbruː]

европе́ец *м* Európéan

европе́йский Európéan; *(исключая Англию)* continéntal

его́ I him; *(для неодушевл. предметов)* it; вы ~ не ви́дели? have you seen him?

его́ II *притяж. мест.* his; *(для неодушевл. предметов)* its; э́то ~ ме́сто this is his seat

еда́ ж food; (*завтрак, обед и т. п.*) meal; за едо́й while éating; пе́ред едо́й befóre meals; по́сле еды́ áfter ['ɑːftə] meals; сы́тная ~ substántial (héarty ['hɑːtɪ]) meal

едва́ hárdly; scárcely; ~ ли it's dóubtful (whéther, that); ~ слы́шно hárdly áudible; э́того ему́ ~ хвати́ло it was scárcely enóugh [ɪ'nʌf] for him

едини́ца ж **1.** únit **2.** (*цифра*) one

единогла́сно unánimously [juː'næ-]; приня́ть ~ pass (cárry) unánimously

единоду́шие с unanímity [-'nɪ-]

еди́нство с únity; ~ де́йствий únity of áctions

еди́ный 1. (*объединённый*) united; ~ фронт united front **2.** (*общенациональный и т. п.*) nátional ['næʃ-], single **3.** (*неделимый*) undivísible [-'vɪ-]

её I her; (*для неодушевл. предметов*) it; я ~ то́лько что ви́дел I have just seen her

её II притяж. мест. her, hers; (*для неодушевл. предметов*) its; её ве́щи здесь her things are here

ёж м hédgehog ◊ морско́й ~ séa-urchin

ежеви́ка ж **1.** собир. bláckberries pl **2.** (*кустарник*) brámble

ежего́дник м yéar-book

ежего́дн‖о ánnually, évery ['evrɪ] year; ~ый ánnual; yéarly

ежедне́вн‖о évery ['evrɪ]

day, dáily; по́езд отхо́дит (прихо́дит) ~ в 10 the train leaves (arríves) at ten dáily; ~ый dáily; ~ая газе́та dáily (páper)

ежеме́сячн‖о évery ['evrɪ] month [mʌ-], mónthly ['mʌ-] ~ый mónthly ['mʌ-]

еженеде́льник м wéekly

еженеде́льн‖о évery ['evrɪ] week, wéekly; ~ый wéekly

езд‖а́ ж dríving; я люблю́ бы́струю ~у́ I love [lʌv] fast dríving; в двух часа́х ~ы́ от... twó-hour's drive from...

е́здить go (by); (*на автомоби́ле*) drive; (*верхом*) ride; (*путешествовать*) trável ['træ-]; ~ на велосипе́де go cýcling ['saɪ-]

ей her, to her; (*для неодушевл. предметов*) it, to it; сообщи́те ей об э́том infórm her abóut it

е́ле 1. (*с трудом*) hárdly; он ~ спа́сся he had a nárrow escápe **2.** (*едва только*) no sóoner... than; он ~ успе́л сде́лать э́то, как... hárdly had he fínished ['fɪ-] dóing it when...; no sóoner had he fínished dóing it than...

ёлка ж fir(tree); нового́дняя (рожде́ственская) ~ New Year's (Chrístmas ['krɪsməs]) tree

ель ж fir(tree)

ему́ him, to him; (*для неодушевл. предметов*) it, to it; я ~ скажу́ I'll tell him; переда́йте ~ приве́т give [gɪv] him my regárds

е́сли if, in case; ~ то́лько

províded, if ónly ['əu-]; ~ бы
тóлько if ónly; ~ хотúте if
you like

естéственный nátural ['næʧ-]
естествознáние *c* nátural
['næʧ-] scíence ['saɪ-]

есть I *(кушать)* eat

есть II *(имеется)* is (avaíl-
able); there is, there are; ~ ли у
вас..? have you got..? у меня
~ ... I have...; у нас всегдá ~
вы́бор... a chóice of... is álways
aváilable here

ефрéйтор *м* lance córporal;
амер. prívate 1st class

éхать go (by); *(на автомобиле)* drive; *(верхóм)* ride; ~
пóездом (в метрó) go by train
(únderground); кудá вы éдете?
where are you góing?; я éду
зáвтра I'm léaving tomórrow
[-əu]

ещё some [sʌm] more; yet;
still; else; повторúте ~ раз,
пожáлуйста will you repéat it
once [wʌns] more, please; мы
~ успéем тудá we still can get
[get] there in time; я ~ не го-
тóв I'm not réady ['re-] yet;
дáйте мне ~ give [gɪv] me some
more, please; покажúте мне
чтó-нибудь ~! show [ʃəu] me
sómething else, please! ◊ ~
бы! should think so!, and how!;
амер. you bet!

éю (by, with) her; éю óчень
довóльны they are híghly
pleased with her

Ж

жáба *ж* toad
жáбры *мн.* gills [g-]
жáворонок *м* (ský)lark
жáдный gréedy
жáжд∥а *ж* thirst; испы́ты-
вать ~у be thírsty; утолять ~у
quench (slake) one's thirst; ~
знáний thirst for knówledge
['nɔlɪdʒ]

жакéт *м* jácket
жалéть 1. *(кого-л.)* píty
['pɪtɪ], feel sórry for **2.** *(сожа-
леть)* be sórry; я жалéю, что...
I'm sórry (that)... **3.** *(щадить)*
spare

жáлить sting *(тж. перен.);*
(о змее) bite

жáлко *см.* жаль

жáлоба *ж* compláint; кнúга
жáлоб и предложéний com-
pláints and suggéstions book

жáловаться compláin; на что
вы жáлуетесь? what are your
compláints?, what do you complain of?; ~ на (головнýю
боль) compláin of (a héadache
['hedeɪk])

жаль píty ['pɪtɪ]; как ~
what a píty; óчень ~, что вы...
too bad you...

жанр *м* genre ['ʒɑː-]
жар *м* **1.** heat; *(перен. тж.)*
árdour ['ɑːdə] **2.** *(повышенная
температура)* féver, high témperature; у меня (у негó) ~
I have (he has) got a féver

жарá *ж* heat

жáреный *(в духовке)* róast;
(на сковороде) fríed; *(на открытом огне)* bróiled, grílled

жа́рк‖ий hot; *перен.* héated; ~ая пого́да hot wéather ['weðə]; ~ спор héated discússion

жа́рко hot, warm; сего́дня ~ it's hot todáy; мне ~ I am hot

жарко́е *с* roast; meat course

жаропонижа́ющее *с (средство)* fébrifuge; *разг.* ánti-feb

жа́тва *ж* hárvest

жать I 1. *(давить)* press; pinch; ту́фли (мне) жмут (my) shoes [ʃuːz] pinch **2.** *(пожимать):* жму ва́шу ру́ку *(в письме)* with best wíshes

жать II *с.-х.* reap

ждать wait (for); expéct; кого́ вы ждёте? whom are you wáiting for?; он не ждал тако́го большо́го успе́ха he didn't expéct such a great [greɪt] succéss

же I *союз* but; and; я же зна́ю, что... but I know [nəu]

же II *усил. част.* когда́ же? when (on earth)?

же III *част. (означает тождество)* тот же, э́тот же, тако́й же the same; здесь же, там же at the same place; туда́ же to the same place; в то же вре́мя at the same time

жева́ть chew [tʃuː]

жела́н‖ие *с* **1.** wish; *(стремление)* desíre; при всём ~ии as much as I want to; про́тив ~ия agáinst (one's) wíshes **2.** *(просьба)* requést [-'kwest]; по ~ию by requést; по его́ ~ию at his requést; про́тив ~ия agáinst one's will

жела́ть wish; want; жела́ю успе́ха (сча́стья)! good [gud] luck!

желе́ *с* jélly

железа́ *ж* gland; поджелу́дочная ~ páncreas [-rɪəs]

желе́зная доро́га ráilway; *амер.* ráilroad

железнодоро́жник *м* ráilway man

железнодоро́жн‖ый ráilway; *амер.* ráilroad; ~ая ве́тка bránch-line ['brɑː-]; ~ое движе́ние ráilway tráffic; train sérvice; ~ у́зел júnction

желе́зный íron ['aɪən]

желе́зо *с* íron ['aɪən]

железобето́н *м* reinfórced [ˌriːɪnˈfɔːst] cóncrete ['kɔnkriːt]

желто́к *м* yolk [jəuk]

желту́ха *ж* jáundice

жёлтый yéllow [-əu]

желу́док *м* stómach ['stʌmək]

жёлудь *м* ácorn ['eɪ-]

жёлч‖ный: ~ пузы́рь *анат.* gáll-bladder; ~ челове́к acrimónious man; ~ь *ж* bile, gall

же́мчуг *м* pearl [pɜːl]

жена́ *ж* wife

жена́тый márried; я жена́т I am márried

жени́ться márry

жени́х *м* fiancé [ˌfɪɑːnˈseɪ], brídegroom; они́ ~ и неве́ста they are engáged

же́нский 1. *(для женщин)* lády's, wómen's ['wɪmɪnz] **2.** féminine ['femɪnɪn]; fémale

же́нщина *ж* wóman ['wu-] *(мн.* wómen ['wɪ-])

жеребёнок *м* foal, colt

жеребьёвка *ж* dráwing (cásting) lots

же́ртва 1. ж sácrifice 2. *м и ж (пострадавший)* víctim

же́ртвовать sácrifice

жест *м* gésture; объясня́ть (-ся) ~ами expréss in (convérse by) géstures; язы́к ~ов sign [saɪn] lánguage

жёстк‖ий hard; ~ая вода́ hard wáter [ˈwɔːtə]

жесто́кий cruel [kruəl]; *перен.* sevére

жесть ж tin(-plate)

жечь burn

жи́во 1. *(оживлённо)* lívely; ~ расска́зывать reláte vívidly [ˈvɪ-] 2. *(быстро)* quíckly

жив‖о́й 1. alíve; жив и здоро́в safe and sound 2. *(оживлённый)* vívid [ˈvɪ-], lívely; ~а́я бесе́да lívely talk

живопи́сный picturésque [-ˈresk]

жи́вопись ж páinting

живо́т *м* 1. *(желудок)* stómach [ˈstʌmək]; у меня́ боли́т ~ I have a stómachache [-eɪk] 2. abdómen, bélly; ра́на в ~ an abdóminal wound [wuː-]

животново́д *м* cáttle-breeder; ~ство *с (выведение)* cáttle-breeding; lívestock fárming, ánimal [ˈænɪ-] húsbandry

живо́тное *с* ánimal [ˈænɪ-]

жи́дк‖ий 1. líquid 2. *(не густой)* thin, weak; ~ ко́фе weak cóffee; ~ие во́лосы thínning hair; ~ость ж líquid

жизнера́достный chéerful, jóyful, full of life

жизнеспосо́бный víable, of great [-eɪ-] vitálity

жизнь ж life; обще́ственная ~ públic life; о́браз жи́зни way (mode) of life

жиле́т *м* wáistcoat, vest

жиле́ц *м* lódger, ténant [ˈte-]

жили́ще *с* dwélling

жили́щн‖ый hóusing; ~ое строи́тельство hóusing (schémes), hóuse-building

жил‖о́й inhábited [-ˈhæ-]; fit to live [lɪv] in; ~о́е помеще́ние hábitable prémises [ˈpre-]; ~ы́е кварта́лы residéntial dístricts

жир *м* fat; grease; ры́бий ~ cód-liver oil

жи́рный fat; *(о супе и т. п.)* rich

жи́тель *м* inhábitant [-ˈhæ-]; городско́й ~ tównsman; коренно́й ~ nátive; ~ство *с*: ме́сто ~ства (place of) résidence [ˈrez-]; *(временное)* sójourn

жить live [lɪv]; я живу́ в... I live in...; где вы живёте? where do you live?

жне́йка ж hárvester

жонглёр *м* júggler

жре́бий *м* lot; тяну́ть (броса́ть) ~ draw (cast) lots

ЖСК *(жили́щно-строи́тельный кооперати́в)* hóusing co-óperative [-ˈɔp-]

жук *м* beetle, *амер.* bug

журна́л *м* 1. magazíne [ˌmægəˈziːn], jóurnal [ˈdʒəː-]; номера́ ~a íssues of the magazíne; ~ мод fáshion magazíne 2.: кла́ссный ~ (class) régister; ~и́ст *м*, ~и́стка ж jóurnalist [ˈdʒəː-]; *(о мужчине тж.)* préssman

жюри́ *с нескл.* júry [ˈdʒuərɪ]

З

за 1. *(о местоположении):* *(позади)* behínd; *(за пределами, вне)* beyónd [-'jɔnd]; *(по ту сторону)* acróss; за вокза́лом behínd the státion; за реко́й acróss (beyónd) the ríver ['rɪ-]; за не́сколько киломе́тров от... a few kilómetres (awáy) from... **2.** *(вслед)* áfter ['ɑ:ftə]; пошли́те за... send for... **3.** *(ради, во имя кого-л., чего-л.; вместо)* for; благодарю́ вас за... thank you for... **4.** *(о времени)* dúring ['djuər-]; in, withín; сде́лать э́то за не́сколько часо́в do it in séveral hóurs; за не́сколько часо́в до... a few hóurs befóre ◊ держи́тесь за пери́ла hold on to the ráil

заба́ва *ж* amúsement, fun

забасто́вка *ж* strike; всео́бщая ~ géneral strike

забива́ть *см.* заби́ть

забинтова́ть, забинто́вывать bándage

заби́ть 1. *(гвоздь и т. п.)* dríve in; ~ я́щик náil down a box **2.:** ~ гол score

заблуди́ться lose [lu:z] one's way, get [get] lost

заблужде́ние *с* érror, mistáke; misconcéption

заболева́ние *с* diséase [-'zi:z]

заболева́ть, заболе́ть fall ill; *(о части тела)* hurt, ache [eɪk]; у меня́ заболе́ла голова́ I have a héadache ['hedeɪk]

забо́р *м* fence

забо́та *ж* care; concérn; *(беспокойство, хлопоты)* trouble

[-ʌ-]; ~ всех о бла́ге ка́ждого и ~ ка́ждого о бла́ге всех the concérn of all for the good [gud] of each and the concérn of each for the good of all

забо́титься take care of

забо́тливый consíderate [kən'sɪd-], thóughtful

забра́сывать *см.* забро́сить, заброса́ть

забра́ться: ~ на get [get] on (ónto); ~ в get in (ínto ['ɪntu])

заброса́ть shówer (on), pelt (with); ~ цвета́ми (вопро́сами) pelt with flówers (quéstions ['kwestʃənz])

забро́сить: ~ мяч throw [-əu] a ball (ínto ['ɪntu])

забыва́ть *см.* забы́ть

забы́т‖ый forgótten; ~ые ве́щи lost things

забы́ть forgét [-'get]; не забу́дьте don't forget; вы ничего́ не забы́ли? you've táken éverything ['evrɪ-] with you, haven't you?

заведе́ние *с:* вы́сшее уче́бное ~ hígher educátional estáblishment

заве́довать mánage ['mæ-]; be in charge of

заве́дующий *м* mánager ['mæ-], chief, head [hed]; superinténdent

заве́рить assure [ə'ʃuə]; он меня́ заве́рил в том, что... he assúred me that...

заверну́ть, завёртывать 1. wrap up; заверни́те, пожа́луйста... wrap (it) up, please **2.:** ~ за́ угол turn the córner

заверш‖а́ть, заверш‖и́ть

compléte, accómplish; bring to a close; ~**иться** *(чем-л.)* end in *(smth)*

завести́ 1. bring smb sóme-where ['sʌmweə] **2.** *(начать)* start; ~ разгово́р start a convers átion; ~ (с ним) знако́мство make (his) acquáintance **3.** *(часы и т. п.)* wind up; ~ мото́р start a mótor

завеща́ние *с* will, téstament

завива́ть(ся) *см.* зави́ть(ся)

зави́вка *ж* wave

зави́довать énvy, be énvious of

зави́сеть depénd (on); э́то зави́сит от…´it depénds on…; э́то от меня́ не зави́сит it doesn't depénd on me, I can't help it

зави́симост‖ь *ж* depéndence; в ~и от… depénding on…

зави́ть wave, curl; ~**ся** *(у парикма́хера)* have one's hair waved (cúrled)

заво́д I *м* fáctory; works [wɜːks]; plant [-ɑː-]; mill

заво́д II *м*: у мои́х часо́в ко́нчился ~ my watch has run down

заводи́ть *см.* завести́

завоева́ть 1. cónquer [-kə] **2.** *(доби́ться)* win; ~ пе́рвое ме́сто win the first place

заво́з *м* delívery [-'lɪ-]

за́втра tomórrow [-əu]; ~ у́тром tomórrow mórning; ~ днём tomórrow afternóon; ~ ве́чером tomórrow night

за́втрак *м* bréakfast ['bre-]; что сего́дня на ~? what have we got for bréakfast todáy?; за ~ом at bréakfast

за́втракать have bréakfast

за́вуч *м* diréctor of stúdies ['stʌ-]

завхо́з *м* assístant mánager ['mæ-] for máintenance and supplý

завяза́ть, завя́зывать 1. tie [taɪ] up; *(узло́м)* knot; завяжи́те, пожа́луйста tie (it) up, please **2.**: ~ разгово́р start a conversátion

зага́дка *ж* ríddle, púzzle; *(та́йна)* mýstery

зага́р *м* tan, súnburn

загла́вие *с* títle [-aɪ-]

заглуша́ть, заглуши́ть múffle; *(о чу́вствах)* suppréss; *(о бо́ли)* still

загля́дывать, загляну́ть peep; look in

за́говор *м* plot, conspíracy [-'spɪ-]

заголо́вок *м* héadline ['he-]

загора́ть *см.* загоре́ть

загоре́лый súnburnt, súnbaked

загоре́ть tan, get [get] súnburnt

за́городн‖ый cóuntry [kʌ-]; subúrban; ~ая прогу́лка óuting, trip to the cóuntry

заготови́тель *м* (Góvernment ['gʌ-]) pervéyor; ~**ный**: ~ный пункт procúrement státion

заготови́ть, заготовля́ть lay in, store up, stock up

заграни́ца *ж* fóreign ['fɔrɪn] cóuntries ['kʌ-]; пое́хать за грани́цу go abróad; за грани́цей abróad

заграни́чный fóreign ['fɔrɪn]; ~ па́спорт fóreign pássport

загру́зка ж **1.** lóading **2.** *(степень использования)* wórk-load; *(машины)* load

загрязне́ние с: ~ окружа́ющей среды́ pollútion

загрязня́ть pollúte; make dírty

загс м *(отде́л за́писи а́ктов гражда́нского состоя́ния)* régistry óffice

задава́ть *см.* зада́ть

задави́ть crush; *(автомоби́лем и т. п.)* run óver

зада́ние с task; *(плановое)* tárget

зада́ток м depósit [-'рэ-]

зада́ть set; ~ вопро́с ask a quéstion ['kwestʃən]

зада́ча ж próblem; *(цель)* task

задева́ть *см.* заде́ть

задержа́ть detáin; *(отсро́чить)* deláy; ~ отве́т deláy the ánswer; он был заде́ржан he was detáined; ~ дыха́ние hold one's breath ['breθ]; **~ся** be deláyed; stay too long; не заде́рживайтесь don't stay too long; я немно́го задержу́сь I'll be deláyed a bit

заде́рживать(ся) *см.* задержа́ть(ся)

заде́ржк‖а ж deláy; без ~и withóut deláy; из-за чего́ произошла́ ~? what caused the deláy?

заде́ть touch [-ʌ-]

за́дн‖ий back; rear [rɪə]; ~ие места́ seats in the back

задохну́ться choke, súffocate

задрема́ть doze off

заду́маться muse

заду́мчивый thóughtful

заду́мываться *см.* заду́маться

задыха́ться súffocate; *(тяжело́ дыша́ть)* pant

заём м loan; госуда́рственный ~ наро́дного хозя́йства góvernment ['gʌv-] económic [-'nɔ-] devélopment [-'ve-] loan

заже́чь 1. *(огонь и т. п.)* set fire to *(smth)*; set smth on fire **2.** *(свет и т. п.)* light up; turn on; зажги́те свет (газ), пожа́луйста turn on the light (the gas), please

зажига́лка ж (cigarétte [sɪgə-]) líghter

зажига́ние с *авто* ignítion [-'nɪʃn]

зажига́ть *см.* заже́чь

зажи́м м **1.** clip; clamp **2.** *(подавление)* clámpdown, suppréssion; ~ кри́тики suppréssion of críticism ['krɪ-]

зажи́точный well-to-dó, prósperous

заика́ться stámmer, stútter

заи́мствование с *лингв.* lóan-word

заинтересова́ть, заинтересо́вывать ínterest, excíte curiósity [ˌkjuərɪ'ɔ-]; меня́ заинтересова́л... I took ínterest (in)...

зайти́ 1. drop ínto ['ɪntu]; drop in on smb, drop at some [sʌm] place, call on; зайдём в кафе́ (в рестора́н, в кино́, в магази́н, на по́чту) let's drop ínto the café (réstaurant, cínema, shop, póst-office); я за ва́ми зайду́ I'll call for you, I'll come [kʌm] to fetch you **2.** *(о солнце)* set

зака́з *м* órder; на ~ made to órder; cústom made; стол (отде́л, бюро́) ~ов órder cóunter; delívery óffice *(с доставкой на дом)*

заказа́ть órder; ~ обе́д (за́втрак, у́жин) órder dínner (bréakfast ['bre-], súpper); ~ биле́т book a tícket

заказн‖о́й: ~о́е письмо́ régistered létter; «~а́я бандеро́ль» *(надпись)* "prínted mátter"

зака́зчик *м* cústomer

зака́зывать *см.* заказа́ть

зака́лывать *см.* заколо́ть

зака́нчивать *см.* зако́нчить

зака́т *м* súnset; *перен.* declíne; на ~e at súnset

закле́ивать, закле́ить stick up; *(конверт)* seal

заключа́ть *см.* заключи́ть

заключе́ни‖е *с в разн. знач.* conclúsion [-'luːʒn]; ~ догово́ра conclúsion of a tréaty; я пришёл к ~ю, что... I arríved at a conclúsion that... ◊ в ~ in conclúsion

заключи́тельн‖ый fínal; ~ конце́рт fínal cóncert; ~ое сло́во clósing speech

заключи́ть conclúde; *(окончить)* close down; ~ соглаше́ние (догово́р, сою́з) conclúde an agréement (a tréaty), form an allíance

зако́лка *ж (для волос)* hair clip

заколо́ть *(что-л.)* pin (up); ~ була́вкой fásten with a pin

зако́н *м* law

зако́нность *ж* legálity [-'gæ-]; социалисти́ческая ~ sócialist ['səuʃ-] law (legálity)

зако́нный légal, láwful; *(о праве наследования, ребёнке)* legítimate [-'dʒɪ-]

законода́тельный législative ['ledʒɪs-]

законопрое́кт *м* bill

зако́нчить fínish ['fɪ-]

закрепи́тель *м фото* fíxing ágent

закрепи́ть, закрепля́ть fix, fásten [-sn]; ~ результа́ты consólidate the succéss; ~ за кем-л. resérve (for)

закрыва́ть *см.* закры́ть

закры́т‖ый closed; в ~ом помеще́нии indóors; ~ спекта́кль closed perfórmance; *(просмотр)* préview

закры́ть 1. shut, close; закро́йте дверь (окно́) shut the door (wíndow [-əu]) **2.** close; закры́то closed *(о магазине)*; ~ собра́ние close the méeting; заседа́ние объявля́ю закры́тым the meeting is adjóurned [-əːnd]

закупа́ть *см.* закупи́ть

закупи́ть 1. *(скупить)* buy [baɪ] in, buy up **2.** *(запасти)* lay in a stock (of)

заку́пки *мн.* púrchases; о́птовые ~ whólesale ['həul-] púrchases

заку́почн‖ый: ~ая цена́ whólesale (state púrchase) price

заку́ривать, закури́ть light

up; ~ сигаре́ту light a cigarétte [sɪgə-]; разреши́те заку-
ри́ть? would you mind my
smóking?

закуси́ть have a snack

заку́с‖ка ж snack; *(перед
обедом)* hors-d'óeuvre [ˌɔːˈdə-
vrə], áppetizer [ˈæpɪ-]; горя́-
чая ~ hot áppetizer; холо́д-
ная ~ hors-d'óeuvre; на ~ку
for an hors-d'óeuvre; to begín
with

заку́сочная ж snack bar

заку́сывать *см.* закуси́ть

заку́таться, заку́тываться
muffle (wrap) onesélf [wʌn-]
up

зал м hall; зри́тельный ~
hall; ~ ожида́ния wáiting-
-room; чита́льный ~ réading-
-room

зали́в м bay; *(с узким вхо-
дом)* gulf

заливн‖о́е с jélly; ~а́я осет-
ри́на jéllied stúrgeon

зало́г м depósit [-ˈpɔz-]

заме́длить, замедля́ть slow
[sləu] down

заме́на ж 1. *(действие)* sub-
stitútion 2. *(то, что заменяет)*
súbstitute

замени́ть, заменя́ть súbstitute (for)

замерза́ть, замёрзнуть
freeze (up)

замести́тель м députy [ˈde-],
vice-; ~ председа́теля vice-
-cháirman, vice-président
[-ˈprez-]

заме́тить 1. *(увидеть)* nótice
2. *(сказать)* remárk, obsérve;
я заме́тил, что... I obsérved

that...; заме́тьте, что... mind
you that...

заме́т‖ка ж páragraph; note;
(в газете) short item; де́лать
~ки make (take) notes

заме́тн‖ый nóticeable; ~ая
ра́зница marked dífference

замеча́ние с remárk, observátion; *(выговор)* reprimánd;
сде́лать ~ reprimánd

замеча́тельно wónderfully
[ˈwʌ-], remárkably

замеча́тельный wónderful
[ˈwʌ-], remárkable; spléndid

замеча́ть *см.* заме́тить

замеща́ть replace; *(исполнять обязанности)* act for

за́мок м castle [kɑːsl]

замо́к м lock; *(висячий)*
pádlock

замолча́ть become [-ˈkʌm]
sílent

за́морозки мн. (slight) frosts

за́муж: вы́йти ~ márry

за́мужем márried

за́мша ж suéde [sweɪd], chá-
mois(-léather) [ˈʃæmɪˈle-)]

замыка́ние с эл.: коро́ткое ~
short círcuit [-kɪt]

за́мысел м scheme [skiːm];
(намерение) inténtion

за́навес м cúrtain; ~ под-
ня́лся (опусти́лся) the cúrtain
was ráised (fell)

занести́ 1. *(принести)* bring
2. *(вписать)* put [put] down;
put on récord [ˈre-]; ~ в спи́сок
énter on a list; ~ в протоко́л
take down (énter) in the mínutes [ˈmɪnɪ-], put on récord

занима́ть *см.* заня́ть I, II

занима́ться 1. do; go in for;

(в данный момент) be búsy ['bɪ-] dóing...; чем вы занимáетесь? а) *(сейчас)* what are you dóing?; б) *(кем работаете)* what are you?; ~ спóртом go in for sports **2.** *(учиться)* stúdy ['stʌ-]; где вы занимáетесь? where do you stúdy?

за́ново anéw

зано́за ж splínter

заноси́ть *см.* занести́

заня́тие *с* **1.** occupátion [ɔk-] **2.** *(учебное)* lésson

заня́т∥ия *мн.* clásses; stúdies ['stʌ-]; часы́ ~ий school [skuːl] hours

за́нятый búsy ['bɪ-]; вы за́няты? are you búsy?; я сегóдня за́нят I'm búsy todáy; э́то мéсто за́нято this seat is óccupied ['ɔk-] (táken); за́нято *(о телефоне)* engáged, the line is búsy

заня́ть I *(деньги)* bórrow [-əu]

заня́ть II **1.** óccupy ['ɔk-]; take; *(делом)* keep búsy ['bɪ-]; займи́те местá! take your seats!; ~ пéрвое мéсто be placed first; э́то займёт немнóго врéмени it won't take much time **2.** *(развлекать)* entertáin; ~ся *см.* занима́ться

заокеа́нский 1. overséas **2.** *(об Америке)* transatlántic [-z-]

зао́чник *м* extérnal (correspóndence) stúdent

зао́чно by correspóndence

зао́чн∥ый: ~ое обучéние correspóndence course

за́пад *м* west

западноевропе́йский West Européan

за́падный west, wéstern

запа́с *м* stock, supplý

запаса́ть(ся) *см.* запасти́(сь)

запа́ска ж *разг. авто* spare

запасн∥о́й: ~ игрóк súbstitute; ~ы́е чáсти spare parts, spares

запа́сный: ~ вы́ход emérgency éxit

запасти́ store, stock up; ~сь lay in; ~сь билéтами на (в)... book the tíckets to... in advánce

за́пах *м* smell; ódour

запере́ть lock (in, up); запри́те дверь lock the door

запеча́тать, запеча́тывать seal (up)

запира́ть *см.* запере́ть

записа́ть take down; *(торопливо)* jot down; ~ áдрес take down an addréss; ~ на плёнку recórd on tape

запи́ск∥а ж note; послáть ~у send a word [wəːd]

запи́ски *мн.* mémoirs [-wɑːz]; учёные ~ transáctions

записн∥о́й: ~áя кни́жка nóte-book, wríting-pad

запи́сывать *см.* записа́ть

за́пись ж éntry; recórd ['re-]

запла́та ж patch

заплати́ть pay (for)

запове́дник *м* nátional ['næʃ-] park

за́поведь ж commándment

запо́лнить, заполня́ть fill (in, up); запóлните, пожáлуйста, бланк fill in the form, please

запомина́ть, запо́мнить mémorize; remémber
запо́мниться stick in one's mémory
за́понки *мн.* cúff-links; studs
запо́р I *м* lock; дверь на ∼е the door is locked
запо́р II *м мед.* constipátion
запра́вить, заправля́ть 1. *авто* fill up; *амер. тж.* buy gas **2.** *(ленту в магнитофон и т. п.)* thread *(the tape, etc)*
запра́шивать *см.* запроси́ть
запрети́ть, запреща́ть forbíd; prohíbit [-'hı-], ban
запреще́ние *с* prohibítion, ban; ∼ термоя́дерного (а́томного) ору́жия bán on H-(A-)-wéapons
запро́с *м* inquíry; сде́лать ∼ make inquíries (abóut)
запроси́ть make inquíries
за́пуск *м* láunching; ∼ в ко́смос space shot; ∼ на орби́ту órbital launch
запуска́ть *см.* запусти́ть
запусти́ть I 1. *(о ракетах)* launch; ∼ в ко́смос launch into órbit **2.** *авто:* ∼ дви́гатель start up the éngine
запусти́ть II negléct; ∼ дом negléct one's hóusehold
зараба́тывать, зарабо́тать earn, make; ско́лько вы зараба́тываете? how much do you earn?
за́работок *м* éarnings
заража́ть *см.* зарази́ть
зараже́ние *с* inféction; ∼ кро́ви blood-póisoning
зарази́ть inféct; ∼**ся** catch an íllness

зара́нее in advánce [-'vɑ:-]; befórehand
зарегистри́ровать régister; ∼ биле́т *(при посадке в самолёт)* check in; ∼**ся** be régistered
зарпла́та *ж* (за́работная пла́та) pay; wáges; sálary *(у служащих)*
зарубе́жный fóreign ['fɔrın]
зар‖я́ *ж (утренняя)* dawn; *(вечерняя)* súnset, évening glow [-əu]; на ∼е́ at dáwn
заряди́ть 1. load; ∼ фотоаппара́т (винто́вку) load a cámera ['kæ-] (rifle [raıfl]) **2.** *эл.* charge; ∼ батаре́ю *авто* charge the báttery
заря́дк‖а *ж спорт.* sétting-up éxercises; mórning éxercises; де́лать у́треннюю ∼у do one's mórning éxercises
заряжа́ть *см.* заряди́ть
заседа́ние *с* méeting; séssion; sítting; откры́ть (закры́ть) ∼ ópen (close) a méeting (séssion)
заседа́тель *м:* наро́дный ∼ people's [pi:plz] asséssor
заседа́ть sit; be in séssion
заслу́га *ж* mérit ['me-]
заслу́женный meritórious; mérited ['me-]; hónoured ['ɔnəd]; ∼ де́ятель нау́ки Mérited Scíence ['saı-] Wórker ['wə:kə]; ∼ де́ятель иску́сств Mérited Art Wórker; ∼ ма́стер спо́рта Hónoured Máster of Sports
заслу́живать, заслужи́ть desérve; be wórthy ['wə:ðı] of
засмея́ться burst out láughing ['lɑ:f-]

заснуть fall asléep

заста́ва ж **1.** town gate (way) **2.**: пограни́чная ~ fróntier guard's post

застава́ть см. заста́ть

заста́вить, заставля́ть make, force, compél; он заста́вил себя́ ждать he made (us) wait; я не заста́вил себя́ ждать? I haven't kept you wáiting, have I?

заста́ть find, catch; я вас заста́ну (до́ма)? shall I catch you (at home)?; я его́ не заста́л I míssed him

застёгивать(ся) см. застегну́ть(ся)

застегну́ть bútton (up); (на крючки) hook (on, up); (мо́лнию) zip (up); (пряжку) buckle (up); застегни́те ремни́ (в само́лёте) fásten ['fɑːsn] seat belts; ~ся bútton onesélf [wʌn-] up

застёжка ж fástening [-sn-]; ~-мо́лния ж zípper

засто́й м эк. stagnátion; ~ в торго́вле slack trade

застра́ивать см. застро́ить

застро́∥ить build up; э́тот райо́н неда́вно ~ен this área has récently been built up

застря́ть get stuck; (задержа́ться) be held up

заступа́ться, заступи́ться stand up (for); take sómeone's ['sʌmwʌnz] part

за́сух∥а ж drought [draut]; борьба́ с ~ой cómbating drought

засыпа́ть см. заснуть

затем áfter ['ɑːftə] that; then

затме́ние с eclípse; со́лнечное ~ eclípse of the sun

зато́ ah, but; but then

зато́р м jam; tráffic jam

затра́гивать см. затро́нуть

затра́та ж expénse; expénditure

затро́нуть afféct; touch [-ʌ-]; ~ вопро́с о... touch upón the quéstion ['kwestʃən] of

затрудне́н∥ие с difficulty; hitch; вы́йти из ~ия get [get] out of trouble [trʌ-], find a way out

затрудни́ть, затрудня́ть trouble [trʌ-]; (кого́-л.) embárrass; вас не затрудни́т... would you mind...

заты́л∥ок м back of one's head [hed]; почеса́ть в ~ке scratch one's head

зау́чивать, заучи́ть mémorize; learn by heart [hɑːt]

зафикси́ровать fix; ~ вре́мя clock the time; time

захвати́ть 1. seize; óccupy ['ɔk-] **2.** (брать с собой) take, bring

захва́тчик м aggréssor, inváder

захва́тывать см. захвати́ть

захло́пнуть slam, bang; ~ дверь slam the door

захо́д м **1.** (о солнце) súnset **2.** (о судне) call; с ~ом в... with a call to...

заходи́ть см. зайти́

зачем (почему) why; (для чего) what for; ~-то for some réason or óther

зачёркивать, зачеркну́ть cross out; strike out

зачёт *м* crédit ['kre-], test; сдать ~ pass a (crédit) test

зачётн‖ый: ~ые соревнова́ния válid ['væl-] (secúrity) competítions

зачи́слить, зачисля́ть enróll; enlíst *(в а́рмию)*, take on the staff [-ɑːf] *(в штат)*

зашива́ть, заши́ть sew [səu] (up); mend *(чини́ть)*

зашнурова́ть, зашнуро́вывать lace up

защёлка *ж (в две́ри)* latch

защи́т‖а *ж* defénce; protéction; в ~у ми́ра in defénce of peace

защити́ть *см.* защища́ть

защи́тник *м* **1.** protéctor, defénder **2.** *юр.* cóunsel for the defénce, defénce cóunsel **3.** *спорт.* back

защища́ть defénd; protéct; back; stand up for (with); ~ честь свое́й кома́нды defénd the cólours of one's team; ~ся defénd onesélf [wʌn-]

заяви́ть decláre, state

заявле́ние *с* státement; *(ходата́йство)* applicátion; сде́лать ~ make a státement

заявля́ть *см.* заяви́ть

за́яц *м* hare

зва́ние *с* rank, títle ['taɪ-]; почётное ~ hónorary title; учёное ~ (académic [-'de-]) rank

звать 1. call; вас зову́т you're wánted **2.**: как вас зову́т? what's your name?; меня́ зову́т... my name is... **3.** *(приглаша́ть)* invíte

звезда́ *ж* star

звене́ть ring

звено́ *с* **1.** link **2.** *(гру́ппа люде́й)* group [-uː-], team; *(организацио́нная едини́ца)* séction, únit; хозрасчётное ~ self-suppórting únit (of a colléctive); пионе́рское ~ group of Young [jʌŋ] Pionéers

зверь *м* (wild) beast

звон *м* rínging; *(колоколо́в)* toll, tólling

звони́ть ring; ~ по телефо́ну phone, ring up, call up

зво́нкий clear [-ɪə]; rínging; ~ смех rínging láughter ['lɑː-]

звоно́к *м (на две́ри)* bell; *(звук)* ring; ~ по телефо́ну télephone call

звук *м* sound

звукоза́пис‖ь *ж* sóund recórding; сту́дия ~и sóund-recording stúdio; конце́рт передаётся в ~и the cóncert was pre-recórded [ˌpriː-]

звуча́ть sound

зву́чный rínging

зда́ние *с* building ['bɪl-]; ~ университе́та univérsity building

здесь here; вы ~? are you here?; я ~! I am here!

зде́шний lócal; я не ~ I'm a stránger here

здоро́ваться greet; ~ за́ руку shake hands

здоро́вый héalthy ['he-]; я (вполне́) здоро́в I'm quite all right; бу́дьте здоро́вы *(при проща́нии)* good-býe! [gud-]; *(при чиха́нье)* keep well; God bless you!

здоро́вье *с* health [he-]; как

ва́ше ~? how are you?; за ва́ше ~! (to) your health!; спаси́бо! — на ~! thank you! — you're wélcome!

здра́вница ж health [he-] resórt

здравоохране́ние с públic health [he-]

здра́вствуйте how do you do?

здра́вый: ~ смысл cómmon sense

зева́ть 1. yawn **2.** *разг. (пропуска́ть)* miss; let slip

зелёный green

зе́лень ж **1.** *(растительность)* vérdure ['vɜːdʒə] **2.** *(овощи)* greens; све́жая ~ fresh végetables

землевладе́лец м lándowner [-əunə]

земледе́лец м fármer, húsbandman ['hʌzbənd-]

земледе́лие с ágriculture, fárming

землетрясе́ние с éarthquake

земля́ ж **1.** earth; land **2.** *(почва)* soil, ground **3.** *(земной шар)* the globe

земля́к м féllow cóuntryman ['kʌ-]; *(об одном городе)* féllow tównsman; *(об одной деревне и т. д.)* féllow víllager, *etc*

земляни́ка ж wild stráwberry

земно́й éarthly; ~ шар the globe

зе́ркало с mírror, lóoking-glass

зе́ркальце с pócket mírror

зерно́ с grain; ко́фе в зёрнах cóffee-beans *pl*

зерновы́е *мн.* céreals, grain crop

зернохрани́лище с gránary ['græ-]

зима́ ж wínter

зи́мний wínter; ~ сезо́н wínter séason

зимова́ть wínter (at, in)

зимо́в‖ка ж wínter stay; *(жильё)* pólar státion; на ~ке at a pólar státion

зимо́й in wínter; бу́дущей (про́шлой) ~ next (last) wínter

зла́ки *мн.* céreals

зло с évil; wrong; добро́ и ~ right and wrong

злободне́вный búrning; ~ вопро́с the íssue of the day, vítal íssue

злой wícked [-ɪd]; bad-témpered; ángry

злока́чественн‖ый malígnant; ~ая о́пухоль malígnant túmour

злость ж málice ['mæ-], spite; *(ярость)* fúry

злоупотреби́ть, злоупотребля́ть abúse [ə'bjuːz]; take advántage [-'vɑː-] of

змея́ ж snake

знак м sign [saɪn], mark; в ~ дру́жбы in tóken of fríendship ['frend-]; опознава́тельный ~ identificátion mark; доро́жные ~и tráffic signs [saɪnz]

знако́мить 1. *(с кем-л.)* introdúce **2.** *(с чем-л.)* acquáint (with), let smb know [nəu] smth; ~ с програ́ммой show [ʃəu] a prógramme ['prəugræm]; ~ся *(с кем-л.)* meet; *(с чем-л.)*

see; get [get] to know [nəu]; знакóмьтесь..! meet..!

знакóмст‖во *с* acquáintance; *(знание)* knówledge ['nɔlıdʒ] of; нóвые ~ва new (récent) acquáintances

знакóмый 1. *м* acquáintance; это мой нóвый ~ he's a new acquáintance of mine **2.** famíliar [-'mı-]; егó лицó мне знакóмо his face is famíliar to me

знаменáтельн‖ый signíficant [sıg'nı-]; ~ая дáта signíficant date

знаменúтый fámous; ~ артúст fámous áctor

знаменóсец *м* stándard-béarer [-'bɛə]

знам‖я *с* bánner; flag; под ~енем... únder the bánner of...

знáни‖е *с* knówledge ['nɔlıdʒ]; со ~ем дéла skílfully, with éxpert knówledge; приобрестú ~я acquíre knówledge

знáтн‖ый well-knówn [-'nəun]; noble [nəu-]; ~ые лю́ди renówned (próminent ['prɔ-]) people [pi:pl]; públic fígures ['fıg-]

знатóк *м* éxpert, connoisséur [ˌkɔnə'sə:]; ~ жúвописи (мýзыки, литератýры) éxpert in páinting (músic, líterature); он ~ своегó дéла he knows [nəuz] his búsiness ['bız-]

знать know [nəu]; дать ~ let hear [hıə] (know); я егó знáю I know him

значéние *с* **1.** *(смысл)* méaning **2.** *(важность)* signíficance [sıg'nı-]; имéть ~ be of impórt-ance; придавáть ~ attách impórtance

значúтельный *(большой)* consíderable; *(важный)* impórtant; signíficant [sıg'nı-]

знáчить mean; sígnify; что это знáчит? what does it mean?

значóк *м* badge; *(пометка)* sign [saın], mark

знобúть: меня́ знобúт I feel chílly

зодиáк *м астр.* zódiac; знáки ~a signs [saınz] of the zódiac

зóдчий *м* árchitect ['ɑ:kı-]

золá *ж* áshes *pl*

золóвка *ж (сестра мужа)* síster-in-law

зóлото *с* gold

золот‖óй gold; *перен.* gólden; ~áя середúна the gólden (háppy) mean, the háppy médium; ~óе кольцó gold ring; ~áя медáль gold médal ['me-]

Зóлушка *ж* Cinderélla

зóна *ж* zone, área; безъя́дерная ~ núclear-free ['nju:k-] zone

зонт, зóнтик *м* umbrélla; súnshade, parasól *(от солнца)*

зоолóгия *ж* zoólogy [zəu'ɔl-]

зоопáрк *м* Zoo

зоотéхник *м* zootechnícian

зóркий sharp-sighted, lýnx--eyed [-aıd]

зрачóк *м* púpil (of the eye [aı])

зрéлище *с* sight; *(театральное)* perfórmance

зрéлищн‖ый: ~ые предприя́тия pláces of entertáinment; entertáinment índustry

зрéлый 1. ripe **2.** matúre

[-'tʃuə]; ~ ма́стер matúre ártist

зре́ние с éyesight ['aɪ-]; у меня́ хоро́шее (плохо́е) ~ my sight is good [gud] (poor)

зреть rípen

зри́тель м spectátor; ónlooker

зря in vain; for nóthing [nʌ-]; for no réason at all

зуб м tooth (мн. teeth); у меня́ боли́т ~ I have a bad tooth

зубн‖о́й: ~а́я щётка tóoth-brush; ~ врач déntist

зубоврачéбный: ~ кабинéт the déntist's

зубочи́стка ж tóothpick

зуд м itch

зу́ммер м búzzer

зябь ж с.-х. plóughland ['plau-]

зять м 1. (муж дочери) són-in-law ['sʌn-] 2. (муж сестры) bróther-in-law ['brʌðə-]

И

и and; и вот and now; и вы, и я both you and me; и так да́лее etc [ɪt'setrə]; and so on, and so forth

и́ва ж wíllow [-əu]

игло‖терапи́я ж, ~ука́лывание с ácupuncture ['æ-]

и́го с yoke

иго́лка ж needle

игр‖а́ ж 1. game; play 2. спорт. game; ~ око́нчилась со счётом... the game énded with the score...; в ~é in play;

вне ~ы́ off side; Олимпи́йские ~ы Olýmpic games; Всеми́рные студéнческие ~ы World stúdents games

игра́ть 1. play; ~ в футбо́л (тéннис, хоккéй) play fóotball (ténnis, hóckey); ~ на гита́ре (скри́пке, роя́ле) play the guitár (the víolin, the piáno) 2. (об актёрах) act, perfórm

игро́к м pláyer; (в азартные игры) gámbler

игру́шка ж toy, pláything

идеологи́ческий ideológical [,aɪ-]

идеоло́гия ж ideólogy [,aɪ-]

иде́я ж idéa [aɪ'dɪə]

и́диш м Yíddish, the Yíddish lánguage

идти́ 1. go; ~ пешко́м walk, go on foot; идёмте! let's go!; вы идёте? are you góing? 2. run; авто́бус идёт до... the bus runs as far as... 3. (о представлéнии) be on; амер. be shówing ['ʃəu-]; что сего́дня идёт? what is on (амер. shówing) toníght? 4. (к лицу) suit

иеро́глиф м híeroglyph ['haɪərəglɪf], cháracter ['kæ-]

иждивéнец м depéndant

из 1. (откуда) from; out of (изнутри); я приéхал из Ло́ндона I've come [kʌm] from Lóndon; пить из стака́на (из ча́шки) drink from a glass (from a cup) 2. (при обозначéнии части от целого; о материа́ле) of; э́то оди́н из мои́х друзéй he is one of my friends [fre-]; из чего́ э́то сдéлано? what is it made of?

изба́ ж log cábin ['kæ-]; cóttage, hut, péasant ['pe-] house

изба́вить save (smb from); rid (smb of); delíver [-'lɪ-]; **~ся** get [get] rid of

избавля́ть(ся) см. изба́вить (-ся)

избега́ть см. избежа́ть

избежа́ние с: во ~ to avóid

избежа́ть avóid; escápe; ~ опа́сности escápe from dánger

избира́тель м vóter; *брит.* eléctor

избира́тельн‖ый: ~ое пра́во súffrage; ~ая систе́ма eléctoral sýstem; ~ бюллете́нь vóting páper

избира́ть см. избра́ть

и́збранн‖ый chósen, selécted; *(выбранный)* elécted; ~ые сочине́ния selécted works [wə:ks]

избра́ть choose; *(на выбо́рах)* eléct; ~ представи́теля на... eléct a délegate to...

избы́т‖ок м excéss, súrplus; с ~ком in plénty

изверже́ние с erúption

изве́ст‖ие с news; получи́ть ~ get [get] a méssage; после́дние ~ия látest news, news of the hour

извести́ть infórm, nótify, let smb know [nəu]; вас извести́ли? have you been infórmed?

изве́стно it is known [nəun]; вам ~, что..? do you know that..?, are you awáre that..?; как ~ it is known that; нас́ко́лько мне ~ as far as I know;

нас́ко́лько мне ~ — нет not that I know of

изве́стн‖ость ж reputátion; по́льзоваться ~остью be well known [nəun]; ~ый **1.** *(знаменитый)* well-knówn [-'nəun] **2.** *(определённый)* cértain; в ~ых слу́чаях in cértain cáses

извеща́ть см. извести́ть

извеще́ние с notificátion; *(повестка)* súmmons [-z]

извине́н‖ие с excúse; apólogy [-'rə-]; приношу́ ~ия I apólogize, I óffer my apólogy

извини́ть: извини́те! excúse me!, (I) beg your párdon!

извини́ться, извиня́ться apólogize [-'rə-] (to); извиня́юсь! *разг.* (I'm) sórry!; párdon me!

извне́ from óutside

изврати́ть distórt, twist; ~ фа́кты distórt the facts

изги́б м bend, curve

и́згородь ж fence; жива́я ~ hedge

изготовле́ние с manufácture

издава́ть см. изда́ть

издалека́, и́здали from afár; мы прие́хали издалека́ we've come [kʌm] from far off

изда́ние с **1.** publicátion; ~ газе́т (журна́лов) públishing of néwspapers (magazínes) **2.** *(книги и т. п.)* edítion [-'dɪʃ-]; второе ~ э́той кни́ги sécond edítion of this book

изда́тель м públisher; ~ство с públishing house, públishers

изда́ть 1. públish; кни́га и́здана в 1987 году́ the book was públished in 1987; ~ зако́н íssue a law **2.** *(звук)* útter

изде́л‖ие с próduct ['prɔ-]; (manufáctured) árticle; куста́рные ~ия hándicraft árticles

изде́ржки мн. expénses; (государственные) expénditure(s)

изжо́га ж héartburn ['hɑː-]

из-за: ~ грани́цы from abróad [ə'brɔːd]; встать ~ стола́ get [get] up from the table [teɪbl]; ~ э́того becáuse of this

излага́ть, изложи́ть state; expóund; ~ свою мысль state one's idéa [aɪ'dɪə]

изли́шек м **1.** (избыток) súrplus **2.** (лишнее) excéss

излуче́ние с radiátion; жё́сткое ~ hard radiátion

излю́бленный fávourite

изме́на ж tréason, betráyal; ~ ро́дине high tréason

измене́н‖ие с change; организацио́нные ~ия strúctural chánges; (частичное) alterátion; без ~ий as it was, unchánged

измени́ть 1. (менять) change; álter ['ɔːl-]; ~ маршру́т álter the itínerary; ~ мне́ние change one's opínion **2.** (чему-л., кому-л.) betráy; be unfáithful to; ~ся change; вы о́чень измени́лись you have changed a lot

изме́нник м tráitor

изменя́ть(ся) см. измени́ть (-ся)

изме́рить, измеря́ть méasure ['meʒə]; ~ температу́ру take the témperature

измышле́ние с invéntion, fabricátion

измя́ть crumple; (платье и т. п.) rumple

изна́нка ж the wrong side

изно́с м wear [wɛə]; тех. wear and tear [tɛə]; рабо́тать на ~ wear oneself out

изнутри́ from withín; on the ínside

изоби́лие с abúndance

изобража́ть см. изобрази́ть

изображе́ние с **1.** (действие) portráyal **2.** (образ) pícture

изобрази́тельн‖ый: ~ые иску́сства fine arts

изобрази́ть represént; depíct

изобрести́ invént

изобрета́тель м invéntor

изобрета́ть см. изобрести́

изобрете́ние с invéntion

из-под from únder; коро́бка ~ конфе́т cándy-box; ~ стола́ from beneáth the table [teɪbl]

изра́ильский Isráeli [ɪz'reɪlɪ]

израсхо́довать use (up); (деньги) spend

и́зредка now and then; from time to time

изуми́тельный wónderful ['wʌ-], amázing

изуми́ть amáze, astónish [-'tɔ-]; ~ся be amázed

изумля́ть(ся) см. изуми́ть (-ся)

изумру́д м émerald ['em-]

изуча́ть stúdy, learn; я изуча́ю англи́йский язы́к I stúdy Énglish ['ɪŋglɪʃ]

изуче́ние с stúdy; (вопроса) examinátion

изучи́ть learn

изю́м *м* ráisins *pl*

изя́щный gráceful, élegant ['elɪ-]

ика́ть híccup ['hɪkʌp]

ико́на *ж* ícon

икра́ I *ж* **1.** *(рыбья)* roe [rəu] **2.** *(кушанье)* cáviar(e) ['kæ-]; зерни́стая ~ (soft) cáviar(e); па́юсная ~ pressed cáviar(e); чёрная ~ (black) cáviar(e); кето́вая ~ red cáviar(e) **3.** *(из овощей)* paste [peɪst]

икра́ II *ж (ноги́)* calf [kɑːf]

и́ли or; ~ ... ~ ... éither ['aɪðə] ... or...; ~ же or else

иллюмина́тор *м мор.* pórthole; *ав.* window

иллюмина́ция *ж* illuminátion

иллюстра́ция *ж* illustrátion; нагля́дная ~ gráphic illustrátion

иллюстри́рованный: ~ журна́л pictórial

им I *дат. п. от* они́ them; э́то им ска́зано they were told this; скажи́те им, что... tell them that...

им II *твор. п. от* он (by) him; э́то сде́лано им it is done by him

имени́нн‖ик *м*, **~ица** *ж* one celebráting his (her) náme-day; он (она́) ~ик (~ица) it's his (her) náme-day

и́менно just; a ~ námely; exáctly; such as; вот ~ that's it

име́ть have; я име́ю возмо́жность... I have a chance (an opportúnity) of...; име́ете ли вы возмо́жность..? can you..?, have you a chance of..?; э́то не

име́ет никако́го значе́ния it doesn't mátter at all; ~ успе́х be a succéss; **~ся:** име́ется there is; there are; в прода́же, име́ется... ...sold here

и́ми by (with) them; ~ ещё ничего́ не сде́лано they haven't done a thing yet

иммигра́нт *м* ímmigrant

иммигри́ровать ímmigrate

иммуниза́ция *ж мед.* immunizátion [-naɪ-]

иммуните́т *м мед. юр.* immúnity

импера́т‖ор *м* émperor; **~ри́ца** *ж* émpress

империали́зм *м* impérialism

империалисти́ческий impérialist

импе́рия *ж* émpire

и́мпорт *м* ímport

импорти́ровать impórt

импрессиони́зм *м* impréssionism

иму́щество *с* próperty ['prɔ-]

и́мя *с* **1.** *(фамилия)* name **2.** Chrístian ['krɪs-] (first) name; *амер.* gíven name; как ва́ше и́мя (и фами́лия)? what is your first (and last) name?; и́мени... named áfter...; до́брое ~ good [gud] name, reputátion

и́на́че 1. *(по-другому)* dífferently, in anóther way; э́то на́до сде́лать ~ it must be done in anóther way **2.** *(в противном случае)* or, ótherwise ['ʌðə-]; ~ мы не успе́ем ótherwise we won't be in time

инвали́д *м* ínvalid ['ɪnvəlɪd]; ~ труда́ (войны́) disábled wórker ['wəkə] (sóldier)

инвента́рь *м*: спорти́вный ~ sports equípment

индее́ц *м* (Américan [ə'me-rı-]) Índian

инде́йка *ж* túrkey

инде́йский (Américan [ə'me-rı-]) Índian

и́ндекс *м* 1. эк. indicátor; 2.: почто́вый ~ póst-code ['pəust-]

индиа́нка *ж* Índian

индивидуа́льный indivídual [-'vɪdʒuəl]

инди́ец *м* Índian

инди́йский Índian

инду́с *м*, ~**ка** *ж* Híndu ['hɪndu:]

инду́сский Híndu ['hɪndu:]

индустриализа́ция *ж* industrializátion

индустри́я *ж* índustry; лёгкая (тяжёлая) ~ light (héavy) índustry

индю́‖к *м* túrkey(-cock); ~**шка** *ж* túrkey(-hen)

и́ней *м* hóarfrost, rime

инжене́р *м* enginéer [ˌendʒɪ-'nɪə]; ~-**меха́ник** *м* mechánical [-'kæ] enginéer

инжи́р *м* fig

инициа́лы *мн.* inítials [ɪ'nɪʃəlz]; как ва́ши ~? what are your inítials?

инициати́в‖а *ж* inítiative [ɪ'nɪʃɪətɪv]; прояви́ть ~у show [ʃəu] inítiative

инкруста́ция *ж* ínlay

иногда́ sómetimes ['sʌm-], once [wʌns] in a while, at times

иногоро́дн‖ий 1. of (from) anóther town 2. *м* out-of--tówner; ~им предоставля́ется

общежи́тие (*объявление*) lódgings are made aváilable to out-of-tówners, out-of-tówners are lodged in hóstels

ино́й óther ['ʌðə]; anóther; sómeone ['sʌm-] else; ины́ми слова́ми in óther words [wə:dz] ◊ ~ раз at times

иностра́н‖ец *м*, ~**ка** *ж* fóreigner ['fɔrɪnə]

иностра́нный fóreing ['fɔrin]

институ́т *м* cóllege ['kɔlɪdʒ]; ínstitute; нау́чно-иссле́довательский ~ reséarch ínstitute; педагоги́ческий ~ téacher--tráining cóllege

инстру́ктор *м* instrúctor; téacher; *спорт.* coach

инстру́кция *ж* instrúctions *pl;* diréctions *pl*

инструме́нт *м* tool; (*музыкальный, точный, хирурги́ческий*) ínstrument; на како́м ~е вы игра́ете? what ínstrument do you play?

инсу́льт *м мед. разг.* (apopléctic [ˌæ-]) stroke; (*как термин*) cérebral ['se-] thrombósis [θrɔm-]

интеллиге́нция *ж* intelléctuals [ˌɪntɪ'lektʃu-], the intelligéntsia

интервью́ *с* ínterview [-vju:]; взять ~ ínterview; дать ~ give [gɪv] smb an ínterview

интере́с *м* ínterest ['ɪntrɪst]; с ~ом with ínterest; э́то в ва́ших ~ах it is for your own bénefit ['be-] (good)

интере́сн‖о (it is) ínteresting ['ɪntrɪst-]; е́сли вам ~ if you

find it ínteresting; ~ знать...
I wónder...; **~ый 1.** ínteresting
['ɪntrɪst-] **2.** *(красивый)* good-
-lóoking [͵gud'luk-], attráctive

интересовáть ínterest ['ɪntrɪst]; меня́ интересу́ет... а) I'm
ínterested in...; б) I wónder,
if...; **~ся** be ínterested ['ɪntrɪst-] in

интернáт *м* bóarding-school
['bɔːdɪŋskuːl]

Интернационáл I *м (гимн)*
Internationále [͵ɪntənæʃə'nɑːl]

Интернационáл II *м (организация)* Internátional [-'næ-]

интернационали́зм *м* internátionalism [͵ɪntə'næʃnəlɪzm]

интернационáльный internátional [͵ɪntə'næʃənl]

Интури́ст *м* Intóurist [-'tuə-] Ágency

инфáркт *м мед.* córonary
(thrombósis); *разг.* heart ['hɑːt] attáck

инфекцио́нный inféctious
[-ʃəs], contágious

инфéкция *ж* inféction

информáтика *м* informátion
science ['saɪəns]

информацио́нн‖ый: ~ое бюро́ informátion (búreau ['bjuərəu])

информáци‖я *ж* informátion; тео́рия **~и** informátion théory

информи́ровать infórm

инциде́нт *м* íncident

и. о. *(исполняющий обязанности)* ácting

ипподро́м *м* rácecourse

ирлáнд‖ец *м* Írishman; **~ка**
ж Írishwoman [-wu-]

ирлáндский Írish; ~ язы́к
Írish, the Írish lánguage

ирони́ческий iró́nic(al)

иро́ния *ж* írony ['aɪərə-]

иск *м* áction, suit [sjuːt]; *ком.* claim

искажáть, искази́ть distórt;
~ фáкты misrepresént the facts

искалéчить cripple, maim

искáть look for, search;
я ищу́... I'm lóoking for...;
что (кого́) вы и́щете? what
(whom) are you lóoking for?

исключáя *см.* исключи́ть

исключáя excépt

исключéн‖ие *с* **1.** excéption;
в ви́де **~ия** as an excéption;
за **~ием** excépt; без **~ия** withóut excéption **2.** *(откуда-л.)* expúlsion

исключи́тельн‖ый excéptional; в **~ых** слу́чаях in unúsual cáses

исключи́ть *(кого́-л.)* expél;
(что-л.) exclúde [ɪk'skluːd]; ~
из состáва комáнды exclúde from the team

ископáемые *мн.*: полéзные
~ mínerals ['mɪ-], míneral resóurces [-'sɔː-]

и́скра *ж* spark

и́скренн‖ий sincére; **~е** sincérely; **~е** прéданный Вам
(в письме) sincérely yours,
yours trúly ['truː-]; *(официáльно)* yours fáithfully; **~ость** *ж*
sincérity [-'ser-]

иску́сный skílful, cléver
['klevə], éxpert

иску́сственн‖ый artifícial [-'fıʃl]; ~ жéмчуг imitátion pearls [pə:lz]; ~ые зу́бы false teeth; ~ шёлк ráyon

иску́сств‖о с **1.** art; произ-веде́ние ~a work [wə:k] of art **2.** (умение) skill

искуш‖а́ть tempt [temt]; ~éние с temptátion [tem-'teɪ-]; вводи́ть в ~éние lead ínto temptátion; впада́ть в ~éние be témpted; подда́ться ~éнию yield to temptátion

и́споведь ж conféssion

исполко́м м (исполни́тель-ный комите́т) exécutive [ɪg'ze-] (commíttee)

исполнéн‖ие с **1.** execútion; в э́кспортном ~ии made for éxport **2.** (пьесы и т. п.) per-fórmance; (инструментально-го и вокального произведе-ния) recítal; в ~ии... perfórm-ed by...

исполни́тел‖ь м **1.** perfórm-er; ко́нкурс ~ей cóntest of instruméntalists; ~ ро́ли... the áctor, pláying the part of...; соста́в ~ей театр. cast **2.** admínistrative [-'mı-] ófficer

испо́лнить 1. (выполнить) cárry out; éxecute ['eksɪ-]; испо́лните мою́ про́сьбу please do what I ask you **2.** театр. act, play; (спеть) sing, recíte; (станцевать) dance; ~ на роя́-ле play on the piáno; ~ся **1.** be fulfílled, come [kʌm] true [tru:] **2.**: (сегодня) мне испо́лнилось 20 лет I'm twénty (todáy)

исполня́ть(ся) см. испо́л-нить(ся)

испо́льзование с use [ju:s]; utilizátion [-laɪ'zeɪʃn]

испо́льзовать use; emplóy

испо́ртить spoil; ruin [ruɪn]; corrúpt; я испо́ртил конве́рт (бланк) I've spoiled the énve-lope (form); ~ся detériorate; be spoiled; go bad (о продук-тах); пого́да испо́ртилась the wéather becáme bad

испра́вить, исправля́ть cor-réct; fix; (починить тж.) re-páir; ~ оши́бку corréct (réc-tify) a mistáke; ~ положе́-ние impróve [-u:v] the situá-tion

испу́г м fright

испуга́ть scare, fríghten; вы меня́ о́чень испуга́ли you scar-ed me out of my wits; ~ся get [get] scared, get fríghten-ed

испыта́ние с tríal ['traɪəl]; test; вы́держать ~ stand the test

испыта́ть, испы́тывать 1. test; (испробовать) try; ~ (свои) си́лы try one's strength **2.** (ощутить) expérience; я испыта́л большо́е удово́льст-вие I felt híghly pleased

иссле́довани‖е с investigá-tion; reséarch [rɪ'sə:-]; ~я косми́ческого простра́нства explorátions of (óuter) space

иссле́дователь м reséarch [rɪ'sə:-] wórker ['wə:-]; (стра-ны и т. п.) explórer

иссле́довать exámine [ɪg-'zæ-]; ánalyse ['ænə-]; (страну и т. п.) explóre

и́стина ж truth [-u:θ]

исто́к м source; *(реки тж.)* ríver-head ['rɪvəhed]

исто́рик м histórian [-'tɔː-]

истори́ческий histórical [-'tɔrɪ-]; *(имеющий историческое значение)* históric [-'tɔrɪk]

исто́рия ж 1. hístory 2. *(рассказ)* stóry ['stɔːrɪ]

исто́чник м 1. spring; минера́льный ~ míneral spring 2. source; из достове́рных ~ов from relíable sóurces

истоща́ть, истощи́ть exháust [ɪg'zɔː-]; wear out ['wɛə ...], drain; ~**ся** be exháusted [...ɪg-'zɔː-]; у них истощи́лись запа́сы... they ran out of...

истреби́ть, истребля́ть destróy; extérminate

исче́знуть disappéar [dɪs-], vánish ['væ-]

исче́рпывающ‖ий exháustive [ɪg'zɔː-]; ~ие све́дения exháustive informátion

ита́к so, and so

и т. д. (и так да́лее) etc, et cétera [ɪt'set-]

ито́г м 1. bálance ['bæ-]; *(сумма)* sum; о́бщий ~ (sum) tótal 2. *(результат)* resúlt; ~и соревнова́ний resúlts of the competítion; в ~е on bálance

итого́ tótally, all in all

и т. п. (и тому́ подо́бное) etc, et cétera [ɪt'set-]

их I them; их здесь не́ было they haven't been here; вы ви́дели их? have you seen them?

их II *притяж. мест:* their; theirs; э́то их места́ (ве́щи) these seats (things) are theirs

ию́ль м July [dʒuː'laɪ]

ию́нь м June [dʒuːn]

Й

йог м yógi ['jougɪ]

йод м íodine ['aɪədiːn]; насто́йка ~a tíncture of íodine

К

к 1. to; *(в разн. знач.)* towárds; иди́те к нам come [kʌm] to us; подойдём к ним let's come up to them 2. *(о времени)* by; приходи́те к пяти́ (к двум) часа́м come by five (two) o'clóck 3. *(по отношению к)* for; к чему́? what for?; любо́вь к ро́дине love [lʌv] for one's hómeland ◊ к тому́ же moreóver, besídes, in addítion; к сча́стью lúckily

кабачки́ *мн.* végetable ['vedʒɪ-] márrows ['mærəuz]; *амер.* squáshes ['skwɔʃɪz]

ка́бель м cable [keɪbl]; возду́шный ~ óverhead cable

каби́на ж cábin ['kæb-]; *(для синхронного перевода)* booth; ~ для голосова́ния pólling-booth; душева́я ~ shówer-box; ~ ли́фта car; ~ пило́та cóckpit

кабине́т м óffice; *(комната в квартире)* stúdy ['stʌ-]; ~ дире́ктора mánager's ['mænɪ-]

(prívate) óffice; ~ минúстров cábinet ['kæ-]; пройдúте, пожáлуйста, в пя́тый ~ go óver to room five, please

каблу́к *м* heel; на высо́ком (на ни́зком, на сре́днем) ~é hígh-heeled, (lów-heeled, médium-heeled)

кавале́р *м* **1.** (*в танцах*) pártner **2.**: ~ óрдена béarer of the órder

кадр *м кино* (*на экра́не*) shot; (*одино́чный*) frame; (*в фотореклáме*) still

ка́др‖ы *мн.* mánpower; personnél; нехва́тка ~ов mánpower shórtage; отде́л ~ов personnél depártment; подгото́вка и расстано́вка ~ов personnél tráining and appóintments pólicy ['рɔ-]

ка́ждый évery ['evrɪ]; ~ день évery day; ~ из нас each of us

ка́жется *см.* каза́ться

каза́к *м* Cóssack

каза́ться 1. seem; мне ка́жется it seems to me **2.**: ка́жется, что... it seems that..; я, ка́жется, не опозда́л? I don't seem to be late, do I?

каза́х *м* Kazákh

каза́хский Kazákh; ~ язы́к Kazákh, the Kazákh lánguage

каза́шка *ж* Kazákh

казнь *ж* execútion; сме́ртная ~ cápital púnishment

как 1. *вопрос.* how; what; ~ вам нра́вится..? how do you like..?; ~ пройти́ (прое́хать)? can you tell me the way (to)?; ~ ва́ше и́мя?, ~ вас зову́т? what is your name?; ~ назы-

ва́ется э́та у́лица (пло́щадь)? what's the name of this street (square)?; ~ мне попа́сть в (на, к) ..? how can I get [get] to..? **2.** *относ.* as; я ви́дел, ~ он ушёл I saw him góing ◊ с тех пор ~ since; ~ бу́дто as if; ~ раз just, exáctly; ~ наприме́р for exámple; ~ мне быть? what shall I do?

како́ *с нескл.* cócoa ['kəu-kəu]

как-нибудь sómehow ['sʌm-]; (*когда-нибудь*) sómetime ['sʌm-]

како́в: каковы́ результа́ты игры́? what is the score of the game?

как‖о́й: what; which; ~и́м о́бразом? how?; ~у́ю кни́гу (~и́е духи́) вы мне рекоменду́ете? what book (pérfume) can you recomménd me?

како́й-нибудь some [sʌm]; ány ['enɪ]

како́й-то 1. ány ['enɪ]; some [sʌm] **2.** (*похожий на*) a kind of

как-то 1. я э́того ~ не заме́тил sómehow ['sʌm-] I haven't nóticed it; я ~ здесь был I was here one day

кале́ка *м и ж* cripple

календа́рь *м* cálendar ['kælɪn-]; насто́льный ~ lóose-leaf (table ['teɪbl]) cálendar; отрывно́й ~ téar-óff cálendar

кали́тка *ж* wícket(-gate)

кальсо́ны *мн.* dráwers; *брит.* pants

ка́мбала *ж* flóunder

ка́менный stone(-)

ка́менщик *м* brícklayer

ка́мень *м* stone; драгоце́нный ~ précious stone, jéwel

ка́мера *ж* **1.** cell; chámber [ˈtʃeɪm-]; ~ хране́ния багажа́ clóakroom **2.** *фото* cámera [ˈkæmə-] **3.** *(резиновая):* ~ мяча́ bládder; автомоби́льная ~ hose; *амер.* tube

ка́мерн‖ый: конце́рт ~ой му́зыки chámber [ˈtʃeɪm-] músic cóncert

каме́я *ж* cameo [ˈkæ-]

ками́н *м* fíre-place

кампа́ния *ж* campáign [-ˈpeɪn]; избира́тельная ~ eléction campáign

ка́мфора *ж* cámphor

кана́ва *ж* ditch; *(сточная)* gútter

кана́д‖ец *м,* ~**ка** *ж* Canádian

кана́дский Canádian

кана́л *м (естественный)* chánnel; *(искусственный)* canál; ороси́тельный ~ irrigátion canál

канализа́ция *ж* séwerage, séwers

кана́т *м* rope

кандида́т *м* cándidate; ~ нау́к Cándidate of Science [ˈsaɪ-] *(примерно соответствует)* Ph. D. [ˌpiːeɪtʃˈdiː]

кандидату́ра *ж* cándidature; вы́ставить чью́-л. кандидату́ру nóminate *smb* for eléction

кани́кулы *мн.* vacátion; *(в школе)* hólidays [ˈhɔlədɪz]; *амер.* recéss; зи́мние (ле́тние) ~ winter (súmmer) vacátion

кани́стра *ж* cánister [ˈkæ-], can

канонер‖ка *ж* gúnboat; поли́тика ~ок gúnboat diplómacy [-ˈplɔ-]

канта́та *ж* cantáta [-ˈtɑː-]

кану́н *м* eve

канцеля́рия *ж* óffice

канцеля́рск‖ий: ~ие принадле́жности státionery *sn собир.*

капе́лла *ж (хор)* chóir [ˈkwaɪə]

капита́л *м* cápital [ˈkæ-]

капитали́зм *м* cápitalism [ˈkæ-]

капитали́ст *м* cápitalist

капиталисти́ческий cápitalist [ˈkæ-]

капита́льн‖ый cápital [ˈkæ-], fundaméntal; ~ое строи́тельство cápital constrúction

капита́н *м* cáptain [-tɪn]; *(в торговом флоте)* (ship-) master; ~ кома́нды *спорт.* cáptain of the team

ка́пл‖я *ж* drop; глазны́е ~и éye-drops [ˈaɪ-]

капо́т *м авто* bónnet; *амер.* hood

капро́н *м* kaprón *(kind of nylon)*

капу́ста *ж* cábbage; брюссе́льская ~ Brússels sprouts; ки́слая ~ sauerkraut [ˈsauə-kraut]; цветна́я ~ cáuliflower

карава́й *м* round loaf

кара́куль *м* astrakhán (fur)

караме́ль *ж собир.* cáramel (cándies)

каранда́ш *м* péncil; цветно́й ~ cráyon [ˈkreɪən]

каранти́н *м* quárantine [-tiːn]

кара́сь _м_ crúcian [ˈkruːʃɪən]

карау́л _м_ guard [gɑːd]; почётный ~ guard of hónour [ˈɔnə]

карбюра́тор _м авто_ carburéttor

каре́льск‖ий Karélian ◊ ~ая берёза sílver birch

ка́рий brown

карикату́ра _ж_ cartóon; (злая сатира) caricatúre [ˌkærɪkəˈtjuə]

карка́с _м_ frámework

ка́рлик _м_ dwarf, pýgmy

карма́н _м_ pócket [ˈpɔkɪt]; положи́ть в ~ put [put] in the pócket

карма́нн‖ый: ~ слова́рь pócket [ˈpɔkɪt] díctionary; ~ые де́ньги pócket móney [ˈmʌ-] _sn_

карнава́л _м_ cárnival

карни́з _м_ córnice; (окна́) edge

карп _м_ carp

ка́рт‖а _ж_ **1.** _геогр._ map **2.** (игральная) card; игра́ть в ~ы play cards **3.** (меню) ménu [ˈme-], bill of fare; ~ вин wíne-list

карти́на _ж_ pícture [ˈpɪktʃə]; (в живописи тж.) páinting, cánvas

карто́н _м_ cárdboard [-bɔːd]; ~ный: ~ная коро́бка carton

карто́фель _м_ potáto(es)

карто́фельн‖ый potáto; ~ое пюре́ mashed potátoes _pl_

ка́рточка _ж_ card; (меню) ménu [ˈme-]; визи́тная ~ (vísiting-)card; фотографи́ческая ~ phóto

карусе́ль _ж_ ´mérry-go--round

карье́р I _м спорт._ full gállop [ˈgæ-]

карье́р II _м_ mine; (каменоломня) quárry; (песчаный) sánd-pit

карье́ра _ж_ caréer

каса́ться 1. touch [tʌtʃ]; _перен._ touch upón; э́того вопро́са мы не каса́лись we did not touch upón this próblem **2.** (иметь отношение) concérn ◊ что каса́ется as to, as regárds

ка́ска _ж_ hélmet

каска́д _м_ cascáde; chain; _элк._ stage

каскадёр _м_ stunt man

ка́сса _ж_ páy-box, páy-desk; биле́тная ~ bóoking óffice; театра́льная ~ box óffice; сберега́тельная ~ sávings--bank; ~-автома́т _ж_ slót machine [-ˈʃiːn]

кассе́т‖а _ж фото_ magazíne [ˌmægəˈziːn]; (магнитофонная) cassétte; ~ный: ~ный магнитофо́н cassétte recórder; (плейер) cassétte pláyer

касси́р _м_ cashíer [kæˈʃɪə]

кастрю́ля _ж_ sáucepan

катало́г _м_ cátalogue [ˈkætəlɔg]; есть ли у вас ~? have you got a cátalogue?

ката́р _м_ catárrh

катастро́фа _ж_ catástrophe [-fɪ], disáster; автомоби́льная ~ car áccident [ˈæks-]

ката́ться go for a ride; go for a drive; ~ на велосипе́де cycle [saɪ-]; ~ на конька́х skate, go skáting; ~ на лóдке go bóating; ~ на лóшади ride

катафáлк *м* hearse [hǝːs]

категори́ческий categórical; flat

категóрия *ж* cátegory ['kætɪ-]

кáтер *м* mótor boat

катóк *м* skáting-rink; лéтний ~ artifícial íce-rink

катóлик *м* (Róman) Cátholic ['kæθ-]

католици́зм *м* Róman-Cathólicism [-kǝ'θɔ-]

кату́шка *ж* reel; bóbbin

каучу́к *м* cáoutchouc ['kautʃuk], rúbber

кафé *с* cáfe [-feɪ], cóffee-house; лéтнее ~ open-áir cáfe

кáфедр‖а *ж* chair; depártment; завéдующий ~ой head of the chair (depártment)

кáфель *м* tiles *pl*

кафé-морóженое *с* íce-cream cáfe [-feɪ]

качáлка *ж* rócking-chair

качáть 1. rock; swing; shake **2.** (*насосом*) pump; **~ся 1.** rock; swing; ~ся в крéсле rock; ~ся в гамакé swing in the hámmock; ~ся на качéлях swing **2.** (*пошатываться*) stágger

качéли *мн.* swing; (*доска на верёвке*) séesaw

кáчеств‖о *с* quálity; вы́сшего (плохóго) ~a best (bad) quálity; вы́играть (пожéртвовать) ~ *шахм.* win (lose [luːz] the exchánge

кáчк‖а *ж* pítching and róll-

ing; я не переношу́ ~и I am a bad sáilor

кáша *ж* (cooked) céreal, pórridge; (*жидкая*) gruel [gruǝl]; грéчневая ~ búckwheat gróats; мáнная ~ cream of wheat; овсáная ~ pórridge; ри́совая ~ cream of rice

кáшель *м* cough [kɔf]; у меня́ ~ I have a cough

кáшлять cough [kɔf]

кашнé *с* múffler

каштáн *м* chéstnut

каю́та *ж* cábin ['kæb-]

квадрáт *м* square; в ~e *мат.* squared

квáкать croak

квалифици́рованный skílled; éxpert; quálified

квартáл *м* **1.** (*города*) block **2.** (*четверть года*) quárter

квартéт *м* quartét(te)

кварти́р‖а *ж* flat; *амер.* apártment; ~ из трёх кóмнат thrée-room flat; отдéльная ~ one fámily flat; sélf-contáined flat; **~áнт** *м* lódger

квартплáта *ж* (квартúрная плáта) rent

квас *м* kvass [-ɑː-]

квéрху up, úpwards

квинтéт *м* quintét(te)

квитáнц‖ия *ж* recéipt [-'siːt]; дáйте ~ию, пожáлуйста may I have a recéipt, please; возьми́те ~ию, пожáлуйста take the recéipt, please; багáжная ~ lúggage (*амер.* bággage) ticket

квóрум *м* quórum

кегельбáн *м* bówling ['bǝu-]

кедр *м* cédar; сиби́рский ~

Sibérian [saɪ-] (stone) pine

кéды мн. keds pl

кекс м cake

кем: ~ вы рабóтаете? what is your occupátion?; с ~ вы разговáривали? whom were you tálking to?

кéмпинг м cámping(-site)

кéпи с нескл. képi ['keɪpɪ]

кéпка ж cap

кетá ж Sibérian [saɪ-] sálmon ['sæmən]

кефáль ж grey múllet

кефи́р м búttermilk

кибернéтик м cybernéticist [ˌsaɪbə'ne-]; **~а** ж cybernétics [ˌsaɪbə'ne-]

кивáть, кивну́ть nod

кидáть см. **ки́нуть**

кило́ с нескл., **килогрáмм** м kílogram(me)

киломéтр м kílometre ['kɪ-]

кино́ с нескл. cínema ['sɪnə-mə], амер. móvies ['muː-]; **~актёр** м film (screen) áctor; **~актри́са** ж film (screen) áctress; **~журнáл** м néws-reel; **~звездá** ж móvie ['muː-] star; **~кáмера** ж (móvie ['muː-]) cámera ['kæ-]; **~карти́на** ж film, mótion pícture, амер. разг. móvie ['muː-]; **~комéдия** ж screen cómedy ['kɔ-mɪ-]; **~оперáтор** м cámeraman ['kæm-]; **~режиссёр** м (film) diréctor; **~сту́дия** ж film stúdio; **~сценáрий** м film script, scenário [sɪ'nɑːrɪəu]; **~съёмка** ж fílming, shóoting; **~теáтр** м cínema ['sɪnəmə]; амер. móvie ['muː-] house, móvie théatre; **~фестивáль** м film féstival; **~фи́льм** м film, mótion pícture; **~хрóника** ж néws-reel; специáльный вы́пуск ~хрóники spécial néws-reel

ки́нуть throw [-əu]

кио́ск м stall, stand, booth; kiósk; газéтный ~ néws-stand; кни́жный ~ bóok-stall; цветóчный ~ flówer-stand; табáчный ~ tobácconist's

кипéть boil; ~ ключóм seethe

кипяти́ть boil

кипятóк м bóiling wáter ['wɔːtə]

кирги́з м, **~ка** ж Kirghíz

кирги́зский Kirghíz; ~ язы́к Kirghíz, the Kirghíz lánguage

кирпи́ч м brick

кирпи́чный brick(-)

кисéль м thin jélly

кислорóд м óxygen ['ɔksɪ-]

кислотá ж ácid ['æsɪd]

ки́слый sóur ['sauə]

ки́сточка ж 1. brush; ~ для бритья́ sháving-brush 2. (украшение) tássel

кисть ж 1. (руки́) hand 2. clúster, bunch; ~ виногрáда bunch of grapes 3. (для рисования) brush 4. (украшение) tássel

кит м whale [weɪl]

кишéчник м bówels, intéstines

клавиату́ра ж kéyboard ['kiːbɔːd]

клáвиша ж key [kiː]

клáдбище с cémetery ['se-], gráveyard

клáняться bow; (приветст-

вовать) greet; кла́няйтесь ему́ от меня́ give [gɪv] him my (best) regárds

кларне́т *м* clarinét

класс I *м* (*помеще́ние*) cláss-room

класс II *м* (*обще́ственный*) class; рабо́чий ~ wórking ['wə:k-] class

класс III *м* (*разря́д*) class; он спортсме́н мирово́го ~a he is a world-ránking [ˌwɔːld-] spórtsman

кла́ссик *м* clássic

класси́ческ‖ий clássical; ~ая му́зыка clássical músic; ~ бале́т clássical bállet ['bæ-leɪ]

кла́ссовый class(-)

класть put [put], place

кле́вер *м* clóver

клевета́ *ж* slánder, cálumny ['kæ-]; (*наказу́емая зако́ном*) líbel

клеёнка *ж* óilcloth

клей *м* glue

клеймо́ *с* brand; фабри́чное ~ trade mark

клён *м* maple [meɪpl], máple-(-tree)

кле́тка *ж* 1. cage 2. *биол.* cell 3. (*на мате́рии*) check

кле́тчатый checked

клёцк‖и *мн.* dóugh-boys ['dəu-], dúmplings; суп с ~ами soup with dóugh-boys

клие́нт *м* clíent; cústomer

кли́мат *м* clímate; мя́гкий ~ mild clímate; континента́льный ~ continéntal clímate; суро́вый ~ inclément (rígorous ['rɪ-]) clímate

климати́ческ‖ий: ~ие усло́вия climátic condítions

кли́ника *ж* clínic ['klɪnɪk]

кло́ун *м* clown

клуб *м* club

клубни́ка *ж* stráwberry; ~ со сли́вками creamed stráwberry

клу́мба *ж* flówer-bed

клю́ква *ж* cránberry

ключ I *м* key [kiː] (*тж. муз.*); куда́ положи́ть ~? where shall I put [put] the key?; я забы́л ~й I've left the keys

ключ II *м* (*исто́чник*) spring

ключи́ца *ж* clávicle ['klæ-]

клю́шка *ж* (hóckey ['hɔ-]) stick

кля́кса *ж* blot

кля́тва *ж* oath

кни́га *ж* book

кни́жный: ~ магази́н bóok-shop, *амер.* bóokstore

кно́пк‖а *ж* 1. bútton; нажми́те ~у press the bútton 2. (*канцеля́рская*) dráwing-pin, *амер.* thúmb-tack ['θʌm-] 3. (*на оде́жде*) dréss-stud, *амер.* snáp-fástener [-ˌfɑːsnə]

коали́ция *ж* coalítion

ковёр *м* cárpet; (*небольшо́й*) rug

ко́врик *м* mat

когда́ 1. *вопрос.* when; ~ нача́ло? when is the begínning?; ~ мы пое́дем? when shall we go? 2. *относ.:* мы пойдём, ~ все соберу́тся we'll leave when éveryone ['evrɪ-] is here

когда́-нибудь some [sʌm] day, some time; (*о бу́дущем*) one of these days; вы ~ бы́ли..? have you éver been to..?

когда́-то at one time, fórmerly

кого́ whom; ~ вы име́ете в виду́? whom do you mean?; ~ ещё нет? who is still míssing?

ко́декс м code; ~ зако́нов о труде́ lábour code

ко́е-где́ here and there

ко́е-ка́к 1. *(небрежно)* ányhow ['enɪ-] **2.** *(с трудом)* with dífficulty

ко́е-како́й some [sʌm]

ко́е-кто́ sómebody ['sʌmbədɪ], some (people [piː-])

ко́е-что́ sómething ['sʌm-]

ко́ж‖**а** ж **1.** skin **2.** *(материал)* léather ['leðə]; сде́ланный из ~и made of léather

ко́жаный léather ['leðə]

кожура́ . ж peel, skin; *(у апельсина тж.)* rind

коза́ ж goat; shé-goat

козёл м bílly-goat ◊ ~ отпуще́ния scápegoat

Козеро́г м *астр.* Cápricorn

ко́зыр‖**ь** м trump; объяви́ть ~я call one's hand; покры́ть ~ем trump; ходи́ть ~ем lead (play) a trump

ко́йка ж **1.** *(больничная)* bed **2.** *(на корабле)* bunk, berth

кокс м coke

кокте́йль м cócktail

колбаса́ ж sáusage ['sɔsɪdʒ]; варёная ~ bóiled sáusage; bológna [-'ləunjə]; копчёная ~ smoked sáusage; salámi [-'lɑːmiː]; ли́верная ~ líverwurst

колго́тки *мн.* tights *pl*; pántyhose

колду́н м sórcerer, wízard ['wɪ-]

колеба́ни‖**е** с **1.** oscillátion **2.** *(нерешительность)* hesitátion [ˌhezɪ-]; shílly-shállying; без ~й withóut hesitátion

коле́нн‖**ый:** ~ая ча́шечка knée-pan

коле́но с knee

коле́нчатый: ~ вал *авто* cránkshaft

колесо́ с wheel

колея́ ж **1.** rut **2.** *ж.-д.* track; широ́кая (у́зкая) ~ broad [brɔːd] (nárrow) gauge [geɪdʒ]

коли́честв‖**о** с quántity ['kwɔ-]; amóunt; númber; в ~е десяти́ ten in númber

колле́гия ж board; суде́йская ~ *спорт.* júdges, board of referées

колле́дж м cóllege ['kɔlɪdʒ]

коллекти́в м colléctive (bódy); staff [stɑːf]; group [-uːp]; трудово́й ~ work [wəːk] colléctive

коллективиза́ция ж collectivizátion

коллекти́вный colléctive; joint

коллекционе́р м colléctor

колле́кция ж colléction

коло́да ж *(карт)* pack

коло́дец м well

ко́локол м bell

колоко́льчик м **1.** hándbell **2.** *бот.* blúebell ['bluː-]

колониа́льный colónial

колониза́тор м colónialist; поли́тика ~ов colónialists' pólicy ['pɔ-]

колониза́ция ж colonizátion

коло́ния ж cólony ['kɔ-]

коло́нка ж 1. *(в ванной)* géyzer ['giːзә]; *(на улице)* (street) wáter fóuntain 2. *(бензиновая)* pétrol pump; *амер.* gas pump

коло́нна ж 1. píllar; мра́морная ~ márble píllar 2. cólumn ['kɔləm]; ~ спортсме́нов a cólumn of spórtsmen

ко́лос м ear [ɪә], spike

коло́ть I *(раскалывать)* break; *(рубить)* chop, split; ~ оре́хи crack nuts; ~ дрова́ chop (split) wood [wud]

коло́ть II *(прокалывать)* 1. *(закалывать)* stab 2. *(иголкой)* prick 3. *(убивать скот)* slaughter ['slɔːtә]

колхо́з м (colléctive) farm; colléctive, co-óperative; kolkhoz [kәl'kɔːz]; животново́дческий ~ cáttle-growing [-әu-] farm; рыболове́цкий ~ físhers' co-óperative; председа́тель ~a mánager ['mæ-] of the farm

колхо́зн∥ик м, ~ица ж (colléctive) fármer; ~ый (colléctive) farm; ~ ры́нок fármers' márket; ~ая (пти́це-)фе́рма the colléctive's (póultry ['pәu-]) farm

колыбе́ль ж crádle ['kreɪdl]; ~ный: ~ная (пе́сня) lúllaby [-baɪ]

кольцо́ с ring

колю́чий príckly, thórny

коля́ска ж 1. cárriage; де́тская ~ pram, *амер.* (báby) cárriage 2. *(у мотоцикла)* síde-car

кома́нд∥а ж 1. *(приказ)* command; по ~e at the command (of) 2. *(отряд)* detáchment 3. *мор.* crew [kruː] 4. *спорт.* team; сбо́рная ~ nátional ['næʃənl] team

командирова́ть send on a míssion

командиро́вка ж míssion, búsiness ['bɪznɪs] trip

кома́ндовать command

кома́р м mosquíto [mәs'kiː-]

комба́йн м *с.-х.* (hárvesting) cómbine

комба́йнер м (hárvesting) cómbine óperator ['ɔp-]

комбико́рм м *с.-х.* fórmula feed; составля́ть (приготовля́ть) ~ blend (compóund) a fórmula feed

комбина́т м works [wәːks] plant; ~ бытово́го обслу́живания évery-day ['evrɪ-] sérvice céntre ['sentә]

комбина́ция ж 1. *(одежда)* slip, combinátions 2. *(в спорте)* combinátion

комбинезо́н м *(спецодежда)* óveralls *pl*; *(зимняя одежда)* quílted suit; *(дамский костюм)* júmpsuit, óne-piece suit

коме́дия ж cómedy ['kɔmɪ-]; музыка́льная ~ músical (cómedy)

комиссио́нный: ~ магази́н sécond-hand ['se-] shop

коми́ссия ж commíttee [-'mɪtɪ]; commíssion; постоя́нная ~ stánding commíssion; медици́нская ~ médical board

комите́т *м* committee; постоя́нный ~ stánding commíttee

комменат́тор *м* cómmentator

комменти́ровать cómment (on, upón)

коммуна́льн‖ый munícipal [-'nɪ-]; públic; ~ое хозя́йство munícipal sérvices; ~ые услу́ги públic utílities [-'tɪ-]; ~ая кварти́ра shared apártment

коммуни́зм *м* cómmunism

коммуни́ст *м* cómmunist; mémber of the (Cómmunist) Párty

коммунисти́ческий cómmunist; Коммунисти́ческая па́ртия Сове́тского Сою́за the Cómmunist Párty of the Sóviet Únion

коммуни́стка *ж см.* коммуни́ст

коммута́тор *м* switch-board; алло́! ~! да́йте доба́вочный... helló [-'ləu], operátor, exténsion...

ко́мната *ж* room; *(служебное помещение)* óffice

компа́ния *ж* cómpany ['kʌm-]

компа́ртия *ж* (коммунисти́ческая па́ртия) Cómmunist Párty

ко́мпас *м* cómpass

ко́мплекс *м* group [-uː-], cómplex; ~ неполноце́нности inferiórity cómplex; жило́й ~ residéntial quárters; то́пливно-энергети́ческий ~ Fúel and Énergy Séctor; ~ный integráted; comprehénsive; ~ная механиза́ция comprehénsive mechanizátion; ~ный обе́д fixed price lunch; ~ное соглаше́ние páckage deal

компле́кт *м* set

комплектова́ть compléte; form

комплиме́нт *м* cómpliment; де́лать ~ pay a cómpliment

компози́тор *м* compóser

компо́т *м* stewed fruit [fruːt]

компью́тер *м* compúter

комсомо́л *м* (коммунисти́ческий сою́з молодёжи) Kómsomol, YCL (Young [jʌŋ] Cómmunist League [liːg])

кому́ whom; ~ вы пи́шете? whom are you wríting to?; ~ принадлежи́т э́та кни́га? whose book is it?

комфорта́бельный cómfortable

конве́йер *м* convéyer (belt)

конве́рт *м* énvelope ['envələup]; cóver ['kʌvə]

конверти́руем‖ый: ~ая валю́та convértible cúrrency

конгре́сс *м* cóngress; convéntion; К. сторо́нников ми́ра Peace Cóngress

конди́терск‖ая *ж* conféctioner's, pástry ['peɪst-] shop; ~ий: ~ие изде́лия conféctionery

кондиционе́р *м* áir-conditioner [-dɪ-]

конду́ктор *м ж.-д.* condúctor; guard

конево́дство *с* hórse-bréeding

коне́ц *м* end; я оста́нусь до конца́ I'll stay here till the end ◊ в конце́ концо́в áfter ['ɑːftə] all, fínally

коне́чно of course [kɔːs]; ~ (да)! yes, of course!; ~ нет! of course, not!

конечн‖ый last, fínal; ~ая ста́нция términus, términal (státion); ~ая остано́вка last stop

конкре́тный cóncrete ['kɔn-kriːt], specífic [-'sɪ-]

конкуре́нт *м* compétitor [-'petɪ-]

конкуре́нция *ж* competítion [-'tɪ-]

ко́нкурс *м* competítion [-'tɪ-]; cóntest

ко́нный: ~ спорт equéstrian sports

консервато́рия *ж* consérvatoire [-twɑː]; *амер.* consérvatory

консе́рвы *мн.* tinned food; *амер.* canned food; овощны́е ~ tinned végetables; мясны́е ~ tinned meat; ры́бные ~ tinned fish; фрукто́вые ~ tinned fruit

конспе́кт *м* sýnopsis ['sɪ-], précis ['preɪsɪ], súmmary

конститу́ция *ж* constitútion

констру́ктор *м* desígner [-'zaɪnə]

ко́нсул *м* cónsul; генера́льный ~ cónsul-géneral ['ʤe-]

ко́нсульство *с* cónsulate; генера́льное ~ cónsulate-géneral

консульта́нт consúltant, advíser

консульта́ц‖ия *ж* **1.** *(совет)* consultátion; получи́ть ~ию get [get] a piece of advíce

2. *(учреждение)* же́нская ~ matérnity céntre ['sentə]

консульти́ровать advíse; ~ся consúlt

конте́йнер *м* contáiner; crate; ~ный: ~ный термина́л contáiner términal; ~ово́з *м* contáiner ship

контине́нт *м* cóntinent, máinland

конто́ра *ж* óffice

контраба́с *м* double-báss [ˌdʌbl'beɪs]

контра́кт *м* cóntract; agrée-ment

контра́льто *с нескл.* contrál-to

контролёр *м* **1.** inspéctor; *(проверяющий соответствие стандарту)* téster **2.** *ж.-д., театр.* tícket-colléctor

контроли́ровать contról [-'trəul]; inspéct; check up

контро́ль *м* inspéction; наро́дный ~ people's [piː-] inspéction; госуда́рственный ~ state inspéction

конферансье́ *м нескл.* máster of céremonies ['serɪmə-], host

конфере́нция *ж* cónference

конфе́та *ж* sweet; *амер.* cándy

конфетти́ *с* confétti

конфли́кт *м* cónflict

конфо́рка *ж (на плите)* ring, búrner

конце́пция *ж* concéption

конце́рт *м* **1.** cóncert; дать ~ give [gɪv] a cóncert; пойдёмте на ~ let's go to the cóncert; вы бы́ли на ~е? have you been to the cóncert? **2.** *(музыкаль-*

ное произведение) concérto [-'tʃɔː-]

концертме́йстер *м* **1.** cóncert-máster **2.** accómpanist

конча́ть, ко́нчить **1.** fínish ['fɪ-], end (up); be through [θruː]; вы ко́нчили? are you through?; я ещё не ко́нчил I've not fínished yet **2.** *(высшее учебное заведение)* gráduate ['græ-]; *(среднюю школу, техникум и т. п.)* fínish; что вы ко́нчили? what is your educátion?; **~ся** end; be óver; ва́ше вре́мя ко́нчилось your time's up; конце́рт ко́нчился в 12 часо́в the cóncert énded at twelve

конь *м* **1.** horse **2.** *спорт.* váulting-horse; pómmel horse **3.** *шахм.* knight

коньки́ *мн.* skates; беговы́е ~ rácing skates; ~ на ро́ликах róller-skates

конькобе́жец *м* skáter

конья́к *м* brándy, cógnac ['kɔnjæk]

ко́нюх *м* groom, stáble-man ['steɪ-]

коню́шня *ж* stáble ['steɪ-]

кооперати́в *м (организация, магазин)* co-óperative [kəu-'ɔrə-]

коопера́ция *ж* **1.** *(сотрудничество)* co-operátion **2.** *(общественная организация)* co-óperative [kəu'ɔrə-]

копа́ть dig

копе́йка *ж* cópeck

копи́рк∥а *ж* cárbon páper; писа́ть под ~y make a cárbon cópy ['kɔpɪ]

ко́пи∥я *ж* cópy ['kɔpɪ]; *(картины)* réplica; *(второй экземпляр)* dúplicate; снима́ть ~ю make a cópy (of smth)

копчён∥ый smoked; ~ая селёдка red hérring; *(свежекопчёная)* blóater

копь∥ё spear [spɪə], lance; мета́ние ~я́ jávelin thrówing [-əu-]

кора́ *ж* **1.** crust; *(деревьев)* bark, rind **2.** *анат.* córtex

кораблекруше́ние *с* shípwreck

кора́бль *м* ship; véssel; косми́ческий ~ space véhicle; spáceship, spácecraft

Кора́н *м* the Korán [-'rɑːn]

коренно́й **1.** rádical ['ræ-] **2.** *(о жителе)* nátive

ко́рень *м* root

корзи́на *ж* básket

коридо́р *м* córridor, pássage

кори́ца *ж* cínnamon

кори́чневый brown

ко́рка *ж* **1.** crust; ~ хле́ба crust of bread [bred] **2.** *(кожура)* rind, peel; апельси́новая ~ órange ['ɔr-] peel

корм *м* fódder

корм∥а́ *ж* stern; на ~é in the stern

корми́лец *м (в семье)* bréadwinner ['bred-]

корми́ть feed; здесь хорошо́ ко́рмят you can get [get] good [gud] food here

коро́бка *ж* box; ~ конфе́т box of sweets; ~ спи́чек box of mátches; ~ переда́ч géar-box; автомати́ческая ~ переда́ч automátic transmíssion

коро́ва ж cow

коро́вник м ców-shed

короле́ва ж queen *(тж. шахм.)*

коро́ль м king *(тж. шахм., карт.)*

коро́на ж crown

коро́тк‖ий short: ∼ое замыка́ние short círcuit

короткометра́жный: ∼ фильм short (film)

ко́рпус м 1. *(здание)* búilding ['bɪ-]; я живу́ во второ́м ∼е I live in búilding two 2. *(туловище)* bódy ['bɔ-]; ло́шадь опереди́ла други́х на два ∼а the horse won by two lengths 3. *(приёмника и т. п.)* cábinet ['kæ-]

корреспонде́нт м correspóndent

корреспонде́нция ж correspóndence

корт м *(теннисный)* court

ко́ршун м (black) kite

коса́ I ж с.-х. scythe [saɪð]

коса́ II ж геогр. spit

коса́ III ж *(волос)* plait; tress, braid; заплести́ ко́су plait (tress, braid) one's hair

коси́лка ж mówer ['məuə]

коси́ть с.-х. mow [məu]

космети́ческий: ∼ кабине́т béauty ['bjuː-] párlour

косми́ческий cósmic ['kɔz-]

космодро́м м cósmodrome ['kɔz-]; (spácecraft) láunching site

космона́вт м spáceman, *(советский)* cósmonaut ['kɔz-], *(американский)* ástronaut ['æs-]; ∼-иссле́дователь м space explórer

ко́смос м (óuter) space

косну́ться см. каса́ться

костёр м bónfire; разже́чь ∼ build [bɪld] a fire

ко́сточка ж 1. bone 2. *(плода)* seed, stone

кость ж bone

костю́м м cóstume, dress; мужско́й (да́мский) ∼ suit; двубо́ртный (однобо́ртный) ∼ double-bréasted [ˌdʌ-] (single-bréasted) suit; ∼ для подво́дного пла́вания wet suit; косми́ческий ∼ space suit

косы́нка ж scarf

кот м (tóm-)cat ◊ ∼ в сапога́х *(в сказке)* Puss [pus] in Boots

котёл м bóiler; а́томный ∼ atómic [-'tɔ-] pile, reáctor

котле́та ж: отбивна́я ∼ chop; ру́бленая ∼ ríssole, méat-ball; *амер.* hámburger; ∼ по-ки́евски chícken á la Kíev [ɑːlɑː'kɪəv]

кото́рый *(о людях)* who; *(о животных и неодушевл. предметах)* which; that; ∼ из них? which of them?; ∼ час? what's the time?; ∼ раз? which time?

котте́дж м cóttage

ко́фе м cóffee ['kɔfɪ]; ∼ с молоко́м (со сли́вками) cóffee with milk (cream); чёрный ∼ black cóffee; раствори́мый ∼ ínstant cóffee

кофева́рка ж cóffee máker

кофе́йник м cóffee-pot ['kɔfɪ-]

ко́фт‖**а**, ~**очка** ж (wóman's ['wu-]) blouse

коча́н м: ~ капу́сты head [hed] of cábbage

кочега́р м fíreman; stóker

кошелёк м purse [pə:s]

ко́шка ж cat ◊ игра́ть в ко́шки-мы́шки play cat-and-móuse

краб м crab; ~**ы** мн. (консе́рвы) crábmeat

краеве́дческий: ~ музе́й Muséum [mju:'zıəm] of Lócal Lore

кра́жа ж theft; юр. lárceny; ~ со взло́мом búrglary; ме́лкая ~ pétty lárceny; магази́нная ~ shóplifting

край м **1.** brim; edge; на са́мом краю́ го́рода at the óutskirts of the town **2.** (ме́стность) région; cóuntry ['kʌ-] **3.** (администрати́вно-территориа́льная едини́ца) Térritory; Примо́рский ~ Marítime ['mæ-] Térritory

кра́йне: я ~ удивлён I'm útterly amázed

кра́йн‖**ий** extréme; К. Се́вер Far North ◊ по ~ей ме́ре at least

кран м **1.** (водопрово́дный) tap, амер. fáucet ['fɔ:sıt] **2.** (подъёмный) crane

крапи́в‖**а** ж (stínging) nettle; ~**ница** ж **1.** мед. néttle-rash **2.** (ба́бочка) néttle bútterfly

краса́вец м hándsome man

краса́вица ж béauty ['bju:-]

краси́вый béautiful ['bju:-]; hándsome

кра́сить paint; (о материи, волоса́х) dye [daı]

кра́ска ж paint; (для мате́рии, воло́с) dye [daı]

кра́ски мн. cólours ['kʌləz]; акваре́льные ~ wáter-colours ['wɔ:-]; ма́сляные ~ óil-colours

красну́ха ж мед. Gérman measles pl

кра́сн‖**ый** red ◊ Кра́сная пло́щадь Red Squáre; Кра́сная кни́га The Red Book; Кра́сная Ша́почка (в ска́зке) Little Red Ríding Hood; ~**ая ры́ба** sálmon ['sæmən]; ~**ая икра́** red cáviar(e) ['kæ-]; ~**ое де́рево** mahógany [-'hɔ-]; ~**ая строка́** new páragraph ['pæ-]

красота́ ж béauty ['bju:tı]

кра́ткий short; brief; concise

кратковре́менный short-líved [-'lıvd], short-térm

крахма́л м starch

крахма́льный: ~ воротничо́к stiff cóllar

креди́т м crédit ['kre-]; в ~ on crédit

крем м cream; ~ для о́буви shoe [ʃu:] pólish

кремато́рий м crematórium

креме́нь м flint

Кремль м the Krémlin

кре́ндель м knot-sháped bíscuit ['bıskıt]; (подсо́ленный) prétzel

кре́пкий strong, firm; ~ чай strong tea

крепле́ния мн.: лы́жные ~ ski [ski:] bínding

кре́пость ж **1.** (опло́т) strónghold **2.** (укреплённое ме́сто) fórtress

кре́сло *с* árm-chair; *театр.* stall

крест *м* cross

крестья́нин *м* péasant ['pe-]

крестья́нский péasant ['pe-]

криво́й 1. curved; crooked **2.** *(одноглазый)* one-éyed [-'aɪd]

кри́зис *м* crísis ['kraɪsɪs]; экономи́ческий ~ económic crísis

крик *м* shout, cry

криста́лл *м* crýstal

кри́тик *м* crític ['krɪ-]

кри́тика *ж* críticism ['krɪ-]

критикова́ть críticize ['krɪ-]

крича́ть shout, cry; *(пронзительно)* yell, scream

крова́ть *ж* bed; cot; *(без постельных принадлежностей)* bédstead [-sted]; двуспа́льная ~ dóuble ['dʌ-] bed

кровоизлия́ние *с* háemorrhage ['hemərɪdʒ]

кровообраще́ние *с* circulátion of the blood [blʌd]

кровотече́ние *с* bléeding; háemorrhage ['hemərɪdʒ]; останови́ть ~ stop the bléeding

кровь *ж* blood [blʌd]

кро́лик *м* rábbit

кроль *м* *(стиль плавания)* crawl (stroke)

кро́ме besídes, but, excépt, save; ~ того́ besídes (that), móreover

кронштéйн *м* brácket

кросс *м* cross-cóuntry [-'kʌn-] race

кроссво́рд *м* cróss-word [-'wə:d] puzzle

кро́шк‖а *ж* **1.** crumb [-ʌm]; ~и хле́ба bréad-crumbs ['bred-

krʌmz] **2.** *(малютка)* líttle (one)

круг *м* **1.** círcle; беговóй ~ ráce-course **2.** *(среда)* círcle; в ~ý знакóмых (друзéй) amóng acquáintances (friends [frendz]); в семéйном ~ý in the fámily círcle **3.** *(сфера)* sphere [sfɪə]; range; ~ интерéсов range of ínterests ['ɪntrɪsts]

кру́глый round ◊ ~ год the whole [həul] year (round); ~ые су́тки (all) day and night, round the clock, twénty four hours

круго́м aróund; обойдём ~ let's go aróund ◊ он ~ винова́т it's his fault all the way through [θru:]

кру́жево *с* lace

кружи́ться whirl; spin (round); у негó головá кру́жится he feels gíddy ['gɪ-]; *перен.* he's dízzy (with)

кру́жка *ж* mug; ~ пи́ва stein [staɪn] of beer

кружо́к *м* círcle; wórkshop

крупа́ *ж* groats; *(полуфабрикат)* céreals *pl*; ма́нная ~ semolína [-'li-], *амер.* farína [-'ri:-]; гре́чневая ~ búckwheat; перло́вая ~ (péarl-) bárley ['pə:l-]; овся́ная ~ óatmeal

кру́пный 1. *(большой)* big; ~ виногра́д big grapes **2.** *(видный)* great [-eɪ-]; próminent ['prɔ-]; э́то ~ учёный he is a próminent scíentist ['saɪ-], (scholar)

круто́й 1. *(о спуске)* steep; ~ поворо́т sharp turn **2.** *(вне-*

запный) súdden; *(резкий)* abrúpt

круше́ние *с* áccident ['æks1-], wreck; *перен.* rúin ['ruːɪn]; collápse

крыжо́вник *м* góoseberry

крыла́т‖ый winged ◊ ~ая раке́та crúise [-uːz] míssile [-aɪl]

крыло́ *с* 1. *(тж. ав.)* wing 2. *авто* múdguard, *тж. амер.* fénder

крыльцо́ *с* porch

кры́ша *ж* roof; черепи́чная (ши́ферная) ~ tiled (state) roof

кры́шка *ж* lid; cóver ['kʌ-]; top

крюк *м* 1. hook 2. *(окольный путь)* détour ['diːtuə]; сде́лать ~ make a détour

крючо́к *м см.* крюк 1

ксилофо́н *м* xýlophone ['zaɪ-]

кста́ти incidéntally, by the way; вы пришли́ о́чень ~ you came just at the véry right móment; э́то бы́ло бы ~ that might come [kʌm] in hándy; ~ об э́том tálking abóut this...; как, ~, его́ здоро́вье? by the way, how is he?

кто who; ~ э́то? who is he (she)?; ~ э́то сказа́л? who said it?; ~ там? who is it?

кто́-нибудь sómebody ['sʌmbədɪ]; ánybody ['enɪ-]

куб *м* cube; три в ~е three cube; возводи́ть в ~ cube

ку́бик *м* block, brick ◊ Рубика Rúbik's cube

ку́б‖ок *м* cup; ро́зыгрыш ~ка cup tóurnament

кувши́н *м брит.* jug; *амер.* pítcher

кувши́нка *ж* wáter-lily ['wɔːtə,lɪlɪ]

куда́ where (to); ~ мы пойдём? where shall we go?; ~ он ушёл? where has he left for?; ~ идёт э́тот авто́бус? what's the route [ruːt] of the bus?

куда́-нибудь sómewhere ['sʌm-]

ку́дри *мн.* curls

кудря́вый cúrly

кузне́ц *м* blácksmith

кузне́чик *м* grásshopper

ку́зница *ж* forge

ку́зов *м авто* bódy ['bɔ-]

ку́к‖ла *ж* doll [dɔl]; теа́тр ~ол púppet-théatre

ку́кольный: ~ теа́тр púppet-théatre

кукуру́за *ж* máize, *амер.* corn

куку́шка *ж* cúckoo ['ku-]

кула́к *м* fist

кулебя́ка *ж* pie [paɪ] *(with fish, meat, rice, etc)*; pátty

кулина́ри‖я *ж* 1. cúlinary art, art of cóoking 2. *(магазин)* delicatéssen [,delɪkə'te-] (shop), déli ['delɪ]

кули́с‖ы *мн.* wings; за ~ами *перен.* behínd the scenes

кулуа́ры *мн.* lóbby

культ *м:* ~ ли́чности cúlt of personálity [-'næ-]

культу́р‖а *ж* cúlture; ~ный cúltured

культу́ры *мн. с.-х.* crops; зерновы́е ~ céreal crops; техни́ческие ~ indústrial crops

купа́льн‖ик *м разг.* swimsuit; ~ый: ~ костюм swímsuit; báthing ['beɪð-] suit; ~ые трусы swímming trunks

купáть bathe; ~ся bathe; *(в ванне)* take a bath [bɑ:θ]

купé *с* compártment

купить buy [baɪ]; что вы купили? what have you bought?

куплéт *м* 1. stánza, verse 2.: ~ы *мн.* tópical ['tɔ-] (satíric) song

кýпол *м* cúpola, dome

курáтор *м* súpervisor ['su:-]

курильщик *м* smóker

курительн‖ый: ~ая кóмната smóking-room

курить smoke; не ~!, ~ воспрещáется! no smóking!

курица *ж* hen; *(кушанье)* chícken

куропáтка *ж* pártridge

курóрт *м* health [he-] (hóliday ['hɔlɪdɪ]) resórt; *(с минеральными водами)* spa [spɑ:]; морскóй ~ séaside resórt

курс *м* 1. *(направление)* course [kɔ:s], route [ru:t]; взять ~ на... head (hed) for... 2. *(учебный)* course; я на трéтьем ~е I'm in the third year 3. *(валюты)* rate of exchánge [-'tʃeɪndʒ]; по ~у... at the rate...

курсив *м* itálics [-'tæ-]

курсировать ply; парохóд курсирует мéжду... the ship plies from... to...

курсов‖óй: ~áя рабóта *(в вузе)* ánnual course thésis

кýрс‖ы *мн.* cóurses ['kɔ:s-]; я учýсь на ~ах англи́йского

языкá I atténd the Énglish clásses; ~ы повышéния квалификáции advánced tráining course

кýртка *ж* jácket

курьéр *м* cóurier ['ku-]

куря́щ‖ий *м* smóker; вагóн для ~их smóking-cárriage

кусáть bite; *(о насекомых)* sting

кусковóй: ~ сáхар lump sugar ['ʃu-]

кусóк *м* piece; *(о сахаре)* lump

кусóчек *м* bit; передáйте мне ~ хлéба pass me óver a slice of bread, please

куст *м* bush [buʃ], shrub

кустáрник *м* shrúbbery

кустáрн‖ый hándicraft, hóme-made; ~ая промышленность cóttage índustry; ~ые издéлия hándicraft wares

кýхня *ж* 1. *(помещение)* kítchen 2. *(стол)* cóokery; францýзская ~ French cuisíne [kwi:'zi:n]; здесь прекрáсная ~ they know [nəu] how to cook (serve éxcellent meals) here

кýча *ж* pile, heap

кýшанье *с* dish

кýшать eat; кýшайте, пожáлуйста please have some [sʌm]...; please help yoursélf (to)...; почемý вы не кýшаете? why aren't you éating?; ~ пóдано dínner (súpper, etc) is sérved

кушéтка *ж* couch

кювéт *м* *(у дороги)* ditch

Л

лабири́нт м maze

лабора́нт м labóratory [-'bɔ-rə-] (lab) assístant [ə'sɪs-]

лаборато́рия ж labóratory [-'bɔrə-], lab

ла́вка I ж shop; *амер.* store; овощна́я ~ gréengrocery

ла́вка II ж *(скамья)* bench

лавр м láurel

лавро́вый láurel; ~ вено́к crown of láurels; ~ лист láurel (bay) leaf

лавса́н м lavsán [ləv'sɑːn] *(synthetic fabric)*

ла́герь м camp; альпини́стский ~ álpine [-aɪn] camp; пионе́рский ~ pionéer súmmer camp; туристи́ческий ~ tóurist camp; ~ ми́ра camp of peace

ла́дно well, all right, okáy; ~, я приду́ all right, I'll come [kʌm]

ладо́нь ж palm

ладья́ ж *шахм.* rook, castle

ла́зер м láser

ла́зить climb [-aɪm]

лай м bárk(ing)

ла́йка ж *(собака)* húsky

ла́йков‖ый: ~ые перча́тки kíd-gloves [glʌ-]

лак м várnish; lácquer; ~ для ногте́й nail pólish ['pɔ-]

лакиро́ванн‖ый várnished; ~ая шкату́лка várnished box; ~ая о́бувь pátent-léather shoes [ʃuːz]

ла́мпа ж lamp; ~ дневно́го све́та luminéscent lamp; насто́льная ~ désk lamp

ла́мпочка ж *эл.* bulb; ~ перегоре́ла the bulb (has) fused

ла́ндыш м líly ['lɪ-] of the válley

ла́па ж paw

лапша́ ж nóodles; кури́ная ~ chícken (nóodle) soup; моло́чная~ cream of nóodles (soup)

ларёк м stand, stall

ла́сковый afféctionate; ténder; sweet

ла́сточка ж swállow [-əu]

ла́сты мн. flíppers, fins

латви́йский Látvian

лати́нский: ~ алфави́т (шрифт) Róman álphabet (type)

латы́ш м, **~ка** ж Lett; **~ский:** ~ский язы́к Lett, the Léttish lánguage

лауреа́т м láureate ['lɔːrɪɪt]; prize wínner; ~ Ле́нинской пре́мии Lénin ['le-] Prize Wínner; ~ междунаро́дного ко́нкурса Internátional [-'næʃ-] Cóntest Láureate

ла́цкан м lapél

ла́ять bark

лгать lie [laɪ], tell lies [laɪz]

ле́бедь м swan [swɔn]

лев м 1. líon 2. Л. *астр.* Léo ['liːəu]

ле́в‖ый 1. left; с ~ой стороны́ on the left side 2. *полит.* léft-wing

леге́нда ж légend ['ledʒ-]

легенда́рный légendary ['ledʒ-]

лёгкие мн. lungs

лёгк‖ий 1. light; ~ за́втрак light bréakfast ['bre-]; ~ое вино́ light wine 2. *спорт.* ~ая атле́тика track and field (evénts) **3.** *(нетрудный)* éasy; у меня́ ~ая рабо́та I've got an éasy job to do

легкоатле́т *м* (track and field) áthlete [-iːt]

легкове́с *м* líght-weight [-weɪt]

легково́й: ~ автомоби́ль car; *амер. тж.* áuto(mobile) [-biːl]

легча́йш‖ий *спорт.:* ~ая весова́я катего́рия bántam-weight [-weɪt] *(бокс, тяжёлая атлетика, борьба)*

лёд *м* ice; сухо́й ~ artifícial [-'fɪʃl] ice; поста́вить на ~ stand on ice; со льдом *(о напитке)* on the rocks

ледене́ц *м* frúit-drop ['fruːt-], súgar-candy ['ʃuː-]; ~ на па́лочке lóllipop

ледни́к *м (глетчер)* glácier ['glæs-]

ледоко́л *м* íce-breaker

ледохо́д *м* drífting (flóating) of ice

ледян‖о́й ícy; *(холодный тж.)* chílly; ~о́е по́ле *спорт.* íce-rink

лежа́ть lie [laɪ]; где лежа́т мои́ ве́щи? where are my things?; он ещё лежи́т а) he is still in bed; б) *(болен)* he is still laid up

ле́зви‖е *с* blade; ~я для безопа́сной бри́твы sáfety rázor blades

лейкопла́стырь *м* adhésive bándage, *амер. тж.* bánd-aid

лейтена́нт *м* lieuténant [lef-, *амер.* luː-]

лека́рство *с* médicine ['medsɪn]; прими́те ~ take the médicine; прописа́ть ~ write a prescríption

ле́ктор *м* lécturer, réader

лекц‖ия *ж* lécture; нача́ло ~ии в 3 часа́ the lécture begíns at three o'clóck; чита́ть ~ию delíver (give[gɪv]) a lécture; слу́шать ~ию atténd a lécture

лён *м* flax

лени́вый lázy

ленини́зм *м* Léninizm ['le-]

ле́нинский Lénin ['le-]; Léninist; Lénin's

лени́ться be lázy

ле́нта *ж* **1.** ríbbon **2.** *тех.* band; tape; *(для записи изображения)* vídeo ['vɪ-] tape; магни́тная ~ (magnétic) tape

лень *ж* láziness

лепесто́к *м* pétal ['pe-]

лепи́ть módel ['mɔ-]

лес *м* **1.** fórest ['fɔrɪst]; *(небольшой)* wood; в ~ý in the woods **2.** *(материал)* timber, *амер.* lúmber *(пиломатериалы)*; сплавля́ть ~ raft timber

леса́ *мн. (строительные)* scáffolding

лесно́‖й 1. fórest ['fɔrɪst]; ~е хозя́йство fórestry **2.** *(о материале, промышленности)* timber(-), *амер.* lúmber *(о пиломатериалах)*

ле́стниц‖а *ж* stáircase; stairs; *(приставная)* ládder; пара́дная ~ front stáircase; чёрная ~ báckstairs; подними́ться (спуска́ться) по ~е go up (down) the stairs

лета́ *мн.* years; age; мне (ему́, ей) 18 лет I am (he, she is) eightéen years old; мы одни́х лет we are the same age; ско́лько вам лет? how old are you?; я не́сколько лет не́ был там I haven't been there for séveral ['se-] years

лета́ть, лете́ть fly

ле́тний súmmer; ~ сезо́н súmmer séason

ле́тн‖ий ~ая пого́да flýing wéather ['weðə]; ~ый соста́в air crews, *амер.* flight [flaıt] personnél; ~ое по́ле áirfield

ле́то *с* súmmer

ле́том in súmmer; бу́дущим (про́шлым) ~ next (last) súmmer

лётчи‖к *м*, ~ца *ж* pílot, flíer ['flaıə], áviator; ~-испыта́тель *м* test pílot; ~-космона́вт *м* space pílot

лече́бница *ж* hóspital; clínic ['klı-]

лече́бн‖ый médical ['me-]; cúrative; ~ая физкульту́ра phýsical ['fı-] thérapy ['θe-], physiothérapy (éxercises)

лече́ни‖е *с* médical ['me-] tréatment; пройти́ курс ~я have (úndergo) a course [kɔːs] of tréatment

лечи́ть treat; его́ ле́чат от... he is tréated for...; ~ся be tréated; take a cure [kjuə]; где вы ле́читесь? where do you take the course [kɔːs] of tréatment?; у кого́ вы ле́читесь? who is your dóctor?

лечь lie [laı] (down); ~ спать go to bed; *разг.* turn in; вы хоти́те ~? would you like to go to bed?; я ско́ро ля́гу I'll go to bed soon

лещ *м* bream

лжец *м* líar

ли: возмо́жно ли? is it póssible?; не пойти́ ли (не взять ли) нам..? shouldn't we go (take)..?; зна́ет ли он об э́том? does he know [nəu] abóut it?; сто́ит ли..? is it worth [wəːθ] while to..?

ли́бо or; ~ ... ~ ... (éither ['aı-, *амер.* 'iː-]) ... or ...

либре́тто *с нескл.* librétto (*мн.* librétti), book

ли́вень *м* (héavy ['he-]) shówer, dównpour

лиди́ровать be in the lead

лиза́ть lick

ликвида́ция *ж* eliminátion; (*отмена*) liquidátion, abolítion [-'lıʃ-]

ликвиди́ровать do awáy with; elíminate; abólish [-'bɔ-]

ликёр *м* liqueúr [-'kjuə]

ликова́ть rejóice

лило́вый purple

лимо́н *м* lémon ['le-]

лимона́д *м* lemonáde

лине́йка *ж* 1. rúler ['ruː-] 2.: ла́герная ~ róll-call

ли́нза *ж* lens

ли́ни‖я *ж в разн. знач.* line; за боково́й ~ей *спорт.* out; ~ авто́буса (метро́) bus (métro) line

линя́ть fade; (*в воде*) run; э́та мате́рия не линя́ет this cloth does not fade

ли́па *ж* lime (-tree), línden

лири́ческий (*о стиле*) lýric

['lɪ-]; *(о настроении и т. п.)* lýrical ['lɪ-]

лиса́ ж, **лиси́ца** ж fox; чёрно-бу́рая ~ sílver fox

лист м 1. leaf 2. *(бумаги)* sheet; да́йте мне ~ бума́ги, пожа́луйста give [gɪv] me a sheet of páper, please

листва́ ж fóliage ['fəulɪɪdʒ]

ли́ственный: ~ лес léaf-bearing [-beə-] fórest

листо́вка ж léaflet

лита́вры мн. kéttle-drum

лите́йный: ~ заво́д fóundry

лите́йщик м fóunder, cáster

литера́тор м man of létters; wríter

литерату́ра ж líterature ['lɪ-]; худо́жественная ~ fíction, belles-léttres [ˌbelˈletr]

лито́в‖ец м, **~ка** ж Lithuánian [ˌlɪθuˈeɪnɪən]

лито́вский Lithuánian [ˌlɪθuˈeɪnɪən]; ~ язы́к Lithuánian, the Lithuánian lánguage

литр м lítre ['liːtə]

лить pour [pɔː]; *(кровь, слёзы)* shed

лифт м lift, *амер.* élevator ['elɪ-]; там есть ~? do they have a lift there?; подни́мемся на ~e let's take the lift

лифтёр м lift óperator ['ɔrə-], *амер.* élevator boy

лихора́дить: меня́ лихора́дит I am in a féver, I am féverish

лихора́дка ж féver

лицеме́р м hýpocrite

лице́нзия ж lícence

лиц‖о́ с 1. face; ва́ше ~ мне знако́мо your face is famíliar

to me 2. *(человек)* pérson; на два ~а́ for two pérsons; де́йствующие ли́ца cháracters ['kæ-]

ли́чн‖ый pérsonal, prívate; ~ая со́бственность pérsonal próperty; ~ое пе́рвенство *спорт.* indivídual [-ˈvɪ-] chámpionship

лиша́ть, лиши́ть depríve of; ~ пра́ва уча́стия в соревнова́ниях disquálify

лиши́ться lose [luːz]

ли́шн‖ий 1. spare [speə]; éxtra; odd; у вас есть ~ каранда́ш? have you a péncil to spare? 2. *(ненужный)* unnécessary; not wánted ◊ три с ~им киломе́тра до... three odd kílometres to (up to)...

лишь ónly ['əu-] ◊ ~ бы if ónly

лоб м fórehead ['fɔrɪd, *амер.* ˈfɔːhed]

лови́ть catch; ~ ры́бу angle

ло́вкий adróit; smart

ло́вля ж: ры́бная ~ físhing

ло́дк‖а ж boat; мото́рная ~ mótor boat; ката́ться на ~e go bóating

ло́дочки мн. *(туфли)* pumps

ло́дочн‖ый: ~ая ста́нция bóating státion (club)

лоды́жка ж ánkle

ло́ж‖а ж box; места́ в ~e seats in a box

ложи́ться см. лечь

ло́жка ж spoon; десе́ртная ~ déssertspoon; столо́вая ~ táblespoon ['teɪbl-]; ча́йная ~ téaspoon

ложь ж lie [laɪ]

ло́зунг м slógan; *(девиз)* mótto

ло́коть м élbow [-əu]

лом I м *(орудие)* crówbar [-əu-]

лом II м *собир.* scrap

лома́ть break [breɪk]

ло́мтик м slice; ~ хле́ба (лимо́на *и т. п.*) slice of bread (lémon ['le-], *etc*)

ло́пасть ж blade

лопа́та ж shóvel ['ʃʌvl], spade

лопа́тк‖а ж shóulder-blade ['ʃəu-]; положи́ть на ~и *спорт.* throw [-əu]

лососи́на ж, **лосо́сь** м sálmon ['sæmən]

лось м elk, *амер. тж.* moose

лотере́я ж lóttery; ráffle

ло́цман м pílot

ло́шадь ж horse; бегова́я ~ rácehorse; верхова́я ~ sáddle horse

луг м méadow ['med-]

лу́жа ж púddle

лужа́йка м lawn

лук I м ónion ['ʌn-]; зелёный ~ green ónions *pl*, scállion ['skæ-]

лук II м *(оружие)* bow [bəu]; стрельба́ из ~a árchery

луна́ ж moon

лунохо́д м moon róver

лу́па ж mágnifying glass

луч м ray, beam

лу́чше bétter; здесь ~ ви́дно (слы́шно) you can see (hear [hɪə]) bétter from here; мне ~ I'm bétter now ◊ тем ~ all the bétter; ~ бы вы... you had bétter...; ~ не спо́рить с

ним it's bétter not to árgue with him; ~ всего́ best of all

лу́чш‖ий bétter; the best; в ~ем слу́чае at best; э́то ~ее представле́ние this is the best perfórmance; всего́ ~его good-býe [gud-]!

лы́ж‖и *мн.* ski(s) [skiː(z)]; ходи́ть на ~ax ski, go skíing; во́дные ~ wáter ['wɔ-] ski(s)

лы́жни‖к м, **~ца** ж skíer ['skiːə]

лы́жн‖ый ski [skiː]; ~ спорт Nórdic skíing; ~ая мазь ski wax

лыжня́ ж skí-track ['skiː-]

лы́сый bald

льго́та ж prívilege [prɪ-], advántage [-'vɑː]

льди́на ж block of ice; íce-floe

любе́зн‖ый kind, oblíging, políte; бу́дьте ~ы... be so kind as to...

люби́мец м pet; fávourite

люби́мый 1. dear [dɪə], loved [lʌ-], belóved [-'lʌ-]; *(предпочита́емый)* fávourite; ~ вид спо́рта (а́втор *и т. п.*) fávourite sport (áuthor, *etc*) **2.** м dárling

люби́тель м **1.** lóver ['lʌ-] (of); fan; ~ му́зыки músic-lover **2.** *(непрофессионал)* ámateur ['æmətə:]

люби́ть love [lʌv]; like; лю́бите ли вы му́зыку (спорт, та́нцы)? do you like músic (sports, dáncing)?

любова́ться admíre

любо́вь ж love [lʌv]; ~ к

ро́дине love for one's cóuntry ['kʌntrɪ]

любо́й ány ['enɪ]; ~ из нас ány (each) of us

любопы́т‖ный cúrious ['kjuərɪəs], inquísitive [-'kwɪzɪ-]; **~ство** c curiósity [ˌkjuərɪ'ɔsɪtɪ]

лю́ди мн. people [pi:pl]

лю́дн‖ый crówded; **~ая у́лица** crówded (búsy ['bɪzɪ]) street

люж м спорт. luge (см. тж. са́нный спорт)

люк м hatch; (театра́льный) trap

люкс м de lúxe [də'lʌks, də'luks]

лю́лька ж cradle

лю́стра ж chandelíer [ˌʃændɪ'lɪə]

ля муз. A [eɪ]; **ля мино́р** A mínor

лягу́шка ж frog

М

мавзоле́й м mausoléum [ˌmɔːsə'lɪəm], tomb [tuːm]

магази́н м shop, амер. store; ~ гото́вого пла́тья réady-made ['re-] clothes shop; обувно́й ~ fóotwear shop; конди́терский ~ conféctionary (shop); продово́льственный ~ food stores; промтова́рный ~ drý-goods [-gudz] (shop); хозя́йственный ~ hárdware store; ювели́рный ~ jéweller's (shop)

магистра́ль ж híghway; железнодоро́жная ~ main line; водопрово́дная (га́зовая) ~ wáter ['wɔː-] (gas) main

магни́т м mágnet

магнитофо́н м tápe recórder; **~ный: ~ная приста́вка** tape deck

мажо́р м муз. májor (key [kiː]); га́мма до ~ C-májor scale

ма́зать **1.** (намазывать) smear [smɪə], spread [-e-] (on); (маслом) bútter **2.** (смазывать) oil, lúbricate ['luː-]

мазь ж óintment; (жидкая) líniment ['lɪ-]; сапо́жная ~, ~ для о́буви blácking shoe [ʃu:] pólish ['pɔ-]

май м May

ма́йка ж jérsey, fóotball-shirt, амер. T-shirt ['tiː]; (без рукаво́в) athlétic [-'le-] shirt

майоне́з м mayonnáise [-'neɪz]

мак м póppy

макаро́ны мн. macaróni

маке́т м móck-up; (построек, декораций) scale módel [mɔ-]

ма́кси máxi ['mæ-]; пальто́ ~ máxi-coat

максима́льно as much as póssible, at most

мал: э́то пла́тье мне ~о́ this dress is too small for me

малахи́т м málachite ['mæ-]

мале́йш‖ий least; slíghtest; ни **~его** сомне́ния not the slíghtest doubt

ма́ленький **1.** líttle; small **2.** (незначительный) slight **3.** м báby, child

мали́на ж ráspberry ['rɑːzb-]

мали́новка ж ró́bin ['rɔ-]

мали́нов‖ый 1. rá́spberry ['rɑ:zb-]; ~ое моро́женое rá́spberry íce-cream 2. *(цвет)* crímson

ма́ло lítle *(с сущ. в ед.)*; few *(с сущ. во мн.)*; not much *(недоста́точно)* not enóugh ['1'nʌf]; здесь ~ наро́ду there are few people [pi:pl] here; э́того сли́шком ~ this is too lítle ◊ ~ того́ more óver, more than that

малогабари́тн‖ый small; ~ая кварти́ра small apá́rtment

малолитра́жка ж *(малолитра́жный автомоби́ль)* míni-car ['mi-]; *амер.* cómpact (car)

ма́ло-пома́лу grádually ['græ-], lítle by lítle

малосо́льн‖ый: ~ые огурцы́ new pí́ckles

малочи́сленный not ńúmerous; scánty

ма́льчик м (lítle) boy

маля́р м (hóuse) pá́inter

маляри́я ж malária [-'lɛərɪə]

ма́ма ж múmmy, má́mma, mó́ther ['mʌðə]

мандари́н м mándarin; tangeríne [-'ri:n]

манда́т м mándate; vote; credéntials

мандоли́на ж mándolin, mandolíne [-'li:n]

мане́ж м rí́ding-house; *(в ци́рке)* aré́na; *(для ребёнка)* (plá́y-)pen

мане́ра ж mánner; style; ~ исполне́ния style of perfó́rmance (execútion)

мане́ры мн. mánners; хоро́шие (плохи́е) ~ good [gud] (bad) mánners

манже́ты мн. cuffs

маникю́р м mánicure ['mæ-nɪ-]; де́лать ~ mánicure, do one's nails

маникю́рша ж mánicurist

манифе́ст м manifésto

манто́ с mántle; ó́pera-cloak

мануфакту́ра ж 1. téxtiles; drápery 2. *эк.* manufáctory

марафо́н м *см.* марафо́нский

марафо́нский: ~ бег *спорт.* Márathon (race)

ма́рган‖ец м manganése; ~цо́вка manganése solútion

маргари́н м margarí́ne [ˌmɑ:dʒə'ri:n]

марина́д м 1. pí́ckle; marináde 2. *(маринóванный проду́кт)* pí́ckles

маринова́ть pí́ckle

марионе́т‖ка ж marionétte; púppet; теа́тр ~ок púppet-show [-ʃəu]

ма́рка ж 1. *(почтóвая)* (pó́stage ['pəust-]) stamp 2. *(фабри́чная)* trá́de mark 3. *(вина́, табака́)* brand

маркси́зм м Márxism

маркси́ст м Márxist

ма́рля ж gauze [gɔ:z]

мармела́д м cándied fruit [fru:t], jélly

март м March

марш м march

маршру́т м route [ru:t]; itínerary [aɪ'tɪ-]; како́й у нас ~? what is our itínerary?

маршру́тн‖ый: ~ое такси́

fíxed-route [-ruː] táxi; ~ по́езд through [-uː] train

ма́ска *ж* mask

маскара́д *м* fáncy-dress ball

маслёнка *ж* (*посуда*) bútter-dish, bútter-plate

масли́на *ж* ólive ['ɔlɪv]

ма́сло *с* 1. (*коровье*) bútter; (*растительное*) oil; сли́вочное ~ bútter; топлёное ~ boiled bútter; подсо́лнечное ~ súnflower oil; прова́нское ~ ólive oil; ро́зовое ~ áttar of róses 2.: карти́на ~м oil páinting

ма́сса *ж* 1. mass 2. (*множество*) a lot of, plénty (of); ~ наро́ду a lot of people [piːpl]

масса́ж *м* mássage [-ɑːʒ]; де́лать ~ mássage; ~и́ст *м* mássagist, masséur [-'səː]; ~и́стка *ж* masséuse [-'səːz]

ма́ссов‖ый mass(-); ~ая организа́ция organizátion with mass mémbership

ма́стер *м* 1. (*на заводе*) fóreman 2. (*знаток*) éxpert, máster 3.: ~ спо́рта Máster of Sports

мастерска́я *ж* wórkshop ['wəːk-]; (*художника*) átelier ['ætəlɪeɪ], ártist's stúdio

мастерство́ *с* skill, mástery; высо́кое (*спорти́вное*) ~ outstánding (spórting) profíciency [-'fɪʃənsɪ]

масть *ж карт.* suit [sjuːt]; ходи́ть в ~ fóllow suit

масшта́б *м* scale; в большо́м ~e on a large scale

мат *'м шахм.* chéckmate; mate; сде́лать ~ mate

матема́тик *м* mathematícian [-'tɪʃn]

матема́тика *ж* mathemátics [-'mæ-]; *разг.* math

материа́л *м* 1. matérial; stuff 2. (*ткань*) cloth

материали́зм *м* matérialism

материалисти́ческий materialístic

матери́к *м* cóntinent; máinland

матери́нство *с* matérnity

матéрия *ж* 1. (*ткань*) cloth, matérial 2. (*в философии*) súbstance, mátter

матра́ц *м* máttress

матро́с *м* sáilor

матч *м спорт.* match; товáрищеский ~ fríendly ['fren-] match

мать *ж* móther ['mʌðə]; ~-герои́ня *ж* Móther-Héroine; ~-одино́чка *ж* unmárried móther

маха́ть, махну́ть wave; (*крыльями*) flap; ~ руко́й wave one's hand (to)

махро́в‖ый: ~ое полоте́нце térry tówel

ма́чеха *ж* stépmother [-mʌðə]

ма́чта *ж* mast

машбюро́ *с* týping pool

маши́на *ж* 1. machíne [-'ʃiːn]; éngine; швейная ~ séwing-machíne; стира́льная ~ wáshing-machíne 2. *разг.* (*автомобиль*) car, mótor-car; грузова́я ~ lórry, *амер.* truck; легкова́я ~ (pássenger) car

машини́ст *м* éngine-driver ['endʒɪn-]; enginéer [,endʒɪ'nɪə]

машини́стка ж ты́pist

маши́нка ж: пи́шущая ~ ты́pewriter

машинострое́ние с mechа́nical [-'kæ-] enginе́ering; machíne-building [-'ʃiːn,bɪl-]; электро́нное ~ electrо́nics [-'trɔ-] (enginе́ering)

мая́к м líghthouse; (тж. перен.) bе́acon

ма́ятник м pе́ndulum ['pen-dju-]

МБР (межконтинента́льная баллисти́ческая раке́та) IBM [,aıbiː'em]

МГУ (Моско́вский госуда́рственный университе́т) Мо́scow (State) Univе́rsity

ме́бель ж fúrniture; мя́гкая ~ uphо́lstered fúrniture

меблирова́ть fúrnish; меблиро́ванная (немеблиро́ванная) кварти́ра fúrnished (un-fúrnished) apа́rtment

мегафо́н м mе́gaphone ['megə-]

мёд м hо́ney ['hʌ-]

меда́ль ж mе́dal ['me-]; (больша́я) золота́я ~ (big) gо́lden mе́dal; сере́бряная ~ sílver mе́dal; бро́нзовая ~ bronze mе́dal; вручи́ть ~ presе́nt (give [gıv]) a mе́dal; получи́ть ~ get [get] a mе́dal

медальо́н м lо́cket ['lɔkıt], medа́llion

медве́дица м: Больша́я М. (созве́здие) Úrsa Mа́jor, the Dípper; Ма́лая М. Úrsa Mínor

медве́дь м bear [bɛə]; бе́лый ~ pо́lar bear

ме́дик м 1. mе́dical ['me-] man 2. mе́dical stúdent

медици́на ж mе́dicine ['med-sın]; mе́dical ['me-] scíence ['saıəns]

медици́нск‖ий: ~ институ́т mе́dical ['me-] cо́llege ['kɔlıdʒ] (ínstitute); ~ая по́мощь mе́dical aid; ~ое обслу́живание health [he-] sе́rvice

ме́дленно slоw(ly) ['sləu-]; говори́те ме́дленнее, пожа́луйста speak slо́wer, please; don't speak so fast, please

медосмо́тр м mе́dical ['me-] examinа́tion; пройти́ ~ have a mе́dical examinа́tion

медпу́нкт м (медици́нский пункт) first-а́id post

медсестра́ ж (медици́нская сестра́) (mе́dical ['me-]) nurse

медь ж cо́pper

ме́жду: ~ двумя́ и тремя́ (часа́ми) betwе́en two and three (o'clо́ck); ~ дома́ми betwе́en the hо́uses ◊ ~ тем mе́anwhile, in the mе́antime; ~ тем как while

междугоро́дный: ~ разгово́р trúnk-call; амер. long--dístance call

междунаро́дный internа́tional [-'næʃ-]; Междунаро́дный же́нский день Internа́tional Wо́men's ['wımınz] Day; Междунаро́дный день защи́ты дете́й Internа́tional Day in Defе́nce of Chíldren; Междунаро́дный день студе́нтов Internа́tional Stúdents' Day

межконтинента́льный inter-continе́ntal

мел *м* chalk

ме́лк‖ий **1.** *(некрупный)* small; *перен.* pétty; ~ие я́блоки (гру́ши) small apples (pears) **2.** *(неглубокий)* shállow [-əu]; ~ая река́ shállow ríver ['rɪ-]

мело́дия *ж* mélody ['me-], tune

ме́лоч‖ь *ж* **1.** *(мелкие вещи)* small things; вся́кая ~ (all sorts of) odds and ends **2.** *(мелкие деньги)* change [tʃeɪndʒ]; у меня́ нет ~и I have no change **3.** *(пустяки)* trifle [-aɪ-]; э́то ~! that's trifle!

мель *ж* shoal, shállow [-əu]; *(песчаная)* sándbank; сесть на ~ run agróund

мелька́ть flash, gleam

ме́льком in pássing; я его́ ви́дел ~ I caught a glimpse of him

ме́льница *ж* mill

мемориа́льн‖ый: ~ая доска́ memórial plaque [plɑːk]

ме́нее less; не ~ двух (трёх, пяти́) часо́в (дней, неде́ль) not less than two (three, five) hóurs (days, weeks); всё ~ и ~ less and less ◊ тем не ~ nevertheléss

ме́ньше: э́тот зал (стадио́н) ~ this hall (stádium) is smáller; здесь ~ наро́ду there are féwer people [piːpl] here; как мо́жно ~ as little (few) as póssible

ме́ньш‖ий smáller; по ~ей ме́ре at least

меньшинств‖о́ *с* minórity [maɪˈnɔ-]; оказа́ться в ~е́

(при голосовании) be óutvoted

меню́ *с* ménu ['menjuː], bill of fare; да́йте ~ may I have the (ménu) card, please

меня́: у ~ есть... I have..; у ~ нет... I have no...; для ~ for me

меня́ть change [tʃeɪndʒ]; ~ ме́сто change the place *(в теа́тре:* seat); ~ де́ньги change móney ['mʌ-]

ме́р‖а *ж в разн. знач.* méasure ['meʒə]; ~ы длины́ (ве́са) méasures of length (weight [weɪt]); приня́ть ~ы take méasures ◊ по ~е возмо́жности as far as póssible; по кра́йней ~е at least; в изве́стной ~е to a degrée, to a cértain extént

мерзлота́ *ж:* ве́чная ~ pérmafrost

мёрзнуть freeze; be chílly

ме́рить **1.** *(измерять)* méasure ['meʒə]; ~ температу́ру take the témperature **2.** *(примерять)* try on

ме́рк‖а *ж* méasure ['meʒə]; снима́ть ~у *(с кого-л.)* take *(smb's)* méasure; по ~е made to méasure

мероприя́тие *с* méasure ['meʒə], arrángement

мёртвый dead [ded]

мести́ sweep

ме́стничество *с* localístic téndencies; paróchialism

ме́стность *ж* locálity [-ˈkæ-]; place; да́чная ~ cóuntry ['kʌ-] place; гори́стая ~ hílly place; móuntainous région

местн‖ый lócal; по ~ому врéмени lócal time

мéст‖о с **1.** place; spot; занять пéрвое ~ be placed first, win the chámpionship **2.** (*свободное пространство*) room, space **3.** (*должность*) job **4.** (*в театре и т. п.*) seat; (*спальное*) berth; вéрхнее (нижнее) ~ úpper (lówer) berth; свобóдное ~ vácant seat; все ~á зáняты all the seats are óccupied; уступить ~ give [gɪv] up one's seat to sómebody ['sʌm-] **5.** (*местность*) place, locálity [-'kælɪ-]; в этом ~е я ещё нé был I haven't been to this place yet **6.** (*багажное*) piece, thing

местожительство с (place of) résidence ['rez-]

местонахождéние с locátion, the whéreabouts

местоположéние с posítion, locátion, situátion; красивое ~ béautiful ['bju:-] site

местопребывáние с résidence ['rez-]; the whéreabouts

месть ж véngeance ['vendʒəns]; revénge; крóвная ~ vendétta

мéсяц м **1.** (*часть года*) month [mʌnθ]; ~ томý назáд a month agó; прóшлый (бýдущий) ~ last (next) month **2.** (*луна*) moon; молодóй ~ new moon

мéсячник м a month [mʌnθ] (of); ~ áнгло-совéтской дрýжбы a month of Ánglo-Sóviet friendship ['frend-]

мéсячный mónthly ['mʌ-]; ~

зáработок (оклáд) mónthly pay (sálary) (básic wage)

метáлл м métal ['me-]; ~ист м métal-worker ['metlwə:-]

металлический metállic [-'tæ-], métal ['me-]

металлолóм м scrap métal ['me-]

металлýрг м metállurgist [me-]; stéel-worker [-wə:kə]

металлургический: ~ завóд métal ['me-] (íron and steel) works [wəks]

металлýргия ж metállurgy [me-]; чёрная ~ férrous métal ['me-] índustry, íron ['aɪən] and steel índustry; цветнáя ~ non-férrous métal índustry

метéль ж snów-storm ['snəu-]

метеорóлог м meteorólogist

метеорологическ‖ий: ~ая свóдка wéather-repórt ['weðə-]; ~ая стáнция meteorológic(al) státion, wéather-station

метеоролóгия ж meteorólogy

мéтка ж mark

мéткий wéll-áimed; *перен. тж.* póinted; (*о стрельбе*) áccurate ['ækju-]

метлá ж broom

мéтод м méthod ['meθəd]

метр м métre ['mi:tə]

метрдотéль м maitre d'[ˌmetrə'di:]; head [hed] wáiter

мéтрика ж birth-certíficate [-'tɪf-]

метрó с, **метрополитéн** м únderground (ráilway); *амер.* súbway; *разг.* tube (*в Лондоне*); (*в Москве*) the Métro

мех *м* **1.** fur; на ~ý fúr-lined **2.** *мн.* fúrriery ['fʌr-], furs

механизáтор *м* dríver-mechánic [-'kæ-]; machíne [-'ʃiːn] óperator ['ɔ-]

механи́зм *м* méchanism ['mek-]; gear [gɪə]; machínery

механик *м* mechánic [mɪ-'kæ-], enginéer [-'nɪə]

механика *ж* mechánics [mɪ'kæ-]

меховóй fur; ~ воротни́к fur-cóllar

меховщи́к *м* fúrrier ['fʌr-]

мéццо-сопрáно *с* mézzo-sopráno [-dzeʊsə'prɑ:-]

меч *м* sword [sɔːd] ◊ перековáть мечи́ на орáла beat the swords ínto plóughshares ['plauʃəz]

мечéть *ж* mosque [mɔsk]

мечтá *ж* dream

мечтáть dream

мешáть I *(размешивать)* stir; *(смешивать)* mix

мешáть II 1. *(препятствовать)* prevént (from), hínder, hámper **2.** *(беспокоить)* distúrb; не мешáло бы... it wouldn't be bad...

мешóк *м* sack, bag

мещани́н *м* **1.** *эк.* pétty bóurgeois ['buəʒwɑ:]; míddle-class pérson **2.** *(обыватель)* Phílistine ['fɪlɪstaɪn]

ми *с муз.* E [iː]

миг *м* ínstant; в оди́н ~ in no time ◊ ~ом in a jiffy

мигáть *см.* мигну́ть

мигну́ть 1. *(глазом)* blink **2.** *(мерцать)* twinkle

миди mídi ['mɪ-]; плáтье ~ mídi-dress

мизи́нец *м (на руке)* little fínger; *(на ноге)* little toe [təu]

микроавтóбус *м* mínibus ['mɪ-]

микрорайóн *м* (úrban, residéntial) commúnity; residéntial cómplex; строи́тельство нóвого ~a hóusing devélopment próject

микрофóн *м* mícrophone ['maɪ-]; *разг.* mike

миксту́ра *ж* míxture

милиционéр *м* milítiaman [-'lɪʃə-]; постовóй ~ *(регулировщик)* tráffic milítiaman

мили́ция *ж* milítia [-'lɪʃə]

миллиáрд *м* mílliard; *амер.* bíllion

миллиóн *м* míllion

милосéрдие *с* mércy, chárity ['tʃæ-]

ми́лост‖ь *ж* fávour; ~и прóсим! wélcome!

ми́лый 1. nice, sweet **2.** *м (в обращении)* dear [dɪə], dárling

ми́ля *ж* mile

мим *м* mime

ми́мика *ж* mímicry ['mɪ-]

ми́мо by, past; пройти́ (проéхать) ~ pass by; ~! miss(ed)!

мимохóдом in pássing; заéхать ~ drop in when pássing by (on one's way)

миндáль *м* **1.** *(дерево)* álmond-tree ['ɑːmənd-] **2.** *(плоды)* álmonds ['ɑːməndz]

минерáл *м* míneral ['mɪnərəl]

минералóгия *ж* minerálogy [,mɪnə'ræləʤɪ]

ми́ни míni ['mɪ-]; ю́бка ~ míni-skirt

миниатю́ра ж míniature

министе́рство с mínistry ['mɪnɪstrɪ]; board; *амер.* depártment; М. здравоохране́ния Mínistry of Públic Health; *(в Великобритании и США)* Depártment of Health; М. иностра́нных дел Mínistry of Fóreign ['fɔrɪn] Affáirs; *(в США)* State Depártment; М. иностра́нных дел и по дела́м Содру́жества *(в Великобритании)* Fóreign and Cómmonwealth Óffice; М. культу́ры Mínistry of Cúlture; М. торго́вли Mínistry of Trade; *(в Великобритании и США)* Depártment of Trade; М. просвеще́ния Mínistry of Educátion *(тж. в Великобритании)*; *(в США)* Depártment of Educátion; М. социа́льного обеспе́чения Mínistry of Sócial Wélfare; М. фина́нсов Mínistry of Finánce; *(в Великобритании и США)* Tréasury ['treʒərɪ]

мини́стр м mínister ['mɪnɪstə]; sécretary

минова́ть 1. *(проехать)* pass; мы минова́ли ... we passed... 2. *(избежать)* escápe 3. *(пройти)* be óver; ле́то минова́ло the súmmer is óver

мино́р м *муз.* mínor key [kiː]; ми ~ E [iː] mínor

ми́нус м 1. *мат.* mínus 2. *(температура)* ~ 20 гра́дусов 20 belów (zéro) céntigrade 3. *(недостаток)* dráwback

мину́т‖**а** ж mínute ['mɪnɪt]; без двадцати́ мину́т четы́ре twénty to four; де́сять мину́т пя́того ten past four; сию́ ~у just a mínute; мину́т че́рез пять in abóut five mínutes

мир I м world [wəːld]; во всём ~e throughóut the world, all óver the world

мир II м peace; защи́та (де́ла) ми́ра defénce of peace; ~ во всём ~e univérsal peace; борьба́ за ~ work [wəːk] (struggle) for peace

ми́рн‖**ый** peace; péaceful; péaceable; péace-time; ~ догово́р peace tréaty; ~ая поли́тика (инициати́ва) peace pólicy (inítiative [-'nɪʃ-]); ~ое урегули́рование (спо́ров) péaceful séttlement (of dísputes)

мировоззре́ние с óutlook; creed

мирово́й world(-) [wəːld]

миролюби́в‖**ый** péace-loving [-,lʌv-]; ~ые наро́ды péace-lóving nátions

ми́ска ж bowl [bəul]; básin ['beɪsn]

ми́ссия ж 1. míssion; ~ дру́жбы míssion of fríendship ['frend-] 2. *дип.* legátion, míssion

ми́тинг м méeting; *(массовый)* rálly ['ræ-]

митрополи́т м metropólitan

мише́нь ж tárget ['tɑːgɪt]

младе́нец м ínfant; báby

мла́дш‖**ий** 1. *(по возрасту)* yóunger ['jʌŋ-]; са́мый ~ the yóungest; ~ая сестра́ yóunger síster; он мла́дше меня́ he is my júnior [ˈdʒuː-] **2.** *(по положению)* júnior; ~ нау́чный сотру́дник júnior reséarch assístant

мле́чный: М. Путь the Mílky Way, the Gálaxy [ˈgæ-]

мне me, for me, to me; ~ жа́рко (хо́лодно) I'm hot (cold); да́йте ~ ... please; give [gɪv] me...; э́то ~? is this for me?; э́то принадлежи́т ~ it belóngs to me

мне́н‖ие *с* opínion [əˈpɪnjən]; обме́ниваться ~иями exchánge opínions, discúss; по моему́ ~ию in my opínion, to my mind

мно́гие mány [ˈmenɪ]; ~ из нас mány of us

мно́го much *(с сущ. в ед.)*; mány [ˈmenɪ] *(с сущ. во мн.)*; plénty (of); a lot of; здесь ~ наро́ду there are plénty of people [piːpl] here; э́того (сли́шком) ~ it's (too) much; ~ веще́й mány things

многоде́тн‖ый: ~ая мать móther [ˈmʌðə] of mány [ˈmenɪ] children

многокра́тный repéated; ~ чемпио́н (ми́ра) mány [ˈmenɪ] times (world [wəːld]) chámpion

многоле́тний 1. of mány [ˈmenɪ] years; of long stánding **2.** *бот.* perénnial

многоотраслев‖о́й: ~а́я эконо́мика divérsified [daɪˈvəː-] ecónomy [-ˈkɔ-]

многотира́жка *ж* fáctory [ˈfæ-] (cóllege [ˈkɔ-], *etc*) néwspaper [ˈnjuːs-]

многоуважа́емый dear [dɪə]
многочи́сленный númerous
мно́жество *с* múltitude

мной, мно́ю by (with) me; вы пойдёте со ́мной в теа́тр? will you go to the théatre [ˈθɪə-] with me? э́то мно́ю прове́рено I've checked it up

моги́ла *ж* grave; бра́тская ~ cómmon grave; ~ Неизве́стного солда́та the tomb [tuːm] of the Unknówn [-ˈəun] Sóldier [-dʒə]

могу́чий míghty, pówerful
могу́щество *с* might, pówer
мо́д‖а *ж* fáshion, vogue [vəug]; быть в ~е be in fáshion (vogue); входи́ть в ~у come [kʌm] ínto [ˈɪntu] fáshion; выходи́ть из ~ы go out of fáshion

моде́л‖ь *ж* módel [ˈmɔdl]; дом ~ей fáshion house; вы́ставка ~ей fáshion show

модельé́р *м* (dress) desígner [-ˈzaɪnə]

мо́дный fáshionable; ~ костю́м stýlish suit (dress)

мо́жет быть perháps, máybe; я, ~, пойду́ perháps I'll go

мо́жно one can; *(разрешено)* one may; ~ войти́ (взять)? may I come [kʌm] in (have it)?; здесь ~ кури́ть? is smóking allówed here?; е́сли ~ if póssible; как ~ скоре́е as soon as póssible

моза́ика *ж* mosáic
мозг *м* brain; *(костный)* márrow [-əu]

мозо́ль *ж* corn; *(волдырь)* blíster

мой my; mine; да́йте ~ чемода́н, пожа́луйста please, give [gɪv] me my súitcase; э́то моя́ кни́га it's my book; моё ме́сто здесь my place is here

мо́йка ж 1. sink 2. *авто* car wash

мо́крый wet

мол м pier [pɪə], bréakwater ['breɪkwɔː-]

молдава́н‖**ин** м, **~ка** ж Moldávian

молда́вский Moldávian; ~ язы́к Moldávian, the Moldávian lánguage

моли́тва ж práyer

моли́ться pray

мо́лни‖**я** ж 1. líghtning; сверка́ет ~ the líghtning is fláshing 2. *(застёжка)* zípper; ку́ртка с ~ей jácket with a zípper

молодёжный youth [juːθ]; ~ анса́мбль youth ensémble (group [-uː-])

молодёжь ж youth [juːθ], young [jʌŋ] people [piːpl]; уча́щаяся ~ stúdents; рабо́чая ~ young wórkers ['wɜː-]; демократи́ческая ~ democrátic youth

молодо́й young [jʌŋ]; ~ челове́к young man

мо́лодость ж youth [juːθ]

молоко́ с milk; сыро́е ~ new (raw) milk; кипячёное ~ boiled milk; сгущённое ~ condénsed milk

мо́лот м hámmer; серп и ~ hámmer and sickle

молоти́лка ж thréshing machíne [-'ʃiːn]

молоти́ть thresh

молото́к м hámmer

моло́чник м *(посуда)* créamer

моло́чн‖**ый** milk; ~ые проду́кты dáiry próducts

молчали́вый táciturn ['tæsɪtən]; quiet ['kwaɪət], sílent

молча́ние с sílence; храни́ть ~ keep sílent; нару́шить ~ break [breɪk] the sílence

молча́ть be (keep) sílent

моль ж moth

мольбе́рт м éasel

моме́нт м móment; ínstant; в оди́н ~ in a móment; в э́тот (са́мый) ~ at that (véry ['ve-]) móment

монасты́рь м *(мужской)* mónastery ['mɔ-]; *(женский)* núnnery

мона́х м monk [mʌŋk]

мона́хиня ж nun

моне́та ж coin

моноло́г м mónologue ['mɔnələg]

монопо́лия ж monópoly [-'nɔpəlɪ]

моноре́льс м mónorail ['mɔ-]; **~овый:** ~овая доро́га mónorail

монпасье́ с fruit [fruːt] drops *pl*

монта́ж м 1. assémbling, móunting 2. *кино* cútting; éditing ['e-]; **~ный:** ~ный сто́лик *кино* éditor ['e-]

монтёр м electrícian [-'trɪʃn]

монти́ровать assémble, fit, mount

монуме́нт м mónument ['mɔn-], memórial [mɪ'mɔːrɪ-]

монумента́льный monumént-al [ˌmɔ-]

мопе́д *м* mótorbike

мора́ль *ж* mórals ['mɔrəlz] *pl*

мо́ре *с* sea

морепла́вание *с* navigátion, séa-faring

морж *м* **1.** wálrus ['wɔː-] **2.** (*любитель зимнего плавания*) wínter báther

морко́вь *ж* cárrot

моро́жен‖ое *с* íce-créam; ~ с ва́флями íce-créam sándwich; по́рция ~ого an íce-créam; сли́вочное ~ íce-créam; ~ в ва́фельном стака́нчике íce--créam cone

моро́з *м* frost; 10° ~а ten degrées belów zéro

**морос

́ть** drizzle; дождь мороси́т it's drízzling

морс *м* fruit [fruːt] drink

морск‖о́й sea(-); nával; ~а́я боле́знь séa-sickness

моря́к *м* séaman, sáilor

москви́ч *м*, ~ка *ж* Múscovite

моско́вский Móscow

Моссове́т *м* (Моско́вский Сове́т наро́дных депута́тов) Móscow Cíty Sóviet (Cóuncil)

мост *м* bridge; железнодоро́жный ~ ráilway bridge; возду́шный ~ áirlift ['ɛə-]

мостки́ *мн.* gángway plank

мостова́я *ж* róad(way)

моти́в *м* **1.** (*песни и т. п.*) tune; на ~ ... to the tune of... **2.** (*побуждение*) cause [kɔːz], mótive, ground

мотивиро́вка *ж* réason, motivátion

мотого́нки *мн.* spéedway races, mótorcycle [-saɪkl] races

мотокро́сс *м* motocross

мото́р *м* éngine; mótor

мото́рка *ж* mótorboat

моторо́ллер *м* (mótor)scóoter

мотоци́кл(ет) *м* mótorcycle [-ˌsaɪkl], mótorbike

мотоцикли́ст *м* mótorcyclist [-ˌsaɪk-]

мотошле́м *м* crásh-helmet

моча́лка *ж* bást wisp

мочь be able to; могу́ ли я пойти́? may I go?; могу́ ли я попроси́ть вас (помо́чь вам)? may I ask you (help you)?; вы мо́жете подожда́ть? can you wait?; я могу́ I can; я не могу́ I can't

мо́щность *ж* pówer; míghtiness; *тех.* capácity [-'pæ-]; (*в лошади́ных силах*) horse-power

мо́щный pówerful, mighty

мощь *ж* might

мра́мор *м* marble

мра́морн‖ый marble; ~ая ста́туя marble státue ['stæ-]

мра́чный glóomy; sómbre; (*угрюмый*) dísmal [-z-], dréary ['drɪə-]

мудре́ц *м* sage; wise man

му́дрый wise

муж *м* húsband ['hʌzbənd]

му́жество *с* cóurage ['kʌ-], fórtitude; прояви́ть ~ show [ʃəu] cóurage

мужск‖о́й: ~ зал (*в парикма́херской*) men's háirdresser's, *амер.* bárber's; ~а́я ко́мната men's room

мужчи́на *м* man (*мн.* men)

музе́й *м* muséum [mju:'zɪəm]

музе́й-уса́дьба *м* (Nátional ['næʃ-]) Históric Estáte (Site); memórial estáte

му́зыка *ж* músic

музыка́льн‖ый músic; músical; ~ая шко́ла músic school [sku:l]

музыка́нт *м* musícian [-'zɪʃn]

му́ка *ж* tórment

мука́ *ж* flóur ['flauə]

мультфи́льм *м (мультипликацио́нный фильм)* (ánimated ['æ-]) cartóon(s)

муниципалите́т *м* municipálity [-'pæ-]

му́скул *м* muscle [mʌsl]

му́сор *м* rúbbish, *амер.* gárbage

мусоропрово́д *м* dúst-line, rúbbish chute, *амер.* incínerator

мусульма́н‖ин *м*, ~ка *ж* Múslim; ~ский Múslim, Móslem; ~ство *с* Íslam ['ɪzlɑːm]

му́ха *ж* fly

му́чить tormént, tórture

мча́ться rush alóng, speed alóng, tear [tɛə] alóng; ~ во весь опо́р rush at full speed

мще́ние *с* véngeance [-dʒəns], revénge

мы we; мы гото́вы we're réady ['re-]; мы вас ждём we're wáiting for you

мы́лить soap; láther ['lɑːðə]

мы́ло *с* soap; туале́тное ~ tóilet soap

мы́льница *ж* sóap-box

мыс *м* cape

мысль *ж* thought [θɔːt],

idéa [aɪ'dɪə]; э́то хоро́шая ~ it's a good [gud] idéa

мыть wash; ~ ру́ки (лицо́) wash one's hands (face); ~ся wash onesélf; ~ся в ва́нне (под ду́шем) take a bath [bɑːθ] (a shówer)

мы́шца *ж* muscle [mʌsl]

мышь *ж* mouse (*мн.* mice)

мя́гк‖ий soft, *перен.* mild, gentle; ~ое кре́сло éasy chair; ~ая вода́ soft wáter ['wɔː-]; ~ая поса́дка soft (gentle) lánding

мясно́й meat; ~ суп meat soup

мя́со *с* flesh; *(как еда́)* meat; варёное (жа́реное) ~ boiled (roast) meat

мясокомбина́т *м* meat and sáusage ['sɔs-] fáctory, meat-pácking fáctory

мясору́бка *ж* míncing-machine [-'ʃiːn]; *амер.* (meat) grínder [-aɪ-]

мя́тый rúmpled

мяч *м* ball; пропусти́ть ~ miss the ball

Н

на 1. *(сверху; тж. указывает на местоположение)* on; на столе́ on the table [teɪbl]; на афи́ше on the pláybill; на реке́ on the ríver ['rɪ-] 2. *(указывает на местопребывание)* in; at; на ю́ге in the south; на како́й у́лице вы живёте? what street do you live [lɪv] in?; я живу́ на... у́лице I live in... street; я был на стадио́не (на конце́рте) I was at the stádium (at a cóncert) **3.** *(куда)* to; *(в направлении)* towárds; на восто́к to the east; я иду́ на конце́рт (на стадио́н) I go to the cóncert (to the stádium) **4.** *(при обозначении способа передвижения)* by; in; е́хать на автóбусе go by bus; поéдем на такси́ (на метрó) let's take the táxi ['tæksɪ] (the métro) **5.** *(во время, в течение)* dúring ['djuə-]; *(при обозначении года)* in; *(при обозначении дня)* on; на кани́кулах dúring the vacátion; на слéдующий день on the next day, next day; на бу́дущей недéле next week **6.** *(при обозначении срока)* for; я приéхал на две недéли I've come [kʌm] for two weeks; *(назна́чить)* на три часá (на зáвтра) (fix) for three o'clóck (for tomórrow [-əu]) **7.:** на двух человéк for two; на зáвтрак (обéд; у́жин) for bréakfast ['bre-] (lunch, dínner *or* súpper)

на́бережная ж embánkment, quay [kiː, keɪ]

набира́ть *см.* набра́ть

наблюда́тель *м* obsérver [-'zɜːvə]

наблюда́тельный 1. observátion [-zə-]; ~ пункт observátion post **2.** *(внимательный)* obsérvant [-'zɜː-]

наблюда́|ть 1. watch; obsérve [-'zɜːv]; ~ за пловца́ми watch the swímmers **2.** *(над-*

зира́ть) look áfter ['ɑːftə]; súpervise

наблюдéн‖ие *с* **1.** observátion [-zə-]; по мои́м ~иям as I could nótice **2.** *(надзор)* supervísion [-'vɪʒn]; под ~ием únder the supervísion of

набóр *м* **1.** *(приём)* admíssion **2.** *(комплект)* set; *(деталей)* kit; шоколáдный ~ box of chócolates; ~ карандашéй box of péncils; ~ «сдéлай сам» dó-it-yoursélf kit

набра́ть 1. gáther ['gæðə]; colléct **2.** *(вербовать)* recrúit [-'kruːt] ◊ набери́те нóмер díal (the númber)

набрóсок *м* sketch

навéрное 1. *(несомненно)* for cértain **2.** *(вероятно)* próbably ['prɔ-], líkely; он, ~, придёт (опоздáет) he is líkely to come [kʌm] (to be late)

навéрх up; úpwards ['ʌpwədz]; поднимáться ~ go upstáirs

наверху́ abóve [ə'bʌv]; *(на верхнем этаже)* úpstairs; я живу́ ~ I live upstáirs

навéс *м* shed; *(парусиновый)* áwning

навести́ *(направить)* diréct; point; ~ бинóкль на *театр.* aim one's ópera-glasses at ◊ ~ спрáвки make inquíries

навести́ть, навещáть vísit ['vɪzɪt], call on, go to see

на́взничь báckwards [-dz]; упа́сть ~ fall on one's back

наводи́ть *см.* навести́

наводнéние *с* flood [-ʌ-]

навóз *м* manúre [-'njuə]

на́волочка ж pillow-case [-əu-]

навсегда́ for éver ['evə], for good [gud]

навстре́чу towárds [tə-'wɔːdz]; вы́йти (вы́ехать) ~ go to meet; пойти́ ~ *перен.* meet smb half-wáy

на́глость ж ímpudence

на́глухо: ~ забИ́ть дверь náil up the door; ~ застегну́ться do up all one's búttons

нагля́дн‖ый clear [-ɪə]; gráphic ['græ-]; óbvious ['ɔbvɪəs]; ~ые посо́бия vísual aids

наго́й náked [-kɪd], nude

на́голо: постри́чься ~ have one's head shaved

нагота́ ж núdity, nákedness [-kɪdnɪs]

нагото́ве ready ['re-]; быть ~ stand by, be ready to act

награ́да ж rewárd; prize; в ~y in rewárd; прави́тельственная ~ góvernment ['gʌv-] decorátion (awárd)

награди́ть, награжда́ть rewárd; awárd; décorate ['dekə-]; награди́ть о́рденом (меда́лью, значко́м) awárd an órder (médal, badge)

нагру́зка ж load; ~ на ось *авто* axle load; преподава́тельская ~ téaching load; по́лная (непо́лная) нагру́зка fúll-time (párt-time) job

над óver, abóve [ə'bʌv]; ~ реко́й abóve the ríver ['rɪ-]; ...ме́тров ~ у́ровнем мо́ря ...métres abóve the sea lével; ~ чем он рабо́тает? what is he wórking ['wə:k-] at?

надба́вка ж *эк.* bónus; ~ за вы́слугу лет lóng-sérvice bónus

надво́дн‖ый abóve-wáter [ə'bʌv‚wɔːtə]; ~ая часть су́дна dead works [wə:ks], úpper works

надева́ть *см.* наде́ть

наде́жда ж hope

надёжный relíable; trústworthy

наде́ть put [put] on

наде́яться hope; я наде́юсь, что... I hope...; я наде́юсь уви́деть вас (с ва́ми уви́деться) (I) hope to see you agáin

на дня́х *(о будущем)* one of these days, some [sʌm] of these days, in a day or two; *(о прошлом)* the óther day; a day or two agó

на́до it's nécessary; one must; мне ~ уе́хать I must go awáy; нам ~ идти́ we must be góing

надоеда́ть, надое́сть bore; *(беспокоить)* bóther ['bɔðə], trouble [trʌbl]; мне э́то о́чень надое́ло! I'm sick and tíred of it!

надо́й м: ~ молока́ milk yield

надо́лго for a long time; вы ~ прие́хали? have you come [kʌm] for a long time?; how long will you stay here?

на́дпись ж inscríption

надува́ть *см.* наду́ть

надувн‖о́й: ~а́я ло́дка infláatble (rúbber) boat; ~а́я поду́шка áir-cushion

наду́ть: ~ ка́меру pump up a tire; ~ мяч blow [bləu] up a ball

наедине alóne; in prívate

наездни‖**к** *м* hórseman; цирковой ~ círcus ríder; **~ца** *ж* hórsewoman [-wu-]; equéstrian

наёмник *м* mércenary, híreling; *(солдат тж.)* sóldier ['sǝuldʒǝ] of fórtune [-tʃǝn]

наёмный: ~ труд wage lábour; ~ убийца híred assásin [-'sæ-]

наехать *авто (ударить)* run ínto; *(сбить)* run óver

нажать press (on); push [puʃ]; нажмите кнопку press the bútton

нажим *м* préssure

нажимать *см.* нажать

назад báck(wards); ...тому ~ ...agó; пройдёмте ~ let's go back a little; сдвиньте машину ~, пожалуйста *авто* back your car up, please

название *с* name; *(книги)* títle [-aı-]

назвать call, name; назовите мне... tell me the name(s)...

назначать *см.* назначить

назначен‖**ие** *с* 1. appóintment 2. *(цель)* púrpose ◊ место ~ия destinátion

назначить 1. *(на должность и т. п.)* appóint 2. *(устанавливать)* fix; назначьте день... fix the date...

называть *см.* назвать

называться be called; как называется эта улица (площадь)? what's the name of this street (square)?

наивный naíve [nɑː'iːv]; *(бесхитростный)* ingénuous

наизнанку: вывернуть (на-

деть) ~ turn (put [put]) smth inside out

наизусть by heart [hɑːt]

наилегчайш‖**ий** *спорт.*: ~ая весовая категория flýweight [-weıt] *(бокс, тяжёлая атлетика, борьба)*; первая ~ая весовая категория light flýweight *(бокс)*; páper weight *(борьба)*

наименование *с* name, denominátion

наискось slánting, oblíquely [ǝ'bliːklı]

найти find [faınd]; я не нашёл... I couldn't find...; как мне ~..? how can I find..?

наказ *м*: ~ы избирателей eléctors' mándates

наказа‖**ние** *с* púnishment ['pʌ-]; *спорт.* pénalty ['pe-]; **~ть** púnish ['pʌ-]

наказывать *см.* наказать

накануне the day befóre; *(перед каким-л. событием)* on the eve (of); ~ вечером the prévious night

накапать drop, pour [pɔː] out; ~ лекарства pour out some [sʌm] médicine ['medsın]

накат *м авто* cóasting; двигаться ~ом coast

накачать, **накачивать** pump up; ~ шину *авто* infláte a tyre

накидка *ж* cape; *(длинная)* cloak

наклейка *ж (ярлык)* lábel

наклонить bend, bow; **~ся** bend óver

наклонять(ся) *см.* наклонить(ся)

наконе́ц at last, fínally; ~-то! at last!

наконе́чник *м* point, tip

накорми́ть feed

накрыва́ть, накры́ть cóver ['kʌ-]; ~ на стол lay the table [teibl]

нала́дить, нала́живать arránge [ə'reindʒ]; put [put] smth right; ~ отноше́ния set up good [gud] relátions; estáblish cóntact; (после ссоры) patch up a quárrel

нале́во to (on) the left; пройди́те (сверни́те) ~ pass (turn) to the left; ~ от вас on your left

налегке́ 1. (без багажа) with no lúggage, unencúmbered **2.** (в лёгком костюме) líghtly clad

налёт *м:* ~ авиа́ции air raid

налива́ть *см.* нали́ть

нали́вка *ж* liquéur [-'kjuə]

нали́ть pour [pɔː] out; нале́йте мне воды́ (ча́я, ко́фе, вина́) pour me out some [sʌm] wáter ['wɔː-] (tea, cófee, wine)

налицо́: быть ~ (о человеке) be présent; (о предмете) be aváilable; все ~ éverybody ['evrɪ-] is présent (here)

нали́чные *мн.* (деньги) cash, ready ['re-] móney ['mʌ-]

нало́г *м* tax

нало́женн‖ый: ~ым платежо́м cash on delívery (сокр. c.o.d.)

нам us, to us; где ~ выходи́ть? where must we get [get] off?; да́йте ~ 2 биле́та (э́ту кни́гу) we want two tíckets (this book)

намёк *м* hint

намека́ть, намекну́ть hint (at)

намерева́ться inténd; что вы намерева́етесь де́лать? what do you inténd to do?; я намерева́юсь пойти́ в теа́тр (в музе́й, на вы́ставку) I inténd to go to the théatre ['θɪə-] (to the muséum [mju:'zɪəm], to the exhibítion [,eksɪ'bɪ-])

наме́рен: что вы ~ы де́лать? what are you góing to do?; я ~... I am góing to...

наме́тить, намеча́ть 1. (кандидатов) propóse for nominátion **2.** (план) óutline

на́ми (by, with) us; пойдёмте с ~ come [kʌm] with us

намота́ть wind [waind] (round); reel (on); эл. coil (round)

нанести́: ~ визи́т pay a vísit; ~ пораже́ние deféat; ~ уда́р deal (strike) a blow [bləu]

на́ново *разг.* anéw

наноси́ть *см.* нанести́

наоборо́т 1. on the cóntrary; совсе́м ~ quite the cóntrary **2.** (не так, как следует) the óther way round

наотре́з: отказа́ться ~ refúse point-blánk

напада́ть *см.* напа́сть

напада́ющий *спорт.* **1.** *м* fórward **2.** attácking

нападе́ние *с* **1.** attáck (тж. спорт.) **2.** (часть команды в футболе) fórwards *pl*

напа́рни‖к *м,* ~ца *ж* wórkmate

напа́сть attáck *(тж. спорт.)*; *(в боксе тж.)* rush, fight

напёрсток *м* thimble

напеча́тать print; *(на машинке)* type

написа́ть 1. write; напиши́те мне write to me; напиши́те печа́тными бу́квами please, print; я вам напишу́ you will hear [hɪə] from me **2.** *(картину)* páint **3.** *(музыкальное произведение)* compóse

напи́т‖ок *м* drink, béverage ['be-]; спиртны́е ~ки alcohólic béverages; líquor; прохлади́тельные ~ки soft drinks

напи́ться 1. *(утолить жажду)* drink, quench one's thirst **2.** *(опьянеть)* get [get] drunk

наплы́в *м*: ~ зри́телей (посети́телей) flow of spectátors (vísitors ['vɪz-])

напо́лнить, наполня́ть fill; ~ бока́лы fill the glásses

напомина́ть, напо́мнить remínd (of); напо́мните мне... remínd me...

напра́вить diréct; send; меня́ напра́вили к вам I was sent to you; ~ся go, be bound for; куда́ мы напра́вимся? where shall we go?

направле́н‖ие *с* diréction; в како́м ~ии..? in what diréction..?; в ~ии... towárds...

направля́ть(ся) *см.* напра́вить(ся)

напра́во to (on) the right; пройди́те (сверни́те) ~ pass (turn) to the right; ~ от вас on your right

напра́сно in vain; for nó-

thing ['nʌθ-]; вы ~ беспоко́итесь you don't have to wórry ['wʌ-]

наприме́р for exámple [ɪgˈzɑːmpl], for ínstance; вот, ~... let's take for ínstance...

напрока́т *(см. тж.* прока́т) *(о предлагаемых вещах)* for hire, for rent; *(о взятых вещах)* on hire, híred; réntal; ло́дка, взя́тая ~ a híred boat; взять ~ hire, rent

напро́тив ópposite; я живу́ ~ I live [lɪv] in the house acróss the street ◊ совсе́м ~ quite the cóntrary

напряга́ть strain; ~ (все) си́лы (зре́ние) to strain évery nerve (one's sight)

напряжён‖ие *с* **1.** *(усилие)* strain; éffort; ténsion; с больши́м ~ием strénuously ['stre-] **2.** vóltage; ли́ния высо́кого ~ия high ténsion line

напряжённо‖сть *ж* strain, ténsion; разря́дка междунаро́дной ~сти détente [ˈdeɪtɑːnt], relaxátion of internátional [-ˈnæʃ-] ténsion(s)

напря́чь *см.* напряга́ть

наравне́ on a par (with); on an équal fóoting; *(подобно)* just as, like

нарасхва́т: раскупа́ться ~ sell like hot cakes; э́та кни́га идёт ~ this book sells like hot cakes (is in great demánd)

нарва́ть I *(цветов и т. п.)* pick, pluck

нарва́ть II *см.* нарыва́ть

наре́чие *с* díalect ['daɪə-]; ме́стное ~ lócal díalect

нарза́н *м* Narzán míneral ['mɪ-] wáter ['wɔː-]

нарисова́ть draw

нарко́з *м* anaesthésia [-zɪə]; под ∼ом anáesthetized

наркома́н *м* drug áddict

нарко́тик *м* narcótic [-'kɔ], drug; *разг.* dope

наро́д *м* people [piːpl]; ∼ы ми́ра peoples (nátions) of the world [wɜːld]; на стадио́не бы́ло мно́го ∼у there were crowds of people at the stádium

наро́дно-демократи́ческий people's [piːplz] democrátic [-'kræ-]

наро́дн‖ый people's [piːplz], pópular ['pɔ-]; folk [fəuk]; ∼ая пе́сня folk song

народонаселе́ние *с* populátion

наро́чно on púrpose; *(в шутку)* for fun ◊ как ∼! as luck would have it!

нарсу́д *м* (наро́дный суд) people's [piːplz] court

нару́жное *(о лекарстве)* for extérnal use [juːs]

нару́жность *ж* appéarance [-'pɪər-]

нару́жный extérnal, extérior [-'tɪərɪə]; ∼ вид extérior

нару́жу outsíde, out

наруша́ть *см.* нару́шить

наруше́ние *с* breach; *(законов, правил)* infríngement, violátion; *(тишины)* distúrbance; ∼ пра́вил у́личного движе́ния infríngement on (violátion of) tráffic regulátions

нару́шить break [-eɪk]; *(закон, правило)* infrínge, víolate

['vaɪə-]; *(тишину)* distúrb; ∼ пра́вила игры́ break (infrínge upón, víolate) the rules of the game; ∼ обеща́ние break one's prómise

нары́в *м* ábscess

нарыва́ть: у меня́ нарыва́ет па́лец I have a sore fínger

наря́д *м (одежда)* dress, attíre

наря́дный élegant ['el-], stýlish; smart; *разг.* dréssy

наряду́ side by side (with); alóng with

нас us; вы ∼ проводи́те? will you see us off?; will you show [ʃəu] us the way?; не забыва́йте ∼ don't forgét us

насеко́мое *с* ínsect

населе́ние *с* populátion

населённый: ∼ пункт séttlement

наси́лие *с* víolence ['vaɪə-]

наскво́зь: промо́кнуть ∼ get [get] wet through, get soaked

наско́лько as far as; ∼ мне изве́стно... as far as I know [nəu]...

на́скоро hástily ['heɪ-], húrriedly

наслади́ться, наслажда́ться enjóy

насле́дие *с* légacy ['le-], héritage ['herɪ-]

насме́шка *ж* móckery ['mɔkə-]

насме́шливый mócking ['mɔ-], derísive [-sɪv]

на́сморк *м* cold (in the head [hed]); у меня́ ∼ I have a cold (in the head)

насо́с *м* pump

на́спех in a húrry; *(небрежно)* cárelessly ['kɛə-]

наста́ивать insíst (on)

наста́ть come [kʌm]; наста́ло у́тро mórning came; ле́то наста́ло súmmer came (set in)

насто́йчивый persístent; préssing

насто́лько so; я ~ уста́л (за́нят), что… I'm so tíred (búsy) that…

насто́льн‖ый: ~ая ла́мпа désk lamp

настоя́ть have one's way

настоя́щ‖ий 1. real [rɪəl]; ~ая дру́жба true fríendship ['frend-] **2.** *(о времени)* présent ['pre-]; в ~ее вре́мя at présent

настрое́ние *с* mood, frame of mind

наступа́ть *см.* наста́ть

наступи́ть I tread [-ed] on

наступи́ть II *см.* наста́ть

наступле́н‖ие I *с* cóming ['kʌ-], appróach; с ~ием ле́та when súmmer comes; с ~ием темноты́ at níghtfall

наступле́ние II *с* offénsive; перейти́ в ~ start an offénsive

насчёт as regárds, regárding, concérning; ~ чего́..? what abóut..?; ~ э́того on that score

насчи́тывать númber; ~ся númber; их насчи́тывается… they númber…

на́сыпь *ж* embánkment; dam

ната́лкиваться 1. run agáinst **2.** *(встречаться)* run acróss; meet with

натере́ть: я натёр себе́ но́гу my foot is rubbed sore

на́тиск *м спорт.* push [puʃ], attáck

НА́ТО (Североатланти́ческий Сою́з) NATO (North Atlántic Tréaty Organizátion)

натолкну́ться *см.* ната́лкиваться

натоща́к on an émpty stómach ['stʌmək]

нату́га *ж* éffort, strain

нату́ра *ж* náture ['neɪtʃə]; *(позирующая художнику)* módel ['mɔ-], sítter

натура́льн‖ый: ~ шёлк real [rɪəl] silk; в ~ую величину́ life-sízed

натюрмо́рт *м* still life

натя́гивать, натяну́ть stretch; draw on; ~ се́тку fix the net tight

науга́д at rándom

нау́ка *ж* scíence ['saɪəns]

научи́ть teach; ~ся learn; я неда́вно научи́лся говори́ть по-англи́йски I learnt to speak Énglish récently

нау́чно-иссле́довательский: ~ институ́т reséarch ínstitute (céntre ['sentə])

нау́чно-популя́рный: ~ кинофи́льм pópular scíence film

нау́чно-фантасти́ческий: ~ рома́н scíence ['saɪə-] fíction (nóvel ['nɔ-])

нау́чн‖ый scientífic [,saɪən-'tɪ-]; ~ая рабо́та reséarch work [wək]; ~ рабо́тник scíentist, reséarch wórker

нау́шники *мн.* éar-phones ['ɪə-], héad-phones ['he-]

находи́ть *см.* найти́; ~ся be; где нахо́дится..? where is..?

нахо́д‖ка ж find; бюро́ ~ок Lost and Found

нахо́дчивый resóurceful [-'sɔː-]

наце́нка ж éxtra charge

национализа́ция ж nationalizátion [ˌnæʃnəlaɪ-]

национализи́ровать nátionalize ['næʃnə-]

национа́льно-освободи́тельный nátional-liberátion ['næʃ-]

национа́льн‖ость ж nationálity [ˌnæʃə'næ-]; како́й вы ~ости? what is your nationálity?; ~ый nátional ['næʃ-]; ~ый костю́м nátional cóstume

на́ция ж nátion, people [piːpl]

нача́л‖о *с* 1. begínning; óutset; в ~e in the begínning; с са́мого ~a from the véry ['verɪ] begínning; ~ в ... часо́в утра́ (дня, ве́чера) ... is to begín at... a.m. (p.m.); в ~e пя́того (ча́са) soon áfter ['ɑːftə] four (o'clóck) 2. (*источник*) órigin ['ɒrɪ-]; source

нача́льник *м* chief; supérior [-'pɪə-], boss

нача́льн‖ый inítial [ɪ'nɪʃl]; first; eleméntary; ~ое обуче́ние eleméntary educátion

нача́льство *с* supériors [-'pɪə-]

нача́ть begín, start; ~ся begín, start; конце́рт уже́ начался́ the cóncert has begún alréady

начеку́: быть ~ be on the alért

начина́ть(ся) *см.* нача́ть(ся)

начи́нка ж fílling; stúffing

наш our; ours; где ~и места́? where are our seats?; ~и друзья́ our friends [fre-]; вот ~ но́мер this is our room

нашаты́рный: ~ спирт líquid ammónia

наше́ствие *с* invásion [-'veɪʒən]

наяву́ when awáke; гре́зить ~ dáy-dream

не not; я не зна́ю (не ви́жу) I don't know [nəu] (see); не на́до! don't!; не то́лько not ónly ['əu-] ◊ не раз more than once [wʌns]; не́ за что! (*в ответ на благода́рность*) don't méntion it!; not at all!, *амер.* you're wélcome; тем не ме́нее nevertheléss

небе́сный celéstial, héavenly ['he-]; ~ цвет sky-blue ['skaɪ] cólour ['kʌ-]

неблагоприя́тный unfávourable

не́бо *с* sky; héaven ['he-]

небольшо́й small; (*о расстоя́нии, сро́ке*) short; на ~ высоте́ at low áltitude; ~ переры́в short ínterval, break [-eɪk]

небоскрёб *м* ský-scráper ['skaɪ-]

небре́жн‖ость ж négligence, cárelessness ['kɛə-]; ~ый cáreless ['kɛə-], slípshod; ~ая рабо́та slóppy work

нева́жно: э́то ~ it doesn't mátter; я чу́вствую себя́ ~ I don't feel véry ['verɪ] well; ~! néver mind!

неве́жливый impolíte, discóurteous [-'kɔːtjəs]

неве́рн‖ый 1. wrong; ∼ое представле́ние wrong impréssion **2.** *(изменивший)* unfáithful

невероя́тный incrédible [-'kre-]

невесо́мость ж wéightlessness ['weit-]

неве́ста ж fiancée [fɪ'ɑːnseɪ]; bride

неве́стка ж *(жена сына)* dáughter-in-law; *(жена брата)* síster-in-law

невзира́я: ∼ ни на что in spite of ánything ['enɪ-]

невиди́мый invísible [-'vɪ-]

невино́вный ínnocent

невку́сный unsávoury, insípid [-'sɪp-]

невмеша́тельство с nón-interférence [-tə'fɪərəns]; nón-intervéntion (in)

невозмо́жно: э́то ∼ it's impóssible

нево́льно invóluntarily [-'vɔ-]; uninténtionally

невреди́мый unhármed, unínjured, unhúrt, safe; це́лый и ∼ safe and sóund

невы́годный no good; *(в деньгах)* at a loss; э́тот зака́з ∼ this órder does not pay

невыполни́мый imprácticable, unréalizable [-'rɪə-]

не́где nówhere; there's no room

неглу́пый sénsible; он ∼ челове́к he is quite an intélligent pérson

него́ him; мы пойдём без ∼

we'll go withóut him; у ∼ нет вре́мени he is búsy

негодова́ние с indignátion

негр м Négro ['niː-]

негра́мотн‖ость ж illíteracy [-'lɪ-]; ∼ый illíterate [-'lɪ-]

негритя́нка ж Négro ['niː-] (black) girl (wóman ['wu-])

негритя́нский Négro ['niː-], black

неда́вно récently, not long agó; látely; я прие́хал (совсе́м) ∼ I've come [kʌm] (quite) récently

недалёк‖ий near [nɪə], not far off; в ∼ом бу́дущем in the near fúture; в ∼ом про́шлом not long agó

недалеко́ not far awáy; э́то ∼? is it far from here?

неда́ром 1. *(не без основа́ния)* not for nóthing, not withóut réason **2.** *(не без цели)* not withóut púrpose

недействи́тельный 1. inefféctive **2.** *юр.* inválid [-'væ-]; null and void

неде́л‖я ж week; че́рез ∼ю (две ∼и) in a week (in two weeks, in a fórtnight); ∼ю тому́ наза́д a week ago; два (три) ра́за в ∼ю two (three) times a week

недове́рие с distrúst, lack of cónfidence

недово́льный disconténted, dissátisfied [-'sæ-]

недоде́ржка ж *фото* under-expósure [-ʒə]

недо́лго not long; я вас ∼ задержу́ I shan't keep you long

недомога́ние *с* indisposítion; чу́вствовать ~ be unwéll, not to feel quite well

недопусти́мый intólerable [-'tɔ-], inadmíssible

недорабо́тка *ж* *(упущение)* deféct; *разг.* bug

недоразуме́ние *с* misunder-stánding; э́то (про́сто) ~ it's a (mere) misunderstánding

недо́рого at a low [lɔu] price; э́то ~ it's cheap (inexpénsive)

недосмо́тр *м* óversight; по ~y by an óversight

недостава́ть lack

недоста́т‖ок *м* **1.** *(нехватка)* lack, shórtage; за ~ком вре́мени for want of time **2.** *(дефект)* deféct, shórtcoming

недосту́пный inaccéssible [ˌɪnæk'ses-]

не́дра *мн.* depths, bówels of the earth

не́друг *м* foe

нежела́тельн‖ый undesíra-ble [-'zaɪərə-]; э́то ~o it's un-desírable

нежена́тый unmárried

не́жный ténder; *(о вкусе, красках и т. п.)* délicate ['de-lɪkɪt]

незабу́дка *ж* forgét-me-not [fə'get-]

незави́сим‖ость *ж* indepénd-ence; ~ый indepéndent

незадо́лго not long (befóre); shórtly (befóre); ~ до ва́шего прие́зда shórtly befóre your ar-rival

незаму́жняя unmárried

не́зачем no need; no use [juːs]

нездоро́вый 1. *(о человеке)* síckly; я нездоро́в I'm unwéll **2.** *(о климате и т. п.)* unhéalthy [-'he-]

незнако́мый unfamíliar [-fə'mɪlɪə]; unknówn [-'nəun]; мы незнако́мы we haven't met befóre

незначи́тельный *(маловаж-ный)* insigníficant [-'nɪfɪkənt], unimpórtant; *(маленький)* slight

незре́лый únripe; green; *(перен. тж.)* immatúre [-'tjuə]

неизбе́жно inévitably

неизве́стно unknówn [-'nə-un]; ~, смогу́ ли я прийти́ I don't know whéther I'll be able to come [kʌm]

неизве́стн‖ый unknówn [-'nəun]; по ~ым причи́нам the réasons béing unknówn

неизлечи́мый incúrable [-'kjuə-]

неизме́нно inváriably

неиспра́вн‖ый defective, out of órder; маши́на ~a the car is in disrepáir

ней her; вы с ~ незнако́мы? haven't you met her befóre?

нейло́н *м* nýlon

нейтралите́т *м* neutrálity [-'træ-]

нейтра́льный néutral

неквалифици́рованный un-skílled, unquálified [-'kwɔ:-]

не́когда: мне ~ I have no time

не́котор‖ый a cértain; some [sʌm]; ~ым о́бразом sómehow, áfter ['ɑːftə] a fáshion; ~ые some

433

непонимание

некстáти not to the point, irrélevant [-'re-]; out of place

нéкуда nówhere ['nəu-]

некурящ‖ий 1. nón-smóking **2.** *м* nón-smóker; вагóн для ~их nón-smóking cárriage (car)

нелётн‖ый: ~ая погóда non- -flýing wéather ['weðə]

нелóвк‖ий áwkward; ~ое движéние áwkward móvement

нельзя *(невозмóжно)* it's impóssible; one can't; здесь ~ пройтú there's no way through [θru:] here; ~ли посетúть вы́ставку (вы́ехать порáньше)? can't we vísit ['vɪzɪt] the exhibítion [,eksɪ'bɪ-] (leave éarlier)?

нём him; я о ~ не слы́шал I haven't heard of him

немáло 1. *(перед сущ. в ед.)* not a little, much; *(перед сущ. во мн.)* not a few, quite a few **2.** *(при глагóле)* a great [-eɪ-] deal, a lot

немéдленно immédiately, at once [wʌns], right awáy; мы ~ выезжáем we leave right awáy

нéмец *м* Gérman

немéцкий Gérman; ~ язы́к Gérman, the Gérman lánguage

нéмка *ж* Gérman (wóman ['wu-])

немнóго a little; few, some [sʌm]; ~ фру́ктов some fruit; ~ людéй few people [pi:pl]; ~ врéмени little time

немóдный unfáshionable [-'fæʃ-], out of fáshion

немóй 1. dumb [dʌm] **2.** *м* dumb man

нему́ him; зайдём к ~ let's drop in on him

ненавúдеть hate

нéнависть *ж* hátred ['heɪ-]

ненадóлго not for long, for a short while; я приéхал ~ I've come [kʌm] for a short while

необходúм‖о it is nécessary ['ne-]; мне ~ вúдеть I must see; ~ый nécessary ['ne-], esséntial [ɪ'senʃəl]; ~ые свéдения the nécessary informátion

необыкновéнный extraórdinary [ɪks'trɔːdnrɪ], remárkable; ~ успéх unúsual succéss

неограни́ченный unlímited [-'lɪ-], unrestrícted

неоднокрáтно repéatedly, more than once [wʌns]

неодобрéние *с* disappróval

неожúданный unexpécted

неосторóжн‖ость *ж* cárelessness, incáutiousness [-'kɔːʃəs-]; imprúdence [-'pru:-]; ~ый cáreless; imprúdent

неотлóжн‖ый úrgent; ~ая пóмощь first aid

неплóх‖о not bad, rather ['rɑː-] well; ~ой quite good, not bad; ~áя мысль not a bad idéa [aɪ'dɪə]

непобедúмый invíncible, uncónquerable

непогóда *ж* foul wéather

неподходя́щий unfít, unsúitable [-'sju:t-], inapprópriate

непокóрный unrúly, rebéllious

непóлный incompléte

непонимáние *с* incomprehénsion; *(непрáвильное понимáние)* misunderstánding

непоня́тный incomprehénsible; мне непоня́тно... I don't understánd

непоря́док м disórder

непосре́дственный 1. immédiate [-'miː-], diréct **2.** *(есте́ственный)* spontáneous

непостоя́нный incónstant; *(о пого́де и т. п.)* chángeable ['tʃeɪ-]

непра́вда ж fálsehood, lie; э́то ~ it's not true

непра́вильный 1. *(неве́рный)* wrong, incorréct **2.** irrégular [ɪ'regjulə]

непредви́денн‖ый unforeséen; ~ая заде́ржка unforeséen deláy

непреме́нно súrely ['ʃuə-], cértainly, without fail; я ~ приду́ I'm sure to come [kʌm]; ~ приходи́те come without fail

непривы́чн‖ый unúsual; ~ая обстано́вка unúsual situátion

непригóдный unfít; unsúitable [-'sjuː-]

неприе́млем‖ый unaccéptable [-ək'sep-]; ~ые усло́вия unaccéptable condítions

неприкоснове́нность ж immúnity; ~ ли́чности inviolabílity of the pérson; диплома́тическая ~ diplomátic [-'mæ-] immúnity

неприли́ч‖но impróperly; ~ный impróper; *(непристо́йный)* indécent

непринуждённ‖ый unconstráined; nátural ['nætʃə-]; ~ая бесе́да free and éasy talk

неприя́тно: мне о́чень ~... I find it véry ['verɪ] unfórtunate that...; I am véry sórry, that...

неприя́тн‖ость ж trouble [-ʌ-]; núisance ['njuː-]; кака́я ~! what a píty!; ~ый unpléasant [-'ple-]; disagréeable; ~ый вкус násty taste

непродолжи́тельн‖ый short; ~ое вре́мя for a short time

непромока́ем‖ый wáterproof ['wɔːtə-]; ~ое пальто́ wáterproof coat

непро́чный unstáble [-'steɪ-], not strong; *(о мате́рии)* flímsy

неработоспосо́бный incapácitated [-'pæ-], disábled

нерабо́чий: ~ день day off; hóliday ['hɔ-]

нера́венство с inequálity

нера́вный unéqual [-'iːkw-]

неразлу́чный inséparable [-'se-]

нераспростране́н‖ие с: догово́р о ~ии я́дерного ору́жия nón-proliferátion tréaty

нерв м nerve; ~ный nérvous

неруши́мос‖ть ж: при́нцип ~ти грани́ц the príncple of inviolabílity [-ˌvaɪələ'bɪ-] of fróntiers

несве́жий not fresh; *(чёрствый)* stale

несвоевре́менный untímely; inópportune; unséasonable

несессе́р м dréssing-case

не́скольк‖о 1. some [sʌm], séveral ['se-], a few; a little; ~ челове́к séveral ['se-] people [piːpl]; ~ раз séveral times; в ~их слова́х in a few words [wədz] **2.** *(в некоторой* *степени)* sómewhat ['sʌm-]; slíghtly; in a way

неслы́ханный unhéard of [-'hə:d], unprécedented [-'pres₁-]

несмотря́ на in spite of, notwithstánding, despíte

несовершенноле́тний 1. únder-age **2.** *м* mínor

несправедли́в‖ость *ж* injústice; **~ый** unjúst

нести́ 1. cárry **2.** *(переносить)* bear [bɛə]; **~ наказа́ние** (отве́тственность) bear púnishment (responsibílity)

несча́стный unháppy, unlúcky, unfórtunate; **~ слу́чай** áccident

несча́сть‖е *с* misfórtune, disáster; **к ~ю** unfórtunately

нет I no; not; вы его́ зна́ете? — Нет, не зна́ю do you know [nəu] him? — No, I don't; во́все **~** not at all; ещё **~** not yet

нет II *(не имеется)* there is no; there are no; у меня́ **~** вре́мени I have no time; здесь никого́ **~** there's nóbody [-bədı] here; кого́ сего́дня **~?** who's ábsent todáy?; таки́х книг у нас **~** we don't have such books

нетерпе́ние *с* impátience [-ʃəns]

нетерпи́мость *ж* intólerance [-'tɔ-]

нето́чный ináccurate [-'ækju-]; inexáct

нетрудов‖о́й: ~ы́е дохо́ды *мн.* unéarned [-'ə:nd] íncome *sn*

нетрудоспосо́бный disábled [-'eɪbld]

неуваже́ние *с* disrespéct; **прояви́ть ~** show [ʃəu] disrespéct

неуда́ч‖а *ж* fáilure; **терпе́ть ~у** fail

неуда́чн‖ый unsuccéssful [-sək'ses-]; **~ая попы́тка** unsuccéssful attémpt

неудо́бно uncómfortably [-'kʌm-]; **в э́том кре́сле ~ сиде́ть** this árm-chair is uncómfortable to sit in; **мне, пра́во, ~ беспоко́ить вас** I hate to bóther you

неуже́ли réally ['rɪə-]; **~ э́то пра́вда?** is it réally true?

неусто́йчивый unstáble [-'steɪ-]; unstéady [-'ste-]; chángeable ['tʃeɪn-]

нефтепрово́д *м* (oil) pípeline

нефть *ж* oil

нефтя́ник *м* óil-índustry wórker ['wə:kə]

неча́янно accidéntally [,æks₁-]; uninténtionally; **извини́те, я ~ sórry,** I didn't mean it

не́чего I nóthing ['nʌ-]; **мне ~ сказа́ть** I have nóthing to say

не́чего II *(незачем)* no need; **вам ~ спеши́ть (беспоко́иться)** you needn't húrry (wórry ['wʌ-])

нечётный odd

нешта́тный párt-time

нея́сный vague [veɪg]; **результа́ты (ещё) нея́сны** the resúlts are not clear [-ɪə] (yet)

ни: ни... ни... néither...nor...; **ни бо́льше, ни ме́ньше** no less than...; как бы то ни было be it as it may

нигде́ nówhere ['nəuwɛə]; его́ ~ нет he's not to be found ánywhere ['enɪwɛə]; мы ещё ~ не́ были so far we haven't been ánywhere

ни́жний únder ['ʌndə]; lówer ['ləuə]; ~ эта́ж ground floor

ни за что́ by no means; not for the world [wɜːld]!

ни́зкий 1. low [ləu] **2.** *(подлый)* mean, base [-s]

ни́зший lówer ['ləuə]; the lówest ['ləu-]; ~ сорт inférior quálity

никáк by no means; ~ не могу́ I réally ['rɪə-] can't

никогда́ néver ['nevə]; я ~ здесь не был I've néver been here befóre; ~ в жи́зни néver in one's life; почти́ ~ hárdly éver

никто́ nóbody [-bədɪ], no one

никуда́ nówhere ['nəuwɛə]; я ~ не пойду́ I shan't go ánywhere ['enɪwɛə]

ним 1. him; я с ~ (не) ви́делся I have (not) seen him **2.** them; пойдём к ~ let's go to them, let's call on them

ни́ми them; пойдём с ~ let's go with them

ни́тка ж, **нить** ж thread [θred]

них them; мы у ~ бы́ли we vísited ['vɪz-] them; я узна́л о ~ мно́го интере́сного I learnt a lot of ínteresting ['ɪntrɪst-] things abóut them

ничего́ nóthing ['nʌ-]; у меня́ ~ нет I've nóthing ◊ ~! néver mind!; it doesn't mátter!

ничто́ nóthing ['nʌ-]

ничу́ть not at all, not a bit; я ~ не уста́л I'm not a bit tíred

ничь‖**я́** ж *спорт.* a draw; сде́лать ~ю́ draw

но but; не то́лько..., но и... not ónly ['əu-]..., but álso...

нова́тор м ínnovator; pionéer [ˌpaɪə-]

нови́нка ж nóvelty ['nɔ-]

новобра́чные *мн.* the néwly-weds ['nju-]

нового́дний New Year's

новолу́ние *с* new moon

новорождённый 1. néw-born **2.** м *(ребёнок)* néw-born báby

новосёл *м (в доме)* new [njuː] ténant ['te-]

новосе́лье *с* hóuse-warming ['hauswɔːmɪŋ] (párty)

новостро́йка ж **1.** new constrúction site **2.** *(новое здание)* néwly eréctéd búilding ['bɪl-]; *(новый завод)* néwly eréctéd plant

но́вость ж news

но́в‖**ый** new; что ~ого? what's the news?, what's new?, any news?

нога́ ж *(ступня)* foot *(мн.* feet); *(выше ступни)* leg ◊ идти́ в но́гу keep in step

но́готь м nail; *(на ноге)* tóe-nail ['təu-]

нож м knife; столо́вый ~ táble-knife ['teɪbl-]

но́жницы *мн.* scíssors ['sɪzəz]

нока́ут м knóckout

нокда́ун м knóckdown

ноль м zéro [ˈzɪərəʊ]; nought

но́мер м **1.** númber; ~ до́ма númber of the house **2.:** ~ о́буви (перча́ток) size of shoes [ʃuːz] (gloves [glʌ-]) **3.** *(газеты и т. п.)* íssue [ˈɪʃuː]; númber **4.** *(в концерте и т. п.)* turn, ítem **5.** *(в гостинице)* room; у вас есть свобо́дные ~á? have you ány vácant rooms?; в како́м ~е вы живёте? what is your room númber?; ключ от ~a key [kiː] of the room

но́рка ж mink

но́рм‖а ж quóta; rate; stándard; вы́полнить дневну́ю ~y produce the dáily quóta; ~ при́были rate of prófit

норма́льн‖ый nórmal; *(умственно полноценный)* sane; ~ая температу́ра nórmal témperature

нормати́в м эк. stándard

нос м nose

носи́лки мн. strétcher

носи́льщик м pórter

носи́ть 1. cárry **2.** *(одежду)* wear [wɛə]

носки́ мн. socks

носо́к м *(ноги, обуви, чулка)* toe [təʊ]

но́та ж в разн. знач. note

но́т‖ы мн. músic; игра́ть без нот play withóut músic; игра́ть по ~ам play from músic

ночева́ть spend the night, stay óvernight

ночле́г м lódging for the night; устро́иться на ~ find a lódging for the night

ночно́й night(-)

ночь ж night; споко́йной но́чи! good [gud] night!; в 2 часа́ но́чи at two a.m.

но́чью at (by) night, in the night time; мы вернёмся по́здно ~ we'll be back late at night *(после полуночи — in small hours, éarly in the mórning)*; наш по́езд прихо́дит ~ сего́дня ~ *(до 24 ч.)* this night; *(после 24 ч.)* in the mórning; за́втра ~ *(до 24 ч.)* tomórrow night; *(после 24 ч.)* the day áfter [ˈɑːftə] tomórrow

ноя́брь м Novémber [nəʊˈvembə]

НПО с (научно-произво́дственное объедине́ние) R&D [ˌɑːənˈdiː] and prodúction amalgamátion [æ-]

нра́виться: нра́вится ли вам..? do you like..?; мне не нра́вится... I don't like...

нра́вы мн. *(обычаи)* cústoms

нужда́ться *(в чём-л.)* need, be in need of, want; я нужда́юсь в сове́те (в о́тдыхе) I need advíce (rest)

ну́жно it is nécessary [ˈne-]; мне ~ идти́ I must go; что вам ~? what do you want?; мне не ~ э́того I don't need it

нуль м zéro [ˈziːrəʊ], nought [nɔːt]; *(в телефонном номере)* 0 [əʊ]

нырну́ть, ныря́ть dive

ня́ня ж nurse; *(детская тж.)* nánny; báby-sitter

О

о, об 1. *(относительно)* abóut, of; о ком (о чём) вы говорите? whom (what) are you tálking abóut?; не беспокóйтесь об э́том! don't wórry ['wʌ-] abóut it!; лéкция о жи́зни на планéтах lécture on life on the plánets **2.** *(при обозначении соприкосновения, столкновения)* agáinst, on, upón; я уда́рился о дверь I hit agáinst the door

óба both [bəuθ]

обвинéние *с* **1.** accusátion [ˌækjuː-]; charge **2.** *(сторона в суде)* the prosecútion

обвини́ть, обвиня́ть accúse [ə'kjuːz] (of); charge (with)

обвяза́ть, обвя́зывать tie [taɪ] (round); ~ верёвкой tie a rope round

обгóн *м авто* pássing, óvertaking; ❮~ запрещён!❯ *(надпись)* "no pássing!", "do not óvertake!"

обгоня́ть *см.* обогна́ть

обду́в *м*: ~ ветровóго стекла́ *авто* wíndscreen ['wɪ-] defógger and defróster

обду́мать, обду́мывать think smth óver, consíder [-'sɪ-]

óбе both [bəuθ]

обéд *м (в середине дня)* lunch; *(поздний)* dínner; зва́ный ~ dínner-party; пóсле ~a in the afternóon

обéдать have lunch (dínner); *(на званом обеде)* dine

обéденный dínner; ~ стол dínner table [teɪbl]; ~ перерыв lunch break [breɪk]

обезья́на *ж* mónkey ['mʌ-]; *(человекообразная)* ape

обели́ск *м* óbelisk ['ɔbɪ-]

оберну́ть wrap up

оберну́ться turn (round)

обёртка *ж* wrápper; énvelope ['envələup]

обёртывать *см.* оберну́ть

обёртываться *см.* оберну́ться

обеспéчен‖ие *с* secúrity; guarantée [ˌgærə-]; социа́льное ~ sócial ['səuʃ-] secúrity; ~ный **1.** províded with **2.** *(состоятельный)* well-to-dó, well-óff

обеспéчивать, обеспéчить 1. *(снабжать)* províde (with) **2.** *(гарантировать)* secúre; ensúre [-'ʃuə]

обеща́ние *с* prómise ['prɔ-]

обеща́ть prómise ['prɔ-]

обжéчь burn; ~ся burn onesélf [wʌn-]

обжига́ть(ся) *см.* обжéчь (-ся)

обзóр *м* súrvey; revíew [-'vjuː]

оби́вка *ж (материал)* uphólstery [-'həu-]

оби́д‖а *ж* offénce, ínsult; grudge; не дать себя́ в ~y be áble to stand up for onesélf [wʌn-]

оби́деть offénd, hurt; ~ся be offénded, take offénce; be hurt

обижа́ть(ся) *см.* оби́деть(ся)

оби́льный abúndant

обихо́д *м:* предме́ты дома́шнего ~a household uténsils

обката́ть *авто* run in; *амер.* break [breɪk] in

обка́тка *ж авто* rúnning in; *амер.* bréaking ['breɪk-] in, bréak-in périod

обко́м *м* (областно́й комите́т) régional commíttee

обла́ва *ж (оцепление)* róund-up

облада́ть posséss [-'zes]; have

о́блако *с* cloud

о́бласть *ж* **1.** région; próvince ['prɔ-] **2.** (*отрасль*) field, sphere [sfɪə], domáin

о́блачный clóudy

облегчи́ть 1. facílitate [-'sɪ-], make éasier ['iːzɪə] relíeve [-'liːv]; (*страдания*) alléviate; (*наказание*) commúte, mítigate ['mɪ-]

облива́ть, обли́ть pour [pɔ:] (óver); (*нечаянно*) spill óver

облисполко́м *м* (областно́й исполни́тельный комите́т Сове́тов наро́дных депута́тов) Exécutive [-'ze-] (Commíttee) of the Régional (Províncial [-'vɪn-]) Cóuncil of Péople's ['piː-] Députies ['de-]

обло́жка *ж* cóver ['kʌ-]; (*суперобложка*) dúst-jacket [-dʒæ-]

облока́чиваться, облокоти́ться lean one's élbows [-əuz] (on); «не облока́чиваться» (*надпись*) "no léaning"

обло́мок *м* **1.** frágment **2.** *мн.* débris ['debriː]

облучи́ться (*непреднаме-*

ренно) be expósed to (take a dóse of) radiátion; (*в лечебных целях*) be tréated with radiátion

обма́н *м* fraud, decéption, húmbug

обману́ть, обма́нывать decéive; cheat; ~ чьи-л. наде́жды let *smb* down

обма́хиваться fan onesélf [wʌn-] (with)

обме́н *м* exchánge [ɪks'tʃeɪn-]; ~ мне́ниями exchánge of opínions; ~ о́пытом exchánge of expérience; sháring knów-how ['nəu-]

обме́ниваться, обменя́ться exchánge [ɪks'tʃeɪndʒ]

обморо́зиться get fróst-bitten

о́бморок *м* faint, swoon; па́дать в ~ faint

обмо́тка *ж эл.* wínding

обнаде́жить reassúre, give [gɪv] hope (to)

обнаро́довать públish, promulgáte; ~ прое́кт зако́на для всенаро́дного обсужде́ния make the terms of the propósed law [lɔ:] públic for a pópular ['pɔ-] debáte

обнару́живать(ся) *см.* обнару́жить(ся)

обнару́жить 1. (*найти*) discóver [dɪs'kʌ-] **2.** (*проявить*) displáy; ~ся **1.** (*отыскаться*) be found; turn up **2.** (*выясниться*) appéar [ə'pɪə], turn out

обнима́ть, обня́ть embráce

обо *см.* о

обобщи́ть súmmarize

обогна́ть overtáke, outstríp

обогре́в *м тех.* héating

обогрева́тель *м авто* héater

ободри́ть, ободря́ть encóurage [-'kʌ-]

обознача́ть, обозна́чить 1. *(помечать)* mark **2.** *(значить)* mean; sígnify

обозрева́тель *м* cómmentator

обозре́ние *с* reviéw [-'vjuː]

обойти́ 1. *(вокруг)* go round **2.** *(закон и т. п.)* eváde ◊ ~ молча́нием pass óver in sílence

обойти́сь 1. *(чем-л.)* mánage ['mænɪdʒ]; *(без чего-л.)* do withóut **2.** *(стоить)* cost, come [kʌm] to...; э́то обошло́сь до́рого (дёшево) this cost me a prétty pénny (a trifle) **3.** *(обращаться)* treat

оборва́ть *(прекратить)* cut short; ~**ся 1.** break [-eɪk] **2.** *(прерваться)* stop súddenly

оборо́на *ж* defénce [-s]

обороня́ть(ся) defénd (onesélf [wʌn-])

оборо́т *м* **1.** *(речи)* turn of speech, phrase **2.** *эк.* turnóver **3.** *тех.* revolútion; пя́тый ~ вокру́г Земли́ fifth revolútion aróund the Earth **4.:** на ~е on the back; смотри́ на ~е please turn óver (P.T.O.)

обору́дование *с* equípment; machínery [-'fiːn-]

обору́довать equíp, fit out

обосно́ванный wéll-fóunded, wéll-gróunded

обоснова́ть, обосно́вывать substántiate, ground

обостри́ть, обостря́ть 1. inténsify, shárpen **2.** ággravate;

~ отноше́ния strain relátions

обо́чина *ж* róadside; *амер.* shoulder ['fəu-]

обраба́тывать treat; *(землю)* till, cúltivate

обраба́тывающ‖ий: ~ая промы́шленность manufácturing índustries; ~ центр *(станок-автомат)* machíning [-'fiː-] centre

обрабо́тать *см.* обраба́тывать

обра́довать gládden, make smb háppy; ~**ся** be glad, rejóice (at, in)

о́браз *м* **1.** ímage ['ɪmɪdʒ]; литерату́рный ~ cháracter ['kæ-] **2.** *(способ)* mánner, way; каки́м ~ом? how?; таки́м ~ом thus; in that way; гла́вным ~ом máinly, príncipally; нико́им ~ом by no means

образе́ц *м* módel ['mɔ-], páttern; *(образчик)* sample [sɑːmpl], spécimen ['spesɪmɪn]; прода́жа по образца́м to be órdered at the shówroom ['ʃəu-]; вы́ставочный ~ demonstrátion ítem, sample

образова́ние I *с* formátion

образова́ние II *с* educátion; сре́днее (вы́сшее) ~ sécondary (hígher) educátion; техни́ческое ~ téchnical educátion; наро́дное ~ públic educátion; получи́ть ~ be éducated ['edjuː-]

образо́ванный (wéll-)éducated [-'edjuː-]

образова́ть make, form; ~**ся** be formed

образо́вывать(ся) *см.* образова́ть(ся)

образцо́вый mо́del ['mɔdl]

обрати́ть: ~ внима́ние (на) pay atténtion (to); nótice; ~ чьё-л. внима́ние (на) call (draw) smb's atténtion (to)

обрати́ться *(к кому-л.)* addréss; ~ с призы́вом appéal; ~ к врачу́ (go and) see a dóctor

обра́тно back

обра́тн‖ый: ~ биле́т retúrn tícket; ~ путь the way back; в ~ую сто́рону in the ópposite diréction

обраща́ть *см.* обрати́ть

обраща́ться 1. *см.* обрати́ться **2.** *(с кем-л.)* treat; *(с чем-л.)* handle

обраще́ние *с* **1.** *(к кому-л.)* addréss; appéal **2.** *(с кем-л.)* tréatment; *(с чем-л.)* hándling

обре́зать, обреза́ть cut off

о́бруч *м* hoop

обруча́льн‖ый: ~ое кольцо́ wédding ring

обры́в *м (крутой откос)* pré-cipice ['pre-]

обрыва́ть(ся) *см.* оборва́ть(-ся)

обря́д *м* rite, céremony ['serɪ-]

обсервато́рия *ж* obsérvatory

обсле́довать inspéct; invéstigate; *(больного)* exámine [ɪg'zæ-]

обслу́живан‖ие *с* sérvice; бюро́ ~ия Sérvice Búreau

обслу́живать *см.* обслужи́ть

обслу́живающий: ~ персона́л (staff of) atténdants

обслужи́ть serve, atténd to

обстано́вка *ж* **1.** *(мебель)* fúrniture **2.** *(положение дел)* situátion; círcumstances *pl*

обстоя́тельств‖о *с* círcumstance; ~а измени́лись the círcumstances have áltered; при любы́х ~ах in any ['enɪ] case

обсуди́ть, обсужда́ть discúss, debáte

обсужде́ни‖е *с* discússion, debáte; предме́т ~я súbject únder discússion; point at íssue ['ɪʃuː]; внести́ на ~ вопро́с о... introdúce an ítem on...; всенаро́дное ~ nátional ['næʃ-] debáte

обсчита́ть, обсчи́тывать cheat; обсчита́ть на рубль overchárge by one rouble ['ruː-]

обтека́емый 1. *тех.* stréamlined **2.** *перен.* smooth; ~ отве́т evásive [-'veɪs-] ánswer ['ɑːnsə]

обува́ться *см.* обу́ться

о́бувь *ж* fóotwear ['futwɛə]; shoes [ʃuːz], boots; де́тская (же́нская, мужска́я) ~ chíldren's (ládies', men's) shoes; рези́новая ~ rúbber shoes and boots; моде́льная ~ fáshion shoes

обу́ться put [put] on one's shoes [ʃuːz]

обуча́ть(ся) *см.* обучи́ть(ся)

обуче́ние *с* tráining, instrúction; обяза́тельное ~ compúlsory educátion; совме́стное ~ co-educátion

обучи́ть teach, train; ~ся learn, be trained

обхо́д м **1.** (*кружной путь*) róund-abóut way **2.** (*о враче, дежурном и т. д.*) round; де́лать ~ make one's round

обходи́ть см. обойти́

обходи́ться см. обойти́сь

обши́рный spácious, exténsive

обща́ться assóciate with; meet

общежи́тие с hóstel; *амер.* dórm(itory); студе́нческое ~ students' hóstel, hall of résidence; *амер.* stúdents' dórm (-itory)

общеизве́стный wéll-known

общенаро́дн‖ый públic; nátional [ˈnæʃ-]; социалисти́ческое ~ое госуда́рство sócialist [ˈsəuʃ-] state of the whole people [piːpl]

обще́ние с cóntact; íntercourse; communicátion; ли́чное ~ pérsonal cóntact

обще́ственн‖ость ж públic; públic opínion [əˈpɪ-]; commúnity; мирова́я ~ world [wəːld] públic opínion; ~ый públic, sócial [ˈsəuʃ-]; ~ое мне́ние públic opínion; ~ое пита́ние públic cátering

о́бществ‖о с society [səˈsaɪ-]; commúnity; О. а́нгло-сове́тской дру́жбы Brítish-Sóviet Fríendship [ˈfrend-] Sóciety; интере́сы ~а ínterests [ˈɪntrɪsts] of the commúnity

о́бщ‖ий 1. géneral [ˈdʒe-]; ~ее пра́вило géneral rule [ruːl] **2.** cómmon; (*совместный*) mútual [ˈmjuːtʃu-]; ~ие интере́сы cómmon ínterests [ˈɪnt-

rɪsts] ◊ в ~ем on the whole [həul]; in géneral [ˈdʒe-]

общи́тельный sóciable [ˈsəu-]

о́бщность ж commúnity; ~ интере́сов commúnity of ínterests [ˈɪntrɪsts]

объедине́ние с **1.** (*союз*) únion; associátion; pool **2.** (*действие*) unificátion; (*слияние*) amalgamátion, mérger

объединённый united; combíned

объедини́ть uníte; combíne; pool; consólidate [-ˈsɔlɪ-]; ~ уси́лия join éfforts; ~ся uníte

объединя́ть(ся) см. объедини́ть(ся)

объе́зд м détour

объезжа́ть см. объе́хать

объекти́в м lens

объекти́вный objéctive; (*беспристрастный*) impártial, unbíassed

объём м vólume [ˈvɔ-]

объе́хать 1. (*препятствие*) go round; make a détour **2.** (*посетить*) trável [ˈtræ-] óver

объяви́ть decláre; annóunce

объявле́ние с **1.** advértisement **2.** (*действие*) declarátion; annóuncement

объявля́ть см. объяви́ть

объясне́ние с explanátion

объясни́ть, объясня́ть expláin

объя́тие с embráce

обыва́тель м (*мещанин*) Phílistine [ˈfɪ-]; (*рядовой человек*) man in the street

обыгра́ть, обы́грывать beat smb; ~ кого́-л. со счётом... win with the score...

обыкновённый órdinary; úsual ['juːʒ-]

óбыск м search [səːtʃ]

обы́чай м cústom

обы́чный *см.* обыкновённый

обя́занность ж dúty; всеобщая вóинская ~ univérsal mílitary ['mɪ-] sérvice

обяза́тельно cértainly, withóut fail; он ~ придёт he is sure to come [kʌm]

обяза́тельство с commítment; pledge; приня́ть (взять) ~ úndertake (to do)

обяза́ть 1. charge smb with the task (of dóing...) **2.** *(заставить)* force **3.** *(сделать одолжение)* oblíge; **~ся** pledge onesélf [wʌn-]; commít onesélf

обя́зывать(ся) *см.* обяза́ть (-ся)

Óвен м *астр.* Áries ['ɛəriːz]

овёс м oats *pl*

овладева́ть, овладе́ть seize; take hold of; *(знаниями)* máster

óвод м gádfly

óвощ∥и и *мн.* végetables ['vedʒɪ-]; **~нóй** végetable; **~нóй магази́н** (gréen)grócery (store)

овся́нка ж **1.** *(крупа)* óatmeal **2.** *(каша)* (óatmeal) pórridge

овца́ ж sheep *(мн.* sheep); *(овечка)* ewe [juː]

овцево́дство с shéep-breeding

овча́рка ж shéep-dog; неме́цкая ~ Alsátian

оглавле́ние с (table [teɪbl] of) cóntents

огласи́ть, оглаша́ть 1. annóunce **2.** *(предавать огласке)* make smth públic

огляде́ться, огля́дываться look round

огляну́ться turn to look *(at smth),* turn round; look back

огнетуши́тель м fíreextínguisher

огова́риваться, оговори́ться 1. *(ошибиться)* make a slip (in spéaking) **2.** *(сделать оговорку)* make a reservátion

огово́рка ж **1.** *(обмолвка)* slip of the tongue [tʌŋ] **2.** *(условие)* reservátion

огóн∥ь м **1.** fire **2.** *(свет)* light

огорóд м kítchen gárden; *амер.* truck gárden

огорча́ть(ся) *см.* огорчи́ть (-ся)

огорче́ние с grief, sórrow [-əu]

огорчи́ть distréss; grieve; *(разочаровать)* disappóint; я огорчён, что... I'm disappóinted that...; **~ся** grieve; не огорча́йтесь! cheer up!

огра́да ж fence

ограниче́н∥ие с restríction; limitátion; без **~ия** withóut restríction; ~ ско́рости *авто* speed límit ['lɪ-]

ограни́ченный 1. límited ['lɪm-] **2.** *(неумный)* nárrow-mínded [-əu'maɪn-]

ограни́чивать(ся) *см.* ограни́чить(ся)

ограни́чить límit ['lɪm-], restríct; **~ся** confíne onesélf [wʌn-] (to)

огро́мный huge, imménse; vast [-ɑː-]

огры́зок *м* bit, end; stump

огур‖е́ц *м* cúcumber; солё-ные ~цы́ sálted cúcumbers, píckled cúcumbers

одарённый gífted, tálented ['tæ-]

одева́ть(ся) *см.* оде́ть(ся)

оде́жда *ж* clothes [-ðz]; ве́рхняя ~ stréet-clothes

одеколо́н *м* Éau-de-Cológne [ˌəudəkəˈləun]

одержа́ть, оде́рживать: ~ верх gain (get [get]) the úpper hand; ~ побе́ду gain (win) a víctory

оде́ть dress, clothe; **~ся** dress; put [put] smth on

одея́ло *с* blánket; *(стёганое)* quilt

оди́н 1. one **2.** *(без других)* alóne

одина́ковый idéntical [aɪ-ˈden-], the same

оди́ннадцать eléven [-ˈle-]

одино́кий lónely, sólitary ['sɔ-]; *(холостой)* single

одино́чество *с* sólitude

одино́чк‖а *ж* lone pérson; в ~у alóne

одна́ *см.* оди́н

одна́жды once [wʌns]

одна́ко howéver [-ˈevə]; (and) yet

одно́: ~ и то же one and the same thing

одновре́ме́нно simultáneous-ly, at the same time

однодне́вный óne-day ['wʌn-]

однокомна́тн‖ый: ~ая квар-тира twó-room ['tuː-] flat *(амер.* apártment); *амер. тж.* stúdio (apártment)

однообра́зный monótonous [-ˈnɔtn-]

одноро́дный úniform, homo-géneous

односторо́нний one-síded ['wʌn-]; unilateral [-ˈlætə-]

однофами́лец *м* námesake

одноэта́жный one-stóreyed [ˌwʌnˈstɔː-]; single-stóreyed; ~ дом cóttage; búngalow [-ləu]

одобре́ние *с* appróval [əˈpruː-]

одо́брить, одобря́ть appróve [əˈpruː-] (of)

одолже́ние *с* fávour; сде́-лайте ~ do me a fávour

одува́нчик *м* dándelion [-laɪ-ən]

ожере́лье *с* nécklace [-lɪs]

ожесточённ‖ый bítter; fierce [fɪəs]; ~ая борьба́ fierce struggle

оживле́ние *с* animátion

оживлённый ánimated ['ænɪ-], lively

ожида́н‖ие *с* wáiting, ex-pectátion; в ~ии... pénding...; зал ~ия wáiting room

ожида́ть expéct; wait (for); я не ожида́л вас уви́деть I didn't expéct to see you

ожо́г *м* burn; *(кипятком, па-ром)* scald

озабо́ченность *ж* preoccupá-tion; *(забота)* concérn

оздорови́тельный health ['helθ] impróvement [-ˈruːv-]; sánitary ['sæ-], hygiénic [haɪ-ˈdʒiːnɪk]

озелене́ние *с* lándscape gárdening

о́зеро *с* lake

ози́м‖ый: ∼ые хлеба́ winter crops

означа́ть mean, sígnify; что означа́ет э́то сло́во? what does this word [wəːd] mean?

озно́б *м* chill, (fit of) féver; у меня́ ∼ I'm shívering ['ʃɪ-] (féverish)

озя́бнуть be chílly, be cold

оказа́ть rénder; show [ʃəu]; ∼ по́мощь help, rénder assístance (aid); ∼ гостеприи́мство show hospitálity; ∼ся **1.** turn out, prove [-uːv] (to be) **2.** *(очути́ться)* find onesélf [wʌn-]

ока́зывать(ся) *см.* оказа́ть (-ся)

океа́н *м* ócean ['əuʃən]; ∼ский ócean ['əuʃən]

о́кись *ж хим.* óxide ['ɔksaɪd]

окла́д *м* sálary ['sæ-]; básic [-sɪk] wage (pay)

оклевета́ть slánder, defáme

оклика́ть, окли́кнуть háil, call (to)

окно́ *с* wíndow [-dəu]

о́коло 1. *(возле)* near [nɪə], by; *(рядом)* next to **2.** *(приблизительно)* abóut; в э́том за́ле ∼ 500 мест this hall seats abóut five húndred

оконча́ние *с* **1.** *(спектакля и т. п.)* terminátion; end **2.** *шахм.* éndspiel [-ʃp-]

оконча́тельный fínal

око́нчить fínish ['fɪ-]; ∼ шко́лу fínish (leave) school [skuːl]; ∼ вуз gráduate from a cóllege ['kɔlɪdʒ]; конце́рт око́нчен the cóncert is óver; ∼ся end, términate

о́корок *м* ham, gámmon

око́шко *с* wíndow [-dəu]

окра́ина *ж (города)* óutskirts *pl*

окра́сить, окра́шивать paint; *(ткань и т. п.)* dye [daɪ]; *(слегка)* tíncture; осторо́жно, окра́шено! fresh paint!; *амер.* wet paint!

окре́стност‖ь *ж* envírons *pl* [ɪn'vaɪə-]; в ∼и in the néighbourhood

окро́шка *ж* okróshka *(cold kvass-and-vegetable soup)*

о́круг *м* dístrict; избира́тельный ∼ constítuency, eléctoral dístrict

окружа́ть *см.* окружи́ть

окруже́ние *с (среда)* envíronment [ɪn'vaɪər-]

окружи́ть 1. surróund (by); дом был окружён забо́ром there was a fence round the house **2.** *воен.* encírcle [ɪn'səːkl]

октя́брь *м* Octóber

окули́ст *м* óculist; *разг.* éye-doctor ['aɪ-]

о́кунь *м* perch

оку́рок *м* cigarétte-end [ˌsɪgə-], butt

ола́дьи *мн.* páncakes *(thick and small)*

оле́нь *м* deer *(мн.* deer)

олимпиа́да *ж спорт.* Olýmpiad

олимпи́йск‖ий Olýmpic; Олимпи́йские и́гры Olýmpic games; ле́тние (зи́мние) Олимпи́йские и́гры Súmmer (Wínter) Olýmpics; ∼ ого́нь (деви́з, символ, флаг) Olýmpic flame (mótto, sýmbol, flag); ~ая клятва Olýmpic oath

о́лово *c* tin

омле́т *м* ómelette ['ɔmlɪt]

он he; *(для неодушевл. предметов)* it; он то́лько что вы́шел he has just gone out

она́ she; *(для неодушевл. предметов)* it; она́ бу́дет в три часа́ she will come [kʌm] at three

они́ they; ~ всегда́ вам ра́ды they are álways glad to see you

оно́ it; пожа́луйста, да́йте мне пальто́, ~ виси́т в шкафу́ please give [gɪv] me my coat, it hangs in the wárdrobe

ООН (Организа́ция Объединённых На́ций) *см.* организа́ция

опа́здывать *см.* опозда́ть

опа́сн‖ость *ж* dánger ['deɪ-]; ~ый dángerous ['deɪ-]

о́пера *ж* ópera ['ɔрǝrǝ]

опера́ция *ж* operátion

опереди́ть, опережа́ть outstríp; *(во времени)* forestáll

опере́тта *ж* músical (cómedy ['kɔ-]); operétta

опери́ровать óperate (on)

о́перный ópera ['ɔрǝrǝ]; ~ теа́тр ópera-house; ~ певе́ц ópera sínger

опи́лки *мн.* sáwdust *sn*

описа́ние *c* descríption

опи́ска *ж* slip of the pen

опла́та *ж* ráy(ment); remunerátion

оплати́ть рау

опла́ченн‖ый: с ~ым отве́том replý-paid

опла́чивать *см.* оплати́ть

опло́т *м* búlwark, strónghold

опозда́н‖ие *c* cóming ['kʌm-] late; unpunctuálity [-'ælɪ-]; *(задержка)* deláy; без ~ия in time; с ~ием на час an hour ['auǝ] late

опозда́ть be late; ~ на 5 мину́т be five mínutes late; ~ на по́езд miss the train; по́езд опа́здывает the train is óverdue

опо́р‖а *ж* suppórt; *(моста)* pier [pɪǝ]; ~ ли́нии электропереда́чи pýlon ◊ то́чка ~ы fúlcrum ['ful-]

оппоне́нт *м* oppónent

опра́в‖а *ж* rim, frame; *(камня)* sétting; вста́вить в ~у set, mount; очки́ без ~ы rímless glásses

оправда́ние *c* **1.** justificátion; excúse [-s] **2.** *юр.* acquíttal

оправда́ть, опра́вдывать 1. excúse **2.** *юр.* acquít

определе́ние *c* definítion

определённый définite ['de-]

определи́ть, определя́ть defíne; detérmine

опресне́ние *c* desalinátion [-ˌsælɪ'neɪʃn]

опроверже́ние *c* refutátion, deníal

опроки́дывать, опроки́нуть upsét; overtúrn; topple down

опро́с *м* interrogátion; *(населения)* poll; ~ обще́ственного мне́ния (públic opínion [-'pɪ-]) poll

о́птика *ж* **1.** *(наука)* óptics

2. *(приборы)* óptical ínstruments and devíces; «óптика» *(надпись)* "Optícian" [-'tıʃn]

óптов‖ый whólesale; ~ые цéны whólesale príces

óптом whólesale; ~ и в рóзницу whólesale and retáil

опубликовáть, опублико́вывать públish

опускáть(ся) *см.* опусти́ть (-ся)

опусте́‖ть becóme [-'kʌm] émpty; зал ~л éverybody ['evrıbədı] left the hall

опусти́ть 1. lówer ['ləuə]; ~ письмó drop a létter **2.** *(пропусти́ть)* omít; ~**ся 1.** fall; *(погрузи́ться)* sink; *(на колени)* kneel **2.** *(морáльно)* degráde, degénerate [-'dʒe-]

óпухоль *ж* swélling; *мед.* túmour; доброкáчественная ~ benígn [-'naın] túmour; злокáчественная ~ malígnant túmour

óпыт *м* **1.** *(навыки)* expérience [-'pıər-]; произвóдственный ~ knów-how ['nəuhau] **2.** *(эксперимент)* expériment [-'perı-]; test

óпытн‖ый 1. *(о человеке)* expérienced [-'pıər-] **2.** *(относящийся к опытам)* experiméntal; ~ая устанóвка pílot plant

опять agáin

орáнжевый órange

оранжерéя *ж* hóthouse [-s], gréenhouse, consérvatory

орáтор *м* spéaker

орби́т‖а *ж* órbit; промежу́точная ~ párking órbit; выведéние на ~у plácing (bóosting,

pútting [put-]) ínto ['ıntu] órbit

óрган *м* órgan; bódy ['bɔ-]; законодáтельный ~ législative bódy; исполни́тельный ~ exécutive bódy; ~ы влáсти the authórities

орга́н *м муз.* órgan

организáтор *м* órganizer

организáция *ж* organizátion; Организáция Объединённых Нáций the Uníted Nátions (Organizátion)

организовáть órganize, arránge [-'reı-]

о́рден *м* órder, decorátion; ~ Лéнина Órder of Lénin; ~ Крáсного Знáмени Órder of the Red Bánner; ~ Крáсной Звезды́ Órder of the Red Star; ~ «Знак почёта» the Badge of Hónour; награди́ть ~ом décorate with an órder

орденоно́сец *м* órder-bearer [-bɛərə]

о́рдер *м* wárrant; ~ на кварти́ру authorizátion (wárrant for) to an apártment

орёл *м* eagle

орéх *м* **1.** nut; земляно́й ~ péanut; коко́совый ~ cóconut; грéцкий ~ wálnut **2.** *(дерево)* nút tree; *(материал)* wálnut

оригинáльный oríginal [-'rı-dʒə-]

оркéстр *м* órchestra ['ɔ:kıstrə]

орнáмент *м* órnament

ороси́ть, орошáть írrigate

орошéние *с* irrigátion

ору́дие *с* **1.** ímplement; tool; ínstrument **2.** *воен.* gun

ору́жие *с* wéapon ['we-]; *собир.* arms *pl*, wéapons *pl*; ~ ма́ссового уничтоже́ния wéapons of mass destrúction (exterminátion, annihilátion [ə,naiə'leiʃn])

оса́ *ж* wasp

оса́да *ж* siege [si:dʒ]

оса́дки *мн. (атмосферные)* precipitátion, ráinfall

осва́ивать *см.* осво́ить

осведоми́ться, осведомля́ться inquíre, make inquíries

освежа́ться, освежи́ться refrésh onesélf [wʌn-]; take an áiring

освети́ть, освеща́ть illúminate; light (up); *перен.* cast (throw [-əu]) light (upón)

освеще́ние *с* illuminátion; *перен.* elucidátion [ı,lu:sı-]; электри́ческое ~ eléctric light

освободи́тельн‖ый liberátion; emancipátory; ~ое движе́ние liberátion móvement

освободи́ть, освобожда́ть (set) free, líberate ['lı-]; reléase [-s]

освобожде́ние *с* liberátion; emancipátion; *юр.* reléase [-s]

освое́ние *с* mástering; ~ нефтяно́го месторожде́ния devélopment [-'ve-] of an óilfield

осво́ить máster; assímilate [-'sı-]; ~ о́пыт assímilate an expérience [fə'mıljə-] onesélf [wʌn-] with; feel éasy; ~ся с обстано́вкой fit onesélf ínto the situátion

осёл *м* dónkey; ass

осе́нний áutumn ['ɔːtəm]; ~ сезо́н áutumn séason

о́сень *ж* áutumn ['ɔːtəm]; *амер.* fall

о́сенью in áutumn ['ɔːtəm]; бу́дущей (про́шлой) ~ next (last) áutumn

осётр *м* stúrgeon

осетри́на *ж* stúrgeon

оси́на *ж* áspen ['æspən]

оскорби́ть insúlt, offénd

оскорбле́ние *с* ínsult, offénce

оскорбля́ть *см.* оскорби́ть

ослабева́ть, ослабе́ть grow [grəu] weak (feeble)

осла́бить, ослабля́ть 1. wéaken **2.** *(уменьшать напряже́ние)* relа́х

осложне́ние *с* complicátion

осма́тривать *см.* осмотре́ть

осме́ливаться, осме́литься dare

осмо́тр *м* inspéction; examinátion [ıg,zæmı-]; súrvey; медици́нский ~ médical examinátion, chéck-up

осмотре́ть inspéct, exámine [ıg'zæmın]; *(здание и т. п.)* go óver; ~ го́род go on a tour of a cíty ['sı-]; *разг.* do the cíty

осно́ва *ж* base [beıs]; básis [-sıs]; foundátion

основа́ние *с* **1.** *(действие)* foundátion **2.** *(причина)* grounds, réason

основа́тель *м* fóunder; ~ный **1.** sólid ['sɔ-] **2.** *(обоснованный)* wéll-gróunded, wéll-fóunded **3.** *(тщательный)* thórough ['θʌ-]

основа́ть found

основно́й fundaméntal, básic [-sık], príncipal

осно́вывать *см.* основа́ть;

~**ся** (*о предложении и т. п.*) be based (on)

особенн‖о espécially [ıs-'peʃ-], partícularly, in partícular; ~**ый** spécial ['speʃ-], partícular

осо́бый spécial ['speʃ-]; partícular; (*необычный*) pecúliar

о́сп‖а ж smállpox; приви́ть ~**у** кому́-л. váccinate smb (agáinst smállpox); ве́тряная ~ chícken pox

оспа́ривать dispúte, contést; ~ пе́рвое ме́сто conténd for the chámpionship (title [taɪtl])

остава́ться *см.* оста́ться

оста́в‖ить, оставля́ть leave; (*покинуть*) abándon; ~ в поко́е leave smb alóne; ~ далеко́ позади́ leave far behínd; я оста́вил до́ма... I left... at home

остально́е the rest

остана́вливать(ся) *см.* останови́ть(ся)

останови́ть stop; put [put] an end (to); ~**ся 1.** stop; маши́на останови́лась у воро́т the car pulled [puld] up (stopped) at the gate **2.** (*в гостинице и т. п.*) stay (at)

остано́в‖ка ж **1.** stop; без ~ок without [wıð-] ány stops; ~ авто́буса (трамва́я, тролле́йбуса) bus (tram, trólley-bus) stop **2.** (*перерыв в путешествии*) stópover; сде́лать ~ку в Варша́ве make a stópover in Wársaw

оста́ться 1. stay; remáin **2.** (*быть оставленным*) be left;

наш бага́ж оста́лся на перро́не we left the lúggage on the plátform; до отхо́да по́езда оста́лось де́сять мину́т the train leaves in ten mínutes

осторо́жн‖о cárefully; cáutiously ['kɔːʃəslı]; ~! (*надпись*) cáution!; look out!; ~**ый** cáreful, cáutious ['kɔːʃəs]

остриё с **1.** point **2.** (*ножа*) edge

остри́ть (*говорить остроты*) joke, jest, crack jokes

о́стров м ísland ['aɪlənd]

острота́ ж (*остроумное выражение*) joke, wítticism; *разг.* wísecrack

остроу́мный wítty

о́стр‖ый 1. (*заострённый*) sharp **2.** keen; acúte; ~**ая** боль sharp pain; ~ со́ус hot (píquant ['piːkənt]) sauce

остыва́ть, осты́ть cool (down), get [get] cold

осуди́ть, осужда́ть 1. (*порицать*) blame **2.** *юр.* séntence (to)

осуше́ние с dráinage

осуществи́ть, осуществля́ть cárry out, réalize ['rıə-], fulfíl; ~**ся:** моя́ мечта́ осуществи́лась my dream has come [kʌm] true

от from; я получи́л письмо́ от родны́х I got a létter from my folks (rélatives); я узна́л э́то от него́ I learnt from him abóut it; к се́веру от to the north of; кто стои́т (сиди́т) сле́ва (спра́ва) от вас? who is stánding (sítting) on your left (right)?; да́йте мне что́-нибудь от головно́й бо́ли give [gɪv] me some [sʌm] ре́medy for héadache [ˈhedeɪk]; от всего́ се́рдца, от всей души́ with all (from the bóttom of) one's heart [hɑːt]; я в восто́рге от э́той пое́здки (от ва́шего предложе́ния) I'm delíghted with this trip (with your propósal); э́то от меня́ не зави́сит it doesn't depénd on me, I can't help it; э́то зави́сит от нас it lies with you

отбива́ть см. отби́ть

отбивна́||я ж кул.: теля́чья (бара́нья) ~ cútlet; (с косточкой) veal (lamb) chop; свина́я ~ (pork) chop

отбира́ть см. отобра́ть

отби́ть (отрази́ть атаку) beat off, repúlse, repél; (мяч) retúrn

отбо́р м seléction; есте́ственный ~ nátural [ˈnæ-] seléction

отбо́рный seléct, choice

отбро́сы мн. réfuse [ˈrefjuːs] sn, gárbage sn, wáste [weɪst] sn

отбыва́ть depárt

отбы́тие с depárture

отва́жный courágeous, brave

отвезти́ take awáy; drive

отверга́ть, отве́ргнуть rejéct, turn down; (голосова́нием) vote down; ~ законопрое́кт kill the bill

отверну́ть (отвинти́ть) unscréw [-ˈskruː]; (откры́ть) turn on; ~ кран turn on the tap

отверну́ться turn awáy (from), turn one's back (on)

отве́рстие с ópening; órifice; (дыра́) hole

отвёртка ж scréwdriver [ˈskruː-]

отвёртывать см. отверну́ть

отвести́ 1. lead (take) asíde 2. (отклони́ть) rejéct 3. (удар и т. п.) párry 4. (помеще́ние и т. п.) allót

отве́т м ánswer [ˈɑːnsə]; replý; в ~ (на) in ánswer (replý)

отве́тить ánswer [ˈɑːnsə]; replý; ~ на вопро́с ánswer a quéstion [ˈkwestʃən]

отве́тственн||ость ж responsibílity [-ˈbɪ-]; ~ый respónsible; (отвеча́ющий за) in charge of; ~ый секрета́рь exécutive [-ˈze-] sécretary

отвеча́ть (за что-л.) ánswer [ˈɑːnsə] for; (нести́ отве́тственность) be respónsible (ánswerable) for

отвлека́ть, отвле́чь distráct, divért; ~ внима́ние distráct smb's atténtion

отводи́ть см. отвести́

отвози́ть см. отвезти́

отвора́чиваться см. отверну́ться

отвори́ть, отворя́ть ópen

отвраще́ние с disgúst, lóathing

отгада́ть, отга́дывать guess

отгова́ривать, отговори́ть dissuáde; talk smb out of dóing smth; ~ся excúse onesélf [ʌn-]

отгово́рка ж excúse [-s], prétext

отдава́ть, отда́ть 1. give [gɪv]; (возврати́ть) retúrn, give back; я о́тдал ему́ кни́гу I retúrned the book to him **2.**: ~ дóлжное rénder smb his due

отде́л *м* séction; *(учрежде́ния тж.)* depártment

отделе́ние *с* **1.** *(часть чего-л.)* séction; divísion [dɪ-'vɪʒn] **2.** *(филиал)* depártment; branch; ~ мили́ции (lócal) milítia státion; почто́вое ~ póst-office **3.** *(концерта)* part

отдели́ть séparate ['sepə-]; divíde; *(разъединять)* disjóin; ~**ся** séparate ['sepə-]; *(о предмете)* get [get] detáched

отде́лка *ж (украшение)* trímming

отде́льный séparate ['seprɪt]; indivídual [-'vɪd-]; ~ нóмер single room

отделя́ть(ся) *см.* отдели́ть (-ся)

отдохну́ть rest, have (take) a rest

о́тдых *м* rest, repóse; relaxátion; recreátion

отдыха́ть *см.* отдохну́ть

оте́ц *м* fáther ['fɑːðə]

оте́чественн‖ый nátional ['næʃ-]; home, doméstic; ~ого произво́дства hómemade

оте́чество *с* hómeland, mótherland ['mʌ-], nátive land

о́тзыв *м (суждение)* opínion [-'pɪ-]; réference ['ref-]; *(рецензия)* revíew [-'vjuː]

отзы́в *м (посла и т. д.)* recáll

отзыва́ть(ся) *см.* отозва́ть (-ся)

отзы́вчивый respónsive, sympathétic [ˌsɪmpə'θetɪk]

отка́з *м* refúsal

отказа́ть, отка́зывать refúse;

не откажи́те в любе́зности... be so kind to...; ~**ся 1.** refúse; declíne **2.** *(от)* give [gɪv] up; не откажу́сь I wón't say no

откидн‖о́й fólding ['fəu-]; ~óе сиде́нье (кре́сло) collápsible seat, jump seat (chair [tʃɛə])

откла́дывать *см.* отложи́ть

о́тклик *м* respónse [-s]

отклони́ть *(просьбу и т. п.)* declíne, rejéct; ~**ся** move [muːv] asíde; defléct; déviate; *(от темы)* digréss (from)

отклоня́ть(ся) *см.* отклони́ть(ся)

открове́нный frank; *(о человеке тж.)* outspóken

открыва́ть *см.* откры́ть

откры́тие *с* **1.** ópening; *(выставки и т. п.)* inaugurátion **2.** *(научное)* discóvery [-'kʌ-]

откры́тка *ж* póstcard ['pəu-]

откры́тый ópen

откры́ть 1. ópen; откро́йте дверь ópen the door; музе́й откры́т с... the muséum [mjuː'zɪəm] is ópen from... **2.** *(торжественно)* ináugurate; *(памятник)* unvéil [-'veɪl] **3.** *(собрание, прения и т. п.)* ópen, start **4.** *(обнаружить)* find out; *(сделать открытие)* discóver [-'kʌ-]

отку́да where... from; ~ вы? where are you from?; ~ вы э́то зна́ете? how do you know [nəu] it?

отку́да-нибудь from sómewhere ['sʌmwɛə]

отку́поривать, отку́порить uncórk, ópen

откуси́ть, отку́сывать bite off, take a bite (of)

отлёт *м* depárture; start, take-óff

отли́в I *м* ebb, low [ləu] tide

отли́в II *м (оттенок)*: с си́ним (ро́зовым) ~ом shot with blue (pink)

отлича́ть *см.* отличи́ть; ~ся 1. *см.* отличи́ться 2. díffer from 3. *(чем-л. характеризова́ться)* be remárkable for

отли́ч‖ие *с* dífference; distínction; в ~ от... unlíke; as distínct from; зна́ки ~ия insígnia

отличи́ть distínguish; ~ся *(вы́делиться)* distínguish onesélf [wʌn-] (by)

отли́чн‖о éxcellent, pérfectly; it's éxcellent; ~! éxcellent!; ~ый 1. *(превосхо́дный)* éxcellent, pérfect 2. *(друго́й)* dífferent (from)

отло́гий slóping

отло́женн‖ый: ~ая па́ртия *шахм.* adjóurned game

отложи́ть 1. *(положи́ть в сто́рону)* lay asíde 2. *(отсро́чить)* put [put] off, deláy; *(заседа́ние)* postpóne [pəu-], adjóurn [-ɔ:-]

отложно́й: ~ воротничо́к túrn-down cóllar

отме́на *ж* abolítion [-'lı-]; *(зако́на)* abrogátion, revocátion; *(распоряже́ния)* cancellátion, cóuntermand; ~ эмба́рго lífting of the embárgo

отмени́ть, отменя́ть cáncel; abólish [-'bɔ-]; repéal

отмере́ть die off, die out

отме́тить mark; note

отме́тка *ж* mark; note

отмеча́ть *см.* отме́тить

отмира́ть *см.* отмере́ть

отмора́живать *см.* отморо́зить

отморо́зить: ~ себе́ нос get one's nose fróst-bitten

отнести́ take (to); cárry (awáy)

отнима́ть *см.* отня́ть

относи́тельн‖о 1. rélatively ['re-] 2. *(каса́тельно)* concérning, about; ~ый rélative ['re-]; compárative

относи́ть *см.* отнести́

относи́ться 1. *(име́ть отноше́ние)* concérn; apply to 2. *(обходи́ться с кем-л.)* treat

отноше́н‖ие *с* 1. *(обраще́ние)* tréatment; хоро́шее (плохо́е) ~ good [gud] (ill) tréatment 2. *(связь)* relátion; в ~ии... in connéction with... 3. *(пози́ция)* áttitude, stand 4. *(докуме́нт)* létter; memorándum, mémo ['meməu]

отня́ть *(взять)* take awáy

ото *см.* от

отобра́ть 1. *(отня́ть)* take awáy 2. *(вы́брать)* seléct, pick out

отовсю́ду from éverywhere ['evrı-]

отодвига́ть(ся) *см.* отодви́нуть(ся)

отодви́нуть, ~ся move [mu:v] (asíde, back)

отозва́ть 1. *(в сто́рону)* take asíde 2. *(посла́)* recáll; ~ся *(отве́тить)* ánswer ['ɑ:nsə], replý; écho ['ekəu]

отойти́ 1. move [mu:v] аwа́y; ~ в сто́рону step asíde (from) 2. *(о поезде и т. п.)* leave 3. *(отстрани́ться)* withdráw

отопле́ние *с* héating; центра́льное (парово́е) ~ céntral héating

оторва́ть 1. tear [tɛə] (awа́y, from, off) 2. *перен.* distúrb; prevént (from); ~**ся** [kʌm] off; пу́говица оторвала́сь the bútton has come off; ~**ся** от земли́ *(о самолёте)* take off 2. *(отвлека́ться от чего́-л.)* tear [tɛə] onesélf [wʌn-] awа́y (from) 3. *спорт.:* ~**ся** от проти́вника get [get] free of the oppónent

отосла́ть send awа́y (off)

отпере́ть, отпира́ть о́pen, unlо́ck

отпеча́тать print

отпеча́ток *м* ímprint; ~ па́льца fínger-print

отплыва́ть sail

отплы́тие *с* sа́iling; depа́rture

отплы́ть *см.* отплыва́ть

отпо́р *м* rebúff

отправи́тель *м* sénder

отпра́вить send, dispа́tch; ~**ся** set off, leave (for); по́езд отпра́вится в 5 часо́в the train leaves at five o'clо́ck

о́тпуск *м* leave; *(регуля́рный)* hо́liday [ˈhɔlədɪ]; *амер.* vacа́tion; ~ по боле́зни síck-leave; ~ по бере́менности и ро́дам matérnity leave; в ~e on leave

отпуска́ть, отпусти́ть 1. let go; set free 2. *(товар и т. п.)* serve

отра́ва *ж* pо́ison

отравле́ние *с* pо́isoning

отража́ть *см.* отрази́ть

отраже́ние *с* 1. refléction 2. *(нападе́ния)* repúlse

отрази́ть *спорт.* beat back

отраслев‖о́й *эк.* séctoral; территориа́льное и ~о́е плани́рование territórial and séctoral plánning

о́трасль *ж* branch, field; ~ промы́шленности an índustry

отре́з *м* 1. cút-off (line) 2. *(ткань):* ~ на костю́м (на пла́тье, на пальто́, на брю́ки) súiting (dréssgoods, cо́ating, trо́usering)

отре́зать, отреза́ть cut off

отрица́ть dený

отруба́ть, отруби́ть chop off, cut off

о́труби *мн.* bran *sn*

отры́в *м:* ~ от проти́вника *спорт.* bréak-away [-eɪ-]; без ~а от произво́дства on a pа́rt-time bа́sis

отрыва́ть(ся) *см.* оторва́ть (-ся)

отры́вок *м* éxtract, frа́gment; pа́ssage

отря́д *м* detа́chment

отсе́к *м* séction, compа́rtment, bay; mо́dule [ˈmɔ-]; прибо́рный ~ ínstrument bay (compа́rtment); лу́нный ~ lúnar [ˈluː-] mо́dule

отсро́чивать, отсро́чить postpо́ne [pəu-], put [put] off

отстава́ть, отста́ть 1. lag behínd; *перен.* be bа́ckward (behínd); не отстава́йте don't lag behínd 2.: часы́ отстаю́т на 10 минут the watch (clock) is ten minutes slow [sləu]

отста́вк∥а ж retírement; вы́йти в ∼y resígn [rɪˈzaɪn], go ínto retírement

отста́л∥ый 1. rétrograde; ∼ые взгля́ды outdáted views [vjuːz] **2.** báckward, under-devéloped [-ˈve-]

отстёгивать, отстегну́ть un-bútton; unfásten [-ˈfɑːsn], undó [ʌnˈduː]

отступа́ть, отступи́ть 1. step back; retréat **2.** (от правила и т. п.) déviate (from)

отсу́тствие с **1.** ábsence **2.** (неимение) lack (of)

отсу́тствовать be ábsent

отсю́да 1. from here **2.** (из этого) hence

отте́нок м shade; (цвета) tint, hue [hjuː]

о́ттепель ж thaw

о́ттиск м (статья из журнала) reprínt

оттого́ thérefore; ∼ что be-cáuse

отту́да from there

отхо́д м **1.** (поезда) depár-ture **2.** (отклонение) deviátion

отходи́ть см. отойти́

отхо́д∥ы мн. wáste [ˈweɪst] próducts [ˈprɔ-]; переработ-ка промы́шленных ∼ов recý-cling [-ˈsaɪ-] of indústrial waste

отча́сти pártly

отча́яни∥е с despáir; в ∼и in despáir

отчего́ why

о́тчество с patroný́mic [-ˈnɪm-]; как ва́ше ∼? what is your patroný́mic?

отчёт м accóunt [əˈkau-]; (доклад) repórt

о́тчим м stépfather [-fɑː-]

отчита́ться, отчи́тываться give [gɪv] an accóunt [əˈkau-]; repórt

отъе́зд м depárture

официа́льный offícial [əˈfɪ-ʃəl]; fórmal

официа́нт м wáiter; (на самолёте, судне) stéward; ∼ка ж wáitress; (на самолёте, судне) stéwardess

офо́рмить (придать форму) put [put] ínto [ˈɪntu] shape

оформле́ние с (искусство) móunting; сцени́ческое ∼ stáging; худо́жественное ∼ décorative desígn

оформля́ть см. офо́рмить

офо́рт м étching

охвати́ть, охва́тывать envé-lop [-ˈve-]; embráce; compríse

охлади́ть, охлажда́ть cool (off)

охо́та ж húnting

охо́титься hunt; перен. тж. chase

охо́тник м húnter

охо́тно wíllingly; gládly, réadily [ˈre-]

охра́на ж **1.** (стража) guard **2.** (действие) guárding; ∼ ма-тери́нства и младе́нчества móther [ˈmʌ-] and child wél-fare; ∼ труда́ lábour protéction

охраня́ть guard (from), pro-téct (from)

охри́пнуть get [get] hoarse [hɔːs]

оце́нивать, оцени́ть 1. (опре-делить цену) éstimate, eváluate [ɪ'væ-] **2.** *(признавать достоинства)* appréciate [-'priːʃ-]

оце́нка *ж* **1.** *(определение цены)* evaluátion; estimátion; *(высокая)* appreciátion **2.** *(отметка)* mark

оча́г *м* hearth; *перен.* hótbed; ~ войны́ hótbed of war

очарова́тельный chárming

очеви́дец *м* éyewitness ['aɪ-]

очеви́дно évidently ['evɪ-]; *(вероятно)* appárently [-'pæ-]; соверше́нно ~ óbviously

о́чень véry ['verɪ]; *(с глаголами)* véry much; ~ вам благода́рен thank you véry much

очередни́к *м* pérson on a (the) wáiting list

о́чередь *ж* **1.** turn; тепе́рь моя́ ~ it's my turn now **2.** *(людей)* queue [kjuː], *амер.* line; *(список)* wáiting list

о́черк *м* sketch; éssay; *(в газете)* (féature) árticle

очи́стить, очища́ть 1. clean, púrify **2.** *(овощи и т. п.)* peel

очки́ *мн.* spéctacles, (éye-)glasses ['aɪ-]

очко́ *с спорт.* point

очну́ться recóver [-'kʌ-]; regáin cónsciousness, come [kʌm] to onesélf

о́чн‖ый: ~ое обуче́ние fúll-time stúdies ['stʌ-]

оше́йник *м* (dog) cóllar

ошиба́ться, ошиби́ться be mistáken; make a mistáke

оши́бк‖а *ж* mistáke; *(заблуждение)* érror; гру́бая ~ blúnder; по ~е by mistáke

оштрафова́ть fine; *спорт.* púnish ['pʌ-]

ощути́ть, ощуща́ть sense, feel

ощуще́ние *с* sensátion

П

па *с* step

павильо́н *м* pavílion [-'vɪljən]

павли́н *м* péacock

па́водок *м* spring flóods ['flʌ-] *pl*, high [haɪ] wáter ['wɔː-]

па́дать 1. fall; *(быстро)* drop **2.** *(понижаться)* sink; *(быстро)* drop

паде́ние *с* **1.** fall; drop **2.** *(правительства)* dównfall

паёк *м* rátion ['ræ-]

пай *м* share

паке́т *м* pácket ['pæ-]; párcel

пакт *м* pact; ~ о взаимопо́мощи mútual assístance pact; ~ о нападе́нии nón-aggréssion pact

пала́та *ж* **1.** *(в больнице)* ward **2.** *(учреждение)* chámber ['tʃjeɪ-]; *(законодательная тж.)* House; ~ ло́рдов the House of Lords, the Lords; ~ о́бщин the House of Cómmons, the Cómmons; ~ представи́телей *амер.* the House of Represéntatives; торго́вая ~ the Chámber of Cómmerce; Оруже́йная ~ Armoury

пала́тка *ж* **1.** tent **2.** *(ларёк)* booth, stall

пала́точный: ~ городо́к encámpment, camp, cámping-site

па́лец м *(руки́)* fínger [-gə]; *(ноги́)* toe [təu]; большо́й ~ *(руки́)* thumb [θʌm]; *(ноги́)* big toe; указа́тельный ~ fórefinger, index (fínger); безымя́нный ~ ríng-fínger; сре́дний ~ middle fínger

па́лка ж stick

па́лочка I **1.** ж (little) stick **2.** бараба́нная ~ drúmstick **3.** дирижёрская ~ báton ['bæ-]

па́лочка II ж *(бактерия)* bacíllus (*pl* -li)

па́луба ж deck; ве́рхняя (ни́жняя) ~ úpper (lówer) deck

па́льма ж pálm (tree); коко́совая ~ cóco, cóconut tree; фи́никовая ~ dáte (palm)

пальто́ с (óver)coat; зи́мнее (ле́тнее, осе́ннее) ~ wínter (súmmer, áutumn ['ɔːtəm]) óvercoat; мужско́е (да́мское, де́тское) ~ man's (lády's, child's) óvercoat

па́мятник м mónument ['mɔ-]; memórial [mɪ'mɔːrɪəl]; поста́вить ~ кому́-л. eréct a mónument to smb; заложи́ть ~ lay the foundátion of a mónument

па́мять ж **1.** mémory ['mem-] **2.** *(воспоминание)* recolléction, remémbrance; на ~ as a kéepsake; в ~ о на́шей встре́че in mémory (in commemorátion) of our méeting ◇ на ~ *(наизусть)* by heart [hɑːt]; он без па́мяти he is uncónscious

панно́ с pánel ['pæ-]

пансио́н м **1.** *(школа)* bóard-

ing-school ['bɔːdɪŋsk-] **2.** *(гостиница)* bóarding-house; по́лный ~ board and lódging

пансиона́т м bóarding-house

па́па I м *(отец)* dád(dy), papá [pə'pɑː]

па́па II м *(глава католической церкви)* Pope

папиро́са ж cigarétte [ˌsɪgə-] *(with a cardboard holder)*

па́пка ж *(для бума́г)* fólder ['fəu-]

пар I м steam

пар II м с.-х. fállow ['fæləu]

па́ра ж **1.** pair; ~ боти́нок pair of shoes [ʃuːz] **2.**: супру́жеская ~ márried couple

пара́граф м páragraph ['pæ-]

пара́д м paráde; воен. review [-'vjuː]; принима́ть ~ inspéct a paráde, hold a review

парадо́кс м páradox; ~ в том, что... it is irónic [aɪ'rɔ-] that...

парашю́т м párachute [-ʃuːt]; ~и́ст м párachutist [-ʃuːt-], párachute [-ʃuːt-] júmper; ~ный: ~ная вы́шка párachute tówer; ~ный спорт párachute sport

па́рень м féllow [-əu]; chap; *амер.* guy [gaɪ]

пари́ с bet; держу́ ~, что I bet that

пари́к м wig

парикма́хер м háirdresser; *(только мужской)* bárber

парикма́херская ж háirdressing salóon, the háir-dresser's; *(мужская)* bárber shop

пари́льня ж stéam-room, Túrkish bath

парк м park; ~ культу́ры и о́тдыха park of cúlture and recreátion; amúsement park

парке́т м párquet [-keɪ]

парла́мент м párliament [-lə-mənt]; nátional ['næʃ-] assémbly; (не английский тж.) díet ['daɪət]

парово́з м (stéam-)engine; амер. locomótive

парово́й steam(-)

паро́дия ж párody ['pæ-]

паро́ль м pássword

паро́м м férry(boat)

парохо́д м stéamer, (stéam-)ship; boat; мы пое́дем на ~е we'll take (go by) stéamer; ~ство с: Балти́йское ~ство Báltic Lines

па́рта ж (school) desk

партбиле́т м (парти́йный биле́т) Párty card

парте́р м театр. pit; (пере́дние ряды́) stalls; тре́тий ряд ~a third row of the stalls

партиза́н м, ~ка ж guerílla(-fíghter) [gə'rɪlə-], partisán [-'zæn]

парти́йн‖ость ж (принадле́жность к па́ртии) Párty mémbership; ~ый **1.** párty; ~ый съезд Párty Cóngress **2.** м Párty mémber

партиту́ра ж муз. score

па́ртия I ж párty; коммунисти́ческая ~ Cómmunist Párty; социа́л-демократи́ческая ~ Sócial Democrátic Párty

па́рти‖я II ж **1.** (отря́д) párty; detáchment; пе́рвая ~ тури́стов уже́ вы́ехала the first group of tóurists has alréady left **2.** (това́ра) batch; lot **3.** спорт. game, set; сыгра́ем ~ю в те́ннис (в ша́хматы) let's have a set (a game of chess) **4.** муз. part; ~ю роя́ля исполня́ет... at the piáno...

партнёр м, ~ша ж pártner

па́рус м sail; поднима́ть ~á set sail; идти́ под ~а́ми sail

паруси́на ж cánvas

па́русн‖ый: ~ое су́дно sáiling véssel, sáiler; ~ спорт sáiling (sport); yáchting ['jɔt-ɪŋ]

парфюме́рия ж perfúmery

парфюме́рный: ~ магази́н perfúmer's shop

пас м pass

па́смурный: ~ день dull (místy) day

пасова́ть спорт. pass

па́спорт м pássport

пасса́ж м (с магази́нами) (shópping) árcade

пассажи́р м pássenger

па́ста ж paste [peɪst]; зубна́я ~ tóoth-paste

пасте́ль ж жив. pastél [-'tel]

пасти́ graze, tend, shépherd ['ʃepəd]

пастила́ ж frúit ['fruːt] (bérry) swéetmeat, fruit fudge

па́стор м mínister ['mɪ-], pástor

пасту́х м hérdsman, shépherd

Па́сха ж Éaster

па́сынок м stépson

пат м шахм. stálemáte; де́лать ~ stálemáte

пате́нт м pátent

патенто́ванн‖ый pátent; ~ое сре́дство pátent médicine

патефо́н *м* grámophone ['græ-]

патриа́рх *м* pátriarch ['peɪtrɪɑːk]

патрио́т *м* pátriot; ~**и́зм** *м* pátriotism; ~**и́ческий** patriótic [-'ɔtɪk]

патро́н *м* cártridge

патру́ль *м* patról [-'trəul]

па́уза *ж* pause [pɔːz]

пау́к *м* spíder

паха́ть plough [-au], till

па́хнуть smell (of); *(неприятно)* reek (of), stink

пацие́нт *м* pátient ['peɪʃnt]

па́чка I *ж* páckage; ~ сигаре́т páckage (pack) of cigaréttes [ˌsɪgə-]

па́чка II *ж (балерины)* tútu ['tuːtuː]

па́шня *ж* árable ['ær-] (land)

паште́т *м* meat pie [paɪ], pâté ['pɑːteɪ]

пая́ть sólder ['sɔ-]

ПВО (противовозду́шная оборо́на) air defénce

пев‖**е́ц** *м*, ~**и́ца** *ж* sínger

педаго́г *м* téacher; *(деятель образования)* educátionist

педа́ль *ж* pédal ['pe-]

пейза́ж *м* lándscape

пелёнка *ж* náppy; *амер.* díaper

пельме́н‖**и** *мн.* pelméni *(meat dumplings)*; ~**ная** *ж* "Pelméni" snack bar

пе́на *ж* foam

пена́льти *м и с спорт.* pénalty

пе́ние *с* sínging

пе́нка *ж (на молоке и т. п.)* skin

пенсионе́р *м*, ~**ка** *ж* pénsioner ['penʃənə]

пе́нсия *ж* pénsion ['penʃn]; персона́льная ~ pérsonal capácity [-'pæ-] pénsion; ~ по инвали́дности (по во́зрасту) disability (retírement) pénsion; ~ по слу́чаю поте́ри корми́льца pénsion for loss of bréadwinner ['bred-]

пенсне́ *с* pínce-nez ['pænsneɪ]; (éye-)glasses ['aɪ-]

пень *м* stump, stub

пе́пел *м* ash(es)

пе́пельница *ж* ásh-tray

пе́рвенство *с* chámpionship; ~ ми́ра по футбо́лу (волейбо́лу) fóotball (vólleyball) world [wəːld] chámpionship

пе́рвое *с (блюдо)* first course [kɔːs]; что на ~? what is there for the first course?

первокла́ссник *м* first-fórmer

первокла́ссный first-ráte, first-cláss; *амер.* A 1

первоку́рсник *м* fírst-year stúdent; fréshman

Первома́й *м* May Day

пе́рв‖**ый** first; ~**ое** число́ the first of...; ~ час past twelve; в ~**ом** часу́ past twelve; полови́на ~**ого** half past twelve; ~ эта́ж ground floor; *амер.* main floor, first floor; Пе́рвое ма́я May Day; прийти́ ~**ым** *спорт.* win, fínish ['fɪ-] first

перебега́ть, перебежа́ть run acróss, cross at a run (rúnning)

перебива́ть, переби́ть interrúpt ◊ ~ поку́пку óffer a hígher price for a thing to get [get] it

перебра́ться 1. get over **2.** *(переселиться)* move [mu:v]

перева́л *м* (móuntain) pass

перевезти́ transpórt; *(через реку)* put [put] (take) acróss

переверну́ть turn óver, overtúrn; ~ страни́цу turn a page

переве́с *м (численный)* superióriy; *(излишек веса)* óverweight [-eɪt]

перевести́ 1. *(на другой язык)* transláte; *(устно)* intérpret; переведи́те, пожа́луйста! transláte, please! **2.** *(деньги по почте)* remít **3.** *(в другое место)* transfér; move [mu:v] **4.:** ~ часы́ *(вперёд, наза́д)* put [put] the watch (on, back)

перево́д *м* **1.** *(в другое место)* tránsfer **2.** *(на другой язык)* translátion; *(устный)* interpretátion; синхро́нный (после́довательный) ~ simultáneous (consécutive) interpretátion *(почтовый)* póstal [ˈpəʊ-] órder

переводи́ть *см.* перевести́

перево́дчик *м (письменный)* translátor; *(устный)* intérpreter

перевози́ть *см.* перевезти́

переворо́т *м* coup (d'état) [ˌkuː (deɪˈtɑː)], uphéaval

перевы́боры *мн.* (ré-)eléction(s)

перевяза́ть 1. *(рану)* bándage; dress **2.** *(связать)* tie up

перевя́зк‖а *ж* dréssing; сде́лать ~у bándage

перевя́зывать *см.* перевяза́ть

переги́б *м* **1.** *(складка)* fold **2.** *(крайность)* excéss, extréme, exaggerátion; э́то ~ that is góing too far

перегна́ть outstríp, outrún

перегово́рный: ~ пункт trúnk-call óffice

перегово́ры *мн.* negotiátions; talks; вести́ ~ negótiate (with); cárry on negotiátions

перегоня́ть *см.* перегна́ть

перегора́ть, перегоре́ть burn out, fuse

перегоро́дка *м* partítion

перегре́в *м* overhéating

перегру́зка *ж* óverload

пе́ред 1. *(впереди)* befóre, in front [frʌ-] of; ~ ва́ми карти́на... the pícture befóre you is... **2.** *(до)* befóre; ~ концéртом befóre the cóncert; ~ обéдом (за́втраком, у́жином) befóre lunch (bréakfast [ˈbre-], súpper) **3.** *(в отношении)* to; я ~ ним извиню́сь I will apólogize to him

передава́ть *см.* переда́ть

переда́тчик *м радио* transmítter, transmítting set

переда́ть 1. pass, give [gɪv]; *(вручить)* hand; переда́йте, пожа́луйста, хлеб pass me the bread, please; переда́йте ему́ приве́т remémber me to him, give him my regárds (love [lʌv]); **2.** *(сообщить)* tell; give a méssage **3.** *(по радио)* bróadcast [ˈbrɔːd-]

переда́ча *ж радио* bróadcast [ˈbɔːd-]; *тлв. тж.* télecast [ˈte-]

передвига́ть(ся) *см.* передви́нуть(ся)

передвиже́н‖ие *с* móvement ['mu:v-]; сре́дства ~ия means of convéyance

передви́нуть move [mu:v]; shift; ~**ся** move [mu:v]

переде́лать, переде́лывать álter, remáke, change

переде́ржка *ж фото* óver-expósure [-ɪksʹpəʊʒə]

пере́дний front [frʌ-]

пере́дняя *ж* hall, ánteroom ['ænti-]

передово́й advánced; progréssive; ~ челове́к a progréssive

перее́зд *м* **1.** pássage; *(по воде)* cróssing **2.** *ж.-д.* cróssing; *(на шоссе)* híghway cróssing **3.** *(на другое место)* remóval [-ʹmu:v-]

переигра́ть, переи́грывать *(заново)* play anéw; ~ игру́ repláy the match

переизбира́ть, переизбра́ть *(снова выбрать)* re-eléct

переизда́ние *с* reprínt

перейти́ 1. pass, cross, go óver; перейдём на друго́е ме́сто let's go over to some [sʌm] óther place; ~ у́лицу cross the street **2.** *(превратиться)* turn **3.** *(в другие руки)* pass (to)

перека́т *м (на реке)* bar, shállow

пе́рекись *ж:* ~ водоро́да hýdrogen ['haɪ-] peróxide

перекли́чка *ж* róll-call

переключа́тель *м* switch

перекрёсток *м* cróss-road(s); interséction

переку́р *м разг.* (smoke) break [breɪk]

перелёт *м* **1.** flight **2.** *(птиц)* migrátion

перелива́ние *с:* ~ кро́ви blood [blʌd] transfúsion

перело́м *м* **1.** *(кости)* frácture **2.** *(кризис)* crísis ['kraɪsɪs] **3.** *(поворотный пункт)* túrning point; *(прорыв)* bréakthrough

переме́на *ж* **1.** change [tʃeɪ-]; ~ декора́ций change of scénery **2.** *(в школе)* ínterval, break [-eɪk], recéss

перемени́ть change [tʃeɪ-]; ~ костю́м change; ~**ся** change [tʃeɪ-]

переми́рие *с* ármistice, truce [tru:s]

перенести́, переноси́ть I 1. *(на другое место)* cárry; transfér **2.** *(отложить)* postpóne [ˌpəʊst-], put [put] off; соревнова́ние (конце́рт) перенесли́ на... the cóntest (cóncert) is postpóned till...; заседа́ние перенесено́ на... *(более близкую дату)* the date of the méeting is advánced to...

перенести́, переноси́ть II *(боль и т. п.)* endúre [-ʹdjuə], stand, bear [bɛə]

переобува́ться, переобу́ться change [tʃeɪ-] one's shoes [ʃu:z], boots, *etc*

переодева́ть(ся) *см.* переоде́ть(ся)

переоде́ть 1. *(кого-л.)* change [tʃeɪ-] smb's clothes **2.** *(что-л.)* change (smth); ~**ся 1.** change [tʃeɪ-] (one's clothes); мне на́до ~ся I have to change

2. *(для маскировки)* dress up (as); disguíse onesélf [wʌn-] as

переписа́ть *(заново)* réwrite; *(на машинке)* type

перепи́ск‖**а** *ж* **1.** *(действие)* cópying ['kɔрɪ-]; *(на машинке)* týping **2.** *(корреспонденция)* correspóndence, létters; подде́рживать ~у be in correspóndence

перепи́сывать *см.* переписа́ть; ~**ся** correspónd (with); дава́йте ~ся! let's write to each óther!

пе́репись *ж (населения)* cénsus ['sensəs]

переплёт *м* bínding, (bóok)cóver ['kʌ-]; кни́га в ~е (без ~а) hard cóver (páper-back) edítion [ɪ'dɪʃn]

перепо́лнить, **переполня́ть** overfíll, overflów [-'fləu]

перепра́ва *ж* cróssing

переры́в *м* ínterval, break [-eɪk]; без ~а withóut interrúption; ~ на 10 мину́т ten mínutes' break; ~ на обе́д lunch hour

переса́дк‖**а** *ж* **1.** *ж.-д.* tránsfer, change [tʃeɪ-]; сде́лать ~у change trains; я опозда́л на ~у I missed a connéction **2.** *(сердца и т. п.)* transplantátion

переса́живаться *см.* пересе́сть

пересека́ть cross

переселе́нец *м* séttler; *(иммигрант)* ímmigrant

пересели́ть, **переселя́ть** move [muːv]

пересе́сть 1. *(на другое ме́сто)* change [tʃeɪ-] seats; дава́йте переся́дем бли́же (да́льше) let's take seats clóser (fárther) **2.** *(в другой поезд)* change trains; *(с самолёта на самолёт)* take a connécting flight

пересла́ть send; *(вслед)* fórward; перешли́те по по́чте send by post; mail

пересма́тривать, **пересмотре́ть** revíse; reconsíder

переспра́шивать, **переспроси́ть** ask agáin

перестава́ть stop, cease [-s]; переста́ньте разгова́ривать! stop tálking! дождь переста́л the rain has ceased

переста́вить, **переставля́ть 1.** *(перемещать)* rearránge [-'reɪ-]; move [muːv]; shift **2.** *(часы)* put [put] (on, back); переста́вьте часы́ на час (на 2 часа́) наза́д (вперёд) put the clock one hóur (two hóurs) back (fórward)

переста́ть *см.* перестава́ть

перестра́иваться, **перестро́иться** chánge [tʃeɪndʒ]; adópt new [njuː] méthods (of work) (a new appróach (to work))

перестро́йка *ж* **1.** *(здания)* rebúilding [-'bɪ-], reconstrúction **2.** *(реорганизация)* réorganizátion; restrúcturing **3.** *(обновление)* renéwal [rɪ'njuːəl], change [tʃeɪndʒ] **4.** *полит.* perestróika

пересыла́ть *см.* пересла́ть

пересы́лк‖**а** *ж* sénding; ~ това́ров cárriage; ~ де́нег remíttance; сто́имость ∼и *(по почте)* póstage ['pəu-]

переу́лок *м* side street, bý--street ['baɪ-]; *(в названиях)* Lane

переутоми́ться, переутомля́ться óverstráin onesélf; *(работой тж.)* óverwórk onesélf; be óverwórked

переучёт *м* stócktaking, invéntory

перехо́д *м* 1. pássage 2. *(превращение)* transítion [-'zɪʃn]; convérsion

переходи́ть *см.* перейти́

пе́рец *м* répper; кра́сный ∼ cayénne; чёрный ∼ pépper; с пе́рцем péppery, hot; фарши́рованный ∼ stuffed cápsicum

пе́речень *м* list

перечи́слить, перечисля́ть 1. enúmerate; перечи́слите, пожа́луйста... enúmerate..., please 2. *(на счёт)* transfér

пе́речница *ж* pépper pot, pépperbox

перешéек *м* ísthmus

перила *мн.* ráil(ing); *(лестницы)* bánisters ['bænɪ-]

перио́д *м* périod ['pɪə-]

пе́рист‖ый ∼ые облака́ *мн.* fleecy (círrus) clouds

перламу́тр *м* móther-of--péarl [ˌmʌ-... -'pə:l]

перло́вка *ж (перловая крупа)* péarl-bárley ['pə:l-]

перманéнт *м (завивка)* pérmanent wave

перо́ *с* 1. *(птицы)* féather ['feðə] 2. *(для письма)* pen

перочи́нный: ∼ нож pénknife

перро́н *м* plátform

пе́рсик *м* peach

персона́л *м* personnél, staff [stɑ:f]; медици́нский ∼ médical staff

перфока́рта *ж* элк. púnched card

перфолéнта *ж.* элк. púnched tape

перча́тки *мн.* gloves [-ʌ-]

пёс *м* dog

песéц *м* pólar fox

пе́сня *ж* song; наро́дная ∼ folk [fəuk] song

песо́к *м* sand

пёстрый mótley; gay

песча́ник *м* sándstone

пéтля *ж* 1. loop; *перен.* noose [-s]; *(для пуговицы)* búttonhole; *(в вязании)* stitch 2. *(оконная)* hinge 3. *ав.* loop 4. *(виселица)* gállows

петру́шка *ж (овощ)* pársley

пету́х *м* cock; *амер.* róoster

петь sing

печа́ль *ж* sórrow [-əu]; sádness; ∼**ный** sad; sórrowful ['sɔrə-]

печа́тать print; ∼ на маши́нке type

печа́ть I *ж* seal, stamp; ста́вить ∼ stamp

печа́ть II *ж (пресса)* press

печёнка *ж* líver ['lɪ-]

пе́чень *ж* líver ['lɪ-]

печéнье *с* bíscuit ['bɪskɪt]

пе́чка *ж см.* печь I

печь I *ж* stove; *(духовая)* óven; *тех.* fúrnace

печь II 1. bake 2. *(о солнце)* scorch, parch

пешехо́д *м* pedéstrian

пешехо́дн‖ый: ∼ая доро́жка

fóotpath; ~ перехо́д pedéstrian cróssing

пе́шка ж pawn

пешко́м: идти́ ~ walk, go on foot; пойдём(те) ~ let's walk

пеще́ра ж cave

пиани́но с úpright piáno [pɪˈænəu]

пиани́ст м, **~ка** ж piánist [pɪˈæ-]

пивна́я ж pub, ále-house; táproom; *амер.* bár-room, salóon

пи́во с beer [bɪə]; бо́чковое ~ draft beer

пиджа́к м jácket, coat

пижа́ма ж pyjámas [pəˈdʒɑːməz], *амер.* pajámas

пи́ки *мн. карт.* spades

пил‖а́ ж saw; кру́глая ~ círcular saw; развести́ (заточи́ть) **~у́** set (file) a saw

пи́лка ж: ~ для ногте́й (náil-)file

пило́т м pílot

пилю́ля ж pill

пина́ть *см.* пнуть

пино́к м kick

пионе́р м pionéer [ˌpaɪəˈnɪə]; **~вожа́тый** м pionéer léader

пипе́тка ж pipétte [pɪ-]; *(для лекарства тж.)* (médicine [ˈmedsɪn]) drópper

пирами́да ж pýramid [ˈpɪ-]

пиро́г м pie [paɪ]; ~ с капу́стой cábbage pie; ~ с мя́сом meat pie; я́блочный ~ ápple-pie; ~ с варе́ньем jam tart

пиро́жное с cake, pástry; слоёное ~ puff pástry

пирож‖о́к м pátty; ~ с мя́сом meat pátty; **~ки́** *амер.*

(Rússian [ˈrʌʃ-]) piróshki [-ˈrɔːʃkɪ]

пирс м *мор.* pier [pɪə]

писа́тель м wríter; áuthor

писа́ть 1. write; он давно́ мне ничего́ не пи́шет I haven't heard from him for a long time **2.** *(в газетах, в журналах)* write (for); contríbute [-ˈtrɪ-] (to) **3.** *(красками)* paint **4.** *(музыку)* compóse

пистоле́т м pístol, gun

пи́сьменн‖ый: ~ стол wríting table, desk; **~ые** принадле́жности wríting matérials; ~ прибо́р désk set

письмо́ с létter; откры́тое ~ а) póstcard; б) ópen létter *(в газете)*; заказно́е ~ régistered létter; це́нное ~ létter with státement of válue

пита́ние с díet; nóurishment [ˈnʌ-]; nutrítion [njuːˈtrɪ-]

пита́тельный nóurishing [ˈnʌ-], nutrítious [njuːˈtrɪ-]

пита́ться live [lɪv] (on), feed (on)

пить drink; я хочу́ ~ I'm thírsty; ~ за чье-л. здоро́вье drink smb's health

питьё с drink, béverage [ˈbe-]

пи́ща ж food

пла́вание с **1.** *спорт.* swímming **2.** *(на судах)* navigátion [ˌnævɪ-]; *(путешествие)* vóyage [ˈvɔɪɪdʒ], trip

пла́вать *см.* плыть

пла́вки *мн.* swímming trunks

пла́вленый: ~ сыр cream cheese

плака́т м póster [ˈpəu-]

пла́кать weep, cry

плаку́ч‖**ий** wéeping; ~**ая и́ва** wéeping willow [-əu]

пла́мя *с* flame

план *м* plan

планёр *м* glíder

планери́зм *м* glíding

планери́ст *м* glíder-pilot

плане́та *ж* plánet ['plæ-]

планета́рий *м* planetárium [ˌplænɪˈtɛərɪəm]

плани́ровать plan

пла́нов‖**ый** planned; ~**ое хозя́йство** planned ecónomy

пла́стика *ж* 1. *(вид искусства)* plástic art 2. *(движения)* sense of rythm [rɪðm]

пласти́нка *ж* plate; **граммофо́нная** ~ (grámophone) récord; **долгоигра́ющая** ~ lóng-pláying récord, álbum

пластма́сса *ж* plástic ['plæ-]

пла́стырь *м см.* лейкопла́стырь

пла́та *ж* páyment; charge; *(за проезд)* fare; **входна́я** ~ éntrance fee

пла́тина *ж* plátinum ['plætɪnəm]

плати́ть pay; ~ **по счёту** pay a bill; **settle an accóunt**

плато́к *м* shawl; **носово́й** ~ hándkerchief

платфо́рма *ж (перрон)* plátform

пла́тье *с* 1. *(женское)* dress, gown; **вече́рнее** ~ évening dress 2. *(одежда)* clothes; **гото́вое** ~ réady-made clothes

плацка́рта *ж ж.-д.* resérved berth; ~ **сто́ит... reservátion charge is...**

плацка́ртн‖**ый:** ~ **ваго́н** sléeper with resérved (númbered) berths

плащ *м* cloak; *(дождевик)* ráincoat

плева́тельница *ж* spittóon

плева́ть *см.* плю́нуть

плед *м* trávelling rug ['træ-]; *(шотландский)* plaid [plæd]

племенно́й 1. tríbal 2. *(скот)* pédigree ['pe-]

пле́мя *с* tribe

племя́нн‖**ик** *м* néphew [-vjuː]; ~**ица** *ж* niece [niːs]

плен *м* captívity [-ˈtɪ-]; **брать кого́-л. в** ~ take smb prísoner ['prɪz-]

плёнка *ж фото, кино* film; **цветна́я** ~ cólour ['kʌ-] film; **высокочувстви́тельная** ~ high-speed film

пле́нум *м* plénary (séssion)

плеска́ть, плесну́ть splash

пле́чики *мн. (вешалка)* clóthes hanger; *(для пальто)* cóat hanger

плеч‖**о́** *с* shóulder ['ʃəu-]; **пожа́ть** ~**а́ми** shrug one's shóulders

плиссиро́ванн‖**ый:** ~**ая ю́бка** pléated skirt

плита́ *ж (кухонная)* (kítchen-)range; *(газовая)* gás-stóve

пли́тка I *ж* 1. *(облицовочная)* tile 2. *(шоколада и т. п.)* brick, bar

пли́тка II *ж* (cóoking) range ['reɪndʒ]; **электри́ческая** eléctric stove

плов‖**е́ц** *м*, ~**чи́ха** *ж* swímmer

плод м fruit [fruːt]

плодово́дство с fruit-growing ['fruːt‚grəu-]

пло́мб‖а ж **1.** seal **2.** (зубная) stópping; амер. fílling; ста́вить ~y stop a tooth; амер. fill a tooth

пломбирова́ть 1. seal **2.** (зуб) stop; амер. fill

пло́ский flat

плоскогу́бцы мн. (pair of) plíers

плоскосто́пие с flát-feet; у него́ ~ he is flát-footed

плот м raft

плоти́на ж dam; (защитная) dike, dyke

пло́тник м cárpenter

пло́тн‖о clóse(ly) ['kləus-], tíghtly; ~ пое́сть have a héarty ['hɑːtɪ] meal; ~ый tight; (о населении) dense

пло́х‖о bád(ly); мне ~ I'm unwéll; я ~ себя́ чу́вствую I feel bad; ~ игра́ть play bádly; ~о́й bad; (о качестве, здоровье) poor [puə]

площа́дка ж **1.** ground **2.** (для игр) pláyground; (спортивная) sports ground; court **3.** (лестницы) lánding ◊ поса́дочная ~ lánding ground; де́тская ~ а) ópen-air pláyground; б) súmmer play céntre ['sentə]

пло́щадь ж **1.** square **2.** мат. área ['ɛərɪə]

плуг м plough [plau]

плыть 1. swim; (о предметах) float **2.** (на судах) návigate ['nævɪɡeɪt], sail, cruise [kruːz]

плю́нуть spit

плющ м ívy

пляж м beach

пляса́ть dance

пля́ска ж dance

пнуть kick

по 1. (на поверхности) on **2.** (вдоль) alóng; погуля́ем по у́лицам let's walk alóng the streets **3.** (посредством; согласно): посыла́йте по по́чте send by post; мне на́до поговори́ть по телефо́ну I have to make a phone call; он выступа́ет по ра́дио he speaks óver the rádio; по распоряже́нию by órder **4.** (вследствие) by; (из-за) through [θruː]; я по оши́бке взял ва́шу кни́гу I've táken your book by mistáke **5.** (при обозначении времени) in, at, on; по вечера́м in the évening **6.** (в разделительном значении): по́ два two each; in twos **7.** (до) to ◊ вы говори́те по-англи́йски? do you speak Énglish?

побе́д‖а ж víctory; одержа́ть ~y win a víctory

победи́тель м víctor; cónqueror ['kɔŋkərə]; спорт. wínner

победи́ть, побежда́ть win; cónquer ['kɔŋkə]

побере́жье с sea coast

побли́зости near [nɪə]; нет ли ~ телефо́на-автома́та? is there a públic télephone nearby?

побрати́м м sworn bróther ['brʌ-]; города́-~ы twin cíties ['sɪ-]

побри́ть shave; побре́йте, пожа́луйста! I want a shave, please!; ~**ся** *(самому)* shave; *(у парикмахера)* have a shave; где мо́жно ~ся? where can I have a shave?

побыва́ть be, vísit ['vɪzɪt]; ~ в теа́тре (в музе́е) vísit a théatre ['θɪə-] (a muséum [mju:'zɪəm])

по́вар *м* chef [ʃef], cook; ~**ри́ха** *ж* cook

поведе́ние *с* behа́viour, cónduct

поверну́ть turn; ~ нале́во (напра́во, за́ угол) turn left (right, the córner); ~**ся** turn; поверни́тесь! turn aróund!

пове́рх óver

пове́сить hang

пове́стка *ж* nótice; *(в суд)* súmmons, subpóena [-'pi:-] ◇ ~ дня agénda, órder of the day

по́весть *ж* stóry ['stɔːrɪ]

по-ви́димому appárently [ə'pærənt-]; он, ~, не придёт in all probabílity he won't come [kʌm]

повинова́ться obéy; submít (to)

по́вод *м* occásion [ə'keɪʒn]; réason; ground; по ~у in connéction with; дать ~ give [gɪv] occásion (rise)

повора́чивать(ся) *см.* поверну́ть(ся)

поворо́т *м (дороги)* turn(ing); *(реки́)* bend; *перен.* túrning point; второ́й ~ напра́во sécond túrn(ing) to the right; пра́вый (ле́вый) ~ *авто* right (left) turn

повреди́ть *(что-л.)* ínjure ['ɪndʒə], hurt; *(машину и т. п.)* spoil; dámage ['dæmɪdʒ]; я повреди́л себе́ но́гу (ру́ку) I ínjured my foot (hand)

поврежде́ние *с* dámage ['dæmɪdʒ]; ínjury ['ɪndʒə-]; получи́ть ~ be dámaged

повседне́вный dáily, éveryday ['ev-]

повсю́ду éverywhere ['ev-]

повтори́ть, повторя́ть repéat; повтори́те, пожа́луйста! repéat it, please!

повы́сить, повыша́ть raise; ~**ся** rise

повыше́ни‖**е** *с* rise; *(по слу́жбе)* promótion [-'məuʃn]; э́то привело́ к ~ю у́ровня жи́зни this resúlted in hígher [haɪə] líving ['lɪ-] stándards

повя́зка *ж* bándage

погаси́ть put [put] out, extínguish [ɪks'tɪŋgwɪʃ]; погаси́те свет! turn off the light!

погово́рка *ж* sáying

пого́д‖**а** *ж* wéather ['we-]; тёплая (жа́ркая, холо́дная) ~ warm (hot, cold) wéather; плоха́я (хоро́шая) ~ bad (good [gud]) wéather; прекра́сная (отврати́тельная) ~ fine (béastly, foul) wéather; прогно́з ~ы wéather fórecast; сво́дка ~ы wéather repórt

поголо́вье *с* head [hed]; ~ скота́ head of cáttle

пого́ня *ж* chase

пограни́чн‖**ик** *м* fróntier--guard ['frʌ-]; ~**ый** fróntier(-); ~**ая ста́нция** fróntier státion

погрузи́ть 1. *(грузить)* load **2.** *(погружать)* dip, plunge

погру́зка ж lóading

под 1. únder **2.** *(для)* for **3.** *(около)* near [nɪə]; ~ Москво́й мно́го краси́вых мест there are mány béautiful ['bjuː-] sights in the énvirons of Móscow **4.** *(накануне)* on the eve of **5.** *(наподобие)* in imitátion; сте́ны отде́ланы ~ мра́мор the walls are made in imitátion marble **6.** *(в сопровождении)* to; ~ аккомпанеме́нт роя́ля to the accómpaniment of the piáno **7.** *(к):* ~ коне́ц towárds the end; ~ ве́чер towárds évening

подавля́ющ‖ий: ~ее большинство́ overwhélming majórity

пода́гра ж gout

подари́ть give [gɪv]; presént (smb with smth); ~ на па́мять give smth as a kéepsake

пода́рок м gift [gɪft], presént ['preznt]

пода́ть 1. give [gɪv]; ~ пальто́ help smb on with his (her) coat; ~ ру́ку hold out (óffer) one's hand (to); обе́д по́дан dínner is served; ~ мяч serve the ball **2.:** ~ *(маши́ну)* наза́д back the car

подборо́док м chin

подва́л м *(этаж)* básement; *(погреб)* céllar

подвезти́ give [gɪv] smb a lift; вас ~? would you like a lift?

по́двиг м feat, heróic deed, éxploit

подвига́ть(ся) *см.* подви́нуть(ся)

подви́нуть move [muːv]; ~ся *(посторониться)* give [gɪv] way, make room; ~ся бли́же draw néarer ['nɪə-]; подви́ньтесь, пожа́луйста! will you make a little room, please!

подво́дн‖ый únderwater; ~ое пла́вание *(без акваланга)* skin díving; *(с аквалангом)* scúba díving

подвози́ть *см.* подвезти́

подвя́зка ж gárter; *(мужская)* suspénder

подгота́вливать(ся) *см.* подгото́вить(ся)

подгото́вить prepáre; ~ся prepáre (for); get [get] réady ['re-] (for)

подгото́вк‖а ж preparátion; вое́нная ~ mílitary tráining; без ~и withóut preparátion, offhánd

по́ддан‖ный м súbject; ~ство с cítizenship ['sɪ-]; приня́ть ~ство be naturalízed [næ-]

подде́лать fálsify; *(деньги, документы)* forge, cóunterfeit [-fɪt]; *разг.* fake

подде́лка ж **1.** *(документа)* fórgery **2.** *(вещь)* imitátion; fake

подде́лывать *см.* подде́лать

поддержа́ть, подде́рживать suppórt; *(мнение)* back (up); предложе́ние sécond a mótion

подде́ржк‖а ж suppórt; при ~е with the suppórt (of)

поджа́ренный 1. *см.* жа́реный 2. browned; ~ хлéбец toast

поджáривать, поджáрить 1. *см:* жáрить **2.** *(слегка)* brown; *(о хлебе)* toast

поджигáте∥ль *м:* ~ли войны́ wármongers

поджóг *м* árson

подклáдка *ж* líning

подкóва *ж* hórseshoe [-ʃuː]

пóдкуп *м* bríbery

подкупáть, подкупи́ть bribe

подлéц *м* scóundrel, víllain

подли́вка *ж* grávy

пóдлинник *м* ori̇́ginal [əˈrɪ-]

пóдлый mean, base

подмести́, подметáть sweep

подмётк∥а *ж* sole; стáвить ~и sole

поднимáть(ся) *см.* подня́ть (-ся)

поднóжка *ж* **1.** *(вагона и т. п.)* fóotboard, step **2.** *спорт.* trip

поднóс *м* tray

подня́ть lift, raise; ~ бокáл raise one's glass (to); ~ флаг hoist a flag; ~ глазá upli̇́ft one's eyes [aɪz]; **~ся 1.** rise; ~ся с мéста rise to one's feet **2.** *(повы́ситься)* go up; у негó поднялáсь температу́ра his témperature rose

подóбн∥ый like; sími̇lar [ˈsɪmɪlə]; в ~ых слу́чаях in such cáses; ничегó ~ого nóthing of the kind

подождáть wait (for smb, smth) a little; подожди́те, пожáлуйста! wait a little, please!

подозревáть suspéct

подозрéние *с* suspíсion

подойти́ 1. *(прибли́зиться)* come [kʌm] up to, appróach; подойди́те сюдá! come aróund here! **2.** *(годи́ться)* do; *(кому́-л.)* suit [sjuːt]; э́то мне не подойдёт this won't suit me; не подхóдит! that won't do!

подорвáть blow [-əu] up, blast; ~ авторитéт úndermine one's préstige (authórity [ɔˈθɔ-])

подóшва *ж* sole

подписáть(ся) sign [saɪn]

подпи́ска *ж* subscríption

подпи́сывать(ся) *см.* подписáть(ся)

пóдпись *ж* sígnature

подполкóвник *м* lieuténant-cólonel [lefˌtenəntˈkəːnl, *амер.* luː-]

подпóлье *с* únderground (work); уйти́ в ~ go únderground

подпóрка *ж* prop, suppórt

подражáние *с* imitátion

подражáть imitáte

подрóбн∥о in détail, at length; ~ости *мн.* détails; partículars [-ˈtɪ-]; ~ый détailed

подрóсток *м* téen-ager; adoléscent; *(ю́ноша)* youth [juːθ]; *(де́вушка)* young [jʌŋ] girl; *разг.* flápper

подру́га *ж* friend [fre-]

подружи́ться make friends [fre-]

подрывáть *см.* подорвáть

подря́д I *м* cóntract; бригáдный ~ work-team cóntract; семéйный ~ fámily [ˈfæ-] cóntract

подря́д II in succéssion; пять часо́в ~ five hours on end

подсве́чник м cándlestick

подсказа́ть prompt

подска́зка ж prómpt(ing)

подска́зывать prompt; не ~ ! no prómpting!

подслу́шать, подслу́шивать overhéar; (с помощью спецтехники) bug, intercépt

подсо́лнечн‖ый: ~ое ма́сло súnflower oil

подсо́лнух м súnflower

подсо́с м авто разг. choke

подстака́нник м gláss-holder

подсуди́м‖ый м accúsed; deféndant; скамья́ ~ых the dock

подтверди́ть, подтвержда́ть confírm

подтя́жки мн. bráces; амер. suspénders

подýмать think

подýшка ж píllow [-əu]; (диванная) cúshion ['ku-]

подфа́рник м авто sídelight [-laıt]

подходи́ть см. подойти́

подъе́зд м éntrance, porch; dóorway; пéрвый (второ́й и т. д.) ~ éntrance one (two, etc)

подъезжа́ть см. подъе́хать

подъём м 1. (восхожде́ние) ascént [ə'sent] 2. (разви́тие) upsúrge, uphéaval; амер. úpswing; нáша промы́шленность на ~е our índustry is on the úpgrade 3. (воодушевле́ние) enthúsiasm

подъе́хать drive up (to); pull [pul] up

по́езд м train; ско́рый ~ fast train; пассажи́рский ~ pássenger train; това́рный ~ goods [gudz] train; амер. freight train; при́городный ~ subúrban train

пое́здка ж jóurney ['dʒɜːnı]; trip; (экскурсия) óuting; нам предстои́т интере́сная ~ we are in for an ínteresting trip

пое́сть eat; have a meal; (закуси́ть) have a snack; я ужé пое́л I have éaten alréady; я не успéл ~ I've had no time to eat

пое́хать 1. go **2.** разг. (о чулках) run; у меня́ чуло́к пое́хал I have a run in my stócking

пожа́луй perháps, véry ['verı] líkely

пожа́луйста please; дáйте ~, ... give [gıv] me..., please; (разреше́ние) cértainly!, with pléasure ['pleʒə]!; (при угоще́нии) have some [sʌm] ..., please.

пожа́р м fire; ~ный **1.** fire; ~ная кома́нда fíre-brigade **2.** м fíreman

пожа́ть: ~ ру́ку shake smb's hand

пожела́ние с wish

пожива́ть: как вы пожива́ете? how are you?, how are you gétting ['get-] on?

пожило́й élderly

пожима́ть см. пожа́ть

по́за ж áttitude, pósture ['pəu-]

позавчера́ the day befóre yésterday [-dı]

позади́ behínd; он оста́лся ~ he stayed behínd

позволён‖ие с permíssion, leave; проси́ть ~ия ask permíssion; с ва́шего ~ия with your permíssion, by your leave

позво́лить, позволя́ть allów; позво́льте мне... let me...

позвоно́чник м báckbone

по́здн‖ий late; ~о late; ~о ве́чером late-at night; ~о но́чью *(после 12 часов ночи)* in the éarly hours (éarly in the mórning); сего́дня уже́ ~о туда́ идти́ it's too late to go there todáy

поздра́вить congrátulate [kən'grætʃu-] (on); поздравля́ю вас I congrátulate you (on)

поздравле́ние с congratulátion

поздравля́ть см. поздра́вить

пози́ция ж stand, áttitude; *(спорт. тж.)* position [-'zıʃn]

познако́мить introdúce (smb to smb else); **~ся** meet; make the acquáintance [ə'kweın-] (of); рад с ва́ми ~ся glad to meet you

позо́р м shame, disgráce; како́й ~! what a shame!

позо́рный shámeful, disgráceful

по́иск‖и мн. search; в ~ах in search of

по́ить give [gıv] smb smth to drink; *(скот)* wáter ['wɔːtə]

пойма́ть catch

пойти́ go; пойдёмте (со мной) let's go (with me); ~ в теа́тр go to the théatre

пока́ 1. *(в то время как)* while **2.** *(до тех пор пока)* till; *(до сих пор)* so far, for the présent ['preznt]; ~ что in the méantime; я э́того ~ не зна́ю I haven't heard abóut it yet; побу́дьте ~ здесь can you stay here for a while?

показа́тель м эк. índicator

показа́тельный 1. *(образцо́вый)* demonstrátion; módel; ~ уро́к óbject lésson; ~ проце́сс show tríal **2.** *(типичный)* týpical ['tı-], signíficant [-'nı-]

показа́ть show [[ʃəu]; покажи́те, пожа́луйста..! show me..., please!

показу́ха ж разг. window dréssing ['wı-]

пока́зывать см. показа́ть

покида́ть, поки́нуть abándon; *(уезжать)* leave

поклоне́ние с wórship

поклони́ться bow

покло́нн‖ик м, **~ица** ж admírer; *(ярый сторонник)* enthúsiast; *(спортивной команды, ансамбля)* fan; *(преследующий свою звезду)* gróupie ['gruː-]

поко́й м **1.** rest, peace; ему́ ну́жен ~ he needs rest **2.:** приёмный ~ *(в больнице)* recéption room

поко́йный late

поколе́ние с generátion

покоре́ние с cónquest; *(стихии и т. п.)* táming; ~ э́той верши́ны the cónquest of this peak

поко́рно húmbly; *(послушно)* obédiently

покро́й м cut

покры́шка ж авто tire

покупа́тель *м* cústomer; *амер.* pátron [ˈpeɪ-]; *(оптовый и т. п.)* púrchaser

покупа́ть buy [baɪ]; púrchase

поку́пк‖**и** *мн.* púrchases; пойти́ за ~ами go shópping

пол I *м* floor [flɔː]

пол II *м биол.* sex

полага́ть suppóse, think; assúme; *амер.* guess

полага́ться *см.* положи́ться

полго́да *мн.* six months

по́лдень *м* noon, mídday

по́ле *с (тж. спорт.)* field; бе́лое (чёрное) ~ *шахм.* white (black) square

полев‖**о́й** field; ~ы́е рабо́ты field work

поле́зн‖**о** úseful [ˈjuːs-]; it is úseful; ~ для здоро́вья it is héalthy, it is whólesome; ~ый úseful [ˈjuːs-]

полёт *м* flight

поликли́ника *ж* óutpatients’ [-peɪʃnts] clínic [ˈklɪ-], polyclínic [ˌpɔlɪˈklɪnɪk]

поли́тика *ж* pólitics [ˈpɔlɪ-]; *(линия)* pólicy [ˈpɔ-]; ми́рная ~ peace pólicy, the pólicy of peace

полити́ческий polítical [pəˈlɪtɪkəl]

по́лка *ж* shelf; кни́жная ~ bóokshelf

полко́вник *м* cólonel [ˈkɜːnl]

полне́ть put on weight [weɪt]

полнометра́жный: ~ фильм fúll-length film

полномо́чия *мн.* mándate; credéntials *pl*

по́лностью whólly [ˈhəʊlɪ], complétely

полнот‖**а́** *ж* **1.** *(полная мера)* compléteness; для ~ы́ карти́ны to make the picture compléte **2.** córpulence; *(чрезмерная)* obésity; *(ребёнка, женщины)* plúmpness

полноце́нный fúll-bódied [-ˈbɔ-]; fúll-blóoded [-ˈblʌ-]

по́лночь *ж* mídnight [ˈmɪd-]; в ~ at mídnight

по́лный 1. *(наполненный)* full; зал (стадио́н) по́лон the hall (stádium) is packed; ~ бак, пожа́луйста! fill it up, please! *(на бензоколо́нке)* **2.** *(весь)* compléte **3.** *(человек)* stout, plump

полови́на *ж* half [hɑːf]; ~ тре́тьего half past two; ~ игры́ half

полово́дье *с* flood [-ʌd]; high [haɪ] wáter [ˈwɔː-]

полов‖**о́й** *биол.* séxual, sex; ~а́я зре́лость púberty

положе́ние *с (состояние)* condítion [-ˈdɪ-], state; situátion

положи́ть put [put]; ~ся relý [-ˈlaɪ] (upón)

полоса́ *ж* **1.** stripe **2.** *(узкая)* strip **3.** *геогр.* zone **4.:** ~ часто́т *радио* fréquency band

полоска́ние *с* **1.** *(действие)* rínsing [-s-]; *(горла)* gárgling **2.** *(жидкость)* gargle

полоска́ть rinse [-s-]; ~ го́рло gargle (one’s throat)

полоте́нце *с* tówel; вы́трите ру́ки ~м wipe your hands on the tówel

полотно́ *с* **1.** línen [ˈlɪnɪn]

2.: ~ желе́зной доро́ги ráilway bed, pérmanent way **3.** *(карти́на)* cánvass

полтора́ one and a half [hɑ:f]

полтора́ста one húndred and fífty

полуботи́нки *мн.* (Oxford) shoes [ʃu:z]; *амер.* low [ləu] shoes

полугóдие *с* hálf-year ['hɑ:f-]

полуголóдный half-stárved [ˌhɑ:f-]

полугóлый half-náked [-'neɪ-kɪd]

полуживóй half-déad [-'ded]; *(от стра́ха)* more dead than alíve

полуóстров *м* península

полупальтó *с* hálf-length ['hɑ:fleŋθ] (short) óvercoat

полупроводни́к *м* sémicondúctor [ˌse-], transístor

получа́ть, получи́ть recéive, get [get]; я получи́л письмó I have recéived a létter; ~ призна́ние be récognized

полуша́рие *с* hémisphere ['he-]

полушерстянóй wool and cótton; ...⁰/₀ wool, ...⁰/₀ cótton

полушу́бок *м* hálf-length ['hɑ:f-] shéepskin coat

полчаса́ *мн.* half [hɑ:f] an hour [auə]; за ~ до... half an hour befóre...

пóльз‖а *ж* use [ju:s]; bénefit ['be-] ◊ в ~y in fávour (of)

пóльзоваться *(испóльзовать)* use, make use [-s] of; *(име́ть)* enjóy; ~ слу́чаем take the opportúnity

пóлька *ж (танец)* pólka ['pɔl-]

полюби́ть grow [grəu] fond of; *(влюби́ться)* fall in love [lʌv] (with)

пóлюс *м* pole

поля́ *мн. (шля́пы)* brim

поля́на *ж* glade, cléaring

поля́рник *м* wórker ['wə:kə] in the Árctic, Árctic wórker

поля́рный pólar, Árctic

пома́да *ж:* губна́я ~ lípstick

помести́ть place, put [put]; ~ся go in, squeeze in

помéстье *с* estáte

пóмесь *ж* cróssbreed

помéх‖а *ж* híndrance, óbstacle; быть ~ой be in the way

помеша́нный insáne

помеша́ть 1. *(воспрепятствовать)* hínder ['hɪndə] **2.** *(побеспокóить)* distúrb; я вам не помеша́ю? am I distúrbing you?, am I in your way?

помеща́ть *см.* помести́ть; ~ся **1.** *см.* помести́ться **2.** *(находи́ться)* be sítuated ['sɪ-], be locáted

помещéние *с* **1.** prémises ['pre-] **2.** *(дéйствие)* plácing

помидóр *м* tomáto [-'mɑ:-, *амер.* -'meɪ-]

поми́ловать párdon, show mércy

пóмнить remémber; вы пóмните? do you remémber?

помога́ть, помóчь help; помоги́те мне, пожа́луйста! help me, please!

по-мóему *(по моему́ мнéнию)* to my mind, as I see it

помо́йка ж разг. rúbbish heap; (контейнер) dústbin; амер. gárbage can

помо́щник м assístant; help; пассажи́рский ~ (капита́на) (на судне) púrser

по́мощ‖ь ж help; assístance; оказа́ть ~ give [gɪv] help; rénder aid; при ~и by means (of); пе́рвая ~ first aid; ско́рая ~ (автомобиль) ámbulance (car)

понеде́льник м Mónday ['mʌndɪ]

понемно́гу little by little

понижа́ть(ся) см. пони́зить (-ся)

пони́зить lówer ['ləuə]; ~**ся** fall; sink

понима́ни‖е с 1. understánd-ing, comprehénsion 2. (толкование) interpretátion; в нау́чном ~и in the scientífic [ˌsaɪən'tɪ-] sense

понима́ть см. поня́ть

поно́с м мед. diarrhéa [-'rɪə]; у меня́ ~ I've got a loose stómach ['stʌmək]

по́нчики мн. dóughnuts ['dəu-]

поня́тно clear [klɪə]; э́то ~ that's clear

поня́ть understánd; я вас (не) понима́ю I (don't) under-stánd you

поочерёдно by turns, in turn

поощре́ние с encóuragement [-'kʌr-]; rewárd; материа́льное ~ bónus

поп м priest

попада́ние с (в цель) hit; прямо́е ~ diréct hit

попада́ть, попа́сть 1. (куда-л.) get [get]; (на поезд и т. п.) catch; как попа́сть на вокза́л? how can I get to the ráilway státion? **2.** (в цель) hit

поперёк acróss

поплаво́к м float

попо́зже (a little) láter

попола́м in two; in half [hɑːf]; амер. fífty-fífty; дели́ть ~ halve

попра́вить (ошибку) corréct

попра́виться (выздороветь) recóver [-'kʌ-]

попра́вка ж **1.** (исправление) corréction **2.** (к документу, законопроекту) améndment

поправля́ться см. попра́виться

по-пре́жнему as úsual ['juːʒ-], as befóre

попуга́й м párrot

популя́рный pópular ['pɔp-julə]

попурри́ с pot-póurri [pəu-'puːri]; médley

попы́тк‖а ж attémpt; спорт. tríal ['traɪəl]; пе́рвая (втора́я, тре́тья) ~ first (sécond, third) tríal; сде́лать ~у make an attémpt; уда́чная ~ válid tríal

пора́ 1. ж time; с каки́х пор? since when?; с тех пор since then; до сих пор а) (о времени) hítherto; б) (о месте) so far, up to here **2.** безл. it's time; ~ идти́ it's high time to go

поража́ть см. порази́ть

пораже́ние с deféat; потерпе́ть ~ súffer a deféat; be deféated; *спорт.* lose

порази́тельный stríking; amázing

порази́ть 1. *(ударить)* strike, *(неприятеля)* deféat; ~ цель hit the tárget **2.** *(удивить)* amáze

по-ра́зному dífferently, in dífferent ways

порва́ть 1. *(что-л.)* tear [tɛə] **2.** *(с кем-л.)* break [-eɪ-] (with smb)

поре́зать cut; ~ ру́ку cut one's arm (hand); ~**ся** cut onesélf [wʌn-]

порица́ть blame; cénsure (for)

по́ровну équally ['iːkwəlɪ]; раздели́ть что-л. ~ divíde smth ínto ['ɪntu] équal parts

поро́г *м* thréshold ['θreʃhəu-]

поро́ги *мн. (речные)* rápids ['ræ-]

поро́да I *ж (животного)* breed, stock; *(растения)* sort; *(людей)* kind, type

поро́да II *ж мин.* rock

поро́й now and then; at times

поро́к *м* vice; ~ се́рдца heart [hɑːt] diséase [-'ziːz]

поросёнок *м* súcking-pig, píglet; жа́реный ~ под хре́ном *кул.* roast súcking-pig with hórse-raddish sauce

по́рох *м* (gun)pówder

порошо́к *м* pówder; зубно́й ~ tooth-pówder; стира́льный ~ detérgent

порт *м* port

портати́вный pórtable

по́ртить spoil; *(ухудшать)*

mar; ~**ся** get [get] (be) spoilt; *(о продуктах)* go bad, rot; пого́да по́ртится the wéather ['weðə] is chánging for the worse

портни́ха *ж* dréssmaker

портно́й *м* táilor

портре́т *м* pórtrait [-rɪt], pícture

портфе́ль *м* bríef-case; *(министерский)* portfólio

портье́ *м* dóorman ['dɔː-]; *брит.* pórter

по-ру́сски in Rússian ['rʌʃn]; говори́ть ~ speak Rússian

поруча́ть *см.* поручи́ть

поруче́н∥ие *с* commíssion; érrand; *(устное)* méssage; по ~ию áuthorized by; at smb's requést; *(от имени)* on behálf of

поручи́ть charge (with); commíssion; áuthorize ['ɔːθə-]; *(вверять)* entrúst with

по́рци∥я *ж* pórtion, *(кушанья)* hélping; две ~и сала́та sálad for two

поры́в *м* **1.** *(ветра и т. п.)* gust **2.** *(чувств)* ímpulse; ~ гне́ва fit of témper; ~ ра́дости óutburst of joy

поря́док *м* órder; ~ дня (рабо́ты) agénda; órder of the day (of búsiness ['bɪz-])

поря́дочно 1. *(довольно значительно)* fáirly, ráther ['rɑːðə] **2.** *(честно)* décently

посади́ть 1. *(усадить)* seat; place **2.** *(растение)* plant

поса́дк∥а *ж* **1.** *(в поезд и т. п.)* entráining; *амер.* bóarding; *(на пароход)* embarkátion;

внима́ние! начина́ется ~! atténtion! pássengers are invíted to take their seats; объявля́ется ~ на самолёт, отлета́ющий ре́йсом №... flight númber ... is now bóarding 2. (самолёта) lánding; де́лать ~у make a lánding, land 3. (растений) plánting

поса́дочн‖ый: ~ая полоса́ rúnway; (поле) lánding strip

по-сво́ему in one's own [əun]-way (mánner)

посвяти́ть, посвяща́ть 1. devóte **2.** (что-л. кому-л.) dédicate ['dedɪ-]

посе́в м sówing ['səu-]

посевн‖о́й: ~а́я кампа́ния sówing campáign; ~а́я пло́щадь área únder crop (cultivátion)

посели́ть settle; (разместить) lodge; ~ся (в доме) move [mu:v] in; (в городе, стране) settle, take up one's résidence ['rezɪ-]

посёлок м séttlement; tównship

поселя́ть(ся) см. посели́ть (-ся)

посереди́не in the middle (céntre ['sentə])

посети́тель м vísitor ['vɪzɪ-]; ча́стый ~ frequénter

посети́ть, посеща́ть 1. vísit ['vɪzɪt]; call on **2.** (лекцию и т. п.) atténd

посеще́ние с **1.** vísit ['vɪzɪt]; (о кратком официальном визите) call **2.** (лекций и т. п.) atténdance

посе́ять sow [səu]

поскользну́ться slip

поско́льку since, so long as

посла́нец м énvoy; délegate ['de-]

посла́нник м énvoy, mínister ['mɪ-]

посла́ть send; dispátch; ~ письмо́ post (send) a létter; амер. mail a létter; ~ приве́т send one's gréetings, send one's (best) regárds

по́сле áfter ['ɑ:ftə]; áfterwards ['ɑ:ftəwədz], láter (on); об э́том мы поговори́м ~ we'll speak abóut it láter (on); ~ ле́кции бу́дет конце́рт (кино́) the lécture will be fóllowed by a cóncert (a móvie); он пришёл ~ всех he was the last to come [kʌm]; я не ви́дел его́ ~ возвраще́ния I haven't seen him since he retúrned

после́дн‖ий 1. last; в ~ раз я здесь был в... last time I was here in...; за ~ее вре́мя récently, látely, of late **2.** (самый новый) new, the látest

после́дствие с cónsequence

послеза́втра the day áfter ['ɑ:ftə] tomórrow [-əu]

посло́вица ж próverb ['prɔvə:b]

послу́шный obédient, dútiful

посме́нно in turn; рабо́тать ~ work in shifts

посо́бие с **1.** relíef; grant **2.** (учебное) téxtbook, mánual

посо́л м ambássador; Чрезвыча́йный и Полномо́чный П. Ambássador Extraórdinary and Plenipoténtiary

посо́льство с émbassy

поспева́ть *см.* поспе́ть I, II

поспе́ть I *(созреть)* rípen, grow [grəu] (get [get]) ripe

поспе́ть II *(успеть)* be in time; keep up

поспеши́ть *см.* спеши́ть 1

посреди́ in the middle of; amíd

посре́дник *м* médiator, gó-betwéen; *(в торговле)* míddleman

посре́дственный mediócre [ˌmiːdɪˈəukə]; *(об отметке)* satisfáctory

посре́дством by means of

пост I *м* post [-əu-]

пост II *м (воздержание от пищи)* fast(ing)

поста́вить 1. put [put]; place; set; поста́вьте чемода́н сюда́ put the suítcase here **2.** *(пьесу)* stage; prodúce; put on **3.:** ~ усло́вия lay down (make) terms

поста́вка *ж* delívery [-ˈlɪvə-] of goods [gudz]

поставля́ть supplý (with)

постанови́ть pass a decísion; decrée

постано́вка *ж* **1.** театр. prodúction; *(пьесы тж.)* stáging **2.:** ~ де́ла way of dóing things **3.:** ~ го́лоса voice tráining

постановле́ние *с* decísion [-ˈsɪʒn]; resolútion; *(правительства)* decrée

постановля́ть *см.* постанови́ть

посте́ль *ж* bed; лечь в ~ go to bed; постели́ть ~ make a bed

посте́льн‖ый bed; ~ые принадле́жности bédding; ~ режи́м confínement to bed

постепе́нно grádually [ˈgræ-], little by little

по́стн‖ый *(не жирный)* lean; ~ое ма́сло végetable oil [ˈvedʒ-]

посторо́нн‖ий 1. *м* stránger [ˈstreɪn-], óutsider; ~им вход воспрещён no admíttance; "staff ónly" **2.** irrélevant [-ˈrelɪ-]; óutside

постоя́нный cónstant; pérmanent; ~ а́дрес pérmanent addréss

постри́чь cut smb's hair; ~ся have one's hair cut; мне ну́жно ~ся I need a háircut

постро́ить build (up) [bɪ-], constrúct; eréct

постро́йка *ж* **1.** *(действие)* búilding [ˈbɪ-]; eréction; constrúction **2.** *(здание)* búilding

поступа́ть, поступи́ть 1. act; do **2.** *(на службу и т. п.)* énter; take on (a job)

посту́пок *м* **1.** act, áction; сме́лый ~ act of cóurage [ˈkʌ-] **2.** *(поведение)* beháviour

посу́да *ж* tábleware, plates and díshes; ча́йная ~ téa-things

посы́лк‖а *ж* **1.** *(пакет)* párcel; отпра́вить (получи́ть) ~у post (get [get]) a párcel **2.** *(действие)* sénding

посы́льный *м* méssenger

пот *м* sweat [-et]

поте́ря *ж* loss; ~ вре́мени waste of time

потеря́ть lose [luːz]

поте́ть sweat [swet], perspíre

поте́ха *ж* fun, amúsement

пото́к *м* stream, flow [-əu]

потоло́к *м* céiling

пото́м *(затем)* then; *(после)* áfterwards ['ɑ:ftə-]; *(позже)* láter on; ~ мы пойдём в теа́тр (в кино́, в музе́й) then we'll go to the théatre ['θɪə-] (cínema, muséum [mju:'zɪəm]); ~! not now!, láter on!

потому́, ~-**то** that's why; ~ что becáuse

пото́чн‖ый: ~ое произво́дство flow [fləu] prodúction; ~ая ли́ния prodúction line

потреби́тель *м* consúmer

потребле́н‖ие *с* consúmption; обще́ственный фонд ~ия sócial consúmption fund

потре́бность *ж* necéssity; need; *(спрос)* demánd

похвала́ *ж* práise

похити́тель *м* kídnapper; abdúctor; *(самолёта)* híjacker

похо́д *м* march

походи́ть *(на кого-л.)* resémble [-z-] *smb*, be like *smb*

похо́дка *ж* gait

похо́дный field; camp

похо́жий símilar ['sɪmɪ-] to, resémbling, like

по́хороны *мн.* fúneral

поцелова́ть kiss

поцелу́й *м* kiss

почасови́к *м* part-time instrúctor (lécturer)

по́чва *ж* soil

почём *(по какой цене)* how much?; what is the price?; ~ я́блоки? how much are the apples?

почему́ why; ~ вы не́ были на конце́рте? why did you miss the cóncert?

по́черк *м* hándwriting; у него́ хоро́ший (плохо́й) ~ he writes a good [gud] (a bad) hand

почёт *м* hónour ['ɔnə]: круг ~а *спорт.* hónour tour (lap); пьедеста́л ~а hónorary ['ɔnə-] pedéstal

почётный hónorary ['ɔnə-]; ~ член hónorary mémber

почи́н *м* inítiative [ɪ'nɪ-]

почини́ть repáir; mend; мне на́до ~ ту́фли I must have my shoes [ʃu:z] repáired

почи́нк‖а *ж* repáiring; repáirs; ménding; отда́ть в ~у have *smth* repáired

по́чка I *ж анат.* kídney

по́чка II *ж бот.* bud

по́чки *мн. (кушанье)* kídneys

почт‖а *ж* 1. post [pəust]; по ~е by post 2. *(почтовое отделение)* póst-office 3. *(корреспонденция)* mail

почтальо́н *м* póstman ['pəust-], létter-carrier

почта́мт *м* póst-office ['pəust-]; гла́вный ~ Céntral Póst-Office

почти́ álmost, néarly ['nɪə-]; я ~ гото́в I'm abóut (álmost) réady

почти́ть pay hómage ['hɔ-] (to); hónour ['ɔnə] (by); ~ па́мять встава́нием obsérve a mínute ['mɪ-] of sílence

почто́вый post [pəust], póstal ['pəu-]; ~ я́щик létter-box; *амер.* máil-box; ~ и́ндекс ZIP code

по́шлин‖а ж cústoms dúty; опла́ченный ~ой dúty paid; облага́ть ~ой та́х; уплати́ть ~у pay the cústoms dúty

по́шлый vúlgar

поща́д‖а ж mércy; проси́ть ~ы cry (beg) for mércy .

пощёчина ж slap in the face

поэ́зия ж póetry [ˈpəʊɪ-]

поэ́ма ж póem [ˈpəʊɪm]

поэ́т м póet [ˈpəʊɪt]

поэти́ческий póetic [pəʊˈet-]

поэ́тому thérefore [ˈðɛə-]; *(итак)* and so; ~ я и пришёл and so I've come [kʌm]; я до́лжен побыва́ть в музе́е, ~ я спешу́ I have to vísit [ˈvɪzɪt] the muséum [mjuːˈzɪəm] that's why I'm in a húrry

появи́ться, появля́ться appéar [əˈpɪə]; show [ʃəʊ] up

по́яс м 1. belt 2. *(женское бельё)* gírdle 3. *(зона)* zone

поясне́ние с explaná̈tion, elucidá̈tion [-ˌluːsɪ-]

поясни́ть, поясня́ть expláin, elúcidate [-ˈluːsɪ-]; *(примером)* exémplify

поясни́ц‖а ж waist; loins *pl*; small of the back; боль, простре́л в ~е lumbágo

права́ *мн.*: води́тельские ~ dríver's lícense

пра́вда ж truth [truːθ]; э́то ~? is it true [truː]?; не ~ ли? isn't it so?

правди́вый trúthful [ˈtruːθ-]

пра́вил‖о с rule [ruːl]; ~а у́личного движе́ния tráffic regulá̈tions; ~а вну́треннего распоря́дка regulá̈tions

пра́вильный 1. right, corréct

2. *(регуля́рный)* régular [ˈreg-]

прави́тельственный governménтal; góvernment [ˈgʌv-]; *амер.* (of) the administrá̈tion

прави́тельство с góvernment [ˈgʌv-], *амер.* administrá̈tion; Cове́тское ~ Sóviet Góvernment [ˈgʌv-]

правле́ние с 1. rule [ruːl]; góvernment [ˈgʌv-] 2. *(орган управле́ния)* mánagement [ˈmæ-], board (of diréctors)

пра́вну‖к м gréat-grándson [greɪt-]; ~чка ж gréat-gránd-daughter [-dɔːtə]

пра́во с 1. right; ~ на труд right to work [wɜːk]; всео́бщее избира́тельное ~ univérsal súffrage 2. *юр.* law; междунаро́дное ~ internátional [-ˈnæʃ-] law

правонаруше́ние с *юр.* offénce

правопоря́д‖ок м law and órder; охра́на ~ка máintenance of law and órder

правосу́дие с jústice

пра́в‖ый 1. right; с ~ой стороны́ to the right; on the right side 2. *полит.* right-wíng

пра́вящ‖ий rúling [ˈruː-]; ~ие круги́ rúling círcles

пра́зднество с féstival; *(торжество́)* celebrá̈tion

пра́здник м hóliday [ˈhɔlədɪ]; feast; всенаро́дный ~ nátional [ˈnæ-] hóliday

пра́зднование с celebrá̈tion

пра́здновать célebrate [ˈsel-]

пра́ктик‖а ж práctice; на ~е in práctice

пра́ктикум м lábóratory (lab) work

пра́чечная ж láundry

пребыва́ние с stay; sójourn ['sɔdʒəːn]

превзойти́, превосходи́ть surpáss, outdó [-'duː]

превосхо́дн‖ый spléndid, éxcellent; pérfect; я сего́дня в ~ом настрое́нии I'm in a spléndid mood todáy; ~ обе́д (за́втрак, у́жин) éxcellent dínner (bréakfast ['bre-], súpper)

превосхо́дство с superiórity [sjuːˌpɪərɪ'ɔr-]

преврати́ть, превраща́ть turn (ínto), convért (ínto); ~ в пыль redúce to pówder

превы́сить, превыша́ть excéed; surpáss, outdó [-'duː]

прегра́да ж bar, bárrier; (препя́тствие) óbstacle

пре́данн‖ость ж devótion; ~ый devóted (to); ~ый вам (в письме́) yours fáithfully, yours trúly ['truː-]

преда́тель м tráitor

предвари́тельн‖ый prelíminary [-'lɪ-]; ~ая прода́жа биле́тов advánce tícket sale; по ~ым подсчётам by rough calculátion; ~ отчёт ínterim repórt

предви́дение с fóresight [-saɪt]

предвы́борный eléction

преде́л м límit ['lɪ-]

предисло́вие с préface ['prefɪs]

предлага́ть см. предложи́ть

предло́г м (по́вод) excúse [ɪksˈkjuːs], prétext

предложе́ние с 1. propósal; (сове́т) suggéstion; óffer; приня́ть ~ accépt an óffer 2. (на собра́нии) mótion; внести́ ~ make a mótion, move [muːv] 3. (о бра́ке) propósal; сде́лать ~ propóse (to smb) 4. эк. supplý [-'plaɪ]; спрос и ~ demánd and supplý

предложи́ть 1. propóse (that); óffer; (сове́товать) suggést (that) 2.: ~ ру́ку и се́рдце propóse to smb

предме́стье с súburb ['sʌ-]

предме́т м 1. óbject; ~ы пе́рвой необходи́мости the necéssities 2. (те́ма; тж. в преподава́нии) súbject; ~ спо́ра point at íssue

предназнача́ть, предназна́чить inténd (for); помеще́ние предназна́чено для... the room is resérved for...

пре́док м áncestor, fórefather [-fɑːðə]

предоста́вить, предоставля́ть 1. (дава́ть) give [gɪv] 2. (позволя́ть) leave (to)

предохрани́тель м тех. sáfety devíce; (sáfety) fuse

предполага́ть 1. (ду́мать) suppóse; я предполага́ю, что... I think (belíeve) that... 2. (намерева́ться) inténd, propóse; когда́ вы предполага́ете уе́хать? when do you plan (propóse) to leave?

предположи́ть см. предполага́ть 1

предпосле́дний last but one

предпоче́сть, предпочита́ть preférᵢ; я предпочита́ю я́блоки (мя́со, сухо́е вино́) I prefér apples (meat, dry wine); я предпочёл бы пойти́ в теа́тр (в кино́) I'd ráther go to the théatre ['θɪə-] (móvies ['muː-])

предпринима́ть, предпри-ня́ть undertáke

предприя́тие *с* 1. (*производ-ственное*) fáctory, works [wəːks]; plant 2. undertáking; énterprise; (*деловое*) búsiness ['bɪz-]; риско́ванное ~ vénture

предрассу́док *м* préjudice

председа́тель *м* (*собрания*) cháirman; (*какой-л. организа-ции*) président ['pre-]

представи́тель *м* represén-tative; (*делегат, оратор от группы, представитель учреж-дения*) spókesman; полномо́ч-ный ~ plenipoténtiary; ~**ство** *с* representátion; ~ство СССР при... USSR Míssion to...

предста́вить 1. introdúce: разреши́те ~ вам... let me in-trodúce to you...; предста́вьте, пожа́луйста, меня́... please, in-trodúce me to... 2. (*вообра-зить*) imágine ['mædʒɪn]; ~ себе́ что-л. imágine smth 3. (*предъявить*) submít, presént; prodúce; ~**ся** introdúce one-sélf [wʌn-]; разреши́те ~ся I beg to introdúce mysélf

представле́ние *с* 1. (*поня-тие*) idéa [aɪ'dɪə]; име́ть ~ have an idéa 2. *теа́тр.* perfórmance, show [ʃəu] 3. (*документов и т. п.*) presentátion; submís-sion

представля́ть 1. *см.* предста́-вить 2. (*чьи-л. интересы*) ге-

presént 3. *теа́тр.* perfórm, show [ʃəu]

предстоя́ть: мне предстои́т встре́титься с... I am to meet...

предупреди́ть, предупреж-да́ть 1. (*уведомить*) let smb know [nəu] 2. (*предостеречь*) warn

предупрежде́ние *с* wárning; nótice; сде́лать ~ *спорт.* cáu-tion; make (íssue ['ɪʃuː]) a wárning

предъяви́ть, предъявля́ть prodúce; (*показать*) show [ʃəu]; предъяви́те биле́ты! show your tíckets!

прее́мник *м* succéssor

пре́жде befóre; (*в прежнее время*) fórmerly; ~ на́до по-быва́ть на вы́ставке the exhi-bítion should be done first; ~ и тепе́рь in the past and nówa-days ◊ ~ всего́ first of all, in the first place

пре́жний fórmer

презервати́в *м* cóndom

президе́нт *м* président ['pre-]

прези́диум *м* presídium [prɪ-'sɪdɪəm]

преиму́ществ‖о *с* advántage [-'vɑːntɪdʒ]; доби́ться ~a gain an advántage (óver); име́ть ~ have the advántage (of)

прекра́сный éxcellent; (*кра-сивый*) béautiful ['bjuːtɪ-]; fine, lóvely ['lʌ-]

прекрати́ть, прекраща́ть stop, cease; (*положить конец*) put [put] an end (to)

преле́стный chárming, lóvely ['lʌv-], delíghtful

пре́лесть *ж* charm

премирова́ть awárd a prize (bónus)

пре́ми‖я ж prize, bónus; *(награда)* rewárd; получи́ть (присуди́ть) ~ю get [get] (awárd) a prize (bónus)

премье́ра ж first night

премье́р-мини́стр *м* prime mínister

пре́ния *мн.* debáte

преоблада́ть preváil; predóminate [-'dɔ-]

преобразова́ть change; transfórm; *(реорганизовать)* refórm, restrúcture

преодолева́ть *см.* преодоле́ть

преодоле́ть overcóme [-'kʌm]

преподава́ние *с* téaching

преподава́тель *м* téacher

преподава́ть teach; что (где) вы преподаёте? what (where) do you teach?

препя́тствие *с* óbstacle; impédiment [-'peɖ-]; *спорт.* hurdle; взять ~ clear the hurdle

прерва́ть, прерыва́ть *(что-л.)* break [-eik] off; *(кого-л.)* interrúpt; *(оборвать кого-л.)* cut smb short

пресле́довать *(гнаться за)* pursúe, chase [-s], be áfter ['ɑ:ftə]

пре́сса ж press

пресс-конфере́нция ж préss--conference

прести́ж *м* préstige [-ti:ʒ]

преступле́ние *с* crime

престу́пник *м* críminal ['krɪ-]; offénder

претенде́нт *м* cándidate; pre-

ténder; *спорт.* fávourite

прете́нз‖ия ж claim, preténsion; предъявля́ть ~ии (lay) claim (to); у меня́ нет никаки́х ~ий к... I have no claims to...

преувеличе́ние *с* exaggerátion

преувели́чить exággerate

при 1. *(около)* by, at, near [nɪə] 2. *(в присутствии кого-л.)* in the présence ['pre-] of 3. *(во время, в эпоху)* únder in the time of 4. *(при известных обстоятельствах)* when; ~ слу́чае я расскажу́ об э́том sóme-time [sʌm-] I'll tell you abóut it 5. *(с собой)* with, abóut; ~ мне нет карандаша́ I have no péncil abóut me 6. *(в подчинении)* únder (the áuspices); attáched to; ~ Министе́рстве культу́ры únder (the áuspices of) the Mínistry of Cúlture; ~ заво́де attáched to the fáctory ◊ ~ всём том они́ всё же проигра́ли and still (for all that) they lost

приближа́ться, прибли́зить-ся appróach, come [kʌm] néarer ['nɪərə] (clóser ['kləusə])

прибо́й *м* surf

прибо́р *м* 1. ínstrument; apparátus 2. *(столовый)* cóver ['kʌ-]; ~ный: ~ная доска́ *авто* dáshboard

прибыва́ть *см.* прибы́ть

при́быль ж prófit ['prɔ-]

прибы́тие *с* arrival (at, in)

прибы́ть arríve (at, in); по́езд прибыва́ет в час the train comes [kʌmz] at one o'clóck

прива́л *м* halt [hɔːlt]

привезти́ bring

привести́ 1. *(куда-л.)* bring **2.** *(к чему-л.)* lead (to), resúlt (in) **3.** *(факты, данные)* cite, addúce **4.:** ~ в поря́док put [put] in órder; ~ в движе́ние set in mótion

приве́т *м* regárds; передáйте ~... give [gɪv] my (best) regárds (to)...

приве́тливый fríendly ['fre-]

приве́тствие *с* gréeting

приве́тствовать greet; salúte [-'luːt]; wélcome ['welkəm]

приви́вка *ж мед.* vaccinátion [ˌvæ=] *(особ. от оспы)*

при́вкус *м* smack, flávour; име́ть ~ smack (of)

привлека́ть, привле́чь draw, attráct; ~ внима́ние attráct (arrést) atténtion; ~ к уча́стию draw in

приводи́ть *см.* привести́

привози́ть *см.* привезти́

привыка́ть, привы́кнуть get [get] accústomed [ə'kʌs-] (used [juːst]) to

привы́чк‖а *ж* hábit ['hæ-]; по ~е by force of hábit, out of hábit

пригласи́ть, приглаша́ть invíte; разреши́те ~ вас... let me invíte you...

приглаше́н‖ие *с* invitátion; по ~ию on the invitátion; я получи́л ~ I recéived an invitátion

пригово́р *м* séntence; *(присяжных)* vérdict

пригоди́ться be of use [juːs], prove [pruːv] úseful ['juːs-]; come [kʌm] in hándy

приго́дность *ж* fítness, úsefulness

при́город *м* súburb ['sʌ-]

приготóвить 1. prepáre, make réady ['re-] **2.** *(пищу)* cook; ~ся get [get] réady ['re-]; prepáre (for), be prepáred; ~ся! внима́ние! марш! *спорт.* on your mark! get set! go!; réady ['re-]! stéady ['ste-]! go!

приготовле́ние *с* preparátion; ~ пи́щи cóoking

приготовля́ть *см.* приготóвить; ~ся get [get] prepáred

приду́мать, приду́мывать invént, think (of)

прие́зд *'м* arríval (at, in); с ~ом! wélcome!

приезжа́ть *см.* прие́хать

приезжа́ющий *м* vísitor ['vɪz-], newcómer [-'kʌ-], arríval

прие́м *м* **1.** recéption; оказáть тёплый ~ give [gɪv] a warm (héarty ['hɑːtɪ]) wélcome; устрóить ~ give a recéption **2.** *(способ)* méthod ['meθ-], way; devíce **3.** *(в члены)* admíttance; enrólment [-'rəul-] **4.** *спорт. (борьба)* hold

прие́мная *ж* wáiting-room; ánteroom

прие́мник *м радио* rádio (set), wíreless; транзи́сторный ~ transístor (rádio); *(в системе)* túner

прие́мн‖ый 1. adópted; ~ сын fóster-son; ~ оте́ц fóster-father **2.:** ~ые часы́ recéption hóurs

прие́хать arríve (at, in); come [kʌm]; когда́ вы прие́хали? when did you arríve?

приз *м* prize; получи́ть (пе́рвый, второ́й, тре́тий) ~ get [get] the (first, sécond, third) prize; утеши́тельный ~ consolátion prize

призва́ни‖е *с* vocátion, cálling; по ~ю by vocátion

приземли́ться, приземля́ться land; touch [tʌtʃ] down

призёр *м спорт.* príze-wínner

признава́ть(ся) *см.* призна́ть(ся)

при́знак *м* sign [saɪn]; ~ боле́зни sýmptom

призна́ние *с* 1. *(чего-л.)* acknówledgement [ək'nɔlɪdʒ-]; recognítion [-'nɪʃn]; *юр.* admíssion [-'mɪʃn]; получи́ть ~ be récognized 2. *(в чём-л.)* conféssion; ~ в любви́ declarátion of love [lʌv]

призна́ть admít; ~ себя́ побеждённым own onesélf [wʌn-] béaten; *разг.* throw [-əu] up the sponge; ~ся conféss; ~ся в любви́ decláre one's féelings

призов‖о́й prize(-); ~о́е ме́сто prize plácing

при́зрак *м* spectre, ghost [gəust]; *разг.* spook

призы́в *м* 1. appéal [ə'piːl]; call 2. *(лозунг)* slógan 3. *(в а́рмию)* cáll-up; conscríption; draft

при́иск *м* mine; золоты́е ~и góldfields

прийти́ come [kʌm]; *(прибыть)* arríve (at. in); ~ домо́й

come home; ~ пе́рвым come in first; ~ к соглаше́нию come to an agréement

прика́з *м* órder

приказа́ть, прика́зывать órder

прика́лывать *см.* приколо́ть

прикаса́ться *см.* прикосну́ться

прикладн‖о́й applíed; ~о́е иску́сство applíed arts

приключе́ние *с* advénture

приколо́ть *(булавкой)* pin; fásten [-sn] (attách) with a pin

прикоснове́ние *с* touch [tʌtʃ]

прикосну́ться touch [tʌtʃ]

прикрепи́ть, прикрепля́ть fásten [-sn], attách

прила́вок *м* cóunter

прили́в *м* 1. flow [fləu]; high [haɪ] tide; *перен.* surge; ~ и отли́в flow and ebb, high and low [ləu] tide 2. *(крови)* rush

прили́ч‖ие *с* décency; пра́вила ~ия rules [ruːlz] of décency

приложе́ние *с* ánnex; súpplement

прилуне́ние *с* moon (lúnar ['luː-]) lánding

прилуни́ться, прилуня́ться land on the Moon

при́ма-балери́на *ж* príma ['priːmə] ballerína [-'riːnə]

прима́нка *ж* bait, lure

примене́ние *с* applicátion, use [juːs], emplóyment

примени́ть, применя́ть applý [-'laɪ], use [juːz], emplóy

приме́р *м* exámple [ɪg'zɑːmpl], ínstance; брать ~ с кого́-л.

fóllow smb's exámple; подавáть ~ set an exámple

примéрить *(на себя)* try on; *(на другого)* fit; ~ костю́м try on a suit

примéрк‖а ж trýing-on; fítting; без ~и without trýing-on

примеря́ть *см.* примéрить

примечáние *с* cómment; *(сноска)* fóotnote

принадлежáть belóng (to)

принести́ bring, fetch; ~ по́льзу be of use [ju:s]

принимáть *см.* приня́ть

приноси́ть *см.* принести́

прину́дить, принуждáть compél, force, coérce

при́нцип *м* príncíple

принципиáльный of príncíple; он ~ человéк he is a man of príncíple

приня́ть **1.** *(кого-л.)* recéive; take; когдá он принимáет? when does he recéive?; радýшно ~ wélcome héartily ['hɑ:t-]; ~ за кого-л. take for smb else **2.** *(что-л.)* take; *(резолю́цию)* pass; ~ вáнну take a bath; ~ лекáрство take médicine; прими́те закáз take an órder **3.** *(в организацию)* admít (to)

приобрести́, приобретáть **1.** acquíre, gain **2.** *(купить)* buy [baɪ]

припáдок *м* fit; *(о болезни тж.)* attáck

припéв *м* chórus ['kɔ-]; refráin

припи́ски *мн.* эк. repórts, óverstated pádding

припрáва ж séasoning, dréssing; rélish ['re-]

приро́д‖а ж náture ['neɪtʃə]; от ~ы by náture

приро́ст *м* growth [grəuθ], íncrease [-s]; ~ населéния growth of the populátion

прислáть send; я пришлю́ вам письмó (приглашéние) I'll send a létter (an invitátion); пришли́те э́то нá дом, пожáлуйста delíver it, please

прислон‖и́ться, ~я́ться lean (rest) agáinst; не ~я́ться! do not lean!

присоедини́ть **1.** join; add **2.** эл. connéct; ~ся **1.** join; join in **2.** *(к мнению, заявлению и т. п.)* subscríbe (to); assóciate (with)

присоединя́ть(ся) *см.* присоедини́ть(ся)

приставáть *см.* пристáть

при́стань ж pier [pɪə]; lándingstage; *амер.* dock; *(товарная)* wharf [wɔːf]

пристáть *(к берегу)* land, come [kʌm] to shore

пристрáстный *(доброжелательный)* pártial ['pɑ:ʃəl]; *(предвзятый)* unfáir, préjudiced, biased ['baɪəst] (agáinst, in fávour of)

пристро́йка ж ánnex(e); exténsion; *(лёгкая)* léan-to

при́ступ *м* attáck; bout; *(острый)* ~ бóли pang; лёгкий ~ touch [tʌtʃ]

приступáть, приступи́ть start; set (to); приступи́м к дéлу let's get [get] down to búsiness ['bɪz-]

присуди́ть, присуждáть **1.** *(премию)* awárd; ~ пéрвую прéмию give [gɪv] the first prize **2.** *(степень)* confér (on)

прису́тств‖ие *с* présence ['pre-]; в ~ии кого́-л. in smb's présence

прису́тствовать be présent ['pre-]; atténd; на приёме прису́тствовало 60 челове́к síxty people [piːpl] atténded the recéption

присыла́ть *см.* присла́ть

прися́га *ж* óath

прито́к *м* **1.** *(реки)* tríbutary ['trɪ-] **2.** *(наплыв)* flow [-əu], ínflux

притяже́ние *с* attráction

приуса́дебный: ~ уча́сток prívate (hóusehold) plot, pérsonal (subsídiary) [-ɪ-] plot

приходи́ть *см.* прийти́

прихо́жая *ж* (éntrance) hall; ánteroom ['æntɪ-]

прице́п *м авто* tráiler; ~-**да́ча** *м* cáravan, *амер.* tráiler

прича́л *м* móorage

прича́ливать, прича́лить moor

причеса́ть comb [kəum], do (arránge) the hair; ~**ся** do one's hair; *(у парикмахера)* have one's hair done

причёск‖а *ж (мужская)* háircut; *(дамская)* coiffúre [kwɑːˈfjuə]; háir-do; сде́лать ~y have one's hair done

причёсывать(ся) *см.* причеса́ть(ся)

причи́на *ж* cause [kɔːz]; *(основание)* réason

пришива́ть, приши́ть sew [səu] (on)

пришко́льный: ~ уча́сток school [sk-] gárden (grounds)

прище́пка *ж* clóthes peg

прию́т *м* **1.** shélter, réfuge ['re-] **2.** *(детский)* órphanage

прия́тн‖о pléasant(ly) ['plez-]; it's pléasant; о́чень ~! *(при знакомстве)* glad to meet you!; ~**ый** pléasant ['plez-], agréeable

про abóut, of

про́б‖а *ж* **1.** *(действие)* tríal ['traɪəl], test; *(актёра)* audítion [-ˈdɪʃn] **2.** *(образчик)* sample [sɑːmpl] **3.** *(клеймо)* hállmark; зо́лото 583-й (750-й) ~ы 14-cárat (pure *or* 18-cárat) gold

пробе́г *м* run; *спорт.* race

пробежа́ть run; run by

проби́рка *ж* test tube

проби́ть *(о часах)* strike

про́бка *ж* **1.** cork **2.** *(затор)* (tráffic) jam

пробле́ма *ж* próblem; э́то сло́жная ~ that is quite a chállenge

про́бовать try; atténpt; *(на вкус)* taste [teɪ-]

пробо́р *м* párting; прямо́й (косо́й) ~ middle (side) párting; де́лать ~ part one's hair

пробы́ть stay, remáin; я там про́был не́сколько дней I stáyed there séveral days; ~ не́сколько дней в... spend séveral days in...

прова́л *м (неудача)* fáilure; *разг.* flop

прова́ливаться, провали́ться 1. fall through [θruː], collápse **2.** *(терпеть неудачу)* fail; он провали́лся на экза́-

менах he failed in his examinátion

провансáль *м (соус)* mayonnáise; капýста ~ cábbage
píckled with grápes and bér-
ries

прова́нск‖ий: ~ое мáсло
ólive ['ɔ-] oil

провéрить check (up), vérify
['ve-]

провéрка *ж (контроль)*
chéck-up, contról [-'trəul];
verificátion; ~ паспортóв pássport contról [-'rəul]

проверя́ть *см.* провéрить

провести́ *(осуществить)* cárry out; ímplement; ~ собрáние
hold a méeting; ~ в жизнь put
ínto ['ıntu] práctice, réalize

провéтривать, провéтрить
air; *(о помещении тж.)* vénti-
late

прóвод *м* wire; ~ под тóком
live wire

проводи́ть I *см.* провести́; ~
поли́тику ми́ра pursúe the
pólicy of peace

проводи́ть II *(кого-л. куда-л.)* see smb off; разреши́те
~ вас? may I accómpany you?;
~ домóй see smb home; ~ на
пóезд see off to the státion;
проводи́те меня́ will you see me
off?

проводни́к *м* **1.** *(в горах
и т. п.)* guide [gaıd] **2.** *(в поезде)* guard [gɑːd]; *амер.* condúctor

провожáть *см.* проводи́ть II
провожáющ‖ий *м*: бы́ло
мнóго ~их mány people [piːpl]
came to see (us) off

провóз *м* transportátion; cárriage ['kærıdʒ]

**провозгласи́ть, провозгла-
ша́ть** procláim; ~ лóзунг set
forth a slógan; ~ тост *(за
чьё-л. здоровье)* propóse the
health (of)

провокáция *ж* provocátion

прогнóз *м* fórecast, prognó-
sis [-'nəusıs]

проголодá‖ться get [get]
húngry; я ~лся I'm húngry

прогрáмм‖а *ж* prógramme
['prəugræm]; ~ концéрта prógramme of the cóncert; ~ спор-
ти́вных состязáний competítion cálendar ['kæ-]; учéбная
~ sýllabus, currículum; телевизиóнная ~ TV guide (schédule ['ʃe-]); ~ радиопередáч
rádio schédule

прогревáть *см.* прогрéть

прогрéсс *м* prógress ['prəu-]

прогресси́вка *ж разг.* progréssive rates of remunerátion

прогресси́вный progréssive

прогрéть heat; *авто* warm up

прогýл *м* trúancy; ábsence
from work; fáilure to repórt
for dúty

прогýлка *ж* walk [wɔːk]

прогýльщ‖ик *м,* ~ица *ж*
shírker, absentée, trúant

прогуля́ться take (go for)
a walk [wɔːk], take a turn

продавáть *см.* продáть

продавéц *м* shop assístant;
sálesman

продавщи́ца *ж* sálesgirl, shop
girl, sáleswoman [-wu-]

продáжа *ж* sale

продáть sell

продово́льствие *с* provísions

продолжа́ть contínue [-'tɪn-ju:], go on; продолжа́йте! go on!; **~ся** contínue [-'tɪnju:], last, go on, be in prógress ['prəu-]

продолже́ние *с* continuátion; séquel; ~ сле́дует to be contínued

продолжи́тельный long, pro-lónged; dúrable ['djuə-]

проду́кты *мн.* próducts ['prɔ-dʌkts]; моло́чные ~ dáiry próducts

проду́кция *ж* prodúction, óutput; *с.-х.* próduce

прое́зд *м* pássage; пла́та за ~ fare; *(по мосту, по автодо-роге)* toll [təul]; **~а нет** no thóroughfare ['θʌ-]

прое́здом in pássing

проезжа́ть go (past, by); pass (by, through ['θru:])

прое́кт *м* próject ['prɔdʒekt], desígn [dɪ'zaɪn]; blúeprint; ~ резолю́ции draft resolútion; ~ зако́на bill

прое́хать *см.* проезжа́ть

проже́ктор *м* séarchlight; flóodlight; *театр.* límelight; *брит.* spótlight

про́за *ж* prose

прозева́ть *(пропустить)* miss, let smth slip

проигра́ть **1.** lose [lu:z]; кома́нда проигра́ла... очко́в the team lost... points (to) **2.:** ~ пласти́нку play a (grámo-phone) récord ['re-]

прои́грыватель *м* récord-player ['re-]; phónograph; *(в системе)* túrntable

прои́грывать *см.* проигра́ть

про́игрыш *м* loss; *спорт.* deféat; он оста́лся в ~е he was the lóser, he lost

произведе́ние *с* work [wɜːk]; ~ иску́сства work of art

произвести́ **1.** prodúce **2.** *(выполнить)* make, éxecute ['eksɪ-] ◊ ~ впечатле́ние make (prodúce) an impréssion

производи́тельность *ж* pro-ductívity [-'tɪvɪtɪ]; ~ труда́ productívity of lábour

производи́ть *см.* произвести́

произво́дств‖о *с* **1.** prodúc-tion; спо́соб ~a mode of prodúc-tion; сре́дства ~a means of prodúction; ору́дия ~a ímple-ments of prodúction **2.** *(завод и т. п.)* works [wɜːks], fáctory; índustry ['ɪnd-]

произнести́, произноси́ть pronóunce; ~ речь make a speech

произноше́ние *с* pronunciá-tion; áccent ['æksənt]; хоро́-шее ~ good [gud] pronunciátion

произойти́, происходи́ть *(случаться)* háppen, occúr [ə'kɜː], take place; что про-изошло́? what's góing on here?; what's up?

про́иски *мн.* intrígues [-'tri:gz]

происхожде́ние *с* órigin

происше́ствие *с* íncident; *(несчастный случай)* áccident ['æksɪ-]; *(событие)* evént, occúrrence [ə'kʌ-]

пройти́ 1. go; pass; ~ ми́мо go (pass) by; пройди́те сюда́ come [kʌm] óver here **2.** *(о вре-*

мени) pass, elápse, go by; прошло́ 2 часа́ two hóurs passed **3.** *(состояться)* go off; конце́рт прошёл уда́чно the cóncert went off well **4.** *(кончаться)* be óver

прока́за ж *(шалость)* míschief, prank

прока́т I м *(см. тж. напрока́т)* híre; ~ автомоби́лей cars for híre; *амер.* "rent-a-cár"

прока́т II м *тех.* *(изделие)* rólled ['rəu-] métal ['me-]; ~**ка** ж rólling ['rəu-]

проко́л м púncture

прокурату́ра ж óffice of públic prósecutor ['prɔsɪ-]

прокуро́р м públic prósecutor ['prɔsɪ-]; Генера́льный ~ Procurátor-Géneral, *брит.* Attórney Géneral

пролетариа́т м proletáriat [ˌprəʊlɪˈtɛərɪət]

пролета́рий м proletárian [ˌprəʊlɪˈtɛərɪən]

пролета́рский proletárian [ˌprəʊlɪˈtɛərɪən]

проли́в м strait(s)

пролива́ть, проли́ть 1. spill **2.** *(слёзы, кровь)* shed; ~**ся** spill

проливно́й: ~ дождь póuring rain

про́мах м **1.** *(при стрельбе)* miss **2.** *(ошибка)* blúnder

промежу́ток м **1.** *(времени)* ínterval **2.** *(пространство)* space, gap

промока́ть, промо́кнуть get [get] wet, get soaked; ~ до косте́й get drénched, get wet to the skin

промочи́ть drench; soak; ~ но́ги get [get] one's feet wet

промтова́рный: ~ магази́н clóthing and géneral shop; *амер.* géneral store

промы́шленн‖ость ж índustry; ~**ый** indústrial; ~**ый** райо́н (центр) indústrial área (céntre ['sentə])

проника́ть, прони́кнуть pénetrate ['pe-] (ínto); ~ че́рез pénetrate through [θru:]

пропага́нда ж propagánda; publícity [-'lɪ-]; техни́ческая ~ téchnical informátion; ~ передово́го о́пыта advánced know-how ['nəu-] promótion campáign [-'peɪn]

пропаганди́ровать propagándize; ádvertize

пропада́ть *см.* пропа́сть

пропа́жа ж loss

пропа́сть 1. be lost **2.** *(исчезнуть)* disappéar [-'pɪə] **3.** *(проходить бесполезно)* be wásted ['weɪs-]

про́пасть ж précipice ['pre-], abýss

пропи́ска ж *(résidence* ['rez-]) registrátion; постоя́нная ~ pérmanent offícial [-'fɪʃəl] résidence

про́поведь ж sérmon

пропо́лка ж wéeding

пропо́рция ж propórtion, rátio

про́пуск м **1.** *(документ)* pass **2.** *(непосещение)* ábsence (from), non-atténdance (of) **3.** *(пустое место)* gap, blank

пропуска́ть *см.* пропусти́ть

пропускн‖о́й: ~ пункт

check-point; ~**áя** спосóбность capácity [-'pæ-]

пропустúть 1. (кого-л. куда-л.) let pass (through [θruː]); пропустúте егó let him pass **2.** (не явиться) miss **3.** (недоглядеть, упустить) miss

прорáб *м* (constrúction) superinténdent

проréктор *м* více-réctor, více-príncipal

прорóк *м* próphet ['prɔ-]

прóрубь *ж* íce-hole

проры́в *м* **1.** (достижение) bréak-through ['breıkθruː] **2.** (провал) bréakdown

просвещéние *с* (géneral) educátion; englíghtenment [-'laıt-]

просёлок *м* cóuntry road ['kʌ-]; cárt-road

просúть ask; ~ разрешéния ask permíssion; ~ извинéния beg smb's párdon; прошý вас! please!; прошý (угощáйтесь) help yoursélf, please!

просмóтр *м* súrvey; (документов) examinátion [ıg,zæmı-'neıʃn]; (кинофильма и т. п.) préview ['priː-]

просмотрéть 1. (ознакомиться с книгой и т. п.) look through [θruː] **2.** (пропустить) miss, overlóok **3.** (пьесу и т. п.) see

проснýться wake up; awáke; ~ рáно (пóздно) wake up éarly (late)

прóсо *с* míllet

проспéкт *м* **1.** (улица) ávenue ['ævınjuː] **2.** (программа) prospéctus

проститýтка *ж* próstitute;

call girl; (уличная) stréet-walker

простúть forgíve [-'gıv], párdon; простúте! sórry!, excúse me!, (I) beg your párdon!; ~**ся** say good-býe [gudˈbaı] (to)

прост‖**óй** simple; (несложный) éasy; (обыкновенный) cómmon, órdinary; ~ человéк cómmon man, man in the street

простоквáша *ж* yóghurt ['jɔgət]

прострáнство *с* space

простýда *ж* cold, chill

простудúться catch cold; я простудúлся I caught cold

простыня́ *ж* sheet

просыпáться см. проснýться

прóсьба *ж* requést; у меня́ к вам ~ may I ask you a fávour?; ~ не курúть! no smóking, please!

протéктор *м* авто tread [tred]

протéст *м* prótest; заявúть ~ lodge (make) a prótest (agáinst)

протестáнт *м* Prótestant

протестантúзм *м* Prótestantism

протестовáть protést (agáinst)

прóтив 1. agáinst; кто ~? those agáinst? **2.** (напротив) ópposite

протúвник *м* oppónent (тж. спорт.); (неприятель) énemy ['enımı]; достóйный ~ wórthy oppónent

противогáз *м* gas mask

противозачáточн‖**ый**: ~ое срéдство contracéptive

противополо́жн‖ость ж со́ntrast; ~ый ópposite; oppósing

противоре́чие с contradíction

противоре́чить contradíct

противостоя́ть oppóse

противоя́дие с *(против)* ántidote (for)

протоко́л м mínutes ['mɪnɪts]; *(дипломатический)* prótocol; вести́ ~ keep the mínutes

профбиле́т м trade-únion card

профессиона́льн‖ый proféssional [-'feʃ-]; occupátional; ~ое заболева́ние occupátional diséase

профе́ссия ж *(род занятий)* occupátion; proféssion [-'feʃn]; *(ремесло)* trade

профе́ссор м proféssor

профко́м м lócal trade únion commíttee

профсою́з м trade únion; *амер. тж.* lábour únion

профсою́зный tráde-union; ~ биле́т tráde-union card

профтехучи́лище с vocátional (tráining) school; trade school

прохлади́тельн‖ый: ~ые напи́тки soft drinks

прохла́дн‖о: сего́дня ~ it's cool todáy; ~ый cool, fresh

прохо́д м pássage; ~ закры́т no pássage; *(между рядами)* aisle [aɪl]

проходи́ть *см.* пройти́

проходна́я ж éntrance chéckpoint

прохо́жий м pásserby

проце́нт м **1.** per cent; per-céntage **2.** *(с капитала)* ínterest

проце́сс м **1.** prócess **2.** *юр.* tríal, légal procéedings

проце́ссия ж procéssion; ~ автомаши́н mótorcade

про́чий óther ['ʌðə]

про́чный 1. *(крепкий)* strong, sólid ['sɔl-]; dúrable ['djuərəbl] **2.** *перен.* lásting; ~ мир lásting peace

прочь awáy; ру́ки ~! hands off!

про́шлое с the past

про́шл‖ый past; last; ~ раз last time; на ~ой неде́ле last week; в ~ом году́ last year

проща́й(те)! good-býe [gud-'baɪ]

проща́ние с farewéll; *(расставание)* párting; на ~ at párting; махну́ть руко́й на ~ wave good-býe [gud'baɪ]

проща́ть(ся) *см.* прости́ть(-ся)

проявитель м *фото* devéloper [-'ve-]

проявить, проявля́ть 1. show [ʃəu]; displáy **2.** *фото* devélop

пруд м pond

пружи́на ж spring

пры́гать, пры́гнуть jump; ~ с шесто́м póle-vault; ~ с упо́ром vault

прыгу́н м *спорт.* júmper

прыжо́к м jump; spring; cáper; ~ с парашю́том párachute jump; прыжки́ в во́ду díving; ~ в во́ду с трампли́на (с вы́шки) spríngboard (plátform) dive; ~ в высоту́ high jump; ~ в длину́ long jump;

амер. broad jump; тройно́й ~ triple jump; hop, step and jump; *амер.* hop, skip and jump

прыщ *м* pimple, spot

пря́жа *ж* yarn

пря́жк∥а *ж* buckle; застегну́ть ~у buckle up

пря́м∥о straight; иди́те ~ go straight; ~о́й **1.** straight; ~а́я ли́ния straight line **2.** *(непосредственный)* diréct **3.** *(откровенный)* frank; outspóken

пря́ники *мн.* gíngerbread ['dʒɪndʒə,bred]

пря́ность *ж* spice

прясть spin

пря́тать hide; ~ся hide onesélf [wʌn-]

псевдони́м *м* pséudonym ['(p)sjuː-]

психи́ческий méntal, psýchical ['saɪ-]

пти́ца *ж* bird; дома́шняя ~ póultry ['pəʊl-]

птицево́дство *с* póultry ['pəʊl-] fárming; póultry ráising

птицефе́рма *ж* póultry farm

ПТУ *см.* профтехучи́лище

пу́блика *ж* públic; *(в театре, на лекции)* áudience

публикова́ть públish

публи́чный públic

пу́говица *ж* bútton

пу́дра *ж* pówder

пу́дреница *ж* pówder-case

пу́дрить pówder; ~ся pówder one's face

пульвериза́тор *м* spráyer, púlverizer

пульс *м* pulse; щу́пать ~ feel one's pulse

пульт *м* **1.** *(подставка для нот)* (músic-)stand **2.**: ~ управле́ния contról [-'trəul] pánel ['pæ-]

пункт *м* **1.** point **2.** státion; céntre ['sentə]; медици́нский ~ médical ['me-] céntre; переговóрный ~ trúnk-call óffice; ~ пéрвой пóмощи fírst-aid post; контрóльно-пропускнóй ~ check point **3.** *(параграф, статья)* ítem; ~ повéстки дня ítem of the agénda

пурга́ *ж* snówstorm, blízzard

пуска́ть, пусти́ть 1. *(отпускать)* let smb go; set smb free **2.** *(впускать)* let smb in; пусти́те его́ сюда́ let him in here ◊ ~ в ход маши́ну set a machíne [-'ʃiːn] in mótion

пустóй 1. émpty **2.** *(о разговоре)* idle [aɪdl]; *(о человеке)* shállow [-əʊ]

пустотá *ж* void; vácuum [-æ-]

пусты́ня *ж* désert ['dez-]; wílderness ['wɪ-]

пусты́рь *м* vácant lot

пусть: ~ он войдёт! let him in!

путёвка *ж* pérmit; accommodátion tícket (card); ~ в дом óтдыха vóucher to a rest home; туристи́ческая ~ tóurist vóucher

путеводи́тель *м* guide [gaɪd]; ~ по гóроду cíty (town) guide

путепровóд *м* únderpass; óverpass

путешéственник *м* tráveller ['træv-]

путешéствие *с* trável ['træ-],

jóurney ['dʒɜːnɪ]; *(по морю)* vóyage ['vɔɪɪdʒ]

путешéствовать trável ['træ-]; *(по морю)* vóyage ['vɔɪɪdʒ]

пут‖ь *м* **1.** way, road; железнодорóжный ~ track; счастлúвого ~й! háppy jóurney ['dʒɜːnɪ]!; на обрáтном ~й on the way back **2.** *(способ)* means, way; какúм ~ём? in what way?, by what means?; мúрным ~ём péacefully

пух *м* down

пушúстый flúffy

пушнúна *ж* furs

пчелá *ж* bee

пчеловóдство *с* bée-keeping

пшенúца *ж* wheat

пшенó *с* míllet

пы́жиков‖ый: ~ая шáпка déer-skin cap

пылесóс *м* vácuum ['vækjuəm] cléaner

пыль *ж* dust; ~**ный** dústy

пьéса *ж театр.* play; *муз.* piece

пья́ный drunk

пюрé *с* púree ['pjuəreɪ]; картóфельное ~ mashed potátoes

пятáк *м* fíve-cópeck coin

пятёрка *ж* **1.** *(отметка)* five; *амер.* А [eɪ] **2.** *карт.* five; ~ пик *и т. д.* the five of spades, *etc* **3.** *(банкнота)* five-róuble [-'ruː-] note; fíver

пя́теро five

пятилéтка *ж* Fíve-Year Plan

пятилéтний *ж* fíve-year, of five years; *(о возрасте)* fíve--year-óld

пятиэтáжный fíve-stóreyed

пя́тка *ж* heel

пятнáдцать fiftéen

пя́тница *ж* Fríday [-dɪ]

пятнó *с* spot; stain

пятновыводúтель *м* stain--remóver [-'muːvə]

пя́тый fifth

пять five

пятьдеся́т fífty

пятьсóт five húndred

Р

раб *м,* **рабá** *ж* slave

рабóта *ж* work [wɜːk], job

рабóтать work [wɜːk]; где вы рабóтаете? where do you work?; кем вы рабóтаете? what are you?; what's your occupátion?; телефóн не рабóтает the télephone is out of órder; над чем вы рабóтаете? what are you wórking at?

рабóтница *ж* (wóman-)wórker [('wumən)'wɜːkə]; домáшняя ~ hóuse-maid; *амер.* help

рабóч‖ий 1. *м* wórker ['wɜːkə]; я ~ I am a wórker **2.** wórking ['wɜː-]; ~ее движéние wórking-class móvement; ~ класс wórking class

рабфáк *м* wórkers' divísion [-'vɪʒn]

рáвенство *с* equálity [iː'kwɔlɪtɪ]; суверéнное ~ sóvereign ['sɔvrɪn] equálity

равнопрáвие *с* equálity [iː'kwɔlɪtɪ] (of rights)

рáвный équal

рагу́ *с* stew

рад glad; ~ вас ви́деть glad to see you

рада́р *м* rádar

ра́ди for the sake of; ~ меня́ for my sake; ~ э́того for the sake of this; чего́ ~? what for?

радиа́тор *м авто* radiátor

радиа́ция *ж* radiátion; а́томная (со́лнечная) ~ núclear ['njuk-] (sólar) radiátion

ра́дио *с* rádio; по ~ by rádio; передава́ть по ~ bróadcast ['brɔd-]; слу́шать ~ lísten to the rádio, lísten in; ~веща́ние *с* bróadcasting ['brɔd-]

радиогра́мма *ж* rádiogram; wíreless méssage, *амер.* rádiotélegram [-'te-]

ра́дио‖ла́мпа *ж* valve; *амер.* tube; ~люби́тель *м* rádio ámateur ['æmətə:]; ~переда́ча *ж* bróadcast ['brɔd-], transmíssion; ~приёмник *м* wíreless (rádio) set; ~ста́нция *ж* bróadcasting ['brɔd-] (rádio) státion

ради́ст *м* wíreless óperator ['ɔrə-]

ра́диус *м* rádius

ра́довать gládden, make smb háppy (glad); ~ся be glad; rejóice (in, at)

ра́достный jóyful

ра́дость *ж* joy; с ~ю with joy

ра́дуга *ж* ráinbow [-bəu]

раду́шный héarty ['hɑ:-], córdial; ~ приём héarty (córdial) wélcome

раз 1. *м* time; вся́кий ~ évery ['evrɪ] time; не́сколько ~ séveral times; в пе́рвый (во второ́й) ~ for the first (sécond) time; в друго́й ~ next time **2.** *(при счёте)* one **3.** *(если)* since; ~ вы э́того хоти́те since you want it ◇ как ~ just, exáctly; как ~ то the véry ['verɪ] thing

разбе́г *м* run; *спорт.* rúnning start; *ав.* táke-off run; прыжо́к с ~у rúnning jump

разбива́ть(ся) *см.* разби́ть (-ся)

разбира́ть *см.* разобра́ть

разби́тый bróken

разби́ть 1. break [-eɪk] **2.** *воен.* deféat; ~ся break [-eɪk]

разбо́й *м* róbbery

разбо́рн‖ый collápsible; ~ая констру́кция collápsible design

разбра́сывать, разброса́ть throw [-əu] abóut; scátter (abóut)

разбуди́ть wake; разбуди́те меня́ в 7 (8, 9) часо́в wake me up at séven ['sevn] (eight [eɪt], nine) o'clóck; когда́ вас ~? when shall I wake you up?

разва́лины *мн.* ruins [ruɪnz]

ра́зве réally ['rɪə-]; ~? réally?, is that so?; ~ он прие́хал? has he réally come [kʌm]?

разверну́ть 1. unfóld; unwráp; ~ газе́ту unfóld the páper; ~ свёрток unwráp the páper **2.** *перен.* devélop [dɪ'veləp]; ~ся unróll; unfóld

развёртывать(ся) *см.* разверну́ть(ся)

развесели́ть cheer [tʃɪə] smb up; bríghten; ~ся cheer [tʃɪə] up; bríghten

развести́ 1. *(вырастить)* (о

животных) breed; *(о растениях)* grow [-əu], cúltivate
2. *(растворить)* dissólve [-z-];
~**сь** divórce; be divórced

развива́ть(ся) *см.* разви́ть
(-ся)

разви́тие *с* devélopment [dɪ-
've-]; ~ культу́рных свя́зей
exténsion of cúltural relátions
(exchánges [-'tʃeɪ-])

развито́й 1. *(физически)*
wéll-devéloped [-dɪ've-] 2. *(умственно)* intélligent

разви́ть(ся) devélop [dɪ've-
ləp]

развлека́ть(ся) *см.* раз-
вле́чь(ся)

развлече́ние *с* amúsement,
entertáinment

развле́чь entertáin, amúse;
~**ся** amúse onesélf [wʌn-]

разво́д *м* divórce

разводи́ть(ся) *см.* развес-
ти́(сь)

разводно́й: ~ мост dráw-
bridge; ~ (га́ечный) ключ
adjústable spánner; mónkey
['mʌ-] wrench

разворо́т *м авто* Ú-turn
['ju:-]; ~ запрещён no Ú-turn

развяза́ть, развя́зывать undó [ʌn'du:]; untíe ◊ ~ войну́
unléash a war

разгласи́ть, разглаша́ть di-
vúlge, disclóse, give [gɪv] awáy

разгова́ривать speak, talk

разгово́р *м* conversátion,
talk

разгово́рник *м* phráse-book

разгово́рчивый tálkative

разго́н *м* 1. *(толпы и т. п.)*
dispérsal 2. *авто* accelerátion

разгружа́ть, разгрузи́ть unlóad; dischárge

разгру́зка *ж* unlóading

раздава́ть(ся) *см.* разда́ть
(-ся)

разда́ть distríbute [-'trɪ-];
~**ся** *(о звуке)* resóund

раздева́лка *ж* clóak-room

раздева́ть(ся) *см.* разде́ть
(-ся)

разде́л *м* divísion [-'vɪʒn];
partítion; *(часть)* séction;
(книги) part

разделе́ние *с* divísion
[-'vɪʒn]

раздели́ть, разделя́ть 1. divíde; séparate ['sepə-] 2.
(участь, мнение) share; ~
чьё-л. мне́ние share *smb's* view
[vju:]

разде́ть undréss; ~**ся** undréss; *(снять верхнее платье)*
take off one's (hat and) coat

разду́мать change [tʃeɪ-]
one's mind; я разду́мал I've
changed my mind

разду́мывать 1. *см.* разду́-
мать 2. *(размышлять)* pónder

разже́чь, разжига́ть kindle
[kɪndl]; *(тж. перен.)* rouse,
перен. infláme

разли́в *м* flood [-ʌ-]

разлива́ть, разли́ть 1. *(про-
лить)* spill 2. *(налить)* pour out

различа́ть *см.* различи́ть

разли́чие *с* distínction

различи́ть distínguish; я не
мог ~ их I couldn't tell one
from anóther

разли́чный 1. *(неодинаковый)* dífferent 2. *(разнообразный)* divérse, várious ['veər-]

разложе́ние *с* decomposítion; *(моральное)* corrúption

разложи́ть 1. *(на составные части)* decompóse **2.** *(деморализовать)* corrúpt; demóralize **3.** *(расстелить)* lay out; spread [-e-] **4.** *(распределить)* distríbute [-'trı-]

разма́х *м* *(деятельности и т. п.)* range [-eı-], scope

разме́н *м* exchánge [-'tʃeı-]; ~ валю́ты cúrrency exchánge

разме́нивать, разменя́ть change [tʃeı-]

разме́р *м* size; э́то не мой ~ this is not my size

разми́нка *ж* wárming-up, *амер.* wórk-out

размножа́ть, размно́жить múltiply; *(документ)* dúplicate

размышля́ть refléct, pónder

ра́зница *ж* dífference; кака́я ~ ? what is the difference?; кака́я ~ ! *(всё равно)* it makes no dífference!; огро́мная ~ great [greıt] dífference

разногла́сие *с* disagréement, dífference (of opínion)

ра́зное *с* *(пункт повестки дня)* ány ['e-] óther ['ʌðə] búsiness ['bız-], AOB [ˌeıəu'biː]

разнообра́з∥ие *с* varíety [və'raıə-], divérsity; для ~ия for a change [tʃeı-]

разносторо́нний vérsatile [-aıl]

разноцве́тный párticoloured [-ˌkʌl-]; múlticoloured, of dífferent cólours ['kʌl-]

ра́зный 1. *(неодинаковый)* dífferent **2.** *(разнообразный)* divérse, várious ['vɛərıəs]

разобра́ть 1. *(на части)* take apárt, dismántle [-'mæ-] **2.** *(прочитать)* make out **3.** *(проанализировать)* ánalyse

разойти́сь leave; part, séparate ['sep-]; *(о мнениях)* díffer

разорва́ть 1. tear [tɛə] **2.** *(порвать)* break [-eık] off; ~ся **1.** break [-eık]; *(о материи)* tear [tɛə] **2.** *(взорваться)* explóde

разоружа́ться *см.* разоружи́ться

разоруже́ние *с* disármament; всео́бщее и по́лное ~ géneral and compléte disármament

разоружи́ться disárm

разочарова́ние *с* disappóintment

разочарова́ть disappóint; ~ся be disappóinted

разочаро́вывать(ся) *см.* разочарова́ть(ся)

разре́з *м* **1.** cut **2.** *(сечение)* séction; попере́чный ~ cróss-section **3.** *тех.* о́pen-cast mine

разре́зать, разреза́ть cut

разреша́ть *см.* разреши́ть

разреше́н∥ие *с* *(позволение)* permíssion; с ва́шего ~ия with your permíssion; проси́ть ~ия ask permíssion; получи́ть ~ get [get] permíssion; без ~ия withóut permíssion

разреши́ть *(позволить)* allów, permít; разреши́те (мне) allów (me); разреши́те войти́? may I come [kʌm] in?; разреши́те пройти́ let me pass; разреши́те закури́ть? — Пожа́луйста! would you mind my smóking? — Not at all!

разру́ха *ж* devastátion, rúin

разрыва́ть(ся) *см.* разорва́ть(ся)

разря́д *м (категория)* cátegory ['kæ-]

разря́дка *ж:* ~ (междунаро́дной напряжённости) détente ['deɪtɑːnt]

разря́дник *м (спортсмен, имеющий первый, второй или третий разряд)* (first, sécond, third) cátegory ['kæ-] spórtsman

ра́зум *м* réason; *(ум)* mind, íntellect

разу́мный réasonable

разъедини́ть, разъединя́ть 1. *(разделять)* séparate ['sep-] 2. *(разговаривающих по телефону)* cut off

разыска́ть find [faɪnd]

разы́скивать look (for)

рай *м* páradise ['pærədaɪs]

райисполко́м (исполни́тельный комите́т райо́нного Сове́та наро́дных депута́тов) the Dístrict Exécutive [-'ze-] (Commíttee) of the Cóuncil of People's ['pɪ-] Députies [-'de-]

райко́м *м* (райо́нный комите́т) dístrict commíttee [-'mɪtɪ]

райо́н *м* dístrict; *(местность)* área ['ɛərɪə]

райсове́т *м* (райо́нный Сове́т наро́дных депута́тов) Dístrict Cóuncil (of People's ['pɪ-] Députies ['de-]

рак I *м* 1. cráyfish 2. P. *астр.* Cáncer

рак II *м мед.* cáncer

раке́т‖а *ж* rócket; míssile [-aɪl]; запусти́ть ~y launch a rócket; баллисти́ческая ~ ballístic míssile; **~-носи́тель** *ж* bóoster(-rocket)

раке́тка *ж* rácket

раке́тн‖ый rócket; ~ая те́хника rócket engineering, rócketry

ра́ковина *ж* 1. shell 2. *(водопроводная)* sink

раку́шка *ж* cóckle-shell; *(двустворчатая)* mússel

ра́ма *ж* 1. frame; око́нная ~ window-frame 2. *авто* chássis ['ʃæsɪ]

ра́мк‖и *мн.* límits ['lɪ-]; в ~ах догово́ра within the fråmework of a tréaty

ра́мпа *ж театр.* fóotlights

ра́на *ж* wound [wuːnd]

ранг *м* rank

ра́неный wóunded ['wuːndɪd]

ра́нец *м (школьный)* sátchel

ра́нить wound [wuːnd]

ра́нн‖ий éarly; ~ие о́вощи (фру́кты) éarly végetables ['vedʒɪ-] (fruits [fruːts])

ра́но éarly; ещё ~ обе́дать it's too éarly to have dínner; ~ у́тром éarly in the mórning

ра́ньше 1. éarlier; приходи́те как мо́жно ~ come [kʌm] as éarly as póssible 2. *(когда-то)* fórmerly

ра́са *ж* race

раси́‖зм *м* rácism; **~ст** *м* rácist

раска́лывать *см.* расколо́ть

раскладу́шка *ж* fólding bed, cot

раско́л *м* split; divísion [-'vɪ-]

расколо́ть split; cleave; *(орехи)* crack

раскрыва́ть(ся) *см.* раскры́ть(ся)

раскры́ть 1. о́pen **2.** *перен.* revéal; **~ся 1.** о́pen **2.** *(обнаружиться)* come [kʌm] out

ра́совый rácial ['reɪʃəl]

распакова́ть, распако́вывать unpáck

распа́хивать, распахну́ть throw [-əu] о́pen, о́pen wide

распеча́тать, распеча́тывать о́pen, unséal

расписа́н‖ие *с* tíme-table [-teɪbl], schédule ['ʃedjuːl, *амер.* 'skedjuːl]; **~** поездо́в train schédule; по **~ию** accórding to the tíme-table, accórding to schédule

расписа́ться, распи́сываться sign [saɪn] (one's name)

распи́ска *ж* recéipt [-'siːt]; *(о денежном долге)* IOU ("I owe [əu] you") [aɪ'əujuː]

распла́т‖а *ж* páyment; час **~ы** day of réckoning

расплати́ться, распла́чиваться pay (off); settle accóunts [ə'kau-] (with)

располага́ть *(иметь в распоряжении)* have at one's dispósal; вы располага́ете вре́менем? do you have time to spare?

расположе́ние *с* **1.** *(порядок)* arrángement [-'reɪ-] **2.** *(настроение)* mood

распоря́док *м* о́rder

распоряже́ние *с* о́rder, instrúction

распра́ва *ж* reprísal [-z-]; *(кровавая)* mássacre, cárnage

распределе́ние *с* distribútion

распредели́ть, распределя́ть distríbute [-'trɪ-]; divíde; assígn [ə'saɪn]; **~** вре́мя divíde one's time; **~** выпускнико́в assígn gráduates to várious ['vɛərɪəs] jobs

распрода́жа *ж* (cléarance) sale

распростране́ние *с* spréading ['spre-]; disseminátion

распу́тье *с* cróss-roads

распуха́ть, распу́хнуть swell (up)

рассади́ть, расса́живать *(поместить)* seat; óffer seats

рассве́т *м* dawn; на **~e** at dawn

рассерди́ться get [get] ángry (with)

рассе́янный ábsent-mínded

расска́з *м* (short) stóry ['stɔːrɪ], tale

рассказа́ть, расска́зывать tell; reláte; расскажи́те, пожа́луйста tell (me, us), please

рассле́довать invéstigate; look (ínto), hold an inquíry (ínto)

рассма́тривать, рассмотре́ть exámine [ɪg'zæmɪn]; *(дело)* consíder [-'sɪ-]

рассо́льник *м* rassólnik *(soup with pickled cucumbers)*

расспра́шивать, расспроси́ть quéstion ['kwestʃən]; quéry (with); make inquíries

рассро́чк‖а ж: в ~у by in-
stálments; покýпка в ~у híre-
-púrchase

расстава́ться, расста́ться
part (with)

расстёгивать, расстегну́ть
unfásten [-'fɑːsn], undó
[ʌn'duː]; *(пуговицы)* unbútton;
(крючок) unhóok; *(молнию)*
unzíp; *(пряжку)* unbúckle

расстоя́ние *с* dístance

расстра́ивать(ся) *см.* рас-
стро́ить(ся)

расстре́л *м* (shóoting) execútion

расстро́ить 1. *(что-л.)* disórder; *(планы и т. п.)* frustráte;
upsét **2.** *(кого-л.)* upsét; ~**ся**
be upsét

расстыко́вка ж undócking

рассчита́ть cálculate; count;
он не рассчита́л свои́х сил he
overéstimated his strength;
~**ся** settle accóunts [ə'kau-]
(with); *(в ресторане, отеле)*
pay the bill

рассчи́тывать 1. *(на кого-л.)*
count on **2.** *(предполагать)*
inténd, mean; я рассчи́тываю
уви́деть вас... I hope to see
you...

рассы́пать, рассыпа́ть scátter; spill

раство́р *м* solútion

расте́ние *с* plant

растеря́ться be at a loss

расти́ grow [grəu]; incréase;
(о детях) grow up

расти́тельн‖ость ж vegetá-
tion; ~**ый** végetable ['ve-];
~**ый мир** végetable kíngdom

растя́гивать, растяну́ть 1.
stretch **2.** *(продлить)* prolóng
3.: ~ мýскул (свя́зку) strain
a muscle (a téndon)

расхи́тить, расхища́ть mis-
apprópriate

расхо́д *м см.* расхо́ды

расходи́ться *см.* разойти́сь

расхо́довать spend

расхо́ды мн. expénse(s); *(государственные)* expéndi-
ture(s)

расцве́т *м* bloom; *перен.*
prospérity [-'pe-]; héyday; в ~е
сил in the prime of (one's)
life

расцве́тка ж cólours ['kʌ-]

расчёска ж comb ['kəum]

расчёт *м* **1.** calculátion; про-
изводи́ть ~ с кем-л. settle accóunts with smb; мы в ~е we
are quits **2.** *(увольнение):*
дава́ть ~ dismíss; *амер.*
fire

расшире́ние *с* exténsion; ex-
pánsion

расши́риться, расширя́ться
wíden; exténd

ра́унд *м* round

рафина́д *м* lump súgar
['ʃugə]

рационализа́ция ж impróve-
ments [-'pruːv-]

ра́ция ж (rádio) transmítter;
(портативная) wálkie-tálkie

рва́ный torn

рвать 1. *(на части)* tear
[tɛə] **2.** *(собирать)* pick **3.**
(выдёргивать) pull out

ре *с муз.* D [diː]

реакцио́нный reáctionary
[riˈæ-]

реа́кция ж reáction [riˈæ-]

реали́зм м réalizm [ˈrɪə-]

реа́льный real [rɪəl]

ребёнок м child; *(грудной)* báby

ребро́ с rib

ребя́та *мн.* chíldren [ˈtʃɪl-]; *разг.* kids

реви́зия ж inspéction; *(бухгалтерская)* áudit [ˈɔːdɪt]

ревнова́ть be jéalous [ˈdʒe-]

ре́вность ж jéalousy [ˈdʒe-]

революционе́р м revolútionary [-ˈluː-]

революцио́нный revolútionary [-ˈluː-]

револю́ция ж revolútion [-ˈluː-]; Вели́кая Октя́брьская социалисти́ческая ~ the Great Octóber Sócialist Revolútion

ре́гби с rúgby (fóotball)

регистра́ция ж: ~ пассажи́ров *(перед посадкой в аэропорту)* chéck-in

регла́мент м 1. regulátions 2. *(на собрании)* stánding órder

регули́ровать 1. régulate [ˈreg-]; *(механизм тж.)* adjúst, set; 2. *(уличное движение)* contról [-ˈtrəʊl] 3. *авто* tune up

регулиро́вка ж 1. adjúst-ment; sétting 2. *(уличного движения)* (tráffic) contról [-ˈtrəʊl] 3. *авто:* ~ дви́гателя éngine túne-up

регуля́рный régular [ˈreg-]

редакти́ровать édit [ˈed-]

реда́ктор м éditor [ˈed-]; гла́вный ~ éditor-in-chíef

реда́кция ж 1. *(помещение)* editórial [-ˈtɔː-] óffice 2. *(кол-*

лектив) editórial staff [stɑːf]

реди́с(ка) ж rádish [ˈræ-]

ре́дкий 1. *(не густой)* thin, sparse 2. *(редко встречаю-щийся)* rare; *(необычный)* un-cómmon

ре́дко séldom, rárely [ˈreə-]; óчень ~ véry [ˈverɪ] séldom

режи́м м regíme [reɪˈʒiːm]; ~ пита́ния díet

режиссёр м diréctor

ре́зать cut

резе́рв м resérve(s) [-ˈzɜːv(z)]

рези́на ж rúbber

рези́нка ж 1. *(для стирания)* eráser 2. *(тесьма)* elástic [ɪˈlæ-] 3. *(подвязка)* suspénder, *(круг-лая)* gárter 4. *(жевательная)* chéwing gum

рези́новый rúbber

ре́зкий sharp; harsh; *(вне-запный)* abrúpt; acúte

резолю́ция ж resolútion [-ˈluː-]

результа́т м resúlt; óutcome [-kʌm]; объяви́ть ~ы annóunce the resúlts

резьба́ ж cárving; ~ по де́реву (по ка́мню) wood (stone) cárving

резюме́ с súmmary

рейс м trip; *(морской тж.)* pássage; *ав.* flight; но́мер ~a flight númber

река́ ж ríver [ˈrɪvə]

рекла́ма ж *(объявление)* ad-vértisement; ad; *(как меро-приятие)* publícity [pʌbˈlɪsɪ-]

реклами́ровать ádvertise

рекомендова́ть recomménd

реконстру́кция ж recon-strúction

реко́рд м récord ['re-]; поби́ть ~ break [-eɪ-] a récord; установи́ть ~ set (estáblish) a récord

рекордсме́н м récord-hólder ['re-]

ре́ктор м réctor, príncipal

религио́зный relígious [-'lɪdʒəs]

рели́гия ж relígion [-'lɪdʒ-]

рельс м rail; сойти́ с ~ов be deráiled

реме́нь м strap; (пояс) belt; ~ безопа́сности авто seat belt

реме́сленник м cráftsman

ремесло́ с trade; hándicraft

ремо́нт м repáir(s); в ~е únder repáir

ремонти́ровать repáir

рентге́новский: ~ кабине́т X-ráy room

репертуа́р м répertoire ['repətwɑ:], répertory ['repə-]

репети́тор м coach, tútor

репети́ция ж rehéarsal [rɪ'hɜːsəl]; генера́льная ~ dréss rehéarsal

ре́плика ж 1. театр. cue [kju:] 2. (замечание) remárk

репорта́ж м repórting, stóry

репроду́ктор м loudspéaker

репроду́кция ж reprodúction

ресни́цы мн. éyelashes ['aɪ-]

респу́блика ж repúblic; Сове́тская Социалисти́ческая Р. Sóviet Sócialist Repúblic; автоно́мная ~ autónomous [-'tɔ-] repúblic

рессо́ра ж авто spring

рестора́н м réstaurant ['restərɔːŋ]; пойти́ в ~ go to a réstaurant

рефера́т м ábsract, sýnopsis ['sɪ-]

рефо́рма ж refórm

рецензе́нт м revíewer [-'vju:ə]

реце́нзия ж revíew [-'vju:]

реце́пт м récipe ['resɪpɪ]; мед. prescríption; вы́писать ~ prescríbe smth; могу́ ли я заказа́ть лека́рство по э́тому ~у? can I have this prescríption made up, please?; могу́ ли я получи́ть э́то лека́рство без ~а? can I buy [baɪ] this médicine withóut a prescríption?

речь ж 1. (беседа) speech; ~ идёт о том... the quéstion ['kwestʃən] is...; о чём ~? what are you tálking abóut? 2. (выступление) speech; вы́ступить с ~ю make a speech; приве́тственная ~ speech of wélcome

реша́ть см. реши́ть

реша́ющий decísive [-'saɪsɪv]

реше́ние с 1. decísion [-'sɪʒn]; принима́ть ~ make (take) a decísion 2. (документ) resolútion

решётка ж (ограды) ráiling, grille; (на окне) bars

решето́ с sieve [sɪv]

реши́тельный 1. (решающий) decísive [-'saɪsɪv] 2. (твёрдый) firm; (о человеке) résolute ['rezə-]

реши́ть 1. decíde; я ещё не реши́л I haven't yet made up my mind 2. (проблему) solve; э́то реша́ет всё де́ло it settles the whole mátter

ре́шка *ж:* орёл или ~? heads [hedz] or tails?

ржано́й: ~ хлеб rye [raɪ] bread [bred]

ринг *м спорт.* ring

рис *м* rice

рискну́ть, рискова́ть run a risk; *(чем-л.)* risk *(smth)*

рисова́ть draw

рису́нок *м* dráwing; ~ акваре́лью wáter-colour [ˈwɔːtəkl-] (páinting); ~ карандашо́м (пасте́лью) péncil (pástel) dráwing; ~ у́глем chárcoal

ритм *м* rhýthm [ˈrɪðəm]

РНК (рибонуклеи́новая кислота́) *ж биол.* RNA [ˌɑːrə-ˈnˈeɪ] (ribonúcleic ácid [ˈæ-])

ро́бкий tímid [ˈtɪ-], shy

ро́бот *м* róbot

рове́сник *м* coéval [kəuˈiːvəl]; мы ~и we are of the same age

ро́вн‖**о** *(точно)* sharp, exáctly; ~**ый 1.** *(гладкий)* flat; éven **2.** *(равномерный)* éven; équal; équable

рог *м* horn; *(олений)* ántler

род *м* **1.** kin, clan; э́то у них в ~у́ this runs in their fámily [ˈfæ-] **2.** *биол.* génus

родд о́м *м* (роди́льный дом) matérnity hóspital

ро́дина *ж* hómeland, mótherland [ˈmʌðə-], nátive land

роди́тели *мн.* párents [ˈpɛə-]

роди́ть give [gɪv] birth (to); ~**ся 1.** be born; я роди́лся в Полта́ве I was born in Poltáva; я роди́лся в 1929 г. I was born in 1929; где вы роди́лись? where were you born? **2.** *(воз-*никнуть)* come [kʌm] ínto [ˈɪntu] béing

родно́й own [əun]; ~ брат full bróther

родны́е *мн.:* мой ~ my people [ˈpiːpl], my folk *разг.*

ро́дственник *м* rélative [ˈre-], relátion

ро́ды *мн.* chíldbirth *sn;* *(период)* confínement *sn;* *(процесс)* delívery [-ˈlɪ-] *sn;* lábour *sn*

рожа́ть *см.* роди́ть

рожда́емость *ж* birth rate

рожде́н‖**ие** *с* birth; день ~ия bírthday; поздравля́ю вас с днём ~ия mány [ˈmenɪ] háppy retúrns (of the day); ме́сто ~ия bírth-place

Рождество́ *с* Chrístmas [ˈkrɪsməs], Xmas [ˈkrɪsməs]

рожь *ж* rye [raɪ]

ро́за *ж* rose

ро́зниц‖**а** *ж:* продава́ть в ~у sell retáil

ро́зовый *(цвет)* pink

ро́зыгрыш *м* **1.** *(займа, лотереи)* dráwing **2.** *(посредством жребия)* tóssing (of) a coin **3.:** ~ ку́бка *спорт.* cup tóurnament

рой *м* swarm; ~ пчёл swarm of bees

рок I *м* fate

рок II *м* róck(ʼnʼroll)

ро́лики *мн.* *спорт.* róller skates

роль *ж* role, part; в ро́ли Га́млета выступа́ет N N acts (plays) Hámlet

ром *м* rum

рома́н *м* nóvel [ˈnɔ-]

рома́нс м romа́nce, song

рома́шка ж óx-eye ['ɔksaɪ] dáizy; *мед.* cámomile ['kæmə-]

ромб м rhómb(us), díamond ['daɪə-]

роса́ ж dew

ро́скошь ж lúxury ['lʌkʃə-]

ро́спись ж páinting; ~ стен wáll-painting

рост м **1.** height [haɪt]; высо́кого (ни́зкого) ~a tall (short)...; сре́днего ~a of médium (height) **2.** *(процесс)* growth [grəuθ]; *перен. тж.* íncrease [-s], devélopment [-'ve-]

ро́стбиф м roast beef

рот м mouth

ро́ща ж grove

роя́ль м piáno [pɪ'ænəu]; *(концертный)* grand piáno

ртуть ж mércury, quícksilver

руба́нок м *тех.* plane

руба́шка ж *(мужская)* shirt; *(женская)* chemíse [ʃə'miːz]; ночна́я ~ *(мужская)* níght-shírt; *(женская)* níght-gown; ни́жняя ~ úndershirt

рубе́ц м **1.** *(шов)* hem; seam **2.** *(от раны)* scar

руби́н м rúby ['ruːbɪ]

руби́ть chop; mince; *(деревья)* fell

рубль м rouble [ru-]

руга́ть scold, abúse; ~ся **1.** swear [swɛə], curse **2.** *(ссориться)* quárrel

руда́ ж ore

рудни́к м mine, pit

ружьё с rifle [raɪfl], gun; охо́тничье ~ fówling-piece

рук‖а́ ж *(кисть)* hand; *(от кисти до плеча)* arm; пожа́ть ру́ку shake hands (with); «~а́ми не тро́гать!» *(надпись)* "do not touch!"; брать под ~y take smb's arm; идти́ под ~y walk arm-in-árm; протя́гивать ру́ку stretch out (exténd) one's hand

рука́в м *(одежды)* sleeve

рукави́ца ж mítten

руководи́тель м léader; head [hed]

руководи́ть lead, guide [gaɪd]

руково́дство с **1.** léadership; guídance ['gaɪ-] **2.** *(пособие)* mánual ['mæ-], hándbook [-buk]

рукоде́лие с néedlework

ру́копись ж mánuscript ['mæ-]

рукопожа́ти‖е с hándshake; обменя́ться ~ями shake hands (with)

рукоя́тка ж handle

рулев‖о́й 1. м hélmsman, man at the wheel; *амер.* quártermaster ['kwɔːtə-]; *спорт.* cóxswain ['kɔksn] *амер.* **2.** stéering ['stɪə-]; ~о́е устро́йство rúdder; stéering gear

рул‖ь м helm; rúdder; *(у автомобиля)* wheel; *(у велосипеда)* hándle-bars; пра́вить ~ём steer [stɪə]

румя́ный rósy; rúddy

ру́пор м mégaphone ['megəfəun]

руса́лка ж mérmaid

ру́сло с ríver-bed ['rɪ-]

ру́сская ж Rússian ['rʌʃ-]

ру́сский 1. Rússian; ~ язы́к

Rússian, the Rússian lánguage
2. *м* Rússian ['rʌʃ-]

ру́сый áuburn; fáir(-haired)

руча́ться vouch for; *(за кого-л.)* ánswer ['ɑ:nsə] for; *(за что-л.)* guarantée [ˌgærən'tiː]; я руча́юсь, что... I ensúre you that...; я за э́то не руча́юсь I can't guarantée it

ручей *м* stream, brook

ру́чка *ж* **1.** *(рукоятка)* hándle **2.** *(для письма)* pen; ша́риковая ~ báll-point pen

ручно́й 1. hand(-) **2.** *(прирученный)* tame

ры́ба *ж* **1.** fish **2.** P. *мн. астр.* Písces ['piːsɪz]

рыба́к *м* físherman

рыба́чить fish; *(с удочкой)* angle

ры́бий: ~ жир cód-liver [-lɪ-] oil

ры́бный fish; ~ суп fish soup

рыболо́в *м* físher; *(с удочкой)* ángler

рыво́к *м* dash, spurt

рыда́ть sob

ры́жий red(-háired)

ры́нок *м* márket; мирово́й ~ world [wəːld] márket

рыса́к *м* trótter

рысь I *ж (аллюр)* trot; ~ю at a trot

рысь II *ж (зверь)* lynx

рыть dig

ры́царь *м* knight

рыча́г *м* léver ['le-, 'liː-]

рю́мка *ж* wíne-glass

ряби́на *ж* móuntain [-tɪn] ash

ря́бчик *м* házel-hen, házel-grouse [-s]

ряд *м* **1.** row [rəu]; line; сиде́ть в пе́рвом (тре́тьем, деся́том) ~у́ sit in the first (third, tenth) row **2.** *авто* lane; движе́ние в пра́вом ~у́ right lane tráffic **3.** *(серия)* a númber (of), a séries (of); у меня́ к вам ~ вопро́сов I want to ask you a númber of quéstions ['kwest-ʃənz]

ря́дом 1. *(один подле другого)* side by side; сиде́ть ~ с кем-л. sit next to smb; ся́дем ~ let's sit togéther [-'geðə] **2.** *(по соседству)* next (to), near [nɪə]; я живу́ ~ I live [lɪv] close by, I live next door

ря́женка *ж кул.* ryázhenka *(baked yoghurt)*

С

с 1. with, and; вы с на́ми пойдёте? will you go with us?; ко́фе с молоко́м cóffee with milk; с разреше́ния by permíssion (of) **2.** *(откуда)* from; *(прочь тж.)* off; с Кавка́за from the Cáucasus; убери́те э́то со стола́ take this off the table [teɪbl] **3.** *(с определённого момента)* since; from; со вчера́шнего дня since yésterday [-dɪ]; с бу́дущей неде́ли begínning with next week ◇ с нача́ла до конца́ from begínning to end

са́бля *ж* sábre ['seɪbə] *(тж. спорт.)*; та́нец с ~ми sábre dance

сад *м* gárden; городско́й ~

the gárdens; фрукто́вый ~ órchard

сади́ться см. сесть

садо́вник м gárdener

садово́дство с hórticulture; gárdening

са́жа ж soot

сажа́ть 1. (*усаживать*) seat **2.** (*растения*) plant [-ɑ:-]

са́женец м (*молодое растение*) sápling

саза́н м wild carp

саквоя́ж м trávelling-bag [-æ-]; *амер.* gríp-sack

саксофо́н м sáxophone ['sæksə-]

сала́ка ж sprat

сала́т м **1.** (*блюдо*) sálad ['sæ-] **2.** (*растение*) léttuce ['letɪs]

са́ло с fat; grease [-s]; (*свиное*) lard

сало́н м (*в гостинице, на пароходе*) lóunge; ~ жи́вописи ártist's átelier ['æ-]

салфе́тка ж nápkin, serviétte [ˌsɜːvɪ'et]

са́льто с sómersault ['sʌ-]

салю́т м salúte [-'luːt]; произвести́ ~ salúte

сам (*1 л.*) mysélf; (*2 л.*) yoursélf; (*3 л.*) himsélf, hersélf, itsélf ◊ само́ собо́й разуме́ется it goes withóut sáying

са́мбо с júdo ['dʒuːdəu]

саме́ц м male; (*при названии животного*) he-; (*оленя, антилопы, зайца, кролика*) buck; (*лисы, волка*) dog; (*слона, кита*) bull [bul]; (*птиц*) cock

са́ми oursélves [-'selvz]

са́мка ж fémale; (*при назва-* нии животного) she-; (*слона, носорога, кита, тюленя*) cow; (*оленя, антилопы, зайца, кролика*) doe; (*птиц*) hen

самова́р м samovár

самого́н м hóme-brew [-bruː]; móonshine (*амер.*)

самоде́льный hóme-made

самоде́ятельность ж: худо́жественная ~ ámateur arts (perfórmances)

самозащи́та ж self-defénce

самокри́тика ж self-críticism ['krɪ-]

самолёт м plane; áircraft; (*пассажирский*) áirliner

самолюби́вый tóuchy ['tʌ-] proud

самолю́бие с self-estéem; pride

самонаде́янный self-cónfident

самооблада́ние с self-contról [-'traul]

самообслу́живани‖**е** с self-sérvice; пра́чечная ~я láundromat

самоопределе́ние с self-determinátion; пра́во на ~ right to self-determinátion

самоотве́рженный sélfless

самосва́л м авто típ-lorry, *амер.* dúmp-truck

самостоя́тельный indepéndent

самоуби́йство с súicide

самоуве́ренный self-assúred [-ə'ʃuəd]; *разг.* cock-súre [-'ʃuə]

самоуправле́н‖**ие** с self-góvernment ['-gʌv-]; о́рганы (ме́стного) ~ия lócal (munícipal) authórities

самоучи́тель *м* self-instrúctor, Teach Yoursélf Book

самоцве́ты *мн.* précious [ˈpreʃ-] stones

самочу́вствие *с:* как ва́ше ~? how do you feel?

са́м‖ый 1. the véry [ˈverɪ]; тот же ~ the same; тот ~ the véry same; just the same; в ~ом нача́ле at the véry begínning (of); до ~ого ве́чера untíl night; до ~ого до́ма all the way home; в то же ~ое вре́мя just when...; just then, at the same time **2.** *(для образования превосходной степени многосложных прилагательных)* the most [məust]; ~ си́льный the stróngest ◊ в ~ом де́ле indéed, in fact

санато́рий *м* sanatórium

са́ни *мн.* sleigh [sleɪ], sledge

санита́р *м* hóspital atténdant

санита́рия *ж* hýgiene [-ˈdʒiːn]; sanitátion

санита́рка *ж* júnior [ˈdʒuːnjə] nurse, (ward) atténdant

санита́рный sánitary [ˈsæ-]

са́нкция *ж* appróval [-ˈruː-]

са́нный: ~ спорт luge [luːʒ]

санте́хника *ж (оборудование)* plúmbing [ˈplʌmɪŋ] fíxtures

сантиме́тр *м* céntimetre [ˈsentɪˌmiːtə]

сану́зел *м* tóilet facílities [-ˈsɪ-] *pl*

сапоги́ *мн.* (high) boots

сапо́жник *м* shóemaker [ˈʃuː-]

сапфи́р *м* sápphire [ˈsæfaɪə]

сарафа́н *м* sarafán [-ˈfæn]

сарде́льки *мн.* chain sáusage

[ˈsɔsɪdʒ]; knáckwurst [ˈnæk-]

сарди́ны *мн.* sardínes [-ˈdiːnz]

сати́нов‖ый: ~ое пла́тье cótton dress

сати́ра *ж* sátire [ˈsætaɪə]

са́хар *м* súgar [ˈʃugə]

са́харница *ж* súgar basin [ˈʃugə-]

са́харный súgar(-) [ˈʃugə-]; ~ песо́к gránulated súgar

сберега́тельн‖ый: ~ая кни́жка sávings-bank book

сберега́ть *см.* сбере́чь

сбереже́ния *мн.* sávings

сбере́чь save; ~ вре́мя save time; ~ си́лы spare one's éfforts

сберка́сса *ж (сберега́тельная ка́сса)* sávings-bank

сбива́ть, сбить 1. knock down; сбить с ног knock smb off his (her) feet **2.** *(с толку)* put [put] out

сбо́ку *(где)* on (at) one side; *(откуда)* from one side; вид ~ síde-view; обойди́ его́ ~ pass it aróund

сбор *м* **1.** colléction; ~ урожа́я hárvesting **2.** *(собрание)* gáthering, méeting ◊ по́лный ~ *театр.* full house

сбо́рка *ж тех.* assémbly

сбо́рная *ж спорт. (страны)* nátional [ˈnæ-] team

сбо́рник *м* colléction; ~ расска́зов collécted stóries [ˈstɔrɪz]

сбо́рн‖ый 1. *(собираемый из частей)* collápsible; ~ые дома́ prefábricated [priː-] hóuses **2.** *(место):* ~ пункт assémbly point (place)

сбра́сывать, сбро́сить throw [-əu] off

сбыва́ться см. сбы́ться

сбыт м sale(s), márketing; ры́нок ~а éxport márket; замдире́ктора по ~y márketing mánager ['mæ-]

сбы́ться come [kʌm] true [truː]

сва́дьба ж wédding

сва́ливать, свали́ть 1. (опрокину́ть) throw [-əu]; knock down **2.** (дерево) fell ◊ ~ вину́ на кого́-л. shift the blame on smb

све́ден‖ие c informátion; довести́ до ~ия bring to the nótice (of), infórm; приня́ть к ~ию take ínto ['ıntu] considerátion

свеж‖ий fresh; ~ие проду́кты fresh food; ~ во́здух fresh (cool) air

свёкла ж béet(root); са́харная ~ súgar-beet ['ʃugə-]

свеко́льник м béetroot soup [suːp]; амер. borsch

сверга́ть, све́ргнуть throw [-əu] down; overthrow

сверже́ние c overthrów

сверка́ть, сверкну́ть spárkle; (я́рко) glítter; (о мо́лнии и т. п.) flash; (ослепи́тельно) glare

сверли́ть drill

сверло́ c drill; (наконе́чник) bit

сверну́ть 1. (в руло́н) roll up **2.** (с пути́) turn; ~ напра́во (нале́во) turn to the right (left)

свёрток м párcel; bundle

свёртывать см. сверну́ть 1

сверх (в добавле́ние) (óver and) abóve [ə'bʌv], in addítion to; ~ пла́на óver and abóve the plan; ~ програ́ммы in addítion to the prógramme; ~ ожида́ний beyónd all expectátions

сверхзвуково́й: ~ пассажи́рский самолёт supersónic [-'sɔ-] áirliner

сверхпла́новый (prodúced) abóve [ə'bʌv] the plan

све́рху from abóve [-ʌ-]

свет м light; при ~e by the light (of)

света́ть: света́ет (the) day is dáwning (bréaking ['breık-])

свети́льник м lamp

свети́ть shine

светл‖ый light; (я́сный) clear [klıə]; перен. bright; ~ая ко́мната light room; ~ костю́м líght-coloured [-kʌ-] suit

свето́в‖ой light; lúminous ['luːmı-]; ~а́я рекла́ма illúminated signs [saınz]

светоси́ла ж фото díaphragm ['daıə-] ópening

светофи́льтр м фото fílter

светофо́р м tráffic lights pl

свеч‖а́ ж **1.** cándle **2.** авто (spark) plug ◊ ла́мпочка в сто ~е́й 100 watt eléctric bulb

свида́ни‖е c (делово́е) méeting; appóintment; (любо́вное) date; назна́чить ~ make an appóintment; make a date; до ~я good-býe [gud-]

свиде́тель м wítness

свиде́тельство c **1.** (показа́ние) évidence ['ev-], téstimony

2. *(удостоверение)* certíficate [-'tı-]; ~ о рожде́нии birth certíficate

свине́ц *м* lead [led]

свини́на *ж* pork

свиново́дство *с* píg-breeding, swíne-breeding

свинья́ *ж* pig

свиста́ть, свисте́ть whistle [wısl]

свисто́к *м* whistle [wısl]

сви́тер *м* swéater ['swe-]

свобо́да *ж* fréedom; líberty ['lı-]; ~ сло́ва (печа́ти, собра́ний, со́вести) fréedom of speech (of the press, of assémbly, of cónscience)

свобо́дн‖ый free; ~ до́ступ free áccess; ~ое вре́мя léisure, free time; вы ~ы? do you have time to spare? ◊ ~ костю́м loose dress

сво́дка *ж* súmmary; repórt

своеобра́зный oríginal [-'rı-]; pecúliar

свой *(1 л.)* my; *(3 л.)* his, her, its; *(1 л. мн.)* óur; *(2 л. мн.)* your; *(3 л. мн.)* their; я потеря́л свою́ кни́гу I've lost my book ◊ он сам не ~ he is not himsélf; в своё вре́мя *(своевременно)* in due course [kɔːs]

сво́йство *с (предметов)* próperty ['prɔ-]; *(людей)* quálity

своя́ *ж см.* свой

свы́ше óver

связа́ть tie [taı]; bind; *перен.* connéct

связк‖а *ж* **1.** sheaf; bunch **2.** *мн.:* голосовы́е ~и vócal chords [kɔːdz]

свя́зывать *см.* связа́ть

связ‖ь *ж* **1.** tie [taı], bond; connéction: в ~й с... in connéction with...; культу́рные ~и cúltural ties **2.** *(ж.-д., телегра́фная и т. п.)* communicátion

свяще́нник *м* priest

сгова́риваться, сговори́ться arránge [-'reı-] things (with); come [kʌm] to an agréement

сго́вор *м* collúsion [-'luːʒn]

сгора́ть, сгоре́ть 1. burn down; burn out **2.** *(израсходоваться)* be consúmed (úsed)

сдава́ть(ся) *см.* сдать(ся)

сдать 1. hand in; give [gıv]; *(помещение)* let; ~ бага́ж на хране́ние régister *(амер.* check) one's lúggage *(амер.* bággage) **2.:** ~ экза́мен pass an examinátion **3.** *карт.* deal; ~ся surrénder, capítulate [kə-'pıtju-]

сда́ч‖а *ж (деньги)* change [tʃeındʒ]; дава́ть (получа́ть) ~y give [gıv] (get [get]) change

сдвиг *м* **1.** *(смещение)* displácement **2.** *(прогресс)* impróvement [-'pruːv-]; change [tʃeındʒ] for the bétter

сде́лать make; do

сде́лка *ж* deal, bárgain [-gın]

сде́льный píece-work

сдержа́ть 1. *(кого-л.)* restráin, hold back **2.** *(чувства)* restráin; suppréss **3.:** ~ сло́во keep one's word [wɜːd]; ~ся contról [-'trəul] onesélf [wʌn-]

сде́рживать(ся) *см.* сдержа́ть(ся)

сеа́нс м *кино* show [ʃəu]

себе́ *(1 л.)* to mysélf; *(2 л.)* to yoursélf; *(3 л.)* to himsélf, hersélf, itsélf; *(1 л. мн.)* to oursélves; *(2 л. мн.)* to yoursélves; име́ть при ~ have with (me, you, *etc*); «к ~»*(надпись на двери)* pull [pul]; «от себя́» *(надпись на двери)* push [puʃ]

себесто́имость ж prime cost, cost price

себя́ *(1 л.)* mysélf; *(2 л.)* yoursélf; *(3 л.)* himsélf, hersélf, itsélf; *(1 л. мн.)* oursélves; *(2 л. мн.)* yoursélves; *(3 л. мн.)* themsélves ◊ прийти́ в ~ come [kʌm] to (hersélf, himsélf, *etc*)

сев м sówing ['səu-] campáign

се́вер м north

се́верный north, nórthern [-ðən]

се́веро-восто́к м north-éast

се́веро-за́пад м north-wést

севооборо́т м crop rotátion

севрю́га ж sevrúga *(kind of sturgeon)*

сего́дня todáy; ~ у́тром (днём) this mórning (afternóon); ~ ве́чером toníght; не ~ за́втра ány day now

сего́дняшний todáy's [-'deɪz]

седло́ с saddle

седо́й grey(-háired)

сезо́н м séason; разга́р ~a high séason

сейча́с 1. *(теперь)* now **2.** *(очень скоро)* présently, soon; ~ же just (right) now; ~! in a mínute!; он ~ придёт he'll be here right now

секре́т м sécret ['siː-]

секрета́рь м sécretary

секре́тный sécret ['siː-]; *(о документах)* clássified

секс м sex

секу́нд‖а ж sécond ['se-]; сию ~y just a móment

секундоме́р м stóp-watch

селёдка ж hérring

селезёнка ж spleen

селе́ктор м íntercom

село́ с víllage

сельдере́й м célery ['se-]

сельдь ж hérring

сельпо́ с géneral ['dʒe-] store

се́льск‖ий rúral ['ruə-], víllage; ~ое хозя́йство ágriculture

сельскохозя́йственный agricúltural

сельсове́т м (се́льский сове́т) víllage sóviet (cóuncil)

семафо́р м sémaphore ['seməfɔ:]

сёмга ж sálmon ['sæmən]

семе́йный fámily ['fæ-]

семена́ *мн.* seeds

семёрка ж *карт.* séven ['sevn]; ~ пик *и т. д.* the séven of spades, *etc*

семе́стр м term

се́мечки *мн.* súnflower seeds

семина́р м séminar ['semɪ-]

семна́дцать seventéen [,se-]

семь séven ['sevn]

се́мьдесят séventy ['se-]

семьсо́т séven ['sevn] húndred

семья́ ж fámily ['fæ-]

се́но с hay

сенова́л м háyloft

сеноко́с м háy-making

сенокоси́лка ж (grass-) mówer [-'məuə]

сентя́брь м Septémber

се́ра ж súlphur

серва́нт м sídeboard

серви́з м set; обе́денный (ча́йный) ~ dínner (tea) set

серде́чный 1. heart(-) [hɑː-]; ~ при́ступ heart attack **2.** перен. héarty ['hɑː-], córdial

серди́тый ángry, cross

серди́ть make smb ángry; ~**ся** be ángry, be cross (at smth, with smb)

се́рдц‖е с heart [hɑːt]; от всего́ ~а from the bóttom of one's heart

серебро́ с sílver

сере́бряный sílver

середи́н‖а ж middle; в ~e in the middle

сержа́нт м sérgeant ['sɑːdʒənt]

се́рия ж séries ['sɪəriːz]

серп м sickle; ~ и мо́лот hámmer and sickle

серпанти́н м pа́per stréamers

се́рый grey

се́рьги мн. éar-rings ['ɪə-]

серьёзный sérious ['sɪərɪəs]; grave

се́ссия ж séssion

сестра́ ж síster; родна́я ~ full síster; двою́родная ~ (first) cóusin [kʌzn]; медици́нская ~ (médical) nurse

сесть 1. sit down; ся́дь(те), пожа́луйста! sit down, please! **2.** (о солнце) set **3.** (в вагон и т. п.) get [get] in, board; ~ на по́езд take the train

се́тка ж net; (для вещей в вагоне) rack; ~ для воло́с háir-net

сеть ж net; (система) nétwork, sýstem

се́ялка ж séeder

се́ять sow [səu]

сжать I press; squeeze; (зубы, кулаки) clench

сжать II с.-х. reap

сжима́ть см. сжать I

сза́ди from behínd; (позади) behínd

си с муз. B [biː]; си-дие́з B sharp

сиби́рский Sibérian

сига́ра ж cigár

сигаре́ты мн. cigaréttes [ˌsɪgə-]; ~ с фи́льтром fílter (tipped) cigaréttes

сигна́л м sígnal; (автомобиля) horn; дать ~ give [gɪv] a sígnal; (об автомобиле) hoot

сиде́лка ж (síck-)nurse; (в больнице тж.) ward atténdant

сиде́нье с seat

сиде́ть 1. sit; ~ за столо́м sit at the table [teɪbl]; ~ в кре́сле sit in an ármchair; оста́ться ~ remáin séated **2.** (о платье) fit; пла́тье хорошо́ на вас сиди́т the dress fits you nícely (verý ['verɪ] well)

си́л‖а ж strength; force; тех. pówer; Вооружённые Си́лы СССР Armed Fórces of the USSR; взаи́мный отка́з от примене́ния ~ы и́ли угро́зы ~ой mútual renunciátion of the use or threat [θret] of force; по́лный сил full of strength; изо всех сил with all one's strength; не по ~ам beyónd one's pówers; о́бщими ~ами with combíned éffort; в си́лу... by force of...; ~ой *(насильно)* by force

сила́ч м strong man

си́лос м *(корм)* sílage ['saɪlɪdʒ]

си́лосн‖ый: ~ая ба́шня tówer sílo; ~ая я́ма pit sílo

си́льный strong; *(мощный)* pówerful

симфони́ческ‖ий symphónic [-'fɔ-]; ~ая му́зыка symphónic músic; ~ конце́рт sýmphony cóncert; ~ орке́стр sýmphony órchestra

симфо́ния ж sýmphony

синаго́га ж sýnagogue ['sɪnəgɔg]

си́ний blue [bluː]

сини́ца ж tómtit

сино́д м sýnod ['sɪ-]

сино́птик м wéather ['we-] fórcaster; wéatherman

синхро́нный simultáneous; ~ перево́д simultáneous interpretátion

синя́к м bruise [-uːz]; *(под глазом)* black eye [aɪ]

сиро́п м sýrup ['sɪ-]; вода́ с ~ом sýrup and wáter ['wɔːtə]

сирота́ м и ж órphan

систе́ма ж sýstem; ~ образова́ния sýstem of educátion

си́тец м print; *амер.* cálico ['kæ-]

си́тцев‖ый: ~ое пла́тье cótton dress

сказа́ть say; *(что-л. кому-л.)* tell; скажи́те, пожа́луйста tell (me, us), please; тру́дно ~ it's hard to say

ска́зк‖а ж tale, stóry ['stɔːrɪ]; fáiry-tale ['fɛə-]; наро́дные ~и folk tales

скака́лка ж skípping rope

скака́ть 1. jump, leap **2.** *(на коне)* gállop ['gæ-]

скала́ ж rock

скаме́йка ж, **скамья́** ж bench

скарлати́на ж *мед.* scárlet féver

ска́терть ж táblecloth ['teɪbl-]

скафа́ндр м *(водолазов)* díving-suit [-sjuːt]; *(космонавтов)* space suit

ска́чки *мн.* ráces; ~ с препя́тствиями stéeplechase

сква́жина ж *(буровая)* bórehole (bóring) well; буре́ние сква́жин well-bóring

сквер м públic gárden

сквози́ть: сквози́т *(дует)* there is a draught [drɑːft] here

сквозня́к м draught [drɑːft]

сквозь through [θruː]

скворе́ц м stárling

ски́дк‖а ж discóunt; redúction; со ~ой at a discóunt

склад м stórehouse; това́рный ~ wárehouse

скла́дка ж fold; pleat; *(на брюках)* crease [-s]

складно́й fólding, collápsible

скла́дывать *см.* сложи́ть

скле́ивать, скле́ить glue smth togéther [-'geðə]; скле́ить (магни́тную) ле́нту (киноплёнку) splice the tape (film)

склон м slope

скло́нность ж inclinátion [-klɪ-]

сковорода́ ж frýing-pan

скользи́ть slide; *(поскользну́ться)* slip

ско́льзкий slíppery

ско́лько *(с сущ. во мн.)* how mány ['me-]; *(с сущ. в ед.)* how much; ~ раз how mány times?; ~ э́то сто́ит? how much is it?; ~ вре́мени? what's the time?; ~ вам лет? how old are you?

ско́рая ж *разг.* (ско́рая по́мощь) ámbulance

скорлупа́ ж shell; ~ оре́ха nútshell; яи́чная ~ éggshell

ско́ро 1. *(вско́ре)* soon; он ~ придёт he'll come [kʌm] soon **2.** *(бы́стро)* quíckly, fast

скорова́рка ж préssure cóoker

скоростно́й high-spéed

ско́рост‖ь ж **1.** speed; со ~ью 100 км в час at the speed (rate) of 100 km per hóur **2.** *авто разг.* gear [gɪə]; на пе́рвой (второ́й *и т. д.*) ~и in the first (sécond ['se-], *etc*) gear

Скорпио́н м *астр.* Scórpio

ско́р‖ый 1. *(бы́стрый)* quick, fast; ~ по́езд fast train **2.** *(бли́зкий по вре́мени)* near [nɪə]; в ~ом вре́мени befóre long; до ~ого свида́ния! see you láter (soon)!

скот м cattle; кру́пный рога́тый ~ cattle; ме́лкий рога́тый ~ small cattle

скотово́дство с cáttle-breeding

скре́пка ж (páper) clip

скрипа́ч м víolinist ['vaɪ-əlɪ-]; *(у́личный)* fíddler

скрипа́чка ж víolinist ['vaɪ-əlɪ-]

скрипи́чный: ~ ключ *муз.* treble clef

скри́пк‖а ж violín [vaɪə-]; *разг.* fiddle; игра́ть пе́рвую ~у *перен.* play the first fiddle

скро́мный módest ['mɔdɪst]

скрыва́ть(ся) *см.* скры́ть(ся)

скры́тый sécret ['siː-]

скрыть hide, concéal; ~ся hide (onesélf [wʌn-]) (from); *(убежа́ть)* escápe

ску́ка ж: кака́я ~! what a bore!

ску́льптор м scúlptor

скульпту́ра ж scúlpture

ску́мбрия ж máckerel ['mæk-]

скупо́й stíngy

ску́тер м *спорт.* scóoter

скуча́ть be bored; *(грусти́ть)* be lónely; *(по кому́-л.)* miss

ску́чный dull, bóring ['bɔː-]

слаби́тельное с *мед.* purge, láxative ['læksə-]

слаб‖ость ж wéakness; ~ый weak, féeble; ~ое здоро́вье délicate (poor) health [helθ]

сла́ва ж fame, glóry ['glɔːrɪ]

сла́вный 1. glórious ['glɔːrɪ-əs], fámous ['feɪməs] **2.** *(ми́лый)* nice

славяни́н м Slav [slɑːv]

славя́нский Slavónic [-'vɔ-]

сла́дкий sweet

сла́дости *мн.* sweets

сла́лом м *спорт.* slálom ['sleɪ-]; гига́нтский ~ gíant slálom; ~и́ст м slálom ['sleɪ-] rácer

сле́ва to (on) the left; ~ от

to (on) the left of; ~ от него to (on) his left

слегка́ slíghtly

след м track; trace; *(ноги́)* fóotprint

следи́ть 1. *(наблюда́ть)* watch; fóllow ['fɔləu] **2.** *(присма́тривать)* look áfter ['ɑːftə]

сле́дователь м invéstigator; *амер.* detéctive

сле́довательно thérefore, cónsequently

след‖овать 1. fóllow ['fɔləu]; по́езд ~ует до Москвы́ the train is bound for Móscow **2.:** ~ует по́мнить it should be remémbered **3.:** ско́лько с меня́ ~ует? how much do I owe (you)? ◊ как ~ует well, próperly

сле́дствие с **1.** *(результа́т)* cónsequence; efféct **2.** *юр.* investigátion; ínquest

сле́дующий 1. next, fóllowing ['fɔləu-]; на ~ день the next day; в ~ раз next time **2.** м: ~! next, please!

слеза́ ж tear [tɪə]

слепо́й 1. blind **2.** м blind man

сле́пок м mould ['məu-], cópy ['kɔ-]

сле́сарь м lócksmith; *(монта́жник)* fítter; *(водопрово́дчик)* plúmber ['plʌmə]

слёт м gáthering, rálly ['rælɪ]

сли́ва ж plum

сли́вки *мн.* cream

слизь ж múcus; slime

сли́шком too (much), óver-; э́то ~ до́рого (далеко́) it is too expénsive (far)

слова́рь м díctionary; *(к определённому те́ксту)* vocábulary [-'kæ-]; *(по те́ме)* glóssary

сло́во с **1.** word [wəːd]; дава́ть ~ give [gɪv] one's word; че́стное ~ word of hónour ['ɔnə] **2.:** ~ име́ет N N has the floor [flɔː]; взять ~ take the floor, rise to speak; ~ к (по)поря́дку веде́ния собра́ния point of órder

слоёный: ~ пиро́г púff-pastry

сложе́ние с addítion

сложи́ть 1. *(газе́ту и т. п.)* fold **2.** *(в одно́ ме́сто)* put [put] togéther [tə'geðə] **3.:** ~ ве́щи pack, do the pácking **4.** *мат.* add (up), sum up

сло́жный 1. cómplicated; cómplex **2.** *(составно́й)* cómpound

слой м láyer; *(чего́-л.)* strátum; ~ кра́ски coat of paint

слома́ть(ся) break [-eɪk]

слон м **1.** élephant ['el-] **2.** *шахм.* bíshop

слоно́в‖ый: ~ая кость ívory

слуга́ м sérvant

слу́жащий м employée [-lɔɪ'iː]

слу́жба ж sérvice; work [wəːk]

служи́ть 1. serve **2.** *(рабо́тать)* work [wəːk]

слух м **1.** héaring ['hɪə-]; *(музыка́льный)* ear [ɪə]; у него́ хоро́ший ~ he has a good [gud] ear for músic **2.** *(молва́)* rúmour ['ruː-]

слу́ч‖ай м **1.** case; в ~ае in

case (of); во вся́ком ~ae at ány rate; в любо́м ~ae in ány case; на вся́кий ~ (just) in case; ни в ко́ем ~ae by no means; в ху́дшем ~ae at the worst **2.** *(возможность)* occásion, chance; при ~ae on occásion **3.** *(событие)* occásion, evént **4.** *(происшествие)* íncident; несчáстный ~ áccident

случа́йн‖о by chance, accidéntally [‚æksɪ-]; ~ость ж chance; по счастли́вой ~ости by a lúcky chance; ~ый chance, accidéntal [‚æksɪ-], cásual [ˈkæʒ-]; ~ая встре́ча chance méeting

случа́ться, случи́ться háppen; take place; что случи́лось? what has háppened?; what's up?

слу́шать *(кого-л.)* lísten [ˈlɪsn] (to); слу́шаю! hulló!; вы слу́шаете? *(в телефонном разговоре)* are you there?; ~ся obéy

слы́шать hear [hɪə]; вы об э́том слы́шали? have you heard abóut it?; я ничего́ не слы́шу I can't hear ánything [ˈenɪ-]

слы́шно: мне не ~ I can't hear [hɪə]

сма́зка ж **1.** *(масло)* grease [-s], lúbricant **2.** *(процесс)* gréasing; lubricátion

сме́л‖ость ж cóurage [ˈkʌ-]; dáring [ˈdɛər-]; ~ый courágeous [kəˈreɪ-], bold; dáring [ˈdɛər-]

сме́на ж **1.** *(на заводе)* shift **2.** *(подрастающее поколение)* young [jʌŋ] generátion **3.:** ~

белья́ *(постельного)* change [tʃeɪndʒ] of línen [ˈlɪ-]

смерка́ться: смерка́ется it's gétting [ˈget-] dark

сме́ртность ж death [deθ] rate; mortálity [-ˈtæ-] (rate)

смерть ж death [deθ]

смерч м tornádo

смесь ж míxture; blend

сме́та ж éstimate

смета́на ж sóur [ˈsauə] cream

сметь dare

смех м láughter [ˈlɑːftə]

сме́шанный mixed

смешно́й fúnny

смея́ться laugh [lɑːf]

сми́рно quíetly [ˈkwaɪət-] ◊ ~! atténtion!

смола́ ж résin [ˈrez-]; tar

сморка́ться blow [bləu] one's nose

сморо́дина ж: кра́сная (чёрная) ~ red (black) cúrrant

смотр м inspéction; ~ худо́жественной самоде́ятельности féstival of ámateur arts

смотре́ть 1. look; ~ на кого́-л. (на что-л.) look at smb (at smth) **2.** *(за кем-л., чем-л.)* look áfter [ˈɑːftə] ◊ как вы на э́то смо́трите? what do you think abóut it?; смотря́ по обстоя́тельствам it depénds

сму́тн‖о váguely, dímly; ~ый vague, dim

смуще́ние c embárrassment [ɪmˈbæ-]

смущённый confúsed; *(растерявшийся)* embárrassed [ɪmˈbæ-]

смысл м sense; *(значение)* méaning; нет ~a there is no

sense (point) (in); в каком ~e? in what sense?

смычо́к *м* bow [bəu], fíddlestick

снабди́ть, снабжа́ть províde with, supplý with, fúrnish with

снабже́ние *c* supplý

сна́йпер *м* sníper; shárpshooter; *амер.* éxpert (márksman)

снару́жи on the óutside; *(с наружной стороны)* from the óutside

снаря́д *м спорт.* apparátus

снача́ла 1. *(сперва)* at first **2.** *(снова)* all óver agáin

снег *м* snow [snəu]; идёт ~ it's snówing

снегопа́д *м* snówfall ['snəu-]

снегоубо́рочн‖ый: ~ая маши́на snów-plough ['snəuplau]

снегохо́д *м* snówmobile ['snəuməbi:l]

снегу́рочка *ж* Snow [snəu] Máiden

снежи́нка *ж* snów-flake ['snəu-]

снести́ *(разрушить)* pull [pul] down

сниже́ние *c* lówering ['ləu-]; decréase [-s]; *(качества)* deteriorátion [dɪˌtɪərɪə-]; ~ цен price redúction

сни́зу from belów [-'ləu]

снима́ть *см.* снять

сни́мок *м* phóto(graph); *(моментальный)* snápshot

сни́ться dream

сно́ва agáin; начина́ть ~ start anéw, begín agáin

сноп *м* sheaf

сно́ска *ж* fóotnote

сно́сный tólerable

снотво́рное *c (средство)* sléeping pill, soporífic [-'rɪ-]

сноше́ние *c* íntercourse; *дип.* relátions *pl*

снять 1. take off; ~ шля́пу *(одежду, пальто)* take off one's hat (clóthes, coat); ~ урожа́й hárvest; ~ ме́рку take smb's méasure ['meʒə] **2.** *(помещение)* rent **3.** *фото* take a phótograph; *(сделать моментальный снимок)* snápshot

со *см.* с

соба́ка *ж* dog

собесе́дник *м* interlócutor [-'lɔk-], compánion [-'pæ-]

собира́ть(ся) *см.* собра́ть (-ся)

собла́зн *м* temptátion; вводи́ть в ~ tempt, lead ínto temptátion

соблюда́ть, соблюсти́ obsérve [-'zɜːv]; keep

собо́й *тв. пад. от* себя́

соболе́знование *c* condólence; вы́разить ~ presént one's condólences to smb

со́боль *м* sable [seɪbl]

собо́р *м* cathédral [kə'θiːdrəl]

собра́ние *c* **1.** méeting, gáthering ['gæð-]; rálly ['rælɪ] **2.** *(коллекция)* colléction

собра́ть 1. gáther ['gæðə]; colléct; *(ягоды)* pick; ~ ве́щи pack **2.** *(машину)* assémble; ~ся **1.** *(вместе)* gáther ['gæðə], meet; сове́т собира́ется за́втра the cóuncil meets tomórrow [-əu]; собрало́сь мно́го наро́ду there were mány ['menɪ] people [piːpl] **2.** *(намереваться)* be góing to; я собира́юсь е́хать в... I inténd to go to...; я не собира́лся I wasn't góing to...

со́бственность ж próperty ['prɔ-]; ównership; госуда́рственная ~ state próperty; общенаро́дная ~ próperty belónging to all the people [piːpl]; nátional (people's) próperty; кооперати́вная ~ coóperative próperty; ча́стная ~ prívate próperty

собы́т‖ие с evént; теку́щие ~ия cúrrent evénts; látest devélopments [dɪ'veˑ-]

сова́ ж owl

соверше́нно quite, ábsolutely; ~ ве́рно quite right; вы ~ пра́вы you are ábsolutely (quite) right

совершенноле́тний of age

соверше́нств‖о с perféction; в ~е pérfectly, to perféction

со́весть ж cónscience [-ʃns]

сове́т I м **1.** *(орган государственной власти в СССР)* Sóviet; *(местный тж.)* cóuncil; Верхо́вный С. СССР Supréme Sóviet of the USSR; С. Сою́за Sóviet (House) of the Únion; С. Национа́льностей Sóviet (House) of Nationálities; С. наро́дных депута́тов Sóviet of People's Députies; городско́й (райо́нный, поселко́вый, се́льский) С. Cíty ['sɪ-] (Dístrict, Séttlement, Víllage) Cóuncil **2.** *(административный и общественный орган)* cóuncil; С. Мини́стров Cóuncil of Mínisters; С. Безопа́сности

Secúrity Cóuncil; учёный ~ Acadе́mic [-'de-] Cóuncil

сове́т II м *(наставление)* advíce [-s]; дать ~ give [gɪv] smb a piece of advíce; по его́ ~у on his advíce; сле́довать ~у take (fóllow ['fɔləu]) smb's advíce

сове́тник м advíser, cóunsellor

сове́товать advíse; ~ся consúlt smb

сове́тск‖ий Sóviet; Сове́тский Сою́з Sóviet Únion; ~ая власть Sóviet pówer

совеща́н‖ие с cónference; быть на ~ии be in cónference

совмести́тель м plúralist; ~ство с plúralism *(holding a part-time job in addition to the main one)*

совме́стный joint

совпада́ть, совпа́сть coincíde [kəu-]; concúr

совреме́нник м contémporary

совреме́нн‖ый contémporary; mо́dern ['mɔ-]; up-to-dáte; ~ое положе́ние présent situátion

совсе́м quite, entírely; tótally

совхо́з м state farm

согла́сие с consént; дать ~ give [gɪv] one's consént; получи́ть ~ get [get] smb's consént

согласи́ться consént; agrée *(с чем-л., с кем-л. — with; на что-л. — to)*

согла́сно accórding [ə'kɔː-] (to)

согла́с‖ный: быть ~ным

agrée (to), consént (to); я ~ен
I agrée

соглаша́ться *см.* согла-
си́ться

соглаше́н‖**ие** *с* agréement;
приходи́ть к ~ию come [kʌm]
to an agréement; по (взаи́мно-
му) ~ию с... by (mútual)
agréement with...

согрева́ть(ся) *см.* согре́ть
(-ся)

согре́ть warm; ~ во́ду heat
the wáter ['wɔːtə]; ~ся get
[get] warm

со́да *ж хим.* sóda; питьева́я
~ hóusehold sóda

соде́йств‖**ие** *с* assístance;
при их ~ии with their assístance

соде́йствовать assíst

содержа́ние *с* 1. (*книги
и т. п.*) cóntents; кра́ткое ~
súmmary; фо́рма и ~ form and
cóntents 2. (*сущность*) mátter, súbstance

содержа́ть 1. (*заключа́ть в
себе́*) contáin 2. (*семью*) suppórt, maintáin

содру́жество *с* co-operátion
[kəu͵ɔpə-]; commúnity

сожале́н‖**ие** *с* regrét; (*жа-
лость*) píty ['pɪtɪ] (for); к ~ию
unfórtunately

сожале́ть regrét; píty ['pɪtɪ],
be sórry; я о́чень сожале́ю,
что... I áwfully regrét that...,
I am véry ['verɪ] sórry that...

созва́ть call; (*тж. съезд,
конфере́нцию*) convéne, con-
vóke

создава́ть *см.* созда́ть
созда́ние *с* 1. (*де́йствие*)

creátion [krɪˈeɪʃn] 2. (*сущест-
во*) créature ['kriːtʃə]

созда́ть creáte [krɪˈeɪt]

сознава́ть réalize ['rɪə-]; ~ся
см. созна́ться

созна́ние *с* 1. cónsciousness
['kɔnʃəsnɪs] 2. (*чувство*) sénses;
теря́ть ~ lose [luːz] cónsciousness; faint; прийти́ в ~ come
[kʌm] to one's sénses

созна́тельно cónsciously
['kɔnʃəs-]; (*с у́мыслом*) delíb-
erately [-'lɪ-]

созна́тельный 1. cónscious
['kɔnʃəs] 2. (*наме́ренный*) de-
líberate [-'lɪ-]

созна́ться conféss

созрева́ть, созре́ть rípen,
matúre; (*о нары́ве*) come [kʌm]
to a head [hed]

созыва́ть *см.* созва́ть

сойти́ 1. descénd, go down; ~
с ле́стницы go down the stairs;
вы схо́дите на э́той остано́в-
ке? are you gétting ['get-] off
here? 2. (*о ко́же, кра́ске и т. п.*)
come [kʌm] off 3. (*за кого́-л.*)
pass as

сок *м* juice [dʒuːs]; виногра́д-
ный ~ grape juice

со́кол *м* fálcon ['fɔː-]

сокраща́ть, сократи́ть 1.
shórten; cut down; (*уменьшать*) redúce 2. (*увольня́ть*)
dismíss, dischárge

сокраще́ние *с* redúction,
cut-back; ~ вооруже́ний и
вооружённых сил а́rmaments
and armed fórces redúction

сокро́вище *с* tréasure ['tre-]

солда́т *м* sóldier ['səuldʒə]

солён‖**ый** salt [sɔːlt]; (*посо-

ленный) sálted; *(на вкус)* sálty; ~ые огурцы́ pickles

соле́нья *мн.* pickles

солида́рность *ж* solidárity [-'dæ-]

солида́рный sólidary ['sɔ-]

соли́ст *м*, ~ка *ж* sóloist

соли́ть 1. salt [sɔːlt] **2.** *(грибы, капусту и т. п.)* píckle

со́лнечный súnny

со́лнце *с* sun

со́ло *с* sólo

соловей *м* níghtingale

соло́м‖а *ж* straw; ~енный straw; ~енная кры́ша thatched roof

соло́нка *ж* sáltcellar ['sɔːlt-]

соль I *ж* salt [sɔːlt]

соль II *с муз.* G [dʒiː]; ~-бемо́ль G flat

соля́нка *ж* solyánka *(soup with pickles and various sorts of meat)*

соля́рий *м* sun deck, solárium [səu'lɛərɪəm]

сомнева́ться doubt [daut]; мо́жете не ~ you may be sure; я не сомнева́юсь, что... I have no doubt that...

сомне́н‖ие *с* doubt [daut]; нет никако́го ~ия в том, что... there's no doubt whatéver that...

сон *м* sleep; *(сновидение)* dream; ви́деть ~ (have a) dream; ви́деть во сне dream abóut

сообща́ть *см.* сообщи́ть

сообще́ние *с* **1.** communicá- tion; прямо́е ~ through [θruː] sérvice (way); возду́шное ~ air sérvice; автобусное ~ bus

sérvice; железнодоро́жное ~ ráilway (train) sérvice; паро- хо́дное ~ stéamship lines; stéam(er) sérvice **2.** *(известие)* informátion, news (repórt); communicátion; телегра́фное ~ telegráph(ic) méssage

сообщи́ть infórm, repórt; commúnicate

сообщн‖ик *м*, ~ица *ж* accómplice; *юр.* accéssory

сооруди́ть, сооружа́ть eréct, build [bɪld]

сооруже́ние *с* constrúction, búilding ['bɪ-]; strúcture

соотве́тствовать correspónd (to)

соотéчественник *м* cóuntry- man ['kʌn-]; compátriot [-'pæt-]

соотноше́ние *с*: ~ сил bál- ance ['bæ-] of fórces

сопе́рник *м* ríval; *спорт.* oppónent

сопра́но 1. *с* sopráno [-'rɑː-] **2.** *ж (певица)* sopráno, soprán- ist [-'rɑː-]

сопровожда́ть accómpany [ə'kʌm-]

сопротивле́ние *с* resístance; оказа́ть ~ put [put] up (show [ʃəu]) resístance

сопротивля́ться resíst

сора́тник *м* assóciate [-'səuʃ-]; bróther-in-árms ['brʌ-]

сорва́ть 1. *(цветы и т. п.)* pick **2.** *(провалить)* frustráte; ~ся **1.** *(упасть)* fall **2.** *(не удаться)* fail

соревнова́ние *с* competítion [-'tɪʃn]; cóntest; *(спортивное тж.)* tóurnament ['tuə-], evénts;

~ в бéге rúnning race competítion; провестú ~ hold a tóurnament; ~ легкоатлéтов an athlétics

соревновáться compéte

сорúть lítter

сорнякк м weed

сóрок fórty

сорóка ж mágpie

сорóчка ж *(мужская)* shirt; *(женская)* chemíse [ʃɪˈmiːz]

сорт м 1. *(разновидность)* sort, kind 2. *(качество)* quálity; пéрвый ~ first rate; *разг.* first chop; вторóго ~а sécond [ˈse-] rate

сосáть suck

сосéд м, ~ка ж néighbour [ˈneɪbə]

сосéдний néighbouring [ˈneɪbə-]; néighbour [ˈneɪbə]

сосéдство с néighbourhood [ˈneɪbə-]

сосúски мн. Páris sáusages [ˈsɔsɪdʒɪz]; fránkfurters

сóска ж cómforter; dúmmy, *амер.* pácifier; *(на бутылочке)* nipple

соснá ж píne(-tree)

состáв м 1. composítion [-ˈzɪʃn]; strúcture 2. *(коллектив людей)* staff [stɑːf]; *театр. (исполнители)* cast; в ~е нáшей делегáции пятнáдцать человéк there are fíftéen people [piːpl] in óur delegátion; лúчный ~ personnél, staff

состáвить, составлять 1. put [put] togéther [təˈgeðə]; make up 2. *(сочинить)* compóse, compíle

составнóй cómpound

состоянни‖**е** с *(положение)* condítion [-ˈdɪʃn]; state; я не в ~и I can't, I am unáble; I am not in a posítion to...

состоять 1. *(заключаться)* consíst (of) **2.** *(быть в составе)* be; ~ члéном спортúвного клýба be a mémber of the sports club; ~ся take place; вéчером состоúтся концéрт a cóncert is on tonight

сострадáние с compássion

состязáнни‖**е** с competítion [-ˈtɪʃn], cóntest; спортúвные ~я athlétic (sports) competítion (evénts)

состязáться compéte

сосýд м véssel; кровенóсные ~ы blóod-vessels

сосýлька ж ícicle

сосуществовáние с coexístence [ˌkəʊɪgˈzɪstəns]; мúрное ~ péaceful coexístence

сосчитáть count; ~ся *(свести счёты)* square accóunts

сóтня ж húndred

сотрýдник м *(служащий)* employée, wórker [ˈwəːkə]; наýчный ~ scientífic wórker

сотрýдничать 1. co-óperate [kəʊˈɔpə-], colláborate [-ˈlæbə-] **2.** *(в газете и т. п.)* contríbute [-ˈtrɪ-] (to); write for

сотрýдничество с co-operátion [kəʊˌɔpə-], collaborátion; междунарóдное ~ internátional co-operátion

сóус м sauce; *(мясной)* grávy; *(к салату и т. п.)* dréssing

сохранúть, сохранять keep; presérve

социалúзм м sócialism [ˈsəʊ-]

социали́ст м socialist ['səu-]

социалисти́ческий sócialist ['səuʃəl-]

социа́льно-бытов‖о́й: ~ы́е усло́вия wélfare; ~ се́ктор wélfare depártment; *(профко́ма и т. п.)* wélfare commíssion

социа́льный sócial ['səuʃəl]

сочета́ние с combinátion

сочине́н‖ие с *(произведе́ние)* work [wə:k]; *(музыка́льное)* composítion [-'zıʃn]; и́збранные ~ия selécted works; по́лное собра́ние ~ий compléte works (of)

со́чный 1. júicy ['dʒu:sı] **2.** *(о кра́сках и т. п.)* rich

сочу́вствие с sýmpathy (with)

сочу́вствовать sýmpathize (with)

сою́з м **1.** *(объедине́ние)* únion; allíance [ə'laıəns]; в ~е с... in únion with... **2.** *(госуда́рственный)* Únion; Сове́тский Сою́з Sóviet Únion **3.** *(о́бщество)* únion, league [li:g]

сою́зник м álly ['ælaı]

сою́зно-республика́нск‖ий: ~ое министе́рство Únion-Repúblic mínistry ['mı-]

сою́зн‖ый I Únion; ~ая респу́блика Únion Repúblic, the USSR constítuent [-ı-] Repúblic

сою́зн‖ый II allíed; ~ая держа́ва allíed pówer

со́я ж sóya ['sɔıə] bean

спад м slump; ~ делово́й акти́вности recéssion (in trade)

спа́льный sléeping

спа́льня ж bédroom

спа́ржа ж aspáragus

спартакиа́да ж Spártakiade

спаса́тель м *(на пля́же)* lifeguard

спаса́тельн‖ый réscuing; lifesaving; ~ая ло́дка lifeboat; ~ по́яс lifebelt; ~ая кома́нда réscue team

спаса́ть(ся) см. спасти́(сь)

спасе́ние с **1.** *(де́йствие)* réscuing, sáving **2.** *(результа́т)* réscue

спаси́бо thanks!, thank you!; большо́е ~! thanks a lot!, mány ['menı] thanks!, thank you véry ['ve-] much!

спасти́ save, réscue; ~сь escápe

спать sleep; ложи́ться ~ go to bed; я хочу́ ~ I'm sléepy

спекта́кль м perfórmance, show [ʃəu]; дневно́й ~ matinée ['mætıneı]

спе́лый ripe

сперва́ at first

спе́реди in front [frʌnt] (of)

спеть I *(пе́сню)* sing

спеть II *(зреть)* rípen

специали́ст м éxpert (in); authórity [-'θɔ-] (on)

специа́льн‖ость ж speciálity [-ʃı'ælı-]; ~ый spécial ['speʃəl]

спе́ции мн. spícery

спецко́р м *(специа́льный корреспонде́нт)* spécial ['speʃ-] correspóndent

спецоде́жда ж (wórking ['wə:k-]) óveralls pl

спеши́ть 1. (be in a) húrry; ~ на по́езд be in a húrry to catch the train **2.** *(о часа́х)* be fast; ва́ши часы́ спеша́т your watch is fast спе́шный úrgent

СПИД м (синдро́м приобре́тённого иммунодефици́та) AIDS ['eɪdz] (acquíred immúne-deficiency sýndrome)

спидо́метр м *авто* speedómeter; *(счётчик про́йденных киломе́тров)* odómeter [əu'dɔ-]

спина́ ж back

спи́ннинг м 1. *(у́жение ры́бы)* spínning 2. *(снасть)* spínning-reel

спирт м álcohol, spírit ['spɪ-]

спи́с‖ок м list; в ~ке on the list

спи́ца ж knítting needle

спи́ч‖ки мн. mátches; коро́бка ~ек a box of mátches

сплетня ж góssip

сплошно́й contínuous [-'tɪ-]; óverall, all-róund; sólid ['sɔ-]; ~ лёд sólid ice; ~ лес unbróken fórest

споко́йный quíet ['kwaɪət]; calm [kɑːm]

споко́йствие с cálmness ['kɑːm-]; tranquíllity

сполна́ in full; complétely

спор м árgument; discússion; debáte; *(нау́чный)* contro-versy

спо́рить árgue; dispúte; *(заключа́ть пари́)* bet

спо́рный dispútable, contro-vérsial [-ʃəl]; quéstionable

спорт м sport; во́дный ~ aquátics [ə'kwætɪks]; зани-ма́ться ~ом go in for sports

спорти́вн‖ый spórting, athlét-ic [-'le-]; ~ая площа́дка sports ground (field); ~ зал gym-násium, gym

спортклу́б м (спорти́вный клуб) sports club

спортсме́н м spórtsman; ~ка ж sportswóman [-'wu-]

спо́соб м way, mánner; méthod ['meθ-]; ~ произво́дст-ва mode of prodúction; други́м ~ом in a dífferent way

спосо́бный 1. *(одарённый)* gífted; able [eɪbl]; cléver ['kle-] 2. *(к чему́-л.)* cápable of

спосо́бствовать fúrther, pro-móte

споткну́ться, спотыка́ться stumble (óver)

спра́ва to (on) the right; ~ от to (on) the right of; ~ него́ to (on) his right

справедли́в‖ость ж jústice; ~ый 1. fair, just 2. *(пра́виль-ный)* true; э́то ~о that's true

спра́виться 1. *(осве́домить-ся)* ask (abóut), inquíre 2. *(одо-ле́ть)* cope (with), mánage ['mænɪdʒ]

спра́вка ж 1. *(запро́с)* inquíry [-'kwaɪə-] 2. *(докуме́нт)* certí-ficate [-'tɪ-] 3.: ~ по вопро́су о... báckground páper on...

справля́ться см. спра́вить-ся

спра́вочник м réference ['re-] book, hándbook; guide [gaɪd]; карма́нный ~ vade-mécum [,veɪdɪ'miːkəm]; железнодо-ро́жный ~ ráilway guide

спра́шивать см. спроси́ть

спрос м 1. demánd (for); run (on); по́льзоваться ~ом be in demánd 2.: без ~а withóut permíssion

спроси́ть ask; разреши́те ~?

may I ask you (a quéstion ['kwestʃən])?

спря́тать hide

спуск м 1. descént 2. *(откос)* slope

спуска́ть(ся) см. спусти́ть (-ся)

спусти́ть 1. *(вниз)* let down; lówer ['ləuə] 2. *(о шине)* deflate; у меня́ спусти́ла ши́на I have a púnctured tire; *амер.* I have a flat; ∼ся go down, descénd

спустя́ áfter ['ɑːftə], láter

спу́тник м 1. compánion [-'pæ-]; *(по путешествию тж.)* fellow-tráveller [ˌfeləu'træ-] 2. *астр.* sátellite ['sæ-]; иску́сственный ∼ Земли́ artifícial sátellite of the Earth, spútnik; запусти́ть ∼ launch a sátellite; метеорологи́ческий ∼ wéather ['we-] sátellite; ∼ свя́зи communicátion sátellite

сравне́н∥ие с compárison [-'pæ-]; по ∼ию с... as compáred with...

сра́внивать compáre

сравни́тельно compáratively

сравни́ть см. сра́внивать

сраже́ние с báttle

сра́зу 1. at once [wʌns]; right awáy 2. *(одновременно)* at the same time

срам м shame

среда́ I ж *(окружение)* envíronment [ɪn'vaɪər-]; surróundings

среда́ II ж *(день недели)* Wédnesday ['wenzdɪ]

среди́ 1. amóng 2. *(посредине)* in the middle

средиземномо́рский Mediterránean

среднеазиа́тский Céntral Ásian

средневеко́вый mediéval

сре́дн∥ий 1. áverage ['ævə-]; *(находящийся посредине)* middle; в ∼ем on the áverage; ∼их лет middle-áged

сре́дств∥о с 1. means; ∼а свя́зи means of communicátion; ∼а ма́ссовой информа́ции the mass média (of communicátion) 2. *(лекарство)* rémedy ['re-]

срок м 1. *(назначенное время)* date; term; в ∼ in time 2. *(промежуток времени)* périod ['pɪə-]

сро́чн∥ый úrgent; ∼ зака́з rush órder; ∼ая телегра́мма expréss télegram

сруб м frame of logs; *(постройка)* log cábin ['kæ-]

срыв м frustrátion; fáilure; *(нарушение нормального режима)* bréakdown, upsét

срыва́ть(ся) см. сорва́ть(ся)

сса́дина ж scratch, bruise [-uːz]

ссо́ра ж quárrel ['kwɔ-]

ссо́риться quárrel ['kwɔ-]

ссу́да ж loan

ссыла́ть, сосла́ть éxile, bánishment ['bæ-]

ссы́лка I ж éxile

ссы́лка II ж *(на источник)* réference ['re-]

ста́вить 1. put [put]; place; set; ∼ стака́н на стол put a glass on the table [teɪbl]; ∼ термо́метр take smb's témperature ['temprɪtʃə]; ~ на голосова́ние put to the vote **2.** *(пьесу)* stage; prodúce; put on **3.**: ~ усло́вия lay down the terms

ста́вка *ж* **1.** *(тарифа и т. д.)* rate **2.** *(в игре)* stake

стадио́н *м* stádium

ста́дия *ж* stage

ста́до *с* herd; *(коз, овец)* flock

стаж *м* seniórity [-'ɔrɪ-], récord of sérvice

стажёр *м* trainée

стажиро́вка *ж* *(обучение)* tráining périod; *(проверка)* tríal périod

стака́н *м* glass

сталева́р *м* steel máker

ста́лкиваться *см.* столкну́ться

сталь *ж* steel; нержаве́ющая ~ stáinless steel

стаме́ска *ж* chísel ['tʃɪzl]

станда́ртный stándard

становиться *см.* стать 1, 2

стано́к *м* machíne [-'ʃiːn] tool; bench; *(токарный)* lathe [leɪð]; *(ткацкий)* loom; *(печатный)* prínting-press; ~ с ЧПУ (числовы́м програ́ммным управле́нием) NC-machíne (numérically [-'me-] contrólled machíne)

стано́к-автома́т *м* *(токарный)* automátic [-'mæ-] lathe [leɪð]; *(фрезерный)* automátic mílling machíne [-'ʃiːn]

ста́нция *ж* státion; во́дная ~ aquátic sports céntre

стара́ться try; endéavour [-'de-]; seek

старе́йшина *м* élder; Сове́т Старе́йшин Cóuncil of Élders (of the USSR Supréme Sóviet)

стари́к *м* old [əuld] man

ста́роста *м* *(в учебном заведе́нии)* mónitor ['mɔ-]; *(в школе тж.)* cáptain; ~ кла́сса form cáptain; ~ ку́рса class cáptain; ~ кружка́ wórkshop mónitor

ста́рость *ж* old [əuld] age; глубо́кая ~ vénerable ['ve-] age

старт *м* start; на ~! get [get] on your mark!

ста́ртер *м* stárter

стартова́ть start

старуха *ж* old [əuld] wóman ['wu-]

старшекла́ссник *м* sénior púpil; *амер.* (sénior) hígh-school stúdent

старшеку́рсник *м* sénior stúdent; gráduating stúdent

ста́рший **1.** *(по возрасту)* élder; óldest; sénior [-njə]; *(среди родственников)* the éldest; cáмый ~ the óldest; ~ брат élder bróther; он на пять лет ста́рше меня́ he is five years ólder than I, he is five years my sénior **2.** *(по положе́нию)* sénior; ~ нау́чный сотру́дник sénior reséarch assístant; кто здесь ~? who is in charge here?

ста́рый old [əuld]

стати́стика *ж* statístics

статуэ́тка *ж* statuétte [ˌstætju'et], fígurine ['fɪgjuriːn]

ста́туя *ж* státue ['stæt-]

стать **1.** stand; ~ в о́чередь

queue (up) **2.** *(сделаться)* becóme [-ˈkʌm], get [get]; grow [grəu]; ~ учи́телем becóme a téacher; ста́ло хо́лодно (темно́) it got cold (grew dark) **3.** *(остановиться)* stop; часы́ ста́ли the watch stopped ◊ во что бы то ни ста́ло at ány price, at all costs

статья́ ж **1.** *(в газете и т. п.)* árticle; передова́я ~ léading árticle, léader **2.** *(договора)* clause, árticle

стациона́р м **1.** pérmanent estáblishment **2.** *(больница)* hóspital

ста́я ж *(птиц)* flock, flight [-aɪt]; *(рыб)* run, school, shoal; *(собак, волков)* pack

ствол м *(дерева)* trunk, stem

сте́бель м stem, stalk

стёганый quílted, wádded

стекло́ с glass

стекля́нный glass

стели́ть spread [-ed]; ~ посте́ль make a bed

стелла́ж м shélving; shelves *pl*

сте́лька ж ínsole

стена́ ж wall

стенгазе́та ж *(стенна́я газе́та)* wall néwspaper

сте́нка ж: гимнасти́ческая ~ wáll-bars

стеногра́мма ж verbátim récord [ˈre-]

стеногра́фия ж stenógraphy, shórthand

сте́пен‖ь ж degrée; учёная ~ académic [-ˈde-] degrée; пе́рвой (второ́й) ~и first (sécond) [ˈse-]) degrée

степь ж steppe [step]

стереофони́ческ‖ий stéreo, stereophónic; ~ проѝгрыватель (магнитофо́н) stéreo récord [ˈre-] pláyer (tape recórder); ~ая пласти́нка stéreo récord

сте́рлядь ж stérlet *(a kind of small sturgeon)*

стесни́ть, стесня́ть 1. *(затрудня́ть)* hínder, hámper; я вас не стесню́? am I not in your way? **2.** *(смущать)* embárrass

стесня́ться be (feel) shy, be (feel) ashámed; не стесня́йтесь! don't stand on céremony!

стиль м style

стипендиа́т м grantée; *(получающий повышенную, именную стипендию)* schólar [ˈskɔ-]

стипе́ндия ж grant; *(повышенная, именная)* schólarship [ˈskɔ-]; *(аспирантская)* féllowship [-əu-]

стира́льн‖ый: ~ая маши́на wáshing [ˈwɔ-] machíne [-ˈʃiːn]; ~ порошо́к detérgent

стира́ть I wipe off; eráse

стира́ть II *(бельё)* wash

стихи́ мн. póems [ˈpəuɪmz], póetry [ˈpəuɪtrɪ]

сти́хнуть calm [kɑːm] down

стихотворе́ние с póem [ˈpəuɪm]

стлать см. стели́ть

сто húndred

стог м stack

сто́имость ж cost; válue [ˈvæljuː]

сто́ить 1. cost; ско́лько э́то сто́ит? how much is it? **2.** *(заслуживать)* desérve; be worth [wɔ:θ] ◊ не сто́ит благода́рности don't méntion it, not at all; *амер.* you're wélcome

сто́йка ж **1.** *(бара)* bar **2.** *спорт.* stance

стол м table [teɪbl]; за ~о́м at the table; накрыва́ть на ~ lay the table; пи́сьменный ~ desk

столб м píllar; *(фонарный)* lamp post

столе́тие с *(век)* céntury [-tʃ-]; *(годовщина)* centénary

сто́лик м *(в ресторане)* table [teɪbl]

столи́ца ж cápital ['kæ-]

столи́чный metropólitan

столкнове́ние с collísion; *(перен. тж.)* cónflict

столкну́ться collíde (with); run ínto ['ɪntu]; *перен.* clash (with)

столо́вая ж **1.** *(комната)* díning room **2.** réstaurant ['restərɔ:ŋ]; *(в учреждении)* cantéen; cafetéria

сто́лько so mány ['menɪ] *(о сущ. во мн.)*; so much *(о сущ. в ед.)*; ~ же as mány as; as much as

столя́р с jóiner

стоп! stop!

стопа́ ж foot

сто́пка ж *(кучка)* pile

стоп-кра́н м emérgency brake

сто́рож м wátchman, guard

сторожи́ть guard, keep watch (over)

сторон‖а́ ж **1.** side; с пра́вой ~ы́ from the right; на той ~е́ *(улицы)* acróss (the street); в ~е́ asíde **2.** *(в споре)* párty

сторо́нник м suppórter; adhérent; ádvocate; ~и ми́ра peace suppórters (defénders, lóvers), chámpions of peace; он ~ ми́рного урегули́рования he ádvocates the idéa [aɪ'dɪə] of péaceful séttlement

стоя́нка ж **1.** stop **2.** *(автомобиля)* párking lot; ~ маши́н запрещена́ no párking

стоя́ть stand; по́езд стои́т 10 мину́т the train stops ten mínutes; сто́йте! stop! *(погодите)* just (wait) a mínute!; ~ за *(защищать)* be (stand) for; be in fávour of

страда́ть súffer

страна́ ж cóuntry ['kʌ-]

страни́ца ж page

стра́нный strange [streɪndʒ], odd; *разг.* fúnny, *брит.* rum

страсть ж pássion

стра́ус м óstrich

страх м fear [fɪə]

страхка́сса ж *(ка́сса социа́льного страхова́ния)* sócial insúrance [-'ʃuər-] fund

страхова́ние с insúrance [-'ʃuər-]; ~ жи́зни (иму́щества) life (próperty) insúrance; социа́льное ~ sócial insúrance

стра́шный térrible; dréadful ['dred-]; féarful ['fɪə-]

стрекоза́ ж drágon-fly [-æ-]

стрела́ ж árrow; *(крана)* boom, jib

Стреле́ц м *астр.* the Árcher, Sagittárius [-ɛə-]

стре́лка ж **1.** *(часов)* hand; *(компаса)* needle **2.** *ж.-д.* ráilway point, switch

стрело́к *м* shot; ме́ткий ~ má́rksman; он плохо́й ~ he is a poor [puə] shot (má́rksman)

стре́лочник *м ж.-д.* switch-man

стрельба́ *ж* shóoting

стреля́ть shoot

стреми́ться strive (for), seek; *(страстно желать)* long (for)

стре́мя *с* stírrup

стремя́нка *ж* stép-ladder

стриж *м* swift

стри́женый *(о человеке)* shórt-haired; *(коротко)* bobbed

стри́жка *ж (волос)* háircut

стричь cut; ~**ся** have one's hair cut

стро́гий strict; *(суровый)* stern; sevére [sı'vıə]

строе́ние *с* 1. *(постройка)* búilding ['bı-], constrúction 2. *(структура)* strúcture

строи́тель *м* búilder ['bı-]; ~**ный** búilding ['bı-]; ~**ство** *с* constrúction

стро́ить build [bı-], constrúct

строй *м* sýstem, órder

стро́йка *ж* búilding ['bı-] (próject); constrúction (site)

стро́йный slénder, slim

строка́ *ж* line

стро́чка I *ж см.* строка́

стро́чка II *ж (шов)* stitch

струна́ *ж* string

стру́нный: ~ инструме́нт string ínstrument; ~ орке́стр string órchestra ['ɔ:kıstrə]

стручо́к *м* pod

струя́ *ж* jet, spurt; ~ све́жего во́здуха cúrrent of fresh air

студе́нт *м*, ~**ка** *ж* under-graduate [-'grædjuıt] (stúdent), stúdent

сту́день *м* méat-jelly

сту́дия *ж* stúdio; *(актёрская школа)* school

стук *м* knock; *(тихий)* tap; в дверь knock at the door

стул *м* chair [tʃεə]

ступа́ть *см.* ступи́ть

ступе́нь *ж (стадия)* stage

ступе́нька *ж* step

ступи́ть take (make) a step; set foot (on); step (on)

стуча́ть(ся) knock; *(громко)* bang; *(тихо)* tap

стыд *м* shame

стыди́ться be ashámed of

стыко́вка *ж* línk-up, cóupling; dócking

стю́ард *м* stéward; ~**е́сса** *ж* stéwardess, air hóstess

суббо́та *ж* Sáturday ['sætədı]

суббо́тник *м* Sáturday vólunteer ['vɔ-] wórk-in; всесою́зный ~ Sáturday Wórk-for-the-Nátion Day

сувени́р *м* sóuvenir ['su:və-]

суво́ровец *м* Suvórov Mílitary ['mı-] cadét

сугро́б *м* snówdrift ['snəu-]

суд *м* 1. court (of law *или of* jústice); наро́дный ~ Péople's [pi:plz] Court 2. *(процесс)* tríal ['traıəl]

суда́к *м* zánder

суди́ть 1. *(кого-л.)* try 2. *(отзываться, обсуждать)* judge 3. *спорт.* referée

су́дно *с* véssel; ship; ~ на подво́дных кры́льях hýdrofoil ['haı-]; ~ на возду́шной поду́шке hóvercraft

су́дорога ж cramp

судохо́д‖ный návigable ['nævɪ-]; **~ство** с navigátion [,nævɪ-]

судьба́ ж fate; déstiny

судья́ м judge; *спорт.* referée [,re-]; *(главный)* úmpire; наро́дный ~ people's [pi:plz] judge; ~ на ли́нии línesman

суеве́рие с superstítion

суета́ ж fuss

сук м *(ветка)* bough ['bəu]; *(в доске)* knot

су́ка ж bitch

сукно́ с cloth

сумасше́дший mad, insáne; crázy

сумасше́ствие с mádness, insánity [-æ-]; méntal íllness

сумато́ха ж bustle, túrmoil

су́мерки мн. twílight

су́мка ж bag; да́мская ~ (hánd)bag; хозя́йственная ~ shópping bag

су́мма ж sum

суп м soup [su:p]

суперобло́жка ж wrápper; dúst-jacket

супру́г м húsband ['hʌzbənd]; **~а** ж wife

суро́в‖ый sevére [sɪ'vɪə]; **~ые** ме́ры drástic méasures ['meʒəz]

суро́к м mármot

су́слик м gópher ['gəu-]

суста́в м joint

су́тки мн. day (and night), twénty four hóurs; кру́глые ~ round the clock

су́точные мн. per díem ['dɪəm] (subsístence allówance) sn

сухари́ мн. toasts; rusks

сухо́й dry

сушёный dried [draɪd]

суши́ть dry

существо́ с 1. béing, créature 2. *(суть)* éssence, gist

существова́ть exíst

су́щность ж éssence; ~ де́ла gist of the mátter

схвати́ть, схва́тывать seize; grasp; catch

сходи́ть 1. *см.* сойти́ 2. *(куда-л.)* go; ~ за чем-л. (go and) fetch; ~ посмотре́ть go and see; **~ся** *(идти навстречу)* meet

схо́дство с líkeness, resémblance

сце́н‖а ж 1. *(подмостки)* stage; враща́ющаяся ~ revólving stage 2. *(акт)* scene [si:n]; ма́ссовые **~ы** crowd scenes...

сцена́рий м scenário [sɪ'nɑ:rɪəu]; (screen) script

счастли́вый háppy; fórtunate, lúcky

сча́стье м háppiness; *(удача)* luck

счёт м 1. *бухг.* accóunt [ə'kau-] 2. *(за товар, в рестора́не)* bill, *амер.* check; плати́ть по **~у** séttle the accóunt, pay the bill 3. *спорт.* score; како́й ~? what is the score?

счётно-вычисли́тельн‖ый: ~ центр compúter céntre; **~ая** маши́на compúter

счетово́д м book kéeper, accóuntant [ə'kau-]

счёты мн. ábacus ['æ-]

счита́ть 1. count 2. *(полага́ть)* think, belíeve 3. *(кого-л.*

кем-л.) considér [-'sɪdə]; ~**ся** 1. take ínto considerátion 2. *(слыть)* be considered, be repúted

сшивáть *см.* сшить 2

сшить 1. *(сделать)* make; *(у портнихи)* have a dress made 2. *(вместе)* sew [səu] togéther [tə'geðə]

съедáть *см.* съесть

съедóбн‖ый édible [é-]; ~**ые грибы** édible múshrooms

съезд *м* cóngress

съéздить go; *(ненадолго)* make a short trip (to)

съезжáться *см.* съéхаться

съёмка *ж кино* fílming, shóoting

съестн‖óй: ~**ые припáсы** fóod-stuffs; víctuals ['vɪtlz], éatables

съесть eat (up)

съéхаться assémble; arríve

сыгрáть play

сын *м* son [sʌn]

сыпь *ж* rash

сыр *м* cheese; плáвленый ~ cream cheese

сырóй 1. *(влажный)* damp 2. *(неварёный)* raw, uncóoked

сырь‖ё *с* raw matérial(s); ~**евóй:** ~**евые материáлы** (prímary) commódities [-'mɔ-]; торгóвля ~**евыми товáрами** commódity trade

сыск *м* investigátion

сытный nóurishing ['nʌ-]; ~ обéд héarty ['hɑːtɪ] meal; я сыт I've had enóugh [ɪ'nʌf], I'm full [ful]

сыщик *м* detéctive; *(в граж-*

данской одежде) pláin--clothes man

сюдá here; пожáлуйста, ~ this way, please

сюжéт *м* 1. súbject; tópic ['tɔ-] 2. *(романа)* plot

сюрпри́з *м* surpríse

Т

та that; **та карти́на** that pícture; **та жéнщина** that wóman ['wu-]

табáк *м* tobácco; трýбочный ~ pipe tobácco

табака́: цыплёнок ~ chícken tabaká [ˌtɑːbɑː'kɑː] *(flattened and grilled)*

тáбель *м (контроль явки на работу)* tíme-board; ~**щик** *м,* ~**щица** *ж* tímekeeper

таблéтки *мн.* táblets, pills; ~ от головнóй бóли pills for héadache ['hedeɪk]

табли́ца *ж* table [teɪbl]; ~ умножéния multiplicátion table

таблó *с* (illúminated [-'lu-]) informátion board

тáбор *м (gípsy)* camp

табýн *м* herd

табурéтка *ж* stool

таджи́‖к *м* Tadzhík [-ɑ:-]; ~**чка** *ж* Tadzhík (woman)

таз I *м анат.* pélvis

таз II *м (посуда)* básin

тайгá *ж* táiga ['taɪgɑ:] (fórest)

тайкóм sécretly ['siː-]

тайм *м спорт.* half [hɑːf]; périod (game)

тайм-áут *м спорт.* time-óff; *амер.* time-óut

та́йн‖**а** ж sécret ['si:krɪt]; mýstery; **∼ый** sécret ['si:krɪt]

тайни́к м (*тайный склад*) cache [kæʃ], hiding-place

так 1. so, like that; like this; сде́лайте **∼**! do it like this (this way)! **2.** (*утверждение*) just so; вот **∼**! that's the way!, that's right! **3.** (*настолько*) so; бу́дьте **∼** добры́... be so kind (as to)... ◇ **∼** себе́ so-so

та́кже álso; too; as well; (*в отрицательных предложениях*) éither ['aɪ-]; я **∼** пое́ду I'll go (there) too

так как as, since

так‖**о́й** such; **∼им о́бразом** thus; thérefore; **в ∼о́м слу́чае** if that is so; **что ∼о́е?** what's that?; what's the mátter?; **кто э́то ∼?** who is it?; **∼ же** the same

та́кса I ж (fíxed) rate, táriff [-æ-]

та́кса II ж (*собака*) dáchshund ['dækshund]

такси́ с táxi ['tæksɪ]; **вы́зовите ∼, пожа́луйста!** call a táxi, please!; **стоя́нка ∼** táxi-stand, táxi-rank

такси́ст м táxi-driver

такт I м tact

такт II м муз. time; **в ∼** in time

такти́чный táctful; délicate ['de-]

тала́нт м tálent ['tæ-], gift [gɪft]

тала́нтливый gífted ['gɪ-], tálented ['tæ-]

та́лия ж waist; **то́нкая ∼** slénder waist

там there

тамада́ м tóast-man, tóast-master

тамо́женн‖**ый** cústom(s); **∼ досмо́тр** cústoms examinátion; **∼ая по́шлина** cústoms dúty

тамо́жня ж cústom-house [-s]

та́нго с tángo

та́н‖**ец** м dance [dɑ:-]; **ве́чер ∼цев** dáncing-party; **совреме́нные ∼цы** báll-room dánces; **∼цы на льду** спорт. ice dáncing

та́нкер м tánker

танцева́льн‖**ый** dáncing ['dɑ:-]; dance [dɑ:-]; **∼ая му́зыка** dance músic; **∼ коллекти́в** dance group

танцева́ть dance [dɑ:-]

та́почки мн. slíppers; спорт. sports shoes [ʃu:z]

та́ра ж pácking, páckaging

тарака́н м (cóck)roach

таре́лка ж plate; **ме́лкая ∼** flat plate; **глубо́кая ∼** soup [su:p] plate; **лета́ющая ∼** flýing sáucer

тари́ф м táriff ['tæ-], rate

тасова́ть карт. shuffle

ТАСС (Телегра́фное аге́нтство Сове́тского Сою́за) TASS (Télegraph Ágency of the Sóviet Únion)

тафта́ ж táffeta ['tæfɪtə]

тахта́ ж óttoman, couch

та́чка ж whéelbarrow

тащи́ть cárry; pull [pul], drag

та́ять melt; (*о льде, снеге*) thaw; **сего́дня та́ет** it's tháwing today

тве́рдый hard; (*перен. тж.*) firm

твист *м (танец)* twist

твой your; yours; где ~ бага́ж? where is·your lúggage?; э́то твои́ кни́ги? are these books yours?; твоя́ о́чередь! your turn!

твори́ть creáte [krɪːˈeɪt]

творо́г *м* curds

творо́жник *м* cheese páncake, curd frítter

творческ‖ий creátive [kriːˈeɪtɪv]; constrúctive; ~ путь худо́жника devélopment [-e-] of an ártist; ~ая мысль creátive thought [θɔːt]; ~ о́тпуск ≅ sabbátical [-æ-] leave

тво́рчество *с* creátion [kriːˈeɪʃn]; (creátive [kriːˈeɪtɪv]) work [wək]

те those; а где те кни́ги? (but) where are those books?

теа́тр *м* théatre [ˈθɪə-]; ~ опере́тты músical cómedy théatre; пойти́ в ~ go to the théatre; Большо́й теа́тр the Bolshói Théatre

тебе́ you; мы о ~ говори́ли we spoke abóut you; ~ переда́ли письмо́? have you been gíven the létter?

тебя́ you; ~ в э́то вре́мя не́ было you were not there at the móment; я ~ ви́дел в теа́тре I saw you at the théatre [ˈθɪə-]

тёзка *м и ж* námesake

текст *м* text; words [wə-]

тексти́льный téxtile

теку́честь *ж* fluídity; fluctuátion; ~ рабо́чей си́лы fluctuátion of mánpower

теку́чка *ж* routíne [ˌruːˈtiːn] búsiness [ˈbɪznəs]

теку́щ‖ий cúrrent; ~ие дела́ cúrrent affáirs; *(на повестке дня)* cúrrent búsiness; ~ ремо́нт routíne repáirs

телеавтома́тика *ж* remóte contról

телеви́дение *с* télevision [ˈtelɪ-], TV [ˌtiːˈviː]

телеви́зор *м* TV [ˌtiːˈviː], (télevision [ˈtelɪ-]) set; по ~y on télevision

телегра́мм‖а *ж* wire, télegram [ˈtelɪ-]; cable [keɪbl]; дать ~y send a wire

телегра́ф *м* télegraph [ˈtelɪ-]

телеграфи́ровать wire, télegraph [ˈtelɪ-]; cable [keɪbl]

теле́жка *ж* cart

телека́мера *ж* TV cámera [ˈkæ-]

телемо́ст *м* space bridge

телёнок *м* calf [kɑːf]

телеобъекти́в *м* telephóto [ˌtelɪˈfəutəu] (lens)

телепереда́ча *ж* télecast [ˈtelɪ-], TV [ˌtiːˈviː] transmíssion [-ˈmɪʃn]

телесту́дия *ж* TV [ˌtiːˈviː] stúdio

телета́йп *м* téletype, téleprinter; ~ный: ~ная ле́нта téletape

телефи́льм TV [ˌtiːˈviː] film

телефо́н *м* (téle)phone [ˈtelɪ-]; говори́ть по ~y speak óver the (téle)phone; позвони́ть по ~y (téle)phone, ring smb up; вы́звать к ~y call to the phone; подойти́ к ~y ánswer [ˈɑːnsə] the call; я у ~a! spéaking!; мне ну́жно позвони́ть по ~y I want to make a télephone call; вас прóсят к ~у you're wánted on the phone

телефóн-автомáт м **1.** públic télephone ['telɪ-] **2.** *(будка)* (públic) cáll-box

телефонúстка ж (télephone ['telɪ-]) óperator ['ɔрə-]

телефóнн‖ый télephone ['telɪ-]; ~ая трýбка (télephone) recéiver; ~ая стáнция (télephone) exchánge; ~ая кнúга télephone diréctory; ~ая бýдка cáll-box

телефоногрáмма ж (phone) méssage

Телéц м *астр.* Táurus, Bull [bul]

телецéнтр м TV [ˌti:'vi:] céntre ['sentə]

тёлка ж héifer ['hefə]

тéло с bódy ['bɔdɪ]

телогрéйка ж pádded jácket

телосложéние с build, frame

телохранúтель м bódy--guard ['bɔ-]

телятина ж veal

тем I *(тв. п. от* тот*)* by this; with this ◊ ~ врéменем méanwhile

тем II *(дат. п. от* те*)* them

тéма ж **1.** súbject, tópic ['tɔ-]; ~ разговóра súbject of the conversátion **2.** *муз.* theme [θi:m]

темнéть get [get] (grow [grəu]) dark; темнéет it's gétting dark

тёмно-сúний dárk-blue; *(ткань)* návy-blue

темнот‖á ж dárk(ness); в ~é in the dárk(ness)

тёмный 1. dark **2.** *(неясный)* obscúre [-ˈskjuə]; vague [veɪg]

темп м rate; pace; témpo

темперáмент м témperament

температýр‖а ж témperature ['temprɪtʃə]; повышенная ~ *(у больного)* high témperature; мéрить ~у take the témperature

тенúстый shády

тéннис м ténnis; настóльный ~ táble-ténnis ['teɪbl-]; игрáть в ~ play ténnis; ~úст м, ~úстка ж ténnis-pláyer

тéннисн‖ый ténnis; ~ая площáдка ténnis-court; ~ мяч ténnis-ball

тéнор м ténor ['tenə]

тент м áwning ['ɔ:-]

тен‖ь ж shade; *(чья-л.)* shádow ['ʃædəu]; в ~й in the shade

теóрия ж théory ['θɪərɪ]

тепéрь now, at présent

теплúца ж hóthouse, gréenhouse; *(при доме)* consérvatory

тепл‖ó 1. wárm(ly); it's warm; сегóдня ~ it's warm todáy; в кóмнате ~ it's warm in the room; мне ~ dress wármly **2.** с warmth; heat; 2 грáдуса ~á two (degrées) abóve [əˈbʌv] zéro

тепловóз м díesel locomótive

теплосéть ж héating sýstem

теплотрáсса ж héating main

теплохóд м mótor ship; boat; ~ «Алексáндр Пýшкин» отплывáет зáвтра m/s [ˌem'es] "Alexánder Púshkin" sails tomórrow

тёпл∥ый warm; ~ приём **héarty** [ˈhɑːtɪ] (warm) wélcome; ~ая одёжда warm clóthing

терапе́вт *м* therapéutist [-ˈpjuː-]; physícian [-ˈzɪʃn]; *(участковый врач)* géneral practítioner

тере́ть 1. rub **2.** *(об обуви)* rub, chafe **3.** *(измельчать)* grate

тёрка *ж* gráter

термо́метр *м* thermómeter [-ˈmɔmɪ-]; поста́вить ~ take smb's témperature [ˈtemprɪtʃə]

те́рмос *м* vácuum flask

термоя́дерн∥ый thermonúclear [-ˈnjuː-]; ~ая эне́ргия thermonúclear énergy [ˈe-]; ~ое ору́жие thermonúclear wéapon(s) [ˈwe-]

терпели́вый pátient [ˈpeɪʃ-]

терпе́ть endúre [ɪnˈdjuə]; súffer; bear [bɛə]; ~ пораже́ние súffer a deféat

терра́са *ж* térrace; verándah [-ˈrændə], *амер.* porch

территориа́льн∥ый: ~ая це́лостность госуда́рства territórial intégrity of the state; ~ые во́ды territórial wáters [ˈwɔː-]

террито́рия *ж* térritory

терро́р *м* térror; ~и́зм *м* térrorism; госуда́рственный ~и́зм state térrorism; ~и́ст *м*, ~и́стка *ж* térrorist

терье́р *м* térrier

теря́ть lose [luːz]; *(напрасно тратить)* waste [weɪst] ◊ ~ созна́ние faint, lose cónsciousness

те́сно: здесь ~ it's crówded here

те́сн∥ый 1. *(о пространстве)* cramped; *(об одежде)* tight; *(об улице)* nárrow [-əu]; *(о помещении)* small; ~ая о́бувь tight shoes [ʃuːz] ◊ мир те́сен! it's a small world! **2.** *(узы и т. п.)* close [-s], íntimate [ˈɪntɪ-]

те́сто *с* dough [dəu]

тесть *м* fáther-in-law [ˈfɑː-]

тетра́дь *ж* wríting-book; *(школьная)* cópy-book [ˈkɔpɪ-]; éxercise [ˈeksəsaɪz] book

тётя *ж* aunt [ɑːnt]

тёфтели *мн. кул.* méat-balls

те́хник *м* technícian [-ˈnɪʃn]

те́хника *ж* **1.** technólogy [tekˈnɔ-]; *(промышленных предприятий)* machínery [-ˈʃiː-]; equípment; нау́ка и ~ scíence [ˈsaɪ-] and technólogy, scíence and engineéring; ~ безопа́сности sáfety méasures [ˈme-] **2.** *(приёмы исполнения)* techníque [tekˈniːk]; ~ перево́да translátion techníque

те́хникум *м* júnior [ˈdʒuː-] cóllege [ˈkɔ-], spécialised sécondary school [skuːl]

техни́ческий téchnical [ˈtek-]

тече́ни∥е *с* **1.** *(о времени)* course [kɔːs]; с ~ем вре́мени in the course of time; in (due) time, evéntually **2.** *(реки́)* cúrrent, stream; по ~ю with the stream; про́тив ~я agáinst the stream

течь 1. flow [fləu]; run **2.** *(пропускать воду)* leak

тёща *ж* móther-in-law ['mʌ-]

тигр *м* tíger

тип *м* **1.** type **2.** *(человек)* féllow; *(странный)* strange cháracter ['kæ-]

типи́чный týpical ['tɪ-] (of)

типогра́фия *ж* prínting-house

тир *м* shóoting-range

тира́ж *м* print; ~ кни́ги edítion; print run; ~ газе́ты circulátion of the páper; ~ за́йма dráwing of the loan

тира́н *м* týrant

тиски́ *мн. тех.* vice *sn*

тита́н *м (кипятильник)* bóiler

тиф *м* týphus ['taɪfəs]; брюшно́й ~ týphoid féver

ти́хий quíet ['kwaɪət], calm [kɑːm]; *(о голосе)* low [ləu]

ти́хо quíetly ['kwaɪət-]; ста́ло ~ it became quíet; ~ говори́ть speak in a low [ləu] voice

ти́ше: говори́те ~! don't talk so loud!; ~! hush!, quíet ['kwaɪət]!

тишин‖а́ *ж* quíet ['kwaɪət]; calm [kɑːm], stíll(ness); *(молчание)* silence; соблюда́йте ~у́! keep silence!, keep quíet!

ткань *ж* fábric, cloth

ткач *м,* ~и́ха *ж* wéaver

то I *(ср. род от* тот*)* that; он узна́л то, что ему́ ну́жно he learnt what he wánted to; то, что… the fact that; то́ есть that is (to say)

то II *союз* then; ótherwise; то… то… now… now…; то тут, то там now here, now there

тобо́й, тобо́ю (by, with) you; я пойду́ с ~ I'll go with you

това́р *м* wares, goods [gudz];

commódity [-'mɔ-]; хо́дкий ~ sálable goods; ~ы наро́дного потребле́ния consúmer goods

това́рищ *м* cómrade ['kɔmrɪd]; шко́льный ~ schóolmate ['skuː l-], friend [frend]

това́рищество *с* **1.** cómradeship, féllowship **2.** associátion; cómpany; ~ по совме́стной обрабо́тке земли́ *ист.* agricúltural co-óperative; креди́тное ~ crédit ['kre-] associátion; ~ на пая́х *ист.* jóint-stock cómpany

това́рно-де́нежн‖ый: ~ые отноше́ния *эк.* commódity-móney [-'mɔ-…-'mʌnɪ] relátions

тогда́ 1. then **2.:** ~ как whereás, while

то есть (т. е.) that is (to say); *(в письме)* i. e. *(читается* that is*)*

то́же álso, too; я ~ пойду́ I'll go (there) too; мне нра́вится э́та кни́га.— Мне ~ I like this book.— So do I; я не зна́ю его́.— Я ~ не зна́ю I don't know [nəu] him.— Néither do I

ток I *м* эл. cúrrent

ток II *м* с.-х. thréshing-floor [-flɔː]

то́карь *м* túrner

толк *м* **1.** *(смысл)* sense; сбить с ~у confúse; muddle; с ~ом with sense; бе́з толку а) *(бестолково)* sénselessly; б) *(напрасно)* for nóthing ['nʌ-] **2.** *(польза)* use [juːs]

толка́ть push [puʃ]; не толка́й меня́! don't push me!; ~ся push [puʃ] one anóther (each óther ['ʌðǝ]); не толкáйтесь! don't push!

толкáч м *(человек)* supplý ágent, fíxer

толковáние с interpretátion

толковáть intérpret

толпá ж crowd

тóлстый 1. thick 2. *(о человеке)* fat

толчóк м push [puʃ]

толщинá ж 1. thíckness 2. *(о человеке)* córpulence, stóutness

толь м (tarred) róofing páper

тóлько ónly ['ǝun-]; éсли ~ возмóжно if it's ónly póssible; ~ что just (now); ~ вчерá ónly yésterday [-dɪ]; лишь ~ as soon as

том м vólume ['vɔl-]

томáт м tomáto [-'mɑ:-, *амер.* -'meɪ-]; ~**ный** tomáto; ~**ная пáста** tomáto paste; ~**ный сок (сóус)** tomáto juice (sauce)

тон м *в разн. знач.* tone

тóнк‖**ий** 1. thin; *(о фигуре)* slénder, slim; ~**ие чулкú** thin (fine) stóckings 2. *(утончённый)* délicate ['de-]; ~ **вкус** délicate taste; ~**ая рабóта** fine work [wǝ:k] 3. *(о слухе и т. п.)* keen

тóнна ж ton [tʌn]

тоннéль м túnnel

тонýть drown; *(о предмете)* sink

топáз м tópaz

топлён‖**ый** *кул.:* ~**ое мáсло** clárified bútter; ~**ое молокó** báked milk

тóпливно-энергетú‖**ческий:** ~

кóмплекс fúel and énergy ['e-] séctor

тóпливо с fuel [fjuǝl]

тóполь м póplar

топóр м axe [æks]

тóпот м stámp, trámp, tread [tred]

торг‖**овáть** *(с кем-л.)* trade (with); *(чем-л.)* deal in; **магазúн** ~**ýет до восьмú часóв вéчера** the shop is ópen till eight [eɪt] p. m.; **магазúн сегóдня не** ~**ýет** the shop is closed todáy

торгóвля ж trade, cómmerce

торгóв‖**ый** trade, commércial; ~**ое сýдно** mérchant ship

торгпрéд м (торгóвый представúтель СССР) trade representative of the USSR

торгпрéдство с (торгóвое представúтельство СССР) Trade Míssion of the USSR

торжéственн‖**ый** sólemn ['sɔlǝm]; ~**ое открытие** inaugurátion; ceremónial ópening; ~**ое закрытие** ceremónial clósing

торжествó с *(праздник)* féstival, celebrátion

тóрмоз м brake

тормозúть brake, put [put] the brake on; *перен.* hínder ['hɪn-], hámper

тормозн‖**óй:** ~**áя двúгательная устанóвка** rétrorocket, bráking rócket

торопúть húrry, hásten ['heɪsn]; **не торопúте меня** don't húrry (press) me; ~**ся** (be in a) húrry, hásten ['heɪsn]; ~**ся к пóезду** húrry to catch the train; я тороплю́сь I'm in a hú́rry; торопи́тесь! hú́rry (up)!, be quick!; не торопи́тесь! take your time!, don't hú́rry!; не торопя́сь withóut haste

торо́с _м_ (ice-)hú́mmock

торс _м_ trunk; _жив._ tórso

торт _м_ cake; кусóчек ~a tart

торф _м_ peat

торшéр _м_ _брит._ stándard lamp, _амер._ floor [flɔː] lamp

тоскá _ж_ 1. mélancholy ['melənkəlı]; ~ по... lónging for...; ~ по рóдине hómesickness 2. _(скука)_ bóredom

тосковáть 1. be sad, be mélancholy ['melənkə-] 2. _(скучать)_ be bored 3. _(по ком-л.)_ miss; ~ по рóдине be hómesick

тост I _м_ toast, health [-e-]; провозгласи́ть ~ toast, give [gıv] (propóse) a toast, drink to the health (of)

тост II _(поджаренный хлебец)_ toast

тот that; ~ же сáмый the véry ['verı] same; ~ и́ли другóй éither ['aı-, _амер._ 'iː-]

тóтчас at once [wʌns], ínstantly

точи́ть shárpen; _(нож, топор)_ grind; _(на точильном камне)_ whet ◇ зýбы на когó-л. have a grudge agáinst smb

тóчка _ж_ 1. point 2. _(знак)_ dot 3. _(знак препинания)_ full [ful] stop; ~ с запятóй semicólon [ˌsemı'kɔlən] ◇ ~ зрéния point of view

тóчн‖**о** exáctly [ıg'zæk-]; _(о времени)_ sharp; ~ в 5 часóв at five o'clóck sharp; ~ пере-

водить intérpret (transláte) áccurately; ~ так же just as; ~**ый** exáct [ıg'zækt]; _(пунктуальный)_ púnctual; ~ое врéмя exáct time; чтóбы быть ~ым to be precíse

тошни́ть: меня́ (их) тошни́т I (they) feel sick

травá _ж_ grass

трáвма _ж_ tráuma, ínjury

травмпу́нкт _м_ fírst-aid céntre

трагéдия _ж_ trágedy ['trædʒı-]

трáктор _м_ tráctor; ~**и́ст** _м_ tráctor dríver

трал _м_ _(сеть)_ trawl

трамв‖**áй** _м_ tram, _амер._ stréet-car; éхать на ~áe go by tram; сесть в ~ take the tram

трампли́н _м_ _спорт._ spríng-board; лы́жный ~ ski jump

транзи́стор _м_ (transístor) rádio

транзи́тн‖**ый** tránsit, through [θruː]; ~ая ви́за tránsit vísa

трансля́ция _ж_ bróadcast ['brɔːd-]; transmíssion

трáнспорт _м_ tránsport

трансформáтор _м_ _эл._ transfórmer

трап _м_ _мор._ ládder; _(сходни)_ gángboard, gángway; сходи́ть (поднимáться) по ~у go down (up) the gángway

трáсса _ж_ _разг._ _(дорога)_ road, rout [ruːt]

трáтить spend; _(впустую)_ waste [weı-]

трáулер _м_ tráwler; морози́льный ~ refrígerator tráwler

тра́урн‖ый *(скорбный)* móurnful; móurning; *(похоронный)* fúneral; ~ая проце́ссия fúneral procéssion; ~ая ле́нта crape band

тре́бовать 1. demánd; urge **2.** *(нуждаться)* call (for); requíre; ~ся: на э́то тре́буется мно́го вре́мени it takes much time

трево́га *ж* **1.** *(беспокойство)* alárm, anxíety [-'zaɪə-] **2.** *(сигнал)* alárm, alért; ло́жная ~ false alárm

тре́звый sóber

трек *м спорт.* track

тренажёр *м* tráiner, símulator ['sɪ-]; косми́ческий ~ space símulator

тре́нер *м спорт.* tráiner, coach

тренирова́ть train, coach; ~ся be in tráining, train onesélf [wʌn-]; work [wəːk] out

трениро́вка *ж* tráining, cóaching

трено́жник *м* trípod

тре́пет *м* trémbling; с ~ом with trepidátion

трепета́ть tremble

треск *м* crackle, crácking; *(шум ударов)* crash

треска́ *ж* cod

тре́тий third; в тре́тьем часу́ áfter ['ɑːftə] two

тре́тье *с (блюдо)* sweet; dessért [dɪ'zəːt]; что на ~? what's for dessért?

третьекурсник *м* third--year stúdent, *амер.* júnior

треуго́льник *м* tríangle

тре́фы *мн. карт.* clubs

трёхзна́чный three-dígit [-'dɪdʒɪt]

трёхра́зов‖ый: ~ое пита́ние three meals a day

трёхэта́жный three-stóreyed

тре́щина *ж* crack, split

трещо́тка *ж* rattle

три three

трибу́на *ж* **1.** róstrum; *(подмостки)* plátform; tríbune ['trɪ-] **2.** *(на стадионе и т. п.)* stand **3.** *перен.* fórum

тридца́тый thírtieth

три́дцать thírty

три́жды three times

трико́ *с* **1.** *(ткань)* trícot ['trɪkəu] **2.** *(одежда)* tights *pl* **3.** *(дамские панталоны)* pants *pl*

трикота́ж *м* **1.** *(ткань)* knítted fábric **2.** *(изделия)* knítted wear [wɛə] (gárments); hósiery ['həuzɪərɪ]

триллио́н *м* tríllion

трина́дцать thirtéen

три́о *с муз.* trío ['triːəu]

три́ста three húndred

триу́мф *м* tríumph ['traɪəmf]

тро́гать 1. *(прикасаться)* touch [tʌtʃ]; «рука́ми не ~!» *(надпись)* "do not touch!" **2.** *(беспокоить)* distúrb; tróuble ['trʌ-] **3.** *(волновать)* touch, move [muːv]

тро́е three

тро́йка *ж карт.* three; ~ пик и т. д. the three of spades, *etc*

тройни́к *м тех.* T-joint ['tiː-]

тройно́й thréefold; triple; of three

тро́йня *ж* tríplets *pl*

троллейбус *м* trólley-bus

тромбо́н *м муз.* trombóne

тропа́ *ж* path

тро́пики *мн.* the trópics ['trɔ-] *pl*

тропи́нка *ж* path

тропи́ческий trópical ['trɔ-]

трос *м* (wire) rope, cable [keɪbl]

тростни́к *м* reed; са́харный ~ súgar-cane ['ʃu-]

трость *ж* wálking stick, cane

тротуа́р *м* pávement, *амер.* sídewalk

труба́ *ж* 1. pipe, tube 2. *(дымовая)* chímney; *(парохода, паровоза)* smóke-stack; fúnnel 3. *муз.* trúmpet; *(валторна)* horn; *(басовая)* túba

тру́бка *ж* 1. tube 2. *(для курения)* pipe 3. *(телефонная)* recéiver 4. *(для плавания)* snórkel

трубопрово́д *м (вид транспорта)* pípeline; магистра́льный ~ trunk pípeline

труд *м* 1. lábour, work [wɜːk]; физи́ческий ~ mánual lábour; у́мственный ~ méntal lábour 2. *(заботы, хлопоты)* tróuble ['trʌ-]; без ~а́ withóut ány tróuble (difficulty); не сто́ит ~а́ it's not worth the tróuble; с ~о́м with dífficulty; он с ~о́м спа́сся he escáped by a nárrow márgin 3. *(научное сочинение)* (scientífic [saɪən'tɪ-]) work

труди́ться work [wɜːk]; *(тяжело)* work hard, toil ◊ не труди́тесь! don't bóther!

тру́дный dífficult, hard

трудово́й wórking ['wɜːk-]; lábour

трудоде́нь *м* wórk-day ['wɜːk-] únit *(on collective farms)*

трудоёмкий lábour-inténsive

трудолюби́вый indústrious; hard-wórking

трудоспосо́бный able-bódied [ˌeɪbl'bɔ-], able [eɪbl] to work [wɜːk]; fit for work

трудоустра́ивать, трудоустро́ить place in a job

трудоустро́йство *с* (job) plácement

трудя́щийся 1. wórking ['wɜːk-] 2. *м* wórker ['wɜːkə]

труп *м* (dead [ded]) bódy ['bɔ-]; corpse

тру́ппа *ж* troupe [-uːp], cómpany ['kʌm-]

трус *м* cóward

трусц‖а́ *ж:* бег ~о́й jógging; бежа́ть ~о́й jog

трусы́ *мн.* shorts *pl*; *(нижние)* briefs *pl*; *(дамские)* pánties *pl*

трущо́ба *ж* slum

трюк *м* trick; stunt

трю́фель *м* 1. *(гриб)* trúffle 2. *(конфета)* chócolate ['tʃɔ-] trúffle

тря́пка *ж* rag; *(для вытирания пыли)* dúster; *(для мытья полов)* flóor-cloth ['flɔː-], mop

трясти́ shake; *(при езде)* jolt

туале́т *м* 1. *(одежда)* dress; вече́рний ~ évening dress (gown) 2. *(одевание)* dréssing; занима́ться ~ом make one's tóilet **3.** *(уборная)* lávatory ['læ-], *амер.* tóilet; мужско́й ~ men's room; же́нский ~ ládies' room; где здесь ~? *разг.* where is the báth-room ['bɑːθ-] here?

туале́тн‖ый tóilet; ~ые принадле́жности tóilet árticles; tóilet-set; ~ сто́лик dréssing-table, *амер.* drésser

ту́ба ж *муз.* túba

туберкулёз м *мед.* tuberculósis; ТВ [ˌtiː'biː]; ~ лёгких púlmonary tuberculósis; **~ный:** ~ный диспансе́р TB prophyláctic céntre

туго́й tight

туда́ there; ~ и сюда́ here and there; ~ и обра́тно there and back; биле́т ~ и обра́тно retúrn tícket; не ~! not that way!

туз м *карт.* ace

тузе́мец м nátive

ту́ловище с trunk, bódy ['bɔ-]

тулу́п м (crude [-uːd]) shéepskin coat

тума́н м mist; fog

тума́нн‖ый 1. místy; fóggy; ~ая пого́да fóggy wéather ['weðə] **2.** *(неясный)* vague [veɪg]; obscúre

ту́мбочка ж bédside table

тупи́к м blind álley, dead [ded] end; *(перен. тж.)* impás s [æm'pɑːs]; зайти́ в ~ *(о переговорах)* reach a déadlock ['ded-]

тупо́й blunt; ~ у́гол *мат.* obtúse ángle

тур м **1.** *(танца)* turn **2.** *спорт. (часть состязания, тж. перен.)* round

турба́за ж tóurist hóstel; tóurist camp

турби́на ж túrbine [-bɪn]

турбореакти́вный túrbo-jet

тури́зм м tóurism ['tuə-]

тури́ст м tóurist ['tuə-]; *(пеший)* híker

тури́стский tóurist ['tuə-]; ~ класс tóurist class

туркме́н м, **~ка** ж Túrkmen

турни́к м horizóntal [-'zɔ-] bar

турнике́т м túrnstile

турни́р м tóurnament ['tuə-]

ту́склый dim, dull

тут 1. *(о месте)* here; кто ~? who's there? **2.** *(о времени)* here, now ◊ он (она́) ~ как ~! here he (she) is!

ту́фли мн. shoes [ʃuːz]; дома́шние ~ slíppers; лакиро́ванные ~ pátient léather shoes

ту́ча ж cloud

туш м *муз.* flóurish ['flʌ-]; сыгра́ть ~ play (sound) a flóurish

тушён‖ка ж tinned (*амер.* canned) stew(ed) meat; **~ый** stewed, braised

туши́ть I *(гасить)* put [put] (blow [bləu]) out; turn (switch) off; ~ свет put out the light

туши́ть II *(мясо, овощи)* stew, braise

тушь ж Índian ink

тща́тельный cáreful; thórough ['θʌrə]

ты you

ты́ква ж púmpkin

тысяч‖а ж thóusand; ~и людéй thóusands of people [piːpl]; ~у извинéний! a thóusand apólogies [əʹpɔ-]!

тюбетéйка ж tyubetéika, skúll-cap *(embroidered cap worn in Central Asia)*

тюбик м tube; ~ вазелúна tube of váseline

тюк м bale

тюлéнь м seal

тюль м tulle

тюльпáн м túlip

тю́ркский Túrkic; ~ язы́к Túrkic lánguage

тюрьмá ж príson [-ʹɪz-], jail

тяжелоатлéт м *спорт.* héavy [ʹhevɪ] áthlete

тяжеловéс м *спорт.* héavy-weight [ʹhevɪweɪt]

тяжёл‖ый 1. héavy [ʹhevɪ]; ~ чемодáн héavy súit-case **2.** *(мучительный)* sad; páinful **3.** *(трудный)* hard, dífficult; ~ труд hard work [wəːk]

тя́жесть ж **1.** *(груз)* load; weight [weɪt] **2.** *(бремя)* búrden

тяну́ть 1. pull [pul], draw **2.** *(влечь):* меня́ тя́нет I wish (want, long for) ◊ не тяни́(те)! quick!, húrry up!; ~ся **1.** *(за чем-л.)* reach (for) **2.** *(проститься)* stretch; exténd **3.** *(о времени)* drag on

тяну́чка ж (soft) tóffee

тя́пка ж **1.** *(сечка)* chópper **2.** *(мотыга)* máttock

У

у 1. *(около, возле)* at, by, near [nɪə]; у сéверной трибу́ны near the nórthern stand; у гости́ницы near (by) the hotél **2.** *(у кого-л.)* at, with; *(в доме)* at smb's place; у нас with us; *(в доме)* at our place; *(в стране)* in our cóuntry [ʹkʌ-]; он у себя́ he is at his place (at home); he is in *(в кабинете и т. п.)*

убегáть *см.* убежáть

убеди́ть persuáde, convínce; ~ся get [get] (be) convínced

убежáть run awáy; *(спасаясь)* escápe

убеждáть(ся) *см.* убеди́ть(ся)

убеждéние с **1.** convíction; belíef **2.** *(взгляды)* views [vjuːz], convíctions

убéжищ‖е с réfuge [ʹrefjudʒ]; *юр.* asýlum; предоставля́ть прáво ~а grant the right of asýlum

убивáть kill; *(предумышленно)* múrder

убийство с kílling; *(предумышленное)* múrder; *(непредумышленное)* mánslaughter; *(в результате заговора)* assassinátion; полити́ческое ~ polítical [-ʹlɪ-] ʹassassinátion

убирáть *см.* убрáть

уби́ть *см.* убивáть

убóрка ж **1.** tídying up **2.** *(урожая)* hárvesting

убóрная ж **1.** lávatory [ʹlæ-], *амер.* tóilet; *разг.* báth-room [ʹbɑːθ-]; мужскáя ~ men's room; жéнская ~ ládies' room

2. *(актёрская)* dréssing-room

убо́рочн‖ый: ~ая кампа́ния hárvest campáign

убо́рщица ж chárwoman [-wu-], cléaner

убра́ть 1. *(прочь)* take awáy; *(спря́тать)* put [put] awáy; ~ со стола́ clear [klɪə] the table [ˈteɪbl] **2.** *(комнату)* tídy; *(украсить)* décorate [ˈde-] **3.** *(урожай)* hárvest, bring in

убы́ток м loss

уважа́ем‖ый respécted; *(в письме)* dear [dɪə]; ~ това́рищ! *(в обращении)* dear cómrade [ˈkɔmrɪd]!; ~ колле́га hónourable cólleague; ~ые да́мы и господа́! distínguished ládies and géntlemen!

уважа́ть respéct

уваже́ние с respéct (for); с и́скренним ~м *(в письме)* sincérely yours

увезти́ take awáy

увеличе́ние с **1.** íncrease [-s]; *(повышение)* rise; *(расширение)* exténsion **2.** *фото* blów-up [ˈbləu-]

увели́чивать(ся) см. увели́чить(ся)

увели́читель м *фото* enlárger

увели́чить 1. incréase [-s]; *(повысить)* raise **2.** *(расширить)* exténd; enlárge *(тж. фото)*; ~ся incréase [-s]; *(повышаться)* rise; *(расширяться)* enlárge

уве́ренн‖о cónfidently, with cónfidence; ~ость ж cónfidence; с ~остью with cónfidence; в по́лной ~ости in the firm belíef; ~ый *(в себе)* cónfi

dent; *(в чём-л.)* cértain, sure [ʃuə]; быть ~ым be pósitive (sure); я уве́рен, что... I am sure that... ◊ бу́дьте уве́рены! you may be sure!

уве́рить 1. см. уверя́ть **2.** convínce

увертю́ра ж óverture

уверя́ть assúre [əˈʃuə]; уверя́ю вас, что... I assúre you that...

увести́ take awáy

увида́ть, уви́деть see

увлека́тельный fáscinating [ˈfæsɪ-]

увлека́ться см. увле́чься

увлече́ние с **1.** pássion [ˈpæʃn] **2.** *(пыл)* enthúsiasm, pássion; *(влюблённость)* infatuátion (with)

увле́чься be cárried awáy (by); *(влюбиться)* fall in love

уводи́ть см. увести́

увози́ть см. увезти́

уво́лить dischárge, dismíss, fire

увольне́ние с dischárge, dismíssal

увольня́ть см. уво́лить

увяда́ть, увя́нуть fade, wíther

угада́ть, уга́дывать guess [ges]

углево́д м *хим.* carbohýdrate [-ˈhaɪ-]

углеводоро́д м *хим.* hydrocárbon [ˌhaɪ-]

углеро́д м *хим.* cárbon

углово́й córner; ~ уда́р *спорт.* córner (kick)

углуби́ть, углубля́ть déepen; exténd, inténsify

угнета́ть oppréss

угнете́ние *с* oppréssion

угова́ривать, уговори́ть persuáde; не угова́ривайте меня́ don't try to persuáde me

уго́дно I: как вам ~ as you please; что вам ~? what can I do for you?, may I help you, please?

уго́дно II: кто ~ ánybody; что ~ ánything; как ~ ányhow; како́й ~ ány; когда́ ~ whenéver you want (like); где ~ ánywhere

у́гол *м* 1. córner; на углу́ at the córner; в углу́ in the córner; за угло́м round the córner 2. *мат.* angle; о́стрый (тупо́й) ~ acúte (obtúse) angle

уголо́вн‖ый críminal [-ɪ-]; pénal; ~ое преступле́ние críminal offénce; ~ое пра́во pénal law; ~ ко́декс pénal code

у́голь *м* (*каменный*) coal; древе́сный ~ chárcoal; бу́рый ~ brown coal

уго́н *м* (*об автомобиле, самолёте*) híjacking; (*о самолёте тж.*) skýjacking

у́горь *м* (*рыба*) eel

угости́ть, угоща́ть treat (smb to smth); дава́йте пообе́даем (вы́пьем *и т. п.*), я угоща́ю let me buy [baɪ] you a lunch (a drink, *etc*)

угоще́ние *с* 1. (*действие*) tréating (to) 2. (*еда*) treat; refréshments

угрожа́ть thréaten

угро́за *ж* threat [-e-], ménace ['me-]; ~ пораже́ния ménace of deféat

угро́зыск *м* (уголо́вный ро́зыск) Críminal [-ɪ-] Investigátion Depártment

уда́в *м* bóa ['bəuə] (constríctor)

удава́ться *см.* уда́ться

удали́ть: ~ зуб extráct a tooth; ~ с по́ля *спорт.* disquálify; ~**ся 1.** move [muːv] off (awáy) **2.** (*уходить*) retíre; withdráw

уда́рить strike; deal a blow [bləu]; ~**ся** (*обо что-л.*) hit (agáinst)

уда́рник *м* I   (*рабочий*) (shock-)wórker

уда́рник *м* II (*в оркестре*) percússionist [-ˈkʌʃn-]; drúmmer

уда́рн‖ый ~ые инструме́нты percússion ínstruments

удара́ть(ся) *см.* уда́рить(ся)

уда́ться 1. be a succéss [səkˈses] **2.** *безл.:* мне не удало́сь... I failed...; мне удало́сь... I mánaged [ˈmæ-] to...

уда́ч‖а *ж* succéss [səkˈses]; good [gud] luck; жела́ю ~и I wish you luck!, good luck!

уда́чн‖ый succéssful [səkˈses-]; ~ое выступле́ние а) succéssful perfórmance; б) (*речь*) succéssful speech; ~ая попы́тка *спорт.* válid trial

удержа́ть, уде́рживать 1. retáin; hold; not let go; keep (from) **2.** (*вычитать*) dedúct

удиви́тельн‖ый wónderful [ˈwʌn-]; astónishing [-ˈtɔ-]; ничего́ ~ого small wónder, no wónder

удиви́ть surpríse; astónish

[-'tɔ-]; **~ся** *(чему-л.)* be surprísed (at); be astónished [-'tɔ-] (at)

удивлён‖**ие** *с* surpríse; astónishment [-'tɔ-]; к моему́ **~ию** to my surprise

удивля́ть(ся) *см.* удиви́ть (-ся)

уди́ть: **~** ры́бу fish; *(удочкой)* angle

удобн‖**о** cómfortably ['kʌ-]; it's cómfortable ['kʌ-]; it's convénient; вам **~?** are you cómfortable?; **~** ли прийти́ так по́здно? is it all right (próper) to come [kʌm] so late?; **~** устро́иться make onesélf [wʌn-] cómfortable; **~ый** cómfortable ['kʌ-]; *(подходя́щий)* convénient; suitable ['sju:-]; *(в пользовании)* hándy; *(ую́тный)* cósy

удобре́ние *с* fértilizer; *(навоз)* manúre [-'njuə]

удо́бств‖**о** *с* convénience, cómfort ['kʌ-]; э́то большо́е **~** it's véry ['verɪ] convénient; со все́ми **~ами** with all convéniences

удовлетвори́ть sátisfy ['sæ-]; **~** жела́ние grátify a wish; **~** про́сьбу complý with a requést; **~** потре́бности sátisfy the requírements; meet the needs; **~ся** be sátisfied ['sæ-]; be contént (with)

удовлетворя́ть(ся) *см.* удовлетвори́ть(ся)

удово́льстви‖**е** *с* pléasure ['pleʒə]; с больши́м **~ем** with (great) pléasure

удо́й *м* milk yield

удостовере́ние *с*: **~** ли́чности identificátion card, I. D. [ˌaɪ'di:]

у́дочка *ж* físhing rod

уезжа́ть, **уе́хать** go awáy, leave; я сего́дня уезжа́ю I'm léaving todáy; они́ уе́хали they've gone

уж *м* gráss-snake

ужа́лить sting; *(о змее)* bite

у́жас *м* hórror

ужа́сный térrible; áwful

уже́ alréady [-'re-]; **~** 12 часо́в it's twelve (o'clóck) alréady; я **~** гото́в well, I'm réady ['re-]

у́жин *м* súpper; что сего́дня на **~?** what's for súpper tonight?; **~ать** have (take) súpper

узбе́‖**к** *м*, **~чка** *ж* Uzbék

узде́чка *ж* brídle ['braɪdl]

у́зел *м* **1.** knot **2.** *(свёрток)* búndle

у́зкий nárrow [-əu]; *(об одежде)* tight

узкове́домственный nárrow departméntal

узнава́ть, **узна́ть 1.** *(получи́ть све́дения)* hear [hɪə], learn; *(выяснять)* find [faɪnd] (out) **2.** *(призна́ть)* know [nəu], récognize ['rekə-]

у́зни‖**к** *м*, **~ца** *ж* prísoner ['prɪz-]

узо́р *м* design [dɪ'zaɪn], páttern

у́зы *мн.* ties [taɪz]; bonds; **~** дру́жбы ties of friéndship ['fre-]

уйти́ go awáy; leave; depárt

ука́з м decrée; édict ['i:dɪ-]; ukáse [juːˈkeɪz]

указа́тель м **1.** índex ['ɪn-]; guide [gaɪd] **2.** *тех.* índicator ['ɪnd-]; железнодоро́жный ~ ráilway guide

указа́ть, ука́зывать show [ʃəu]; índicate ['ɪnd-]; point out; ~ доро́гу show the way

укача́ть make (séa)sick; *(в самолёте)* make áirsick; его́ укача́ло he's (sea)sick

укла́дка ж *(веще́й)* pácking; *(воло́с)* hair sétting

укла́дывать(ся) *см.* уложи́ть(ся)

уко́л м *мед.* injéction; сде́лать ~ make an injéction

уко́р м repróach

укра́дкой by stealth [stelθ]

украи́н‖ец м, **~ка** ж Ukráinian

укра́сить décorate ['dekə-], adórn, órnament; ~ фла́гами (цвета́ми) décorate with flags (flówers)

укра́сть steal

украша́ть *см.* укра́сить

украше́ние с **1.** *(действие)* decorátion, adórning, ornamentátion **2.** *(предмет)* decorátion, adórnment, órnament

укрепи́ть, укрепля́ть stréngthen; *(о положе́нии)* consólidate [-ɔ-]

укро́п м dill

укроти́тель м, **~ница** ж támer

укрупни́ть, укрупня́ть enlárge, exténd; *(объединя́ть)* consólidate [-ˈsɔ-], amálgamate

укрыва́ть(ся) *см.* укры́ть(ся)

укры́ть 1. *(прикры́ть)* cóver ['kʌ-] **2.** *(спря́тать)* shélter; *(скрыть)* concéal; **~ся 1.** *(прикры́ться)* cóver ['kʌ-] (wrap) onesélf [wʌn-] **2.** *(спря́таться)* find [faɪnd] shélter; **~ся от дождя́** shélter from rain

у́ксус м vínegar ['vɪn-]

уку́с м bite

ула́дить, ула́живать séttle; arránge [əˈreɪ-]; fix up

у́лей м (bée)hive

ули́ка ж évidence ['evɪ-]

ули́тка ж snail

у́лиц‖а ж street; **на ~e** in the street; *(вне до́ма)* out of doors; **я живу́ на... ~e** live [lɪv] in... street

у́личн‖ый street; **~ое движе́ние** (street) tráffic

уло́в м catch, take

уложи́ть 1. lay; ~ в посте́ль put [put] to bed **2.** *(упакова́ть)* pack (up); ~ ве́щи pack up one's things; ~ чемода́н pack the bag; **~ся 1.** pack (up) **2.** *(умести́ться)* go in (ínto ['ɪn-tu]) **3.** *(в определённые преде́лы)* keep (withín)

улучша́ть(ся) *см.* улу́чшить(ся)

улу́чшить impróve [-ˈpruːv], bétter; ~ результа́т impróve on his (her) prévious perfórmance; **~ся** impróve [-ˈpruːv]; пого́да улу́чшилась the wéather ['weðə] has impróved

улыба́ться smile

улы́бк‖а ж smile; **с ~ой** with a smile

улыбну́ться give [gɪv] a smile

ум *м* mind; íntellect

уме́лец *м* skílled cráftsman

уме́лый skílful

уме́ренный móderate ['mɔ-]; témperate; ~ кли́мат témperate clímate

умере́ть die [daɪ]

уме́ть can; know [nəu] how

умира́ть *см.* умере́ть

умноже́ние *с* multiplicátion

у́мный cléver ['kle-]; intélligent

умыва́льн‖ик *м* wáshstand; **~ый**: ~ые принадле́жности wáshing set

умыва́ться, умы́ться wash (onesélf [wʌn-]); ~ с доро́ги wash onesélf áfter ['ɑːftə] a trip; я хочу́ умы́ться I want to have a wash

унести́ cárry (take) awáy

универма́г *м* (универса́льный магази́н) the stores, depártment store

универса́л *м авто*: с ку́зовом ~ state car; *амер.* státion (wágon ['wæ-])

универса́льный univérsal; ~ магази́н *см.* универма́г

универса́м *м* súpermarket

универсиа́да *ж спорт.* World Stúdent Games

университе́т *м* univérsity; террито́рия ~a (univérsity) cámpus

унижа́ть, уни́зить humíliate [-'mɪ-], abáse

уничтожа́ть, уничто́жить destróy; put an end to; (*упраздня́ть*) abólish

уноси́ть *см.* унести́

упа́док *м* declíne; (*в искус-*

стве) décadence ['de-]; ~ сил сollapse, bréakdown

упакова́ть pack (up); ~ ве́щи в чемода́н pack up things in a súitcase; **~ся** pack up

упако́вка *ж* pácking ['pæ-]; (*това́ра в бума́гу и т. п.*) wrápping ['ræ-]

упако́вывать *см.* упакова́ть

упа́сть fall (down)

уплыва́ть, уплы́ть (*о пловце́*) swim awáy; (*о су́дне*) sail awáy

уполномо́ченный *м* commíssioner; plenipoténtiary [ˌple-]

упомина́ть, упомяну́ть méntion, refér (to); ~ вскользь méntion in pássing

упо́рный persístent; stúbborn

употребле́ни‖е *с* use [juːs], úsage; спо́соб ~я diréctions for use; вы́йти из ~я get [get] out of use; «пе́ред ~ем взба́лтывать» (*на́дпись*) "shake befóre úsing"

управдо́м *м* house mánager ['mæ-]; *амер.* superinténdent

управле́ние *с* 1. (*руково́дство*) mánagement ['mæ-]; ~ эконо́микой económic [-'nɔ-] mánagement; (*страно́й*) góvernment ['gʌ-]; орке́стр под ~м... the órchestra ['ɔːkɪstrə] condúcted by... 2. (*учрежде́ние*) óffice; depártment; administrátion 3. *тех.* contról [-'trəul]; кно́почное ~ púsh-bútton ['puʃ-] contróls

управля́ть 1. (*руководи́ть*) mánage ['mæ-], contról [-'trəul]; run; (*страно́й*) góvern ['gʌ-] **2.** *тех.* óperate ['ɔrə-]; contról; *(автомобилем)* drive; *(кораблём)* steer [stɪə]

упражне́ние *с* éxercise ['eksəsaɪz]; práctice ['præ-]

упражня́ться práctise

упрёк *м* repróach

упрека́ть repróach

упрости́ть, упроща́ть símplify; *(сверх меры)* oversímplify

упру́гий resílient [-'zɪ-]

упря́жка *ж (лошадей)* team (of horses)

у́пряжь *ж* hárness

упря́мый stúbborn; óbstinate

ура́! hurrá y [hu'reɪ]!

уравне́ние *с мат.* equátion; ~ пе́рвой сте́пени simple equátion

уравни́ловка *ж* wáge-levelling [-lev-]

урага́н *м* húrricane

ура́н *м хим.* uránium

у́рна *ж* **1.** *(для мусора)* dústbin, *амер.* gárbage can **2.** *(с прахом)* urn **3.**: избира́тельная ~ bállot box

уро́в‖ень *м* lével ['le-]; 7000 м над ~нем мо́ря 7,000 m abóve sea lével; жи́зненный ~ líving stándard; конфере́нция на са́мом высо́ком ~не tóp-level cónference, súmmit (cónference)

уро́д *м (чудовище)* mónster; *(некрасивый человек)* úgly pérson

урожа́й *м* hárvest, crop, yield; собира́ть ~ hárvest

урожа́йность *ж* retúrns

уроже́нец *м* nátive (of)

уро́к *м* lésson; ~ англи́йского языка́ Énglish lésson

урони́ть drop, let fall; вы что́-то урони́ли! you've dropped sómething!; я урони́л плато́к (кни́гу) I dropped my hándkerchief (book)

усади́ть, уса́живать seat; ask smb to sit down

усе́рдие *с* zeal; *(прилежание)* díligence ['dɪ-]

усиле́ние *с* stréngthening; *(о боли и т. п.)* aggravátion; *(о звуке)* intensificátion; *радио, элк.* amplificátion

усили‖е *с* éffort; о́бщими ~ями by joint (cómmon) éfforts

усили́тель *м радио* ámplifier

уси́лить stréngthen, incréase [-s], inténsify

ускоре́ние *с* accelerátion; *эк.* more rápid ['ræ-] prógress

уско́рить, ускоря́ть hásten ['heɪsn], quícken; accélerate [-'se-]; step up, speed up; ~ разви́тие speed up the devélopment ['-ve-]

усла́вливаться *см.* усло́виться

усло́ви‖е condítion [-'dɪ-]; с ~ем, при ~и províded, on condítion (that); ни при каки́х ~ях únder no círcumstances; по ~ям догово́ра únder the terms of the tréaty

усло́виться agrée (upón); arránge [ə'reɪ-]; séttle; усло́виться о дне отъе́зда (о встре́че) fix the day of the depárture (arránge a méeting)

услу́г‖а *ж* sérvice; turn;

оказа́ть ~у do one a turn; к ва́шим ~ам at your sérvice; коммуна́льные ~и públic utilities

услыха́ть, услы́шать hear [hɪə]; я то́лько что об э́том услы́шал I've just heard of it

усмотре́ни‖е *с:* по ~ю at one's discrétion [-'skreʃn]

усну́ть fall asléep

усоверше́нствовать impróve

успева́емость *ж* prógress [-əu-]; хоро́шая (ни́зкая) good (poor) prógress

успева́ть, успе́ть be in time; ~ на по́езд be in time for the train; вы успе́ете… you will have time…

успе́х *м* succéss [sək'ses]; жела́ю ~a good [gud] luck to you; как ва́ши ~и? how are you gétting ['get-] on?; де́лать ~и make prógress (advánce); по́льзоваться ~ом, име́ть ~ be a succéss; не име́ть ~a be a fáilure

успе́шный succéssful [sək'ses-]

успока́ивать(ся) *см.* успоко́ить(ся)

успоко́ить calm [kɑːm], quíet ['kwaɪət]; soothe; ~ся calm [kɑːm] down, quíet ['kwaɪət] down; успоко́йтесь! calm down!; there, there!; there now!

уста́в *м* chárter, státute ['stæ-]; *(воинский)* regulátions; ~ клу́ба club constitútion; ~ OOH UN Chárter

устава́ть *см.* уста́ть

уста́л‖ость *ж* tíredness, wéariness ['wɪə-]; чу́вствовать ~ be tíred; ~ый tíred, wéary ['wɪə-]

устана́вливать, установи́ть 1. *(поставить)* place, set; mount; ~ микрофо́н set a mike 2. *(учредить)* estáblish, ínstitute, set up

устано́вка *ж* 1. *(действие)* *тех.* móunting, installátion 2. *(устройство) тех.* plant; о́пытная (полупромы́шленная) ~ pílot plant

уста́ть get [get] tíred; вы не уста́ли? aren't you tíred?; я уста́л I'm tíred

у́стный óral ['ɔːrəl]; *(на словах)* vérbal

устра́ивать(ся) *см.* устро́ить(ся)

у́стрицы *мн.* óysters

устро́ить 1. *(организовать)* arránge [ə'reɪ-]; órganize; ~ банке́т (ве́чер) give [gɪv] a bánquet (a párty); ~ встре́чу spónsor a méeting 2. *(подойти)* suit [sjuːt]; устро́ит ли э́то вас? will that suit you?; ~ся 1. séttle; как вы устро́ились? have you séttled down? 2. *(наладиться)* work out; come [kʌm] right [raɪt]

устро́йство *с* 1. *(структура)* páttern, strúcture; arrángement; обще́ственное ~ sócial sýstem 2. *(аппарат)* devíce, appliánce [-'laɪəns]

уступа́ть, уступи́ть 1. yield, give [gɪv] in; ~ доро́гу make way for smb; ~ ме́сто óffer one's seat to smb 2. *(в цене)* take off; abáte

усту́пк‖а *ж* concéssion

[-'seʃn]; идти на ~и cómpromise; make concéssions; взаимные ~и mútual concéssions

устье *с (реки́)* mouth; *(эстуа́рий)* éstuary

усы́ *мн.* moustáche [mə'stɑːʃ]; *(у живо́тных)* whískers

утверди́ть *(санкциони́ровать)* appróve [-uːv], *разг.* okáy

утвержда́ть *(выска́зывать мне́ние)* affírm, assért, maintáin; *(в спо́ре)* conténd

утёнок *м* dúckling

утёс *м* rock; *(на берегу́)* cliff

уте́чка *ж* léakage; *(га́за)* escápe; ~ информа́ции a leak

утеша́ть, уте́шить consóle, cómfort ['kʌ-]

ути́ль *м,* **утильсырьё** *с* scrap, sálvage

утиха́ть, ути́хнуть quíet ['kwaɪət] down; *(успока́иваться)* calm [kɑːm]; *(о шу́ме)* cease; *(о бу́ре, бо́ли)* abáte, subsíde

у́тка *ж* duck ◇ газе́тная ~ canárd [-'nɑːd]

утоли́ть, утоля́ть *(жа́жду)* quench; *(го́лод)* sátisfy ['sæ-]

утоми́тельный tíring ['taɪə-]; exháusting; *(ну́дный)* tíresome

утоми́ть tíre; fatígue [-'tiːg]; ~ся get [get] tíred; wéary ['wɪə-] onesélf [wʌn-]

утомле́ние *с* fatígue [-'tiːg]

утомля́ть(ся) *см.* утоми́ть(ся)

утону́ть 1. *(о челове́ке)* be drowned 2. *(о су́дне)* sink, go down

уточни́ть, уточня́ть spécify [-'e-], make (it) more áccurate (precíse)

утра́та *ж* loss

у́тренний mórning; ~ за́втрак bréakfast

у́тренник *м театр.* matinée

у́тр‖о *с* mórning; в 9 часо́в ~á at nine (o'clock) in the mórning, at nine a. m.; до́брое ~!, с до́брым ~ом! good [gud] mórning!; ~ом in the mórning; сего́дня (за́втра, вчера́) ~ом this (tomórrow, yésterday [-dɪ]) mórning

утю́г *м* íron ['aɪən]; электри́ческий ~ eléctric íron

уха́ *ж* (Rússian ['rʌʃn]) fish soup [suːp]

уха́б *м* pot hole; bump (on the road)

уха́живать 1. *(за больны́ми, за детьми́)* look áfter ['ɑːftə], nurse 2. *(за же́нщиной)* court

у́хо *с* ear [ɪə]

ухо́д I *м* léaving, depárture; пе́ред са́мым ~ом just befóre léaving

ухо́д II *м (за кем-л., за чем-л.)* care; *(за больны́ми, за чем-л.)* núrsing

уходи́ть *см.* уйти́

ухудше́ние *с* deteriorátion, aggravátion, change [tʃeɪ-] for the worse [wəːs]

уча́ствовать take part (in); partícipate [-'tɪ-] (in); ~ в конце́рте take part in a cóncert

уча́ст‖ие *с* 1. participátion; принима́ть ~ take part (in); 2. *(сочу́вствие)* sýmpathy (with); concérn (for); ~ник *м*

1. *(соревнования)* contéstant; *(концерта)* partícipant [-ʹtɪ-]; *(съезда)* délegate [ʹdelɪgɪt] **2.** *(член)* mémber

уча́сток *м* **1.** *(земли)* plot; строи́тельный ~ constrúction site; садо́вый ~ allótment for a súmmer house and gárden **2.** *(административный)* dístrict; избира́тельный ~ eléctoral dístrict, *амер.* précinct [ʹpriːsɪŋkt]; *(место голосования)* pólling státion

у́часть *ж* déstiny, fate

уча́щийся *м* *(школьник)* púpil; *(младших классов школы)* schóolboy [ʹskuːl-]; *(старших классов школы, студент)* stúdent

учёба *ж* stúdies; tráining

уче́бник *м* téxtbook [-buk]; mánual [ʹmæ-]; schóolbook [ʹskuːl-]; *(начальный)* prímer

уче́бн‖ый school(-) [skuːl(-)]; ~ое заведе́ние educátional estáblishment, institútion of léarning; ~ год *(в школе)* schóol year; *(в вузе)* académic [-ʹde-] year; ~ план currículum [-ʹrɪ-]

уче́ние *с* **1.** *(занятия)* stúdies [ʹstʌ-] **2.** *(научная теория)* téaching, théory [ʹθɪərɪ]

учени́к *м* **1.** púpil **2.** *(последователь)* discíple [dɪʹsaɪpl]

учёный 1. léarned [-ɪd] **2.** *м* scíentist [ʹsaɪ-]; man of scíence [ʹsaɪ-]; schólar [ʹskʌ-] *(особ. филолог)*

уче́сть take ínto [ʹɪntu] accóunt [əʹkau-] (considerátion); учти́те, что... mind you that...

учёт *м* registrátion; calculátion; закры́то на ~ closed for stóck-taking

учи́лище *с* school [skul]; профессиона́льно-техни́ческое ~ (ПТУ) vocátional trades school; медици́нское ~ núrsing school

учи́тель *м* téacher, schóolmaster [ʹskuːl-]; ~ та́нцев dáncing máster; ~**ница** *ж* téacher, schóolmistress [ʹskuːl-]

учи́тывать *см.* уче́сть

учи́ть 1. *(кого-л.)* teach **2.** *(изучать)* learn; ~**ся** stúdy [ʹstʌ-]; я учу́сь на пе́рвом ку́рсе университе́та I'm a first-year stúdent (fréshman) at the univérsity

учреди́тель *м* fóunder

учрежде́ние *с* *(заведение)* institútion; estáblishment; госуда́рственное ~ state (nátional [ʹnæʃ-]) institútion; специализи́рованное ~ *(в системе ООН)* (UN) spécialized ágency

уша́нка *ж* cap with the ear flaps

уши́б *м* ínjury

ушиба́ться, ушиби́ться hurt (onesélf [wʌn-])

ушко́ *с* *(иглы)* eye

уще́лье *с* gorge; ravíne [-ʹviːn]; cányon [ʹkæ-]

уще́рб *м* dámage [ʹdæ-]

ую́т *м* cómfort [ʹkʌ-], cósiness

ую́тный cósy, cómfortable [ʹkʌ-]; *разг.* cómfy [ʹkʌ-]

Ф

фа *с муз.* F [ef]

фа́брика *ж* fáctory; mill

фа́за *ж* phase, stage

фа́кел *м* torch

факт *м* fact; приводи́ть ~ы addúce facts

факультати́вный óptional

факульте́т *м* fáculty ['fæ-], depártment; school [sku:l]

фальста́рт *м спорт.* false start

фальши́вый false; *(о докуме́нте)* forged; *(искусственный)* artifícial, imitátion

фами́лия *ж* name, súrname; как ва́ша ~? what's your (súr)name?; моя́ ~... my (súr)name is...

фана́тик *м* fanátic [-æ-]

фане́ра *ж (однослойная)* venéer; *(клеёная)* plýwood [-wud]

фанта́зия *ж* fáncy; fántasy

фанта́стика *ж (научная фанта́стика)* scíence ['saɪ-] fíction

фанфа́ра *ж муз.* trúmpet, bugle [bju:gl]

фа́ра *ж авто* héadlight ['hed-]

фа́ртук *м* ápron ['eɪprən]

фарфо́р *м* **1.** chína, pórcelain ['pɔ:slɪn] **2.** *(изделия)* chína (-ware)

фарш *м* stúffing; *(рубленое мясо)* ground (minced, chopped) meat (beef); *(готовый для начинки, котлет)* fórce--meat

фарширо́ванный stuffed

фаса́д *м* facáde [-'sɑ:d]

фасо́ванный pre-pácked [ˌpri:-]

фасо́ль *ж* háricot ['hærɪkəu] (beans); kídney beans

фасо́н *м* style; *(покрой)* cut

фа́уна *ж* fáuna

фаши́зм *м* fáscism [-ʃ-]

фаши́ст *м* fáscist [-ʃ-]

фая́нс *м* **1.** faiénce [faɪ'ɑ:ns]; póttery **2.** *(изделия)* délf(t)--ware [-wɛə]

февра́ль *м* Fébruary

федера́ция *ж* federátion; Всеми́рная федера́ция профсою́зов World [wə:ld] Federátion of Trade Únions

фейерве́рк *м* fíreworks [-wə:ks]

фе́льдшер *м* dóctor's assístant

фельето́н *м* féuilleton ['fə:-ɪtɔ:ŋ], néwspaper satírical sketch

ферзь *м шахм.* queen

фе́рма *ж* farm; моло́чная ~ dáiry ['dɛərɪ-] farm

фестива́ль *м* féstival; Всеми́рный ~ молодёжи и студе́нтов World [wə:ld] Féstival of Youth [ju:θ] and Stúdents

фетр *м* felt

фе́тров‖ый felt; ~ая шля́па felt hat

фехтова́льщик *м* féncer, máster of féncing

фехтова́ние *с* féncing

фехтова́ть fence

фе́я *ж* fáiry

фиа́лка *ж* víolet

фигу́ра *ж* **1.** fígure ['fɪgə]

2. *шахм.* chéss-man, piece

фигури́ст *м*, **~ка** *ж* fígure ['fɪgə] skáter

фигу́рн‖ый fígured ['fɪgəd]; shaped; **~ое ката́ние** *(на конька́х)* fígure skáting

фи́зик *м* phýsicist ['fɪzɪ-]

фи́зика *ж* phýsics ['fɪzɪks]

физиоло́гия *ж* physiólogy

физи́ческ‖ий phýsical ['fɪzɪkəl]; **~ие да́нные** phýsical quálities

физкульту́ра *ж* phýsical ['fɪzɪ-] cúlture

физкульту́рни‖к *м*, **~ца** *ж* áthlete, gýmnast

фикса́ж *м фото* fíxing solútion, fíxer

филармо́ния *ж* Philharmónic [-'mɔnɪk] Socíety [sə'saɪ-]

филатели́ст *м* stámp-colléctor, philátelist [-'læ-]

филе́ *с (вы́резка)* sírloin; *кул.* fíllet ['fɪlət; fɪ'leɪ]

филиа́л *м* branch; **~ библиоте́ки** branch líbrary ['laɪb-]

фило́лог *м* philólogist [fɪ'lɔ-]

филоло́гия *ж* philólogy [fɪ'lɔ-]

филосо́ф *м* philósopher [fɪ'lɔ-]

филосо́фия *ж* philósophy [fɪ'lɔ-]

фильм *м* film; **худо́жественный ~** féature (film); **докумета́льный ~** documéntary; **мультипликацио́нный ~** (ánimated) cartóons; **цветно́й ~** cólour ['kʌ-] film; **широкоэкра́нный ~** wide screen film; cinemascópe; **снима́ть ~** film, shoot a film

фильтр *м* fílter

фина́л *м* **1.** *муз.* finále [-'nɑːlɪ] **2.** *спорт.* fínal; **вы́йти в ~** win a sémi-fínal

фина́льн‖ый fínal; **~ая встре́ча** fínal match

фина́нсы *мн.* fínances ['faɪ-]; móney ['mʌ-]

фи́ник *м* date

фи́ниш *м спорт.* fínish ['fɪ-]

финиши́ровать: пе́рвым (вторы́м) финиши́ровал N N came first (sécond ['se-]) to the fínish ['fɪ-]

фи́нишн‖ый: ~ая пряма́я the straight [-eɪt]; *амер.* the stretch

фиоле́товый blúeish purple; víolet

фи́рма *ж* firm [-ɜː-]

фити́ль *м (ла́мпы)* wick; *(шнур)* fuse

флаг *м* flag; **подня́ть ~** hoist a flag

флако́н *м* bottle; **~ духо́в** bottle of pérfume (scent)

фланель *ж* flánnel

фле́йта *ж* flute [-uː-]

фло́ра *ж* flóra

флот *м* fleet; maríne [-'riːn]; **вое́нно-морско́й ~** Návy; **торго́вый ~** mérchant maríne; **возду́шный ~** air fleet; air force

флю́гер *м* wéathercock ['we-], wéather ['we-] vane

флюс *м (о́пухоль)* swóllen cheek

фойе́ *с* fóyer ['fɔɪeɪ]; lóbby

фокстерье́р *м* fóx-terrier ['fɔks,terɪə]

фокстро́т *м* fóxtrot

фо́кус I *м* fócus; не в ~е out of fócus

фо́кус II *м* (*трюк*) trick; ~**ник** *м* magician [-'dʒɪ-]; cónjurer ['kʌn-]

фольга́ *ж* foil

фон *м* báckground; на ~е... agáinst the báckground of...

фона́р‖ь *м* lántern; электри́ческий ~ flásh-light, eléctric torch; за́дние ~й *авто* táil--lights

фонд *м* fund

фоноте́ка *ж* récord líbrary ['laɪ-]

фонта́н *м* fóuntain

фо́р‖а *ж* (*в играх*): дать кому́-л. ~y give [gɪv] *smb* odds; give *smb* a start

форе́ль *ж* trout

фо́рм‖а *ж* **1.** shape, form **2.** (*одежда*) úniform; спорти́вная ~ (*костюм*) sports dress **3.** (*состояние*) form; быть в ~е *спорт.* be in form, be in éxcellent (pérfect, fíghting) trim; э́та кома́нда в отли́чной спорти́вной ~е this team is in éxcellent form

форма́т *м* size; (*книги*) fórmat

формирова́ть form

фо́рмула *ж* fórmula

фортепья́но *с* (úpright) piáno [pɪ'ænəu]; úpright

фо́рточка *ж* ventilátion wíndow [-əu] ópening

фо́рум *м* fórum

фото‖аппара́т *м* cámera ['kæm-]; ~**бума́га** *ж* photográphic [-'græf-] páper

фото́граф *м* photógrapher

фотографи́ровать phótograph, take píctures

фотогра́фия *ж* **1.** photógraphy **2.** (*снимок*) phóto, pícture **3.** (*учреждение*) photógrapher's

фото‖корреспонде́нт *м* press photógrapher; ~**плёнка** *ж* film; ~**телегра́мма** *ж* phototélegram [-'telɪ-]; ~**хро́ника** *ж* pictórial [-'tɔːr-] revíew [-'vjuː]

фра́за *ж* phrase

фрак *м* dréss coat; táilcoat; *разг.* (swállow [-əu]) tails

фракцио́нный *полит.* fáctional

фра́кция *ж* **1.** (*в партии*) fáction **2.** (*в парламенте*) group

францу́‖женка *ж* Frénchwoman [-wu-]; ~**з** *м* Frénchman

францу́зский French

фрахт *м* *мор.* freight [freɪt]

фрахтова́ть (*о судне*) chárter

фрезеро́вщик *м* mílling-machine [-ʃiːn] óperator ['ɔp-]

френч *м* sérvice jácket

фре́ска *ж* frésco

фриз *м* frieze [-iːz]

фрикаде́лька *ж* méatball

фронт *м* front [-ʌ-]

фронтови́к *м* war véteran ['ve-]

фрукто́в‖ый fruit [fruːt]; ~**ое де́рево** fruit tree; ~ **сад** órchard

фру́кты *мн.* fruit [fruːt]; (*различные сорта*) fruits

фунда́мент *м* foundátion, base

фунт м: ~ стéрлингов pound (stérling)

фурáжка ж (péaked) cap

фут м foot

футбóл м fóotball; sóccer ['sɔkə]

футболúст м fóotball pláyer, fóotballer; sóccer ['sɔkə] pláyer

футбóлка ж fóotball jérsey ['dʒəːzɪ], T-shirt; sports shirt

футбóльн‖ый fóotball; ~ мяч fóotball; ~oe пóле field; ~ая комáнда fóotball (sóccer ['sɔkə]) team

футля́р м case; *(для киноаппарата и т. п.)* (cárrying) case

фуфáйка ж jérsey [-zɪ], swéater ['swe-]

X

хáки *(цвет)* kháki ['kɑː-]

халáт м *(домашний)* dréssing-gown; *(купальный)* báthrobe ['bɑːθ-]; *(рабочий)* óveralls; *(врача)* dóctor's smock

халáтность ж négligence; престýпная ~ críminal ['krɪ-] négligence

халвá ж halvá [hɑːl'vɑː]

халтýр‖а ж **1.** *(плохая работа)* háck-work **2.** *(побочная работа для заработка)* odd jobs; cátchpenny job; ~щик м háck-worker

ханжá ж hýpocrite ['hɪ-]

хáос м mess, cháos ['keɪɔs]

харáктер м cháracter ['kæ-]; *(человека тж.)* témper, disposítion

характéрн‖ый characterístic [ˌkæ-] (of); *(типичный)* týpical ['tɪ-] (of); ~ая чертá characterístic féature

хáта ж hut

хвалúть praise

хвáстать(ся) boast

хватáть I *(схватывать)* seize [siːz]; grasp, catch hold (of)

хватáть II *(быть достаточным)* suffíce; be enóugh [ɪ'nʌf]; не ~ *(чего-л.)* be insufficient [-'fɪ-]; lack; не хвáтит врéмени there won't be time enóugh to; хвáтит! that'll do!

хватúть см. хватáть II

хвáтка ж grip, grasp

хвóйный coníferous [kəu-'nɪ-]; ~ лес coníferous fórest (wood)

хвóрост м **1.** *(сухие ветки)* brúshwood [-wud] **2.** *(печенье)* straws

хвост м tail; сидéть на ~é авто разг. táilgate

хвóя ж néedles pl

хек м hake

хéрес м shérry

хибáра ж shánty

хúжина ж cábin ['kæ-]

хúлый síckly

хúмик м chémist ['ke-]

хúмия ж chémistry ['ke-]

химчúстка ж *(химúческая чúстка)* **1.** drý-cleaning **2.** *(мастерская)* drý-cleaner's

хирýрг м súrgeon

хúтрый cúnning, sly

хищéние с theft; *(растрата)* embézzlement

хи́щник *м (зверь)* beast of prey

хладнокро́в‖ие *с* compósure [-з-], présence ['pre-] of mind; **~ный** cool, compósed

хлеб *м* 1. *(печёный)* bread [-e-]; чёрный ~ brown bread; *(типа бородинского)* púmper-nickel; бе́лый ~ white bread; све́жий ~ frésh-baked bread; ~ с ма́слом bread and bútter; чёрствый ~ stale bread 2. *(злаки, зерно)* corn, grain

хлев *м* cáttle shed; *(свиной)* pígsty

хло́пать *(аплодировать)* clap, appláud

хло́пок *м* cótton

хлопо́к *м* clap

хлопчатобума́жн‖ый cótton; **~ая ткань** cótton fábric

хло́пья *мн.* flakes; кукуру́з-ные ~ corn flakes

хму́рить, хму́риться knit one's brows, frown

хо́бби *с* hóbby

хо́бот *м* trunk

ход *м* 1. *(движение)* mótion; speed; пусти́ть в ~ start; set góing; дать за́дний ~ back the car; ~ собы́тий course [kɔːs] of evénts 2. *(проход)* pássage; *(вход)* éntry; ~ со двора́ éntry by the yard; чёрный ~ back éntrance 3. *(в игре)* *шахм.* move [muːv]; *карт.* lead, turn; сде́лать ~ *шахм.* move a piece; ~ конём move of the knight

хода́тайствовать solícit [-'lɪ-] (for), petítion [-'tɪ-] (for)

ходи́ть 1. go; walk; ~ на лы́жах ski; поезда́ хо́дят ка́ждые 2 часа́ there is a train évery third hour; часы́ не хо́дят the watch stopped 2. *(в игре)* lead, play; *шахм.* move [muːv]

ходьб‖а́ *ж* wálking; *спорт.* walk [wɔːk]; полчаса́ ~ы́ half [hɑːf] an hour walk

хозрасчёт *м* (operátion on a) self-suppórting básis; **~ный** self-suppórting; self-fináncing

хозя́ин *м* máster; boss; *(владелец)* ówner ['əunə]; propríetor [-'praɪə-]; *(по отношению к гостям)* host [həu-]; *(по отношению к жильцам)* lándlord; ~ до́ма máster of the house; хозя́ева по́ля *спорт.* the home pláyers

хозя́йка *ж (по отношению к гостям)* hóstess ['həu-]; *(по отношению к жильцам)* lándlady; ~ до́ма místress of the house

хозя́йничать 1. *(вести хозяйство)* keep house 2. *(распоряжаться)* lord it, boss it

хозя́йство *с* 1. ecónomy [-'kɔ-]; наро́дное ~ nátional ['næ-] ecónomy; се́льское ~ agricúlture; подсо́бное ~ subsídiary [-'sɪ-] smállholding 2. *(домашнее)* house kéeping

хоккеи́ст *м* hóckey pláyer ['hɔkɪ-]

хокке́й *м* hóckey ['hɔkɪ]

холе́ра *ж мед.* chólera ['kɔ-]

холл *м* hall

холм *м* hill

хо́лод *м* cold

холоде́ц *м кул.* meat jélly

холоди́льник *м* refrígerator. [-'fri-]; *разг.* fridge; *амер. тж.* íce-box

хо́лодно cóld(ly); it's cold; сего́дня ~ it's cold todáy; в ко́мнате ~ it's cold in the room; мне ~ I'm cold; ~ встре́тить кого́-л. recéive smb cóldly, give [gɪv] smb the cold shóulder ['ʃəu-], cold-shóulder smb

холодн‖ый cold ◇ ~ая война́ cold war

холост‖о́й 1. *(человек)* síngle **2.** *(заряд)* blank **3.** *авто:* ~ ход ídling ['aɪd-]; рабо́тать на ~о́м ходу́ idle; ~я́к *м* báchelor ['bætʃələ]

холст *м* cánvas

хор *м* chóir ['kwaɪə]; chórus ['kɔ:-]; петь ~ом sing in chórus

хореографи́ческий choreográphic [ˌkɔrɪə-]

хореогра́фия *ж* choreógraphy [ˌkɔrɪ-]

хормéйстер *м* léader (of a chórus ['kɔ:-])

хорово́д *м* round dance

хоров‖о́й chóral ['kɔ:-]; ~ коллекти́в chóir; ~о́е пе́ние chórus sínging, sínging in chórus

хорони́ть búry ['berɪ]

хоро́ш‖ий good [gud]; всего́ ~его! good-býe!

хорошо́ well; о́чень ~! véry ['verɪ] well!; здесь ~ it's a nice place; ~ игра́ть play well

хоте́ть want; *(желать)* wish; хоти́те ча́ю? will you have a cup of tea?; я хочу́... I want (wish)...; что вы хоти́те? what

do you want?; как хоти́те! as you like!; ~ся want, like; мне хо́чется уви́деть его́ I want to see him; мне хоте́лось бы... I would like to...; мне не хо́чется идти́ туда́ I don't feel like góing there

хоть, хотя́ though [ðəu]

хо́хот *м* láughter ['lɑ:f-]; взрыв ~a burst of láughter

хохота́ть laugh [lɑ:f]; гро́мко ~ roar with láughter

хра́брый brave, courágeous [kə'reɪdʒəs]

храм *м* témple

хране́ние *с* kéeping; *(о товарах)* stórage ['stɔ:rɪdʒ]; сдать ве́щи на ~ régister (clóakroom) one's lúggage; *амер.* check one's bággage; пла́та за ~ stórage fee

храни́лище *с* depósitory [-'pɔzi-], stórehouse

храни́ть 1. keep; presérve **2.** *(сберегать)* save; ~ся be kept

храп *м* snore

хребе́т *м* **1.** *анат.* spine **2.** *(горы)* móuntain ridge (range ['reɪ-])

хрен *м* hórseradish

хрестома́тия *ж* réader

хри́плый hoarse; húsky

христиа́нство *с* Christiánity [ˌkrɪstɪ'æ-]

Христо́с *м* Christ [kraɪst]

хрома́ть limp

хро́ника *ж* **1.** *(летопись)* chrónicle ['krɔ-] **2.** *(газетная, радио, телевизионная)* látest news, news ítems; *(кино, телевидение, радио)* néws-reel

хроно́метр *м* chronómeter

[krə'nɔmɪtə]; ~**áж** м tíming

хру́пк‖**ий** frágile [-æ-], frail; *(ломкий)* brittle; ~**ое здоро́вье** délicate ['de-] health [helθ]

хруст м crunch

хруста́ль м crýstal, cut glass; ~**ный** crýstal, cút-glass; ~**ная посу́да** cút-glass ware

хрусте́ть, хру́стнуть crunch

хрю́кать, хрю́кнуть grunt

хрящ м *анат.* cártilage

худе́ть lose [luːz] weight [weɪt], grow [-əu] thin

худо́жественн‖**ый** artístic; ~**ое произведе́ние** work [wək] of art

худо́жник м ártist; *(живописец тж.)* páinter

худо́й I thin, lean

худо́й II *(рваный)* torn; *(дырявый)* hóley; *(поношенный)* worn out ◇ **на ~ коне́ц** if the worst [wəst] comes [kʌmz] to the worst

ху́дш‖**ий** worse [wəːs]; **the worst** [wəːst]; **в ~ем слу́чае** at (the) worst

ху́же worse [wəːs]; ~ **всего́** worst [wəːst] of all; **тем ~** so much the worse; **ему́ ~** he is worse

хулига́н м hóoligan; rówdy

хурма́ ж *(плод и дерево)* persímmon

ху́тор м fármstead [-sted]

Ц

ца́пля ж héron ['he-]

цара́пина ж scratch

ца́рский 1. tsar's; ~ **ука́з** tsar's decrée **2.** *(монарший)* tsárist **3.** *(великолепный)* róyal, régal

ца́рство с **1.** *(правление)* reign [reɪn] **2.** *(область)* kíngdom, realm [relm]; **расти́тельное (живо́тное)** ~ végetable ['ve-] (ánimal ['æ-]) kíngdom

царь м tsar [zɑː, tsɑː], czar [zɑː]; ~ **звере́й** king of beasts

цвести́ flówer

цвет м **1.** flówer **2.** *(окраска)* cólour ['kʌ-]

цветни́к м flówer gárden, partérre [-'tɛə]

цветн‖**о́й** cóloured ['kʌ-]; ~**áя плёнка** cólour film

цвето́к м flówer; *(на кустах, деревьях)* blóssom

цеди́ть strain; fílter

цейтно́т м *шахм.* time tróuble [-ʌ-]

целико́м whólly ['həu-], entírely, complétely

целин‖**á** ж vírgin soil; **поднима́ть ~у́** plough up the vírgin soil

цели́нн‖**ый**: ~**ые зе́мли** vírgin lands

це́литься aim (at)

целлофа́н м céllophane

целлюло́зно-бума́жный: ~ **комбина́т** pulp and páper mill

целова́ть kiss smb; ~**ся** kiss

це́л‖**ый 1.** *(полный)* whole [həul]; ~ **день** all day (long) **2.** *(неповреждённый)* intáct; safe ◇ **в ~ом** on the whole

цель ж **1.** *(мишень)* tárget [-gɪt] **2.** aim; goal; óbject; **в це́лях** with the aim (of); **с како́й ~ю?** for what púrpose?;

с э́той ~ю with this aim in view

цеме́нт м cemént [sɪ'ment]

цена́ ж price; cost

ценз м qualificátion [ˌkwɔ-]; возрастно́й ~ age qualificátion

цензу́ра ж cénsorship

цени́ть válue ['væ-]; appréciate [ə'priːʃ-]

це́нник м príce list

це́нн‖ость ж válue ['væ-]; ~ый váluable ['væ-]; ~ое письмо́ (~ая посы́лка) régistered létter (párcel) with státement of válue

цент м (монета) cent

це́нтнер м 1. (метрический, принятый в СССР, равный 100 кг) (métric) céntner 2. (коммерческая мера веса в 50,8 кг): англи́йский ~ húndredweight

центр м céntre ['sentə]; культу́рный ~ cúltural céntre; торго́вый ~ shópping céntre; в ~е внима́ния in the límelight, in the céntre of atténtion; в ~е го́рода dówntown

централи́зм м: демократи́ческий ~ democrátic [-æ-] céntralism

центра́льный céntral; Центра́льный Комите́т Céntral Commíttee; ~ нападáющий спорт. céntre fórward

цепене́ть freeze

це́пкий tenácious

цепн‖о́й chain; ~ мост chain bridge; ~áя реáкция физ., хим. chain reáction; ~ пёс wátchdog

цепь ж chain

церемо́ни‖я ж céremony ['serɪ-]; без ~й without formálities [-'mæ-], infórmally

це́рковь ж church

цех м shop

цивилиза́ция ж civilizátion

цикл м cycle [saɪkl]

цикло́н м cýclon ['saɪ-]

цико́рий м chícory ['tʃɪ-]

цили́ндр м 1. мат., тех. cýlinder ['sɪ-] 2. (шляпа) top hat

цинга́ ж мед. scúrvy

цино́вка ж mat

цирк м círcus; ~ово́й círcus; ~ово́й арти́ст círcus áctor; ~ово́е представле́ние círcus show [ʃəu]

цита́та ж quotátion, citátion

цити́ровать quote; cite

цифербла́т м díal ['daɪəl]; (у часов тж.) face

ци́фра ж fígure ['fɪgə]

цука́т м cándied fruit [-uː-]

цыплёнок м chícken ['tʃɪ-]

Ч

чаба́н м shépherd ['ʃepəd]

чад м (угар) fumes pl; (дым) smoke

чай м tea; кре́пкий (сла́бый) ~ strong (weak) tea

ча́йка ж (séa-)gull

ча́йная téa-room

ча́йник м (для заварки чая) téa-pot; (для кипячения) kettle

чароде́й м magícian [-'dʒɪ-], enchánter

ча́ры *мн. (очарование)* charms

час м 1. *(60 минут)* hour [auə]; полтора́ ~á an hour and a half [hɑːf]; че́рез ~ in an hour 2. *(при обозначении времени)* o'clóck; в 12 ~óв (в 2 ~á, в ~) дня at twelve noon (at two o'clóck, at one o'clóck in the afternóon); в 8 ~óв ве́чера (утра́) at eight [eɪt] o'clóck in the afternóon (in the mórning), at eight p.m. (a.m.); уже́ пя́тый ~ it's past four alréady; кото́рый ~? what's the time?

часо́вня ж chápel ['tʃæ-]

часово́й I м séntinel; séntry

часов‖**о́й II** 1. *(о часах)* watch(-), clock(-); ~ механи́зм clóck work 2. *(продолжающийся час)* hóur-long ['auə-], an hour's; ~**щик** м wátch-maker

части́ца ж párticle

ча́стник м prívate cráftsman (ówner, tráder, practítioner)

ча́стный *(не общественный)* prívate

част‖**о** óften ['ɔfn]; fréquently; э́то ~ встреча́ется it háppens véry óften

частота́ ж fréquency ['friː-]

ча́стый 1. fréquent 2. *(густой)* thick; close [-s]

част‖**ь** ж part; *(доля)* share; запасны́е ~и spare (component) parts; составна́я ~ part and párcel; бо́льшей ~ю móstly, for the most part

час‖**ы́** *мн.* clock; *(карманные, ручные)* watch; нару́чные ~ wrist watch; ско́лько на ва́ших ~áx? what time is it by your watch?

ча́хлый *(о растениях)* poor; wilted

чахо́тка ж consúmption

ча́шка ж cup; ~ ко́фе (ча́ю) a cup of cóffee (tea)

ча́ща ж thícket

ча́ще more óften ['ɔfn]; ~ всего́ móstly

чебуре́к м *кул.* cheburék *(a kind of meat pasty)*

чего́ what; для ~ э́то? what is it for?

чей whose [huːz]; ~ э́то свёрток whose párcel is it?

чек м cheque [tʃek]; *амер.* check

челно́к м *(ткацкий)* shúttle

челно́чный shúttle ◊ ~ маршру́т shúttle sérvice

челове́‖**к** м pérson, man; húman béing ['biːɪŋ]; ~**ческий** húman; ~**чество** с humánity [-'mæ-]; mankínd [-'kaɪnd]

че́люсть ж jaw

чем I *(тв. п. от что)* what; ~ вы за́няты? what are you dóing?

чем II *союз* than

чемода́н м súitcase ['sjuː-], bag

чемпио́н м chámpion; títle-holder ['taɪ-]; ~ ми́ра world [wəːld] chámpion; ~ по бо́ксу bóxing chámpion; абсолю́тный ~ áll-round chámpion

чемпиона́т м chámpionship, tóurnament ['tuə-]

чему́ (to) what; ~ вы удивля́етесь? what are you wóndering (surprísed) at?

чепуха́ ж **1.** nónsense **2.** *(пустяк)* trífle ['traɪfl]

че́рви *мн. карт.* hearts [-ɑ:-]

червь *м* worm [wə:m]

черда́к *м* gárret

че́рез 1. acróss; óver; *(сквозь)* through [θru:]; перепры́гнуть ~ руче́й jump óver the stream; доро́га идёт ~ лес the road goes through the fórest **2.** *(о времени)* in; ~ два (три) часа́ (дня, ме́сяца) in two (three) hours [auəz] (days, months); ~ не́которое вре́мя áfter ['ɑ:ftə] some [sʌm] time

черёмуха ж bird chérry; *(дерево)* bird chérry-tree

че́реп *м* skull

черепа́ха ж tórtoise [-təs]; *(морская)* turtle

черепи́ца ж tile, tíling

чересчу́р too; ~ ма́ло too little

чере́шня ж **1.** *(плод)* (sweet) chérry **2.** *(дерево)* chérry-tree

черни́ка ж bílberry

черни́ла *мн.* ink

черни́льница ж ínkstand, ínkpot

черновик *м* rough [rʌf] cópy ['kɔ-]

чернозём *м* chérnozem, black earth

чернорабо́чий *м* unskílled lábourer

черносли́в *м* prune [-u:n]

чёрный black

черпа́к *м* scoop

чёрствый stale

чёрт *м* dévil ['de-]

черт‖а́ ж **1.** *(линия)* line; в ~е́ го́рода withín the cíty ['sɪ-] bóundaries (límits) **2.** *(особенность)* féature; trait; в о́бщих ~а́х róughly ['rʌf-]

чертёж *м* draught [drɑ:ft], díagram ['daɪ-]; *амер.* draft [-ɑ:-]

черти́ть draw

чеса́ть scratch; ~ся scratch onesélf [wʌn-]; *(об ощущении)* itch ◇ у него́ ру́ки че́шутся сде́лать э́то his fíngers itch to do it

чесно́к *м* gárlic

че́ствовать célebrate ['selɪ-]

че́стн‖ость ж hónesty ['ɔnɪ-]; ~ый hónest ['ɔnɪst]; ~ое сло́во word [wə:d] of hónour ['ɔnə]

честолюби́вый ambítious

честь ж hónour ['ɔnə]; в ~ hónour; с ~ю вы́полнить что-л. accómplish smth with crédit

чета́ ж couple [kʌ-], pair

четве́рг *м* Thúrsday [-dɪ]

че́тверо four

четверокýрсник *м* fóurth-year stúdent, *амер.* sénior

четвёртый fourth

че́тверт‖ь ж quárter, one fourth; ~ часа́ a quárter of an hour [auə]; ~ второ́го a quárter (fiftéen) past one; без ~и час a quárter (fiftéen) to one

чёткий clear, cléar-cut; ~ по́черк légible hándwriting

чётный éven

четы́ре four

четы́реста four húndred

четы́рнадцать fourtéen

чехарда́ ж léapfrog; *перен.* mess

чехо́л м cóver ['kʌ-]; *(футля́р)* case

чечётка ж *(танец)* táp-dance

чешу́‖**я́** ж scales *pl*; счища́ть ~ю́ scale

чин м rank

чини́ть I fix; *(обувь)* repáir; *(бельё)* mend

чини́ть II *(заострять)* point, shárpen

чино́вник м offícial; *(бюрократ)* búreaucrat [-rək-]

числ‖**о́** с 1. númber 2. *(дата)* date; како́е сего́дня ~? what is the date (todáy)?; сего́дня пе́рвое ~ todáy is the first ◇ в том ~é inclúding; в ~é прибы́вших... amóng those arríved...; оди́н из их ~á one of them

чи́стильщик м cléaner; ~ сапо́г shóeblack ['ʃu:-]

чи́стить 1. clean; *(щёткой)* brush; ~ боти́нки *(ваксой)* black shoes [ʃu:z]; ~ зу́бы clean (brush) teeth; ~ пла́тье brush clóthes 2. *(фрукты, овощи)* peel; scrape

чи́стк‖**а** ж cléaning; *(уборка)* clean up; отда́ть что-л. в ~у send smth to the cléaner's

чистопоро́дный thórough-bred ['θʌrə-]; of pure breed

чистосерде́чный frank, open-héarted [-'hɑ:-]

чистота́ ж 1. cléanliness ['klenlɪnɪs] 2. *(опрятность)* néatness 3. *(отсутствие примеси)* púrity ['pjuərɪtɪ]

чи́ст‖**ый** 1. clean; *(опрятный)* neat, tídy; ~ые ру́ки clean hands 2. *(без примеси)* pure [pjuə]; clear [klɪə]; ~ зо́лото pure gold; ~ во́здух clear air 3. *(о произношении, голосе)* clear 4. *(о прибылях, весе)* net; clear

чита́льня ж réading-room

чита́тель м réader

чита́ть read; ~ ле́кции give [gɪv] (delíver) léctures

чиха́ть, чихну́ть sneeze

член м *(организации)* mémber; действи́тельный ~ (full-)mémber; ~-корреспонде́нт м correspónding mémber

чрезвыча́йный extraórdinary; *(крайний)* extréme

чрезме́рный excéssive, inórdinate

чте́ние с réading

что I what; ~ вы сказа́ли? what did you say?; ~ вы хоти́те? what do you want (wish)?; ~ мы бу́дем де́лать? what shall we do?; ~ э́то тако́е? what is it? ◇ ни за ~! not for the world [wə:ld]!; ~ же *(ладно)*! why not!

что II that; он сказа́л, ~ не придёт he said (that) he wouldn't come [kʌm]

что III *(почему)* why; ~ ты так грустна́? why are you so sad?

что́бы that; so that, so as to; in órder to; вме́сто того́, ~ ... instead of...

что-либо, что-нибудь *(в во-*

просе) ánything ['enɪ-]; *(в утверждении)* sómething ['sʌm-]

что́-то 1. sómething ['sʌm-] **2.** *(как-то)* sómehow ['sʌm-]; *(с оттенком сомнения)* it looks as if

чувстви́тельность *ж:* ~ плёнки *фото* speed of film

чу́вство *с* sense; *(эмоция, ощущение тж.)* féeling; без чувств uncónscious; лиши́ться чувств faint; привести́ в ~ bring smb round, bring smb to his (her) sénses

чу́вствовать feel; ~ го́лод *(жа́жду, уста́лость)* feel (be) húngry (thírsty, tired); ~ себя́ лу́чше (ху́же) feel bétter (worse [wəːs])

чугу́н *м* **1.** *(металл) (из руды)* pig íron; *(вторичная переплавка)* cast íron **2.** *(вид посуды)* cast-íron pot

чуда́к *м* crank, eccéntric [ɪk'sen-]

чуде́сный, чу́дный wónderful ['wʌ-], márvellous

чу́до *с* míracle

чудо́вище *с* mónster

чу́ждый *(кому-л., для кого-л.)* álien (to)

чужо́й 1. *(посторонний)* strange [streɪ-] **2.** *(принадлежащий другим)* smb élse's

чула́н *м* stóreroom; *(обыкн. при кухне)* pántry; *(в современных домах)* wálk-in clóset ['klɔ-]

чуло́к *м* stócking ['stɔ-]

чума́ *ж* plague [-eɪg]

чурба́н *м* block, *перен.* blóck-head [-ed]

чу́ткий 1. sénsitive; *(о слухе)* keen; ~ сон light sleep **2.** *перен.* táctful, délicate ['de-]

чуть hárdly; *(с трудом)* just

чутьё *с (у животных)* scent; *перен.* flair

чуть-чу́ть álmost, néarly ['nɪə-]

чушь *ж* nónsense; rúbbish

чу́ять smell; feel

чьё, чья whose

Ш

шабло́н *м* páttern; témplate; *(форма)* mould [-əu-]; *перен.* cliché ['kliːʃeɪ]; ~**ный** banál [bə'nɑːl]; háckneyed [-nɪd], stéreotyped

шаг *м* step; ~й fóotsteps

шага́ть pace; stride

ша́гом at a foot's pace, slówly ['sləu-]

ша́йб‖а *ж спорт.* puck; забро́сить ~у shoot the goal

ша́йка *ж* gang

шака́л *м* jáckal

шала́ш *м* branch (and twig) shélter

шаль *ж* shawl

шама́н *м* sháman ['ʃɑː-], médicine ['medsən] man

шампа́нское *с* champágne [ʃæm'peɪn]; *разг.* fizz

шампиньо́н *м* (field) músh-room

шампу́н‖ь *м* shampóo; мыть (себе́) го́лову ~ем shampóo (one's) hair

шанс м chance; име́ть ~ы на успе́х (на вы́игрыш) stand to win; у него́ нет никаки́х ~ов на побе́ду he is quite out of the rúnning

шанта́ж м bláckmail

ша́пк‖а ж cap; без ~и cápless

шар м ball; sphere; возду́шный ~ ballóon

шарж м cáricature, cartóon

шарикоподши́пник м báll--bearing [-bɛə-]

ша́рить fumble (in, abóut)

шарлата́н м quack; fraud

шарни́р м hinge, joint

шарф м scarf, múffler; (вя́заный) cómforter ['kʌm-]

ша́ткий unstable; sháky

шах I м (ти́тул) shah [ʃɑ:]

шах II м шахм. check; объяви́ть ~ check, put [put] in check

шахмати́ст м, ~ка ж chéss--player

ша́хматн‖ый chess; ~ турни́р chess tóurnament; ~ая доска́ chéss-board; ~ая па́ртия a game of chess

ша́хматы мн. chess

шахова́ть шахм. check

ша́хта ж mine; pit

шахтёр м míner

ша́шки мн. (игра́) dráughts [drɑːfts], амер. chéckers

шашлы́к м sháshlyk (pieces of grilled mutton); kebáb

шве́йник м clóthing-índustry wórker, clóthier

швейца́р м pórter; dóor-keeper ['dɔː-], амер. dóorman

швея́ ж séamstress ['sem-]

швыря́ть, швырну́ть fling, hurl, toss

шевели́ть, ~ся move [muːv], stir

шеде́вр м másterpiece

шезло́нг м déckchair

ше́лест м rustle [rʌsl]

шёлк м silk; иску́сственный ~ ráyon

шёлков‖ый silk; ~ое пла́тье silk dress

шёлк-сыре́ц м raw silk; floss

шелуха́ ж husks pl; peel; карто́фельная ~ potáto péelings pl

шельф м shelf; континента́льный ~ continéntal shelf

шёпот м whísper; ~ом in whísper, únder one's breath [-eθ]

шепта́ть, ~ся whísper

шере́нга ж rank; file

шерсть ж wool; (ткань) cloth, wóollen matérial (stuff)

шерстяно́й wóollen

шест м pole

ше́ствие с procéssion; фа́кельное ~ torch procéssion

шестёрка ж карт. six; ~ пик и т. д. the six of spades, etc

шестерня́ ж тех. géar [gɪə] (wheel); pínion ['pɪ-]

ше́стеро six

шестна́дцать sixtéen

шесто́й sixth

шесть six

шестьдеся́т síxty

шестьсо́т six húndred

шеф м pátron ['peɪ-]; разг. chief; ~ство с pátronage; vóluntary ['vɔ-] assístance

ше́я ж neck

ши́ллинг м shílling

ши́ло с awl

ши́на ж tyre, tire; **бескáмер-ная ~** túbeless tire

шине́ль ж gréatcoat ['greit-kəut]

шип м thorn

шипóвник м dógrose

ширинá ж width, breadth [-e-]; **~óй в пять ме́тров** five métres wide

ши́рма ж screen

широ́к‖ий broad [brɔːd]; wide; **~ó** wide, wídely; **~ó распространённый** wíde-spread

широкопле́чий bróad-shoul-dered

широкоуго́льный: ~ объек-ти́в фото wíde-angle lens

широкоформа́тный: ~ фильм wíde-frame film

широкоэкра́нный: ~ фильм wíde-screen film

широтá ж геогр. látitude ['læ-]

ширпотре́б м consúmer goods [gudz] pl

ши́шка ж 1. lump; (от ушиба) bump 2. бот. cone

шкалá ж scale

шкаф м cúpboard ['kʌbəd]; **кни́жный ~** bóokcase; **несго-ра́емый ~** safe; **платяно́й ~** wárdrobe; **посу́дный ~** síde-board; (кухонный) drésser; **стенно́й ~** búilt-in clóset ['klɔzit]

шквал м gust, squall

шква́льный: ~ ве́тер gústy wind [wind]

шки́пер м skípper

шко́ла ж school [skuːl]; **на-ча́льная (сре́дняя, вы́сшая) ~** eleméntary (sécondary, hígher) school; **бале́тная ~** bállet school; **театра́льная ~** théatre ['θɪə-] school

шко́льник м shóolboy ['skuːl-]

шко́льница ж schóolgirl

шко́льный school [skuːl]; **~ учи́тель** schóolmaster, schóol-teacher

шку́р(к)а ж skin

шлагба́ум м bárrier; (на же-лезнодорожном переезде) gate

шлак м slag

шланг м hose; **пожа́рный ~** fíre-hose

шлем м hélmet

шлёпанцы мн. разг. (bed-room) slíppers

шлифова́ть grind; pólish ['pɔ-]; (напильником) file

шлюз м lock

шлю́пка ж boat; **гребна́я ~** púlling boat; **rów-boat** ['rəu-]

шля́п‖а ж hat; (женская тж.) bónnet; **наде́ть (снять) ~у** put [put] on (take off) one's hat

шмель м búmblebee

шни́цель м кул. schnítzel ['ʃnɪ-]

шнур м 1. cord 2. (электро-провод) flex

шнур‖о́к м lace; **~ки́ для бо-ти́нок** shóelaces, shóestrings ['ʃuː-]

шов м seam; **без шва** séam-less

шовини́зм м cháuvinism ['ʃəu-]

шок м мед. shock

шокола́д м chócolate ['tʃɔklıt]; плитка ~a bar of chócolate

шоколадн‖ый chócolate ['tʃɔklıt]; ~ые конфéты chócolates

шóрох м rústle ['rʌsl]

шóрты *мн.* shorts *pl*

шоссé *с* híghway; скоростнóе ~ expréssway

шотлáндка *ж (ткань)* tártan, plaid [-æ-]

шофёр *м* dríver, cháuffeur ['ʃəufə]

шпáга *ж спорт.* épée ['eıpeı]

шпагáт *м* string, cord; twine

шпаргáлка *ж* crib, *амер.* póny, trot

шпенёк *м тех. разг.* pin, peg

шпик I *м (сало)* fat back

шпик II *м разг.* snóoper

шпиль *м* spire, stéeple

шпúлька *ж* háirpin

шпинáт *м* spínach ['spınıdʒ]

шпингалéт *м (задвижка)* latch

шпиóн *м* spy; ~áж *м* éspionage

шпóра *ж* spur

шприц *м* sýringe ['sı-]

шпрóты *мн. (консервы)* smoked sprats in oil

шрам *м* scar

шрифт *м* print, type

штаб *м* héadquarters ['hed-]

штаны́ *мн.* tróusers

штáпель *м* staple

штат I *м полит.* state

штат II *м* staff, personnél

штáтский 1. cívil ['sı-] **2.** *м* civílian ['-vı-]

штéмпель *м* stamp; почтóвый ~ póstmark

штéпсель *м (вилка)* plug; *(розетка)* sócket

штиль *м* calm [kɑːm]

штóпать darn; mend

штóпор *м* **1.** córk-screw [-'skruː] **2.** *ав.* spin

штóр‖а *ж* **1.** *(гардина)* cúrtain, drápery **2.** *(от солнца)* blind, shade; спустúть ~ы draw the blinds

шторм *м* storm

штормóвка *ж* ánorak, wéatherproof ['we-] jácket

штраф *м* fine

штрафовáть fine; *спорт.* púnish ['рʌ-]

штрих *м* strobe; характéрный ~ characterístic trait

штýка *ж* piece; нéсколько штук séveral pieces; штук дéсять abóut a dózen ['dʌzn]

штукатýр *м* plásterer; ~ка *ж* pláster

штурвáл *м* stéering-wheel

штурм *м* assáult

штýрман *м* návigator [-æ-]

штýчн‖ый piece; ~ая продáжа sale by the piece; ~ товáр píece-goods [-gudz]

шýба *ж* fur coat

шум *м* noise

шумéть make noise

шýмн‖ый nóisy; ~ успéх loud (great [greıt]) succéss; ~ое одобрéние accláim

шýрин *м* bróther-in-law ['brʌ-]

шуршáть rústle ['rʌsl]

шут *м* jéster; fool

шутúть joke; я шучý I'm jóking

шýтк‖а *ж* joke; в ~y in jest,

for fun; это не ~ it is no joke, it is not a láughing mátter

шутли́вый pláyful, húmorous, jócular [ʹdʒɔ-]

Щ

щаве́ль *м* sórrel

щади́ть spare

ще́бень *м* grável [ʹgræ-], bróken (crúshed) stone

щебета́ть twítter, chirp; *(о речи)* chátter

щего́л *м* góldfinch

щёголь *м* fop, dándy

ще́дрый génerous, ópen-hánded

щека́ *ж* cheek

щекота́ть tíckle

щёлочь *ж хим.* álkali

щелчо́к *м* flick, fíllip; *(звук)* click

щель *ж* chink, crack, slit

щено́к *м* púppy

щепа́ *ж* (wood) chips *pl*

щётка *ж* brush; *(половая)* broom; платяна́я ~ clóthes--brush; сапо́жная ~ shóe-brush [ʹʃuː-]; ~ для воло́с háirbrush

щи *мн.* cábbage soup [suːp]; ки́слые щи sáuerkraut soup

щи́колотка *ж* ánkle

щипко́в‖ый *муз.* pizzicáto [ˌpɪtsɪʹkɑːtəu]; ~ые инструме́нты pizzicáto músical ínstruments

щипцы́ *мн* (pair of) tongs [tɔŋz]; *(клещи)* píncers; ~ для зави́вки cúrling-irons; ~ для

оре́хов nútcrackers; ~ для са́хара súgar tongs

щит *м* shield

щитови́дн‖ый: ~ая железа́ *анат.* thýroid gland

щито́к *м авто* dáshboard

щу́ка *ж* pike; морска́я ~ ling

щуп *м тех.* probe

щу́пать feel; touch [tʌtʃ]

щу́рить: ~ глаза́ screw [skruː] up one's eyes [aɪz]; ~**ся** blink, nárrow [-əu] one's lids

Э

эвкали́пт *м* eucalýptus: ~**овый**: ~овое ма́сло eucalýptus oil

ЭВМ *см.* электро́нно-вычисли́тельный

эги́д‖а *ж*: под ~ой únder the áegis [ʹiː-], únder the áuspices

эгои́ст *м*, ~**ка** *ж* sélfish pérson

эква́тор *м* equátor

эквилибри́ст *м*, ~**ка** *ж* tíghtrope wálker

экза́мен *м* examinátion [ɪgˌzæmɪʹneɪʃn], exám; *(перен. тж.)* test; ~ на аттеста́т зре́лости Géneral Educátion Certíficate examinátions; держа́ть ~ take an exám; вы́держать ~ pass an exám; приёмные ~ы éntrance exáms

экзаменова́ть exámine [ɪgʹzæmɪn]

экземпля́р *м* cópy [ʹkɔpɪ]; *(образец)* módel [ʹmɔ-]; spécimen [ʹspe-]

экипа́ж м *(команда)* crew

эколо́гия ж ecólogy [ɪˈkɔ-]

эконо́мика ж 1. *(хозяйство)* ecónomy; económic [-ˈnɔ-] strúcture 2. *(наука)* económics [-ˈnɔ-]

экономи́ческий económic [-ˈnɔ-]

эконо́мия ж ecónomy

эконо́мный económical [-ˈnɔ-]; *(о человеке)* thrífty

экра́н м screen

экскава́тор м excavátor

экскурса́нт м excúrsionist [-ˈkəːʃn-], tóurist

экску́рсия ж excúrsion [-ˈkəːʃn], tour

экскурсово́д м guide [gaɪd]

экспеди́ция ж 1. expedítion [-ˈdɪ-] 2. *(в учреждении)* dispátch óffice

экспериме́нт м expériment

эксперимента́льн‖ый experiméntal; ~ая програ́мма pílot próject

экспе́рт м éxpert

эксплуата́ция ж 1. exploitátion 2. *тех.* exploitátion; rúnning, operátion

эксплуати́ровать exploít; use

экспози́ция ж exposítion [-ˈzɪ-]; displáy; *(фото)* expósure [-ˈpəʊʒə]

экспона́т м exhíbit [ɪgˈzɪ-]

э́кспорт м éxport

экспорти́ровать expórt

экспре́сс м ж.-д. expréss

экстреми́ст м extrémist

э́кстренный spécial [ˈspeʃ-]; ~ вы́пуск spécial edítion (íssue)

эласти́чн‖ый stretch; ~ые брю́ки (носки́) stretch pants (socks)

элева́тор м élevator [ˈel-]

элега́нтный élegant [ˈel-], smart

электрифика́ция ж electrificátion

электри́ческий eléctric

электри́чество с electrícity [-ˈtrɪ-]; заже́чь (потуши́ть) ~ turn on (turn off) the light

электро‖бри́тва ж (eléctric) sháver; ~во́з м eléctric locomótive; ~гита́ра ж eléctric guitár [gɪ-]

электромонтёр м electrícian

электро́ника ж electrónics [-ˈtrɔ-]

электро́нно - вычисли́тельн‖ый: ~ая маши́на (ЭВМ) compúter

электро́нный electrónic [-ˈtrɔ-]

электро‖по́езд м eléctric train; ~полотёр м eléctric flóor-polisher [ˈflɔːpɔ-]; ~сва́рщик м eléctrical wélder; ~ста́нция ж pówer státion; ~те́хник м electrícian [-ˈtrɪʃn]; ~эне́ргия ж eléctrical énergy [ˈen-]

элеме́нт м élement [ˈe-]

эли́та ж elíte [eɪˈliːt]

эмалиро́ванн‖ый enámelled [-ˈnæ-]; ~ая посу́да enámel cóokware

эма́ль ж enámel [-ˈnæ-]

эмбле́ма ж émblem

эмигра́нт м émigrant [ˈemɪ-], émigré [ˈemɪgreɪ]

эмо́ция ж emótion

э́ндшпиль *м* *шахм.* énd--game

энерги́чный energétic [-'dʒe-]

эне́ргия *ж* énergy ['en-]

энтузиа́зм *м* enthúsiasm [ın-'θjuːzɪæzm]

энциклопе́дия *ж* encyclopédia [en,saıklǝu'piːdıǝ]

эпиде́мия *ж* epidémic [-'de-]

эпизо́д *м* épisode ['e-]; íncident

эпило́г *м* épilogue [-lɔg]

эпо́ха *ж* époch ['iːpɔk]; age; éra ['ıǝrǝ]

э́ра *ж* éra ['ıǝrǝ]; на́шей э́ры A.D. [,eı'diː]; до на́шей э́ры B.C. [,biː'siː]

эскала́тор *м* éscalator, móving ['muː-] stáircase

эски́з *м* sketch; draft [-ɑ-]

эспадро́н *м* báck-sword [-sɔːd]

эста́мп *м* plate, print

эстафе́т‖а *ж* *спорт.* reláy-(-race); переда́ть ~у pass (hand) the báton (to)

эсто́н‖ец *м*, **~ка** *ж* Estónian

эсто́нский Estónian; ~ язы́к Estónian, the Estónian lánguage

эстра́д‖а *ж* 1. *(площадка)* stage, plátform; откры́тая ~ ópen stage (plátform) 2. *(вид искусства)* varíety [-'raıǝ-] art; арти́ст ~ы varíety áctor

эстра́дн‖ый varíety [-'raıǝ]; ~ конце́рт, ~ое представле́ние varíety show [ʃǝu]

э́та this, that; ~ кни́га моя́ that book is mine

эта́ж *м* floor [flɔː], stórey ['stɔːrı]; пе́рвый ~ ground floor, *амер.* main floor

эта́п *м* stage

э́ти these; ~ места́ свобо́дны (за́няты) these seats are vácant (óccupied)

этике́т *м* etiquétte

этике́тка *ж* lábel

этно́граф *м* ethnógrapher

этногра́фия *ж* ethnógraphy

э́то this, that; ~ о́чень интере́сно! it's véry ['verı] ínteresting!; ~ пра́вда? is it true?

э́тот this, that; на ~ раз this time

этю́д *м* 1. *шахм., муз.* etúde [eı'tjuːd], éxercise 2. *иск.* sketch, stúdy ['stʌ-]

эфи́р *м* 1. éther ['iːθǝ] 2.: в ~e on the rádio

эффе́кт *м* efféct

э́хо *с* écho ['ekǝu]

Ю

юбиле́й *м* annivérsary, júbilee ['dʒuːbılıː] *(особ. пятидесятиле́тний)*

юбиле́йный annivérsary

ю́бка *ж* skirt

ювели́р *м* jéweller ['dʒuːǝlǝ]

ювели́рн‖ый jéwellery ['dʒuːǝlrı]; ~ые изде́лия jéwellery

юг *м* south; пое́хать на юг go down South

ю́го-восто́к *м* south-éast

ю́го-за́пад *м* south-wést

ю́жный south; sóuthern ['sʌð-]

ю́мор *м* húmour

юмористи́ческий húmorous,

cómic ['kɔ-]; ~ журна́л cómic magazíne (páper)

ЮНЕ́СКО *с* (Организа́ция Объединённых На́ций по вопро́сам образова́ния, нау́ки и культу́ры) UNÉSCO (Uníted Nátions Educátional, Scientífic [saɪən'tɪ-] and Cúltural Organizátion)

юнио́р *м* júnior; соревнова́ния среди́ ~ов júnior evénts, júnior áge-group [-uːp] competítions [-ɪ-]

ю́ность *ж* youth [juːθ]

ю́ноша *м* youth [juːθ]

ю́ношеский youth [juːθ], yóuthful

ю́ношество *с* **1.** (*пора, время*) youth [juːθ] **2.** (*юноши*) young [jʌŋ] people [piːpl]

ю́ны‖й young [jʌŋ], yóuthful ['juːθ-]; *с* ~х лет from youth

юриди́ческий jurídical [-'rɪ-]; légal

юри́ст *м* láwyer

юсти́ция *ж* jústice

Я

я I; я хочу́ есть I am húngry

я́беда *м и ж разг.,* **я́бедник** *м* télltale; *разг.* sneak

я́блоко *с* apple; глазно́е ~ éyeball

я́блоня *ж* ápple-tree

я́блочко *с* **1.** (*центр мишени*) bull's eye [aɪ] **2.** (*танец*) "Yáblochko" sáilor's dance

яви́ться, явля́ться appéar [ə'pɪə]; show [ʃəu] up

я́вный óbvious, évident ['evɪ-]

ягнёнок *м* lamb [læm]

я́года *ж* bérry

яд *м* póison [-z-]; tóxin, tóxic súbstance; (*змеиный и перен.*) vénom ['ve-]

я́дерный núclear ['njuː-]

ядро́ *с* **1.** kérnel **2.** *физ.* núcleus ['njuːklɪəs] **3.** *спорт.* shot

я́зва *ж* úlcer, sore; ~ желу́дка stómach ['stʌ-] úlcer

язы́к I *м кул.* tongue [tʌŋ]

язы́к II *м* **1.** (*орган*) tongue [tʌŋ] **2.** (*речь*) lánguage; я изуча́ю англи́йский ~ I stúdy Énglish; родно́й ~ nátive lánguage, móther ['mʌ-] tongue; иностра́нный ~ fóreign ['fɔrɪn] lánguage ◊ ~ жéстов sign [saɪn] lánguage

языкозна́ние *с* linguístics

яи́чница *ж* ómelet(te) ['ɔmlɪt]; ~-болту́нья *ж* scrámbled eggs; ~-глазу́нья *ж* fried eggs, *амер.* eggs súnny-side up

яйцо́ *с* egg; круто́е ~ hard-bóiled egg; ~ всмя́тку soft-bóiled egg; ~ «в мешо́чек» half-bóiled (médium-cóoked) egg

я́кобы as if; allégedly [-'ledʒ-]; он э́то де́лает ~ для на́шей же по́льзы he's dóing it allégedly for our own good [gud]

я́корь *м* ánchor ['æŋkə]; бро́сить ~ cast (drop) ánchor

я́ма *ж* pit; возду́шная ~ air pócket

янва́рь *м* Jánuary ['dʒæn-]

я́нки *м* Yánkee [-kı]

янта́рь *м* ámber

ярд *м* yard

я́ркий bright; ~ приме́р stríking (gráphic) exámple

ярлы́к *м* lábel

я́рмарка *ж* fair; междунаро́дная ~ internátional fair

яров‖о́й spring; ~ы́е *(хлеба)* spring corn

я́рост‖ь *ж* fúry, rage; вне себя́ от ~и besíde onesélf with rage

я́рус *м театр.* circle; tier [tıə]

я́сли *мн.* **1.** *(детские)* crèche [kreıʃ]; núrsery (school [sku:l]) **2.** *(для скота)* mánger ['meındʒə]

я́сн‖о: соверше́нно ~, что... it's pérfectly clear [klıə] that...; ~ый clear [klıə]; distínct; ~ая пого́да fair (clear) wéather ['we-]; ~ое представле́ние clear idéa [aı'dıə]

я́стреб *м* hawk

я́хта *ж* yacht [jɔt]

яхт-клу́б *м* yácht-club ['jɔt-]

ячме́нь I *м (растение)* bárley ['bɑːlı]

ячме́нь II *м (на глазу)* sty

я́шма *ж* jásper

я́щерица *ж* lízard ['lızəd]

я́щик *м* **1.** box; почто́вый ~ létter-box **2.** *(выдвижной)* dráwer

ГЕОГРАФИЧЕСКИЕ НАЗВАНИЯ

GAZETTEER

Абу́-Да́би *(столица Объединённых Арабских Эмиратов)* Abú Dhábi [ɑːˌbuː'ðɑːbı]

Австра́лия Austrália

А́встрия Áustria

Адди́с-Абе́ба *(столица Эфиопии)* Áddis Ábaba [-'æb-]

А́ден Áden

Азербайджа́н Azerbaiján

А́зия Ásia ['eıʃə]

Азо́вское мо́ре Sea of Ázov ['ɑːzɔv]

А́ккра *(столица Ганы)* Accrá [ə'krɑː]

Алба́ния Albánia

Алжи́р 1. *(страна)* Algéria [-'dʒıə-] **2.** *(город)* Algíers [-'dʒıəz]

Алма́-Ата́ Álma-Atá [ˌælmə-ə'tɑː]

Алта́й Altái [-'taı]

А́льпы Alps

Аля́ска Aláska

Амазо́нка Ámazon ['æm-]

Аме́рика América [ə'merɪkə]

Амма́н *(столица Иордании)* Ámman

Амстерда́м Ámsterdam

Амударья́ Amú [ɑ:'mu:] Daryá [dɑr'jɑ:]

Аму́р Amúr [ə'muə]

Ангара́ Angará [ɑ:ŋgɑ:'rɑ:]

А́нглия Éngland ['ɪŋglənd]

Анго́ла Angóla

Андо́рра Andórra

А́нды Ándes [-di:z]

Анкара́ *(столица Турции)* Ánkara ['æŋkərə]

Антананари́ву *(столица Мадагаскара)* Antananarívo

Антаркти́да Antárctic Cóntinent

Анта́рктика the Antárctic

Апенни́ны Ápennines ['æpɪ-]

А́пиа *(столица Западного Самоа)* Apía [ə'pi:ə]

Арави́йское мо́ре Arábian Sea

Аргенти́на Argentína [-'ti:nə]

Арме́ния Arménia

Асунсьо́н *(столица Парагвая)* Asunción [ə͵sunsɪ'əun]

Атланти́ческий океа́н the Atlántic Ócean ['əuʃən]

Афганиста́н Afghánistan

Афи́ны Áthens

А́фрика África

Ашхаба́д Áshkhabad [-͵bɑ:d]

Баб-эль-Манде́бский проли́в Báb el Mándeb

Бага́мские острова́ the Bahámas [bə'hɑ:məz]

Багда́д *(столица Ирака)* Bag(h)dád

Байка́л Baikál [baɪ'kɑ:l]

Баку́ Bakú [-'ku:]

Балка́ны Bálkans ['bɔ:l-]

Балти́йское мо́ре Báltic ['bɔ:-] Sea

Бамако́ *(столица Мали)* Bamakó

Банги́ *(столица Центральноафриканской Республики)* Bangúi [bɑ:ŋ'gi:]

Бангко́к *(столица Таиланда)* Bángkok

Бангладе́ш Bangladésh [bɑ:ŋlə'deʃ]

Бан(д)жу́л *(столица Гамбии)* Banjúl

Барба́дос Barbádos [bɑ:'beɪdəs]

Ба́ренцево мо́ре Bárents ['bɑ:r-] Sea

Бату́ми Batúmi [bɑ:'tu:mɪ]

Бахре́йн Bahráin [bɑ:'reɪn]

Бейру́т *(столица Ливана)* Beirút [beɪ'ru:t]

Белгра́д Belgráde

Бе́лое мо́ре White Sea

Белору́ссия Byelorússia

Бе́льгия Bélgium

Бенга́льский зали́в Bay of Bengál [-'gɔ:l]

Бени́н Benín [be'nɪn]

Бе́рингово мо́ре Béring ['be-] Sea

Берли́н Berlín

Берн Bern(e)

Бирминге́м Bírmingham ['bə:-]

Биса́у *(столица Гвинеи-Бисау)* Bissáu [bɪ'sau]

Богота́ *(столица Колумбии)* Bogotá

Болга́рия Bulgária [-'gεə-]

Боли́вия Bolívia [bə'lɪvɪə]

Бомбе́й Bombáy

Бонн Bonn

Босфо́р Bósp(h)orus

Ботни́ческий зали́в Gulf of Bóthnia

Ботсва́на Botswána [bɔ'ts-wɑːnə]

Браззави́ль *(столица Конго)* Brazzavílle

Брази́лиа *(столица Брази-лии)* Brasília [-'zılıə]

Брази́лия Brazíl

Бри́джтаун *(столица Барба-доса)* Brídgetown

Брюссе́ль Brússels

Будапе́шт Budapést

Бужумбу́ра *(столица Бу-рунди)* Bujumbúra [ˌbuːdʒəm'-burə]

Буркина́ Фасо́ Burkína Fáso [buəˌkiːnə'fɑːsɔː]

Буру́нди Burúndi [-'run-]

Бута́н Bhután [buˈtæn]

Бухаре́ст Bucharést [ˌbjuːkə-'rest]

Буэ́нос-А́йрес Buénos Áires [ˌbwenəs'aıərız]

Ваду́ц *(столица Лихтен-штейна)* Vadúz [və'duːts]

Валле́тта *(столица Мальты)* Vallétta

Варша́ва Wársaw

Ватика́н Vátican

Вашингто́н Wáshington

Великобрита́ния Great [-eıt] Brítain ['brıtn]

Веллингто́н *(столица Новой Зеландии)* Wéllington

Ве́на Viénna

Ве́нгрия Húngary

Венесуэ́ла Venezuéla [-'zwe-ılə]

Викто́рия *(столица Сей-шельских островов)* Victória

Ви́льнюс Vílnius

Ви́ндхук *(главный город Намибии)* Wíndhoek ['vınthuːk]

Ви́сла Vístula

Владивосто́к Vladivostók

Во́лга Vólga

Волгогра́д Volgográd

Вьентья́н *(столица Лаоса)* Vientiáne [-'tjɑːn]

Вьетна́м Viét Nám [ˌvjet-'næm]

Гаа́га the Hague [heıg]

Габо́н Gabón [gæ'bɔːn]

Габоро́не *(столица Ботсва-ны)* Gaboróne

Гава́йские о-ва́ Hawáiian Íslands [hɑ:'weııən'aıləndz], Hawáii

Гава́на Havána [-'væ-]

Гаи́ти Háiti ['heı-]

Гайа́на Guyána [gaı'ænə]

Га́мбия Gámbia ['gæmbıə]

Га́на Ghána

Ганг Gánges ['gæŋdʒiːz]

Гваделу́па Guadelóupe [ˌgwɑːdə'luːp]

Гватема́ла *(страна и город)* Guatemála [ˌgwætı'mɑːlə]

Гвине́я Guínea ['gını]

Гвине́я-Биса́у Guínea-Bissáu [ˌgınıbı'sau]

Герма́ния Gérmany

Гибралта́рский проли́в Strait of Gibráltar [-'brɔːltə]

Гимала́и Himaláya(s) [ˌhımə'leıə(z)]

Гла́зго Glásgow

Гондура́с Hondúras [-'djuə-]

Грена́да Grenáda [-'neı-]

Гренла́ндия Gréenland

Гре́ция Greece

Гру́зия Geórgia

Гудзо́нов зали́в Húdson Bay

Дака́р *(столица Сенегала)* Dákar ['dæ-]

Да́кка *(столица Бангладеш)* Dácca ['dækə]

Дама́ск *(столица Сирии)* Damáscus

Да́ния Dénmark

Дарданéллы Dardanélles [ˌdɑːdəˈnelz]

Дар-эс-Сала́м *(столица Танзании)* Dár es Saláam, Daressalám

Дéли Délhi [-lɪ]

Джака́рта *(столица Индонезии)* Djakárta

Джибу́ти *(страна и город)* Djibóuti [-ˈbuːtɪ]

Джо́рджтаун *(столица Гайаны)* Geórgetown

Днепр Dníeper

Доминика́нская Респу́блика Domínican [-ˈmɪnɪ-] Repúblic

Дон Don

До́ха *(столица Катара)* Dóha [ˈdəuhə]

Ду́блин *(столица Ирландии)* Dúblin

Дуна́й Dánube [ˈdænjuːb]

Душанбе́ Dyushámbe

Евро́па Éurope [ˈjuə-]

Еги́пет Égypt

Енисе́й Yeniséi [ˌjenɪˈseɪ]

Ерева́н Yereván [ˌjereˈvɑːn]

Жене́ва Genéva [dʒɪˈniːvə]

Заи́р Zaíre [zəˈiːə]

За́мбия Zámbia

За́падное Само́а Wéstern Samóa

Зимба́бве Zimbábwe [zɪmˈbɑːbwɪ]

Иерусали́м Jerúsalem

Изра́иль Ísrael [ˈɪzreɪəl]

Инди́йский океа́н the Índian Ócean [ˈəuʃən]

Йндия Índia

Индоне́зия Indonésia [-ˈniː-]

Иорда́ния Jórdan

Ира́к Iráq [ɪˈrɑːk]

Ира́н Irán [ɪˈrɑːn]

Ирла́ндия Íreland [ˈaɪələnd]

Исламаба́д *(столица Пакистана)* Islámabad

Исла́ндия Íceland [ˈaɪslənd]

Испа́ния Spain

Ита́лия Ítaly [ˈɪtə-]

Йе́менская Респу́блика Repúblic of Yémen [ˈjemən]

Ка́бо-Ве́рде Cábo Vérde [ˈkɑːvuːˈvəːd]

Кабу́л Kabúl [kəˈbul]

Кавка́з the Cáucasus

Казахста́н Kazakhstán

Каи́р Cáiro [ˈkaɪə-]

Кальку́тта Calcútta [kælˈkʌtə]

Ка́ма Káma [ˈkɑːmə]

Камбо́джа Cambódia

Камеру́н Cámeroon [-ruːn]

Камча́тка Kamchátka

Кана́да Cánada [ˈkænə-]

Ка́нберра *(столица Австралии)* Cánberra

Кара́кас *(столица Венесуэлы)* Carácas [-ˈrækəs]

Кара́чи Karáchi [-ˈrɑːtʃɪ]

Кари́бское мо́ре Caríbbéan Sea

Карпа́ты Carpáthians [kɑːˈpeɪθjənz]

Ка́рское мо́ре Kára Sea

Каспи́йское мо́ре Cáspian Sea

Ката́р Qatár [kæˈtɑː]

Катманду́ *(столица Непала)* Katmandú [ˌkætmænˈduː]

Квебе́к Quebéc [kwɪˈbek]

Ке́мбридж Cámbridge ['keɪm-]

Ке́ния Kénya

Кига́ли *(столица Руанды)* Kigáli [kɪ'gɑːlɪ]

Ки́ев Kíev ['kiːev]

Ки́нгстон *(столица Ямайки)* Kíngston

Кинша́са *(столица Заира)* Kinshása [kɪn'ʃɑːsə]

Кипр Cýprus ['saɪprəs]

Кирги́зия Kirghízia [-'giːz-]

Кита́й Chína

Ки́то *(столица Эквадора)* Quíto ['kiːtəu]

Кишинёв Kishinév

Ко́вентри Cóventry ['kɔv-]

Коло́мбо *(столица Шри-Ланки)* Colómbo

Колу́мбия Colómbia

Комо́рские острова́ the Cómoros ['kɔməurəuz]

Ко́накри *(столица Гвинеи)* Cónacry ['kɔnə-]

Ко́нго *(страна и река)* Cóngo

Копенга́ген Copenhágen [ˌkəupn'heɪgən]

Кордилье́ры the Cordilléras [kɔːdɪ'ljeərəz]

Коре́я Koréa [-'rɪə]

Ко́ста-Ри́ка Cósta Ríca [-'riː-kə]

Кот-д'Ивуа́р Côte d'Ivóire [ˌkɔtdɪ'vuɑː]

Кра́сное мо́ре Red Sea

Крым the Criméa [kraɪ'mɪə]

Куа́ла-Лу́мпур *(столица Малайзии)* Kuála Lúmpur [ˌkwɑːlə'lumpuə]

Ку́ба Cúba

Куве́йт Kuwáit [ku'weɪt]

Кури́льские о-ва́ Kuríl [ku-'riːl] Íslands ['aɪləndz], the Kuríls

Ла́гос *(столица Нигерии)* Lágos ['leɪ-]

Ла́дожское о́зеро Lake Ládoga ['læ-]

Ла-Ма́нш English Chánnel

Лао́с Láos ['lauz]

Ла-Па́с *(столица Боливии)* La Páz [lɑː'pæz] *(см. тж.* Су́кре)

Ла́птевых мо́ре Láptev Sea

Ла́твия Látvia

Ле́на Léna ['leɪnə]

Ленингра́д Léningrad ['leningræd]

Лесо́то Lesótho [lə'səutəu]

Либе́рия Libéria [laɪ'bɪərɪə]

Либреви́ль *(столица Габона)* Librevílle [ˌliː-]

Лива́н Lébanon ['lebənən]

Ливерпу́ль Líverpool ['lɪvə-puːl]

Ли́вия Líbia ['lɪ-]

Лило́нгве *(столица Малави)* Lilóngwe

Ли́ма *(столица Перу)* Líma

Лиссабо́н Lísbon ['lɪz-]

Литва́ Lithuánia

Лихтенште́йн Líechtenstein

Ломе́ *(столица Того)* Lomé [lɔ'meɪ]

Ло́ндон Lóndon ['lʌ-]

Лос-А́нджелес Los Ángeles [lɔs'ændʒɪliːz]

Луа́нда *(столица Анголы)* Luánda [luː'ændə]

Луса́ка *(столица Замбии)* Lusáka

Люксембу́рг Lúxemburg ['lʌ-]

Маври́кий Maurítius [mə-'rɪʃəs]

Маврита́ния Mauritánia [ˌmɔrɪ'teɪnjə]

571

Магелла́нов проли́в Strait of Magéllan [-'ge-]

Мадагаска́р Madagáskar

Мадри́д Madríd

Мала́бо *(столица Экваториальной Гвинеи)* Malábo

Мала́ви Maláwi [mə'lɑːwɪ]

Мала́йзия Maláysia [mə-'leɪzɪə]

Ма́ле *(столица Мальдивов)* Mále ['mɑːleɪ]

Мали́ Máli ['mɑːlɪ]

Мальди́вские о-ва́ Máldive ['mɔːldɪv] Íslands ['aɪləndz]; **Мальди́вы** the Máldives

Ма́льта Málta ['mɔː-]

Мана́гуа *(столица Никарагуа)* Manágua [mə'næɡwɑː]

Мана́ма *(столица Бахрейна)* Manáma [-'næ-]

Мани́ла *(столица Филиппин)* Maníla [-'nɪlə]

Манче́стер Mánchester ['mæntʃɪstə]

Мапу́ту *(столица Мозамбика)* Mapúto [-'puː-]

Маро́кко Morócco

Ма́серу *(столица Лесото)* Máseru [-zəruː]

Маска́т *(столица Омана)* Múscat ['mʌskæt]

Мбаба́не *(столица Свазиленда)* Mbabáne [-'bɑːnɪ]

Ме́ксика México ['meksɪkəu]

Мексика́нский зали́в Gulf of México ['meksɪkəu]

Ме́льбурн Mélbourne ['melbən]

Ме́хико México ['meksɪkəu] Cíty ['sɪtɪ]

Минск Minsk

Миссиси́пи Mississíppi

Миссу́ри Missóuri [-'zuərɪ]

Могади́шо *(столица Сомали)* Mogadíshu [-'dɪʃuː]

Мозамби́к Mozambíque [-'biːk]

Молдо́ва Moldóva

Мона́ко Mónaco ['mɔnə-]

Монго́лия Mongólia

Монреа́ль Montreál [-trɪ'ɔːl]

Монро́вия *(столица Либерии)* Monróvia

Монтевиде́о *(столица Уругвая)* Montevidéo [-'deɪəu]

Моро́ни *(столица Коморских островов)* Moróni [-'rə-unɪ]

Москва́ 1. *(город)* Móscow ['mɔskəu] **2.** *(река)* the Moskvá [-'kvɑː]

Му́рманск Múrmansk

Мья́нма Mýanma ['mjɑːn-]

Мю́нхен Múnich ['mjuːnɪk]

Найро́би *(столица Кении)* Nairóbi [naɪ'rəubɪ]

Нами́бия Namíbia [-'mɪbɪə]

Насса́у *(столица Багамских островов)* Nássau ['næsɔ]

Нджаме́на *(столица Чада)* N'Djaména [ndʒɑː'menə]

Нева́ Néva ['neɪvə]

Непа́л Nepál [nɪ'pɔːl]

Ниаме́й *(столица Нигера)* Niaméy [njɑː'meɪ]

Ни́гер Níger ['naɪdʒə]

Ниге́рия Nigéria [naɪ'dʒɪə-]

Нидерла́нды the Nétherlands

Ни́жний Но́вгород Nízhni Nóvgorod

Никара́гуа Nicarágua [-'ræ-]

Никоси́я *(столица Кипра)* Nicosía

Нил Nile [naɪl]

Но́вая Зела́ндия New Zéaland

Но́вая Земля́ Nóvaya ['nɔːvɑːjɑː] Zemlyá [-'ljɑː]

Новосиби́рск Novosibírsk

Норве́гия Nórway

Нуакшо́т *(столица Маврита́нии)* Nouakchótt [nwɑːkˈʃɔt]

Нью-Йо́рк New Yórk [ˌnjuːˈjɔːk]

Объединённые Ара́бские Эмира́ты Uníted Árab [ˈærəb] Emírates [-ˈmɪə-]

Обь Ob

Оде́сса Odéssa

О́ксфорд Óxford

Ома́н Omán [əuˈmɑːn]

О́сло Óslo [ˈɔzləu]

Отта́ва Óttawa

Охо́тское мо́ре Sea of Okhótsk

Па-де-Кале́ Strait of Dóver

Пакиста́н Pakistán [-ˈtɑːn]

Пами́р the Pamírs [pəˈmɪəz]

Пана́ма Panamá [-ˈmɑː]

Пана́мский кана́л Panamá [-ˈmɑː] Canál [-ˈnæl]

Па́пуа Но́вая Гвине́я Pápua [ˈpæpjuə] New Guínea [ˈgɪnɪ]

Парагва́й Páraguay [-gwaɪ]

Пари́ж Páris [ˈpæ-]

Пеки́н Pekín(g)

Перу́ Perú [-ˈruː]

Пирене́и Pýrenees

Пномпе́нь *(столица Камбоджи)* Pnompénh, Pnom-Pénh [nɔmˈpen]

Полине́зия Polynésia [-ˈniːʒə]

По́льша Póland

Порт-Луи́ *(столица Маврикия)* Port Lóuis [ˈluːɪs]

Порт-Мо́рсби *(столица Папуа Новой Гвинеи)* Port Móresby

По́рто-Но́во *(столица Бенина)* Pórto-Nóvo

Порт-о-Пре́нс *(столица Гаити)* Port-au-Prínce [-ˈprɪns]

Порт-оф-Спе́йн *(столица Тринидада и Тобаго)* Port of Spáin

Порт-Са́ид Port Sáid [ˈsaɪd]

Португа́лия Pórtugal

Пра́га Prague [prɑːg]

Пра́я *(столица Кабо-Верде)* Práia [ˈpraɪə]

Прето́рия *(столица Южно-Африканской Республики)* Pretória

Пуэ́рто-Ри́ко Puérto Ríco

Пхенья́н Pyongyáng [ˌpjɔŋˈjæŋ]

Раба́т *(столица Марокко)* Rabát

Рангу́н *(столица Мьянмы)* Rangóon

Рейкья́вик Réykjavik

Рейн Rhine [raɪn]

Ри́га Ríga [ˈriːgə]

Ри́жский зали́в Gulf of Ríga

Рим Rome

Ри́о-де-Жане́йро Río de Janéiro [ˌriːəudədʒəˈnɪərəu]

Росси́я Rússia [ˈrʌʃə]

Руа́нда Rwánda [ruːˈændə]

Румы́ния Ro(u)mánia [ruːˈmeɪ-]

Сальвадо́р El Sálvador

Сама́ра Samára [səˈmɑːrə]

Сана́ Saná [sɑːˈnɑː]

Сан-Мари́но San Maríno [-ˈriː-]

Сан-Сальвадо́р *(столица Сальвадора)* San Salvadór

Са́нто-Доми́нго *(столица Доминиканской Республики)* Sánto Domíngo

Сан-Томе́ *(столица Сан-Томе и Принсипи)* São Tomé [ˌsəuntuːˈme]

Сан-Томе́ и При́нсипи São Tomé and Príncipe [ˌsəuɳtuːˌmeənd'priːnsiːpɪ]

Сантья́го (*столица Чили*) Santiágo [ˌsæntɪ'ɑːgəu]

Сан-Франци́ско San Francísco

Сан-Хосе́ (*столица Коста-Рики*) San José [ˌsænhəu'zeɪ]

Сан-Хуа́н (*главный, город Пуэрто-Рико*) San Juán [ˌsæn'hwɑːn]

Сау́довская Ара́вия Sáudi ['saudɪ] Arábia

Сахали́н Sakhalín [ˌsækə'liːn]

Сва́зиленд Swáziland ['swɑː-]

Свердло́вск Sverdlóvsk [-'lɔvsk]

Севасто́поль Sevástopol

Се́верное мо́ре North Sea

Се́верный Ледови́тый океа́н the Árctic Ócean ['əuʃən]

Сейше́льские острова́ Seychélles [seɪ'ʃelz]

Сенега́л Senegál [-'gɔːl]

Сент-Джо́рджес (*столица Гренады*) Saint Geórge's

Сиби́рь Sibéria [saɪ'bɪərɪə]

Си́дней Sýdney

Сингапу́р Singapóre

Си́рия Sýria ['sɪ-]

Соединённое Короле́вство Великобрита́нии и Се́верной Ирла́ндии United Kíngdom of Great [greɪt] Brítain ['brɪtn] and Nórthern Íreland

Соединённые Шта́ты Аме́рики (США) the United States of América [ə'merɪ-] (USA)

Сомали́ Somália [-'mɑːlɪə]

Софи́я Sófia

Со́чи Sóchi

Сою́з Сове́тских Социали- стических Респу́блик (СССР) the Únion of Sóviet Sócialist Repúblics (USSR)

Средизе́мное мо́ре Mediterránean Sea

СССР *см.* Сою́з Сове́тских Социалисти́ческих Респу́блик

Стамбу́л Istanbúl [-'buːl]

Стокго́льм Stóckholm [-həum]

Су́ва (*столица Фиджи*) Súva ['suː-]

Суда́н Sudán [suː-]

Су́кре (*столица Боливии*) Súcre ['suːkrə] (*см. тж.* Ла-Па́с)

Суэ́цкий кана́л Súez ['suːɪz] Canál [-'næl]

США *см.* Соединённые Шта́ты Аме́рики

Сье́рра-Лео́не Siérra Leóne [-lɪ'əun]

Таджикиста́н Tadjikistán

Таила́нд Tháiland ['taɪlænd]

Тайва́нь Taiwán [taɪ'wæn]

Та́ллинн Tállinn

Танза́ния Tanzanía [ˌtænzə-'nɪə]

Ташке́нт Tashként

Тбили́си Tbilísi [-'liːsɪ]

Тегера́н (*столица Ирана*) Teh(e)rán [tɪə'rɑːn]

Тегусига́льпа (*столица Гондураса*) Tegucigálpa [-'gɑːlpɑː]

Тель-Ави́в Tel Avív [-ə'viːv]

Те́мза Thames [temz]

Тира́на Tirána [-'rɑːnɑː]

Ти́хий океа́н the Pacífic [-'sɪ-] Ócean ['əuʃən]

Тóго Tógo

Тóкио Tókyo

Тринида́д и Тоба́го Trínidad and Tobágo

Три́поли *(столица Ливии)* Trípoli

Туни́с 1. *(страна)* Tunísia [-z-] **2.** *(город)* Túnis

Туркмениста́н Turkmenistán

Ту́рция Túrkey

Тхимпху́ *(столица Бутана)* Thímphu ['θɪmpu:]

Тянь-Ша́нь Tien Shan [-'ʃɑ:n]

Уагаду́гу *(столица Буркина Фасо)* Ouagadóugou [,wɑ:gə-'du:gu:]

Уга́нда Ugánda

Узбекиста́н Uzbekistán

Украи́на Ukráine

Ула́н-Ба́тор Úlan Bátor ['u:lɑ:n'bɑ:tɔ:]

Улья́новск Uliánovsk

Ура́л Úrals

Уругва́й Úruguay ['urugwaɪ]

Фи́джи Fɪjí [fi:'dʒi:]

Филаде́льфия Philadélphia [,fɪlə'delfɪə]

Филиппи́ны Phílippines ['fɪ-lɪ-]

Финля́ндия Fínland

Фи́нский зали́в Gulf of Fínland

Фра́нция France [frɑ:ns]

Фрита́ун *(столица Сьерра--Леоне)* Fréetown

Хаба́ровск Khabárovsk [-'bɑ:-]

Хано́й Hanói

Хара́ре *(столица Зимбабве)* Hárare ['hɑ:rərə]

Харту́м *(столица Судана)* Khart(o)úm [kɑ:'tu:m]

Ха́рьков Khárkov ['kɑ:-]

Хе́льсинки Hélsinki

Хуанхэ́ Hwáng Ho

Центральноафрика́нская Респу́блика Céntral Áfrican Repúblic

Чад Chad

Чёрное мо́ре Black Sea

Чехослова́кия Czechoslovákia [-'væ-]

Чика́го Chicágo [ʃɪ'kɑ:gəu]

Чи́ли Chíle ['tʃɪlɪ]

Чуко́тское мо́ре Chúckchee ['tʃuktʃɪ] Sea

Швейца́рия Switzerland

Шве́ция Swéden

Шотла́ндия Scótland

Шри-Ла́нка Sri Lánka

Эквадо́р Ecuadór [,ekwə-]

Экваториа́льная Гвине́я Equatórial Guínea ['gɪnɪ]

Эль-Куве́йт *(столица Кувейта)* Al Kuwáit [,ælku'weɪt]

Эр-Рия́д *(столица Саудовской Аравии)* Riyádh [rɪ'jɑ:d]

Эсто́ния Estónia

Эфио́пия Ethiópia [,i:θɪ-]

Ю́го-За́падная А́фрика Sóuth-West África *(см. Нами́бия)*

Югосла́вия Yugoslávia [,ju:gəu'slɑ:-]

Ю́жно-Африка́нская Респу́блика Repúblic of South África

Я́ва Jáva ['dʒɑ:və]

Я́лта Yálta

Яма́йка Jamáica

Янцзы́ Yángtze ['jæŋtsɪ]

Япо́ния Japán [dʒə'pæn]

Япо́нское мо́ре Sea of Japán [dʒə'pæn]

Яу́нде *(столица Камеруна)* Yaoundé [,jɑ:u:n'deɪ]